逻辑思维训练宝典

明 道 / 编著

北京联合出版公司
Beijing United Publishing Co.,Ltd.

图书在版编目（CIP）数据

逻辑思维训练宝典 / 明道编著 . — 北京：北京联合出版公司，2016.1（2018.11 重印）

ISBN 978-7-5502-6516-5

Ⅰ . ①逻⋯ Ⅱ . ①明⋯Ⅲ . ①逻辑思维—训练 Ⅳ . ① B80

中国版本图书馆 CIP 数据核字（2015）第 252366 号

逻辑思维训练宝典

编　　著：明　道

责任编辑：昝亚会　徐秀琴

封面设计：施凌云

责任校对：史　翔

美术编辑：刘欣梅

北京联合出版公司出版

（北京市西城区德外大街83号楼9层　100088）

北京鑫海达印刷有限公司印刷　新华书店经销

字数690千字　　720毫米×1020毫米　1/16　32印张

2018年11月第2版　2018年11月第3次印刷

ISBN 978-7-5502-6516-5

定价：68.00元

生活中，逻辑无处不在。无论我们是有意还是无意，逻辑无时不在服务于我们的生活，思考、工作、生活中，处处可见逻辑的影子。逻辑是所有学科的基础，无论你想学习哪一门专业，要想学得好，学得快，都要有较强的逻辑思维能力。

现今社会，逻辑思维能力越来越被人重视，不仅学生应试要具备必需的逻辑思维能力，就是考 MBA 也有逻辑测试题，世界著名公司的招聘面试中，有关逻辑思维能力的题更是必考内容。逻辑思维能力之所以越来越被人重视，一个很重要的原因就是逻辑思维能力强的人思维极其活跃，应变能力、创新能力、分析能力甚至领导能力在某种程度上都高于他人。拥有这样能力的人，无论是在学习、生活中，还是工作中，都能有卓越的表现。

一般来说，每个人的逻辑思维能力都不是一成不变的，它是一个永远也挖不完的宝藏，只要懂得基本的规则与技巧，再加上适当的科学训练，每个人的逻辑思维能力都能获得极大的提升。而游戏是人的天性，在游戏中培养和锻炼人的逻辑思维能力，无疑是提高智力的一种极好方式。

《逻辑思维训练宝典》是一部既有理论又有实战的思维训练百科全书。全书分为"逻辑思维理论篇"和"提高逻辑能力的思维游戏"上、下两篇。上篇介绍了逻辑学的基本原理和相关技巧，从逻辑的概念、类型，到论证方法，到基本规律，把看似枯燥难懂的内容，以贴近生活、通俗易懂的方式讲述得明明白白。难度由浅入深，帮助读者发掘出头脑中的资源，打开洞察世界的窗口，向读者提供了一种思考问题的方式和角度，构建全方位的视角，为各种问题的解决和思考维度的延伸提供了行之有效的指导。下篇介绍了 300 多道提高逻辑思维能力的思维游戏，包括图形逻辑游戏、数字逻辑游戏、推理逻辑游戏、侦探逻辑游戏等，形式活泼，充满趣味和启发性，并配以详细的解题方法。这些游戏题，每一个类型都经过了精心的选择和设计，都极具代表性和独创性，使你在享受乐趣的同时彻底带动你的思维高速运转，帮助你强化左脑和右脑的交互运用，教你如何克服易犯的错误，从不合逻辑的情境中找出符合逻辑的答案，摆脱习以为常的错误思维的阻碍，让你的思考更从容，在娱乐中提升你逻辑思维的敏捷性、深刻性、灵活性，提高你的想象力、创造力和解决问题的能力。

这是一部本活跃思维的大型工具书，我们将以最轻松的方式帮你挖掘大脑潜能，以最有效的形式助你活跃思维，提高分析和解决各种难题的能力。当你跟着本书的指引，通过认真思考和仔细观察，成功地解决了问题之后，你会欣喜地发现，那些拥有卓绝成就的人所具备的超凡思维能力，并不是遥不可及的。通过完成书中的训练题，你可以冲破思维定式，试着从不同的角度思考问题，不断地进行逆向思维，换位思考，无论是参加世界 500 强企业面试，还是报考公务员、MBA 等，都能轻松应对。运用从本书中学到的各种逻辑思维方法，能够帮助你成功破解各种难题，让你全面开发思维潜能，成长为社会精英和时代强者。

本书既可作为提升逻辑力的训练教程，也可作为开发大脑潜能的工具。不同年龄的人，不同角色的人，都可以从这本书中获得深刻的启示。 阅读本书，能让你思维更缜密，观察更敏锐，想象更丰富，心思更细腻，做事更理性。

下篇 提高逻辑能力的思维游戏

第二章　数字逻辑游戏 **303**

第三章　推理逻辑游戏 322

逻辑思维理论篇

QNQ

逻辑思维的伟大力量

逻辑和思维密不可分

"逻辑"（logic）这个词是个舶来语，来源于古希腊语即"逻各斯"。逻各斯原指事物的规律、秩序或思想、言辞等。现代汉语中，不同的语境里，"逻辑"自有它不同的含义。比如，"中国革命的逻辑""生活的逻辑""历史的逻辑""合乎逻辑的发展"中的"逻辑"，表示事物发展的客观规律；"这篇文章逻辑性很强""说话、写文章要合乎逻辑""做出合乎逻辑的结论"中的"逻辑"表示人类思维的规律、规则；"大学生应该学点儿逻辑""传统逻辑""现代逻辑""辩证逻辑""数理逻辑"中的"逻辑"表示一门研究思维的逻辑形式、逻辑规律及简单的逻辑方法的科学——逻辑学；"人民的逻辑""强盗的逻辑""奴隶主阶级的逻辑"中的"逻辑"则指一定的立场、观点、方法、理论、原则。

"逻辑"一词来源于西方，但并不意味着逻辑就是西方的独创，古代东方对逻辑也有研究和应用，古代中国先秦时期的"名学""辩学"和古印度的"因明学"都是逻辑学应用的典范。这说明逻辑思维是人类思维一个共性。

这也说明，逻辑和思维是密不可分的。

有人把思维分为两种类型，即抽象（逻辑）思维和形象（直感）思维。辩证唯物主义认识论认为，人们在社会实践中对客观事物的认识分为两个阶段。

第一阶段：直接接触外界事物，在人脑中产生感觉、知觉和表象。

第二阶段：是对综合感觉的材料加以整理和改造，逐步把握事物的本质和规律性，从而形成概念，构成判断（命题）和推理。这一阶段是人们的理性认识阶段，也就是思维的阶段。

这就是说，人们认识世界主要通过两种方式。一种是亲知，即通过自己的感官来感觉和体验；另一种是推知，也就是思维，即从已经获得的知识来推论一些知识。因此，思维在人们的认识活动中起着十分重要的作用。

所谓的思维，简单地说，就是人们"动脑筋""想办法""找答案"的过程，并且，它一定同人们的认知过程相联系，必须是主要依靠人的大脑活动而进行的，否则，我们只能叫它感知（认识的第一阶段），而不是思维。换句话说就是，只有主要依靠人的大脑对事物外部联系综合材料进行加工整理，由表及里，逐步把握事物的本质和规律，从而形成概念、建构判断和进行推理的活动才是思维活动。

概念、判断、推理是理性认识的基本形式，也是思维的基本形式。概念是反映事物本质属性或特有属性的思维形式，是思维结构的基本组成要素。判断（命题）是对思维对象有所判定（即肯定或否定）的思维形式，它是由概念组成的，同时，它又为推理提供了前提和结论。推理是由一个或几个判断推出一个新判断的思维形式，是思维形式的主体。

而概念、判断、推理和论证，恰恰是逻辑所要研究的基本内容。因此，我们说逻辑是关于思维的科学。

当然，逻辑并不研究思维过程的一切方面。思维的种类有很多，形象思维、直觉思维、创造思维、发散思维、灵感思维、哲学思维等，这些思维都与人们的大脑活动有密切关系，但都不是逻辑思维。只有人们在认识过程中借助于概念、判断、推理等思维的逻辑形式，遵守一定的逻辑规则和规律，运用简单的逻辑方法，能动地反映客观现实的理性认识过程才叫逻辑思维，又称理论思维。这就是说，逻辑只从思维过程中抽象出思维形式（概念——判断——推理）来加以研究，准确地说，逻辑是关于思维形式的科学。

但是，人的大脑的思维活动深藏于脑壳之内，看不见摸不着，它一定要借助外在的载体——语言，才能表现出来。因此，我们说逻辑思维和语言有着不可分割的联系。人们在运用概念、进行判断、推理的思维活动时，是一刻也离不开语词、语句等语言形式的。

我们知道，语言的表达方式无外乎有语词、语句和句群，它们被形式化之后就成为思维的逻辑形式——思维内容各部分之间的联系方式（形式结构），亦即思维形式与语言形式是相对应的。思维形式的概念通过语言形式的词或词组来表达；思维形式的判断通过语言形式的句子来表达，思维形式的推理通过语言形式的复句或句群来表达。没有语词和语句，也就没有概念、判断和推理，从而也就不可能有人的逻辑思维活动。

比如，"桂林""山""水""甲""天""下"，这六个概念是借助于六个语词来表达的，没有这六个语词，就不能表达这六个概念。再比如，"桂林山水甲天下"，这是一个判断，它是借助于一个语句来表达的，没有这个语句，就无法表达这个判断。

再看下面的小故事：

爱尔兰文学家萧伯纳在一个晚会上独自坐在一旁想着自己的心事。

一位美国富翁非常好奇，他走过来说："萧伯纳先生，我愿出一块钱来打听您在想什么？"

萧伯纳抬头看了一眼这富翁，略加思索后说道："我想的东西不值一块钱。"

富翁更加好奇地问："那么，你究竟在想什么呢？"

萧伯纳笑了笑，回答说："我想的东西就是您啊！"

萧伯纳的思维过程用逻辑语言整理一下的话，就是：我想的东西不值一块钱；那位富翁是我想的东西；所以，那位富翁不值一块钱。萧伯纳的思维过程，从思维形式上看，是由三个语句组成的一个推理，没有这三个语句，这个推断也就不能存在了。

思维专属于人类，这是不争的事实。即使是最被人看好的类人猿、猴子、海豚等都不能有思维的属性，因为思维是和语言相连接的，没有语言和文字的动物是没有思维的。逻辑、思维形式、语言形式三者是密不可分的，了解了这一点，更加有助于提升我们的逻辑思维能力。

逻辑起源于理智的自我反省

古代中国的名学（辩学）、古希腊的分析学和古代印度的因明学并称为逻辑学的三大源流。不过，当时的逻辑学并不是一门独立的学科，而是包含于哲学之中。

中国的先秦时代是诸子百家争鸣、论辩之风盛行的时期，逻辑思想在当时被称为"名辩之学"。先秦的"名实之辩"几乎席卷了所有的学派。当时，出现了一批被称为"讼师""辩者""察士"的人，如邓析、惠施、公孙龙等。他们或替人打官司或聚徒讲学，"操两可之说，设无穷之辞"，提出了许多有关巧辩、诡辩和悖论性的命题。其中，以墨翟为代表的墨家学派对逻辑学的贡献最大。在墨家学派的著作《墨经》中，对概念、判断、推理问题做了精辟的论述。不过，"名学""辩学"作为称谓先秦学术思想的用语，并非古已有之，而是后人提出的，到了近代才被学术界普遍接受。

逻辑学在古代印度称为"因明学"，因，指推理的根据、理由、原因；明，指知识、学问。"因明"就是关于推理的学说，起源于古印度的辩论术。相传，上古时代的《奥义书》就已提到了"因明"。释迦牟尼幼时，也曾在老师的指导下学习过"因明"。不过，因明真正形成自己独立完整的体系，则是公元 2 世纪左右的事。其主要学术代表作为陈那的《因明正理门论》、商羯罗主的《因明入正理论》等。

古希腊是逻辑学的主要诞生地，经过公元前 6 世纪到公元前 5 世纪的发展后，在公元前 4 世纪由亚里士多德总结创立了古典形式逻辑。亚里士多德写了包括《范畴篇》《解释篇》《前分析篇》《后分析篇》《论辩篇》《辩谬篇》等在内的诸多论文，全面系统地研究了人类的思维及范畴和概念、判断、推理、证明等问题，这在西方逻辑学的历史上尚属首次。

在古代中国、印度和希腊，一些智慧之士已经意识到了适当运用日常生活中语言或思维中存在的机巧、环节、过程的重要性，并开始对其进行反省与思辨，从而留下了许多为人们津津乐道的有趣故事。

白马非马

公孙龙（公元前 320 年 ~ 前 250 年），战国时期赵国人，曾经做过平原君的门客，名家的代表人物。其主要著作《公孙龙子》，是著名的诡辩学代表著作。其中最重要的两篇是《白马论》和《坚白论》，提出了"白马非马"和"离坚白"等论点，是"离坚白"学派的主要代表。

在《白马论》中，公孙龙通过三点论证证明了"白马非马"的命题。

其一，"马者，所以命形也；白者，所以命色也；命色者非命形也，故曰：白马非马。" 公孙龙认为，"马"的内涵是一种哺乳类动物；"白"的内涵是一种颜色；而"白马"则是一种动物和一种颜色的结合体。"马""白""白马"三者内涵的不同证明了"白马非马"。

其二，"求马，黄黑马皆可致。求白马，黄黑马不可致。……故黄黑马一也，而可以应有马，而不可以应有白马，是白马之非马审矣。"在这里，公孙龙主要从"马"和"白马"概念外延的不同论证了"白马非马"。即"马"的外延指一切马，与颜色无关；"白马"的外延仅指白色的马，其他颜色则不行。

其三，"马固有色，故有白马。使马无色，有马如已耳。安取白马？故白者，非马也。白马者，马与白也，马与白非马也。故曰：白马非马也。"共相是哲学术语，简单地说就是指普遍和一般。"马"的共相是指一切马的本质属性，与颜色无关；"白马"的共相除了马的本质属性外，还包括了颜色。公孙龙意在通过说明"马"与"白马"在共相上的差别来论证"白马非马"。

公孙龙关于"白马非马"这个命题探讨，符合同一性与差别性的关系以及辩证法中一般和个别相区别的观点，在一定程度上纠正了当时名实混乱的现象，有一定的合理性和开创性。

不过，在我国古代对逻辑学的研究中，当属墨家的《墨经》和荀子的《正名篇》贡献最大。《墨经》中提出了"以名举实，以辞抒意，以说出故"的重要思想。其中，"名"相当于概念，"辞"相当于判断或命题，"说"相当于推理，即人们在思维、认识和论断过程中，是用概念来反映事物，用判断来表达思想，以推理的形式来推导事物的因果关系。墨家对概念、判断、推理所做的精辟论述，对逻辑学的发展影响深远。

三支论式

印度的因明学一直和佛教联系在一起，事实上它的出现就是为了论证佛教教义。古印度最早的因明学专著《正理经》是正理派的创始人足目整理编撰的，《正理经》可说是因明之源。在《正理经》中，足目建立了因明学的纲要——十六句义（又称十六谛），即十六种认识及推理论证的方式。《正理经》几乎贯穿了整个印度的因明史，对印度因明学的发展意义重大。

陈那在印度逻辑史上是一位里程碑式的人物，他创立了新因明的逻辑系统，故被世人誉为"印度中古逻辑之父"。他在《因明正理门论》中提出了"三支论式"，认为每一个推理形式都是由"宗"（相当于三段论的结论）、"因"（相当于三段论的小前提）、"喻"（相当于三段论的大前提）三部分组成。比如：

宗：她在笑

因：她遇到了高兴的事

喻：遇到了高兴的事都会笑

比如她获奖了

说谎者悖论

在古希腊，有过许多与逻辑学产生有关的奇人趣事，闪烁着智慧的光芒。关于"说谎者悖论"就是其中很有意思的一个。

公元前6世纪，古希腊克里特岛人匹门尼德说了一句著名的话：

所有的克里特岛人都说谎。

那么，他这句话到底是真是假？若是真话，他本人也是克里特岛人，就表示他也说谎，那么这就是假话；若是假话，就说明还有克里特岛人不说谎，那他说的就是真话。于是就出现了一个悖论。公元前 4 世纪，麦加拉派的欧布里德斯把该这句话改为："一个人说：我正在说的这句话是假话。"这句话究竟是真是假？对此，你也可以得出一个悖论。这就是"说谎者悖论"。后来，"说谎者悖论"演变出了一种关于明信片的悖论。一张明信片的正面写着："本明信片背面的那句话是真的。"明信片的背面则写着："本明信片正面的那句话是假的。"无论你从哪句话理解，你都只能得出一个悖论。

悖论指在逻辑上可以推导出互相矛盾的结论，但表面上又能自圆其说的命题或理论体系。它的特点就在于推理的前提明显合理，推理的过程合乎逻辑，推理的结果却自相矛盾。那么，悖论究竟是如何产生的？又怎样去避免？我们该怎样看待悖论？这直到现在都没有定论。

古代的智慧之士提出的这些巧辩、诡辩和悖论，不仅是对人类语言和思维的把玩与好奇，更是对其中各种有趣现象和问题的自我反省与思辨。他们对人类理智的这种自我反省与思辨驱使一代又一代的人去研究、探索，最终形成了一门充满智慧的学科——逻辑学。

逻辑思维的基本特征

人们通常说的思维是指逻辑思维或抽象思维。逻辑思维（logical thinking），是指人们在认识过程中借助于概念、判断、推理等思维形式能动地反映客观现实的理性认识过程，又称理论思维。它是人脑对客观事物间接概括的反映，它凭借科学的抽象揭示事物的本质，具有自觉性、过程性、间接性和必然性的特点。逻辑思维是人的认识的高级阶段，即理性认识阶段。只有经过逻辑思维，人们才能达到对具体对象本质的把握，进而认识客观世界。

逻辑学是逻辑思维的理论基础，逻辑思维正是在逻辑学理论的指导下进行的。所以，逻辑思维的基本特征与逻辑学的性质以及逻辑学的研究内容紧密相关。

就像声音是以空气作为媒介传播的一样，逻辑思维是通过概念、命题、推理等思维形式来传递信息和知识的。如果没有概念、命题、推理，逻辑思维就无法进行。这就像如果没有空气，声音就不能传播一样。只有确定了概念的内涵和外延、命题的真假和推理过程的合理明确，人们才能进行正确有效的逻辑思维。可以说，正是概念、命题和推理成就了逻辑思维的意义。

1938 年，针对希特勒在德国的独裁统治，喜剧大师卓别林以此为题材写出了喜剧电影剧本《独裁者》，对希特勒进行了辛辣的讽刺。但是，就在电影将要开机拍摄之际，美国派拉蒙电影公司的人却声称：理查德·哈定·戴维斯曾写过一出名字叫作《独裁者》的闹剧，所以他们对这名字拥有版权。卓别林派人跟他们多次交涉无果，最后只好亲自登门去和他们商谈。最后，派拉蒙公司声称：他们可以以 2.5 万美元的价格将"独裁者"这个名字转让给卓别林，否则就要诉诸法律。面对对方的狮子大开口，卓别林无法接受。正在无计可施之际，他灵机一动，便在片名前加了一个"大"字，变成了《大独裁者》。这一招让派拉蒙公司瞠目结舌，却又无话可说。

在这里，卓别林就是通过混淆了概念的内涵和外延（即概念的属种问题）巧妙地解决了派拉蒙公司的赔偿要求。在属种关系中，外延大的，包含另一概念的那个概念，叫作属概念；外延小的，从属于另一概念的那个概念叫作种概念。比如语言和汉语，语言就是属概念，汉语则是种概念。"独裁者"和"大独裁者"是两个相容关系的概念。前者外延大，是为属概念；后者外延小，是为种概念。在这个事例中，"独裁者"便是"大独裁者"的属概念。可见，只有对概念的内涵与外延有了明确的认识，才能进行正确的逻辑思维。同时，命题的真假和推理结构关系的不明晰也会影响逻辑思维，在此不再一一举例。

逻辑思维以真假、是非、对错为目标，它要求思维中的概念、命题和推理具有确定性。也就是说，在进行逻辑思维时，概念在内涵和外延上的含义应该有确定性；命题的真假及对研究对象的推理判断也应该有确定性。遵循思维过程中的确定性的逻辑思维才是正确的逻辑思维，反之则是不合逻辑或诡辩。

老虎是动物，所以小老虎是小动物。

下述哪个选项中出现的逻辑错误与题干中的最为类似？

A．这道题这么做看上去既像对的，又像错的，都有点儿像。

B．许多后来成为老板的人上大学时都经常做些小生意，所以经常做小生意的人一定能成为老板。

C．在激烈的市场竞争中，产品质量越好并且广告投入越多，产品需求量就越大。A 公司投入的广告费比 B 公司多，所以市场对 A 公司产品的需求量就大。

D．故意杀人犯应判处死刑，行刑者是故意杀人者。所以行刑者应该判处死刑。

题干中"老虎是动物"是前提，"所以小老虎是小动物"是结论。显然，这是一个错误的结论。那么，错误出在哪儿呢？"老虎是动物"这个命题是正确的，小老虎也是老虎，所以小老虎也是动物。小动物是指体型较小的动物，比如猫、狗等宠物，小老虎只是年龄小。年龄和体型是两个概念，说"小老虎是小动物"其实是偷换了"小"的概念。在这里，只有 D 项中犯了"偷换概念"的逻辑错误，把"执法"曲解为"谋害"了。A 项违背了排中律和矛盾律，B 项则是把先做小生意后成为老板的"相继"关系当成了因果关系。C 项命题、结论都是错的。

逻辑关系是逻辑思维的中心关节，只有理清逻辑关系，再对研究对象做逻辑分析，才能解决问题。命题之间的关系包括矛盾关系、反对关系、蕴涵关系、等值关系等，论据之间的关系包括递进关系、转折关系、并列关系等。只有弄清楚推理中的命题和论据各自的关系，才能进行正确的逻辑思维。

玫瑰和月季在英文里通俗的叫法都是 rose。只是在早期的文学翻译中，把中国传统品种的月季还叫月季，而把西方的现代月季翻译成玫瑰。玫瑰和月季在花形上有许多相同的特征，所以有人认为所有具有这些特征的都是玫瑰。

如果上面的陈述和判断都是真的，那下面哪一项也一定为真？

A. 玫瑰与月季的相似之处要多于和其他花的相似之处。

B. 对所有的花来说，如果它们在花形上有相似的特征，那么在花的结构和颜色上也会有相同的特征。

C. 所有的月季都是玫瑰。

D. 玫瑰就是月季。

显然，题干中问题的性质是要确定逻辑关系，也就是确定选项中哪一项是题干的逻辑结论。我们首先需要提取题干中的主要信息，即"玫瑰和月季在花形上有许多相同的特征"和"所有具有这些特征的都是玫瑰"。然后，我们就可以根据它们的逻辑关系选择合乎其逻辑的选项。"玫瑰和月季在花形上有许多相同的特征"就是说所有月季都具有玫瑰的某些特征。因为"所有具有这些特征的都是玫瑰"，所以就得出"所有的月季都是玫瑰"的结论。在这里就涉及逻辑结论与生活经验的冲突，因为"所有的月季都是玫瑰"的结论虽然合乎本题逻辑，却有违园艺学常识。因为，从园艺学上讲，玫瑰只是月季的一个品种。所以，如果我们要求"结论的真实性的话"，那么就要对推理形式的有效性和推理前提的真实性做出保证。

需要指出的是，在对推理或论证进行分析的时候，要遵循逻辑学的程序和规则。但是，逻辑学并非一个完美无瑕的学科，它也有着自身的局限性。而且在追求知识的确定性的过程中，由于方法论本身存在着缺陷，所以逻辑学的程序和规则就受到了相应的挑战。这就要求我们在进行推理论证时要不断地对逻辑思维进行批判、修改和完善。

逻辑学的研究对象是什么

提到逻辑学，就不能不提到亚里士多德。这位古希腊伟大的学者，也是世界历史上最伟大的学者之一，毕生都在致力于学术研究，在修辞学、物理学、生物学、教育学、心理学、政治学、经济学、美学方面写下了大量著作。此外，他也是形式逻辑的事实性奠基者与开创者，由他建立的逻辑学基本框架至今还在沿用。亚里士多德认为，逻辑学是研究一切学科的工具。他也一直在努力把思维形式与客观存在联系起来，并按照客观存在来阐明逻辑学的范畴。他还发现并准确地阐述了逻辑学的基本规律，而这对后世的研究有着巨大的影响。在经过弗朗西斯·培根、穆勒、莱布尼兹、康德、黑格尔等哲学家的研究、发展后，西方已经建立了比较成熟完善的逻辑学研究体系。

我国是逻辑学的发源地之一，对逻辑学的研究在先秦时代就已经开始。但是，这些研究都是零散地出现于各派学者的著作中，并没有形成完整的体系，也没有得到更进一步的发展。所以，一般认为，逻辑学是西方人创立的。

简单地说，逻辑学就是研究思维的科学，包括思维的形式、内容、规律和方法等各个方面。有研究者曾这样定义逻辑学："逻辑学是研究纯粹理念的科学，所谓纯粹理念就是思维的最抽象的要素所形成的理念。"抽象就是从众多的事物中抽取出共同的、本质性的特征，而舍弃其非本质的特征。比如梅花、荷花、水仙、菊花等，其共同特性就是"花"，得出"花"这个概念的过程就是抽象的过程。但要最后得出"花"这个概念，就要对这几种花进行比较，没有比较就找不出它们的共同的、本质的特征。因此，有人认为逻辑学是最难学的，因为它研究的是纯抽象的东西，它需要一种特殊的抽象思维能力。但实际上逻辑学并没有想象的那么难，因为不管多么抽象，归根到底它研究的还是我们的思维，也就是说我们的思维形式、思维方法和思维规律。

简单地说，思维就是人脑对客观存在间接的、概括的反映。既然是人脑对客观存在的反映，那就涉及反映的形式和内容的问题。也就是说，思维活动包括思维形式和思维内容两个方面。思维内容是指反映到思维中的各种客观存在，而思维形式则是指思维内容的具体组织结构以及联系方式。以语言为例，瑞士语言学家索绪尔认为，任何语言符号是由"能指"和"所指"构成的，"能指"指语言的声音形象，"所指"指语言所反映的事物的概念。比如"house"这个词，它的发音就是它的"能指","房子"的概念就是它的"所指"。因此，可以说思维形式就相当于语言的"能指"，思维内容就相当于语言的"所指"。思维形式和思维内容既相互区别又相互联系，就像硬币的两面，它们同时存在于同一思维活动中。古人说"皮之不存，毛将焉附"，如果说思维内容是"皮"，思维形式就是"毛"，二者一起组成了"皮毛"。所以说，内容和形式不可对立起来，没有内容，就无所谓形式；没有形式，内容也无可表达。之所以花这么多篇幅说思维内容和思维形式的关系，就是要说明逻辑学其实就是对从思维内容中抽离出来的思维形式进行研究的。思维形式主要是指概念、判断、推理，也有研究者认为假说和论证也是思维形式。比如：

（1）所有的商品都是劳动产品。

（2）所有的花草树木都是植物。

（3）所有的意识都是客观世界的反映。

这是三个简单的判断，即对"商品""花草树木""意识"这三种不同的对象进行判断，把它们分别归属为"劳动产品""植物"和"客观世界的反映"。它们虽然反映的思维内容各不相同，但是它们前后两部分的组织结构，也就是形式是相同的，即"所有……都是……"。如果用 S 表示前一部分内容，用 P 表示后一部分内容，就可以得到一个关于判断的逻辑结构公式：

所有 S 都是 P。

在逻辑学上，把上述这种最常见的判断形式称为逻辑形式，逻辑学所研究的就是有着这种逻辑形式的逻辑结构。

对于推理，我们也可以用相同的方法推导出一个公式。比如：

（1）所有的商品都是劳动产品，汽车是商品，所以，所有的汽车是劳动产品。

（2）所有的花草树木都是植物，梧桐是树，所以，所有的梧桐是植物。

上述两例都是简单的推理过程，（1）是"汽车""商品"和"劳动产品"的推理过程，（2）是"梧桐""树"和"植物"的推理过程。二者反映的是不同的推理内容，但都包括三个概念，都是由三个判断构成的推理结构。如果用 S、P、M 表示三个概念，就可以得出下面的逻辑结构公式：

所有 M 都是 P，

所有 S 都是 M，

所以，所有 S 都是 P。

在逻辑学上，把这种常见的推理结构称为三段论推理的逻辑结构（或逻辑形式）。

在这里，涉及逻辑常项和逻辑变项两个概念。逻辑常项指思维形式中不变的部分，如"所有……都是……"这个结构；逻辑变项指思维形式中可变的部分，如"S"和"P"这两个概念。"S"和"P"可以是任意相应的概念，但"所有……都是……"这个结构却是固定的。

逻辑学研究的另两个对象是指思维方法和思维规律。其中，思维方法是指依靠人的大脑对事物外部联系和综合材料进行加工整理，由表及里，逐步把握事物的本质和规律，从而形成概念、建构判断和进行推理的方法。思维方法包括很多种，比如观察、实验、分析与综合、给概念下定义，等等。对各种各样的思维方法进行研究，是逻辑学的主要任务之一。

在人们运用各种思维方法对各种思维形式进行研究的过程中，也就是在人们对客观存在反映在人脑中的思维形式进行研究探讨过程中，逐渐总结出了一些规律性的、行之有效的规则，即思维规律。思维规律是人们根据长期思维活动的经验总结出来的，是人类智慧的结晶，也是人们在思维活动中必须遵循的、具有普遍指导意义的规则。在逻辑学中，思维规律主要是指同一律、矛盾律、排中律和充足理由律。其中，同一律可以用公式"A 是 A"表示，它指在同一思维过程中，使用的概念和判断必须保持同一性或确定性；矛盾律可以用公式"A 不是非 A"，它指在同一思维过程中，对同一概念的两个相互矛盾的判断至少应该有一个是假的；排中律是指在同一思维过程中，对同一概念两个相矛盾的肯定与否定判断中必有一个是真的，即"A 或者非 A"；充足理由律是指在思维过程中，任何一个真实的判断都必须有充足的理由。凡是符合上述思维规律的，就是正确的、合乎逻辑的思想，反之则是错误的、不合逻辑的。

由此可见，思维形式、思维方法及思维规律构成了逻辑学的主要研究内容，是逻辑学的三大主要研究对象。

逻辑学的性质是什么

如果要准确把握逻辑学的性质，首先要明白逻辑学的研究对象。最早把现代逻辑系统地介绍到中国来的逻辑学家之一金岳霖在他的《形式逻辑》这样定义逻辑："以思维形式及其规律为研究对象，同时也涉及一些简单的逻辑方法的问题。"我们在上节也对逻辑学的研究对象作了分析，即对思维形式、思维方法和思维规律的研究。逻辑学的研究对象决定了逻辑学的工具性，也决定了逻辑学是一门工具性的学科。这可以说是逻辑学最为显著的性质特点。

事实上，从亚里士多德建立逻辑学开始，逻辑学就表现出了它的工具性特点。亚里士多德认为，逻辑学是认识、论证事物的工具，他的关于逻辑学的论著也被命名为《工具论》。后来，英国著名哲学家弗朗西斯·培根也把自己的著作称为《新工具》。可见，历史上的哲学家及逻辑学家对逻辑学的工具性是有着统一认识的。"工具"的释义是："原指工作时所需用的器具，后引申为为达到、完成或促进某一事物的手段。"从这个定义我们可以看出，逻辑学的工具性表现在以下两个方面：

逻辑学是人们对事物进行判断、推理、认识的工具。

它能够提供从形式方面确定思维正确性的知识，我们可以根据这些知识去判断推理关系的正确与否。就像语法规则，我们可以根据语法规则判断字、词、句的含义是否正确，它们的关系是否合理；又像法律，给我们提供判断违法或犯罪的凭据。语法和法律并不对具体的语言现象或行为作规定，它们只是提供一个准则，符合这些规则的就是正确的，不符合的就是错误的。逻辑学也是如此，只有符合思维规律的判断和推理才是正确的、合乎逻辑的。请看下面这则故事：

一个小青年拿着一个铜碗到一家古董商店里出售，声称这是一个汉代古董。站在柜台前新来的学徒小张接过铜碗一看，只见这铜碗看上去古色古香，还带有一些明显是埋在地下比较久了的锈迹。翻过来再一看碗底，还刻着"公元前21造"的字样。小张顿时觉得这碗很可能真是汉代的，这可是笔大生意啊，于是赶紧喜滋滋地将碗拿给店里的老师傅看。没想到，老师傅仅粗略一看，就"扑哧"笑出来，说道："这也太假了吧，'公元'是近代才产生的概念，汉代怎么可能这么说呢？"

"公元"是近代才产生的概念，这个"汉代"铜碗却刻着"公元前21造"，由此可见这个铜碗不是汉代的，所以是假的。在这个故事中，老师傅就是运用推理判断出了这件事的不合逻辑之处。

逻辑学是我们分析概念的内涵和外延，通过思维规律的普遍指导意义获取新知识的工具。

比如你看到树叶落了，就知道秋天来了，这正是通过你对"秋天里树叶会落"的认识来推理出这个结论的；再比如，哺乳动物是一种恒温、脊椎动物，身体有毛发，大部分都是胎生，并借由乳腺哺育后代。你可以根据对哺乳动物特征的了解推理出牛、马、狗等哺乳类动物的基本特征。同样，运用这种逻辑思维规律，也可以通过正确、有效的推理获取其他知识。需要注意的是，在逻辑学上，只对推理形式的合理有效做研究，但并不保证根据思维形式和规律得到的知识一定是正确或可靠的。比如，我们前面得出的"所有的月季都是玫瑰"的结论就是这样。

有这么一个故事：

几个青年作家去拜访一位老作家，老作家热情地接待了他们。为了表示欢迎，老作家精心准备了几道菜。而且，还把各种不同的菜采用不同的颜色、种类配合搭配出了非常漂亮的造型。但是，这些菜却都不能吃，因为它们全是生菜。几个青年作家看着这些好看却不能吃的菜，又看看老作家热情的笑容，感到很不解，也很尴尬。临别时，老作家对几位青年说："听说你们最近在争论文学的形式和内容的问题，这就算是我的一点儿看法吧。"

很显然，老作家是在用这些形式精美但却不能吃的菜告诫青年作家们形式再漂亮，如果内容不好，也是没有意义的。老作家如此看待文学形式和内容的问题，自然无可厚非。但是逻辑学在对待形式和内容的问题，具体地说是思维的形式和内容的问题上，正好和老作家有着相反的特征。因为，逻辑学在研究思维的过程中，只关注思维的形式，而不管内容。也就是说，逻辑学是一门形式科学。

在上节，我们通过分析得出了关于推理结构的公式，即：

所有 M 都是 P，

所有 S 都是 M，
_____

所以，所有 S 都是 P。

在这个公式中，"所有……都是……""所以，所有……都是……"是逻辑常项，S、M、P 是逻辑变项。也就是说，S、M、P 可以是任意内容。这是因为，逻辑学追求的是对形式结构的研究，而不关注具体内容。比如在命题"所有的商品都是劳动产品，汽车是商品，所以，所有的汽车是劳动产品"中，逻辑学并不以商品的本质属性为研究对象，即便是商品从这个世界上消失了，逻辑学依然存在。逻辑学推广的是一种普遍有效的推理方式，任何对象放在这种方式里都适用。所以，从逻辑学的角度讲，它只看到了上面的公式结构，而不管"商品""汽车""劳动产品"之类的内容。就像庖丁解牛，只见骨架，不见全牛，"手之所触，肩之所倚，足之所履，膝之所踦，砉然响然，奏刀騞然，莫不中音"。因此，逻辑学是一门形式学科，这是它的另一个重要性质。

从语言学的角度讲，语言既不属于经济基础，也不属于上层建筑，这两者的变化都不会从本质上影响语言。也就是说，语言没有阶级性，也没有民族性。在这点上，逻辑学有着和语言相同的性质。也就是说，不管是哪个阶级，哪个民族，若要进行正常的思维活动，就必须遵循相同的思维规律，采取相同的思维形式和思维方法。一个至高无上的国王也好，一个衣不遮体的穷人也罢，普鲁士民族也好，俄罗斯民族也罢，只要想交流或表达思想，都要进行相同的逻辑思维。你可以否认别人的推理过程，你也可以批判别人的推理结果，但是你却不可能限制别人去进行思维活动。美国大片《盗梦空间》中的盗梦者也只是通过进入别人的梦境影响别人，而不能从本质上改变别人的逻辑思维能力。由此可见，逻辑学的超阶级性和超民族性。它是全人类的，不属于任何个人或团体。此外，逻辑学的工具性也决定了它的全人类性。它是各个阶级、民族共同使用的思维工具，是为全人类服务的一门基础性学科。

什么是逻辑思维命题

思维命题的意义

心理学家认为人类在 4 岁之前的思维是最活跃的，也是最具有开发潜能的。随着年龄的增长、知识的增加，人的思维逐渐被知识束缚住了。人们思考问题的时候局限在常见的、已知的圈子里，不能想到更多的解决问题的方法。一旦现有的条件不能满足常规的解决问题的途径，人们就束手无策了。因此我们需要思维命题对思维能力进行训练。

思维命题的目的是进行思维训练，而知识命题的目的是检验对专业知识的掌握程度，二者的差别很明显。比如："秦始皇在哪一年统一了中国？"这显然是纯知识性的命题。大部分人在学历史的时候都学过，都背过，但是考试之后都忘了。如果问题改为"秦始皇为什么能够统一中国"，这就是一道思维命题。还可以进一步启发思考："如果你是秦始皇，你会采取哪些措施来达到统一中国的目的？"

据说外国的考试相对于中国的考试来说很简单，中国的差生到了外国可能是中等生。但是比较一下中国和外国的作文题目，你就知道中国更侧重于知识命题，而外国更侧重于思维命题，中国学生应付知识性考试还行，但是在思维命题方面未必表现出色。

中国作文题目：

诚实和善良

品味时尚

书

我想握着你的手

谈"常识"有关的经历和看法

站在……门口

美国作文题目：

（1）谁是你们这代的代言人？他或她传达了什么信息？你同意吗？为什么？

（2）罗马教皇八世 Boniface 要求艺术家 Giotto 放手去画一个完美的圆来证实自己的艺术技巧。哪一种看似简单的行为能表现你的才能和技巧？怎么去表现？

（3）想象你是某两个著名人物的后代，谁是你的父母？他们将什么样的素质传给了你？

（4）假如每天的时间增加了 4 小时 35 分钟，你将会做什么不同的事？

（5）开车进芝加哥市区，从肯尼迪高速公路上能看到一个表现著名的芝加哥特征的建筑壁饰。如果你可以在这座建筑物的墙上画任何东西，你将画什么，为什么？

（6）你曾经不得不做出的最困难的决定是什么？你是怎么做的？

法国作文题目：

（1）艺术品是否与其他物品一样属于现实？

（2）欲望是否可以在现实中得到满足？

（3）脑力劳动与体力劳动的比较有什么意义？

（4）就休谟在《道德原则研究》中有关"正义"的论述谈一谈你对"正义"的看法。

（5）"我是谁？"——这个问题能否以一个确切的答案来回答？

（6）能否说"所有的权力都伴随以暴力"？

当然了，我们强调思维命题的重要性，并不是说知识命题不重要。通过知识命题的训练，我们可以学到前人已经总结出的知识。但是知识命题只有唯一的答案，抑制了思维的创造性。在过去的教育中，我们过于重视知识命题，忽视了思维命题，导致很多人的思维能力有所欠缺。思维命题可以训练人的思考问题和解决问题的能力，培养正确的思维方式，使思维活跃起来，超越固定的思维模式。

逻辑思维命题

随着人类社会的发展，人们在实践的基础上认识了客观事物发展过程中的逻辑规律，于是出现了很多逻辑思维命题。

在公元前 5 世纪的古希腊曾经出现过一个智者哲学流派，他们靠教授别人辩论术吃饭。这是一个诡辩学派，以精彩巧妙和似是而非的辩论而闻名。他们对自然哲学持怀疑态度，认为世界上没有绝对不变的真理。其代表人物是高尔吉亚，他有三个著名的命题：

（1）无物存在；

（2）即使有物存在也不可知；

（3）即使可知也无法把它告诉别人。

这就是逻辑思维命题。

逻辑思维命题是逻辑学家通过对人类思维活动的大量研究而设计的。逻辑思维命题有两个较为显著的特征：第一个就是抽象概括性，就是抛开事物发展的自然线索和偶然事件，从事物成熟的、典型的发展阶段上对事物进行命题；第二个就是典型性，具体来说就是离开事物发展的完整过程和无关细节，以抽象的、理论上前后一贯的形式对决定事物发展方向的主要矛盾进行概括命题。

形式逻辑是一门以思维形式及其规律为主要研究对象，同时也涉及一些简单的逻辑方法的科学。概念、判断、推理是形式逻辑的三大基本要素。概念的两个方面是外延和内涵，外延是指概念包含事物的范围大小，内涵是指概念的含义、性质；判断从质上分为肯定判断和否定判断，从量上分为全称判断、特称判断和单称判断；推理是思维的最高形式，概念构成判断，判断构成推理。由形式逻辑派生出的逻辑推理命题，是逻辑学家用思维学的理论对人类的思维活动过程进行大量的研究而设计的。这类命题主要有以下的特点：

（1）在具体命题研究展开之前对研究对象进行分析。分析事物中的哪些属性相对于研究目的来说是主要的和稳定的，这种分析是对经验材料的杂多和繁复进行分离。

（2）引入还原方法，把复杂的命题材料还原为简单的命题规律格式，通过能够清晰表述的命题规律格式再现思维结构。其目的是更好地解析思维的逻辑特点及其规律。

古希腊哲学家苏格拉底、柏拉图、亚里士多德等人就是这方面的代表，他们构建了至今已有两千多年历史的形式逻辑思维框架。

苏格拉底认为自己是没有智慧的，声称自己一无所知，然而德尔菲神庙的神谕却说苏格拉底是雅典最有智慧的人。

苏格拉底在雅典大街上向人们提出一些问题，例如，什么是虔诚？什么是民主？什么是美德？什么是勇气？什么是真理？等等。他称自己是精神上的助产士，问这些问题的目的就是帮助人们产生自己的思想。他在与学生进行交流时从来不给学生一个答案，他永远是一个发问者。后来，他这种提出问题，启发思考的方式被称为"助产术"。

苏格拉底问弟子："人人都说要做诚实的人，那么什么是诚实？"学生说："诚实就是不说假话，说一是一，说二是二。"苏格拉底继续问："雅典正在与其他城邦交战，假如你被俘虏了，国王问：'雅典的城门是怎么防守的，哪个城门防守严密？哪个城门防守空虚，我们可从哪面打进去？'你说南面防守严密，北面防守疏松，可以从北面打进去。对你而言，你是诚实的，但你却是一个叛徒。"学生说："那不行，诚实是有条件的，诚实不能对敌人，只能对朋友、对亲人，那才叫诚实。"苏格拉底又问："假如我们中有一个人的父亲已病入膏肓，我们去看他。这位父亲问我们：'这个病还好得了吗？'我们说：'你的脸色这么好，吃得好，睡得好，过两天就会好起来。'你这样说是在撒谎。如果你坦白地告诉他：'你这病活不了几天，我们今天就是来告别的。'你这是诚实吗？你这是残忍。"学生感叹道："我们对敌人不能诚实，对朋友也不能诚实。"接着，苏格拉底继续问下去，直到学生无法回答，于是就下课，让学生明天再问。

这种提问方式引发的思维方法可以帮助我们更清楚地认识事物的本质，对人类思维方式的训练具有重要意义。我们学习了很多知识，自以为知道很多，每个人说起自己的观点都侃侃而谈。实际上，深究起来，很多观点都经不起推敲，我们需要更深入地思考。

逻辑学的地位

逻辑学是一门工具性学科，也是支撑人类思维大厦的基础性学科。1974年，联合国教科文组织将逻辑学与数学、天文学和天体物理学、地球科学和空间科学、物理学、化学、生命科学并列为七大基础学科。在其公布的"科学技术领域的国际标准命名法建议"中，更将逻辑学列于众学科之首。而且，按照它对学科的分类，逻辑学是列在"知识总论"下的一级学科。美、英、德、日等国家的学科划分也都遵照了这一标准，比如《大英百科全书》就将逻辑学列于众学科之首。

可以说，逻辑学是一门古老而又年轻的学科。说它古老，是因为在公元前5世纪前后，古代中国（名实之辩）、古印度（因明学）和古希腊（逻辑学）就产生了各具特色的逻辑学说，至今已有两千多年的历史；说它年轻，随着现代科学和人类实践的发展，逻辑学仍然活力四射，在自然科学技术、人文社会科学和思维科学发展的进程中日益显示出重要的理论意义和应用价值，而且还在不断地革新发展中。

传统逻辑学是由亚里士多德建立，经过历代哲学家和逻辑学家发展的逻辑学。现代逻辑学是相对于传统逻辑而言的，它广泛采用数学方法，研究的广度和深度都大大超过了传统逻辑学。尼古拉斯·雷歇尔把现代逻辑学分为五类学科群体：（1）基础逻辑：由传统逻辑、正规的现代逻辑、非正规的现代逻辑三个学科门类构成；（2）元逻辑：由逻辑语形学、逻辑语义学、逻辑语用学、逻辑语言学四个学科门类构成；（3）数理逻辑：由算术理论、代数理论、函数论、证明论、概率逻辑、集合论、数学基础等七个学科门类构成；（4）科学逻辑：由物理学的应用、生物学的应用、社会科学的应用三个学科门类构成；（5）哲学逻辑：由伦理学、形而上学、认识论方面的应用和归纳逻辑四个学科门类构成。从雷歇尔对现代逻辑的分类，可以看出逻辑学若干新的进展。可以说，现代逻辑学的产生和发展标志着逻辑学进入了新的发展阶段。

从上述逻辑学的学科分类和发展可以看出逻辑学在各学科尤其是在当代社会中占据着重要位置。而且随着它的发展，它对现代科学发展的促进作用也越来越突出。下面，我们从逻辑学对哲学、数学的发展及现代科技进步的巨大影响来说明逻辑学的地位之重要。

关于哲学与逻辑学的关系之争古已有之，事实上，逻辑学最初产生时是被划归为哲学的，它和文法、修辞一同被称为"古典三学科"。不过，从19世纪中叶起，形式逻辑（也被称为符号逻辑）已开始作为数学基础而被研究。到20世纪初，逻辑学的研究开始严重数学化，逻辑学也开始逐渐与数学结合成为一种新的发展形式，即数理逻辑。此后，逻辑学才最终脱离哲学，成为一门独立的学科。西方的许多学者一般都是一身兼逻辑学家和哲学家两职，比如康德、黑格尔、罗素等，这既有利于他们从哲学的角度研究逻辑学，也有利于他们从逻辑学角度推动哲学的发展。

罗素认为数理逻辑"给哲学带来的进步，正像伽利略给物理学带来的进步一样"。因此，他和维特根斯坦以数理逻辑为工具创立了分析哲学。在他看来，在分析哲学的发展中，"新逻辑提供了一种方法"。他甚至认为"逻辑是哲学的本质"。1910年，罗素与怀特海发表了三大卷的《数理原理》，发展了关系逻辑和摹状词理论，提出了解决悖论的类型论，从而使数理逻辑发展和成熟起来。哲学理论的判定标准决定于逻辑标准，论证是否具有强有力的逻辑力量是判定哲学理论是否有说服力的唯一标准。因为只有强有力的逻辑论证力量才能震撼并启迪人的思想或心灵。也就是说，逻辑学使得哲学更加严格、精确，它不断地推动着哲学向着更加严密、精深的方向发展。

简单地说，一切在现代产生并发展起来的逻辑都可以叫现代逻辑。不过，从其内容角度讲，现代逻辑则主要指数理逻辑以及在数理逻辑基础上发展起来的逻辑。现代逻辑发展的动力主要有两个：一是来源于数学中的公理化运动。这是指20世纪初的数学家们通过对日常思维的命题形式和推理规则进行精确化、严格化的研究，并尝试根据明确的演绎规则推导出其他数学定理，以从根本上证明数学体系的可靠性而进行的研究活动。二是来源于对数学基础与逻辑悖论的研究。从推动现代逻辑发展的两大动力上可以看出，逻辑学与数学之间的关系是何等密切。可以说，数理逻辑的创立，基本上奠定了现代逻辑学的基础，同时也为逻辑学的其他分支学科的研究、产生、发展奠定了理论基础。

人们通常把现代逻辑等同于数理逻辑，这在某种程度上也说明了逻辑学与数学的密不可分。其实，数理逻辑是研究数学推理的逻辑，属于数学基础的范畴。不过，"用数学方法研究逻辑问题，或者用逻辑方法研究数学问题"的研究方法已经极大地促进了现代逻辑学的发展。正是数理逻辑的发展，使亚里士多德创立的逻辑学达到了第三个发展高峰。比如20世纪就曾形成了逻辑主义、形式主义和直觉主义这三大数学基础研究的派别。因此，20世纪也被认为是逻辑学发展的黄金时代。不但如此，也有逻辑学家预测，在21世纪逻辑学的发展中，逻辑学的数学化仍将是现代逻辑学发展的主要方向之一。

计算机科学的发展及其带来的现代文明也离不开现代逻辑的发展，因为正是现代逻辑应用到计算机科学和人工智能上才产生了人工智能逻辑。20世纪中期，数理逻辑学家冯·诺依曼和图灵造出了第一台程序内存的计算机。其中，冯·诺依曼运用的逻辑基础就是经典的二值逻辑。事实上，计算机软件、硬件技术所凭借的表意符号的性质及其解释都是基于符号逻辑的，而关于表意符号的二值运算又是基于经典二值逻辑（或数理逻辑）的。因此，可以说，符号语言和数理逻辑直接导致了计算机的诞生并极大地推动了计算机的发展。

此外，逻辑学还对包括语言学、物理学等在内的自然科学、工程技术、人文社会科学等领域有着不容忽视的影响。同时，逻辑的应用研究还延伸到其他学科领域，出现了价值逻辑、量子逻辑、概率逻辑、法律逻辑、控制论逻辑、科学逻辑等。逻辑学发展到现在，已经走出了哲学研究的范畴，而且也不仅仅局限于数学领域，它已经开始广泛应用于许多学科的领域之中，在促进其他学科发展的同时也实现了自身的发展。相信，在未来的世界，作为一门基础性和工具性学科，逻辑学会发挥越来越重要的作用。

逻辑能提高现代竞争力

现在，不管在哪个领域，从事什么工作，人们都有了一个共同认识，那就是如今各种竞争的核心都是人才的竞争。作为个人来讲，要想在如此激烈的竞争中立于不败之地，那就要不断提升自己的综合实力，即个人竞争力。从学术角度讲，个人竞争力是指个人的社会适应和社会生存能力，以及个人的创造能力和发展能力，是个人能否在社会中安身立命的根本。它包括硬实力和软实力。硬实力是指看得见、摸得着的物质力量，软实力则是指精神力量，比如政治力、文化力、外交力等软要素。在当代社会发展中，硬实力已经逐渐式微，而软实力则越来越受到人们的重视。逻辑学作为一门基础性和工具性学科，对提升个人软实力、提高个人现代竞争力无疑有着重要作用。

第一，逻辑学能够极大地提高人们的逻辑思维能力。

我们前面讲过，逻辑思维是指人们在认识过程中借助于概念、判断、推理等思维形式能动地反映客观现实的理性认识过程。那么，逻辑思维能力就是人们运用已知信息和现有知识，对各种现象和问题进行推理、论证和分析的能力。而要对各种现象和问题进行推理和论证，就要综合运用包括识别、比较、分析、综合、判断、归纳、支持、反驳、评价等在内的各种推理和论证方法。因此，可以说逻辑学对考察、训练、提高一个人的逻辑思维能力有着重要的作用，而一个人的逻辑思维能力也在事实上反映着一个人的综合素质。对此，只要稍稍看几道逻辑思维训练题就可以很容易地得到证明了。

第二，逻辑学能提高人们正确认识客观世界、获取新知识的能力。

马克思主义哲学认为，物质决定意识，意识是物质的反映。也就是说，人的主观认识都是客观世界在人脑中的反映。既然如此，也就有正确反映和错误反映之分，而逻辑学有助于人们正确地认识客观世界。只有对客观世界有了正确的认识，才可能对各种现象和问题进行正确的判断和推理，并从中获取新的知识。事实上，逻辑学就是从已知信息和现有知识准确地推论出新信息和新知识的学问。

亚里士多德认为，重的物体下落速度比轻的物体下落速度快，落体速度与重量成正比。在其后两千多年的时间里，人们一直都奉行亚里士多德的这个结论。直到1590年伽利略的两个铁球的实验，才最终结束了这种错误的认识。伽利略曾作如此推理：既然物体越重下落速度越快，那么如果把一个重量小的铁块和一个重量大的铁块绑在一起，小铁块下落速度慢，因而就会减缓大铁块的下落速度，最后两个铁块的整体下落速度就会慢于大铁块。但是，两个铁块绑在一起，它的重量比单独的大铁块要重，因此它的下落速度要比大铁块要快。这就在逻辑上出现了矛盾。为了证明自己的推理，伽利略登上了比萨斜塔。当着众人的面，将一重一轻两个铁球同时从塔顶抛下，结果人们震惊了，因为两个铁球是同时落地的。

这个实验从根本上推翻了亚里士多德的定论，并得出"两个不同重量的物体将以同样的速度降落且同时到达地面"的正确结论。这不能不说是正确的逻辑推理的功劳。

第三，逻辑学能提高人们识别错误、揭露诡辩的能力。

既然逻辑学可以让人们正确地认识客观世界，那么毫无疑问，运用正确的逻辑推理也可以让人们识别出错误的判断。比如著名的"自相矛盾"的故事中，那个楚人说："吾盾之坚，物莫能陷也。"其中隐含的判断就是"我的矛也刺不穿我的盾"；他又说："吾矛之利，于物无不陷也。"其中隐含的判断就是"我的矛可以刺穿我的盾"。这就得出了两个完全矛盾的判断，犯了最明显的逻辑错误。所以在别人问他"以子之矛，陷子之盾，何如"时，他就"弗能应"了。这就是通过逻辑学识别错误的典型案例。

逻辑学不但可以识别错误，也能够揭露诡辩。所谓诡辩就是有意地把真理说成是错误，把错误说成是真理的狡辩。诡辩实际上就是在混淆是非，颠倒黑白，但它却能自圆其说，即便你觉察到了不对也不知道如何反驳。诡辩是一种错误的逻辑，是诡辩者为了自己的主张故意制造出来的伪逻辑。它比错误更难识别，比强词夺理更难驳斥。只有掌握了正确的逻辑思维能力，才能揭破诡辩的真面目。

亚里士多德的《辩谬篇》中记载有这么一则诡辩：你有一条狗，它是有儿女的，因而它是一个父亲；它是你的，因而它是你的父亲，你打它，就是打你自己的父亲。

这便是经典的诡辩案例。这个推理乍看上去很符合逻辑，甚至无懈可击，实际上犯了"偷换概念"的错误，因而是荒谬的。

第四，逻辑学能提高人们准确地表达思想的能力。

逻辑学具有严密、精确的特点，不管是对概念作描述，还是对各种现象和问题作推理、论证，逻辑学都要求遵循明确的规则，运用精确的语言去表达。因此，它可以有效地培养并提高人们准确表达自己思想的能力。如果缺乏这种能力，你所表达的思想就会杂乱无章，让人不知所云。其实，一个正确的观点一定是符合逻辑的，而思想混乱本就是缺乏逻辑性的表现。

第五，逻辑学能提高人们的创新能力。

创新就是以新思维、新发明和新描述为特征的一种概念化过程。通常它包括三层含义：更新、改变和创造新的东西。创新从来不是一件容易的事，正因为如此，创新才显得格外重要，创新能力也成为企业招聘员工的一项重要参考标准。我们在讲逻辑学的性质时说过，逻辑学是一门工具性学科。也就是说，你只要掌握了一定的逻辑判断、推理、论证的原则和技巧，就可以对任意内容进行研究。这就像你掌握了一个数学公理，因此可以用它解答与之相应的很多问题。因此，它极大地训练并提高了人们的创新思维能力。事实上，人们通过逻辑学获取新知识本身就已经是一种创新了。所以，可以说，掌握了逻辑思维能力，就是拿到了进入创新世界的钥匙。

第六，逻辑学能提高人们的交际能力，是极好的说理工具。

《左传》中有这么一则故事：

晋国、秦国包围了郑国，存亡之际，郑国派烛之武去游说秦伯。烛之武说："秦、晋围郑，郑既知亡矣。若亡郑而有益于君，敢以烦执事。越国以鄙远，君知其难也。焉用亡郑以陪邻？邻之厚，君之薄也。若舍郑以为东道主，行李之往来，共其乏困，君亦无所害。且君尝为晋君赐矣，许君焦、瑕，朝济而夕设版焉，君之所知也。夫晋，何厌之有？既东封郑，又欲肆其西封，若不阙秦，将焉取之？阙秦以利晋，唯君图之。"秦伯说，与郑人盟，使杞子、逢孙、杨孙戍之，乃还。

在这里，烛之武从五个方面向秦伯分析了协助晋国进攻郑国的利害关系：（1）消灭郑国对秦国没有任何好处；（2）消灭郑国其实是在增强晋国的实力，客观上也就削弱了秦国的实力；（3）如果保留郑国，郑国可以成为秦国的盟友，向秦国进贡；（4）晋国言而无信，曾失信于秦国；（5）晋国消灭了郑国后，接着便会进攻秦国。烛之武运用严密的逻辑推理和极具说服力的言辞向秦伯说明了攻打郑国最终一定会损害秦国的利益，从而说服秦国退兵。五条理由层层深入、步步为营，显示了高超的外交能力和说理技巧。烛之武或许不懂得逻辑学，但却在事实上极为娴熟地运用了逻辑推理和论证。可见，逻辑学对提高人们的交际能力和说理技巧是何等重要。

第七，逻辑学能提高人们的批判性思维能力。

批判性思维是现代逻辑学的一个发展方向，从20世纪70年代起，西方世界出现了一场被称为"新浪潮"的批判性思维运动。这场运动的重要结果之一，就是出现了以批判性思维的理念为基础的风靡全球的能力型考试（GCT-ME逻辑考试）模式。它关注的核心问题便是逻辑知识与逻辑思维能力之间的关系。因此，学习逻辑学无疑会提高人们批判性思维的能力，也就是提高人们"决定什么可做，什么可信所进行的合理、深入的思考"能力。

第八，逻辑学能提高人们应付逻辑考试的能力。

现在，在西方国家的 GRE（研究生入学资格考试）、GMAT（管理专业研究生入学资格考试）、雅思以及我国的 MBA（工商管理硕士）、MPA（公共管理硕士）、GCT（硕士学位研究生入学资格考试）等考试中屡屡出现考察逻辑思维能力的试题，各大企业、公司在面试中也开始重视应聘者的逻辑思维能力。学习逻辑学，对应付这些关于逻辑思维能力的考试无疑是有好处的。

综上所述可知，逻辑学在提高现代竞争力方面发挥着积极的作用，我们要想在当今激烈的社会竞争中立于不败之地，掌握一些逻辑学的知识是十分必要的。

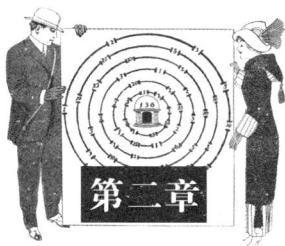

概念思维

什么是概念

概念是人们认识自然现象的一个枢纽，也是人们认识过程的一个阶段。从逻辑学的角度讲，概念是一种思维形式，而且是逻辑学首先需要研究的对象。如果说思维是一种生物，那么概念就是这种生物的细胞。概念是对客观存在辩证的反映，是主观性与客观性、共性与个性、抽象性与具体性的统一。同时，因为概念是可以相互转化的，所以概念也是确定性和灵活性的统一。

概念的含义

概念是人们在认识事物的过程中，对"这种事物是什么"的回答。通常，人们都认为概念是反映对象的本质属性的思维形式。而且，它所反映的是一切能被思考的事物。比如：

自然现象：日、月、山、河、雨、雪……

社会现象：商品、货币、生产力、国家、制度……

精神现象：心理、意识、思想、思维、感觉……

虚幻现象：鬼、神仙、上帝、佛……

上述事物虽然属于不同的现象和领域，但是都是能够被思考的事物，所以都可以反映为概念。

要想真正理解概念的含义，就要特别注意"本质属性"这四个字。事物的属性有本质属性和非本质属性之分。本质属性是指决定该事物之所以为该事物并区别于其他事物的属性，是对事物本质的反映。非本质属性就是指对该事物没有决定意义的事物。概念就是对事物的本质属性的反映，非本质属性的反映就不是概念。比如：

（1）雪：由冰晶聚合而形成的固态降水。

（2）雪：一种在冬天飘落的白色的、轻盈的、漂亮得像花一样的东西。

上述两个关于"雪"的描述中，（1）反映了"雪"的本质属性，即固态降水；（2）虽然从时间、颜色、重量、形状各方面都对其进行了描述，但都是关于它非本质属性的描述，并没有反映出决定"雪"之所以为"雪"的本质属性，所以不能成为概念。再比如：

柏拉图曾经把"人"定义为没有羽毛的两脚直立的动物。于是他的一个学生就找来了一只鸡，把鸡的羽毛全拔掉，然后拿给他："没有羽毛、两脚直立的动物，看，这就是柏拉图的'人'！"

显然，柏拉图对"人"的定义并没有反映出"人"的本质属性，只是指出了一些外在形式上的区别，所以闹出笑话。

概念的形成过程

概念的形成过程其实就是人的认识不断加深的过程。

人对事物的认识首先是感性认识，即人们在实践过程中，通过自己的肉体感官（眼、耳、鼻、舌、身）直接接触客观外界而在头脑中形成的印象。感性认识是对各种事物的表面的认识，一般都是非本质属性的认识。如柏拉图对"人"的定义便是感性认识。在感性认识的基础上，通过分析、综合、抽象、概括等方法对感性材料进行加工，从而把握事物的本质，才会形成理性的认识。理性认识就是对事物本质规律和内在联系的认识，具有抽象性、间接性、普遍性。理性认识是认识的高级阶段，概念一般也是在人的认识达到理性认识阶段的时候才得以形成。在对"人"的定义上，便十分鲜明地显示了人们的认识逐渐深入的过程。

无名氏：人是会笑的动物。

柏拉图：没有羽毛的两脚直立的动物。

亚里士多德：人是城邦的动物。

荀子：人之所以为人者，非特以二足而无毛也，以其有辩也。

马克思：人是一切社会关系的总和。

《现代汉语词典》：能制造工具并能熟练使用工具进行劳动的高等动物。

张荣寰：人的本质即人的根本是人格，人是具有人格（由身体生命、心灵本我构成）的时空及其生物圈的真主人。

从上面"人"的定义的演变过程来看，概念的形成过程便是人从感性认识逐渐上升至理性认识，从对事物的非本质属性到本质属性认识的过程。

概念和判断、推理的关系

概念是思维的基本形式，是思维的历史起点和逻辑起点。从思维的历史看，人是从对一个一个概念的学习开始，然后才逐渐开始思维的；从思维的逻辑看，没有概念就无法组成命题，更无法进行判断和推理。因此，概念是判断或命题的组成单位，推理是根据判断进行的。即：

概念→判断→推理

马克思主义哲学认为：物质决定意识，意识又反过来影响物质。概念和判断、推理的关系也是如此。这是因为人在现有概念的基础上，通过判断和推理，可以得到新的认识，从而形成新的概念。比如居里夫人在对原有各种物质本质属性认识的基础上发明了新的物质镭。这经过推理形成的新的概念不仅丰富了原有的概念范畴，也在新一轮的判断、推理中发挥着积极作用。这样，概念和判断、推理之间就形成了循环往复以至无穷的链条。即：

概念→判断和推理←→新的概念

概念和语词

概念是思维的细胞，是思维的基本形式；语词是语言的细胞，是语言的基本组成单位。就像"形式"和"内容"的关系，就像"能指"和"所指"的关系，概念和语词的关系也是对立统一的，既相互联系，又相互区别。

1. 概念和语词的联系

在某种程度上，概念和语词的联系就像组成"画"的纸张和颜料的关系。如果只有纸张而没有颜料，纸张就没有任何美学意义和艺术价值；如果只有颜料而没有纸张，颜料也只是颜料，同样没有美学意义和艺术价值。只有当二者有机地结合在一起时，才有了意义和价值。语词是一种语言符号，表现为一定的声音和笔画。语词之所以能作为人们交流思想的工具，就是因为它在人的头脑中组成了一定的概念。概念要想存在并表达出来，就不得不依赖语词，也就是说，语词使得概念的意义最终得以实现。概念是语词的思想内容，语词是概念的语言表达形式。脱离了语词的概念是不存在的，没有组成概念的语词也无法交流。

2. 概念和语词的区别

第一，概念是逻辑学的研究对象，是一种思维形式；语词是语言学的研究对象，是一种语言形式。第二，概念反映的是事物的本质属性，语词只是表达概念的声音和符号。第三，概念虽然需要语词来表达，但并不是所有的语词都表达概念。比如：

包括名词、动词、数词、形容词、代词等在内的实词一般都可以表达概念；但是包括副词、介词、连词、叹词、疑问词等在内的虚词则不表达概念。第四，同一概念可以通过不同的语词来表达，或者说不同的语词可以表达同样的概念。这主要是指不同的语种而言，比如汉语"妹妹"在英语中用"sister"来表达，在日语中则用"いもうと"来表达。虽然语词不同，但概念却是一样的。第五，同一语词在不同的语境中也可能表达不同的概念。语境指言语环境，它包括语言因素，也包括非语言因素。上下文、时间、空间、情景、对象、话语前提等与语词使用有关的都是语境因素。任一方面语境的变化都可能引起概念的变化，比如在"世界人民大团结万岁"和"这种男人，一月到手也不过六七张'大团结'，穷死了"两句话中的"大团结"，前者指广大人民之间的团结，后者则指1965年版的面值十元的第三套人民币。

正确使用语词，可以准确表达概念；错误使用语词，则会造成概念不清和逻辑思维的混乱。所以，我们要尽量了解语词，并明白语词在不同语境中的特定含义，规范使用语词，这样才能正确、清晰地表达概念。

概念的内涵和外延

有这么一则笑话：

老师：你最喜欢哪句格言？

杰克：给予胜于接受。

老师：很好。你从哪儿知道这句格言的？

杰克：我爸爸告诉我的，他一直都把这句话作为自己的座右铭。

老师：啊！你爸爸真是一个善良的人！他是做什么工作的？

杰克：他是一名拳击运动员。

我们都觉得这个笑话很好笑，但是或许并不太清楚它为什么好笑。也就是说，我们都是"知其然而不知其所以然"。从逻辑学的角度分析，这就涉及概念的内涵和外延的问题。杰克之所以闹出笑话，是因为他不明白"给予"这个概念的内涵，而概念明确是我们进行正确的思维活动的前提。

概念的内涵

我们讲过，概念就是人脑对客观世界的反映，或者客观世界反映在人脑中的印象。不过，这印象是客观事物的本质属性。概念的内涵，即概念的含义，就是概念所反映的对象的本质属性，或者说反映在概念中的对象的本质属性。事物的本质属性指的是事物的本质，它是一种客观存在，不以人的意志为转移。人只有透过现象才能看到事物的本质，而一旦对事物的本质的认识反映到概念中，就构成了概念的内涵。比如上面的笑话中"给予"一词的内涵是"使别人得到好处"或者"把好处给予别人"，杰克的错误就在于没有真正明白"给予"的确切内涵。再比如：

"商品"这个概念的内涵就是用来交换的劳动产品；

"颜色"这个概念的内涵是光的各种现象或使人们得以区分在大小、形状或结构等方面完全相同的物体的视觉或知觉现象；

"国家"这个概念的内涵是经济上占统治地位的阶级进行阶级统治的工具；

"学校"这个概念的内涵是有计划、有组织地进行素质教育的机构。

需要指出的是，客观存在的本质属性与概念的内涵是两个概念，不能等同起来。也就是说，概念的内涵是被反映到主观思维中的概念的含义，而不再是客观存在的本质属性。简单地说，就是如果客观存在的本质属性是镜子外面的事物，那么概念的内涵就是镜子外面的事物反映到镜子里的那个影像。被镜子反映的事物和镜子里的那个影像是两个层次的事物，被反映的对象和反映在头脑中的概念也是两个不同的层次。

概念的外延

概念的外延是指具有概念所反映的本质属性的所有事物，也就是概念的适用范围。用一个不太恰当的比喻就是，如果说概念的内涵是一座房子，那么概念的外延就是房子里的所有物品。概念的内涵是从概念的"质"的方面来说的，它表明概念反映的"是什么"；概念的外延是从概念的"量"上来说的，它表明概念反映的是"有什么"，即概念都适用于哪些范围。我们通过下面的表格便可以很清楚地明白这一点：

概念	概念的内涵	概念的外延
商品	用来交换的劳动产品	一切用来交换的劳动产品，比如手机、电脑、饮料、服装、书籍等
国家	经济上占统治地位的阶级进行阶级统治的工具	古今中外的一切国家，比如中国、美国、英国、德国、新加坡、古希腊等
学校	有计划、有组织地进行素质教育的机构	所有种类的学校，比如大学、高中、小学、幼儿园、职业培训学校等
语言	词汇和语法构成的系统，是人类交流思想的工具	世界上一切语言，比如汉语、英语、俄语、维吾尔语等

通俗地讲，概念的外延就是这个概念所包括的子类或分子。因为概念的外延有时候涵盖的范围是非常广泛的，对这些范围中的事物进行归类，就可以得到一个个的"子类"，而"子类"中具体的对象就是"分子"。比如"学生"这个概念的外延是指所有学生，包括研究生、大学生、中学生、小学生等各个"子类"，而这各"子类"中具体的学生就是"分子"。如果一个概念反映的不包括任何实际存在的"子类"或"分子"，这个概念就是虚概念或空概念。比如"上帝""鬼""花妖""永动机""绝对真空""人造太阳""圆的方"等概念反映的对象在现实世界是不存在的，所以这些都是空概念。

概念的内涵和外延的关系

概念的内涵和外延是概念的两个基本特征，其关系就如同语法规则和具体的语言表达的关系。语法规定并制约着具体的语言表达，语法规则的变化也影响着具体的语言表达；而语言表达也反过来影响并丰富着语法规则。概念的内涵和外延的关系便是这样的相互依存又互相制约的关系。

首先，只有确定了概念的内涵，才能明确概念的外延。也就是说，概念的内涵是了解概念的外延的前提条件，对概念内涵的不同理解直接影响着概念外延的范围。看下面这则事例：

数学课上，老师提问李明：Y 和 $-Y$ 哪个大？

李明：Y 大。$-Y$ 是负数，Y 是正数，正数大于负数，所以 Y 大于 $-Y$。

老师：是吗？如果 Y 是 -1，哪个数大？

李明：哦，$-Y$ 大。

老师：如果 Y 是 0 呢？

李明：Y 是 0 的话，$Y=-Y$。

老师：是啊，你看，Y 的取值不同，两者比较得出的结果就不同。所以，在 Y 的数值情况不明确的情况下，你不能简单地说哪个大哪个小。

上面这个事例就很明确地说明了概念的内涵和外延的关系。Y 的内涵是包括实数范围内的任何数；Y 的外延可以是正数，可以是负数，也可以是 0，一切实数都是 Y 的外延。所以，只有明确了 Y 的取值（概念的内涵），才能正确分别出 Y 和 $-Y$ 的大小（概念外延的范围）。

其次，任何概念都是确定性和灵活性的统一，概念的内涵和外延也具有确定性和灵活性。某个时期内，概念的内涵是确定的，概念的外延也有着明确的范围；但是随着实践的深入，人们的认识也会发生一定的改变，那么，概念的内涵和外延也就随之发生改变；而且，有时候不同时间、地点、语境下，人们对同一概念的内涵和外延理解也会不同。以人们对"死亡"概念内涵的理解为例：

传统意义上，人们都认为只要心脏停止跳动，自主呼吸消失就是死亡。后来人们都认识到思维的生理机制在于大脑。美国哈佛医学院于 1968 年首先报告了他们的"脑死亡"标准，即 24 小时的观察时间内持续满足无自主呼吸、一切反射消失、脑电心电静止才是死亡。我国卫生部前几年拟定的"脑死亡"标准则是持续 6 个小时出现严重昏迷，瞳孔放大、固定，脑干反应能力消失，脑波无起伏，呼吸停顿则判定为死亡。这种判定方法将死者与植物人区别了开来，使得人们对"死亡"概念的内涵和外延有了更清晰的了解。

最后，概念的内涵和外延间存在着反变关系。我们前面讲过概念的属种关系，属概念就是指外延较大的概念，种概念就是指外延较小的概念。比如"花"和"菊花"就是具有属种关系的两个概念，其中，"花"就是属概念，"菊花"就是种概念。从概念的内涵上讲，"花"这个概念反映的是被子植物的生殖器官；而"菊花"这个概念除了反映"花"的概念的内涵外，还反映"多年生菊科草本植物"这个本质属性。所以，"花"这个概念的内涵要比"菊花"这个概念的内涵少。从概念的外延上讲，"花"这个概念反映的是"一切花"；"菊花"这个概念反映的则是"一切菊花"。所以，"花"这个概念比"菊花"这个概念反映的范围要大，也就是说前一概念的外延大于后一概念的外延。因此，可以得出属概念的内涵少于种概念的内涵，但其外延大于种概念的外延的结论。也就是说，内涵越少，外延越大；内涵越多，外延越小。反变关系反映的就是具有这种属种关系的概念的内涵与外延间的关系。

单独概念和普遍概念

为了更清晰、明确地研究、描述、使用概念，根据对概念的内涵和外延的不同特征，逻辑学对概念进行了划分，把具有相同特征的概念划分为一类。这种分类不仅可以便于人们理解和学习，也能够更深入地分析概念的各种特征，进而用理论指导实践。

根据概念的外延的数量可以把概念分为单独概念和普遍概念。在本节，我们就先来讨论一下单独概念和普遍概念。

单独概念

单独概念是反映某一个别对象的概念，它的外延是由独一无二的分子组成的类。

从语言学的角度出发，可以用两种表现形式来表示单独概念：

1. 用专有名词表示单独概念

专有名词是特定的某人、地方或机构的名称，即人名、地名、国家名、单位名、组织名等都是单独概念。比如：

表人物的单独概念：司马迁、曹雪芹、海明威、川端康成等；

表地点的单独概念：北京、郑州、好莱坞、香格里拉等；

表国家的单独概念：中国、美国、俄罗斯、西班牙等；

表组织的单独概念：联合国、非洲统一组织、上海合作组织等；

表节日的单独概念：中秋节、儿童节、感恩节、樱花节等；

表事件的单独概念：五四运动、康乾盛世、光荣革命等。

此外，还有表时间的单独概念，比如"1949年10月1日""2011年1月1日"等；表品牌的单独概念，比如"李宁""花花公子""联想"等。总之，一切有着"专有"性质且外延独一无二的概念都是单独概念。

2. 用摹状词表示单独概念

摹状词是指通过对某一对象某一方面特征的描述来指称该对象的表达形式。它满足在某一空间或时间"存在一个并且仅仅存在一个"的条件。比如："《史记》的作者""世界上最长的河流""新中国成立的时间""杂交水稻之父""巴西第一位女总统"，等等，都可以用来表示单独概念。

普遍概念

普遍概念是反映两个或两个以上的对象的概念。它与单独概念最大的区别就在于它的外延至少要包括两个对象，少于两个或没有对象的概念都不是普遍概念。

从语言学的角度出发，动词、形容词、代词、名词中的普通名词等都可以表示普遍概念。比如：

动词：逃跑、唱歌、运动、烹饪、写作等；

形容词：积极、勇敢、富裕、寒冷、漂亮等；

代词：他、她、它、他们等；

普通名词：人、商品、花、马、学生等。

从外延的可数与不可数的角度出发，普遍概念可以分为有限普遍概念和无限普遍概念。有限普遍概念是指其外延包括的对象在数量上是可数的，是有限量的，比如"国家""城市""高中"等；无限普遍概念是指其外延包括的数量是不可数的，是无限量的，比如"分子""学生""有理数""商品""颜色"等。

我们前面讨论了概念、类、子类和分子的关系，即概念可以分为各个"类"，

"类"可以分为各个"子类","子类"则是由"分子"组成的。实际上，普遍概念就是对同一类分子共同特征的概括，因而属于这一"类"的所有子类或分子也一定具有这一"类"的属性。

正确区分单独概念和普遍概念

不管是在学术研究中，还是日常生活中，我们都会用到单独概念和普遍概念。只有正确区分单独概念和普遍概念，才能准确地表达自己的意思；如果对它们的区别不加注意，或者糊里糊涂，就难免出现错误。

第一，单独概念和普遍概念最大的区别就是在外延上是否真正唯一。比如"世界上最长的河流"是单独概念，仅指埃及的尼罗河；但是如果去掉"最"字，"世界上长的河流"就不再是单独概念了，因为其外延已经不止一条河流了。再比如"东岳"是单独概念，仅指山东泰山；但是"五岳"虽然也是专有的称呼，但其外延却包括泰山、嵩山、衡山、华山和恒山，也不是单独概念。所以，在说话或写作时，一定要表达清楚，一字之差结论可能就完全不同了。

第二，运用概念时前后保持一致，避免偷换概念。如果前面说的是单独概念，后面换成了普遍概念，或者把普遍概念换成了单独概念，就可能闹出笑话。请看下面这则笑话：

汤姆：帕里斯，昨天我举行婚礼，你怎么没来啊？

帕里斯：哦，真对不起，汤姆！昨天我头疼得厉害，所以不得不去看医生。请原谅，我保证下次一定去！

显然，上面这则笑话之所以可笑，就是因为帕里斯把"汤姆的婚礼"这一单独概念混同为普遍概念。这样一换就好像汤姆有好多婚礼一样，所以才让人觉得有趣。

第三，在特定的语境中，单独概念也可能表示普遍概念。有时候，语境的不同也会改变概念的外延。这时候，就要分清楚它到底是单独概念还是普遍概念，这样才能准确理解作者的意思。比如：

你们杀死一个李公朴，会有千百万个李公朴站起来！你们将失去千百万的人民！你们看着我们人少，没有力量？告诉你们，我们的力量大得很，强得很！看今天来的这些人都是我们的人，都是我们的力量！

这段话中，第一个"李公朴"是特指某一单个对象，即李公朴本人，所以是单独概念；第二个"李公朴"则并非特指某一特定对象，而是泛指具有李公朴精神的后来者，因此是普遍概念。再比如：

（1）在这张纸上用毛笔书写着"向雷锋同志学习"七个潇洒苍劲的行草字。

（2）尊敬的老师、亲爱的同学们，大家好！今天我演讲的题目是《千万个雷锋在成长》。

在上面两段话中，（1）中"向雷锋同志学习"中的"雷锋"是特指某一单个对象，即雷锋本人，所以是单独概念；（2）中"千万个雷锋在成长"则是泛指具有雷锋精神的人，已经不是唯一的了，所以是普遍概念。

可见，正确区分单独概念和普遍概念，尤其是正确理解它们在不同的语境中的含义，是明确概念的内涵和外延基本要求。

实体概念与属性概念

依据反映的对象性质的不同，即所反映的是具体事物还是各种各样抽象的事物的属性，概念可分为实体概念和属性概念。

实体概念

亚里士多德认为实体是独立存在的东西，是一切属性的承担者，因此实体是独立的，可以分离。实体表达的是"这个"而不是"如此"。他还认为实体最突出的标志就是实体是一切变化产生的基础，是变中不变的东西。这体现了他一定的唯物主义思想。

实体概念又叫具体概念，是反映各种具体事物的概念。实体概念的外延都是某一个或某一类具体的事物。从语言学的角度看，实体概念可以用名词或名词词组来表示。比如：

名词：城市、故宫、课本、教师、杨树、草地、长江等；

名词词组：好看的电影、趣味谜语、勇敢的战士、小桌子、红玫瑰等。

下面我们来看一首诗，并从中找出描述实体概念的语词：

归园田居

少无适俗韵，性本爱丘山。

误落尘网中，一去三十年。

羁鸟恋旧林，池鱼思故渊。

开荒南野际，守拙归田园。

方宅十余亩，草屋八九间。

榆柳荫后檐，桃李罗堂前。

暧暧远人村，依依墟里烟。

狗吠深巷中，鸡鸣桑树颠。

户庭无尘杂，虚室有余闲。

久在樊笼里，复得返自然。

其中，丘山、羁鸟、旧林、池鱼、故渊、南野、田园、方宅、草屋、榆柳、后檐、桃李、堂前、村、墟里烟、狗、深巷、鸡、桑树、户庭、尘杂、虚室、余闲、樊笼等都是指某一个或某一类具体的事物，所以都是实体概念。

再看下面一首元曲：

莺莺燕燕春春，花花柳柳真真，事事风风韵韵。娇娇嫩嫩，停停当当人人。

其中，莺莺、燕燕、春春、花花、柳柳、事事、人人等都是实体概念。在马致远著名的《天净沙·秋思》中，"枯藤老树昏鸦，小桥流水人家，古道西风瘦马。夕阳西下，断肠人在天涯。"则几乎全是由实体概念组合成的曲子。

属性概念

属性概念又叫抽象概念，是反映事物某种抽象的属性的概念。这种抽象的属性既可以是事物本身的性质，也可以是事物间的各种关系。与实体概念反映的看得见、摸得着的具体事物相比，属性概念反映的属性则是看不见、摸不着的。比如：

事物本身的性质：公正、勇敢、坚强、善良、美丽、专心致志、得意忘形等；

事物之间的关系：友好、统治、敌对、等于、小于、包含、相容等。

以上面所举元曲为例，其中，真真、风风韵韵、娇娇嫩嫩、停停当当都是描述概念的性质的，所以都是属性概念。

再看一下《双城记》中开篇的一段话：

这是最美好的时代，这是最糟糕的时代；这是智慧的年头，这是愚昧的年头；这是信仰的时期，这是怀疑的时期；这是光明的季节，这是黑暗的季节；这是希望的春天，这是失望的冬天；我们全都在直奔天堂，我们全都在直奔相反的方向——简而言之，那时跟现在非常相像，某些最喧嚣的权威坚持要用形容词的最高级来形容它。说它好，是最高级的；说它不好，也是最高级的。

这段话里，美好、糟糕、愚昧、光明、黑暗、喧嚣、高级等是描述概念性质的属性概念。再比如：

（1）"1 大于等于 1"对吗？对，为什么呢？因为大于等于就是不小于啊，1 不小于 1，当然正确了。

（2）地主阶级与农民阶级是统治与被统治的关系。在封建社会，农民阶级总是受剥削、受压迫的阶级。

其中，大于、等于、不小于、统治、被统治、剥削、压迫都是表示事物之间的关系的，所以也是属性概念。

正确理解实体概念和属性概念

逻辑史上，黑格尔第一次把概念区分为实体概念（具体概念）与属性概念（抽象概念），肯定了实体概念的存在，并在其名著《逻辑学》中深入地研究了实体概念，提出了许多精辟的见解。我们在进行思维或表达的时候，也应该正确区分和运用实体概念和属性概念。

首先，要正确运用实体概念和属性概念。如果说实体概念是指一个人，那么属性概念就是指这个人的性格特征，比如善良抑或邪恶、聪明抑或愚笨、正直抑或卑鄙、漂亮抑或丑陋，等等。看下面北岛的诗中的一段：

> 卑鄙是卑鄙者的通行证，
>
> 高尚是高尚者的墓志铭，
>
> 看吧，在那镀金的天空中，
>
> 飘满了死者弯曲的倒影。

在这段诗里，"卑鄙者"是指语言或行为不道德的人，是具体的事物，所以应该是实体概念；而"卑鄙"则是对"卑鄙者"语言或行为属性的描述，因此是属性概念。"高尚"和"高尚者"的理解也同于此。诗人以诗的形式，通过实体概念（卑鄙者、高尚者）和属性概念（卑鄙、高尚）的综合对比运用，给人一种沉重的思考："高尚"与"卑鄙"的意义究竟何在？卑鄙的人竟然可以凭借其"卑鄙"而通行无阻，高尚的人却因他的高尚而死。那么，这究竟是一个怎样的世界啊？

其次，不要混淆实体概念和属性概念。实际上，在我们进行思维或表达的时候，不管是实体概念和属性概念的混淆，还是实体概念与实体概念之间、属性概念与属性概念之间的混淆，都可能造成思维或表达的混乱。许多幽默故事就是运用了这种不同概念之间的混淆才产生了极具戏剧性的效果。比如：

一次酒会上，一位男作家站起来，大声对在座的女士们说："我们男人是大拇指"，他伸出大拇指摇了摇，继续说，"而你们女人则是小拇指"，说完他又晃了晃小拇指。

在座的女士们很生气，觉得男作家对她们太不恭敬了，便质问道："你这是什么意思？"

男作家笑了笑，不慌不忙地答道："大拇指粗壮结实，小拇指灵巧可爱。难道不是这样吗？"

这则幽默故事中，"男人""女人""大拇指""小拇指"都是实体概念，男作家因为故意将"男人""女人"与"大拇指""小拇指"这两对实体概念混淆起来而引起女士们的不满。事实上，女士们不满的并不是男作家把自己比作"小拇指"，她们不满的是"小拇指"代表的意义，她们认为那是一种挑衅甚至侮辱。

"粗壮结实""灵巧可爱"是描述事物属性的属性概念，"大拇指"有"粗壮结实"的属性，"小拇指"有"灵巧可爱"的属性。这本来是没什么疑问的，妙就妙在男作家在用它们描述大小拇指的同时又将其和"男人""女人"这两个实体概念混淆起来，使"男人""女人"具有了这些属性，因而造成了戏剧性效果。

正概念与负概念

正概念和负概念是根据其反映的对象是否具有某种属性来划分的。它们强调的不是这种属性"是什么"，而是"有没有"这种属性。

正概念

正概念即肯定概念，是反映对象具有某种属性的概念。在思维过程中，人们遇到的大多数概念都是正概念。比如：美好、优秀、温柔、漂亮、精致、坚毅，等等，都是正概念或肯定概念。

不过，正概念反映的是对象具有某种属性的概念，与这种属性是什么并无关系。也就是说，它没有褒贬色彩，不管这属性是好是坏、是对是错，只要它有这种属性，就是正概念。因此，凶恶、卑鄙、落后、残暴、懒惰、危险等同样是正概念。

负概念

负概念即否定概念，是反映对象不具有某种属性的概念。负概念是相对于正概念而言的，相对于正概念的"有"，负概念反映的是"没有"。比如：非正义战争、非本部门人员、不正当竞争、不合法、无轨电车、无性繁殖等都是负概念。负概念有以下特点：

第一，负概念一般都有"非""不""无"等否定词，比如：非正常表现、不正规、无脊椎动物等。我们上面举的例子也都有否定词。所以，一般来讲，否定词是辨认负概念的标志。不过，并非有"非""不""无"等否定词的概念都是负概念。比如：非籍华人、非常时期、不丹、不惑之年、无锡等虽然也含有否定词，但是并不表示否定意义，有些还是专有名词，所以这些都不是负概念。

第二，负概念也不体现褒贬色彩。负概念是反映对象不具有某种属性，它并不体现属性的褒贬色彩，也就是说不对其反映的对象作道德评价。不管是好的属性还是坏的属性，只要它有那种属性就不是负概念。比如："卑鄙"虽然是与"高尚"相对立的概念，但它并非负概念，只有"非高尚"才是负概念；"聪明"和"愚昧"也是相对的概念，但"愚昧"也不是负概念，只有"非聪明"才是负概念。

第三，负概念总是相对于一定的论域而言的。在逻辑学上，论域是指某个特定的范围。比如当我们在说荷花和梅花的时候，论域就是指各种花；当我们在谈论数学的时候，论域就是一切数。在研究某个对象的时候，我们应该将其放在一定的论域中。否则，就会因研究对象所属范围太过宽泛而显得大而无当，进而影响人们的思维和表达。在讨论某个负概念时，我们也要确定它的论域，否则它也会显得太过宽泛而难以把握。比如："不正当竞争"这个负概念的论域是市场竞争；同样，"非廉洁官员"的论域是官员。如果我们不把"不正当竞争"的论域界定为市场竞争，或者不把"非廉洁官员"的论域界定为"官员"，那么，"市场竞争"外的一切事物，或者任何不廉洁的行为以及"官员"以外的任何事物都可能被包括在论域中，这必然影响人的思维或表达的准确性。

正概念和负概念的关系

正概念和负概念是相对而言的两个概念，但是它们有着一定的联系，也有着一定的区别。我们在研究或运用正概念和负概念的时候，对其联系和区别都要有准确的把握，以避免因相互混淆引起思维的混乱。

第一，正概念和负概念区别的关键点在于其反映对象有无某种属性。正如我们前面所说，正负概念的关注焦点不在于反映了什么样的属性，而在于有没有那种属性。比如：如果一个概念反映的对象具有"健康"这种属性，那么它就是正概念；如果它反映的对象不具有"健康"这种属性，即不健康，那它就是负概念。至于这种属性是"健康"或者还是别的什么特征并没什么关系。

第二，对同一个对象，反映的角度不同，它可以表现出不同的概念形式。也就是说，如果反映的某个对象具有某种属性，它就形成正概念；如果反映这同一个对象不具有另一种属性，它就形成负概念。实际上，这只是改变了这种属性的描述角度，使之分别具有了正负概念所反映的属性。比如：

（1）施工工地的门口有块牌子，上面写着"施工队以外人员不得进入"。

（2）施工工地的门口有块牌子，上面写着"非施工人员不得进入"。

上面两句话中，（1）中的"施工队以外人员不得进入"与（2）中的"非施工人员不得进入"反映的是同一对象，但由于描述角度不同，所以前者是正概念，后者是负概念。再比如：

（1）你每天都是最后一个到的，真是落后！

（2）你每天都是最后一个到的，真是不先进！

上述两句话中，（1）中的"落后"与（2）中的"不先进"反映的也是同一对象，但前者是正概念，后者却是负概念。

有时候，为了强调或突出一个对象具有或不具有某种属性时，会采用不同的概念。上面第一个例子中用"非施工人员不得进入"这个负概念就显得更突出些。再比如：

（1）董事会赞成扩大生产规模的提案。

（2）董事会不反对扩大生产规模的提案。

上面两句话中，（1）中的"赞成"和（2）中的"不反对"反映的是同一对象。但是，如果用来强调董事会的态度的话，用（1）中的正概念来表达显然要比用（2）中的负概念表达更具说服力。

第三，要明确正负概念尤其是负概念的内涵和外延，即论域。明确其论域，就是为了避免因概念的外延不确定而引起思维的混乱，也是为了避免有人利用论域不确定的漏洞钻空子。下面这个幽默故事中的 Peter 便是利用这一点狡辩的：

Peter 上学时忘了穿校服，被校长挡在了校门口。

校长："Peter，你为什么不穿校服？你不知道这是学校的规定吗？"

Peter 想了想，突然指着校门口的一块牌子说："校长先生，牌子上明明写着'非本校学生不得入内'。校服不是'本校学生'，所以我才没把它穿来。"

校长无奈，只得放 Peter 进了学校。

在这个故事中，"非本校学生"是"本校学生"的负概念，它的论域是"人"。但 Peter 却故意曲解了这个概念的论域，将其扩大为"本校学生"以外的所有事物，即所有"人"和所有"物"，自然也就包括"校服"了。因此，他才钻了空子。

集合概念和非集合概念

在讨论集合概念和非集合概念前，需要先弄清楚类和集合体的区别。

我们前面讲过类和分子的关系，类是由分子构成的，它们是一般和特殊的关系。同属一个类的分子一般都具有这个类的属性，或者说类的属性也反映在它的每个分子中。看下面的三组语词：

花：梨花，桃花，蔷薇，荷花，菊花，梅花等。

人：韩信，刘备，谢灵运，王勃，李白，唐伯虎等。

牛：黄牛，水牛，奶牛等。

上述三组语词中，"花""人""牛"都是类，其后的语词分别是它们各自的分子，这些分子也都具有它们所属类的属性。比如，"梨花""梅花"都具有"花"的属性。

但是，对于集合体来说，它所具有的属性则并不一定为构成它的每个个体所具有。或者说，集合体的属性并不反映在它的每一个个体上。比如"草地"和"草""森林"和"树木""数"和"整数""马队"和"战马"等都是集合体和个体的关系。但是后者并不一定具有前者的属性。比如，"草地"具有绿化环境、净化空气、防止水土流失、保持生物多样性等作用，但"草"却没有；同样，"数"可以表示为"整数"，也可以表示为分数、小数等，但是"整数"却并不具有"数"的性质。

集合概念和非集合概念的含义

集合概念和非集合概念是根据所反映的对象是否为集合体来划分的。

集合概念就是反映集合体的概念。通俗点说，集合概念反映的是事物的整体，即由两个或两个以上的个体有机组合而成的整体。集合体和个体的关系就是整体和部分的关系。部分不一定具有整体的属性，个体不一定具有集合体的属性。比如：北约、丛书、船队、苏东坡全集等都是集合概念。再比如：

（1）火箭队是一支实力强大的篮球队。

（2）《鲁迅全集》包括杂文集、散文集、小说集、诗集、书信、日记等。

上面两句话中，"火箭队"是个集合概念，具有"实力强大的篮球队"的属性，但却不能说"火箭队"的每个队员都具有"实力强大的篮球队"的属性；同理，"鲁迅全集"所具有的全面性与丰富性也不是组成它的任何一个个体，即"杂文集""散文集""小说集""诗集""书信""日记"等所具有的。

非集合概念也叫类概念，是反映非集合体或者反映类的概念。可以说，非集合概念反映的是类与分子的关系。类与分子是具有属种关系的概念，分子都具有类的属性。比如：老师、学生、成年人、手枪等都是非集合概念。再比如：

（1）核武器是大规模杀伤性武器。

（2）我们学校的歌唱队都是艺术系的学生。

上面两句话中，"核武器"是个非集合概念，具有"大规模杀伤性武器"的属性，而组成"核武器"的每个分子也同样具有"大规模杀伤性武器"的属性；同理，"我们学校的歌唱队"是个非集合概念，具有"艺术系的学生"的属性，其中歌唱队的每个队员也具有"艺术系的学生"的属性。

集合概念和非集合概念的关系

从以上对集合概念和非集合概念含义的探讨中，我们可以总结一下二者的关系，以便更准确地把握它们的不同。

首先，集合概念和非集合概念是根据它们所反映的对象是否为集合体来划分的，也就是说它们是从一个研究角度出发分出的两个概念，这是它们相互关联的地方。但是，对于同一概念来说，划分角度或标准的不同，也可以得出不同的结论。比如，"草地"相对于"草""马队"相对于"战马"来说，都是集合概念；但是相对于"森林"或"车队"等概念来说，"草地"和"马队"都是普遍概念。

其次，非集合概念反映的是类的概念，其中的组成类的分子也具有类概念的属性；集合概念反映的是集合体的概念，它的属性只适用于它所反映的集合体，而不一定适用于组成集合体的所有个体，这是二者相区别的地方。请看下面这则幽默故事：

有一个很小气的人，一天他肚子饿了，便到路边的馒头店买馒头吃。吃了一个没饱，又买了一个；吃完第二个还没饱，就又买了第三个。就这样，他一直买了五个馒头才吃饱。这时他突然后悔起来了："早知道第五个馒头能吃饱，我还吃前四个馒头干吗呢？直接吃第五个馒头就行了，还能省不少钱呢！"

从逻辑学角度讲，这个人之所以会认为应该"直接吃第五个馒头"，就在于他没有搞清楚这五个馒头其实是一个集合概念，它反映的是这五个馒头组合而成的一个整体或集合体，而"第五个馒头"只是这个集合体的一个个体。只有这个集合体才具有让他吃饱的属性，不管是第五个馒头，还是前面四个馒头中的任何一个，都不具备让他吃饱的属性。也就是说，这个集合概念并不适用于组成集合体的任何一个个体。这个人之所以可笑就在于他不懂得这基本的逻辑概念。

正确理解集合概念和非集合概念

首先，在区分或判断集合概念和非集合概念时，应该将其放在一定的语境中。因为，同一个概念，在不同的语境中会表现出不同的形式。也就是说，同一个概念在这个语境中可能是集合概念，在另一个语境中就可能是非集合概念。脱离了语境去判断集合概念或非集合概念，往往会让人无所适从。我们上面给出的一些有关集合概念或非集合概念，都是有典型性的。但在我们思维过程中，很多概念并非如此典型。这就容易造成思维的混乱。比如：相对于"战马"来说，"马队"是个集合概念，但是相对于"晋商的马队"而言，"马队"则是个非集合概念，因为"马队"具有的属性，"晋商的马队"也具有。因此，不同的语境中，同一概念的种类也可能发生改变。再看下面这道题：

这场突如其来的暴风雪让羊群损失大半，她的羊群也遭遇了暴风雪，所以她的羊群也损失大半。以下哪项是对题干中的推理所犯错误最恰当的说明？

A. 该推理犯了偷换单独概念与普遍概念的错误。

B. 该推理犯了偷换实体概念和属性概念的错误。

C. 该推理犯了偷换集合概念和非集合概念的错误。

D. 该推理犯了偷换正概念和负概念的错误。

从所给的四个选项中，我们首先可以判断该推理犯的是偷换概念的错误，这就缩小了分析其所犯错误的范围，降低了题目的难度；但从另一方面说，只有对几种概念的含义与区别理解透彻了，才可能找出正确答案，这就没有了利用排除法排除其他比较明显的错误选项的机会，因此难度是加大了。

题干中大前提中的"羊群"是集合概念，指的是羊群的整体；小前提中的"羊群"是非集合概念，指的是类。虽然二者用的是同一个语词，但在不同的语境中却有着不同的内涵和外延，因此表现出不同的含义，属于不同的概念。故而本题选 C。

其次，不要混淆了集合概念和非集合概念。相对于其他概念的划分来说，集合概念和非集合概念虽然也有着自己的划分标准，但在按照此标准分析的时候，还是会让人觉得有心无力，因此往往会出错。所以，在我们进行思维活动的时候，一定不要把二者混淆了。

目前，对集合概念和非集合概念的研究还在进一步地深入。相信不远的将来，集合概念和非集合概念的理论框架会更加完善。

概念间的关系

考察概念间的关系，有助于我们正确地认识和使用概念。但要对概念间的所有关系进行全面考察，无疑是个浩大的工程。所以，我们在这里讨论的主要是概念的外延间的关系。不过，这种考察是要放在一定的范围或系统中来进行的。比如你若要考察鲁迅和老舍在小说创作上的不同风格，就要把他们放在"小说"这个范围或系统中才能比较。

概念的外延之间的关系总的来说有两种：相容关系和不相容关系。相容关系是指所考察的两个概念的外延至少有一部分是重合的，它主要包括同一关系、真包含关系、真包含于关系和交叉关系。不相容关系是指所考察的两个概念的外延是完全不重合的，它主要包括全异关系。在讨论这几种关系时，我们采用瑞士数学家欧拉创立的"欧拉图"来说明，以便更清晰、直观地区分这几种关系。

下面，我们先对相容关系进行分析。

同一关系

1. 含义

同一关系是指两个概念的外延完全相同或完全重合的关系，也叫全同关系。我们假设有 S 和 P 两个概念，若 S 的全部外延正好是 P 的全部外延，也就是说 S 和 P 的外延完全相同或重合，则 S 和 P 就是同一关系，也叫全同关系。比如：

（1）《出师表》的作者（S）与诸葛亮（P）

（2）郑州（S）与河南省的省会（P）

（3）对角相等、邻角互补的四边形（S）与四条边相等的四边形（P）

上面三组概念中，S 代表的概念和 P 代表的概念的外延完全相同或重合。比如"《出师表》的作者"的外延就是"诸葛亮"，"诸葛亮"的外延也是"《出师表》的作者"；"郑州"的外延是"河南省的省会"，"河南省的省会"的外延也是"郑州"；"对角相等、邻角互补的四边形"的外延是"四条边相等的四边形"，"四条边相等的四边形"的外延也是"对角相等、邻角互补的四边形"。所以，这三组概念都是同一关系。我们可以用欧拉图来表示同一关系，如图 1 所示：

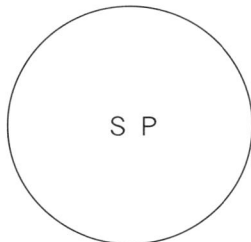

S P

图 1

2. 特点

同一关系有几个主要特点，只有理解了这几个特点，才能正确把握同一关系。

首先，同一关系是指两个概念的外延完全重合，但是内涵不同。事实上，具有同一关系的两个概念只是从不同的角度去描述同一事物的属性，但它们的内涵却不相同。比如"郑州"的内涵是城市，"河南省的省会"的内涵是河南省政治、经济、文化中心。如果内涵与外延都重合了，那就不是同一关系，而是同一概念的不同表达方式了。比如：马铃薯和土豆，麦克风和话筒，虽然用的是不同的语词，但其内涵和外延都相同，所以不是同一关系。看下面这则幽默故事：

露丝拒绝了杰克的求婚，但是露丝的朋友凯特却嫁给了杰克。

露丝参加凯特的婚礼时，凯特幸灾乐祸道："嘿，露丝！你看，现在杰克和我结婚了，你后悔吗？"

露丝微笑道："这没什么奇怪的，遭受爱情打击的人往往都会做出蠢事。"

在这则故事中，"凯特和杰克的婚礼"与"蠢事"是外延完全相同的两个概念，但是其内涵显然不一样，所以这两个概念是同一关系。

其次，一般情况下，具有同一关系的两个概念是可以互换使用的。尤其是在文学创作中，适时换用具有同一关系的两个概念既可以避免重复，又可使行文更活泼生动。

再次，表示同一关系时，通常可以用这些具有标志性的词语，比如"……即……""……就是……""……也就是说……"等。

真包含关系和真包含于关系

在讨论真包含关系和真包含于关系前，我们先看一下属种关系和种属关系。

1. 属种关系和种属关系

我们前面讲过，在同一系统中，外延较大的概念叫属概念，外延较小的概念叫种概念。比如我们原来讲过的"独裁者"就是属概念，"大独裁者"就是种概念。外延较大的属概念和外延较小的种概念之间的关系叫作属种关系，反之则称为种属关系。要理解这两种关系的不同，就要注意以下几个方面：

第一，属概念与种概念是相对的。在不同的语境中，或不同的概念作对比时，属概念可能会变成种概念，种概念也可能会变成属概念。比如："学生"这个概念与"大学生""高中生"相比较时是属概念，但与"人"这个概念作比较时则是种概念。

第二，属种关系不是整体与部分的关系。"树木"和树枝、树叶是整体与部分的关系，与桃树、柳树则是属种关系；"盲人摸象"的故事里，"大象"与几个盲人摸到的耳朵、鼻子、腿、尾巴等是整体与部分的关系，但与亚洲象、非洲象则是属种关系。

第三，如果两个概念具有属种关系或种属关系，在思维或表达过程中一般不能并列使用。比如："花园里开满了红花和五颜六色的花。"在这句话里，"红花"和"五颜六色的花"是种属关系，"五颜六色的花"已经包含了"红花"，所以不能并列使用。

第四，一般来讲，简单的种属关系可以用"S是P"这种结构来表示。比如："手机是一种科技含量较高的产品"或"张怡宁是一名优秀的乒乓球运动员"。

2. 真包含关系和真包含于关系

真包含关系是指一个概念的部分外延与另一个概念的全部外延重合的关系。我们假设有 S 和 P 两个概念，如果 P 的全部外延是 S 的外延的一部分，也就是说 S 的外延包含 P 的全部外延，则 S 和 P 就是真包含关系。相反，真包含于关系则是一个概念的全部外延与另一个概念的部分外延重合的关系。我们同样假设有 S 和 P 两个概念，如果 S 的全部外延是 P 的外延的一部分，也就是说 P 的外延包含 S 的全部外延，则 S 和 P 就是真包含于关系。现在我们通过下面的表格来作比较：

真包含关系	真包含于关系
1. 花（S）与兰花（P）	A. 兰花（S）和花（P）
2. 小说（S）《红楼梦》（P）	B.《红楼梦》（S）和小说（P）
3. 马（S）和白马（P）	C. 白马（S）和马（P）

左列表格中，"花"的外延包含"兰花"的外延，而"兰花"的外延只是"花"的外延的一部分，"花"包含"兰花"，所以"花"与"兰花"是真包含关系，即 S 和 P 是真包含关系；在右列表格中，"兰花"的外延只是"花"的外延的一部分，而"花"的外延则完全包含"兰花"的外延，"兰花"包含于"花"，所以"兰花"与"花"是真包含于关系，即 S 和 P 是真包含于关系。其他例子也可以用同样的方法分析。我们可以用欧拉图来分别表示这两种关系，如图 2 和图 3 所示：

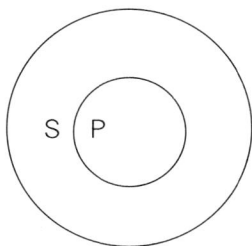

图 2

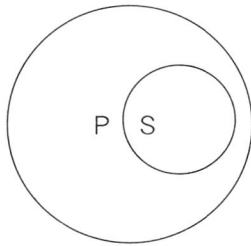

图 3

根据我们上面对属种关系和种属关系的分析，实际上真包含关系就是属种关系，真包含于关系就是种属关系，它们的表达虽然不同，但却有着相同的特点。从形式上看，具有真包含关系的两个概念反过来就是真包含于关系，反之亦然。不过，不管是哪种关系，它们必须处在同一个系统里才能成立。

交叉关系

交叉关系是指两个概念的部分外延重合，或者说一个概念的部分外延与另一个概念的部分外延相重合。我们还假设有 S 和 P 两个概念，如果 S 有一部分外延与 P 的外延重合，另一部分不重合，而且 P 也有一部分外延与 S 的外延重合，另一部分不重合，则 S 和 P 就是交叉关系。比如：

（1）年轻人（S）和学生（P）

（2）完好的东西（S）和我的东西（P）

（3）连长（S）和中校（P）

上面三组概念中，S 代表的概念外延与 P 代表的概念外延在某一部分是重合的，同时又有一部分不重合。比如："年轻人"有一部分是学生，有一部分不是学生，"学生"有一部分是年轻人，有一部分不是年轻人，二者只有一部分外延重合，所以它们是交叉关系。我们可以用欧拉图来表示这种关系，如图 4 所示：

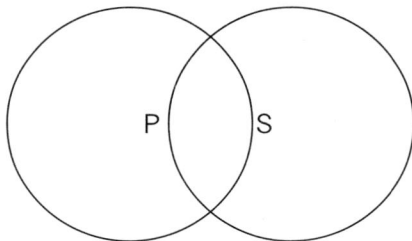

图 4

看下面这则故事：

一天，史密斯先生接到邻居约翰的电话，邀请他晚上参加一个宴会，史密斯先生欣然同意。

晚上，史密斯先生穿着一身崭新的礼服来到了约翰家。进门后，餐桌前的客人都起身向他问好。一位男士也从餐桌旁站了起来，急匆匆地走过来。

史密斯先生连忙迎上去伸出手："噢，先生！您太客气了，快请坐下吧！"说着就把那位男士往餐桌旁推。

那位男士很尴尬，附在史密斯先生耳旁小声说："先生，您误会了！我是去洗手间。"

这则故事中，出现了"从餐桌旁站起来的客人"和"向史密斯先生问好的客人"两个概念，而且这两个概念的外延却发生了交叉。也就是说有的人站起来是问好，有的则不是。史密斯先生以为所有人都是在向他问好，其实是误解了这种交叉关系，因而才发生了这有趣的误会。对于具有交叉关系的两个概念，实际上它们是从不同的方面反映了其重合的那部分外延，但这两个概念却并不完全反映同一个事物。

交叉关系与同一关系、真包含关系和真包含于关系的相同点在于其中至少有一部分概念是重合的，不同点在于前者的两个概念的外延都只有一部分相互重合，而后三者则是其中一个概念的全部外延与另一个概念的全部或部分外延完全重合。

下面，我们开始分析不相容关系。

全异关系

不相容关系主要包括全异关系。全异关系是指两个概念的外延完全没有重合即没有任何一部分外延重合的关系。在分析全异关系前，我们仍假设有 S 和 P 两个概念。看下面两组概念：

（1）正当竞争（S）和不正当竞争（P）

（2）善良的人（S）和邪恶的人（P）

上面两组概念中，S 代表的概念外延与 P 代表的概念外延没有任何重合的部分，比如"正当竞争"就不包含"不正当竞争"的任何部分，反之亦然，所以二者是全异关系，即 S 和 P 是全异关系。我们可以用欧拉图来表示这种关系，如图 5 所示：

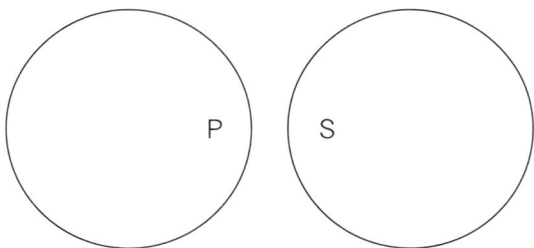

图 5

如果对全异关系进一步分析的话，在同一个属概念的前提下，全异关系可以分为反对关系和矛盾关系。

1. 反对关系

处于同一属概念中的两个种概念，若它们的外延完全不同且外延之和小于这个属概念的外延，则这两个种概念之间就是反对关系或者对立关系。比如：

（1）比喻（S）和拟人（P）

（2）优秀学生（S）和落后学生（P）

上面两组概念中，S代表的概念的外延与P代表的概念的外延完全不同，而且它们的外延之和又小于它们的属概念。比如："比喻"的外延和"拟人"的外延没有重合的部分，而且"比喻"与"拟人"的外延加起来又小于属概念"修辞"的外延，因此二者是反对关系，即S和P是反对关系。我们可以用欧拉图来表示这种关系，如图6所示：

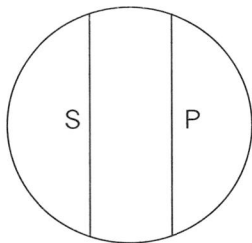

图6

2. 矛盾关系

处于同一属概念中的两个种概念，若它们的外延完全不同且外延之和等于这个属概念的外延，则这两个种概念之间就是矛盾关系。比如：

（1）集合概念（S）与非集合概念（P）

（2）正确的判断（S）与不正确的判断（P）

上面两组概念中，S代表的概念的外延与P代表的概念的外延完全不同，而且它们的外延之和等于它们的属概念。比如："正确的判断"的外延和"不正确的判断"的外延没有重合的部分，而且"正确的判断"与"不正确的判断"的外延加起来正好等于"判断"这个属概念，因此二者是矛盾关系，即S和P是矛盾关系。我们可以用欧拉图来表示这种关系，如图7所示：

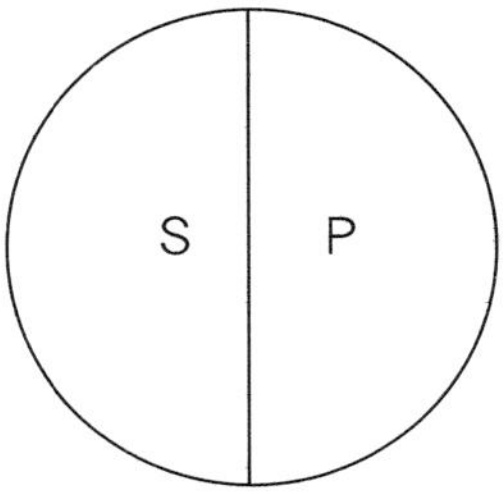

图7

《梦溪笔谈》中有一则故事：

王元泽数岁时，客有一獐一鹿同笼以献。客问元泽："何者是獐？何者是鹿？"元泽实未识，良久对曰："獐边者是鹿，鹿边者是獐。"客大奇之。

这则故事中，"笼子中的动物"是属概念，"獐"和"鹿"则是属概念下的两个种概念，而且这两个种概念的外延不重合且外延之和等于其属概念的外延，因而具有矛盾关系。王元泽正是运用了这全异关系中的矛盾关系，才做出了如此绝妙的回答。

3. 正确理解反对关系和矛盾关系

第一，判断反对关系和矛盾关系的前提是处于这种关系之中的两个种概念一定是属于同一个属概念的。若不在同一个属概念中，则无法判断。比如："无产阶级"和"有理数"两个概念就无法判断其关系。

第二，不管是反对关系还是矛盾关系，两个种概念的外延都是完全不重合的。若有一部分重合，就可能是其他关系了。

第三，反对关系的两个种概念外延之和小于属概念的外延，矛盾关系的两个种概念之和等于属概念的外延。这两条性质切不可混淆。

第四，矛盾关系常用一个正概念和一个负概念来表达，比如"正义战争"和"非正义战争"；反对关系则常用两个正概念来表达，比如"名词"和"动词"。不过，有时候两个正概念也可以表示矛盾关系，比如"男人"和"女人"。

概念的限制和概括

我们前面讲过概念的内涵和外延之间的反变关系，即概念的内涵越少，外延越大；内涵越多，外延越小。反之亦成立，即概念的外延越大，内涵越少；外延越小，内涵越多。同时我们也讲过概念的内涵与外延之间的这种反变关系只适用于具有属种关系或种属关系的概念间。因为真包含关系实际上就是属种关系，真包含于关系实际上就是种属关系，所以这种反变关系也同样适用于真包含关系和真包含于关系。根据概念的内涵和外延之间的这种反变关系，我们可以对概念进行研究。其中，概念的限制与概括便是据此提出的两种研究方法。

概念的限制

1. 限制的含义

概念的限制是通过增加概念的内涵以缩小概念的外延的逻辑研究方法，也叫概念缩小法。比如：

青年→当代青年作品→文学作品电影→动作电影

从"青年"到"当代青年""作品"到"文学作品""电影"到"动作电影"，概念的内涵都增加了，外延则缩小了。比如"电影"的内涵可以理解为"由活动照相术和幻灯放映术结合发展起来的一种现代艺术"，"动作电影"的内涵除了具有"电影"的内涵外，还增加了"动作"的内涵，因此其内涵扩大了，但其包括的电影种类和数量范围则缩小了。实际上，限制概念的过程就是概念的外延由大到小的变化过程，也就是一个概念从属概念到种概念过渡的过程。这种"渐变的过程"的性质决定了这个缩小的过程的持续性，也就是说，我们可以对一个概念进行第二次、第三次甚至更多次的缩小。比如：

青年→当代青年→当代中国青年→当代中国男青年→当代中国未婚男青年……

作品→文学作品→唐朝的文学作品→唐朝的古诗类文学作品……

电影→动作电影→美国动作电影→美国好莱坞动作电影……

至于你要把这个概念限制到何种程度，则需根据实际需要来决定了。看下面这则故事：

儿子：爸爸，你为什么吃长寿面？

爸爸：因为今天是爸爸的生日。

儿子：生日是什么？

爸爸：生日就是说爸爸是在今天出生的。

儿子：啊！爸爸！你今天出生的都长这么大了啊？

这则故事中，"爸爸"为了逗儿子，就故意不对"今天"这个概念加以限制，所以才产生了幽默的效果。

2. 限制概念的方法

一是在概念前加限制性的修饰语（即定语）。比如上面的例子中，在"青年"前加限制性修饰语"当代"，在"文学作品"前加"唐朝的"等。

二是改换语词，即直接将属概念换为与之相应的种概念。比如：把"天气"直接换为"晴天""阴天"等，把"植物"直接换成"含羞草""太阳花"等。

三是在形容词或动词前加状语。比如：在"勇敢"前加"非常"，在"做饭"前加"经常"等。

3. 限制概念的作用

一是明确概念，使人们的认识更加具体化，思维、表达更准确，推理、论证更严密，也更有助于人们交流。比如：你说"小丽，帮我带点儿饭吧"可能会让小丽为难，因为她不知道该带什么饭。如果你加上饭的具体名字，比如"鱼香肉丝盖浇饭", 就清楚多了。

二是让人们了解事物从一般到特殊、从概括到具体的变化过程, 有助于了解具体事物的特征和本质, 也有助于人们养成思维逻辑严密的习惯。

4. 限制概念时需注意的几点

在对概念进行限制时, 我们要正确运用"限制"这种研究方法, 尽量避免错误使用。

第一, 限制只适用于具有属种关系的概念, 其他的则不能。比如:

鲁迅说: 俯首甘为孺子牛。

郭沫若说: 我愿意做这头"牛"的尾巴, 为人民服务的"牛尾巴"。

茅盾说: 那我就做"牛尾巴"上的"毛", 帮助"牛"赶走吸血的蚊虫。

在这段话中, 虽然概念从"牛"到"牛尾巴"再到"牛尾巴上的毛"是连续进行了两次缩小, 但却并非限制。因为这是从整体到部分的变化, 而不是从子类到分子的缩小, 因此"牛""牛尾巴"以及"牛尾巴上的毛"不具有属种关系, 也就不是限制。

第二, 在对概念的外延进行限制时, 要根据实际需要进行限制, 不能使外延过宽, 也不能使外延过窄。总之, 要进行有效限制, 不要随心所欲。比如: "我是一个您不熟悉的陌生朋友""他是唯一幸存的遇难者"等就是错误的限制。

第三, 概念进行连续性限制并不等于无限性限制, 当这种限制达到单独概念时, 就不能再往下限制了, 因为单独概念已经是一个具体的事物了。比如对"青年"的连续性限制中, 当到了具体的某个人(张三或李四等)时, 就不能再限制了; 同样, 对"电影"的连续性限制中, 到了具体的某一部电影(《真实的谎言》或《生死时速》等)时, 也不能再限制下去了。

第四, 有些加在概念前的修饰语等不一定具有限制的作用。比如: 在"地主"前加"万恶的地主"只是强调了"地主"具有的某种属性, 并没有改变概念外延的大小。

概念的概括

1. 概括的含义

概念的概括是指通过减少概念的内涵以扩大概念的外延的逻辑研究方法, 也叫概念扩大法。比如:

英语系的大学生→大学生 武侠小说→小说 中国城市→城市

从"英语系的大学生"到"学生""武侠小说"到"小说""中国城市"到"城市", 概念的内涵都减少了, 概念的外延则都扩大了。比如: "大学生"这个概念的内涵就是"接受过大学教育的人",而"英语系的大学生"则是指"接受过大学英语专业教育的人",因此"大学生"的内涵就减少了;同时"大学生"的外延不仅包括"英语系的大学生",还包括其他专业的大学生,所以其外延扩大了。实际上,概括概念的过程就是减少概念的内涵同时又扩大概念的外延的过程,也是从种概念过渡到属概念的过程。此外,同概念的限制可持续进行一样,概念的概括也可以持续进行。比如:

英语系的大学生→大学生→学生→人……

武侠小说→小说→文学形式→文学……

中国城市→城市→地域……

至于要概括到何种程度,也需要根据实际需要来决定。看下面这则记载在《孔子家语》中的故事:

楚共王出游,亡乌嗥之弓,左右请求之。王曰:"止!楚王失弓,楚人得之,又何求之?"孔子闻之,曰:"惜乎其不大也。曰人遗弓人得之而已,何必楚?"

这则故事中,楚王丢了一张弓,能够捡到这张弓的应该是某个具体的楚国人。但是,在"左右"请求寻找时,楚王说:"楚人得之,又何求之?"楚王这句话把"捡到弓的某个具体的楚国人"这个概念概括到了"楚人"这个概念,其外延明显扩大了;在孔子听到这件事时,孔子却嫌楚王的胸怀还不够大,于是对这个概念进行了进一步的概括,从"楚人"这个概念概括到了"人"这个概念,意思就是反正捡到弓的是人就好了,何必管他是哪国人呢?可见,楚王和孔子都是站在自己的角度,根据自己的认识对概念进行概括的。

2. 概括概念的方法

一是去掉限制性的修饰词。比如上面的例子中,把"英语系的大学生"前的"英语系的"去掉,或者把"中国城市"前的"中国"去掉等。

二是改换语词,即直接将种概念换为与之相应的属概念。比如上面的例子中,把"学生"概括为"人",把"小说"概括为"文学形式"等。

3. 概括概念的作用

一是使人们对概念从特殊到一般、从具体到普遍的概括过程中,揭示事物的普遍性意义,认识事物的本质。比如将"学生"概括为"人",就可以对"学生"的本质属性进行更深入的研究。

二是可以使人们站在更高的层面进行思维或表达,更为准确、严密地描述概念。

4. 概括概念时需注意的几点

在对概念进行概括的过程中,我们要注意一些容易出现概括不当的地方。

第一，概括只适用于具有种属关系的概念，不能随意概括。比如你不能把"窗户"概括为"房子"，因为它们不具有种属关系，不是分子与类的关系，而是部分与整体的关系。

第二，是否需要概括，概括到何种程度，一定要根据实际情况决定，不能概括不够，也不能不顾实际任意概括。看下面这则故事：

老师问小明："小明，是谁发明了造纸术啊？"

小明回答道："人。"

老师很崩溃，继续启发道："具体是什么人啊？"

小明认真地想了想，骄傲地说："是中国人！"

这则故事中，小明在回答老师提问时，把"发明造纸术的某个人"回答为"人"和"中国人"，都是在不该概括的时候进行了概括。

第三，概括概念的过程可以持续进行，但不能无限度地一直进行下去。在概括到某个不能再概括的概念时，一般是指概括到一个哲学范畴时，就不能再概括下去了，因为那已经是最大的概念了。比如上面的例子中，"英语系的大学生"概括到"人"后还可以进行到"动物""生物""物质"，但是到了"物质"就已经是极限了，不能再进行了。

什么是定义

日常生活中，经常出现有关"定义"的情况。字典、词典里有给每个字、词下的"定义"，我们的课本里有许多概念的"定义"，你在写文章时可能用到"下定义"的说明方法，各类考试中也会有关于各种"定义"的考题，等等。那么，究竟什么是"定义"呢？从逻辑学的角度讲，"定义"也和"限制""概括"一样，是一种明确概念的逻辑方法。

定义的含义

定义是一种揭示概念内涵的逻辑方法。它通过简洁、明确、精练的语言对概念所反映的对象的本质属性来做解释或描述。通过对概念进行定义的方法，我们不仅可以明确概念的内涵，也可以使它与其他概念区别开来。比如：

（1）生产关系是人们在物质资料生产过程中所结成的社会关系。

（2）法律是国家制定或认可的，由国家强制力保证实施的，以规定当事人权利和义务为内容的具有普遍约束力的社会规范。

上面两句话就是"生产关系"和"法律"的定义,分别揭示了"生产关系"和"法律"这两个概念的内涵,即"社会关系"和"社会规范",并将之与其他概念区别了开来。

我们再看一下关于"生产关系"和"法律"的定义的描述方法,可以发现它们都分为三个部分:

(1)生产关系(第一部分)是(第二部分)人们在物质资料生产过程中所结成的社会关系(第三部分)。

(2)法律(第一部分)是(第二部分)国家制定或认可的,由国家强制力保证实施的,以规定当事人权利和义务为内容的具有普遍约束力的社会规范(第三部分)。

第一部分我们称之为"被定义项",即被揭示内涵的概念,用 Ds 表示;第三部分我们称之为"定义项",即用来揭示被定义项内涵的概念,用 Dp 表示;第二部分我们称之为"定义联项",即联接被定义项和定义项的概念。在现代汉语中,定义联项通常用"……是……""……即……""……就是……"等表示。

一个定义一般都由被定义项、定义联项和定义项三部分组成。从语法的角度分析,被定义项相当于一个句子的主语,定义联项相当于谓语,定义项则相当于宾语。因此,我们可以用下面的这个逻辑公式来表示定义,即:

$$Ds \text{ 是 } Dp$$

定义的方法

我们在给概念定义时,最常用的方法是属加种差法。

定义项(Dp)作为揭示被定义项内涵的概念,一般包括两部分:邻近的属概念和种差。邻近的属概念是指比被定义项的高一层次的概念,也就是对被定义项进行第一次概括得到的概念。比如"小说"就是"武侠小说"邻近的属概念,"电影"就是"动作电影"邻近的属概念,"社会规范"就是"法律"邻近的属概念。种差,顾名思义就是种概念之间的差别,它主要是指被定义项与和它同一层次的其他种概念之间的差别或不同。比如"法律"的定义:

法律是国家制定或认可的,由国家强制力保证实施的,以规定当事人权利和义务为内容的具有普遍约束力的社会规范。

"由国家强制力保证实施的,以规定当事人权利和义务为内容的具有普遍约束力的"的属性就是被定义项"法律"与和它在同一层次的其他种概念(比如道德)的种差。所以我们可以这样标注"法律"的定义:

法律(被定义项)是(定义联项)国家制定或认可的,由国家强制力保证实施的,以规定当事人权利和义务为内容的具有普遍约束力的(种差)社会规范(邻近的属概念）。

对于其他定义我们也可以进行类似的分析，比如我们以前提到的"商品"的定义：

商品（被定义项）是（定义联项）用于交换的（种差）劳动产品（邻近的属概念）。

由此，我们可以得出"属加种差法"的公式：

定义的种类

总体来看，定义可以分为实质定义和语词定义。

1. 实质定义

实质定义就是揭示概念所反映的对象的本质属性的定义。比如：

（1）心理学是研究人和动物心理现象发生、发展和活动规律的一门科学。

（2）物质就是存在。

（3）马是一种哺乳类动物。

对概念进行定义的时候，一般采用属加种差法。但概念的内容是十分丰富的，在对其定义时可以从不同的方面进行，而不同的定义也是对概念所反映的对象的不同属性的描述。根据种差揭示的不同方式和内容，可对实质定义进行不同的分类，即：性质定义、发生定义、关系定义和功用定义。

以概念所反映的对象的性质为种差所做的定义叫性质定义。比如：

（1）逻辑学是研究逻辑的思维形式、思维规律和思维方法的科学。

（2）民事诉讼法是调整民事诉讼的法律规范。

在这里，"研究逻辑的思维形式、思维规律和思维方法"和"调整民事诉讼"就分别是"逻辑学"和"民事诉讼法"的性质。

以概念所反映的对象发生或形成过程为种差所做的定义叫发生定义。比如：

（1）三角形是由不在同一直线上的三条线段首尾顺次连接所组成的封闭图形。

（2）月食是当月球运行至地球的阴影部分时，因为在月球和地球之间的地区的太阳光被地球所遮蔽而形成的月球部分或全部缺失的天文现象。

以概念所反映的对象和其他事物之间的关系为种差所做的定义叫关系定义。比如：

（1）合数是除能被 1 和本数整除外，还能被其他的数整除的自然数。

（2）速度就是位移和发生此位移所用时间的比值。

以概念所反映的对象的功用为种差所做的定义叫功用定义。比如：

（1）书是人类交流感情、取得知识、传承经验的重要媒介。

（2）手机是人们用来互通讯息的一种通信工具。

2. 语词定义

语词定义是说明或规定语词的用法或意义的定义。与实质定义相比，语词定义只是描述或解释概念的语词意义，并不直接揭示概念的本质属性。不过，对概念的语词意义进行定义，也有助于人们通过对语词意义的了解而了解概念的本质属性或者说概念的内涵。根据对语词不同形式的解释或描述，语词定义可分为说明的语词定义和规定的语词定义。

说明的语词定义是指对语词已有的意义进行说明的定义。比如：

（1）蒹葭：蒹，没有长穗的芦苇；葭，初生的芦苇。蒹葭就是指芦荻，芦苇。

（2）惯性就是物体保持其运动状态不变的属性。

规定的语词定义是指对语词表示的某种意义作规定性解释的定义。比如：

（1）"三个代表"是指中国共产党始终代表中国先进生产力的发展要求，代表中国先进文化的前进方向，代表中国最广大人民的根本利益。

（2）"六艺"是指礼、乐、射、御、书、数。

对于说明的语词定义和规定的语词定义之间的关系，我们需要注意以下几点：

第一，说明的语词定义是就某个语词的本来意义进行解释或说明，是以词解词；规定的语词定义是随着时代的发展或用词者的需要，给某个语词赋以规定性的意义。前者是固有的，后者是新生的。

第二，规定的语词定义主要是对新产生的语词加以明确规定，以让人们更清楚地了解这些语词，避免歧义。这种规定并不是随时随地可以任意进行的，而是要考虑实际需要和社会的认可度。一旦这种规定确定下来，就不能任意改变。

第三，在对语词进行说明性或规定性定义时，要注意对其意义进行准确把握，在用词上也要力求精确、简练，以免出现错误。

定义的规则和作用

通过对定义的含义的分析，我们知道了什么是定义；通过对定义的方法的分析，我们知道了如何对概念定义；通过对定义的种类的分析，我们知道了都有哪些类型的定义。在本节，我们将通过对定义的规则的分析，来理清楚对概念进行定义时该依据什么样的规则。

定义的规则

孟子曰："不以规矩，不能成方圆。"也就是说，不管是日常生活中的行为举止，还是在从事某些活动、研究时，都要遵循一定的规则。在给概念进行定义时，也要遵循一定的规则。只有在这些规则的指导下进行定义，才能尽量地避免错误，正确揭示概念的本质属性。

第一，定义时应当遵循相称原则，即定义项的外延与被定义项的外延要完全相等，具有同一关系。

被定义项是被揭示内涵的概念，定义项是用来揭示被定义项内涵的概念。二者的外延只有完全相等时，定义项才能准确地表示被定义项的内涵，才能让人们明白被定义项究竟具有什么属性。比如前面我们提到的"心理学"的定义：

心理学是研究人和动物心理现象发生、发展和活动规律的一门科学。

在这个定义中，定义项"研究人和动物心理现象发生、发展和活动规律的一门科学"的外延和被定义项"心理学"的外延是完全相等的，定义项已经完全揭示了"心理学"需要研究的全部内容，因此这是一个正确的定义。如果在对概念进行定义时违反了这个规则，就会出现定义过宽或过窄的错误。

定义过宽是指定义项的外延大于被定义项的外延。这时候，被定义项和定义项就由同一关系变成了真包含于关系。

看下面这道题：

《汉书·隽不疑传》中记载："每行县录囚徒还，其母则问不疑：有所平反，活几何人？"下列各项中哪项对"平反"的表述不正确？

A.平反是还历史一个真实的面目，还当事人一个公正的评价。

B.平反是对处理错误的案件进行纠正。

C.张三曾因罪入狱，后经调查发现他并没有参与盗窃，于是便无罪释放了。所以说，张三被平反了。

D.张三曾因罪被判刑五年，后经调查发现量刑过重，便减刑一年。所以说，张三被平反了。

一般来讲，在案件判决上，可能出现四种错判，即轻罪重判、重罪轻判、无罪而判和有罪未判。其中，对轻罪重判和无罪而判的案件的纠正可以叫平反，但是对重罪轻判和有罪未判的案件进行纠正则不能叫平反。因此，A、C、D三项都正确。B项中，定义项"处理错误的案件"显然包括重罪轻判和有罪未判，所以它的概念外延大于被定义项"平反"的外延，违反了定义相称的规则，犯了定义过宽的错误。

定义过窄是指定义项的外延小于被定义项的外延。这时候，被定义项与定义项就由同一关系变成了真包含关系。

看下面这则故事：

有人问阿凡提："阿凡提，最近有什么新闻吗？"

阿凡提说道："什么算新闻呢？"

那人答道："新闻就是比较离奇的、出人意料的、有刺激性的消息。"

阿凡提笑道："有啊！昨晚我梦到有只老鼠在咬你的脚。"

那人答道："你这算什么新闻啊？一点儿也不离奇。"

阿凡提又笑道："你的意思是，当我梦到你的脚在咬一只老鼠时才算离奇了？"

这个故事中，这个人对"新闻"的定义就犯了定义过窄的错误。被定义项"新闻"的外延既包括"比较离奇的、出人意料的、有刺激性的消息"，也包括新近发生的其他事。因此定义项"比较离奇的、出人意料的、有刺激性的消息"的外延小于被定义项的外延，成了被定义项外延的一部分，所以这个定义是不准确的。

第二，定义时应当遵循明确、清楚、精练的原则，不得使用含混不清、模棱两可的字句。

对被定义项进行定义就是使用最简洁、凝练的表达解释其含义，它的目的就在于明确、清楚地揭示被定义项的内涵。如果人们不能通过定义明白被定义项的内涵，或者得到的仍然是一个含混不清、模棱两可的内涵，那这个定义就是失败的定义，也就失去了它的意义。比如：

（1）生命是通过塑造出来的模式化而进行的新陈代谢。

（2）道德就是对人具有一定约束性质的行为规范。

上述两个定义中，虽然各自对"生命"和"道德"进行了定义，但（1）中"塑造出来的模式化"和（2）中"一定约束性质"都含混不清，让人不明所以。这种不符合明确、清楚的定义原则的现象就是"定义不清"或"定义模糊"。

第三，定义一般都使用肯定句式。

对被定义项进行定义是为了揭示它的内涵，也就是指出被定义项所反映的对象具有什么样的本质属性，说明这个概念"是什么"。所以定义一般使用肯定句式，即用正概念。而否定句式的定义一般只是说明被定义项"不是什么"或"没有什么"，也就是说只揭示被定义项所反映的对象不具有什么样的属性。比如，如果肯定句说"今天天气冷"，否定句则说"今天天气不热"。但"不热"的外延并不完全等于"冷"，它也可能是指天气比较凉爽。这就是否定句表达意义不确切的一面。再比如：

（1）曲线是动点运动时，方向连续变化所成的线。

（2）曲线就是不直的线。

（1）是用肯定句式对"曲线"进行定义的，（2）则是用否定句式对"曲线"进行定义的。（2）虽然指出了"曲线"的某些特征，比如"不直"，但却并没有指出"曲线"的本质属性。

不过，由于某些被定义项的特殊性，只有通过否定句才能准确揭示其内涵，这时候也可以使用否定句式。比如：

（1）无性繁殖是指不经生殖细胞结合的受精过程，由母体的一部分直接产生子代的繁殖方法。

（2）无党派人士是指没有参加任何党派、对社会有积极贡献和一定影响的人士。

诸如上述"无性繁殖""无党派人士"一类概念的定义，只有通过揭示其不具有某种属性才能明确、清楚地表达其含义，这时就可以使用否定句式。

第四，定义项不能直接或间接地包含被定义项。

"不能直接包含被定义项"就是说在对被定义项进行定义时，不能用被定义项本身去解释被定义项。比如，"成年人就是已经成年的人"这个定义中，定义项中直接包含了被定义项，用"已经成年的人"来解释"成年人"，最终也没说清楚到底怎样才是"成年"。这就好像《三重门》中的"林雨翔"向人介绍自己的名字怎么写时说："林是林雨翔的林，雨是林雨翔的雨，翔是林雨翔的翔"，说来说去还是没有说清楚这三个字怎么写。这种定义项直接包含被定义项的现象就是"同语重复"。

"不能间接包含被定义项"就是说在对被定义项进行定义时，定义项中不能有用被定义项来解释或说明的部分，即定义项不能与被定义项互相定义。比如，"不正当竞争就是正当竞争的反面，正当竞争就是不正当竞争的反面"这个定义中，定义项与被定义项互相定义，最终也没有说清楚到底什么是"正当竞争"和"不正当竞争"。这种定义项间接包含被定义项的现象就是"循环定义"。

第五，定义不能使用诸如比喻、夸张之类的修辞手法。比如：

（1）爱情是生活中的诗歌和太阳。

（2）书是一代对另一代精神上的遗训，是行将就木的老人对刚刚开始生活的青年人的忠告，是行将休息的站岗人对来接替他的岗位的站岗人的命令。

上述两句话就是通过比喻的修辞手法对"爱情"和"书"这两个概念进行的解读，但如果我们把它们当作"爱情"和"书"的定义，就犯了"以比喻代定义"的错误。因为定义是揭示概念所反映的对象的本质属性，而"比喻式定义"只是人们根据自身经历对其个别属性进行的形象化描述。

定义的作用

在人们进行的各种思维活动中，定义扮演着重要角色。可以说，人们就是在各种概念的定义的基础上进行思维的。如果说思维是一座房子，那么定义就是这座房子的地基。人们的思维要用到定义，同时人们又用自己思维的成果来完善、丰富着定义。

第一，定义可以检验人们所用概念是否具有确定性。概念是反映对象的本质属性的思维形式。在人们的思维过程中，可以通过对概念进行定义的方法来检验人们是否认识了概念的确切内涵。如果人们能够给出符合概念所反映的对象的本质属性的定义，就说明这个概念是明确的，反之则不是。

第二，定义可以总结并巩固人们对客观事物的认识成果。定义实际上就是人们对客观事物本质认识的总结，当这种总结逐渐形成并最终确定下来时，也就巩固了人们的认识成果。

第三，定义有助于人们学习和传授知识。一旦人们对客观事物本质的认识确定下来并形成定义后，它就有了指导意义，成为人们学习和传授知识的工具。同时，人们也可以利用现有定义对客观事物进行更深一步的研究和思考。

第四，定义有助于人们说理和交际。准确把握概念的定义，可以让人们在进行说理和交际时判断正确、推理严密、论证有说服力。

什么是划分

划分和概念的限制、概括、定义一样，也是明确概念的一种方法。

什么是划分

1. 划分的含义

不管是概念的限制和概括，还是概念的定义，都是和概念的内涵有关的逻辑方法。划分则是明确概念的外延的一种逻辑方法。除了单独概念外，概念的外延一般都比较大，涵盖的范围比较广。而我们在进行思维的过程中，并不一定要把全部外延作为研究对象。因此，将外延按一定的标准进行划分，然后再对划分得出的某一个种类进行有针对性的研究就很有必要了。划分就是依据一定的标准，将概念的外延分为若干小类以明确其外延的一种逻辑方法。比如"植物"这个概念的外延很大，可以把它划分为藻类、蕨类、苔藓植物和种子植物等；把"电影"划分为动作电影、爱情电影、喜剧电影、恐怖电影等。由此可见，对概念的外延进行划分的过程实际上就是按照一定的标准把一个属概念划分为若干种概念的过程。

2. 划分的结构

划分由三部分构成，即：划分的母项、划分的子项和划分的标准。

划分的母项是指被划分的概念。划分的子项是指对母项划分后得到的各个种概念。划分的标准就是把母项划分为若干子项时的依据。这种依据就是被划分的概念（即划分的母项）所反映的对象的各种属性。比如：

（1）动物可以划分为脊椎动物和无脊椎动物。

（2）花可以分为木本花卉、草本花卉和肉质类花卉。

上述两个划分中，（1）中的"动物"和（2）中的"花"就是划分的母项；（1）中的"脊椎动物""无脊椎动物"和（2）中的"木本花卉""草本花卉""肉质类花卉"就是划分的子项；（1）依据的划分标准是动物的骨骼特征，（2）依据的划分标准则是花的形态特征。

事物所具有的属性是多种多样的，因此划分的标准也并不唯一，依据事物不同的属性来划分可以得出的不同的子项。我们上面提到的"花"就可以按照不同的生物特性划分出不同的子项。比如，按对光照需求的不同划分为喜阳性花卉和耐阴性花卉；按照对温度不同的要求划分为耐寒性花卉和喜温性花卉等。

划分的标准的多样化还表现在可以根据实际情况的不同进行不同的划分。看下面一则故事：

一位旅客到一家小餐馆吃饭，对小餐馆的米饭很不满。

于是他就招呼服务员："请你们老板来一下。"

一会儿，老板过来了，问道："先生，您有什么事吗？"

旅客说道："你们餐馆的米饭有几种啊？"

老板不解："只有一种啊。"

旅客用筷子挑起几粒米说道："我看你们应该有三种，生的、熟的和半生不熟的。我现在吃的，正是第三种。"

这则故事中，旅客通过把"米饭"（母项）依照生熟的不同（划分的标准）划分为生的、熟的和半生不熟的（三个子项）几种，对小餐馆的米饭质量进行了讽刺。

3. 划分与分解的不同

划分是按照一定的标准把一个属概念（即母项）划分为若干种概念（即子项），划分得到的子项具有母项的属性，子项与母项具有种属关系。而分解则是把整体分为各个部分，且部分不具有整体的属性。比如把"花"分为"木本花卉""草本花卉"和"肉质类花卉"是划分，把"花"分为花梗、花冠、花萼、花托、花蕊等则是分解；把"书"分为纸质书和电子书是划分，但把"书"分为封面、扉页、内文、封底等则是分解。

划分的种类

根据不同的标准，划分可以分为三大类。

1. 二分法和多分法

依据划分的子项数量的不同，划分可以分为二分法划分和多分法划分。

我们前面讲过，正概念是反映对象具有某种属性的概念，负概念是反映对象不具有某种属性的概念。二分法划分就是依据概念所反映的对象有无某种属性把一个母项划分为两个子项的方法。即具有某种属性的划为一个子项，不具有某种属性的划为一个子项。一般来讲，这两个子项就是一对正负概念。比如：

（1）化合物可以分为有机化合物和无机化合物。

（2）体育成绩可以分为达标和不达标。

上述两个划分中，"化合物"和"体育成绩"都有两个子项，所以叫二分法。

多分法划分是指把一个母项划分为两个以上（不包含两个）子项的方法。比如，把"花"分为"木本花卉、草本花卉和肉质类花卉"就是多分法；把"植物"分为"藻类、蕨类、苔藓植物和种子植物"也是多分法。

与多分法相比，二分法有着一定的优势。比如，在人们不能完全了解一个母项概念的外延时，或者不需要完全了解一个母项概念的外延时，使用二分法对母项概念进行划分，有助于人们对其中较为了解的部分进行研究。不过，二分法中属于负概念的子项的内涵和外延的不明确性也会影响人们对母项概念进行更深一步的探讨。

2. 一次划分和连续划分

依据划分层次的不同，划分可以分为一次划分和连续划分。

一次划分就是依据一定的划分标准一次完成母项的划分。一次划分只包括母项和子项两个层次。连续划分则是把上一次划分得到的子项作为母项再进行划分。连续划分可以包括三个甚至更多的层次，它可以把每次划分后得到的任一子项作为母项一次次划分下去，直到满足需要或无法划分为止。比如：

（1）动物可以分为脊椎动物和无脊椎动物。

（2）动物可以分为脊椎动物和无脊椎动物；脊椎动物分为鱼类、两栖类、爬行类、鸟类、哺乳类等，无脊椎动物分为原生动物、软体动物、节肢动物等；爬行类动物分为有足类、无足类……

上述两个划分中，（1）包括母项（动物）和子项（脊椎动物和无脊椎动物）两个层次，是一次划分；（2）对子项（脊椎动物和无脊椎动物）分别进行了划分，之后又对脊椎动物的子项（爬行类动物）进行了划分，前后共包括四个层次，是为连续划分。

3. 一次划分和多次划分

依据划分的次数的不同，划分可以分为一次划分和多次划分。

一次划分就是依据一定的划分标准一次完成母项的划分。一次划分只包括母项和子项两个层次。多次划分则是根据具体需要依据不同的标准或从不同的角度对母项进行多种划分。不同种类的划分得到的子项各不相同，但都属于一次划分的范畴。若对这些子项再继续划分，则属于连续划分。比如我们前面提到的"花"的不同标准的划分就是多次划分。再比如：

（1）文学可以分为中国文学和外国文学。

（2）按国度分，文学可以分为中国文学和外国文学；按时间分，文学可以分为古代文学和现代文学；按探讨问题和目的的不同，文学可以分为大众文学（或通俗文学）和纯文学……

上述两个划分中，（1）就是一次划分，（2）分别从三个不同的角度对"文学"这一母项概念进行了不同的划分，是多次划分。

各种划分种类既相互区别又相互联系，比如"化合物可以分为有机化合物和无机化合物"既是二分法，又属于一次划分，所以它们有相通之处。但前者是从子项的数量角度进行的划分，后者是根据划分层次的不同进行的分类，所以它们又是不同的。至于按哪一种类对母项进行划分，又划分到何种程度，都应该根据我们的实际需要而定。

划分的规则和作用

划分的规则

对概念进行定义时要遵循一定的规则，对概念进行划分时也要遵循一定的规则。划分是明确概念的外延的一种逻辑方法。如果在划分时不遵循规则，每个人都按照自己的理解去做，那就不但不能明确概念的外延，反而会越"划"越模糊，越"分"越混乱。那么，划分该遵循哪些规则呢？

第一，划分时应该遵循相称原则，即划分的各子项外延之和要与母项的外延完全相等。

在这点上，划分与定义有着相同的要求。我们看下面两个数学运算：

（1）20=8+6+3+3+1

（2）20=8+6+3+2

运算（1）中，等号右边各数之和大于等号左边的数，即8+6+3+3+1>20；运算（2）中，等号右边各数之和小于等号左边的数，即8+6+3+2<20。不管是大于还是小于，这两个运算都是不成立的，是错误的。如果把"20"当作母项概念，把"8+6+3+3+1"或"8+6+3+2"当作划分得到的子项概念，那么，这两组子项概念的外延之和与母项的外延之和就不相等。前者之和大于母项的外延，后者之和小于母项的外延。不管是大于还是小于，都说明这两次划分违反了相称原则，因而都是错误的。

划分后各子项外延之和大于母项外延的，就犯了"多出子项"或"划分过宽"的错误。比如："四大文明古国"这个母项可以划分出古代中国、古代埃及、古代印度、古代巴比伦和古代希腊。在这个划分中，各子项外延之和大于母项外延，因为子项里多出来一个"古代希腊"，犯了"多出子项"（划分过宽）的错误。看下面这个故事：

小杰克上课时不认真听讲，总是爱讲话。妈妈为了教育一下儿子，就与他进行了一次谈话。

妈妈问："杰克，你说你们班上都有谁听课不认真啊？"

杰克说道："我不知道。"

妈妈继续问："那么，杰克，当所有同学都坐在那里安静地听课时，是谁在那里一直不停地讲话呢？"

杰克想了想回答道："我们的老师约翰逊先生。"

这则故事中，"班上听课不认真的学生"是一个母项概念，而听课不认真的所有学生则是各个子项。妈妈问小杰克"你们班上都谁听课不认真"，实际上让他对这个母项概念进行划分，进而找出那个子项，即小杰克本人，从而达到警示他的目的。但是小杰克却把"老师约翰逊先生"作为一个子项划进了"听课不认真的学生"这个母项概念中，从而使子项外延之和大于母项外延，犯了"多出子项"的错误。

划分后各子项外延之和小于母项外延的，就犯了"划分不全"或"划分过窄"的错误。比如：

（1）文学体裁可以分为小说、散文和戏剧。

（2）植物可以分为藻类、苔藓植物和种子植物。

在上述两个划分中，（1）缺失了"诗歌"这个子项，（2）缺失了"蕨类"这个子项，致使各子项外延之和小于母项外延，犯了"划分不全"（划分过窄）的错误。

第二，在对同一概念进行同一次划分时应当遵循同一个标准。

我们前面讲过，由于大部分概念的外延较大，所以根据不同的标准可以划分出不同的子项。但是，在对同一个概念进行同一次划分时，只能遵循同一个标准。否则，一个母项概念的子项中既包括按 A 标准划分的子项，又包括按 B 标准划分的子项，就会显得混乱，也达不到明确概念外延的目的。比如：

（1）文学可以分为古代文学、现代文学、当代文学、外国文学。

（2）花可以分为木本花卉、草本花卉、肉质类花卉、耐寒性花卉。

上述两个划分中，（1）中的"古代文学、现代文学和当代文学"是按时间划分的，而"外国文学"则是按国别划分的，虽然同属"文学"范畴，但没有遵循同一个标准，因此显得有点混乱；（2）的中"木本花卉、草本花卉和肉质类花卉"是按花的形态特征进行的分类，而"耐寒性花卉"则是按"花"对温度需求的不同进行的划分，也没有遵循同一标准。

第三，划分要按照层次进行，不可越级划分。

划分就是将一个属概念分为一个个种概念，种概念与属概念具有种属关系，即划分的子项与母项具有种属关系。而且，在划分时，子项应该是母项下一级或紧邻母项的种概念。如果子项不是与母项相邻的种概念，而是由与母项相邻的子项进行第二次甚至更多次划分而得到的，这就属于"越级划分"。"越级划分"不但不能明确母项概念的外延，反而会使之更加模糊。比如：

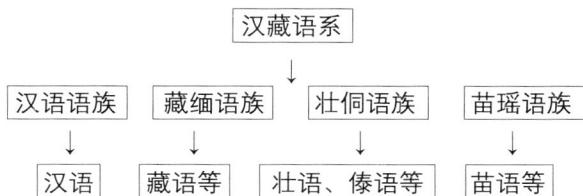

```
            ┌──────────┐
            │ 汉藏语系 │
            └──────────┘
                 ↓
┌────────┐ ┌────────┐ ┌────────┐ ┌────────┐
│汉语语族│ │藏缅语族│ │壮侗语族│ │苗瑶语族│
└────────┘ └────────┘ └────────┘ └────────┘
    ↓          ↓          ↓          ↓
┌──────┐ ┌──────┐ ┌──────────┐ ┌──────┐
│ 汉语 │ │藏语等│ │壮语、傣语等│ │苗语等│
└──────┘ └──────┘ └──────────┘ └──────┘
```

在上述划分中，把"汉语语族""藏缅语族""壮侗语族"和"苗瑶语族"直接划分为各种具体语言，就犯了"越级划分"的错误。因为，语系可以划分为各个语族，语族又可划分为各个语支，语支才可划分为各种具体语言。因此，"汉语"这个子项并不是"汉语语族"这个母项相邻的种概念（其他几组也是如此）。正确的划分应该是这样：

```
                        汉藏语系
                           ↓
      汉语语族      藏缅语族      壮侗语族      苗瑶语族
         ↓            ↓            ↓            ↓
      汉语语支      藏语支等      壮傣语支等    苗语支等
         ↓            ↓            ↓            ↓
       汉语        藏语等      壮语、傣语等     苗语等
```

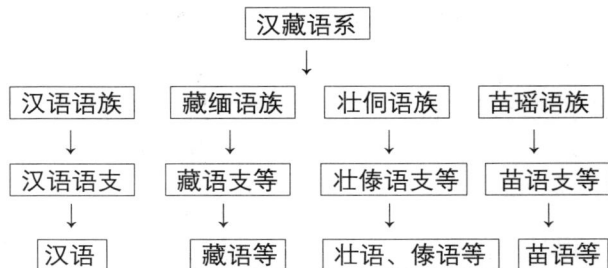

第四，划分后各子项的外延应当互不相容、互相排斥。

对某一母项概念进行划分得出的各子项应该是属于同一层次的种概念，彼此间是互不相容的全异关系。如果子项中出现相容现象，那么其中必有子项与另一个子项具有真包含（于）关系或相交关系，这就犯了"子项相容"的错误。各子项之间的关系也因此复杂起来，这样的划分也不能明确概念的外延。比如：

（1）藏缅语族可以分为藏语支、缅语支、彝语支、景颇语支和藏语等。

（2）法律可以分为实体法、程序法、《刑事诉讼法》等。

上述两个划分中，（1）中的"藏语"属于"藏语支"范畴，二者相容；（2）中的"《刑事诉讼法》"属于"程序法"范畴，二者也相容。它们都犯了"子项相容"的错误，造成了划分逻辑的混乱。

第五，对不能或不需要完全列出的子项要交代清楚。

在对概念进行划分时，有时由于概念外延过大，所以子项繁多，不能一一列出；有时只需要对其中某个子项进行研究，不必要把其他子项也列出来。这种情况下，要对未列出的子项交代清楚，不能随个人意愿随意增减子项，以免造成人们的误解。一般来讲，对没有完全列出子项的划分可在其后加"等"或"等等"来说明。比如，"法律"可分为宪法、刑法、民法、经济法、劳动和社会保险法等。有了这个"等"字，人们就能明白，除了所列子项外，"法律"还有其他子项。

划分的作用

第一，划分本是明确概念的外延的一种逻辑方法，所以正确的划分可以让人们了解概念适用的范围，清楚概念的外延，有助于人们准确恰当地使用概念。

第二，依据不同的标准可以对概念进行不同角度的划分，得出不同的子项。这种划分可以让人们从各个方面了解概念所反映的对象的各种属性，从而更深入地了解概念的内涵和外延。

第三，对概念正确、适当的划分可以把各种知识系统起来，有助于人们掌握、巩固和传授知识。

　　第四，通过划分人们对母项概念所划分出的各级子项的层次性会有更直观、清晰的了解，可以尽可能地避免各级子项间的混淆。

　　需要说明的是，划分的作用只有在遵循划分的规则的基础上才能最大限度地发挥出来。如果违反了划分规则，得出的结果就是错误的，那划分也就失去了它的作用。

判断思维

什么是判断

我们经常遇到"判断"这个词，但在不同的语境中，"判断"也有着不同的含义。比如：

"雨村便徇情枉法，胡乱判断了此案。"（判决）

"金鱼玉带罗阑扣，皂盖朱幡列五侯，山河判断在俺笔尖头。"（欣赏）

"父爱也一样的，倘不加判断，一味从严，也可以冤死了好子弟。"（分析）

上述三个例子分别使用了"判断"三个不同的意思。不过，我们即将探讨的"判断"却与这日常所见的"判断"有所不同。在逻辑学中，判断是一种常用的逻辑方法。

判断的含义

作为逻辑学中最基本的思维形式之一，判断是推理的基础，也是对已有概念的运用。概念是反映对象本质属性的思维形式，如果概念仅止于概念，就无法发挥它的作用。只有运用概念进行判断，才能实现概念的最终意义。判断就是对思维对象有所断定的思维形式。比如：

（1）天气很晴朗。

（2）鲁迅是伟大的无产阶级的文学家、思想家、革命家，是中国文化革命的主将。

（3）他不是我们的朋友。

上述三个判断中，（1）就是运用了"天气""晴朗"这两个概念进行的判断；

（2）和（3）也是运用已经形成的概念做出的判断。虽然（1）、（2）是肯定句，（3）是否定句，但都是人们对思维对象作出的一种断定。

实际上，不管是在认识事物的过程中，还是在思维、研究某一对象的过程中，抑或在日常表达、交流过程中，人们都要用到判断。可以说，判断是人们进行正常的思维活动的基础和必要条件。南宋俞文豹《吹剑录》中载：

东坡在玉堂日，有幕士善歌，因问："我词何如柳七？"对曰："柳郎中词，只合十七八女郎，执红牙板，歌'杨柳岸，晓风残月'。学士词，须关西大汉，铜琵琶，铁绰板，唱'大江东去'。"东坡为之绝倒。

这则故事中，幕士作了两个判断：

（1）对柳永词风的判断：柳郎中词，只合十七八女郎，执红牙板，歌"杨柳岸，晓风残月"。

（2）对苏轼词风的判断：学士词，须关西大汉，铜琵琶，铁绰板，唱"大江东去"。

随着人们实践的深入，当把对事物的某种判断结果作为一种普遍认识固定下来后，它也可以成为人们认识事物或进行其他判断的标尺，并反过来指导人们的思维活动。

判断的特征

第一，判断就是对思维对象有所肯定或否定。

我们上面举的三个例子中，"天气很晴朗"和"鲁迅是伟大的无产阶级的文学家、思想家、革命家，是中国文化革命的主将"这两个判断用的是肯定句，分别表示"天气"具有"晴朗"的属性，"鲁迅"具有"无产阶级的文学家、思想家、革命家和中国文化革命的主将"的属性，是对其作的肯定式断定，我们称之为肯定判断。所谓肯定判断，就是断定思维对象具有某种属性的判断。比如：

（1）这是本很好看的书。

（2）水结成冰是一种物理反应。

上述两个判断中，（1）肯定了"书"具有"好看"的属性，（2）肯定了"水结成冰"具有"物理反应"的属性，所以都是肯定判断。

我们上面举的三个例子中，"他不是我们的朋友"这个判断用的是否定句，表示"他"不具有"我们的朋友"的属性，是对其作的否定式断定，我们称之为否定判断。所谓否定判断，就是断定思维对象不具有某种属性或者否定思维对象具有某种属性的判断。比如：

（1）《金瓶梅》不在中国古代四大名著之列。

（2）李清照的《渔家傲·天接云涛连晓雾》没有她以往的婉约风格。

上述两个判断中，（1）断定"《金瓶梅》"不具有"中国古代四大名著"的属性，（2）断定"李清照的《渔家傲·天接云涛连晓雾》"不具有"婉约风格"的属性，所以都是否定判断。

判断的第一个特征便是指它必须要对思维对象有所肯定（即作肯定判断）或否定（即作否定判断）。也就是说，判断与肯定或否定这种形式无关，重要的是必须要有所断定。否则，就不称其为判断。

第二，任何判断都有真有假。

马克思主义哲学告诉我们，认识作为人脑对客观存在的反映，正确反映客观存在的就是正确的认识；错误反映客观存在的就是错误的认识。判断是一种思维形式，也是对客观存在的反映，因此也有对错之别。正确反映客观存在、符合实际情况的判断就是真判断。比如：

（1）我国有四个直辖市，即北京、上海、天津和重庆。

（2）《红楼梦》是一部具有高度思想性和高度艺术性的伟大作品。

上述两个判断都是符合实际情况的判断，都属于真判断。

相反，错误反映客观存在、不符合实际情况的判断就是假判断。比如：

（1）六书是指象形、指事、会意、形声、转注、反切。

（2）开封被称为"六朝古都"。

上述两个判断中，（1）中的"反切"是汉字注音的方法，而不是造字法，不属于"六书"之列，所以该判断是假判断；（2）中的"开封"曾作为战国时期的魏、五代时期的后梁、后晋、后汉、后周以及北宋和金七个朝代的都城，被称为"七朝古都"，所以该判断也为假判断。

判断的第二个特征便是指任何判断都有真假之分，这是根据判断是否正确反映了客观存在、是否符合实际情况来分别的。但不管是真是假，都是对思维对象做出的一种断定，因而都是判断。看下面这则故事：

有一个人特爱凑热闹，哪里人多就往哪里凑。一天，街上发生了一起交通事故，人们都围在那里看热闹。这个人也急忙跑过去，使劲儿往里挤。但是人太多了，他怎么也挤不进去。情急之下便大声嚷道："大家请让一让，让一让，出事的是我父亲！"等他顺着人们让开的缝隙挤进去一看，不禁傻眼了，因为被撞的是一头驴。

这则故事中，这个人所作出的"出事的是我父亲"的判断便是不符合实际情况的假判断。不过，虽然是假判断，也是他对实际情况作的一种断定，所以也属于判断。

了解了判断的含义和特征，我们便可以对思维对象做出自己的判断。但要对其做出真判断，除了正确认识客观存在、了解实际情况外，还要坚持"实践是检验真理的唯一标准"的原则，通过实践指导自己的判断。这样才能作出正确的判断，并尽可能地避免错误的判断。

判断与语句

我们曾经分析过思维形式和思维内容的联系。判断与语句的关系与思维形式和思维内容的关系一样，也是既相互联系，又相互区别。

判断与语句的联系

语句是一种语言形式，判断是一种思维形式。判断只有通过语句才能表达出来，语句是判断的表达形式，而判断则是语句的思想内容。没有语句，判断就没了凭借，也就无法实现判断的意义。比如：

这杯茶是热的。

他是一个善良的人。

上述判断只有通过语句这种语言形式才能表现出来，而语句也承载着判断所需要表达的思想内容，人们是通过语句这种形式而了解判断所表达的内容的。

判断与语句的区别

第一，判断与语句属于不同的学科领域。

判断是逻辑学研究的范畴，对判断的运用要符合一定的逻辑规则，对判断的研究要在一定的逻辑规律的框架之下进行；语句则属于语言学研究的范畴，对语句的运用和研究要遵循一定的语言规则和语言规律。

第二，判断与语句有着不同的形态特征。

判断是最基本的逻辑思维形式之一，属于精神形态的范畴；语句则是一种语言形式，属于物质形态的范畴。

第三，判断与语句并非是一一对应的，同一语句可以表达不同的判断，同一个判断也可以用不同的语句来表达。

1.同一语句可以表达不同的判断，这主要是针对有歧义的语句而言。比如：

（1）动手术的是他母亲。

（2）我对老师的批评是很有心理准备的。

（3）百货大楼在这一站的前一站。

上述三个语句都分别表达了两种不同的判断。

语句（1）中，既可以表达"他母亲在给别人动手术"，也可以表达"别人在给他母亲动手术"；语句（2）中，既可以表达"老师对我的批评"，也可以表达"我对老师的批评"；语句（3）中，从时间上，该判断表达"百货大楼在这一站的上一站"，从空间上，该判断则表达"百货大楼在这一站的下一站"。这都是歧义造成的同一语句表达不同的判断的情况。

2.在世界范围内，语言有着不同的种类；在同一语种里，语言也是极其丰富且灵活多变的。因此，作为语言形式的语句对同一内容也有着多种表达形式。也就是说，不同的语句可以表达同一个判断，或者说同一个判断可以用不同的语句来表达。

这首先表现在语种的不同上，也就是说同一个判断可以用不同的语种来表达。这语种虽然表示相同的意义，但却是不同的语句。比如：

（1）北京是中国的首都。

（2）Beijing is the capital of China.

上述两个语句虽然不同，但却表示同一个判断，即"北京是中国的首都"。

在同一语种里，同一判断也可以用不同的语句来表达。比如：

（1）杭州西湖是著名的景点。

（2）难道杭州西湖不是著名的景点吗？

（3）他会来的，除非下雨了。

（4）只有不下雨，他才会来。

上述四个语句中，（1）、（2）属于不同的语句，但其思想内容却是相同的，所以表达了同一个判断；（3）、（4）两个语句也是如此。

第四，判断都要通过语句来表达，但并非所有语句都表达判断。

1.一般来讲，陈述句、反问句可以表达判断，疑问句、祈使句、感叹句则不表达判断。比如：

（1）逻辑学是一门很有意思的学科。

（2）难道你不是因为我才美丽？

（3）那是你的书吗？

（4）过来！

（5）上帝啊！

上述五个语句中，作为陈述句的语句（1）和作为反问句的语句（2）都表达了一种判断；但是，疑问句（3）、祈使句（4）和感叹句（5）因为并没有对任何对象做出断定，所以都没有表达判断。再看下面这则幽默：

她含羞低头，面如桃花。

我喜不自胜，柔柔地问："你真的喜欢我？"

她的脸越发红了，小声说道："你猜！"

我心中更喜，脱口而出："喜欢！"

她头更低，脸更红，声音更小："你再猜！"

这则故事中有陈述句、疑问句、祈使句。其中，陈述句有：

（1）她含羞低头，面如桃花。（2）我喜不自胜。（3）她的脸越发红了。（4）我心中更喜。（5）她头更低，脸更红，声音更小。

依据判断对思维对象有所肯定或否定的特征，可知这五个句子均表判断。

故事中还有两个祈使句：

（1）你猜！（2）你再猜！

祈使句（1）只是表达一种命令性的口气，但并没有对思维对象有所断定的意思，所以它不表达判断；祈使句（2）看上去虽然只比（1）多了一个"再"字，但其意义却不相同。在这个特定的语境中，"你再猜"的潜在台词就是"你刚才猜错了"，这实际上就是在对"我"所猜的"喜欢"的一种否定，因此该句也表判断。需要指出的是，如果不是在这特定的语境中，而是单独出现的"你再猜"三个字，则不表达判断。

故事中还有一个省略句，即：

"喜欢！"

从语言学的角度讲，如果只是单独的"喜欢"这个词，那它不是句子，只是一个词语，也就不能表判断。但是在这个特定的语境中，"喜欢"是一个省略句，它的全句应该是"我猜你喜欢我"。虽然是一种猜测，但也是对思维对象的一种肯定，因此该句也表判断。

需要说明的是，这种断定同时也具有真假之别（以上所指出的表判断的语句也是如此），至于是真还是假，则需根据实际情况去判断。

故事中还有一个疑问句，即：

"你真的喜欢我？"

在故事中，该疑问句只是表达一种问询的口气，并没有对思维对象有所肯定或否定，所以不表达判断。

2.有些疑问句、祈使句、感叹句也表达判断。

我们前面说疑问句、祈使句和感叹句一般不表达判断，但这并不表示所有的疑问句、祈使句和感叹句都不表达判断。事实上，反问句就是疑问句的一种，但反问句却表判断。而祈使句表判断的例子我们在上面的故事中也谈到了。所以，有些疑问句（主要是指反问句）、祈使句和感叹句也可以表达判断。比如：

（1）禁止醉酒驾车！

（2）闲人免进！

（3）你真是太漂亮了！

（4）黄河啊，我的母亲！

上述几个语句中，前两句是祈使句，后两句是感叹句。语句（1）"禁止醉酒驾车"已经表明了对醉酒后不准驾车的断定，语句（2）也是对闲人不许进入的一种断定，因此这两个语句都表判断；语句（3）虽然是表欣赏的感叹句，也是对其"漂亮"这个属性的一种肯定；语句（4）潜在的意思即"黄河就是母亲"，这也是一种断定。所以后两句感叹句也表判断。当然，至于判断的真假则需根据实际情况来判断，比如语句（1）就是真判断。

由此可见，有些语句是直接对事物表达判断的，比如大多数陈述句、反问句等，这就是直接判断；有些语句则并不直接对事物表判断，而是把这种判断隐藏在语句中，比如大多数祈使句、感叹句等，这就是间接判断。

第五，判断与语句结构不同。

以直言判断为例，比如，"有的祈使句是表达判断的"，这个直言判断由主项（祈使句）、谓项（表达判断的）、量项（有的）和联项（是）四部分组成；但作为语句，它则由主语（有的祈使句）、谓语（是表达判断的）等语法成分组成。

总之，在思维或表达过程中，只有清楚判断和语句的区别与联系，才能更好地理解、运用语句和判断。

结构歧义

歧义现象我们都不陌生。有时候歧义会让人们如坠云雾，不明所以；有时候人们则会因歧义闹出笑话；有时候歧义也可能造成比较严重的后果。造成歧义的原因很多，我们在这里主要讨论的是结构歧义。

什么是结构歧义

在讨论结构歧义前，我们先来看下面几个歧义句：

（1）我要炒鸡蛋。

（2）他看错了人。

（3）他一天就写了6000字。

句（1）中，若"炒"为形容词，"炒"修饰"鸡蛋"，表示我要"炒鸡蛋"这个菜；若"炒"为动词，"鸡蛋"就是"炒"的宾语，表示我要自己来"炒"鸡蛋。这是因为词类不同造成的歧义。

句（2）中，若"看"表示视线接触人或物的意思，这句话就是说他眼神不好，认错了人，把A当作B了；若"看"表示"判断"的意思，这句话就是说他眼光不好，把此种人当成了彼种人。这是因为一词多义造成的歧义。

句（3）中，若轻读"就"字，就是说他的速度很快，短短一天的时间就写了6000字；若重读"就"字，则说明他工作效率低，整整一天才写了6000字。这是口语中读音轻重不同造成的歧义。

上述三种歧义都是由词语引起的理解上的歧义，不同于我们说的"结构歧义"。结构歧义是指一个句法结构可以作两种或两种以上的分析，表达两种或两种以上的意义。从逻辑学上讲，结构歧义是指语句在表达判断时，由于语法结构的不确定或不明晰而引起的判断歧义。它主要是由句法结构的不确定或不明晰引起，与词语类别或多义引起的起义有所区别。比如：

（1）这是他们新盖的办公楼和教室。

（2）学生家长来了。

句（1）中，既可以理解为"（新盖的）（办公楼和教室）"，即办公楼和教室都是新盖的；又可以理解为"（新盖的办公楼）和（教室）"，即只有办公楼是新盖的。句（2）中，既可理解为"学生和家长"，也可理解为"学生的家长"。这两个歧义句都是因为对句法结构不同的分析得出的两种不同的理解，因此属于结构歧义。

结构歧义的类型

一般来讲，结构歧义可以分为三种。

1. 结构层次不同引起的歧义

如果一个句法结构内部包含了不同的结构层次，就可能产生结构歧义。对于这种结构歧义，我们可以采用层次分析法来分析。比如：

（1）关心企业的员工　　　　（2）关心企业的员工
　　　|—偏正关系—|　　　　　　|—动宾关系—|
　　　|—动宾—|　　　　　　　　　　|—偏正—|

通过层次分析可知，这个短语可以有两种理解：（1）|关心企业的|员工|，

即员工很关心自己所在的企业；（2）｜关心｜企业的员工｜，即我们要关心企业里的员工。这就是结构层次的不同引起的歧义。再比如：

（1）这桃子不大好吃。

（2）这是两个解放军抢救国家财产的故事。

从逻辑学角度讲，句（1）按不同的层次划分可以得出两种判断，即："这桃子｜不大好吃"和"这桃子不大｜好吃"。这后一个判断便是逻辑学中的联言判断。句（2）也可以通过不同的划分得出两种判断，一是说这是两个故事，故事的内容讲的是解放军抢救国家财产的事；二是说这是一个故事，故事讲的是两个解放军抢救国家财产的事。

看下面这则故事：

从前有个人家里既养牛又酿酒，但是为人却很小气，每次卖给人的肉和酒总是短斤少两。为了戏弄他，有人便写了副对联送他：养牛大如山老鼠头头死，酿酒缸缸好造醋坛坛酸。

此人拿着对联念道：

养牛大如山 老鼠头头死

酿酒缸缸好 造醋坛坛酸

他很高兴，便赶紧贴在了大门上。但是人们看到这副对联后，却再也不到他家里沽酒买肉了。因为人们是这么理解的：

养牛大如山老鼠 头头死

酿酒缸缸好造醋 坛坛酸

这便是典型的因结构层次引起的歧义。明朝四大才子之一祝枝山写的一副对联也可以做类似的分析：

明日逢春好不晦气

终年倒运少有余财

对这副对联的结构层次进行划分可以得到两种理解：

明日逢春｜好不晦气　　　明日逢春好｜不晦气

终年倒运｜少有余财　　　终年倒运少｜有余财

2. 结构关系不同引起的歧义

所谓结构关系就是通过语序和虚词反映出来的各种语法关系，比如主谓关系、动宾关系、偏正关系等。有时候，同一结构层次可能包含着不同的结构关系，而结构关系的不同又引起了短语或句子的歧义。比如：

进口汽车　　　　学习文件

这两个短语层次并不麻烦，都可以这样划分：进口|汽车；学习|文件。但是每个短语都有着两种结构关系，因此容易引起歧义。"进口汽车"可以是动宾短语，指从国外进口汽车；也可以是偏正短语，指进口的汽车。"学习文件"可以是动宾短语，指去学习某个文件；也可以是偏正短语，指供人们学习的文件。再比如：

（1）她们手中的线，我们身上的衣。

（2）天上的星星，地上的街灯。

句（1）中，"她们手中的线，我们身上的衣"既可以是并列关系，即"她们手中的线"和"我们身上的衣"，这也是联言判断；又可以是主谓关系，即"她们手中的线"织就了"我们身上的衣"，是关系判断。句（2）也可做类似的分析，前后两句为并列关系时，是联言判断；为主谓关系时，是指"天上的星星"看上去好像"地上的街灯"，是关系判断。

3. 语义关系不同引起的歧义

所谓语义关系是指隐藏在显性结构关系后面的各种语法关系，通常表现为施事（指动作的主体，也就是发出动作或发生变化的人或事物）和受事（受动作支配的人或事物）之间的关系。有时候，在结构层次和结构关系均不引起歧义的情况下，语义关系的不同，或者说施事和受事关系的不确定、不明晰也会引起歧义。比如：

（1）通知的人。

（2）巴金的书。

短语（1）中，"通知的人"可以是施事，比如我接到了小李的通知，那小李就是"通知的人"；也可以是受事，即被通知的人。短语（2）中，"巴金的书"可以指巴金拥有的书，也可以指巴金写的书。这就是语义关系不同引起的歧义。再比如：

（1）这位老人谁都可以接待。

（2）这个人连我都不认识。

句（1）中，"老人"为施事时，可理解为"老人"可以接待任何人；"老人"为受事时，则指任何人都可以接待"老人"。句（2）中，"这个人"为施事时，是指他不认识"我"；"这个人"为受事时，是指"我"不认识他。

有时候，单独看一个句子时，可能有结构歧义，但放在一定的语境中就不会引起歧义。所以，特定的语境一般可以消除结构歧义。若是在一定的语境中仍然会因结构层次、结构关系或语义关系引起歧义，就需要对其进行修改了。

直言判断

根据判断中是否包含模态词（即反映事物的必然性、可能性的"必然""可能"等词）可将判断分为模态判断和非模态判断。其中，模态判断是指断定事物可能性和必然性的判断，包括必然模态判断（或必然判断）和可能模态判断（或可能判断）。根据非模态判断中是否包含其他判断，可将其分为简单判断和复合判断。根据复合判断中包含的联结项的不同，可将其分为联言判断、选言判断、假言判断和负判断。根据断定的是对象的性质还是对象间关系，可将简单判断分为直言判断和关系判断。直言判断和关系判断也可以进行更细致的划分，我们后面会作详细介绍，在此不再赘述。

直言判断就是直接断定思维对象具有或不具有某种性质的判断，所以也叫性质判断。直言判断是简单判断的一种，具有简单判断的性质，即判断中不包括其他判断。比如：

（1）所有的孩子都是天真的。

（2）凡是领导说的话都是对的。

（3）有的老师不是教授。

（4）任何事物都不是静止的。

上述四个判断中，（1）、（2）都是断定对象具有某种性质的判断，（3）、（4）都是断定对象不具有某种性质的判断。其中，（1）断定"孩子"具有"天真"的性质；（2）断定"领导说的话"具有"对"的性质；（3）断定"有的老师"不具有"教授"的性质；（4）断定"任何事物"不具有"静止"的性质。这四个判断中都是直接断定对象具有或不具有这些性质的，而且除此外这些判断都不包含其他判断，所以它们都是直言判断。

直言判断是由逻辑变项（即主项和谓项）和逻辑常项（即联项和量项）组成的。

1. 主项

在前面所举的四个判断中，"孩子""领导说的话""老师""事物"都是主项。由此可知，主项就是判断中被断定的对象，或者说是反映思维对象的那个概念。逻辑学中，主项通常用"S"表示。比如：

（1）小王是个电视迷。

（2）这个网站不是英语网站。

上述两个直言判断中，"小王"和"这个网站"都是主项。

一般来讲，任何直言判断都是有主项的。不过有时候，尤其是在一定的语境中，根据上下文的提示，主项也可省略。比如：

"听说来了远客，是哪位啊？"

"黛玉。"

这组对话中，因为有上下文的提示，所以在回答时就省略了主项"远客"，完整的表达应该是"远客是黛玉"。

2. 谓项

在前面所举的四个判断中，"天真的""对的""教授"和"静止的"都是谓项。由此可知，谓项就是指判断中被断定的对象具有或不具有某种性质的概念，或者说是反映思维对象属性的那个概念。逻辑学中，谓项通常用"P"表示。仍以上面两个判断为例：

（1）小王是个电视迷。

（2）这个网站不是英语网站。

在这两个直言判断中，"电视迷"和"英语网站"都是反映被断定的对象属性的概念，所以都是谓项。

同主项一样，谓项有时候也可省略。比如：

"小兵张嘎是个小英雄，还有谁是小英雄？"

"雨来。"

这组对话中，在回答时省略了谓项"小英雄"，完整的表达应该是"雨来也是小英雄"。

3. 联项

在前面所举的四个判断中，"是"和"不是"都是联项。由此可知，联项就是联结主项和谓项的那个概念，或者说联项是表示被断定的对象和其性质间关系的那个概念。一般来讲联项只包括"是"和"不是"两个。其中，"是"是肯定联项，它表示思维对象具有某种性质；"不是"是否定联项，它表示思维对象不具有某种性质。

在判断或表达时，有时也可以省略联项。在"主项"和"谓项"中所举的两组对话中，答语（即"黛玉"和"雨来"）实际上都省略了联项"是"。再比如：

（1）尼罗河，世界第一长河。

（2）林黛玉才貌双全，多愁善感。

上面这两个直言判断都省略了联项"是"，完整的表达应该是：

（1）尼罗河是世界第一长河。

（2）林黛玉是才貌双全、多愁善感的人。

4. 量项

在前面所举的四个判断中，"所有的""凡是""有的"和"任何"都是量项。由此可知，量项是表示主项（或被断定对象）的数量或范围的概念。量项一般置于主项之前，从语言学角度上讲，量项对主项起修饰限定的作用。在前面所举的四个判断中，"所有的""凡是""有的"和"任何"这四个量项都在主项前。不过，量项也可放在主项之后、联项之前，比如在前面四个判断中，（1）、（2）、（4）联项前都用了"都"字，这实际上就是量项。量项一般可分为三种：全称量项、特称量项和单称量项。

全称量项是指在判断中对主项的全部外延作断定的量项。常用的全称量项有"所有""全部""任何""一切""都""凡是""每个""个个"等。比如：

（1）一切反动派都是纸老虎。

（2）每个孩子都是父母的宝。

特称量项是指在判断中对主项的部分外延作断定的量项。常用的特称量项有"有的""有些""并非所有"等。比如：

（1）有的同学是我的邻居。

（2）有些书不是我的。

需要说明的是，特称量项在表示"有的"或"有些"主项具有某种性质时，只是对主项的这一部分外延作断定，这并不代表主项的另一部分外延完全不具有这种性质。反之，特称量项在表示"有的"或"有些"主项不具有某种性质时，也只是对主项的这一部分外延作断定，也并不代表主项的另一部分外延完全具有这种性质。看下面这则故事：

一次，美国著名作家马克·吐温就他的小说《镀金时代》答记者问时说道："美国国会中的有些议员是狗娘子养的。"此言见报后，舆论大哗。议员们都十分愤慨，纷纷谴责马克·吐温的无礼，并强烈要求他道歉，否则就将诉诸法律。几天后，马克·吐温在《纽约时报》上发表了"道歉声明"，把那句话改为"美国国会中的有些议员不是狗娘子养的。"

在这则故事中，有两个直言判断：

（1）美国国会中的有些议员是狗娘子养的。

（2）美国国会中的有些议员不是狗娘子养的。

显然，这两个判断中都使用了特称量项"有些"，不同的是，判断（1）是断定主项"议员"具有某种性质，是肯定判断；判断（2）是断定主项"议员"不具有某种性质，是否定判断。但是"肯定此"并不意味着"否定彼"，"否定彼"也并不意味着"肯定此"。所以，马克·吐温断定"美国国会中的有些议员是狗娘子养的"并不是说其他议员就一定不是"狗娘子养的"，反之亦然。马克·吐温正是通过这种方法来表达他对那些议员的嘲笑的。

单称量项是指在判断中，当主项为单独概念时用来断定主项的量项。比如：

（1）这个人是英国人。

（2）这道题是错的。

这两个直言判断中，"这个""这道"都是单称量项。

在全称量项、特称量项和单称量项中，特称量项是不能省略的。比如：

（1）有的同学是我的邻居。

（2）同学是我的邻居。

显然，省略特称量项"有的"后，主项的外延便不再受限制，该判断也成为一个新的判断了。

不过，有时候，全称量项和单称量项是可以省略的。比如：

（1）"每个孩子都是父母的宝。"和"孩子是父母的宝。"

（2）张鹏是班里最高的孩子。

判断（1）中，省略全称量项"每个"和"都"后，并不改变主项的外延，因此可以省去；判断（2）中，"张鹏"是一个单独概念，所以也可以不要单称量项。不过需要特别注意的是，全称量项一般都可省去，但单称量项有些是不能省的，一旦省去，就改变了主项的外延。比如："这个人是英国人"中的单称量项一旦省去就变成了"人是英国人"，这显然是不行的。

直言判断的种类

在对直言判断进行分类前，要先了解"质"和"量"这两个概念。所谓"质"，就是在直言判断中，联项所表示的主项和谓项之间的关系。因为联项有"是"与"不是"两个，所以它也就可以表示两种关系。所谓"量"，就是在直言判断中，被断定的对象（即主项）的量。因为直言判断中一般用"量项"来表示主项的量，所以可以用量项来表示直言判断的量。根据"质"和"量"的不同，可以把直言判断分为不同的种类。

根据"质"的不同来分类

根据直言判断"质"的不同，也就是联项的不同，可以将直言判断分为肯定判断和否定判断。我们在讲"判断的特征"时，曾根据"判断就是对思维对象有所肯定或否定"的特征，把判断分为肯定判断和否定判断。对直言判断的分类也是如此。

1. 肯定判断

在直言判断中，肯定判断就是对思维对象有所肯定的判断，即断定思维对象具有某种性质。思维对象也就是主项。在逻辑学中，肯定判断可以用"S 是 P"来表示。比如：

（1）思维规律是逻辑学研究的对象之一。

（2）她是最漂亮的新娘子。

这两个直言判断中，（1）断定"思维规律"具有"逻辑学研究对象"的性质，（2）断定"她"具有"最漂亮的新娘子"的性质，因此都是肯定判断。再比如：

《我问佛》一诗中有这么两句：

我问佛：如何才能如你般睿智？

佛曰：佛是过来人，人是未来佛。

其中，"佛是过来人"和"人是未来佛"两句都是直言判断中的肯定判断，"佛"具有"过来人"的性质，"人"具有"未来佛"的性质。

电影《非诚勿扰Ⅱ》中，李香山在他的人生告别会上说：

婚姻怎么选都是错的，长久的婚姻就是将错就错。

这两个直言判断也是肯定判断。

2. 否定判断

在直言判断中，否定判断就是对思维对象有所否定的判断，即断定思维对象不具有某种性质。在逻辑学中，否定判断可以用"S 不是 P"来表示。比如：

（1）他说的话不是实话。

（2）《蜀道难》不是律诗。

这两个直言判断中，（1）断定"他说的话"不具有"实话"的性质，（2）断定"《蜀道难》"不具有"律诗"的性质，所以都是否定判断。

根据"量"的不同来分类

根据直言判断中"量"的不同，也就是量项的不同，可以将直言判断分为全称判断、特称判断和单称判断。

1. 全称判断

在直言判断中，全称判断就是断定思维对象的全部外延都具有或不具有某种性质的判断。一般来讲，全称判断都有全称量项。当然，在不影响判断内容的前提下，全称量项是可以省略的。比如：

（1）所有的马都是脊椎动物。

（2）鸵鸟不是飞行动物。

这两个全称判断中，（1）断定"所有的马"（也就是"马"的全部外延）都具有"脊椎动物"的性质；（2）断定"鸵鸟"（也就是"鸵鸟"的全部外延）都不具有"飞行动物"的性质，不过它省略了全称量项"所有的"。

2. 特称判断

在直言判断中，特称判断就是断定思维对象的部分外延具有或不具有某种性质的判断。一般来讲，特称判断都有特称量项，而且不能省略。比如：

（1）有些单位是先进单位。

（2）有的人不是诚实守信的人。

这两个特称判断中，（1）断定"有些单位"（也就是"单位"的部分外延）具有"先进单位"的性质；（2）断定"有的人"（也就是"人"的部分外延）不具有"诚实守信"的性质。

不过，正如我们在上一节指出的，特称判断断定这一部分对象具有或不具有某种性质并不意味着断定另一部分对象一定不具有或具有这种性质。

3. 单称判断

在直言判断中，单称判断就是断定某一具体对象具有或不具有某种性质的判断。一般来讲，单称判断也有单称量项。不过，在不影响判断内容的前提下，单称量项也可以省略。比如：

（1）这首《献给爱丽丝》是钢琴曲。

（2）《西游记》不是战争小说。

在这两个单称判断中，（1）断定"这首《献给爱丽丝》"具有"钢琴曲"的性质，"这首"是单称量项；（2）断定"《西游记》"不具有"战争小说"的性质，并省略了单称量项"这部"。

根据"质""量"的不同来分类

根据直言判断中"质"和"量"两个标准的不同结合，可以将直言判断分为全称肯定（否定）判断、特称肯定（否定）判断和单称肯定（否定）判断。

1. 全称肯定判断

在直言判断中，全称肯定判断就是断定思维对象的全部外延都具有某种性质的判断。全称肯定判断同时具有全称判断的"全称"性和肯定判断的"肯定"性。

通常全称肯定判断都有"一切……都是……""所有……都是……""任何……都是……""全部……都是……""凡是……都是……"等全称量项。在逻辑学中，全称肯定判断可以用"所有 S 是 P"来表示。因为拉丁文中表"肯定"的 Affirmo 中第一个元音字母为 A，所以全称肯定判断又叫 A 判断，其逻辑形式则表示为"SAP"。比如：

（1）一切人类的祖先都是猴子。

（2）所有工人阶级都是无产阶级。

这两个直言判断中，（1）、（2）都分别对其研究对象"人类""工人阶级"的全部外延作了肯定式断定，即断定它们分别具有"猴子"和"无产阶级"的性质，因此都是全称肯定判断。

2. 全称否定判断

在直言判断中，全称否定判断就是断定思维对象的全部外延都不具有某种性质的判断。全称否定判断同时具有全称判断的"全称"性和否定判断的"否定"性。通常全称否定判断都有"一切……都不是……""所有……都不是……""任何……都不是……""全部……都不是……""凡是……都不是……"等全称量项。在逻辑学中，全称否定判断可以用"所有 S 不是 P"来表示。因为拉丁文中表"否定"的 Nego 中第一个元音字母大写形式为 E，所以全称否定判断又叫 E 判断，其逻辑形式则表示为"SEP"。比如：

（1）所有电子书都不是纸质书。

（2）任何律诗都不是绝句。

这两个直言判断中，（1）、（2）都分别对其研究对象"电子书""律诗"的全部外延进行了否定式断定，即断定它们分别不具有"纸质书""绝句"的性质，因此都是全称否定判断。

需要说明的是，在不改变被断定对象外延的情况下，全称肯定判断和全称否定判断中的全称量项是可以省略的，比如"一切人类""所有工人阶级""所有电子书"和"任何律诗"四个主项的全称量项都可以省去。

3. 特称肯定判断

在直言判断中，特称肯定判断就是断定思维对象的部分外延具有某种性质的判断。特称肯定判断既有特称判断的"特称"性又有肯定判断的"肯定"性。通常特称肯定判断都有"有些……是……""有的……是……""一部分……是……"等特称量项。在逻辑学中，特称肯定判断可以用"有的 S 是 P"来表示。因为拉丁文中表"肯定"的 Affirmo 中第二个元音字母大写形式为 I，所以特称肯定判断又叫 I 判断，其逻辑形式则表示为"SIP"。比如：

（1）有的电梯是坏的。

（2）有些动作电影是很精彩的。

这两个直言判断中，（1）断定"有的电梯"（即"电梯"的部分外延）具有"坏"的性质，（2）则断定"有些动作电影"（即"动作电影"的部分外延）具有"精彩"的性质，因此都是特称肯定判断。

4. 特称否定判断

在直言判断中，特称否定判断就是断定思维对象的部分外延不具有某种性质的判断。特称否定判断既有特称判断的"特称"性又有否定判断的"否定"性。通常特称否定判断都有"有些……不是……""有的……不是……""一部分……不是……"等特称量项。在逻辑学中，特称否定判断可以用"有的 S 不是 P"来表示。因为拉丁文中表"否定"的 Nego 中第二个元音字母大写形式为 O，所以特称否定判断又叫 O 判断，其逻辑形式则表示为"SOP"。比如：

（1）有些月季品种不是玫瑰。

（2）有的宠物不是猫。

这两个直言判断中，（1）断定"有些月季"（即"月季"的部分外延）不具有"玫瑰"的性质，（2）则断定"有的宠物"（即"宠物"的部分外延）不具有"猫"的性质，因此都是特称否定判断。

需要特别注意的是，不管是特称肯定判断，还是特称否定判断，其中包含的特称量项都不可省略。

5. 单称肯定判断

在直言判断中，单称肯定判断就是断定某一具体对象具有某种性质的判断。单称判断的主项一般都是一个单独概念，有着单独概念的特征。单独概念的外延等于其内涵，所以对单独概念作断定就意味着对其全部外延作断定。所以，单独肯定判断与全称肯定判断都是对思维对象的全部外延作断定，只不过对象的量项不同。因此可以说，单称肯定判断实际上就是一种特殊的全称肯定判断。因此，传统逻辑学往往把它归入全称肯定判断的范畴。

在逻辑学中，单称肯定判断可以用"这个 S 是 P"来表示。因为拉丁文中表"肯定"的 Affirmo 中第一个元音字母小写形式为 a，所以单称肯定判断又叫 a 判断，其逻辑形式则表示为"SaP"。比如：

（1）上海是一个国际性大都市。

（2）李白是位大诗人。

这两个直言判断中，"上海""李白"都是单独概念，断定它们具有某种性质的判断就是单称肯定判断。

6. 单称否定判断

在直言判断中，单称否定判断就是断定某一具体对象不具有某种性质的判断。基于在"单称肯定判断"中讲到的原因，单称否定判断也是一种特殊的全称否定判断。因此，传统逻辑学往往把它归入全称否定判断的范畴。

在逻辑学中，单称否定判断可以用"这个 S 不是 P"来表示。因为拉丁文中表"否定"的 Nego 中第一个元音字母为 e，所以单称否定判断又叫 e 判断，其逻辑形式则表示为"SeP"。比如：

（1）郑州不是一个国际性大都市。

（2）李白不是小说家。

这两个直言判断中，"郑州""李白"都是单独概念，断定它们不具有某种性质的判断就是单称否定判断。

在单称肯定或否定判断中，在不影响主项外延的情况下，单称量项可以省去。此外，不管是单称判断还是全称判断，在表"肯定"的判断中，联项也是肯定的；在表"否定"的判断中，联项也是否定的。

由于单称肯定判断归入了全称肯定判断，单称否定判断归入了全称否定判断，所以直言判断一般以"A、E、I、O"四种判断形式出现，即：全称肯定判断（SAP）、全称否定判断（SEP）、特称肯定判断（SIP）和特称否定判断（SOP）。

直言判断的主、谓项周延性问题

前面讲过，直言判断包括四部分：主项、谓项、联项和量项。周延性问题主要与直言判断中的主项和谓项有关。

直言判断中主、谓项的周延性问题是指在直言判断中，对主项和谓项的外延范围或数量作断定的问题。如果主项或谓项被断定反映了它们所表示的概念的全部外延，就说明主项或谓项的外延在这个直言判断中是周延的，反之，如果断定的结果是主项或谓项没有反映它们所表示的概念的全部外延，就说明主项和谓项在这个直言判断中是不周延的。所以，确切地说，周延性问题是与直言判断中主项和谓项的外延有关的问题。

我们已经知道，直言判断可以分为 A、E、I、O 四种判断形式，在不同种类的直言判断中，主、谓项的周延性情况也是不同的。

1. A判断中主、谓项的周延性

A判断即全称肯定判断。我们以上节提到的两个A判断为例：

（1）一切人类的祖先（S）都是猴子（P）。

（2）所有工人阶级（S）都是无产阶级（P）。

判断(1)中，我们可以断定一切"人类的祖先"都是"猴子"，但却不能断定"猴子"都是一切"人类的祖先"。因为，"猴子"的外延很大，有的猴子进化成了人类，但有的猴子仍然是猴子。因此，在这个直言判断中，我们可以认为主项"人类的祖先"的全部外延是被断定的，因而是周延的，而谓项"猴子"的外延只有一部分被断定，因而是不周延的。对判断（2）进行类似的分析后，也同样可以得出主项"工人阶级"是周延的，而谓项"无产阶级"则是不周延的。

由此我们可以推断出，在A判断中，即"所有S是P"这一逻辑形式中，主项"S"都是谓项"P"，因此主项"S"的全部外延是被断定的，因而是周延的；而谓项"P"却并不一定都是主项"S"，所以谓项"P"只有部分外延是被断定的，因而是不周延的。

2. E判断中主、谓项的周延性

E判断即全称否定判断。我们以上节提到的两个E判断为例：

（1）所有电子书（S）都不是纸质书（P）。

（2）任何律诗（S）都不是绝句（P）。

判断（1）中，我们可以断定所有"电子书"都不是"纸质书"，即"电子书"的全部外延都不相容于"纸质书"；同时也就断定了所有"纸质书"都不是"电子书"，即"纸质书"的全部外延也不相容于"电子书"。也就是说，主项"所有电子书"与谓项"纸质书"是全异关系。因此，在这个判断中，主项、谓项的外延都是被断定的，因而都是周延的。对判断（2）进行类似的分析后，也同样可以得出主项"律诗"和谓项"绝句"的外延都是被断定的，因而都是周延的。

由此我们可以推断出，在E判断中，即"所有S不是P"这一逻辑形式中，主项"S"不是谓项"P"，即"S"的全部外延不相容于"P"，同时也断定了"P"的全部外延也不相容于"S"。二者的外延都是被断定的，因此在E判断中，主项、谓项都是周延的。

3. I判断中主、谓项的周延性

I判断即特称肯定判断。我们以上节提到的两个I判断为例：

（1）有的电梯（S）是坏的（P）。

（2）有些动作电影（S）是很精彩的（P）。

判断（1）中，有些"电梯"是"坏的"，就说明还有电梯不是"坏的"，因此并未对主项"电梯"的全部外延进行断定，因而主项是不周延的；此外，"坏的"可以是"电梯"，自然也可以是任何其他东西，所以谓项也没有被断定全部外延，因而也是不周延的；对判断（2）进行类似的分析后，同样可以得出主项"动作电影"和谓项"很精彩的"都是不周延的。

由此我们可以推断出，在 I 判断中，即"有的 S 是 P"这一逻辑形式中，主项既然是有的"S"，就表示"S"的外延没有被全部断定，因而主项是不周延的；同时，断定有的"S"是"P"，并不意味着断定所有的"P"都是"S"，也就是说，谓项"P"的外延也没有被全部断定，因而也是不周延的。

4. O 判断中主、谓项的周延性

O 判断即特称否定判断。我们以上节提到的两个 O 判断为例：

（1）有些月季品种（S）不是玫瑰（P）。

（2）有的宠物（S）不是猫〔P〕。

判断（1）中，有些"月季品种"，就表示不是所有"月季品种"，所以只是对主项"月季品种"中的一部分外延作了断定，因而它是不周延的；有些"月季品种"不是"玫瑰"，就表示那些除是"玫瑰"的"月季品种"外，"其他任何月季品种"都不是"玫瑰"，即"不是任何一种玫瑰"，换句话说就是断定了"任何一种玫瑰"的全部外延，因而谓项"玫瑰"是周延的。对判断（2）进行类似的分析后，同样可以得出主项"宠物"是不周延的，谓项"猫"则是周延的。

由此我们可以推断出，在 O 判断中，即"有的 S 不是 P"这一逻辑形式中，主项既然是有的"S"，就表示"S"的外延没有被全部断定，因而主项是不周延的；"有的 S"不是"P"，就是说这部分"S"不是任何一个"P"，换言之就是断定了"任何一个 P"，即断定了"P"的全部外延，因而谓项"P"是周延的。

经过上面的分析，我们可以对直言判断中主、谓项的周延情况作如下总结：

直言判断的种类	逻辑形式	主项（S）	谓项（P）
全称肯定判断（A）	SAP	周延	不周延
全称否定判断（E）	SEP	周延	周延
特称肯定判断（I）	SIP	不周延	不周延
特称否定判断（O）	SOP	不周延	周延

从这个表格中，我们可以得出下面两个结论：

（1）全称判断的主项周延，特称判断的主项不周延；

（2）肯定判断的谓项不周延，否定判断的谓项周延。

在断定直言判断中主项和谓项是否周延时，我们需要注意以下几点：

第一，主、谓项的周延性必须放在直言判断中才能作断定。

直言判断是断定主、谓项是否周延的前提条件，这就好像你如果要避雨，就必须找个能遮雨的地方或东西。离开了直言判断这个前提条件，主、谓项的周延性问题就无从谈起。比如，对"手机"这一概念就无法直接断定其外延是否周延，但放在"所有手机都是商品"这一直言判断中就可以进行。

第二，单称肯定或否定判断中主、谓项的周延情况与全称肯定或否定判断中的一致。

我们在上一节讲过，单称肯定判断可以归入全称肯定判断，单称否定判断可以归入全称否定判断，因此在对单称肯定或否定判断中的主、谓项周延性问题作断定时，以全称肯定或否定判断中的情况为准即可。

第三，在直言判断中，主、谓项的周延性问题只与各种判断的形式有关，与实际内容无关。

逻辑学是一门形式学科，这是逻辑学的主要性质之一。因此，我们在断定直言判断中主、谓项是否周延时，只根据各判断的逻辑形式断定就行，至于主项或谓项的具体内容是什么则不重要。比如，在"所有 S 不是 P"这一逻辑形式中，不管"S"或"P"填充什么内容，都不影响主、谓项周延性的断定。换句话说，就是其具体内容与实际情况是否符合并无关系。比如：

（1）所有的人不是善良的。

（2）所有的人都是善良的。

在这两个全称判断中，根据我们上面的分析，可以得出判断（1）中，主项"人"与谓项"善良的"都是周延的；判断（2）中，主项"人"是周延的，谓项"善良的"则是不周延的。虽然这两个判断都不符合实际情况，但对断定其主、谓项周延性并无妨碍，因为这种断定只与各种判断形式有关。

直言判断中主、谓项的周延问题是逻辑学中比较重要的内容之一，只有对这个问题完全理解了，在以后进行直言判断的直接推理和间接推理时才能运用自如。

A、E、I、O 之间的真假关系

要判断 A、E、I、O 之间的真假关系，则需先判断 A、E、I、O 各判断自身的真假；要判断 A、E、I、O 各判断自身的真假，则需要判断各判断中主、谓项的关系。判断各直言判断中主、谓项的关系，就需要考察主、谓项概念外延的关系。根据在"概念间的关系"中的分析，两个概念间具有同一、真包含、真包含于、交叉和全异五种关系。

A、E、I、O 各判断的真假关系

1. A 判断

我们看下面两个 A 判断：

（1）所有直言判断（S）都是性质判断（P）。

（2）所有的花（S）都是有颜色的（P）。

判断（1）中，主项"直言判断"（S）和谓项"性质判断"（P）是全同关系，即 S 与 P 完全重合，这时该判断则为真；判断（2）中，主项"花"（S）与谓项"有颜色的"（P）是真包含于关系，即 S 真包含于 P，这时该判断也为真。

再看下面三个 A 判断：

（1）所有动物（S）都是哺乳动物（P）。

（2）所有英语系学生（S）都是英语高手（P）。

（3）所有沙漠（S）都是绿洲（P）。

判断（1）中，主项"动物"（S）与谓项"哺乳动物"（P）是真包含关系，即 S 真包含 P；判断（2）中，主项"英语系学生"（S）和谓项"英语高手"（P）是交叉关系，即 S 与 P 交叉；判断（3）中，主项"沙漠"（S）与谓项"绿洲"（P）是全异关系，即 S 与 P 全异。显然，在这三种关系中，这些判断都为假。

由此可知，当 S 与 P 是同一关系或真包含于关系时，A 判断为真判断；当 S 与 P 是真包含、交叉或全异关系时，A 判断为假判断。

2. E 判断

我们看下面四个 E 判断：

（1）所有直言判断（S）都不是性质判断（P）。

（2）所有动物（S）都不是哺乳动物（P）。

（3）所有的花（S）都不是有颜色的（P）。

（4）所有英语系学生（S）都不是英语高手（P）。

根据上面的判断，我们可知这四个 E 判断中主、谓项即 S 与 P 之间的关系依次为同一、真包含、真包含于和交叉关系。显然，当 S 与 P 是这四种关系时，这些判断都是假判断。

再看下面两个 E 判断：

（1）所有沙漠（S）都不是绿洲（P）。

（2）所有少年（S）都不是老年（P）。

在这两个判断中，主、谓项即 S 与 P 是全异关系，这时这两个判断为真判断。

由此可知，当 S 与 P 是全异关系是，E 判断为真判断；当 S 与 P 是同一、真包含、真包含于或交叉关系时，E 判断为假判断。

3. I 判断

我们看下面四个 I 判断：

（1）有的直言判断（S）是性质判断（P）。

（2）有的动物（S）是哺乳动物（P）。

（3）有的花（S）是有颜色的（P）。

（4）有的英语系学生（S）是英语高手（P）。

我们已经知道这四个判断中主、谓项即 S 与 P 的关系依次是同一、真包含、真包含于和交叉关系。显然，当 S 与 P 是这四种关系时，这些判断都是真判断。

再看下面两个 I 判断：

（1）有的沙漠（S）是绿洲（P）。

（2）有的少年（S）是老年（P）。

这两个判断中，主、谓项都是全异关系，显然，这时这两个判断都是假判断。

由此可知，当 S 与 P 是同一、真包含、真包含于或交叉关系时，I 判断为真判断；当 S 与 P 是全异关系是，I 判断为假判断。

4. O 判断

我们看下面两个 O 判断：

（1）有的直言判断（S）不是性质判断（P）。

（2）有的花（S）不是有颜色的（P）。

这两个判断中，主、谓项即 S 与 P 的关系分别是同一关系和真包含于关系，这时这两个判断为假判断。

再看下面三个 O 判断：

（1）有的动物（S）不是哺乳动物（P）。

（2）有的英语系学生（S）不是英语高手（P）。

（3）有的少年（S）不是老年（P）。

这三个判断中，主、谓项即S与P的关系依次是真包含、交叉和全异关系，这时这三个判断都为真判断。

由此可知，当S与P是真包含、交叉或全异关系时，O判断为真判断；当S与P是同一关系或真包含于关系时，O判断为假判断。

根据上面的结论，我们可以将各直言判断的真假关系总结如下：

	同一关系	真包含于关系	真包含关系	交叉关系	全异关系
A判断	真	真	假	假	假
E判断	假	假	假	假	真
I判断	真	真	真	真	假
O判断	假	假	真	真	真

A、E、I、O各判断之间的对当关系

我们先看下面四个直言判断：

（1）所有的监狱都是国家机器。

（2）所有的监狱都不是国家机器。

（3）有的监狱是国家机器。

（4）有的监狱不是有阶级性的。

这四个直言判断中，（1）、（2）、（3）三个判断的主项都是"监狱"，谓项都是"国家机器"；判断（4）的主项也是"监狱"，但谓项则是"有阶级性的"。所以，（1）、（2）、（3）三个判断的主、谓项都是相同的，于是我们可以说这三个判断是同一素材；判断（4）与其他三个判断主项相同，谓项不同，于是我们就说它与其他三个判断不是同一素材。

所谓同一素材的直言判断就是指各判断的逻辑变项（即主项和谓项）必须相同、逻辑常项（即联项和量项）可以不同的情况。在我们分析A、E、I、O四种判断之间的对当关系时，需要遵循的前提条件就是它们需有着同一素材，即相同的主项和谓项。

1. 反对关系

对上面的表格中A判断和E判断的真假关系进行比较我们可以得出下面两个结论：

（1）当A判断为真时，E判断必为假；当A判断为假时，E判断则真假不定。

（2）当E判断为真时，A判断必为假；当E判断为假时，A判断则真假不定。

由此可知，对于 A 判断与 E 判断来说，其中一个为真时，另一个必为假；其中一个为假时，另一个却真假不定。也就是说它们可以同假，但不能同真。A 判断与 E 判断之间的这种关系在逻辑学中称为反对关系。比如：

（1）所有的手机都是智能的。

（2）所有的手机都不是智能的。

显然，（1）为 A 判断，（2）为 E 判断，二者可以同假，但不可能同真，是反对关系。

2. 下反对关系

对前面的表格中 I 判断和 O 判断的真假关系进行比较我们可以得出下面两个结论：

（1）当 I 判断为真时，O 判断真假不定；当 I 判断为假时，则 O 判断必为真。

（2）当 O 判断为真时，I 判断真假不定；当 O 判断为假时，则 I 判断必为真。

由此可知，对于 I 判断与 O 判断来说，其中一个为真时，另一个真假不定；其中一个为假时，另一个则必为真。也就是说它们可以同真，但不能同假。I 判断与 O 判断之间的这种关系在逻辑学中称为下反对关系。比如：

（1）有的手机是智能的。

（2）有的手机不是智能的。

显然，（1）为 I 判断，（2）为 O 判断，二者可以同真，但不可能同假，是下反对关系。

3. 矛盾关系

A 判断与 O 判断

对前面的表格中 A 判断和 O 判断的真假关系进行比较我们可以得出下面两个结论：

（1）当 A 判断为真时，O 判断必为假；当 A 判断为假时，O 判断则必为真。

（2）当 O 判断为真时，A 判断必为假；当 O 判断为假时，O 判断则必为真。

由此可知，对于 A 判断与 O 判断来说，其中一个为真时，另一个则必为假；其中一个为假时，另一个则必为真。也就是说二者既不能同真，也不能同假。A 判断与 O 判断之间的这种关系在逻辑学上称为矛盾关系。看下面这道题：

若"无毒不丈夫"为假，那么下面哪一项为真？

A. 所有的大丈夫都是手段毒辣的　　　　B. 所有手段毒辣的都是大丈夫

C. 有的大丈夫不是手段毒辣的　　　　　D. 所有大丈夫都不是手段毒辣的

这道题中，"无毒不丈夫"的意思是"所有的大丈夫都是手段毒辣的"，是 A 判断；A 项与命题重复，故首先排除；B 项也是 A 判断，但与命题主、谓项颠倒了，不是同一素材，也排除；D 项是 E 判断，与命题是反对关系，即 A 判断假时 E 判断真假不定，也可排除；C 项是 O 判断，与命题是矛盾关系，即 A 判断假时 O 判断必为真，所以选 C 项。

E 判断与 I 判断

对上页的表格中 E 判断和 I 判断的真假关系进行比较我们可以得出下面两个结论：

（1）当 E 判断为真时，I 判断必为假；当 E 判断为假时，I 判断则必为真。

（2）当 I 判断为真时，E 判断必为假；当 I 判断为假时，E 判断则必为真。

由此可知，E 判断与 I 判断也是既不能同真，也不能同假，也属于矛盾关系。比如：

（1）所有的手机都不是智能的。

（2）有的手机是智能的。

显然，（1）为 E 判断，（2）为 I 判断。当（1）为真时，（2）必为假；当（1）为假时，（2）必为真。反之亦然。

4. 从属关系

A 判断与 I 判断

对上页的表格中 A 判断和 I 判断的真假关系进行比较我们可以得出下面两个结论：

（1）当 A 判断为真时，I 判断必为真；当 A 判断为假时，I 判断则真假不定。

（2）当 I 判断为真时，A 判断真假不定；当 I 判断为假时，A 判断则必为假。

由此可知，A 判断与 I 判断不一定总是同真，也不一定总是同假。A 判断与 I 判断的这种关系在逻辑学上称为从属关系或等差关系。比如：

（1）所有的手机都是智能的。

（2）有的手机是智能的。

显然，（1）是 A 判断，（2）是 I 判断。若（1）为真，即所有的手机都是智能的，（2）必为真，因为"有的手机"包含在"所有的手机"中；若（1）为假，则（2）的真假难定。反之，若（2）为真，"有的手机"是智能的并不代表"所有的手机"都是智能的，但也不排除"所有的手机"都是智能的，这时（1）真假难定；若（2）为假，就表示"有的手机"不是智能的，这样一来，（1）就必为假了。因此，这两个判断是从属关系或等差关系。

E 判断与 O 判断

对上面的表格中 E 判断和 O 判断的真假关系进行比较我们可以得出下面两个结论：

（1）当 E 判断为真时，O 判断必为真；当 E 判断为假时，O 判断则真假不定。

（2）当 O 判断为真时，E 判断真假不定；当 O 判断为假时，E 判断则必为假。

由此可知，E 判断与 O 判断之间也是从属关系或等差关系。比如：

（1）所有的手机都不是智能的。

（2）有的手机不是智能的。

显然，（1）是 E 判断，（2）是 O 判断。在对它们进行如上面类似的分析后，亦可得出 E 判断与 O 判断是从属关系或等差关系。

5. 单称肯定判断和单称否定判断的关系

我们前面讲过，传统逻辑学一般把单称肯定判断归入全称肯定判断（即 A 判断），把单称否定判断归入全称否定判断（即 E 判断）。A 判断与 E 判断是反对关系，那么，单称肯定判断与单称否定判断之间是不是也是反对关系呢？看下面这则故事：

一天，甲和乙谈起鲁迅时，甲突然问道："对了，鲁迅姓什么呢？"乙说："当然姓周了。"甲哈哈大笑道："错！鲁迅当然姓鲁了，怎么会姓周呢？"

这则故事中，包含着一对单称肯定判断和单称否定判断，即：

（1）鲁迅是姓周的。（单称肯定判断）

（2）鲁迅不是姓周的。（单称否定判断）

显然，若判断（1）为真，即"鲁迅姓周"，则判断（2）必为假；若判断（1）为假，即"鲁迅不姓周"，则判断（2）必为真。反之亦然。

由此可见，单称肯定判断与单称否定判断之间是矛盾关系，这与全称肯定判断和全称否定判断之间的关系是不同的。这一点一定要分清楚。

通过上面对 A、E、I、O 四种直言判断之间关系的分析，我们知道 A 与 E 之间是反对关系；I 与 O 之间是下反对关系；A 与 O 之间、E 与 I 之间是矛盾关系；A 与 I 之间、E 与 O 之间是从属关系或等差关系。我们把 A、E、I、O 这四种直言判断之间关系叫作对当关系。它可以用下面的逻辑方阵来表示：

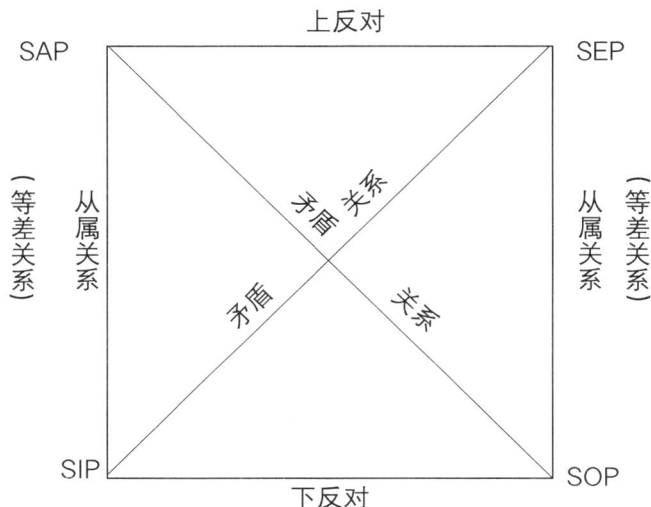

为了记忆方便，有人曾根据逻辑方阵把直言判断中的这四种关系概括为几句口诀，即："上不同真；下不同假；两边自上而下真必真，自下而上假必假；中间交叉分真假。"

关系判断

马克思主义哲学认为，世界上没有完全孤立存在的事物，一切事物都处在普遍联系中。在逻辑学中，关系判断就是研究事物之间关系的一种判断。

关系判断的含义

关系判断就是断定思维对象之间是否具有某种关系的判断。比如：

（1）梁山伯与祝英台是一对恋人。

（2）张明比其他同学都要高。

（3）所有的梁山好汉与宋江都是兄弟。

上述三个判断中，（1）断定"梁山伯"与"祝英台"具有"恋人"关系；（2）断定"张明"与"其他同学"具有"高"的关系；（3）断定"所有的梁山好汉"与"宋江"具有"兄弟"的关系。所以这三个判断都是关系判断。

断定思维对象之间具有某种关系时，是关系判断；同样，断定思维对象之间不具有某种关系时，也是关系判断。我们看《世说新语》中记载的一个故事：

管宁、华歆共园中锄菜，见地有片金，管挥锄与瓦石不异，华捉而掷去之。又尝同席读书，有乘轩冕过门者，宁读如故，歆废书出看。宁割席分坐，曰："子非吾友也。"

这就是著名的"割席断交"的故事。在这个故事中，有两个关系判断：

（1）华歆与管宁是朋友。

（2）华歆与管宁不是朋友。

判断（1）中断定"华歆"与"管宁"具有"朋友"的关系，所以是关系判断；判断（2）中断定"华歆"与"管宁"不具有"朋友"的关系，也是关系判断。

需要注意的是，只有对思维对象之间的关系进行断定才是关系判断，若没有断定则不是关系判断。比如：

那两个人是王磊和李欣。

这个判断中虽然也包括两个思维对象，即"王磊"和"李欣"，但并没有断定他们具有或不具有某种关系，因此不是关系判断。

关系判断的结构

关系判断都是由关系者项、关系项和量项三部分组成。

所谓关系者项就是关系判断所断定的对象，或者说是反映思维对象的那些概念。在逻辑学中，一般用小写 a、b、c 等来表示。

所谓关系项就是反映被断定的各对象间（或关系者项之间）具有某种关系的那个概念。在逻辑学中，一般用 R 表示。

所谓量项就是表示关系者项数量或范围的概念。常用量项有"所有的""全部""有些""有的"等。

以上面所举的几个关系判断为例，其中：

关系者项有：梁山伯（a）和祝英台（b）、张明（a）和其他同学（b）、梁山好汉（a）和宋江（b）、华歆（a）和管宁（b）。

关系项有：恋人（R）、高（R）、兄弟（R）、朋友（R）。

量项有：所有的。

因此，具有两个关系者项的关系判断的逻辑形式可以表示为：aRb 或 Rab，即 a 与 b 具有 R 关系；具有两个以上关系者项的关系判断的逻辑形式可以表示为：Ra，b，c…… 即 a，b，c……具有 R 关系。

关系判断的种类

关系判断可以分为对称性关系和传递性关系两种。其中，从是否具有对称性看，对称性关系可分为对称关系、反对称关系和非对称关系；从是否具有传递性看，传递性关系可分为传递关系、反传递关系和非传递关系。

1. 对称性关系

对称关系

对称关系是指当这一对象与另一对象具有某种关系时，另一对象与这一对象也具有这种关系。即：当 a 与 b 具有 R 关系时，b 与 a 也具有 R 关系。比如：

（1）1 小时（a）等于 60 分钟（b）。

（2）Lily（a）和 Lucy（b）是双胞胎。

判断（1）中，"1 小时"与"60 分钟"具有"等于"的关系，"60 分钟"与"1 小时"也具有"等于"的关系；判断（2）中，"Lily"与"Lucy"具有"双胞胎"的关系，"Lucy"与"Lily"也具有双胞胎的关系。也就是说，当 aRb 成立时，bRa 也成立，因此这两个关系判断都具有对称关系。

现代汉语中，表对称的常用关系项还有"朋友""同学""交叉""矛盾""对立"等。

反对称关系

反对称关系是指当这一对象与另一对象具有某种关系时，另一对象与这一对象必不具有这种关系。即：当a与b具有R关系时，b与a必不具有R关系。看下面这则故事：

国王听说阿凡提很聪明，心中很不高兴，便想故意为难他一下。

他派人把阿凡提叫来，盛气凌人地说："阿凡提，听说你很聪明。那么，你能猜出自己什么时候会死吗？如果你能猜出来，那就说明你是真聪明；如果猜不出来，就说明你是个骗子。"

阿凡提知道国王是在刁难他，如果他猜自己明天死，国王现在就会杀了他；如果他猜自己今天死，国王就会故意不在今天杀他。不管怎么猜，都难逃一死。于是他就说道："国王陛下，曾经有位先知告诉我，说我会比您早死三天，我想应该是这样吧。"

国王一听，就不敢对阿凡提怎么样了，因为他唯恐杀了阿凡提后，自己三天后也会死。

这则故事中，有一个关系判断，即："阿凡提的死会早于国王的死。"在这个判断中，两个关系者项是"阿凡提的死"（a）和"国王的死"（b），关系项是"早于"（R）。当"阿凡提的死"早于"国王的死"时，"国王的死"则必不早于"阿凡提的死"。也就是说，当aRb成立时，bRa必不成立，因此这个关系判断是反对称的。

现代汉语中，表反对称的常用关系项还有"大于""小于""晚于""多于""少于""高于""低于""重于""轻于""统治""剥削"等。

非对称关系

非对称关系是指当这一对象与另一对象具有某种关系时，另一对象与这一对象的关系不确定，它们可能具有这种关系，也可能不具有这种关系。也就是说，当a与b具有R关系时，b与a可能具有R关系，也可能不具有R关系。比如：

（1）晴雯（a）喜欢贾宝玉（b）。

（2）蓝队（a）支持红队（b）。

判断（1）中，"晴雯"喜欢"贾宝玉"，"贾宝玉"是否喜欢"晴雯"并不确定；判断（2）中，"蓝队"支持"红队"，但"红队"可能支持"蓝队"，也可能不支持。也就是说，当aRb成立时，bRa可能成立，也可能不成立。因此，这两个关系判断都是非对称的。

现代汉语中，表非对称的常用关系项还有"尊重""爱戴""帮助""佩服""重视"等。

2. 传递性关系

传递关系

传递关系是指如果 A 对象与 B 对象具有某种关系且 B 对象与 C 对象也具有这种关系时，A 对象与 C 对象也必具有这种关系。也就说，当 a 与 b 具有 R 关系且 b 与 c 也具有 R 关系时，a 与 c 也必具有 R 关系。比如：

（1）直线 a 与直线 b 平行，直线 b 与直线 c 平行，所以直线 a 与直线 c 平行。

（2）甲写的字（a）好于乙写的字（b），乙写的字（b）好于丙写的字（c），所以甲写的字（a）好于丙写的字（c）。

判断（1）中的"平行"和判断（2）中的"好于"就是表传递的关系项。由此可知，当 aRb 成立时且 bRc 成立时，aRc 也成立。因此，这两个关系判断都具有传递关系。

现代汉语中，表传递的常用关系项还有"大于""小于""等于""高于""包含""重于""在……后"等。

反传递关系

反传递关系是指如果 A 对象与 B 对象具有某种关系且 B 对象与 C 对象也具有这种关系时，A 对象与 C 对象必不具有这种关系。也就说，当 a 与 b 具有 R 关系且 b 与 c 也具有 R 关系时，a 与 c 必不具有 R 关系。比如：

（1）直线 a 垂直于直线 b，直线 b 垂直于直线 c，则直线 a 必不垂直于直线 c。

（2）甲（a）是乙（b）的儿子，乙（b）是丙（c）的儿子，则甲（a）必不是丙（c）的儿子。

判断（1）中的"垂直于"与判断（2）中的"儿子"都是表反传递的关系项。由此可知，当 aRb 成立时且 bRc 成立时，aRc 必不成立。因此，这两个关系判断都是反传递的。

现代汉语中，表反传递的常用关系项还有"重……斤""大……岁""是父亲"等。

非传递关系

非传递关系是指如果 A 对象与 B 对象具有某种关系且 B 对象与 C 对象也具有这种关系时，A 对象与 C 对象可能具有这种关系，也可能不具有这种关系。也就是说当 a 与 b 具有 R 关系且 b 与 c 也具有 R 关系时，a 与 c 的关系不确定，可能具有 R 关系，也可能不具有 R 关系。比如：

（1）小明（a）认识小光（b），小光（b）认识小红（c），则小明（a）不一定认识小红（c）。

（2）蓝队（a）支持红队（b），红队（b）支持黄队（c），则蓝队（a）不一定支持红队（c）。

判断（1）中的"认识"和判断（2）中的"支持"都是表非传递的关系项。由此可知，当 aRb 成立时且 bRc 成立时，aRc 可能成立，也可能不成立。因此，这两个关系判断都是非传递的。

现代汉语中，表非传递的常用关系项还有"尊重""喜欢""交叉""帮助"等。

直言判断与关系判断的不同

第一，二者研究的对象不同。直言判断是断定思维对象是否具有某种性质的判断，关系判断是断定思维对象之间关系的判断。

第二，二者研究对象的数量不同。直言判断主要是对一个或一类对象作判断，关系判断则是对两个或两个以上的对象作判断。

第三，构成要素不同。直言判断由主项、谓项、联项和量项四部分组成，关系判断则由关系者项、关系项和量项组成。

逻辑学中的关系判断是对各种事物或对象之间的关系作判断的，而且这种判断形式可以应用于各个领域，这无疑对其他各学科的研究有着一定的影响。所以，我们要准确理解关系判断，这也是以后进行关系推理的基础。

联言判断

联言判断的含义

根据复合判断中包含的联结项的不同，可将其分为联言判断、选言判断、假言判断和负判断。所谓复合判断，就是由联结词联接的两个或两个以上的简单判断（包括直言判断和关系判断）有机组合而成的判断。这些组成复合判断的简单判断叫肢判断，联结词就是联项。所以，简单地说，复合判断就是由联结词和肢判断组成的判断。比如：

（1）虽然他取得了很大的成就，但他行为处世依然很低调。

（2）他有点儿不舒服，可能是感冒，也可能是太累了。

（3）假如给我三天光明，我将好好观察这个世界。

（4）并非所有人都害怕鬼。

以上四个判断都是复合判断，依次为联言判断、选言判断、假言判断和负判断。

联言判断是复合判断的一种。所以，联言判断具有复合判断的基本特征。也就是说，联言判断也包括两个或两个以上的简单判断，也有联结词。但是，联言判断是复合判断，复合判断却并非都是联言判断。因为联言判断也有着自己的一些特征。比如：

（1）她很年轻，并且也很漂亮。

（2）狄仁杰不但善于探案，而且能于治国。

（3）主演不是陈道明，而是陈宝国。

这三个联言判断中，（1）断定"她"既年轻，又漂亮；（2）断定"狄仁杰"既是神探，又有治国之能；（3）断定"主演"不是陈道明，而是陈宝国。也就是说，每个联言判断都是对其所反映的事物或对象存在情况的一种断定。

因此，我们可以得出，所谓联言判断就是断定几种对象或事物情况同时存在的复合判断。

联言判断的结构

联言判断是由联言肢和联言联结词组成的。

1. 联言肢

联言肢就是组成联言判断的各简单判断，换言之，联言肢就是组成联言判断的各肢判断。以上面三个联言判断为例：判断（1）中包括"她很年轻"和"她很漂亮"两个联言肢；判断（2）中包括"狄仁杰善于探案"和"狄仁杰能于治国"两个联言肢；判断（3）包括"主演不是陈道明"和"主演是陈宝国"两个联言肢。在逻辑学中，联言肢一般用小写字母"p""q""r"等来表示。

对于联言肢，有以下几点需要注意：

第一，联言判断中要包括两个或两个以上的联言肢，也就是说一个联言判断中，至少要包括两个联言肢。比如上面举的三个联言判断都分别包括两个联言肢。再比如：

我们一方面要紧急转移灾民，一方面要加固河堤，另一方面还要做好各项应急准备工作。

上面这个联言判断中就包括三个联言肢，即"我们要紧急转移灾民""我们要加固河堤"和"我们要做好各项应急准备工作"。

第二，组成联言判断的联言肢可以是直言判断，也可以是关系判断。联言判断是由简单判断组成的复合判断，而简单判断又包括直言判断和关系判断，所以联言肢既可以是单独的直言判断或关系判断，也可以同时包括直言判断和关系判断。比如：

《非诚勿扰Ⅱ》与《非诚勿扰》是姊妹篇，是一部好看的电影。

这个联言判断中，包括两个联言肢，一个是直言判断"《非诚勿扰Ⅱ》是一部好看的电影"，一个是关系判断"《非诚勿扰Ⅱ》与《非诚勿扰》是姊妹篇"。

第三，为了表达上的简洁，有些时候，联言判断可以适当省略各联言肢共有的语法成分。比如：

他是一个学识渊博、思维缜密的人。

这个联言判断包括两个联言肢，即"他是一个学识渊博的人"和"他是一个思维缜密的人"。为了避免重复，省略了主语成分"他"和谓语成分"是"以及数量词"一个"。

第四，联言肢是联言判断中的逻辑变项，可以随着实际需要而改变。

2. 联言联结词

在联言判断中，联结词就是联结各联言肢的词项，它反映着各联言肢的关系，也叫联言联结词。联言判断中经常使用的联结词有"并且""不但……而且……""既……又……""虽然……但是……""不是……而是……""一方面……另一方面……""是……也是……""不仅……而且（也）……"等。其中，"并且"构成联言判断比较重要的联结词。

对于联结词，有以下几点需要注意：

第一，任何关系判断都包括联结词，但有时候为了表达的简洁，根据实际需要可以省略联结词。比如，"她年轻漂亮、聪明能干"这个联言判断中就省略了联结词"既……又……"。完整的表达是这样："她既年轻漂亮，又聪明能干。"

第二，要特别注意省略联结词只是为了语言表达的简洁，在逻辑结构上，联结词的作用依然存在。比如上面的例子中虽然省略了联结词，但并不改变其在逻辑结构上的作用。

第三，联结词是联言判断中的逻辑常项，同样的联结词，可以联结不同的联言肢。也就是说，一个判断是否是联言判断，与联言肢的具体内容无关，而与联结词有关。

3. 联言判断的逻辑形式

联言判断的逻辑形式是：p 并且 q，即：$p \land q$。

其中，"$\land$"是"合取"之意，因此，联言肢 p 和 q 又被称为合取肢。比如，"她很年轻，并且也很漂亮"就可表示为"p 并且 q"；"狄仁杰不但善于探案，而且能于治国"可以表示为"不但 p 而且 q"。

联言判断的真假值

"任何判断都有真有假"是"判断"的基本特征之一，联言判断作为"判断"的一种，自然也有真假之分。联言判断的这种或真或假的性质叫作联言判断的真假值或逻辑值，简称真值。我们知道，联言判断是由两个或两个以上的联言肢组成的，因此，联言判断的真假值就与每个联言肢有关。只有当每一个联言肢都是真的时候联言判断才是真的，只要有任何一个联言肢为假，那这个联言判断就必为假。换言之，若一个联言判断为假，则至少有一个联言肢是假的。比如：

（1）哺乳动物既不是恒温动物（p），也不是脊椎动物（q）。

（2）哺乳动物是恒温动物（p），但不是脊椎动物（q）。

（3）哺乳动物不是恒温动物（p），而是脊椎动物（q）。

（4）哺乳动物既是恒温动物（p），又是脊椎动物（q）。

上面四个联言判断中，判断（1）p为假，q也为假，故该判断为假；判断（2）中，p为真，q为假，故该判断也为假；判断（3）中，p为假，q为真，故该判断也为假；判断（4）中，p为真，q也为真，故该判断为真。

由此可知，只有当p为真且q为真时，"p∧q"才为真；若p或q任一个为假，则"p∧q"必为假。反之，若"p∧q"为真，则p和q必为真；若"p∧q"为假，则p和q必有一个为假，或者p和q均为假。看下面一则故事：

约翰到服装店买衣服，看到墙体上贴着一张"买一送一"的标语，便问："你们说'买一送一'，这'送一'是送什么？"售货员答道："是指送一条领带。"约翰又问："也就是说，领带是免费的了？"售货员答道："是的，先生。"约翰笑了笑道："那好吧，麻烦你送我一条免费的领带吧。"

在这个故事中，包含这一个联言判断："买一件衣服，并且送一条领带。"也就是说，只有当"买一件衣服"和"送一条领带"这两个联言肢都为真时，这个联言判断才是真的，这个"买一送一"的行为才可能实现。但是约翰并没有买衣服，所以"买一件衣服"这个判断为假，那么这个联言判断也必为假，"买一送一"的行为自然也就不能实现了。

根据上面的分析，我们可以总结出下面这个"联言判断真值表"：

联言肢（p）	联言肢（q）	P并且q（p∧q）
假	假	假
真	假	假
假	真	假
真	真	真

由此可知，当且仅当所有联言肢都为真时，联言判断的逻辑值才为真。

在分析联言判断的真假值时，需要注意以下几点：

第一，既要根据实际情况分析所有联言肢的真假，也要注意联结词。因为，由不同的联结词和同样的联言肢组成的联言判断的真假不一定相同。比如，"哺乳动物既是恒温动物，又是脊椎动物"为真，但"哺乳动物不是恒温动物，而是脊椎动物"则为假。

第二，一般情况下，联言判断的真假与联言肢的内容有关，与其顺序无关。也就说联言肢的顺序不影响联言判断的真假，即 p∧q 等于 q∧p。比如，"哺乳动物既是恒温动物，又是脊椎动物"为真，"哺乳动物既是脊椎动物，又是恒温动物"也为真。

第三，有些联言判断的联言肢一旦顺序变了，联言判断的真假也会变。对于这类联言判断，p∧q 不等于 q∧p，其联言肢的顺序也一定不能改变。比如，若"主演不是陈道明，而是陈宝国"为真，则"主演不是陈宝国，而是陈道明"就必为假了；再比如，"小明今天考试了，并且考得很好"是符合逻辑的判断，但"小明今天考得很好，并且考试了"就不合逻辑了。一般来讲，联言肢要按概念的外延从大到小的顺序或者事物发生发展的时间顺序来排列。

第四，在逻辑学中，研究联言判断时一般只研究联言判断与其联言肢之间的真假对应关系，而不关注它们所表示的意义方面的联系。

充分条件假言判断

假言判断的含义

作为复合判断的一种，假言判断也具有复合判断的特征，即由两个或两个以上的肢判断和联结词组成。与断定几种事物情况同时存在的联言判断不同，假言判断是断定某一事物情况的存在是另一事物情况存在的条件的判断。也就是说，假言判断研究的是事物间的条件关系。比如：

（1）如果你病了，就会不舒服。

（2）只有具备了天时、地利和人和，我们才能取胜。

（3）当且仅当两条直线的同位角相等，则两直线平行。

上述三个判断中，判断（1）断定了"生病"是"不舒服"的条件，只有"生病"这个条件存在，"不舒服"才存在；判断（2）断定"具备天时、地利和人和"是"取胜"的条件，只有"天时、地利和人和"这个条件存在，"取胜"才存在；同理，判断（3）中"两条直线的同位角相等"也是"两直线平行"存在的条件。因此，这三个判断都是假言判断。

假言判断由前件、后件和假言联结词组成。所谓前件，就是假言判断中反映条件的肢判断。比如，上面三个判断中的"你病了""具备了天时、地利和人和"以及"两条直线的同位角相等"就是前件。所谓后件，就是假言判断中反映结果的、依赖该条件而存在的肢判断。比如，上面三个判断中的"不舒服""取胜"以及"两直线平行"就是后件。所谓假言联结词，就是联结前件和后件的词项。在逻辑学中，前件一般用 p 表示，后件一般用 q 表示。

根据反映条件关系的不同，假言判断可以分为充分条件假言判断、必要条件假言判断和充分必要条件（或充要条件）假言判断。

充分条件假言判断

1. 充分条件假言判断的含义

充分条件假言判断就是断定某一事物情况（前件）是另一事物情况（后件）存在的充分条件的判断。简单地说，充分条件假言判断就是断定前件与后件之间具有充分条件关系的假言判断。比如：

（1）如果你病了（p），就会不舒服（q）。

（2）一旦河堤决口（p），后果就不堪设想（q）。

判断（1）中，只要前件"你病了"，后件"不舒服"就一定存在，也就是说"你病了"是"不舒服"的充分条件；判断（2）中，只要前件"河堤决口"存在，后件"后果不堪设想"就一定存在，也就是说"河堤决口"是"后果不堪设想"的充分条件。即：如果 p 存在，那么 q 一定存在。因此，这两个判断都是充分条件假言判断。

需要注意的是，在充分条件假言判断中，前件 p 存在，后件 q 一定存在；但前件 p 不存在，后件 q 则并非一定不存在。比如，"你病了"存在，则"不舒服"一定存在；但如果"你病了"不存在，也就是说如果你没病，你也可能因其他原因"不舒服"。

2. 充分条件假言判断的逻辑形式

我们用 p 表示前件，用 q 表示后件，充分条件假言判断的逻辑形式可以表示为：如果 p，那么 q，即：$p \rightarrow q$。其中，"$\rightarrow$"是"蕴涵"的意思，读做 p 蕴涵 q。p 和 q 都是逻辑变项，"如果……那么……"为假言联结词，是逻辑常项。

在逻辑学中，表达充分条件假言判断的常用假言联结词（即逻辑常项）还有"如果……就……""倘若……就（便）……""一旦……就……""假如……就（便）……""若是……就……""只要……就……"等。

3. 充分条件假言判断的真假值

充分条件假言判断或真或假的性质就是充分条件假言判断的真假值，它可以分四种情况来分析。比如：

（1）如果温度下降（p），天气就会冷（q）。

（2）倘若你睡着了（p），你便见不到他了（q）。

若前件 p 为真，后件 q 也为真，则"p→q"必为真。

判断（1）中，若前件 p"温度下降"为真，后件 q"天气会冷"也为真，则该假言判断符合实际情况，在逻辑上也必为真；判断（2）中，若前件 p"你睡着了"为真，后件"你见不到他"也为真，则"p→q"必为真。

若前件 p 为假，后件 q 也为假，则"p→q"必为真。

判断（1）中，若 p 为假，即"温度不下降"，q 也为假，即"天气不会冷"，该判断就是"如果温度不下降，天气就不会冷"，是符合实际情况的，因此"p→q"必为真；运用同样的方法，也可得出判断（2）为真。

若前件 p 为真，后件 q 为假，则"p→q"必为假。

判断（1）中，若 p 为真，即"温度下降"，q 为假，即"天气不会冷"，该判断就是"如果温度下降，天气就不会冷"，显然是不符合实际情况的，因此"p→q"必为假；运用同样的方法，也可得出判断（2）为假。再看下面一则故事：

吉姆打算驾车旅游，于是就去商店购买最新款的导航仪。

吉姆："老板，你们这导航仪会失灵吗？"

老板很肯定地说："不会的，我们卖出过很多导航仪，但从没人因为它失灵而来退货。"

吉姆又问："万一它失灵我找不到路了怎么办呢？"

老板很热情地说："您放心！如果真发生那样的事，您可以把它送回来调换。"

这则故事中，含有一个充分条件假言判断，即：

如果吉姆因导航仪失灵迷路，就可以把导航仪送回来调换。

在这个判断中，如果前件"吉姆因导航仪失灵迷路"为真，就不可能再找到去这个商店的路，也就没机会调换，因此后件"可以把导航仪送回来调换"就必为假，这个判断也就是假的了。

若前件 p 为假，后件 q 为真，则"p→q"必为真。

判断（1）中，若 p 为假，即"温度不下降"，而 q 为真，即"天气会冷"。因为造成天气冷的原因很多，未必一定是"温度下降"，所以 p 的假并不影响 q 的真，因此仍符合实际情况，"p→q"仍为真；判断（2）中，若 p 为假，即"你没睡着"，而 q 为真，即"你见不到他"。因为"你见不到他"的可能性原因很多（比如你去别的地方因而错过了），"你没睡着"并不是唯一充分条件，因此它并不影响这个判断的成立，所以"p→q"仍为真。

根据上面的分析，我们可以总结出下面这个"充分条件假言判断真值表"：

前件（p）	后件（q）	如果P，那么q（p→q）
真	真	真
假	假	真
真	假	假
假	真	真

由此可知，当且仅当前件为真、后件为假时，充分条件假言判断才为假。

必要条件假言判断

必要条件假言判断的含义

必要条件假言判断就是断定某一事物情况（前件）是另一事物情况（后件）存在的必要条件的假言判断。简单地说，必要条件假言判断就是断定前件与后件具有必要条件关系的假言判断。比如：

（1）除非有足够的光照（p），否则花就不会开（q）。

（2）只有体检合格（p），才能参加高考（q）。

判断（1）中，断定"足够的光照"是"开花"的必要条件，判断（2）中断定"体检合格"是"参加高考"的必要条件，因此这两个判断都是必要条件假言判断。

在必要条件假言判断中，前件（p）存在，后件（q）则未必一定存在。比如，上面举的两个例子中，判断（1）中，只有p（足够的光照），q（开花）未必一定实现；判断（2）中，只有p（体检合格），q（参加高考）也未必一定实现。

同时，在必要条件假言判断中，前件（p）不存在，则后件（q）一定不存在。比如，上面举的两个例子中，判断（1）中，如果没有p（足够的光照），则q（开花）就不可能实现；判断（2）中，如果没有p（体检合格），q（参加高考）也不能实现。

由此可知，若p存在，则q不一定存在；若p不存在，则q必不存在。

清朝刘蓉的《习惯说》中曾记载：

蓉少时，读书养晦堂之西偏一室。俯而读，仰而思；思有弗得，辄起绕室以旋。室有洼，径尺，浸淫日广，每履之，足若踬焉。既久而遂安之。一日，父来室中，顾而笑曰："一室不治，何以天下家国为？"命童子取土平之。

这则故事中，"一室不治，何以天下家国为"即是一个必要条件假言判断，意为"只有先整理好一室，才能为家国天下服务"。著名的"一屋不扫，何以扫天下"也是一个必要条件假言判断，意为"只有先扫一屋，才能扫天下"。

必要条件假言判断的逻辑形式

我们用 p 表示前件，用 q 表示后件，必要条件假言判断的逻辑形式可以表示为：只有 p，才 q，即：p ← q。其中，"←"是"逆蕴涵"的意思，读做 p 逆蕴涵 q。p 和 q 都是逻辑变项，"只有……才……"为假言联结词，是逻辑常项。

在逻辑学中，表达必要条件假言判断的常用假言联结词（即逻辑常项）还有"没有……就没有……""除非……（否则）不""必须……才……""不……就不能……""不……何以……"等。

必要条件假言判断的真假值

必要条件假言判断或真或假的性质就是必要条件假言判断的真假值，它可以分四种情况来分析。比如：

（1）只有建立抗日民族统一战线（p），才能团结一切可以团结的力量（q）。

（2）不积小流（p），无以成江海（q）。

1. 若前件 p 为真，后件 q 也为真，则"p ← q"必为真。

判断（1）中，前件（p）"建立抗日民族统一战线"是后件（q）"团结一切可以团结的力量"的必要条件，事实上，如果"建立抗日民族统一战线"，确实可以"团结一切可以团结的力量"。因此，若 p 为真，q 也为真，这个判断就符合实际情况，"p ← q"就必为真；判断（2）中，如果能"积小流"，确实可以"成江海"。因此，若 p 为真，q 也为真，这个判断就符合实际情况，"p ← q"就必为真。

2. 若前件 p 为假，后件 q 也为假，则"p ← q"必为真。

判断（1）中，若 p 为假，即"不建立抗日民族统一战线"，q 也为假，即"不能团结一切可以团结的力量"。那么，这个判断其实就是"如果不建立抗日民族统一战线，就不能团结一切可以团结的力量"。这也符合实际情况，因此"p ← q"就必为真；同样，判断（2）换种表达就是"只有积小流，才能成江海"。那么，若 p 为假，即"不积小流"，若 q 也为假，即"不能成江海"，这个判断其实就是"只有不积小流，才能不成江海"，也符合实际情况，因此"p ← q"就也为真。

3. 若前件 p 为真，后件 q 为假，则"p ← q"必为真。

判断（1）中，若 p 为真，即"建立抗日民族统一战线"，而 q 为假，即"不能团结一切可以团结的力量"。那么，这个判断其实就成为"即使建立抗日民族统一战线，也不一定能团结一切可以团结的力量"。这也与实际情况相合，因为"建立抗日民族统一战线"只是"团结一切可以团结的力量"的其中一个必要条件，而不是唯一条件，因此这个判断即"p←q"就也为真；判断（2）中，若p为真，q为假，这个判断就成为"即使积小流，也并一定能成江海"，这也符合实际情况，因为要成江海，除了"积小流"外，还需要其他地理、环境条件。因此，该判断即"p←q"就也为真。再看下面这个故事：

军官："你多大了？"

中年人："45岁了。"

军官："你年龄太大了，不能当兵了，回去吧。"

中年人："请问你多大了？"

军官："42岁。"

中年人："嗯，好吧，那我就当军官好了。"

这则故事中，包含两个潜在的必要条件假言判断：

（1）只有年龄适合的人（p），才能当兵（q）。

（2）只有先当兵（p），才能当军官（q）。

如果p为真，q为假，这两个判断可以这样表达：

（1）即使年龄适合的人，也不一定能当兵。

（2）即使先当兵了也不一定能当军官。

显然，这两个判断都是符合实际情况的，因此都为真。

4.若前件p为假，后件q为真，则"p←q"必为假。

判断（1）中，若p为假，q为真，该判断就是"只有不建立抗日民族统一战线，才能团结一切可以团结的力量"，这显然有违事实，所以"p←q"必为假；我们上面说过判断（2）换种表达就是"只有积小流，才能成江海"，那么，若p为假，q为真，该判断其实就是"只有不积小流，才能成江海"，这显然也有违事实，所以"p←q"也必为假。

根据以上分析，我们可以总结出下面这个"必要条件假言判断真值表"：

前件（p）	后件（q）	只有P，才q（p←q）
真	真	真
假	假	真
真	假	真
假	真	假

由此可知，当且仅当前件为假、后件为真时，必要条件假言判断才为假。

充分必要条件假言判断

充分必要条件假言判断的含义

充分必要条件假言判断，或者充要条件假言判断就是断定某一事物情况（前件）是另一事物情况（后件）存在的充分必要条件的假言判断。换言之，在充分必要条件假言判断中，前件既是后件的充分条件，又是后件的必要条件。比如：

（1）当且仅当前件为真、后件为假时（p），充分条件假言判断才为假（q）。

（2）当且仅当前件为假、后件为真时（p），必要条件假言判断才为假（q）。

这是我们在讨论充分条件假言判断和必要条件假言判断真假值时得出的两个结论。

判断（1）断定了只要符合"前件为真、后件为假"这个条件，"充分条件假言判断"必为"假"；如果不符合"前件为真、后件为假"这个条件，"充分条件假言判断"则必不为"假"。判断（2）断定了只要符合"前件为假、后件为真"，"必要条件假言判断"必为"假"；如果不符合"前件为假、后件为真"，"必要条件假言判断"则必不为"假"。也就是说，在这两个判断中，p既是q的充分条件，又是q的必要条件，因此这两个判断都是充分必要条件假言判断。

充分必要条件假言判断的重要特征就是当前件p存在时，后件q一定存在；当前件p不存在时，后件q一定不存在。以我们上面提到的判断（1）为例，只要这个判断的前件p"前件为真、后件为假"存在，后件q就一定存在；如果前件p"前件为真、后件为假"不存在，即"前件为真、后件为真""前件为假、后件为真"或者"前件为假、后件也为假"，那么后件则必不存在。因此，可以说，在充分必要条件假言判断中，只有且仅有前件这一个条件才能引起后件所表示的结果。

充分必要条件假言判断的逻辑形式

我们用p表示前件，用q表示后件，充分必要条件假言判断的逻辑形式可以表示为：当且仅当p，才q，即：p⟷q。"⟷"意为"等值于"，读做p等值于q。其中，作为前后件的p、q是逻辑变项，假言联结词"当且仅当"为逻辑常项。

需要说明的是，"当且仅当"来自数学语言，现代汉语中并没有与之完全对等的一个词。因此只能用诸如"只要……则……，并且只有……，才……""只有并且仅有……才……""如果……那么……，并且如果不……那么就不……"之类的词项来充当假言联结词。

有一则流传甚广的关于佛印和苏东坡的故事：

一次，苏东坡和佛印骑马而游。

佛印对苏东坡说："你骑马姿势端庄，好像一尊佛。"

苏东坡却故意调笑："你身披黑色袈裟，好像一坨粪。"

佛印笑而不答，东坡自以为得计，很是高兴。回家后向妹妹说起此事，苏小妹叹道："哥哥你着相啦！如果你心中有佛，那么你眼中就有佛。如果你心中无佛，那么你眼中就无佛；如果你心中有粪，那么你眼中就有粪。如果你心中无粪，那么你眼中就无粪。"苏东坡听后大惭。

这则故事中，有两个充分必要条件假言判断：

（1）如果你心中有佛，那么你眼中就有佛。如果你心中无佛，那么你眼中就无佛。

（2）如果你心中有粪，那么你眼中就有粪。如果你心中无粪，那么你眼中就无粪。

判断（1）断定若"心中有佛"，则"眼中有佛"，若"心中无佛"，则"眼中无佛"，也就是说"心中有佛"是"眼中有佛"的充分必要条件；判断（2）断定若"心中有粪"，则"眼中有粪"，若"心中无粪"，则"眼中无粪"，那么，"心中有粪"也就是"眼中有粪"的充分必要条件。

在这两个充分必要条件假言判断中运用的假言联结词实际上就是"如果……那么……，如果不……那么就不……"。

充分必要条件假言判断的真假值

充分必要条件假言判断或真或假的性质就是充分必要条件假言判断的真假值，它可以分四种情况来分析。比如：

（1）当且仅当两条直线的同位角相等（p），则两直线平行（q）。

（2）当且仅当能被 2 整除（p）的数才是偶数（q）。

1. 若前件 p 为真，后件 q 也为真，则"p ←→ q"必为真。

在上面两个判断中，若前件 p 和后件 q 都为真，显然是符合实际情况的。因此，该充分必要条件假言判断即 p ←→ q 也必为真。

2. 若前件 p 为假，后件 q 也为假，则"p ←→ q"必为真。

判断（1）中，若 p 为假，即"两条直线的同位角不相等"，q 也为假，即"两直线不平行"。那么，这个判断就是"当且仅当两条直线的同位角不相等，则两直线不平行"，这符合实际情况，因此 p ←→ q 为真；判断（2）中，若 p 为假，即"不能被 2 整除"，q 也为假，即"不是偶数"。那么，这个判断就是"当且仅当不能被2整除的数不是偶数"，这显然也是符合实际情况的，因此p←→q也为真。

3. 若前件p为真，后件q为假，则"p←→q"必为假。

判断（1）中，若p为真，即"两条直线的同位角相等"，而q为假，即"两直线不平行"。那么，这个判断就是"当且仅当两条直线的同位角相等，则两直线不平行"，这显然不符合实际，因此p←→q为假；判断（2）中，若p为真，即"能被2整除"，而q为假，即"不是偶数"。那么，这个判断就是"当且仅当能被2整除的数不是偶数"，这显然也是不符合实际情况的，因此p←→q也为假。

4. 若前件p为假，后件q为真，则"p←→q"必为假。

判断（1）中，若p为假，即"两条直线的同位角不相等"，而q为真，即"两直线平行"。那么，这个判断就是"当且仅当两条直线的同位角不相等，则两直线平行"，这显然不符合实际，因此p←→q为假；判断（2）中，若p为假，即"不能被2整除"，而q为真，即"是偶数"。那么，这个判断就是"当且仅当不能被2整除的数是偶数"，这显然也是不符合实际情况的，因此p←→q也为假。

根据以上分析，我们可以总结出下面这个"充分必要条件假言判断真值表"：

前件（p）	后件（q）	当且仅当P，才q（p←→q）
真	真	真
假	假	真
真	假	假
假	真	假

由此可知，当且仅当前件、后件取相同的逻辑值时，充分必要条件假言判断才为真。

逻辑蕴含的假言判断

正确认识三种假言判断

根据反映条件关系的不同，假言判断可以分为充分条件假言判断、必要条件假言判断和充分必要条件（或充要条件）假言判断。以上三节中，我们也分别对这三种假言判断作了分析。不过，在思维或日常运用过程中，经常会出现三种假言判断互相误用的情况。对此，我们应该格外重视，正确认识它们之间的联系与区别。

1. 正确认识各假言判断的逻辑性质

我们以 p 表示前件，以 q 表示后件，可以将三种假言判断的性质概括如下：

充分条件假言判断：p 存在时，q 必存在；p 不存在时，q 未必不存在。

必要条件假言判断：p 存在时，q 未必存在；p 不存在时，q 必不存在。

充分必要条件假言判断：p 存在时，q 必存在；p 不存在时，q 必不存在。

在有的逻辑学著作中，有人曾把这三种假言判断的逻辑性质概括为三句话，即：

充分条件假言判断：有之则必然，无之未必然。

必要条件假言判断：无之必不然，有之未必然。

充分必要条件假言判断：有之则必然，无之必不然。

鉴于各假言判断的逻辑性质，我们可以得出：充分必要条件假言判断的前件、后件可以互为条件，但充分条件假言判断和必要条件假言判断则不能。以我们前面提到的几个判断为例：

（1）一旦河堤决口（p），后果就不堪设想（q）。

（2）只有体检合格（p），才能参加高考（q）。

"当且仅当两条直线的同位角相等（p），则两直线平行（q）。"

判断（1）、（2）分别为充分条件假言判断和必要条件假言判断，如果前件（p）和后件（q）互换，这两个判断就变为：

（1）一旦后果不堪设想，河堤就会决口。

（2）只有参加高考，才能体检合格。这不但与实际情况不符，甚至显得荒唐可笑了。

判断（3）为充分必要条件假言判断，如果前件（p）和后件（q）互换，该判断就变为：

"当且仅当两直线平行，则两条直线的同位角相等。"这与实际情况相符，因而也是正确的。

因此，$p \rightarrow q$ 不等值于 $q \rightarrow p$，$p \leftarrow q$ 也不等值于 $q \leftarrow p$，只有 $p \longleftrightarrow q$ 与 $q \longleftrightarrow p$ 等值。

2. 正确运用假言联结词

运用假言判断时，要特别注意假言联结词的选择。因为，不同的假言联结词一般代表着不同种类的假言判断，一旦误用，就可能混淆各种假言判断，从而造成思维、表达的混乱。比如：

（1）如果付出，就会有收获。

（2）只有付出，才会有收获。

（3）当且仅当付出了，才会有收获。

这三个假言判断依次为充分条件假言判断、必要条件假言判断和充分必要条件假言判断。判断（1）把"付出"当作"收获"的充分条件是不妥的，因为很多时候，付出了未必有收获，这是误把必要条件当作了充分条件。判断（3）把"付出"当作"收获"仅有的条件显然也是不妥的，因为要想有收获，除了"付出"，还可能需要天时、地利、人和等各种条件；况且即使有"收获"，也不意味着一定有"付出"，毕竟还有"不劳而获"的情况。因此，这是误把必要条件当作充分必要条件了，只有判断（2）才是正确的。

3. 正确认识假言判断的形式和内容

逻辑学研究的是各种判断形式，判断的具体内容则是其他各学科研究的对象。因此，就可能出现形式符合假言判断但内容不符合实际情况的判断。比如：

（1）如果杰克是欧洲人，那么杰克就是英国人。

（2）只有华佗再生，你才能得救。

这两个判断从形式上都是假言判断，但在内容上显然是不成立的。因此，我们在运用假言判断进行思维时，要注意判断形式和内容的区别。

逻辑蕴含的假言判断

在一些历史故事中，甚至在日常生活中，我们经常看到蕴含假言判断的精彩事例，甚至我们自己也曾经使用过假言判断，只是没有意识到罢了。现在我们来看几个蕴含假言判断的事例，以了解假言判断的特征和作用，从而更深入地认识、运用假言判断。

1. 蕴含充分条件假言判断的逻辑运用

网上曾经盛传这么一段话：

我用心祈祷，神终于感动了。神问我：你有什么愿望？我说：我要我的亲人和朋友一生幸福！神说：可以，只能七天。我说：好，星期一到星期七。神说：不行，只能四天。我说：好，春天、夏天、秋天、冬天。神说：不行，只能三天。我说：好，昨天、今天、明天。神说：不行，只能两天。我说：好，白天、黑天。神说：不行，只能一天。我说：好，在我生命中每一天。最后，神哭了……

通过这段话，我们首先可以得到这几个结论：

如果我的亲人和朋友有七天幸福的时间，那么这七天就是星期一到星期七；如果我的亲人和朋友有四天幸福的时间，那么这四天就是春天、夏天、秋天和冬天；如果我的亲人和朋友有三天幸福的时间，那么这三天就是昨天、今天和明天；如果我的亲人和朋友有两天幸福的时间，那么这两天就是白天和黑天；如果我的亲人和朋友有一天幸福的时间，那么这一天就是我生命中的每一天。

再对这个结论进行总结，这段话中"我"其实只向"神表"达了一个意思，即：

如果有你要求的那几天，就有我提出的这几天。

换言之，这句话就是：如果你要求的那几天存在，那我提出的这几天就存在；如果你要求的那几天不存在，我提出的这几天也未必不存在。很显然，"你要求的那几天"是"我提出的这几天"的充分条件，这个判断是充分条件的假言判断。这便是因蕴含假言判断这个逻辑形式而具有奇妙效果的实际运用。

2. 蕴含必要条件假言判断的逻辑运用

歌曲《真心英雄》中，有这么几句歌词：把握生命里的每一分钟，全力以赴我们心中的梦，不经历风雨怎么见彩虹，没有人能随随便便成功。

这段歌词中，蕴含着两个假言判断，即：

（1）只有经历风雨，才能见彩虹。

（2）只有经历风雨，才能成功。

这两个判断都断定"不经历风雨"肯定不能"见彩虹"或"成功"，但是也暗含着即便"经历风雨"，也未必就一定能"见彩虹"或"成功"。也就是说，"经历风雨"是"见彩虹"或"成功"的必要条件，这是两个必要条件假言判断。

3. 蕴含充分必要条件假言判断的逻辑运用

"人不犯我，我不犯人；人若犯我，我必犯人"一句，把"人犯我"设为 A，"我犯人"设为 B。则有：①非 A →非 B，A 是 B 的必要条件。② A → B，A 是 B 的充分条件。这句话构成了 A 与 B 的充分必要条件。

总之，正确认识并熟练运用各种假言判断，既有利于我们进行思维活动和日常表达的准确性，也是以后进行假言推理的基础。

选言判断

什么是选言判断

简单地说，选言判断是对若干事物情况存在的可能性作断定的复合判断。确切地说，选言判断是断定在可能存在的若干事物情况中至少有一种事物情况存在的复合判断。因此，选言判断一般都包括两个或两个以上的肢判断。比如：

（1）他学的专业可能是中国古代文学，也可能是中国现当代文学。

（2）几年没见，小柔要么胖了，要么瘦了，要么没变。

这两个选言判断都对若干事物情况存在的可能性作了断定。判断（1）断定"他"可能学的是"中国古代文学"，也可能是"中国现当代文学"，这两种可能性中至少有一个是存在的；判断（2）中断定小柔有"胖了""瘦了"和"没变"这三种可能，其中也必有一个是存在的。

选言判断是由选言肢和选言联结词构成的。

1. 选言肢

选言肢就是组成选择判断的各个肢判断，它反映着可能存在的若干事物情况。一个选言判断至少有两个选言肢。上面举的两个选言判断中，判断（1）中包括"中国古代文学"和"中国现当代文学"两个选言肢；判断（2）中包括"胖了""瘦了"和"没变"三个选言肢。

2. 选言联结词

选言联结词就是联结选言判断中表示可能事物情况的各个选言肢的词项。上面举的两个选言判断中，判断（1）中的选言联结词是"可能……也可能……"；判断（2）中的选言联结词是"要么……要么……要么……"。

选言判断的种类和真假值

根据选言判断中各选言肢是否可以并存的关系，选言判断可分为相容选言判断和不相容选言判断。在这两种不同的选言判断中，其真假值（或逻辑值）也是不同的。

1. 相容选言判断

相容选言判断的含义

顾名思义，相容选言判断中的各选言肢所表示的可能事物情况是相容的，可以同时存在的。因此，相容选言判断就是指断定若干事物情况中至少有一种事物情况存在的选言判断，或者说是断定各选言肢中至少有一个选言肢存在的选言判断。需要说明的是，既然是断定"至少有一个选言肢存在"，也就是说可以只有一个选言肢存在，也可以有多个选言肢同时存在。比如：

（1）他或者懂英语，或者懂法语。

（2）黑格尔或者是哲学家，或者是逻辑学家。

判断（1）中，可以断定两种可能：懂英语或者懂法语。这两种可能可以只有一种存在，也可以都存在，它们之间并不冲突；判断（2）中，也可以断定两种可能：是哲学家或者是逻辑学家。这两种可能也不冲突，可以存在一种，也可以都存在。所以，这两个判断都是相容选言判断。

相容选言判断的逻辑形式

我们如果用 p、q 表示选言肢，相容选言判断的逻辑形式可以表示为：

p 或者 q，即：p ∨ q。

在这里，"或者……或者……"是选言联结词，"∨"意为"析取"，所以 p 和 q 也可称为析取肢，p ∨ q 读做 p 析取 q。

相容选言判断的联结词除"或者"外，常用的还有"也许……也许……""可能……可能……""或许……或许……""至少一个"等。

相容选言判断的真假值

相容选言判断或真或假的性质就是它的真假值。根据我们得出的相容选言判断"可以只有一个选言肢存在，也可以有多个选言肢同时存在"可以得出它的逻辑性质，即：各选言肢都为真或有一个为真，则该判断为真；各选言肢均为假时，该判断为假。比如：

他或者懂英语（p），或者懂法语（q）。

第一，若该判断为"他既懂英语，又懂法语"，则 p 和 q 两个选言肢都为真，因此 p ∨ q 必为真；

第二，若该判断为"他懂英语，但不懂法语"，则 p 为真，q 为假，有一个选言肢为真，因此 p ∨ q 也必为真；

第三，若该判断为"他不懂英语，但懂法语"，则 p 为假，q 为真，也有一个选言肢为真，因此 p ∨ q 也必为真；

第四，若该判断为"他既不懂英语，也不懂法语"，则 p 和 q 都为假，即所有选言肢都为假，因此 p ∨ q 必为假。

根据以上分析，我们可以总结出下面这个"相容选言判断真值表"：

前件（p）	后件（q）	p 或者 q（p ∨ q）
真	真	真
真	假	真
假	真	真
假	假	假

由此可知，当且仅当选言肢都为假时，相容选言判断的逻辑值才为假。

2. 不相容选言判断

不相容选言判断的含义

不相容选言判断是断定若干事物情况中有且仅有一种事物情况存在的选言判断，或者说是断定各选言肢中有且仅有一个选言肢存在的选言判断。比如：

（1）你的考试成绩要么合格，要么不合格。

（2）这个词的用法要么是对的，要么是错的。

判断（1）断定了"考试成绩合格"和"考试成绩不合格"这两种可能，它们是不能共存的，其中一个存在，另一个则必不存在；判断（2）断定了"这个词的用法是对的"和"这个词的用法是错的"两种可能，这两种可能也不能共存，其中一个存在，另一个则必不存在。因此，这两个判断都是不相容选言判断。

不相容选言判断的逻辑形式

我们如果用 p、q 表示选言肢，相容选言判断的逻辑形式可以表示为：

要么 p，要么 q，即：$p \veebar q$。

在这里，"要么……要么……"是选言联结词，"$\veebar$"意为"不相容析取"，$p \veebar q$ 读做 p 不相容析取 q。

不相容选言判断的联结词除"要么……要么……"外，常用的还有"或者……或者……二者必居其一（二者不可得兼）""不是……就是……"等。

不相容选言判断的真假值

不相容选言判断或真或假的性质就是它的真假值。不相容选言判断"断定各选言肢中有且仅有一个选言肢存在"的特征决定了各选言肢中只能有一个选言肢是真的。如果多于一个真选言肢，就说明它已不是不相容选言判断，因此必假；如果没有任何选言肢为真，则没有任何一种事物情况存在，它也必为假。反之，当不相容选言判断为真时，也有且只有一个选言肢为真。比如：

你的考试成绩要么合格（p），要么不合格（q）。

第一，若该判断为"你的考试成绩既合格，又不合格"，则 p 和 q 两个选言肢都为真，同时也不符合实际情况，因此 $p \veebar q$ 必为假；

第二，若该判断为"你的考试成绩是合格，不是不合格"，则 p 为真，q 为假，只有一个选言肢为真，也符合实际情况，因此 $p \veebar q$ 为真；

第三，若该判断为"你的考试成绩不是合格，而是不合格"，则 p 为假，q 为真，只有一个选言肢为真，也符合实际情况，因此 $p \veebar q$ 为真；

第四，若该判断为"你的考试成绩既不是合格，又不是不合格"，则 p 和 q 两个选言肢都为假，同时也不符合实际情况，因此 $p \veebar q$ 必为假。

根据以上分析，我们可以总结出下面这个"不相容选言判断真值表"：

选言肢（p）	选言肢（q）	要么p，要么q（p∨q）
真	真	假
真	假	真
假	真	真
假	假	假

由此可知，当且仅当一个选言肢为真时，不相容选言判断的逻辑值才为真。

选言肢的穷尽问题

选言判断都包括两个或两个以上的选言肢，这"两个以上"是一个不确定概念，这种不确定也就意味着选言肢会出现两种情况：选言肢穷尽和选言肢不穷尽。

1. 当一个选言判断列出了所有的选言肢，涵盖了所有可能出现的事物情况，那么这个选言判断的选言肢就是穷尽的。比如：

（1）景阳冈上，要么老虎吃掉武松，要么武松打死老虎，二者必居其一。

（2）一个人称代词要么是第一人称，要么是第二人称，要么是第三人称。

判断（1）包括两个选言肢，而且这两个选言肢已经涵盖了武松遇到老虎时可能发生的全部情况，因此该判断的选言肢是穷尽的；判断（2）包括三个选言肢，这三个选言肢也涵盖了人称代词可能包括的所有情况，因此该判断的选言肢也是穷尽的。

对于一个真的选言判断，若是相容判断，则至少有一个选言肢为真，也可能都为真；若是不相容判断，则只有一个选言肢为真。也就是说，如果一个选言判断为真，它至少要有一个选言肢为真。而选言肢穷尽的选言判断已经涵盖了所有可能的事物情况，因此其中也一定包含了真的选言肢。换言之，一个穷尽所有选言肢的选言判断一定为真。

2. 当一个选言判断没有列出所有的选言肢，也就不能涵盖所有可能出现的事物情况，那么这个选言判断的选言肢就没有穷尽的。比如：

（1）气质说认为一个人或者是多血质，或者是黏液质，或者是胆汁质。

（2）这首近体诗或许是五言绝句，或许是七言绝句，或许是五言律诗，或许是七言律诗。

判断（1）包括三个选言肢，但并没有涵盖气质说所有可能的事物情况，因为气质说还包括一种"抑郁质"，因此该判断的选言肢是不穷尽的；判断（2）包括四个选言肢，不过也没有穷尽近体诗所有可能的事物情况，因为近体诗还包括一种十句以上的排律，因此该判断的选言肢也是不穷尽的。

一个选言判断的选言肢不穷尽，就意味着它没有涵盖所有可能出现的事物情况，那么，这些选言肢就可能包括真的选言肢，也可能遗漏真的选言肢，所以这个选言判断就可能为真，也可能为假。

总之，一个选言肢穷尽的选言判断必为真，一个选言肢不穷尽的选言判断可真可假。

3. 正确认识选言判断的穷尽问题。

第一，有的选言判断不可能列出所有的选言肢，而且有时候也没必要列出所有选言肢。这种情况下，只要所列出的选言肢有一个为真，那么该选言判断就为真；如果没有任何一个选言肢为真，那么该判断就为假。

第二，在断定选言判断的真假时，虽然涉及选言肢内容的分析，但选言肢所涵盖的内容并不是逻辑学的研究对象，逻辑学研究的只是选言判断这种形式。

负判断

负判断的含义和逻辑形式

1. 负判断的含义

不管是联言判断、假言判断还是选言判断，都是断定某一个或几个事物情况的判断，负判断却不同。所谓负判断就是由否定某个判断而得到的复合判断。比如：

（1）并非小明和小光是朋友。

（2）并非所有的电影都是好看的。

判断（1）是由否定"小明和小光是朋友"这个判断而得到的一个判断，判断（2）是由否定"所有的电影都是好看的"这个判断而得到的一个判断，因此这两个判断都是负判断。

2. 负判断的结构

与其他复合判断不同，负判断是一种特殊的复合判断。因为其他复合判断都包括两个或两个以上的肢判断，而负判断只有一个肢判断。也就是说，负判断是由其本身所表达的判断和其包含的判断构成的一个复合判断。

负判断由肢判断和否定联结词组成。

在负判断中，被否定的那个判断就是肢判断。比如，上面提到的两个判断中，

"小明和小光是朋友"和"所有的电影都是好看的"都是负判断的肢判断。否定联结词就是否定肢判断的那个联结词。比如，上面提到的两个负判断中的"并非"就是否定联结词。

3. 负判断的逻辑形式

我们如果用 p 表示肢判断，负判断的逻辑形式可以表示为：并非 p，即：¬ p。其中，"¬"意为"并非"，¬ p 读做并非 p。

在负判断中，除"并非……"外，常用的否定联结词还有"并不是……""……是假的""并没有……这种情况"等。

负判断的真假值

负判断或真或假的性质就是负判断的真假值。我们前面讲过，负判断是由否定某个判断而得到的判断，这就是说负判断与它所否定的那个肢判断是矛盾的。这种矛盾也决定了负判断与其肢判断真假值的矛盾。以上面提到的一个负判断为例：

并非小明和小光是朋友（p）。

1. 当肢判断 p 为真时，负判断"并非 p"必为假。

在上面这个判断中，若肢判断 p"小明和小光是朋友"为真，那么负判断"并非小明和小光是朋友"就是说"小明和小光不是朋友"，因此该负判断即"并非 p"必为假。

2. 当肢判断 p 为假时，负判断"并非 p"必为真。

在上面这个判断中，若肢判断 p"小明和小光是朋友"为假，即"小明和小光不是朋友"，那么负判断"并非小明和小光不是朋友"就是说"小明和小光是朋友"，因此该负判断即"并非 p"必为真。

负判断与其肢判断同真同假的情况是不存在的，因此可以不作讨论。根据以上分析，我们可以总结出下面这个"负判断真值表"：

肢判断 p	并非 p（¬ p）
真	真
真	假
假	真
假	假

负判断的种类

按照负判断的肢判断是否包含其他判断，可以将负判断分为简单判断的负判断和复合判断的负判断。

1. 简单判断的负判断

简单判断的负判断是指肢判断为简单判断的负判断。因为简单判断包括直言判断和关系判断，所以负判断的肢判断既可以是直言判断，也可以是关系判断。比如：

（1）并非所有的知识都是实践经验的总结。

（2）并非所有的知识都不是实践经验的总结。

（3）并非有的知识是实践经验的总结。

（4）并非有的知识不是实践经验的总结。

（5）并非感性认识和理性认识都是认识。

上述五个判断依次为全称肯定判断（SAP）、全称否定判断（SEP）、特称肯定判断（SIP）、特称否定判断（SOP）和关系判断（aRb）的负判断。它们可以表示为：

全称肯定判断的负判断：并非 SAP，即 ¬ SAP；

全称否定判断的负判断：并非 SEP，即 ¬ SEP；

特称肯定判断的负判断：并非 SIP，即 ¬ SIP；

特称否定判断的负判断：并非 SOP，即 ¬ SOP；

关系判断的负判断：并非 aRb，即 ¬ aRb。

2. 复合判断的负判断

复合判断的负判断是指肢判断为复合判断的负判断。因为复合判断还包括联言判断、假言判断、选言判断，所以负判断的肢判断也可以是联言判断、假言判断和选言判断。比如：

（1）并非她很年轻，并且也很漂亮。

（2）并非如果你病了，就会不舒服。

（3）并非只有体检合格，才能参加高考。

（4）并非当且仅当两条直线的同位角相等，则两直线平行。

（5）并非他或者懂英语，或者懂法语。

（6）并非你的考试成绩要么合格，要么不合格。

（7）并非没有小明和小光是朋友这种情况。

上述七个判断依次为联言判断（p并且q）、充分条件假言判断（如果p，那么q）、必要条件假言判断（只有 p，才 q）、充分必要条件假言判断（当且仅当 p，才 q）、相容选言判断（p 或者 q）、不相容选言判断（要么 p，要么 q）和负判断（并非 p）的负判断。因此，它们可以依次表示为：

联言判断的负判断：并非（p 并且 q），即 $\neg$（p $\land$ q）；

充分条件假言判断的负判断：并非（如果 p，那么 q），即 $\neg$（p $\rightarrow$ q）；

必要条件假言判断的负判断：并非（只有 p，才 q），即 $\neg$（p $\leftarrow$ q）；

充分必要条件假言判断的负判断：并非（当且仅当 p，才 q），即 $\neg$（p $\longleftrightarrow$ q）；

相容选言判断的负判断：并非（p 或者 q），即 $\neg$（p $\lor$ q）；

不相容选言判断的负判断：并非（要么 p，要么 q），即 $\neg$（p $\ddot{\lor} \neg$ q）；

负判断的负判断：并非（并非 p），即 $\neg$（$\neg$ p）。

负判断的等值判断

与负判断的真假值相等的判断叫作负判断的等值判断。也就是说，负判断和它的等值判断是同真同假的。我们还将其分为简单判断的负判断和复合判断的负判断两类来分析。

1. 简单判断的负判断的等值判断

我们在"A、E、I、O 之间的真假关系"一节中曾经得出过这样的结论，即：

SAP 和 SOP 之间、SEP 和 SIP 之间都是矛盾关系，而负判断与其肢判断也是矛盾关系，这就是说，负判断与和它的肢判断矛盾的那个判断等值。所以，SAP 的负判断就等值于 SOP，SOP 的负判断也等值于 SAP；同样，SEP 的负判断等值于 SIP，SIP 的负判断也等值于 SEP。用符号形式可以这样表示：

$\neg$ SAP $\longleftrightarrow$ SOP	$\neg$ SOP $\longleftrightarrow$ SAP
$\neg$ SEP $\longleftrightarrow$ SIP	$\neg$ SIP $\longleftrightarrow$ SEP

比如：

（1）"并非所有的知识都是实践经验的总结"等值于"有的知识是实践经验的总结"；

（2）"并非所有的知识都不是实践经验的总结"等值于"有的知识不是实践经验的总结"；

（3）"并非有的知识是实践经验的总结"等值于"所有的知识都不是实践经验的总结"；

（4）"并非有的知识不是实践经验的总结"等值于"所有的知识都是实践经验的总结"。

2. 复合判断的负判断的等值判断

联言判断的负判断的等值判断

在联言判断中，当且仅当所有联言肢都为真时，联言判断的逻辑值才为真。那么，如果要否定一个联言判断，就要断定它的联言肢 p 或 q 中至少要有一个为假，即 p 假或者 q 假。简言之，就是"非 p 或者非 q"，而"非 p 或者非 q"的逻辑形式相当于一个选言判断。因此，我们可以得出如下结论：

"并非（p 并且 q）"等值于"非 p 或者非 q"，即：$\neg(p \wedge q) \longleftrightarrow (\neg p \vee \neg q)$。比如：

（1）"并非她很年轻，并且也很漂亮"等值于"她或者不年轻，或者不漂亮"；

（2）"并非狄仁杰不但善于探案，而且能于治国"等值于"狄仁杰或者不善于探案，或者不善于治国"。

充分条件假言判断的负判断的等值判断

在充分条件假言判断中，当且仅当前件为真、后件为假时，充分条件假言判断才为假。因此，要否定一个充分条件假言判断，就要断定其前件 p 为真并且后件 q 为假，简言之即"p 并且非 q"，而"p 并且非 q"符合联言判断的逻辑形式。因此，我们可以得出如下结论：

"并非（如果 p，那么 q）"等值于"p 并且非 q"，即：$\neg(p \rightarrow q) \longleftrightarrow (p \wedge \neg q)$。比如：

（1）"并非如果你病了，就会不舒服"等值于"你病了，但没有不舒服"；

（2）"并非一旦河堤决口，后果就不堪设想"等值于"河堤决口了，但后果不会不堪设想"。

必要条件假言判断的负判断的等值判断

在必要条件假言判断中，当且仅当前件为假、后件为真时，必要条件假言判断才为假。因此，要否定一个必要条件假言判断，就要断定其前件 p 为假并且后件 q 为真，简言之即"非 p 并且 q"。"非 p 并且 q"符合联言判断的逻辑形式，因此我们可以得出如下结论：

"并非（只有 p，才 q）"等值于"非 p 并且 q"，即：$\neg(p \leftarrow q) \longleftrightarrow (\neg p \wedge q)$。

比如：

（1）"并非只有体检合格，才能参加高考"等值于"体检不合格，也能参加高考"；

（2）"并非只有建立抗日民族统一战线，才能团结一切可以团结的力量"等值于"没有建立抗日民族同一战线也能团结一切可以团结的力量"。

充分必要条件假言判断的负判断的等值判断

在充分必要条件假言判断中，当且仅当前件、后件取相同的逻辑值时，充分必要条件假言判断才为真。所以，要否定一个充分必要条件假言判断，就要断定前、后件不同真同假，即"p并且非q或者非p并且q"。这就是说，一个充分必要条件假言判断的负判断等值于两个联言判断组成的选言判断。因此，我们可以得出如下结论：

"并非（当且仅当p，才q）"等值于"p并且非q或者非p并且q"，即：

$$\neg（p \longleftrightarrow q）\longleftrightarrow （（p \wedge \neg q）\vee （\neg p \wedge q））$$

比如：

（1）"并非当且仅当两条直线的同位角相等，则两直线平行"等值于"两条直线的同位角相等时两直线不平行，或者两条直线的同位角不相等时两直线平行"；

（2）"并非当且仅当能被2整除的数才是偶数"等值于"能被2整除的数不是偶数，或者不能被2整除的数是偶数"。

相容选言判断的负判断的等值判断

在相容选言判断中，当且仅当选言肢都为假时，相容选言判断的逻辑值才为假。所以，要否定一个相容选言判断，就要断定所有的选言肢都为假，即"非p并且非q"，这符合联言判断的逻辑形式。因此，我们可以得出如下结论：

"并非（p或者q）"等值于"非p并且非q"，即：$\neg（p \vee q）\longleftrightarrow （\neg p \wedge \neg q）$。

比如：

（1）"并非他或者懂英语，或者懂法语"等值于"他既不懂英语，也不懂法语"；

（2）"并非黑格尔或者是哲学家，或者是逻辑学家"等值于"黑格尔既不是哲学家，也不是逻辑学家"。

不相容选言判断的负判断的等值判断

在不相容选言判断中，当且仅当一个选言肢为真时，不相容选言判断的逻辑值才为真。所以，要否定一个不相容选言判断，就要断定所有的选言肢都为真或者都为假，即"p并且q或者非p并且非q"。这就是说，一个不相容选言判断的负判断等值于两个联言判断组成的选言判断。因此，我们可以得出如下结论：

"并非（要么p，要么q）"等值于"p并且q或者非p并且非q"，即：

$$\neg（p \underline{\vee} q）\longleftrightarrow （（p \wedge q）\vee （\neg p \wedge \neg q））$$

比如：

（1）"并非你的考试成绩要么合格，要么不合格"等值于"你的考试成绩既合格又不合格或者你的考试成绩既不合格又合格"；

（2）"并非这个词的用法要么是对的，要么是错的"等值于"这个词的用法既对又错或者这个词的用法既不对又不错"。

负判断与其负判断的等值关系

负判断是否定某个判断而得到的判断，那么，负判断的负判断就是否定它所否定的那个判断，否定的否定就是肯定，即肯定原来的那个判断。因此，负判断的负判断等值于原判断，或者原负判断的肢判断。因此，我们可以得出如下结论：

"并非（并非 p）"等值于 p，即：$\neg(\neg p) \longleftrightarrow p$。比如：

（1）"并非没有小明和小光是朋友这种情况"等值于"小明和小光是朋友"；

（2）"并非没有所有的电影都是好看的这种情况"等值于"所有的电影都是好看的"。

负判断与否定判断的不同

在研究负判断时，应该将其与否定的直言判断区别开来。否定的直言判断是断定思维对象不具有某种属性的判断，具体地说，否定的直言判断是否定"主项"不具有"谓项"所描述的属性的判断。而负判断是否定一个判断而得到的判断，它所否定的那个肢判断本身也是一个完整的判断。比如：

（1）所有的电影都不是好看的。

（2）并非所有的电影都不是好看的。

判断（1）是全称否定判断，它断定主项"电影"都不具有谓项"好看"的性质；而判断（2）是负判断，它是对"所有的电影都不是好看的"这一完整的判断的否定，二者显然是不同的。

模态判断

模态判断的含义和结构

1. 模态判断的含义

我们这里说的模态判断是指狭义的模态判断。所谓狭义的模态判断就是断定事物情况存在的必然性或可能性的判断。如果说非模态判断（即简单判断和复合判断）

是对事物情况存在与否的断定，那么模态判断则是对事物情况存在的必然性和可能性作断定。也就是说，模态判断是断定某事物情况必然存在或可能存在的判断。比如：

（1）一切事物必然处于不断的运动中。

（2）《让子弹飞》的票房可能比《赵氏孤儿》的票房高。

判断（1）断定"一切事物处于不断的运动中"这一事物情况是必然存在的，判断（2）则断定"《让子弹飞》的票房比《赵氏孤儿》的票房高"这一事物情况是可能存在的，因此这两个判断都是模态判断。

2. 模态判断的结构

模态判断由原判断和模态词组成。

原判断是指构成模态判断的判断。比如，上面两个模态判断中的"一切事物处于不断的运动中"和"《让子弹飞》的票房比《赵氏孤儿》的票房高"就是两个原判断。

模态词是指表达事物情况存在的必然性、可能性或其他属性的词项。比如，上面两个模态判断中的"必然""可能"就是模态词。

模态判断的种类

我们在"直言判断"中曾经讲到，根据模态判断中模态词的不同（必然或可能），模态判断可分为必然模态判断（或必然判断）和可能模态判断（或可能判断）。

1. 必然判断

必然判断是断定事物情况存在的必然性的模态判断，或者说必然判断是对事物情况必然存在的断定。必然判断一般都含有模态词"必然"，类似的模态词还有"一定""肯定"等。比如：

（1）理性认识必然是感性认识的高级阶段。

（2）新的、先进的社会制度必然要代替旧的、落后的社会制度。

（3）秦始皇必然没有料到秦王朝灭亡得如此迅速。

（4）老年人的精力不如年轻人是必然的。

判断（1）断定"理性认识是感性认识的高级阶段"这一事物情况是必然存在，判断（2）断定"新的、先进的社会制度代替旧的、落后的社会制度"这一事物情况是必然存在的；判断（3）断定"秦始皇料到秦王朝灭亡得如此迅速"这一事物情况是必然不存在的，判断（4）断定"老年人的精力如年轻人"这一事物情况是必然不存在的。

从上面的四个必然判断中我们可以发现，判断（1）、（2）都是对事物情况必然存在的断定，判断（3）、（4）则是对事物情况必然不存在的断定。我们把断定事物情况必然存在的必然判断叫作必然肯定判断；把断定事物情况必然不存在的必然判断叫作必然否定判断。必然肯定判断和必然否定判断是必然判断的两种基本形式。它们可以用下面的逻辑形式来表示：

必然肯定判断：S 必然是 P（或"必然 P"）。用符号表示则是：□ P（"□"意为必然）。

必然否定判断：S 必然不是 P（或"必然非 P"）。用符号表示则是：□ ¬ P（"¬"意为非）。

2. 可能判断

可能判断是断定事物情况存在的可能性的模态判断，或者说可能判断是对事物情况可能存在的断定。可能判断一般都含有模态词"可能"，类似的模态词还有"或许""也许"等。比如：

（1）明天可能是一个晴天。

（2）可能那个罪犯已经越狱了。

（3）在海底建城市是不大可能的。

（4）葛优可能不会出演这部电影了。

判断（1）断定"明天是一个晴天"这一事物情况是可能存在的，判断（2）断定"那个罪犯已经越狱"这一事物情况是可能存在的；判断（3）断定"在海底建城市"这一事物情况可能是不存在的，判断（4）断定"葛优出演这部电影"这一事物情况可能是不存在的。

同样，上面四个可能判断中，判断（1）、（2）都是对事物情况可能存在的断定，判断（3）、（4）则是对事物情况可能不存在的断定。我们把断定事物情况可能存在的可能判断叫作可能肯定判断；把断定事物情况可能不存在的可能判断叫作可能否定判断。可能肯定判断和可能否定判断也是可能判断的两种基本形式。它们可以用下面的逻辑形式来表示：

可能肯定判断：S 可能是 P（或"可能 P"）。用符号表示则是：◇ P（"◇"意为可能）。

可能否定判断：S 可能不是 P（或"可能非 P"）。用符号表示则是：◇ ¬ P。

各模态判断间的对当关系

必然肯定判断、必然否定判断、可能肯定判断和可能否定判断这四种模态判断间的对当关系与 A、E、I、O 四种直言判断间的对当关系是相同的。见下页表：

模态判断	模态判断	对当关系	真假特点
必然肯定判断（□P）	必然否定判断（□﹁P）	反对关系	□P、□﹁P各自为真时，另一个必假；各自为假时，另一个真假不定。故可以同假，不能同真。
必然肯定判断（□P）	可能肯定判断（◇P）	从属关系（等差关系）	□P真，则◇P真；◇P假，则□P假；□P假或◇P真，则另一个真假不定。故可同真，也可同假。
必然否定判断（□﹁P）	可能否定判断（◇﹁P）	从属关系（等差关系）	□﹁P真，则◇﹁P真；◇﹁P假，则□﹁P假；□﹁P假或◇﹁P真，则另一个真假不定。故可同真，也可同假。
必然肯定判断（□P）	可能否定判断（◇﹁P）	矛盾关系	□P真，则◇﹁P假；□P假，则◇﹁P真；◇﹁P真，则□P假；◇﹁P假，则□P真。故不能同真，也不能同假。
必然否定判断（□﹁P）	可能肯定判断（◇P）	矛盾关系	□﹁P真，则◇P假；□﹁P假，则◇P真；◇P真，则□﹁P假；◇P假，则□﹁P真。故不能同真，也不能同假。
可能肯定判断（◇P）	可能否定判断（◇﹁P）	下反对关系	◇P假，则◇﹁P真；◇﹁P假，则◇P真；◇P或◇﹁P真，则另一个真假不定。故可以同真，不能同假。

现在且以必然否定判断（□﹁P）和可能否定判断（◇﹁P）的从属关系为例来加以说明。比如：

（1）老年人的精力不如年轻人是必然的。

（2）老年人的精力不如年轻人是可能的。

判断（1）为必然否定判断（□﹁P），判断（2）为可能否定判断（◇﹁P）。

显然，若（1）为真，则（2）也为真；若（2）为假，即"老年人的精力不如年轻人是不可能的"，则（1）也必假；若（1）为假，即"老年人的精力不如年轻人不是必然的"，则表示"老年人的精力可能如年轻人，也可能不如年轻人"，故（2）真假不定；若（2）为真，则表示"老年人的精力不如年轻人"可能存在，也可能不存在，故（1）真假不定。

各模态间的对当关系可以用模态逻辑方阵来表示：

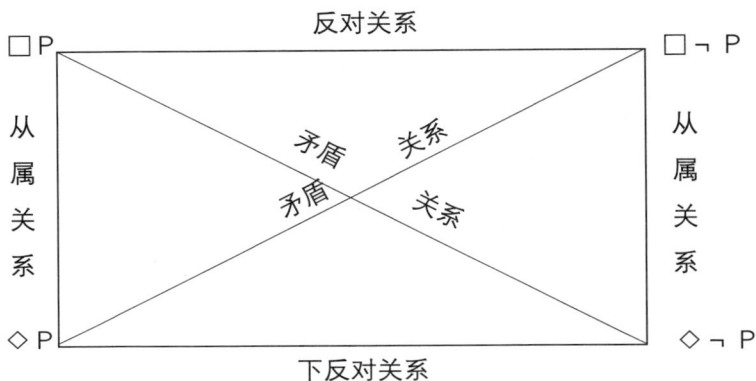

不管是在思维或表达过程中，还是在具体各学科的研究运用上，模态判断都发挥着积极的作用。恰到好处地运用必然判断和可能判断可以更精确地阐述自己的思想或观点，也可以更加真实、科学地反映事物的客观情况。同时，掌握并熟练运用模态判断，也是进行模态推理的基础。

第四章

演绎推理思维

什么是推理

《淮南子》中有言曰："尝一脔肉，知一镬之味；悬羽与炭，而知燥湿之气；以小明大。见一叶落，而知岁之将暮；睹瓶中之冰，而知天下之寒；以近论远。"这几句话其实就是一种简单的推理：由一块肉的味道推知一锅肉的味道；由悬挂的羽毛和炭而推知空气是干燥还是潮湿；由树叶飘落而推知这一年就快结束了；由瓶子里结的冰而推知天气已经寒冷了。与此类似的"以小明大，以近论远"的见解不但在古籍中常见，在日常生活中也时常出现，比如你听见狗吠可能就会推知有路人经过，等等。这其实都是在自觉不自觉地运进行推理。推理于逻辑学而言，更是一种重要的思维方法。那么，究竟什么是推理呢？

推理的含义与结构

1. 推理的含义

在逻辑学中，推理就是由一个或几个已知判断推出新判断的一种思维形式。推理依据的是现有知识或已知判断，得出的是一个新的结论。事实上，推理的进行正是运用了事物之间多种多样的联系，因为新的事物不会凭空而出，它一定来源于现有事物；现有事物也不会静止不动，它必然会发展为新事物。而推理就是抓住这种联系积极地、主动地促成新事物、新观念、新判断的产生。比如：

（1）现在大学生找工作难，

所以，有些大学生没找到工作。

（2）张林喜欢所有的喜剧电影，

《加菲猫》是喜剧电影，

所以，张林喜欢《加菲猫》。

（3）北方方言以北京话为代表，

吴方言以苏州话为代表，

湘方言以长沙话为代表，

赣方言以南昌话为代表，

客家方言以广东梅县话为代表，

闽方言以福州话、厦门话等为代表，

粤方言以广州话为代表，

所以，各方言区人民都有自己的代表方言。

上面三个例子中，例（1）根据一个已知判断推出了一个新判断，例（2）根据两个已知判断推出了一个新判断，例（3）根据七个已知判断推出了一个新判断。它们都是由已知的判断推出未知的新判断，因而都是推理。

2. 推理的结构

推理都是由前提和结论组成的。

推理的前提是进行推理时所依据的已知判断，它是进行推理的根据。比如上面三个推理中，推理（1）的前提是"现在大学生找工作难"；推理（2）的前提是"张林喜欢喜剧电影，《加菲猫》是喜剧电影"；推理（3）的前提是"北方方言以北京话为代表，吴方言以苏州话为代表"等七个已知判断。一般认为，"所以"前面的判断就是推理的前提。

通常，推理的前提中会使用诸如"由于""因为""根据""依据""出于""鉴于"之类的词项。

推理的结论是进行推理后由已知判断推导出的新判断，它是进行推理的目的。比如上面三个推理中，推理（1）的结论是"有些大学生没找到工作"；推理（2）的结论是"张林喜欢《加菲猫》"；推理（3）的结论是"各方言区人民都有自己的代表方言"。一般认为，"所以"后面的判断就是推理的结论。

通常，推理的结论中会使用诸如"所以""因此""总之""由此可见"之类的词项。

一般情况下，推理的前提都是在结论之前的。不过，有时候也会把结论放在前面，而把前提放在后面。比如："他这次考试又拿了第一，因为他学习总是很勤奋。"

推理的作用

《吕氏春秋·察今》中说："有道之士，贵以近知远，以今知古，以所见知所不见。"《史记·高祖本纪》中说："运筹帷幄之中，决胜千里之外。"事实上，这些都是讲高明的人可以根据已知情况进行推理，从而预料未知情况。他们虽不是逻辑学家，但却极为娴熟、精妙地运用了逻辑推理。可见，推理在人们认识并判断事物中有着极为重要的作用。

第一，推理是人们根据已知事物认识未知事物、根据已知知识获得未知知识的重要方法。认识未知事物、获取未知知识是人类文明进步的必要条件，也是人们对客观世界深入了解、探究的基础。

首先，推理可以使人们由对事物的个别、特殊的认识概括、总结、推导出一般性、普遍性的认识。在逻辑学中，这被称为归纳推理。在欧几里得以前，古希腊虽然已经出现了一些为人们所公认的几何知识，但都是零散的、个别的，并没有形成完整的体系。欧几里得把这些为人们所公认的几何知识作为定义和公理，并在此基础上研究图形的性质，推导出了一系列定理，组成演绎体系，写出《几何原本》，第一次完成了人类对空间的认识。《几何原本》也成为西方世界仅次于《圣经》而流传最广的书籍。

其次，推理可以使人们由对事物的一般性、普遍性的认识推导出个别的、特殊的认识。在逻辑学中，这被称为演绎推理。19 世纪，俄国著名化学家门捷列夫根据他发现的具有普遍指导意义的元素周期律编制了第一个元素周期表。在这个元素周期表中，他不但把已经发现的 63 种元素全部列入表里，初步完成了元素系统化的任务，而且还在表中留下空位，预言了类似硼、铝、硅的未知元素的存在。多年后，他的这些预言都被人们完全证实了。这可以说是根据已知一般性认识推导出个别认识的经典案例。当然，人们也可以根据逻辑学中的类比推理，从对某些事物个别的、具体认识推导出另一些个别的、特殊的认识。比如，警方在进行破案时，通过模拟现场的方案来推测案发时的情况就是运用的类比推理。

第二，推理是人们根据现有情况对未知情况进行正确判断的手段。《史记》中曾记载这么一个故事：

春秋时期，鲁国的宰相公仪休非常喜欢吃鱼，几乎达到了无鱼不食、无鱼不欢的地步。于是，许多前来求他办事的人便纷纷奉上花尽心思得来的好鱼、奇鱼，以求得他的欢心。但是，公仪休对这些送上门来的鱼却一概不纳。客卿们都很不解，问他既然喜欢吃鱼，为什么不收下呢。公仪休叹息道："正是因为我喜欢吃鱼，所以才不能收啊！首先，我身为宰相，完全有能力自己买鱼吃，是以不必接受他人的鱼。其次，如果我接受了他们的鱼，就要替他们办事，那我就有可能因此而获罪，并因此被免职。最后，在我失去宰相的职务后，我就没有了俸禄，就没有能力买鱼，也就吃不上鱼了。"

这个故事里，公仪休就是通过运用推理对是否接受别人献的鱼做出了正确的判断。

第三，推理是人们对各种思想、观点进行论证或反驳的重要方法。不管是要论证某种思想、观点的正确性，还是反驳它们的错误，推理无疑都是一种行之有效的方法。上面"公仪休拒鱼"时运用的推理，就是一个很好的例子。他既用这一推理论证了"拒鱼"的正确性，同时也是对"收鱼"这一错误思想的反驳。

当然，在我们进行推理的时候，需要根据实际情况选择适当的推理方法，同时还要遵循一定的推理规则，这样才能保证推理的正确性和有效性。

推理的种类

推理的种类

在进行推理时，推理的前提的不同、推理的前提与结论关系的不同或者推理角度等的不同，推理的种类也不同。也就是说，推理可以根据各种不同的标准进行分类。

1. 直接推理和间接推理

这是根据推理中的前提是一个还是多个而进行分类的。

直接推理

以一个判断为前提推出结论的推理就是直接推理。比如：

（1）诸葛亮是智慧的化身，
所以，诸葛亮是有智慧的。

（2）商品是用来交换的劳动产品，
所以，有些劳动产品是商品。

上面两个推理都是由一个判断出发推出结论的，所以都是直接推理。

间接推理

以两个或两个以上的判断为前提推出结论的推理就是间接推理。比如：

（1）物理学是研究物质结构、物质相互作用和运动规律的自然科学，
力学是研究物体的机械运动和平衡规律的，
所以，力学属于物理学范畴。

（2）论点是议论文的要素之一，

论据是议论文的要素之一，

论证也是议论文的要素之一，

所以，议论文包括论点、论据和论证三个要素。

上面两个推理中，推理（1）是由两个判断推出的结论，推理（2）是由三个判断推出的结论，所以它们都是间接推理。

2. 简单判断推理和复合判断推理

这是根据推理中前提繁简的不同而进行分类的。

简单判断推理

以简单判断为前提推出结论的推理就是简单判断推理。根据简单判断种类的不同，简单判断推理又可以分为直言判断的直接推理、直言判断的变形直接推理、三段论推理和关系推理等，比如：

（1）花是被子植物的生殖器官，

菊花是花，

所以，菊花是被子植物的生殖器官。

（2）菱形是四边形的一种，

正方形是菱形的一种，

所以，正方形是四边形的一种。

上面两个推理的前提都是简单判断，所以都属于简单判断推理。其中，推理（1）是三段论推理，推理（2）是关系推理。

复合判断推理

以复合判断为前提推出结论的推理就是复合判断推理。根据复合判断种类的不同，复合判断推理又可以分为联言推理、假言推理、选言推理和二难推理等。比如：

（1）李蒙的数学不及格，或者是因为考试时状态不佳，或者是因为平时不用功，

李蒙的数学不及格不是因为考试时状态不佳，

所以，李蒙的数学不及格是因为平时不用功。

（2）如果这个剧本好，他就会参演，

这个剧本好，

所以，他会参演。

上面两个推理的前提都是复合判断，所以它们都是复合判断推理。其中，推理（1）是选言推理，推理（2）是假言推理。

3. 演绎推理、归纳推理和类比推理

这是根据推理中从前提到结论思维活动进程的不同而进行分类的。

演绎推理

从一般性、普遍性认识推出个别性、特殊性认识的推理就是演绎推理。比如上节中我们提到的例子：

张林喜欢所有的喜剧电影，

《加菲猫》是喜剧电影，

所以，张林喜欢《加菲猫》。

这个推理中，"张林喜欢所有的喜剧电影"是一般性前提，"《加菲猫》是喜剧电影"是个别性认识。根据这两个前提推出"张林喜欢《加菲猫》"这一个别性认识。

归纳推理

从个别性、特殊性认识推出一般性、普遍性认识的推理就是归纳推理。比如上节中我们提到的例子：

北方方言以北京话为代表，

吴方言以苏州话为代表，

湘方言以长沙话为代表，

赣方言以南昌话为代表，

客家方言以广东梅县话为代表，

闽方言以福州话、厦门话等为代表，

粤方言以广州话为代表，

所以，各方言区人民都有自己的代表方言。

上面这个推理从"北方方言以北京话为代表"等七个个别的、特殊的认识推出"各方言区人民都有自己的代表方言"这个一般性、普遍性认识，所以是归纳推理。

类比推理

从个别性、特殊性认识推出个别性、特殊性认识或从一般性、普遍性认识推出一般性、普遍性认识的推理就是类比推理。比如：

菱形有一组邻边相等，对角线互相垂直且平分，

正方形也有一组邻边相等，

所以，正方形的对角线也互相垂直且平分。

上面这个推理就是通过菱形与正方形的类比而推出结论的，所以是类比推理。

4. 必然性推理和或然性推理

这是根据推理中的前提是否蕴涵结论而进行分类的。

必然性推理

推理的前提蕴涵结论的推理就是必然性推理。因为前提和结论的蕴涵关系，所以必然能从前提中推出相应的结论。换言之，若前提为真，则结论也必为真。比如，间接推理中的例（1）、简单判断推理中的两个例子等都是必然性推理。

或然性推理

推理的前提不蕴涵结论的推理就是或然性推理。因为前提不蕴涵结论，那么就意味着结论并非必然是从前提中推出的。换言之，若前提为真，则结论真假不定。比如，归纳推理中关于"方言"的例子就是或然性推理。

5. 模态推理和非模态推理

这是根据推理中是否包含模态判断而进行分类的。推理中包含模态判断的推理就是模态推理，推理中不包含模态判断的推理就是非模态推理。

有效运用推理

1. 正确认识推理

要想在思维过程中有效运用推理，就要先正确认识推理。

第一，推理的前提和结论间具有推断关系的才是推理，也就是说，结论必须是由推理推出来的，否则就不是推理。比如：

动物分为脊椎动物和无脊椎动物，

所以，猫是猫科动物。

上面这个"推理"中，前提和结论并无关联，只是两个独立的判断，虽然符合推理形式，但也并非推理。

第二，推理都是人脑对客观世界的反映，是人们实践经验的总结，所以推理应该符合客观规律，不能主观臆断。比如：

美国是世界上最发达的国家，

美国是资本主义制度的代表，

所以，资本主义是最先进的社会制度。

上面这个推理的结论虽然是由前提推出的，但却并不符合客观规律，所以这个推理只是主观臆断的。

2. 有效推理的条件

要保证推理的有效性并进行正确推理，就必须满足两个条件。

推理的形式正确

推理形式包括推理的外在形式和逻辑规律和规则两个方面。其外在形式就如我们在上面举出的各个推理实例，它们都符合推理的外在形式。逻辑规律和规则是指在进行推理过程中必须遵守的各种逻辑规律和规则。如果只符合推理的外在形式，却不符合一定的逻辑规律和规则，那么得出的结论就必定是错误的。在上面"正确认识推理"中举的两个例子就是如此。

推理的前提必须真实

推理的前提真实是指推理时所依据的各个判断必须真实、客观地反映客观存在，而不能任意凭主观臆造。比如：

所有的花都是红色的，

梨花是花，
_____

所以，梨花是红色的。

这个推理形式的外在形式正确，推理时也遵守了逻辑规律和规则，但得出的结论却是错的。这是因为推理的大前提，即"所有的花都是红色的"本身就是一个假判断，由此所推出的结论自然是假的。

同时，这两个条件也可以作为我们判定推理是否有效的依据。只有满足这两个条件的推理才是有效的，否则就是无效的。此外，如果一个推理的结论的范围超出了所依据的前提的范围，那么，这个结论就没有蕴涵在前提中，这个推理就是或然性推理。这就表示，即便所有前提都为真，这个结论也未必为真。

直言判断的直接推理

直言判断的直接推理的含义

我们上节讲过，简单判断推理就是以简单判断为前提推出结论的推理；直接推理就是以一个判断为前提推出结论的推理。直言判断是简单判断的一种，那么直言判断的直接推理也就是简单判断推理的一种。因此，直言判断的直接推理兼有简单判断推理和直接推理的特征。由此可知，直言判断的直接推理就是以一个直言判断为前提推出一个新的直言判断的推理。因为直言判断又叫性质判断，所以直言判断的直接推理又可称为性质判断的直接推理。比如：

（1）有的花是草本花卉，
_____

所以，并非所有的花都是草本花卉。

（2）人是能够制造和使用工具的动物，

所以，并非有人不能制造和使用工具。

根据直言判断的直接推理的含义以及上面的例子，我们可以总结出直言判断的直接推理的几个特点：

第一，推理遵循了直言判断的逻辑规律和性质。关于这点我们将在下面的篇幅里详细讨论。

第二，前提是一个且只有一个直言判断。比如例（1）的前提只有一个直言判断"有的花是草本花卉"，例（2）的前提也只有一个直言判断"人是能够制造和使用工具的动物"。

第三，结论也是直言判断。比如例（1）的结论是直言判断"并非所有的花都是草本花卉"，例（2）的结论是直言判断"并非有人不能制造和使用工具"。

对当关系直接推理

对当关系就是指 A、E、I、O 四种直言判断之间的真假关系，那么，对当关系直接推理就是根据 A、E、I、O 四种直言判断之间的真假关系进行的推理过程。在进行对当关系直接推理时，要注意两个方面的问题：

第一，因为直言判断的对当关系是在同一素材即各判断的主项和谓项相同的情况下进行的，所以，对当关系直接推理也应该是在同一素材中进行。

第二，进行对当关系直接推理时，要在具有必然关系的判断之间进行，依据它们之间的真假制约关系而推理。也就是说，可以从一个真判断推出一个假判断，也可以从一个假判断推出一个真判断；或者从一个真判断推出另一个真判断，从一个假判断推出另一个假判断。但是若所推出的另一个判断真假不定，那么就不能进行对当关系直接推理。

1. 反对关系直接推理

反对关系直接推理就是在具有反对关系的直言判断之间进行的推理。在直言判断的对当关系中，A 判断和 E 判断具有反对关系。根据反对关系的逻辑性质可知，其中一个判断为真时，另一个必为假；其中一个为假时，另一个却真假不定。所以，我们可进行如下推理：

由 SAP（真）推出 SEP（假）或由 SEP（真）推出 SAP（假）。即：

（1）所有 S 都是 P，   （2）所有 S 都不是 P，

      所以，并非所有 S 都不是 P。   所以，并非所有 S 都是 P。

由上述推理公式可得出：SAP → ¬ SEP，SEP → ¬ SAP

2. 从属关系直接推理

从属关系直接推理就是在具有从属关系的直言判断之间进行的推理。因为从属关系也叫等差关系，所以从属关系直接推理也叫等差关系直接推理。在直言判断的对当关系中，A 判断和 I 判断之间、E 判断与 O 判断之间具有从属关系。根据从属关系的逻辑性质可知，A 真则 I 真，I 假则 A 假，当 A 假或 I 真时，另一个真假不定；同样，E 真则 O 真，O 假则 E 假，当 E 假或 O 真时，另一个真假不定。所以，我们可进行如下推理：

由 SAP（真）推出 SIP（真）或由 SIP（假）推出 SAP（假）。即：

（1）所有 S 都是 P， （2）并非有些 S 是 P，

所以，有些 S 是 P。 所以，并非所有 S 都是 P。

由上述推理公式可得出：SAP → SIP，¬ SIP → ¬ SAP

由 SEP（真）推出 SOP（真）或由 SOP（假）推出 SOP（假）。即：

（1）所有 S 都不是 P， （2）并非有些 S 不是 P，

所以，有些 S 不是 P。 所以，并非所有 S 都不是 P。

由上述推理公式可得出：SEP → SOP，¬ SOP → ¬ SEP

3. 矛盾关系直接推理

矛盾关系直接推理就是在具有矛盾关系的直言判断之间进行的推理。在直言判断的对当关系中，A 判断和 O 判断之间、E 判断与 I 判断之间具有矛盾关系。根据矛盾关系的逻辑性质可知，具有矛盾关系的直言判断不能同真，也不能同假，即其中一个判断为真时，另一个必为假；其中一个为假时，另一个必为真。所以，我们可进行如下推理：

由 SAP（真）推出 SOP（假），或由 SAP（假）推出 SOP（真）；由 SOP（真）推出 SAP（假，）或由 SOP（假）推出 SAP（真）。即：

（1）所有 S 都是 P， （2）并非所有 S 都是 P，

所以，并非有些 S 不是 P。 所以，有些 S 不是 P。

（3）有些 S 不是 P， （4）并非有些 S 不是 P，

所以，并非所有 S 都是 P。 所以，所有 S 都是 P。

由上述推理公式可得出：SAP → ¬ SOP，¬ SAP → SOP，SOP → ¬ SAP，¬ SOP → SAP

由 SEP（真）推出 SIP（假），或由 SEP（假）推出 SIP（真）；由 SIP（真）推出 SEP（假），或由 SIP（假）推出 SEP（真）。即：

（1）所有 S 都不是 P，
所以，并非有些 S 是 P。

（2）并非所有 S 都不是 P，
所以，有些 S 是 P。

（3）有些 S 是 P，
所以，并非所有 S 都不是 P。

（4）并非有些 S 是 P，
所以，所有 S 都不是 P。

由上述推理公式可得出：SEP → ¬ SIP，¬ SEP → SIP，SIP → ¬ SEP，¬ SIP → SEP

4. 下反对关系直接推理

下反对关系直接推理就是在具有下反对关系的直言判断之间进行的推理。在直言判断的对当关系中，I 判断和 O 判断具有下反对关系。根据下反对关系的逻辑性质可知，其中一个判断为真时，另一个真假不定；其中一个为假时，另一个则必为真。所以，我们可进行如下推理：

由 SIP（假）推出 SOP（真）或由 SOP（假）推出 SIP（真）。即：

（1）并非有些 S 是 P，
所以，有些 S 不是 P。

（2）并非有些 S 不是 P，
所以，有些 S 是 P。

由上述推理公式可得出：¬ SIP → SOP，¬ SOP → SIP

需要指出的是，我们在前面讲过，在直言判断中，有时候主项 S 或谓项 P 可以省略，即主项或谓项可能为空。但在进行对当关系推理时，要想保证推理的有效性，则主项 S 一定不能为空。

附性法直接推理

1. 附性法直接推理的含义

"附性法"，顾名思义，就是在某一事物对象上附加某一成分的方法。附性法直接推理就是指通过在前提（即原判断）的主、谓项上附加同一成分而得到一个新的结论（即新的直言判断）的直接推理。比如：

（1）小轿车是车，
所以，红色的小轿车是红色的车。

（2）小轿车是车，
所以，小轿车灯是车灯。

推理（1）是在前提的主、谓项前分别附加了性质概念"红色的"，从而得到了一个新的结论；推理（2）是在前提的主、谓项后分别附加了实体概念"灯"，从而得到了一个新的结论。所以，这两个推理都是附性法直接推理。

2. 附性法直接推理的规则

在进行附性法直接推理时，要遵循两个规则：

第一，附加成分后所得结论的主、谓项之间的关系必须和附加成分前的主、谓项之间的关系保持一致。比如上面的两个推理中，附加成分前主、谓项之间的关系是种属关系，即前项（小轿车）真包含于谓项（车）；附加成分后，所得结论的主、谓之间也是种属关系，即"红色的小轿车"真包含于"红色的车"，"小轿车灯"真包含于"车灯"。

如果违背了这个规则，就会得到错误的结论。比如：

大熊猫是动物，

所以，小大熊猫是小动物。

这个推理中，前提的主、谓项之间是相容关系，即"大熊猫"真包含于"动物"；附加成分后，结论的主、谓项则是不相容关系，因为"小动物"是指家庭饲养的猫、狗之类的动物，而"大熊猫"则属于大型动物，"小大熊猫"是年幼时的"大熊猫"，它年龄再小也是大型动物。所以，该推理是错误推理。

第二，附加成分后所得结论的主、谓项概念不能有歧义。比如：

科学家是人，

所以，计算机科学家是计算机人。

这个推理中，前提的主项（科学家）与谓项（人）不会发生歧义，但是附加"计算机"这个成分后，结论的主项"计算机科学家"是指研究或运用计算机的科学家，"计算机"是研究或运用的对象；而谓项中的"计算机人"则是指用计算机来控制的一种智能产品。附加成分"计算机"在这里就产生歧义了。所以，该推理也是错误的。

3. 附性法直接推理的种类和逻辑形式

附性法直接推理可分为前附式直接推理和后附式直接推理。

前附式直接推理是指在前提（即原判断）的主、谓项前附加同一成分而得到一个新的结论的直接推理，也可叫前加式直接推理。比如我们上面举的例子"小轿车是车，红色的小轿车是红色的车"就是前附式直接推理。其逻辑形式为：

S 是（不是）P → QS 是（不是）QP，其中 Q 表示前附加成分。

后附式直接推理是在前提（即原判断）的主、谓项后附加同一成分而得到一个新的结论的直接推理，也可叫后加式直接推理。比如我们上面举的例子"小轿车是车，所以小轿车灯是车灯"就是后附式直接推理。其逻辑形式为：

S 是（不是）P → SR 是（不是）PR，其中 R 表示后附加成分。

直言判断的变形直接推理

上节我们分析了对当关系直接推理和附性法直接推理，这节我们来讨论一下直言判断的直接推理的另一种推理方法：直言判断的变形直接推理。

顾名思义，直言判断的变形直接推理就是通过改变直言判断的形式来进行的推理。更确切地说，所谓直言判断的变形直接推理就是通过改变前提（即直言判断）的形式而得出结论（即新的直言判断）的直接推理。它主要包括换质法直接推理、换位法直接推理和换质位法直接推理三种形式。同样，在使用直言判断的变形直接推理时，也要在同一素材中进行。

换质法直接推理

1. 换质法直接推理的含义

换质法直接推理就是通过改变前提（即直言判断）的"质"而得到结论（即新的直言判断）的直接推理。所谓"质"，就是在直言判断中，联项所表示的主项和谓项之间的关系。因为联项有"是"与"不是"两个，所以它也就可以表示两种关系，即肯定判断和否定判断。因此，所谓换质法就是将肯定的推理前提变为否定的推理前提或将否定的推理前提变为肯定的推理前提。

在进行换质法直接推理时，我们要遵循两条规则：一是要改变前提（即原判断）的联项。换"质"是指换联项，即可以将否定联项改为肯定联项，也可以将肯定联项改为否定联项。二是不得改变主、谓项的位置和量项的范围。

2. A、E、I、O 的换质法直接推理

A 判断（即 SAP）的换质法直接推理

A 判断（即 SAP）的换质法直接推理就是改变 A 判断的"质"（即联项）而得出一个新的直言判断的直接推理。即：

所有 S 都是 P，
_____
所以，所有 S 都不是非 P。

如果用"$\overline{P}$"表示非 P，根据上述推理公式可得出：$SAP \rightarrow SE\overline{P}$。比如：

所有的商品都是劳动产品 → 所有的商品都不是非劳动产品

E 判断（即 SEP）的换质法直接推理

E 判断（即 SEP）的换质法直接推理就是改变 E 判断的"质"（即联项）而得出一个新的直言判断的直接推理。即：

所有 S 都不是 P,

所以,所有 S 都是非 P。

根据上述推理公式可得出:SEP → SA$\overline{P}$。比如:

所有的成功都不是容易的→所有的成功都是不容易的

I 判断(即 SIP)的换质法直接推理

I 判断(即 SIP)的换质法直接推理就是改变 I 判断的"质"(即联项)而得出一个新的直言判断的直接推理。即:

有些 S 是 P,

所以,有些 S 不是非 P。

根据上述推理公式可得出:SIP → SO$\overline{P}$。比如:

有些大学生是有电脑的→有些大学生不是没有电脑的

O 判断(即 SOP)的换质法直接推理

O 判断(即 SOP)的换质法直接推理就是改变 O 判断的"质"(即联项)而得出一个新的直言判断的直接推理。即:

有些 S 不是 P,

所以,有些 S 是非 P。

根据上述推理公式可得出:SOP → SI$\overline{P}$。比如:

有些荷花不是红色的→有些荷花是非红色的

换质法直接推理实际上是用肯定和否定两种不同的方法来表达同一个意思,它可以增强语言表达的灵活性,并丰富语言内容,为人们的思维和表达提供更多的选择。

换位法直接推理

1. 换位法直接推理的含义

换位法直接推理通过改变前提(即直言判断)的主项和谓项的位置而得到结论(即新的直言判断)的直接推理。也就是说,在进行推理时,将前提的主项放在谓项的位置、将谓项放在主项的位置,从而得到一个新的结论。

在进行换位法直接推理时,我们也要遵循两条规则:一是不改变前提的性质(即联项),也就是说前提是肯定判断的换位后也须是肯定判断,前提是否定判断的换位后也须是否定判断。二是在前提中不周延的主、谓项换位后也要不周延。因为主、谓项在不同的直言判断中的周延性情况不同,而一旦在换位后原来不周延的主项或谓项周延了,就会导致推理的无效。因此,在换位法直接推理中,应保证推理的前提(即原判断)中原来不周延的主、谓项换位后也不周延。关于这点,我们可以根据在"直言判断的主、谓项周延性问题"一节中得到的结论来加以掌握，即：

直言判断的种类	逻辑形式	主项（S）	谓项（P）
全称肯定判断（A）	SAP	周延	不周延
全称否定判断（E）	SEP	周延	周延
特称肯定判断（I）	SIP	不周延	不周延
特称否定判断（O）	SOP	不周延	周延

从这个表格中我们可以清楚地知道直言判断中主、谓项的周延情况：E判断和I判断主、谓项换位后周延情况不发生改变，所以可以进行换位推理；A判断中谓项P原来不周延，换位后就周延了，因此要采用限量（即限制量项）的方法来保证A判断换位推理的有效性；而O判断主、谓项换位后，都会由不周延变得周延，因而不能进行换位推理。

2.A、E、I、O的换位法直接推理

A判断（即SAP）的换位法直接推理

A判断（即SAP）的换位法直接推理就是改变A判断的主、谓项而得出一个新的直言判断的直接推理。即：

所有S都是P，

所以，有的P是S。

在结论中把量项"所有"换为"有的"即是通过限量来保证A判断换位推理的有效性。根据上述推理公式可得出：SAP→PIS。比如：

所有的人都是动物→有的动物是人

E判断（即SEP）的换位法直接推理

E判断（即SEP）的换位法直接推理就是改变E判断的主、谓项而得出一个新的直言判断的直接推理。即：

所有的S都不是P，

所以，所有的P都不是S。

根据上述推理公式可得出：SEP→PES。比如：

任何直角三角形都不是钝角三角形→任何钝角三角形都不是直角三角形

I判断（即SIP）的换位法直接推理

I判断（即SIP）的换位法直接推理就是改变I判断的主、谓项而得出一个新的直言判断的直接推理。即：

有些S是P，

所以，有些P是S。

根据上述推理公式可得出：SIP→PIS。比如：

有些电影是喜剧电影→有些喜剧电影是电影。

换位法直接推理可以揭示并明确主、谓项的外延情况，避免在实际情况中因为主、谓项外延的变化而出现错误。看《伊索寓言》中的一则故事：

有一只调皮的狗，经常偷吃人们的鸡蛋。时间一长，它就发现原来一切鸡蛋都是圆的。一天，它看到一个海螺，圆圆的好像鸡蛋，不禁垂涎欲滴，一口把它吞了下去。不久，它的肚子就疼起来了，直在地上打滚，它很后悔："唉，我真不该把一切圆的都当成鸡蛋啊！"

这个故事中，"发现原来一切鸡蛋都是圆的"实际上就是认为"一切鸡蛋都是圆的"，"把一切圆的都当成鸡蛋"实际上就是认为"一切圆的都是鸡蛋"。从"一切鸡蛋都是圆的"到"一切圆的都是鸡蛋"是一个A判断的换位法直接推理。即：

一切鸡蛋（S）都是圆的（P），

所以，一切圆的（P）都是鸡蛋（S）。

在这个推理中，谓项"圆的"在原判断中是不周延的，但在换位后得到的结论中却是"周延"的，违背了换位法直接推理的规则，从而得出了"一切圆的都是鸡蛋"的错误结论。正确的推理应该是换位后限制谓项"圆的"量项，即"有的圆的是鸡蛋"。

换质位法直接推理

所谓换质位法直接推理就是通过改变前提（即原判断）的质和位都而得出新的结论（即新的直言判断）的直接推理。它实际上进行了两次变换，因此比之于前两种变形直接推理方法都要复杂。

根据是先改变质和位的先后，换质位法直接推理又分为换质位法直接推理和换位质法直接推理。不管是先改变质还是先改变位，都必须遵循换质法直接推理和换位法直接推理的规则。

1. 换质位法直接推理

换质位法直接推理就是先改变前提（即原判断）的质，然后再改变换质得到结论的位（即主、谓项）而得出新的结论（即新的直言判断）的直接推理。

在对A、E、I、O四种直言判断的换质法直接推理进行分析时曾得到"SIP→SOP"这一结论，因为O判断不能进行换位推理，所以I判断不能进行换质位法直接推理。

这样我们就只能对 A、E、O 三种直言判断进行换质位法直接推理。

A 判断（即 SAP）的换质位法直接推理

A 判断（即 SAP）的换质位法直接推理就是先改变 A 判断的质，再改变换质得出的结论的位而得出一个新的直言判断的直接推理。为了比较清楚地说明换质位法直接推理的推理方法，现将 A 判断换质换位的全过程都列出来。即：

所有 S 都是 P，　　　→　　　所有 S 都不是非 P，
所以，所有非 P 都不是 S。　　　所以，所有非 P 都不是 S。

根据上述推理公式可得出：$SAP \rightarrow SE\overline{P} \rightarrow \overline{P}ES$。比如：

所有的商品都是劳动产品，　　→　　所有的商品都不是非劳动产品，
所以，所有的商品都不是非劳动产品。　　所以，所有的非劳动产品都不是商品。

E 判断（即 SEP）的换质位法直接推理

E 判断（即 SEP）的换质位法直接推理就是先改变 E 判断的质，再改变换质得出的结论的位而得出一个新的直言判断的直接推理。在该判断和下面的 O 判断中，我们将略去换质的步骤，直接得出换质位后的结论。即：

所有的 S 都不是 P，
所以，有些非 P 都是 S。

根据上述推理公式可得出：$SEP \rightarrow SA\overline{P} \rightarrow \overline{P}IS$。在对 SAP 进行换位时，由于 SAP 是 A 判断，所以要采用限量推理法。比如：

所有的成功都不是容易的，
所以，有些不容易的是成功。

O 判断（即 SOP）的换质位法直接推理

O 判断（即 SOP）的换质位法直接推理就是先改变 O 判断的质，再改变换质得出的结论的位而得出一个新的直言判断的直接推理。即：

有些 S 不是 P，
所以，有些非 P 是 S。

根据上述推理公式可得出：$SOP \rightarrow SI\overline{P} \rightarrow \overline{P}IS$。比如：

有些荷花不是红色的，
所以，非红色的是荷花。

2. 换位质法直接推理

换位质法直接推理就是先改变前提（即原判断）的位，然后再改变换位得到结论的质而得出新的结论（即新的直言判断）的直接推理。它与换质位法直接推理进行的步骤正好相反。需要指出的是因为 O 判断不能换位，所以它也就不能进

行换位质法直接推理。

A、E、I 三种判断的换位质法直接推理形式及结论如下：

A 判断的换位质法直接推理

A 判断的换位质法直接推理就是先改变 A 判断的（即原判断）的位，然后再改变换位得到结论的质而得出新的直言判断的直接推理。即：

所有 S 都是 P，
_____
所以，有的 P 不是非 S。

根据上述推理公式可得出：SAP → PIS → POS̄。

E 判断的换位质法直接推理

E 判断的换位质法直接推理就是先改变 E 判断的（即原判断）的位，然后再改变换位得到结论的质而得出新的直言判断的直接推理。即：

所有 S 都不是 P，
_____
所以，所有 P 都是非 S。

根据上述推理公式可得出：SEP → PES → PAS̄。

I 判断的换位质法直接推理

I 判断的换位质法直接推理就是先改变 I 判断的（即原判断）的位，然后再改变换位得到结论的质而得出新的直言判断的直接推理。即：

有些 S 是 P，
_____
所以，有些 P 不是非 S。

根据上述推理公式可得出：SIP → PIS → POS̄。

值得一提的是，有时候换质、换位的推理方法可以反复、持续地进行。看下面这则故事：

有一个人请客，客人却迟迟没有来齐。其人一急，便说道："该来的怎么都没来！"已经来的客人听到主人的话后，呼啦啦走了一片。其人更加着急，又说道："怎么回事啊？不该走的都走了！"剩下的人一听，也都呼啦啦走了，只剩下主人在那里发愣。

在这个故事中，"该来的怎么都没来"就是说"该来的都是没来的"；"不该走的都走了"就是说"不该走的都是走的"。这其实就是两个直言判断，现在我们通过换质、换位推理的交叉连续运用来找出客人走的原因。

（1）对"该来的都是没来的"换质可以得到"该来的都不是来的"，再对其换位可以得到"来的都不是该来的"，再对其进行换质可以得到"来的都是不该来的"。既然如此，那些已经来的人自然会走掉一片了。

（2）对"不该走的都是走的"换质可得到"不该走的都不是没走的"，再对其换位可得到"没走的都不是不该走的"，再对其进行换质可得到"没走的都是该走的"。既然如此，剩下没走的人自然也都走了。

通过对直言判断的变形直接推理的分析我们可以看到，一个直言判断可以通过不同的推理方法推出多个必然真的结论。这不但可以让人们对直言判断所描述的事物有更深入、全面的认识，从这些结论中选择最为准确的表达，同时也有助于人们更为有效地进行较为复杂的思维活动。

三段论

作为形式逻辑的奠基人，亚里士多德在逻辑学上的贡献是多方面的，其中最重要的就是他的三段论学说。经过历代学者的研究修缮，现在的三段论已经是逻辑学中最为重要和严密的推理形式之一。

三段论的定义

所谓三段论就是以包括一个共同概念的两个直言判断作为前提推出一个新的直言判断作为结论的演绎推理形式。具体地说，就是通过一个共同概念把两个直言判断联结起来，并以这两个直言判断为前提，推出一个新的直言判断。因为，三段论的前提和结论都是直言判断，所以三段论又被称为直言三段论推理或直言三段论。比如：

（1）作家都是知识分子，　　　　（2）语言是人类交际的工具，

　　　钱锺书是作家，　　　　　　　　汉语是语言，

　　　所以，钱锺书是知识分子。　　　所以，汉语是人类交际的工具。

推理（1）是以包含"作家"这个共同概念的两个直言判断（作家都是知识分子、钱锺书是作家）作为前提推出一个新的直言判断作为结论（钱锺书是知识分子）的三段论推理；推理（2）则是以包含"语言"这个共同概念的两个直言判断（语言是人类交际的工具、汉语是语言）作为前提推出一个新的直言判断作为结论（汉语是人类交际的工具）的三段论推理。

因为三段论是由两个判断推出一个判断的推理形式，所以三段论是间接推理；又因为三段论的前提和结论都是直言判断，所以三段论是直言判断的间接推理。

三段论的结构

三段论是由三个直言判断组成的，所以共有三个主项和三个谓项。因为事实

上每个词项都出现了两次，所以一个三段论共包括三个不同的词项。以上面的推理（1）为例：

作家（M）都是知识分子（P），

钱锺书（S）是作家（M），

所以，钱锺书（S）是知识分子（P）。

由此可见，这个三段论推理共包含三个不同的词项，即：作家、知识分子和钱锺书。

我们把三段论中这三个不同的词项叫作大项、小项和中项。

大项就是结论中的谓项，用P表示，在上面两个推理中即是"知识分子"和"人类交际的工具"。大项P在第一个前提中是作为谓项出现的。

小项就是结论中的主项，用S表示，在上面两个推理中即是"钱锺书"和"汉语"。小项S在第二个前提中是作为主项出现的。

中项就是在前提中出现两次而在结论中不出现的词项，用M表示，在上面的两个推理中即是"作家"和"语言"。中项是联接大项和小项的词项。

三段论是由两个作为前提的直言判断和一个作为结论的直言判断组成的。我们把其中包含大项（P）的前提叫大前提，在上面的两个推理中即是"作家都是知识分子"和"语言是人类交际的工具"；把其中包含小项（S）的前提叫小前提，在上面的两个推理中即是"钱锺书是作家"和"汉语是语言"。

这样我们就可以得出三段论的结构，即：由包含三个不同的项（大项、中项和小项）的三个直言判断（大前提、小前提和结论）组成。

由上面两例三段论的结构我们可以得出它的推理公式：

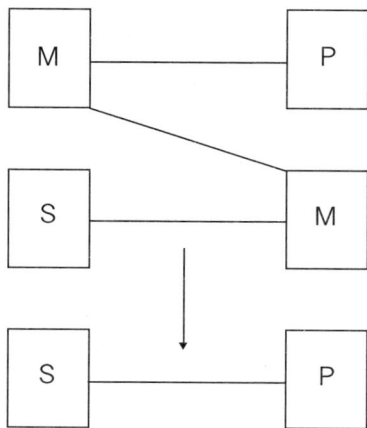

这种三段论推理公式是最基本的推理形式，它还有许多变化，以后我们会专节讲述。

三段论的特点

从三段论的含义及结构形式我们可以得出三段论具有以下几个特点：

第一，三段论都是由两个已知直言判断作为前提推出一个新的直言判断。

第二，作为前提的两个直言判断中必然包含一个共同概念，这个共同概念（即中项）是联结两个前提的中介。

第三，三段论的前提中蕴涵着结论，因此前提必然能推出结论，这个推理也是必然性推理。

第四，由大前提和小前提推出结论的过程是由一般到个别、特殊的演绎推理过程。

三段论的公理

所谓公理，也就是经过人们长期实践检验、不需要证明同时也无法去证明的客观规律。比如"过两点有且只有一条直线""同位角相等，两直线平行"等都是数学公理。逻辑学中，三段论的公理即是：

对一类事物的全部有所肯定或否定，就是对该类事物的部分也有所肯定或否定。

1. 对一类事物的全部有所肯定，就是对该类事物的部分也有所肯定。

看下面这则故事：

明朝的戴大宾幼时即被人们誉为"神童"，特别善于联诗作对。一次，一个显贵想看看戴大宾是否名副其实，便想出对考他。显贵首先出对道："月圆。"戴大宾随即对道："风扁。"显贵嘲笑道："月自然是圆的，风如何是扁的呢？"戴大宾道："风见缝就钻，不扁怎么行？"显贵又出对道："凤鸣。"戴大宾从容不迫道："牛舞。"显贵又讥笑道："牛如何能舞？这次肯定不通。"戴大宾笑道：《尚书·虞书·益稷》上说：'击石拊石，百兽率舞'，牛亦属百兽之列，如何不能舞？"显贵俯首叹服。

这则故事中，包含着两个三段论推理：

（1）能钻缝的都是扁的，　　　　　（2）兽都是能舞的，

　　　风是能钻缝的，　　　　　　　　　牛是兽，

　　　所以，风是扁的。　　　　　　　　所以，牛是能舞的。

推理（1）肯定"能钻缝的都是扁的"，而"风是能钻缝的"的事物中的一部分，那么就必然可以肯定"风是扁的"了；推理（2）肯定"兽都是能舞的"，而"牛是兽"的一种，那么也就必然可以肯定"牛是能舞的"了。

这就是对三段论公理中"对一类事物的全部有所肯定，就是对该类事物的部分也有所肯定"的运用。上面两个三段论可以用下面这个逻辑形式来表示：

所有M都是P，

所有S都是M，

所以，所有S都是P。

我们可以用S（小项）、M（中项）、P（大项）的图示来表示三段论公理肯定方面的含义如图1：

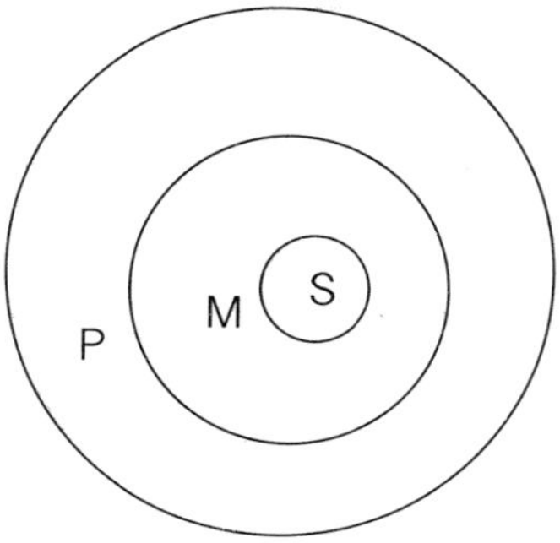

图1

从图1可以看出，对事物P的全部有所肯定，就是对它的部分M和S有所肯定。

2. 对一类事物的全部有所否定，就是对该类事物的部分也有所否定。比如：

（1）不能制造和使用工具的动物不是人，　　（2）草本花卉不是木本花卉，

　　虎是不能制造和使用工具的动物，　　　　紫罗兰是草本花卉，

　　所以，虎不是人。　　　　　　　　　　　所以，紫罗兰不是木本花卉。

推理（1）是对"不能制造和使用工具的动物是人"的否定，而"虎是不能制造和使用工具的动物"的一种，那么就必然可以否定"虎是人"并由此得出"虎不是人"的结论；推理（2）也可通过类似的分析得出"紫罗兰不是木本花卉"的结论。

这就是对三段论公理中"对一类事物的全部有所否定，就是对该类事物的部分也有所否定"的运用。上面两个三段论可以用下面这个逻辑形式来表示：

所有M都不是P，

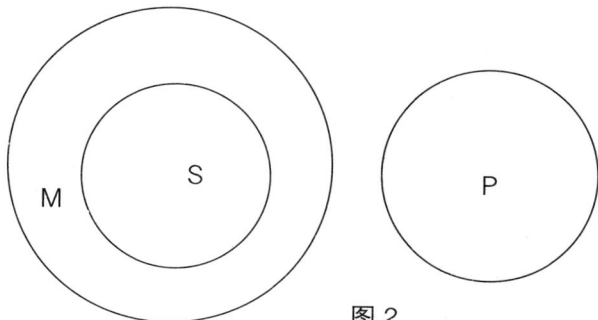

图2

所有 S 都是 M，

所以，所有 S 都不是 P。

我们可以用 S（小项）、M（中项）、P（大项）的图示来表示三段论公理否定方面的含义，如图 2。

总之，三段论的公理是对客观事物中一般和个别关系的反映，是人们长期实践经验的总结，也是我们进行三段论推理的客观依据。

三段论的规则

任何推理都要遵循一定的规则，三段论推理也是如此。通过上节对三段论的含义、结构、特点和公理的分析，我们可以得出三段论推理必须遵守的各项规则。

规则一：有且只能有大项、中项和小项这三个不同的项。

大项、中项和小项是一个三段论推理得以有效进行的必要条件，如果少于三个，显然无法构成三段论；如果多于三个，即在三段论中出现四个不同的项，也不能得出结论。在逻辑学中，这叫作"四词项"错误（或叫"四概念"错误）。常见的有两种情况：

1. 由完全不同的四个词项组成的三段论

如果一个三段论是由完全不同的四个词项组成的，那么就根本无法进行推理，这是最明显的"四词项"错误。比如：

北京是中国的首都，

上海是一个国际性大都市，

所以……

这个三段论包含了四个不同的词项，即"北京""中国的首都""上海"和"一个国际性大都市"，但是却无法推出结论。因为，这四个词项组成了两个独立的判断，它们既然没有联系，也就不能推出结论了。

2. 前提中使用外延不同的词项作为中项

有些三段论，从形式看没什么错误，也是由三个不同的词项组成的，但因为中项在大前提和小前提中的外延不同，实质上是用三个词项表达了四个概念。这是一种不太明显的"四词项"错误，稍不留意就会忽略。比如：

一次辩论会上，正方为了说服反方，便语重心长地说："我们应该辩证地看问题，辩证法是伟大的马克思主义哲学的灵魂啊。"反方立即抓住正方这个观点的漏洞，反驳道："是吗？黑格尔也是为西方所公认的辩证法大师，根据正方的观点，是不是可以认为黑格尔的辩证法也是马克思主义哲学的灵魂呢？"正方哑口无言。

在这里，反方是运用三段论的推理来对正方的观点加以反驳的，即：

辩证法是马克思主义哲学的灵魂，

黑格尔的辩证法是辩证法，
_____

所以，黑格尔的辩证法是马克思主义哲学的灵魂。

在这个三段论中，包含三个词项："辩证法""马克思主义哲学的灵魂"和"黑格尔的辩证法"。不过需要注意的是，大前提中的"辩证法"是指马克思提出来的唯物辩证法，而"黑格尔的辩证法"则是指黑格尔提出的辩证体系。这两个词项在外延上是完全不同的。因此，可以说这两个"辩证法"是两个不同的词项。反方虽然用这个三段论反驳得正方哑口无言，但是却犯了"四词项"错误，因而这是一个错误的三段论推理。

规则二：中项在前提中至少要周延一次。

周延性问题就是指在直言判断中，对主项和谓项的外延范围或数量作断定的问题。作为联结大项和小项的中项，如果在大小前提中都不周延，即其外延的范围或数量不确定，那么大项与中项就只能在一部分外延上发生联系；而中项与小项也只是在一部分外延上发生联系。如果这发生联系的两部分是完全不同的，或者只有一部分相同，那么就无法推出必然的结论。比如：

外语系学生都是学外语的，

李明是学外语的，
_____

所以，李明是外语系学生。

这个三段论中，"学外语的"是联结大项"外语系"和小项"李明"的中项，但是它在两个前提中的外延都没有明确断定，即都不周延，因此得出的结论也是错误的。

所以，只有中项至少周延一次，它才能通过其全部外延与大项或小项确定的某种关系来实现联结的意义。

规则三：在前提中不周延的项在结论中亦不得周延。

这条规则是说，如果前提中的词项的外延不断定，那么在结论中的外延也应该是不断定的。因为结论中包含大项和小项两个词项，所以这也分两种情况：

1. 大项在前提中不周延在结论中周延

大项是结论的谓项，如果大项在前提中不周延，那么它的外延就没有被全部断定，而只是部分断定；如果它在结论中周延了，就意味着它在结论中的外延是全部断定的。这样一来，结论中的大项的外延显然是比前提中大项的外延大，这就犯了"大项扩大"的错误，而结论也就不是必然推出的了。比如：

5 加 5 是等于 10 的，

2 加 8 不是 5 加 5，

所以，2 加 8 不等于 10。

在这个三段论中，大前提中的大项"等于 10"是不周延的；结论"2 加 8 不等于 10"是个否定判断，根据否定判断谓项周延的规律，那么结论中的"等于 10"就是周延的。这就是因为犯了"大项扩大"的错误而推出了错误的结论。

2. 小项在前提中不周延在结论中周延

小项是结论的主项，如果小项在前提中不周延而在结论中周延了，那么结论中小项的外延也就比小前提中的外延大，这就犯了"小项扩大"的错误，推出的结论也就不是必然的了。

妈妈为了劝女儿多吃水果，便说："你要知道，多吃桃子是可以减肥的。"

女儿奇道："为什么？"

妈妈道："你见过肥胖的猴子吗？"

在上面一段对话中，"妈妈"运用了一个三段论推理：

猴子都是不肥胖的，

猴子都是吃桃子的，

所以，吃桃子的都是不肥胖的。

这个三段论中，小项"吃桃子的"在小前提中是谓项，在结论中则是主项。而小前提和结论都是全称肯定判断，根据全称肯定判断主项周延、谓项不周延的规律，小项"吃桃子的"在前提中是不周延的，在结论中则是周延的。这就犯了"小项扩大"的错误，因而得到的结论也是错误的。

规则四：大小前提不能都是否定判断。

否定判断是断定某事物不具有某种属性，也就是说，否定判断的主项和谓项是不相容的。如果大小前提同时为否定直言判断，那么，大前提中的大项与中项则不相容，小前提中的中项与小项也不相容，这样就不能推导出小项与大项的关系，得不出必然结论。比如：

（1）豹子不是老虎，

猫不是豹子，

所以，猫……

（2）锐角三角形不是钝角三角形，

锐角三角形也不是直角三角形，

那么，直角三角形……

三段论（1）中，大小前提都是否定判断，那么结论既可以是"猫不是老虎"，也可以是"猫是老虎",或者"猫是(不是)其他……"。因此无法推出必然结论,这个三段论也就不能成立;三段论(2)亦然。

规则五:若前提中有一个否定的,结论也必为否定;若结论为否定,则必有一个前提为否定。

两个前提中,若大前提是否定的,小前提是肯定的。那么,大前提中,大项和中项就是不相容关系,小前提中小项和中项则是相容关系,那么小项则必然与大项不相容,所以结论也必为否定。同样,若小前提是否定的,大前提是肯定的,那么,大前提中大项与中项则是相容,小前提中小项与中项不相容,那么,小项必然与大项不相容,则结论也必为否定。比如:

(1)历史系学生不是数学系学生,
　　张强是历史系学生,
　　所以,张强不是数学系学生。

(2)能被2整除的数都是偶数,
　　17是不能被2整除的,
　　所以,17不是偶数。

三段论(1)中,大前提是否定的,大项"数学系学生"和"历史系学生"不相容;小前提是肯定的,小项"张强"真包含于中项"历史系学生",所以小项"张强"与大项"数学系学生"也不相容,因而必然得出的结论必为否定的。三段论(2)中,大前提是肯定的,小前提是否定的。所以,中项"能被2整除的数"真包含于大项"偶数",同时与小项"17"不相容,那么,小项"17"必然与大项"偶数"不相容,所得结论也就必是否定的。

此外,若结论是否定的,则必然推出小项与大项不相容。那么,在保证推理有效的前提下,也就必然可以推出小项与中项不相容或中项与大项不相容,也就是说大小前提中必有一个是否定的。

规则六:大小前提不能都是特称判断。

第一,若大小前提都是特称否定判断(即O+O),那么就违背了规则四,即"大小前提不能同时为否定判断",三段论也就不能成立;

第二,若大小前提都是特称肯定判断(即I+I),那么根据"特称判断的主项不周延,肯定判断的谓项不周延"可得出前提中的大、小、中项都不周延,这违背了规则二,即"中项在前提中至少要周延一次",三段论也就不能成立;

第三,若大小前提是一个特称肯定判断和一个特称否定判断,即I+O或O+I。那么:

I判断主、谓项均不周延,O判断主项周延,则前提中只有一个周延项。

根据规则二,即"中项在前提中至少要周延一次",则这个周延项应为中项;

根据规则五,即"若前提中有一个否定的,结论也必为否定",则结论必为否定;

根据"否定判断的谓项周延"的规律，结论中的谓项即三段论中的大项必然周延；

"周延项应为中项"与"大项必然周延"显然是矛盾的，因此不管是 I+O 还是 O+I，三段论都不能成立。

规则七：若前提中有一个是特称的，结论必然也是特称的。

第一，若两个前提中一个是全称肯定判断，一个是特称肯定判断，即 A+I。那么：

根据"A 判断的主项周延谓项不周延，I 判断的主、谓项均不周延"可得出只有 A 判断的主项周延；

根据规则二，即"中项在前提中至少要周延一次"，则这个周延项应为中项，那么大、小项就均不周延；

根据规则三，即"在前提中不周延的项在结论中亦不得周延"，那么，结论的主项（即小项）则不周延，因此结论必为特称判断。

第二，若两个前提中一个是全称否定判断，一个是特称否定判断，即 E+O，根据规则四，即"大小前提不能都是否定判断"，可知这时三段论不能成立。

第三，若两个前提中一个是全称肯定判断，另一个是特称否定判断，即 A+O。那么：

根据"A 判断主项周延谓项不周延，O 判断主项不周延谓项周延"，可知前提中只有两个周延项；

根据规则二，即"中项在前提中至少要周延一次"，可知两个周延项中至少有一个为中项；

根据规则五，即"若前提中有一个否定的，结论也必为否定"，则结论必为否定；

根据"否定判断谓项周延"，可知结论的谓项即大项周延，大项、中项是两个周延项，则小项必不周延；

根据规则三，即"在前提中不周延的项在结论中亦不得周延"，那么，结论的主项（即小项）则不周延，因此结论必为特称判断。

第四，若两个前提中一个是全称否定判断，另一个是特称肯定判断，即 E+I。那么：

根据"E 判断主、谓项均周延，I 判断主、谓项均不周延"可知前提中只有两个周延项；

这就与"A+O"中的情况相似了，对此进行同样的分析可知，这两个周延项也必为中项和大项，而小项不周延。那么结论中的主项（即小项）也必不周延，因此结论必为特称判断。

由以上几种情况可知，若前提中有一个是特称判断，则结论也必为特称判断。

三段论的规则实际上就是三段论的公理的具体化，只有遵循三段论的公理和规则，才能避免错误，进行正确、有效的推理。

三段论的格

三段论的格

三段论包括大、中、小项三个词项。中项可以是大前提的主项或谓项，也可以是小前提的主项或谓项。三段论的格即是根据中项在大小前提中位置的不同而形成的不同的三段论形式。因为中项可以在大小前提主、谓项的任一位置，所以三段论可以分为四个格。

1. 第一格

第一格的形式

在第一格中，中项（M）分别是大前提的主项和小前提的谓项。这是三段论推理中最基本、最典型的形式，所以被称为"典型格"或"完善格"。我们在"三段论"一节中曾给出过第一格的推理形式，即：

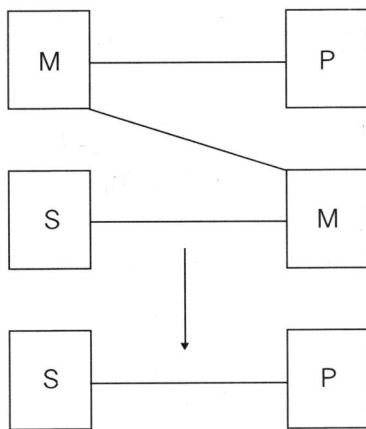

第一格的规则

要想保证第一格推理形式的有效性，就要遵循第一格的规则，即：

（1）大前提必须是全称的；

（2）小前提必须是肯定的。

第一格规则可以概括为"大全小肯"。只有具备了这两条规则，第一格的推理形式才能成立。比如：

（1）所有的整数都是有理数，　　（2）凡是邪恶的都不是善良的，

　　386是整数，　　　　　　　　　　犯罪行为是邪恶的，

　　所以，386是有理数。　　　　　　所以，犯罪行为不是善良的。

第一格的特点

第一格体现了从一般到个别、从普遍到特殊的典型演绎推理过程，因此运用最为广泛；它根据一般性、普遍性原则来推导、论证个别的、特殊的问题，因此可以用来验证某一结论的真实性；最常用于司法审判中。

2. 第二格

第二格的形式

在第二格中，中项（M）在大小前提中均为谓项。其推理形式为：

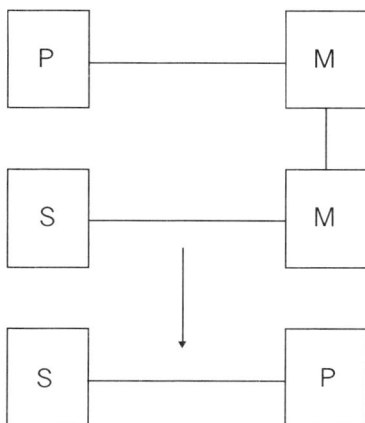

第二格的规则

要想保证第二格推理形式的有效性，就要遵循第二格的规则，即：

（1）大前提必须是全称的；

（2）前提中必须有一个是否定的。

第二格规则可以概括为"大全一否"。只有具备了这两条规则，第二格的推理形式才能成立。比如：

（1）所有的花都是植物，　　　　（2）所有的脊椎动物都不是无脊椎动物，

　　企鹅不是植物，　　　　　　　　蜗牛是无脊椎动物，

　　所以，企鹅不是花。　　　　　　所以，蜗牛不是脊椎动物。

第二格的特点

根据三段论的规则五，即"若前提中有一个否定的，结论也必为否定"，可知第二格的结论必为否定，即它是说明"什么不是什么"，因此可以用来区分不同事物的类别，故被称为"区别格"。

3. 第三格

第三格的形式

在第三格中，中项（M）在大小前提中均为主项。其推理形式为：

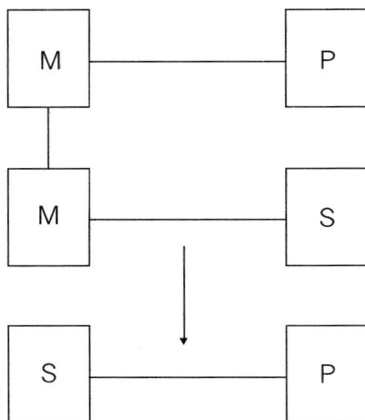

第三格的规则

要想保证第三格推理形式的有效性，就要遵循第三格的规则，即：

（1）小前提必须是肯定的；

（2）结论必须是特称的。

第三格的规则可以概括为"小肯结特"。只有具备了这两条规则，第三格的推理形式才能成立。比如：

（1）亚里士多德是哲学家，
亚里士多德是逻辑学家，
所以，有些逻辑学家是哲学家。

（2）有些文学作品不是小说，
有些文学作品是诗歌，
所以，有些诗歌不是小说。

第三格的特点

特称判断的特点是肯定或否定某一部分事物不具有某些属性，相对于全称判断而言，它主要是指一般情况中的特殊情况。因此，它可以用来否定或反驳一个全称判断，指出其中的例外情况，所以又被称为"反驳格"。

4. 第四格

第四格的形式

在第四格中，中项（M）分别是大前提的谓项和小前提的主项。其推理形式为：

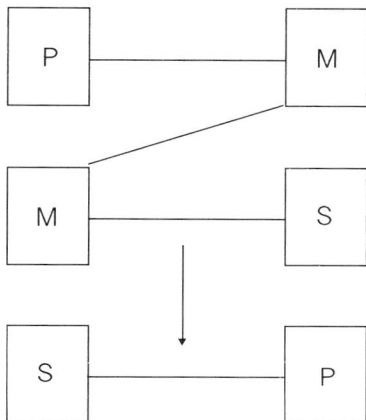

第四格的规则

（1）若大前提是肯定的，则小前提必须是全称的；

（2）若小前提是肯定的，则结论必须是特称的；

（3）若前提中有一个否定的，则大前提必须是全称的；

（4）前提不能是特称否定的，结论不能是全称肯定的。

只有具备了这四条规则，第四格的推理形式才能成立。比如：

（1）有些花是草本花卉，
　　所有的草本花卉都是植物，
　　所以，有些植物是草本花卉。

（2）所有的正数都不是负数，
　　所有的负数都是小于零的，
　　所以，有些小于零的不是正数。

第四格的特点

相对于其他三种三段论形式而言，第四格在实际运用中出现得最少。

三段论的格的证明和运用

这四种三段形式所必须遵循的规则实际上就是三段论的规则在具体情况中的运用。所以，它们的这些规则都可以用三段论的规则来论证。以第二格的两条规则为例：

（1）大前提必须是全称的；

（2）前提中必须有一个是否定的。

假设大小前提都是肯定的，根据"肯定判断的谓项不周延"可知，大小前提的谓项都是不周延的，那么中项就是不周延的；而三段论规则二要求"中项在前提中至少要周延一次"，那么大小前提都是肯定的就违背了三段论规则，所以前提中必须有一个是否定的。

根据三段论规则五，即"若前提中有一个否定的，结论也必为否定"，那么第二格中的结论必为否定，而否定判断的谓项（即大项）是周延的。如果大前提是特称的，因为特称判断主项不周延，那么大项就是不周延的。而这与三段论规则三要求的"在前提中不周延的项在结论中亦不得周延"是相矛盾的，所以大前提不能是特称，只能为全称。

对于第一、三、四格也可以用三段论的七条规则来证明，在此不再赘述。

掌握了三段论的格，就可以利用它的四种不同的形式和特点来解答一些题目。看下面这道题：

所有的七言律诗都是律诗，《静夜思》不是律诗，所以，《静夜思》不是七言律诗。

以下哪个选项和上述推理结构最为类似？

A. 所有的城市都是经济集聚区，所有的城市都是人群集聚区，所以，有些人群集聚区是经济集聚区。

B. 所有的老虎都是猫科动物，东北虎是老虎，所以，东北虎是猫科动物。

C. 具有先进思想的人是共产党人，共产党人是革命者，所以，有些革命者是具有先进思想的人。

D. 所有的城市都是经济集聚区，有些人群集聚区不是经济集聚区，所以，有些人群集聚区不是城市。

这是一道关于三段论的题目，题干和选项都是三段论。题干中，中项"律诗"分别是大小前提的谓项，所以题干是三段论的第二格；A 项中，中项"城市"分别是大小前提的主项，所以 A 项是三段论的第三格，与题干不符；B 项中，中项"老虎"分别是大小前提的主项和谓项，所以 B 项是三段论的第一格，与题干不符；C 项中，中项"共产党人"分别是大小前提的谓项和主项，所以 C 项是三段论的第四格，也与题干不符；只有 D 项，中项"经济集聚区"分别是大小前提的谓项，属于三段论的第二格，与题干相符。

三段论的式

三段论的式

1. 三段论的式的含义

我们前面讲过，根据质和量的不同，直言判断可以分为 A、E、I、O 四种类型。

这四种直言判断在前提和结论中组合的不同，也会形成不同的三段论形式。三段论形式就是指 A、E、I、O 四种直言判断以不同的方式排列组合而形成的各种三段论形式，或者说是由于前提和结论的质与量的不同而形成的各种三段论形式。比如：

（1）所有的脊椎动物都不是无脊椎动物（A），　　（2）有些花是草本花卉（I），

　　　老虎是脊椎动物（A），　　　　　　　　　　所有的草本花卉都是植物（A），

　　　所以，老虎不是无脊椎动物（A）。　　　　　所以，有些植物是草本花卉（I）。

上面两个三段论是我们在前面所举的例子。三段论（1）中，大小前提和结论都是 A 判断，所以这个三段论就叫 AAA 式；三段论（2）中，大前提是 I 判断，小前提是 A 判断，结论是 I 判断，所以这个三段论就叫 IAI 式。

2. 三段论的可能式和有效式

理论上，A、E、I、O 四种直言判断的任意三个都可以按照不同的组合构成一个三段论，即：大前提、小前提和结论都可以是其中的任一判断。由此可知，三段论共有 4×4×4=64 个式。因为三段论有四个格，每个格也就都有 64 个式，所以又可得到 64×4=256 个式。这 256 个式便是三段论的可能式。

不过我们前面讲过，若要保证三段论的有效性，必须遵循三段论的规则，具体到四个格里，就要遵循各个格的规则。而可能式中有些式是显然不能成立的。比如，根据三段论规则四，即"大小前提不能都是否定判断"，可知以"EE"和"EO""OE"为前提的三段论都是无效的。这样一来，除去不符合规则的可能式，可以得出 24 个有效的式。这 24 个式便是三段论的有效式。

此外，有些式，在这一格中有效，但放在其他格中则是无效的；在这一格中无效，但放在其他格中则有效。比如，"AOO"放在第二格中有效，放在其他格中则无效。也有些式，放在这一格中有效，放在另一格中也有效。比如，AEE 放在第二格中有效，放在第四格中也有效。根据这些特点，可以把这些有效式按不同的格分门别类。如下表：

格	有效式
第一格	AAA、AII、EAE、EIO、（AAI）、（EAO）
第二格	AEE、AOO、EAE、EIO、（AEO）、（EAO）
第三格	AAI、AII、EAO、EIO、IAI、OAO
第四格	AAI、AEE、EAO、EIO、IAI、（AEO）

3. 弱式

从上面的表格中，我们可以看到有五个带括号的"有效式"。它们都有一个共同特点，即都是全称判断的结论派生出的特称判断结论。以第二格中的 AEE 和 AEO 为例：

根据第二格的形式和规则，AEE 可以用下面的逻辑形式表示：

所有的 P 都是 M，

所有的 S 都不是 M，

所以，所有的 S 都不是 P。

在同一素材中，全称判断真，特称判断也必真。如果 S1 是 S 的一部分，即 S1 真包含于 S，那么这个三段论也必然可以推出"有些 S（即 S1）不是 P"。也就是说，由这个全称否定判断的结论可以必然推出特称否定判断的结论，即由 AEE 推出 AEO。

但是，作为一个结论，AEO 并没有把所推出的结论的全部内容包括进去。也就是说，它是一个不完全推理。我们把这种"有效式"叫作弱式。所谓弱式，就是在大小前提相同的条件下，由全称判断的结论再推出的特称判断的结论而形成的三段论的"有效式"。事实上，弱式是有效式的派生物。在逻辑学中，一般不把弱式归入有效式。因此，去掉这五个弱式，可以得到 19 个属于完全推理的有效式。

三段论的省略式

1. 三段论的省略式的含义

三段论是逻辑学中最为重要和严密的内容之一，但是我们在运用三段论时，却不一定也没有必要每次都把三段论的大前提、小前提和结论都一一列出。尤其是在特定的语境中，往往会省略一部分，只运用其中的某一部分就可以进行有效的思维、表达或交流了。这就产生了三段论的省略式。

所谓三段论的省略式，就是在语言表达上省略三段论的某一部分的推理形式，有时也称简略三段论。比如：

（1）电脑是商品，所以，电脑是劳动产品。

（2）任何工作都要实事求是，所以，搞市场调查也要实事求是。

（3）物理反应是不会产生新物质的，水变成冰没有产生新物质。

上述三个推理都是三段论，但是它们都只有两个直言判断，可见都省略了某一判断，所以都是三段论的省略式。

2. 三段论的省略式的种类

常见的三段论的省略式有三种，省略大前提、省略小前提和省略结论。

当大前提表达的是众所周知、不言自明的一般性事实时，比如公认的公理、原则等，一般可以省略。上面所举的三段论（1）就省略了大前提，它的完整形式应该是：

一切商品都是劳动产品，

电脑是商品，
_____

所以，电脑是劳动产品。

当小前提表达的是显而易见的事实，不需要也没必要再特别指出时，往往也可以省略。上面所举的三段论（1）就省略了小前提，它的完整形式应该是：

任何工作都要实事求是，

搞市场调查是工作，
_____

所以，搞市场调查也要实事求是。

当结论不必说出来也能让人明白，或者不说出来比说出来更有力量、更有效果时，往往也可以省略。上面所举的三段论（3）就省略了结论，它的完整形式应该是：

物理反应是不会产生新物质的，

水变成冰没有产生新物质，
_____

所以，水变成冰是物理反应。

需要特别注意的是，任何三段论都是由大前提、小前提和结论三部分构成的，缺一不可。三段论的省略式省略的只是语言表达形式，而不是逻辑结构。也就是说，所省略的部分只是没有以语言形式表示出来，但在思维的逻辑结构中依然存在。

3. 三段论的省略式的恢复

因为三段论的省略式省略了三段论的某一部分，这就增加了人们认识、判断三段论正确性的难度。换言之，这种省略式有可能是无效的，但由于其不完整，这种无效反而被隐藏了。

为了避免这种有意或无意导致的错误推理，我们可以通过恢复三段论完整形式的方法来对其进行验证。这个恢复过程可以分三步进行：

第一，辨别省略的大小前提和结论。恢复三段论的完整式时，辨别省略的部分是大小前提还是结论无疑是首先需要完成的工作。要辨别省略部分，就要先确定现有部分是什么。

一般而言，结论都包含"因此""所以"等标志性词语，可以较为容易地辨别出来。如果没有这类标志性词语，可以根据现有判断间是否有推断关系，有推断关系的则是结论，反之则不是。在确定结论后，再根据结论的主项是小项，谓项是大项，就可以辨别出大小前提了。如果现有判断中没有结论，只有大小前提，那么大小前提共有的概念就是中项，确定了中项，就可以找出小项和大项并进而辨别出大小前提了。辨别出来现有判断后，就可以知道省略的是哪部分了。

第二，还原所省略的部分，恢复完整的三段论形式。辨别出省略的是哪部分后，就可以根据现有判断还原省略的部分。而根据三段论中任意两部分还原另一部分，显然是比较容易的。

第三，根据三段论的规则对恢复完整的三段论进行验证，如果它符合三段论的各项规则，就说明这个省略式是有效的，反之则是无效的。

4. 三段论的省略式和直言判断的直接推理的区别

从形式上看，三段论的省略式与直言判断的直接推理都是由两个直言判断组成的推理形式，那么，如何区别它们呢？

第一，二者包含的词项数目不同。除去联项和量项外，三段论的省略式都包含三个不同词项，而直言判断的直接推理则包括两个不同的词项。比如：

（1）所有学生都要上课，所以，并非有的学生不上课。

（2）所有学生都要上课，所以，李光要上课。

推理（1）中包含两个不同的词项，即"学生""上课"，所以是直言判断的直接推理；推理（2）包含三个不同的词项，即"学生""上课"和"李光"，所以是三段论的省略式。

第二，三段论的省略式可以还原省略的部分，恢复完整的形式，而直言判断的直接推理则只有两个判断。比如上面的推理（2）就可以恢复为：

所有的学生都要上课，李光是学生，所以，李光要上课。

三段论的省略式省略了众所周知或不言自明的部分，使推理形式更加精练，表达上更加简洁有力或婉转深刻，丰富了语言的内涵，也有利于人们进行更加有效的思维活动。因此，在日常生活中，三段论的省略式比完整式的运用更加广泛。需要注意的是，在使用三段论的省略式时，要根据三段论的规则对其进行验证，以免出现错误推理。

三段论的复杂式

三段论的复杂式是指由两个或两个以上的三段论联结起来构成的复杂的三段论推理，主要包括复合式、连锁式和带证式三种形式。

1. 复合三段论

复合式直言三段论简称复合三段论，是指由前一个三段论的结论作为后一个三段论的前提而构成的连续性三段论形式。它又可分为前进的复合三段论和后退的复合三段论两种。比如：

（1）文学是一种意识形态，

小说是文学，

所以，小说是一种意识形态。

《红楼梦》是小说，

所以，《红楼梦》是一种意识形态。

（2）《红楼梦》是小说，

小说是文学，

所以，《红楼梦》是文学。

文学是一种意识形态，

所以，《红楼梦》是一种意识形态。

上面两个推理都包含两个简单的三段论，所以都是复合三段论。

复合三段论（1）中，第一个三段论的结论"小说是一种意识形态"是作为第二个三段论的大前提而存在的，它和小前提"《红楼梦》是小说"共同推出了一个新的结论"《红楼梦》是一种意识形态"。这种由前一个三段论的结论作为后一个三段论的大前提而构成的复合三段论叫作前进的复合三段论。

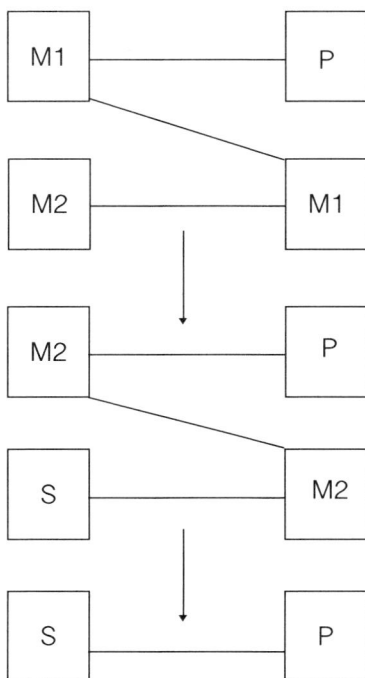

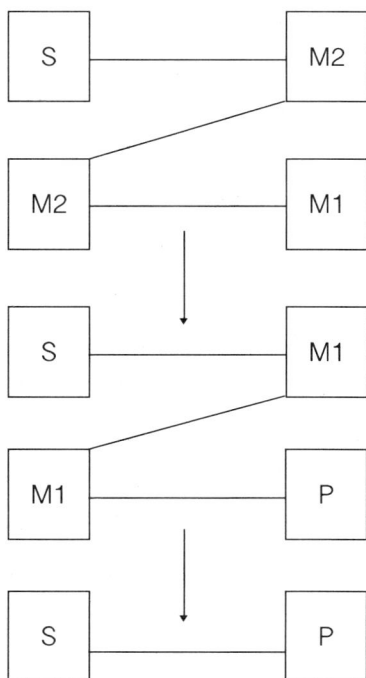

前进的复合三段论　　　　　　后退的复合三段论

复合三段论（2）中，第一个三段论的小前提是"《红楼梦》是小说"，大前提是"小说是文学"，其结论为"《红楼梦》是文学"；这个结论再作为下一个三段论的小前提，与它的大前提"文学是一种意识形态"共同推出了新的结论"《红楼梦》是一种意识形态"。这种由前一个三段论的结论作为后一个三段论的小前提而构成的复合三段论叫作后退的复合三段论。

前进的复合三段论和后退的复合三段论是根据不同的推理进程而得到的复合三段论的两种形式。它们的推理形式如下：

2. 连锁三段论

连锁式直言三段论简称连锁三段论，是指两个或两个以上的省略了结论的三段论联结在一起推出一个新的结论的三段论形式。也就是说，除了最后一个结论外，前面的三段论的结论都省略，而通过一系列中项的联结推出结论。又因其首尾环环相扣，形同锁链，故称连锁三段论。实际上，连锁三段论就是复合三段论的省略形式。比如：

（1）文学是一种意识形态，   （2）《红楼梦》是小说，

小说是文学，   小说是文学，

《红楼梦》是小说，   文学是一种意识形态，

所以，《红楼梦》是一种意识形态。 所以，《红楼梦》是一种意识形态。

与前进的复合三段论相比，连锁三段论（1）省略了第一个三段论的结论"小说是一种意识形态"，使得这两个三段论的各前提在中项"文学""小说"的联结下推出了新的结论"《红楼梦》是一种意识形态"。这种在前进的复合三段论中由省略所有结论的三段论联结在一起推出一个新的结论的连锁三段论就是前进的连锁三段论。前进的连锁三段论是前进的复合三段论的省略形式。

与后退的复合三段论相比，连锁三段论（2）省略了第一个三段论的结论"《红楼梦》是文学"，使得这两个三段论的各前提在中项"小说""文学"的联结下推出了新的结论"《红楼梦》是一种意识形态"。这种在后退的复合三段论中由省略所有结论的三段论联结在一起推出一个新的结论的连锁三段论就是后退的连锁三段论。后退的连锁三段论是后退的复合三段论的省略形式。

前进的连锁三段论和后退的连锁三段论是根据不同的推理进程得到的复合三段论的两种省略式。它们的推理形式如下：

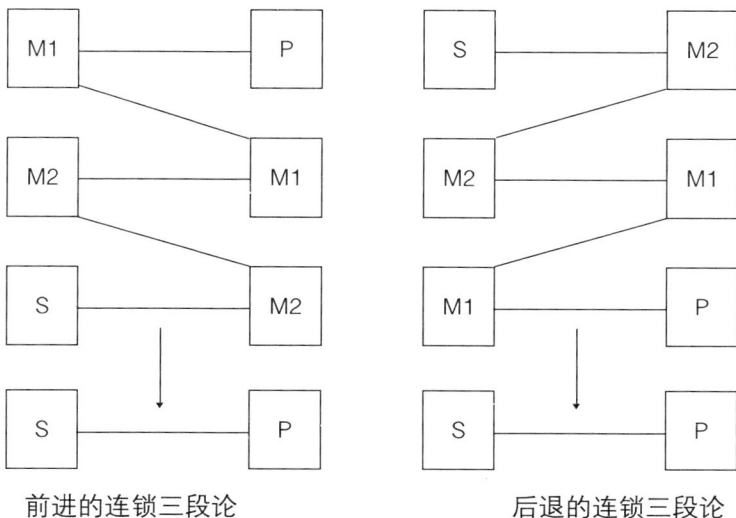

前进的连锁三段论   后退的连锁三段论

3. 带证三段论

带证式直言三段论简称带证三段论，顾名思义，"带证"就是带有证明。带证三段论就是至少有一个前提是其他三段论的省略式的复合三段论。因为前提本身带有证明性质，所以称为"带证"三段论。比如：

公理是经得起检验的，因为公理是符合客观规律的，

经过直线外一点，有且只有一条直线与这条直线平行是公理，

所以，经过直线外一点，有且只有一条直线与这条直线平行是符合客观规律的。

在这个带证三段论中，大前提"公理是经得起检验的，因为公理是符合客观规律的"就是一个三段论的省略式，且带有证明性质。其完整形式应该是：

凡是符合客观规律的都是经得起检验的，

公理符合客观规律，

所以，公理是经得起检验的。

带证三段论是复杂三段论的特殊形式，在表达、论证时有着较强的说服力。

关系推理

以简单判断为前提推出结论的推理就是简单判断推理。前面我们讲到的直言判断的直接推理、附性法推理、直言判断的变形直接推理以及三段论推理都是简单判断推理。本节讨论的关系推理也是简单判断推理的一种。

关系推理的含义

关系推理就是前提中至少有一个关系判断的推理。比如：

（1）十二月比十一月冷，
　　　所以，十一月没有十二月冷。

（2）十二月比十一月冷，
　　　一月比十二月冷，
　　　所以，一月比十一月冷。

上面两个推理中，推理（1）的前提是一个关系判断，推理（2）的前提是两个关系判断。所以，这两个推理都是关系推理。

在进行关系推理的时候，要根据关系的逻辑性质来进行。所以，关系推理也可以说是根据关系的逻辑性质进行推演的推理。关系判断包括对称性关系和传递性关系两种。若前提中是对称关系判断，就要按照对称关系的逻辑性质进行推理，比如推理（1）；若前提是传递关系判断，就要按照传递关系的逻辑性质进行推理，比如推理（2）。

关系推理的种类

按照推理的前提是一个还是多个关系判断，关系推理可分为直接关系推理和间接关系推理。

1. 直接关系推理

直接关系推理是由一个关系判断（为前提）推出另一个关系判断（为结论）的推理。它在两个关系项中进行，主要包括对称关系推理和反对称关系推理。

对称关系推理

所谓对称关系推理，就是根据关系的对称性进行推演的关系推理。对称关系就是当 a 与 b 具有 R 关系时，b 与 a 也具有 R 关系。

现代汉语中，表对称的常用关系项有"朋友""等于""同学""交叉""矛盾""对立""邻居"等。逻辑学中，两个对象间的交叉、同一、全异关系以及两个判断之间的反对、下反对、矛盾等关系都具有对称性。比如：

（1）张三和李四是朋友，
　　　所以，李四和张三是朋友。

（2）A 判断和 O 判断是矛盾关系，
　　　所以，O 判断和 A 判断是矛盾关系。

由此可知，对称关系推理的推理形式可以表示为：

aRb，
所以，bRa。

反对称关系推理

所谓反对称关系推理，就是根据关系的反对称性进行推演的关系推理。反对称关系就是当 a 与 b 具有 R 关系时，b 与 a 必不具有 R 关系。

现代汉语中，表反对称的常用关系项有"大于""小于""早于""晚于""多于""少于""高于""低于""重于""轻于""（被）统治""（被）剥削""（被）侵略"等。比如：

（1）8 加 9 大于 8 加 6，　　　　（2）大胖重于小胖，

　　所以，8 加 6 不大于 8 加 9。　　所以，小胖不重于大胖。

看庄子《逍遥游》中的一段话：

朝菌不知晦朔，蟪蛄不知春秋，此小年也。楚之南有冥灵者，以五百岁为春，五百岁为秋；上古有大椿者，以八千岁为春，八千岁为秋，此大年也。而彭祖乃今以久特闻，众人匹之，不亦悲乎？

在这段话中，有一个反对称关系推理：

朝菌、蟪蛄的寿命短于冥灵、大椿的寿命，

所以，冥灵、大椿的寿命不短于朝菌、蟪蛄的寿命。

由此可知，反对称关系推理的推理形式可以表示为：

$$aRb，$$
$$所以，b\bar{R}a。$$

其中，$\bar{R}$ 表示"不具有 R 关系"。

我们前面讲过，对称性关系中还有一种非对称关系，但因为非对称关系是当 a 与 b 具有 R 关系时，b 与 a 可能具有 R 关系，也可能不具有 R 关系。所以，非对称关系不能推出必然结论，也就不能进行必然性推理。

2. 间接关系推理

间接关系推理是指由至少包括一个关系判断的两个或两个以上的判断（为前提）推出一个新的关系判断（为结论）的关系推理。它是在三个或三个以上的关系项中进行推理的，主要包括纯关系推理和混合关系推理两种情况。

纯关系推理

纯关系推理是指前提和结论都是关系判断的关系推理。从这个角度说，对称关系推理和反对称关系推理也属于纯关系推理。此外，它还包括传递关系推理和反传递关系推理。

所谓传递关系推理是指根据关系的传递性进行推演的关系推理。传递关系就是当 a 与 b 具有 R 关系且 b 与 c 也具有 R 关系时，a 与 c 也必具有 R 关系。

现代汉语中，表传递的常用关系项有"平行""相似""相等""大于""小于""早于""晚于""包含""侵略"等。比如：

（1）甲坐在乙前面，
　　　乙坐在丙前面，
　　　所以，甲坐在丙前面。

（2）动物真包含哺乳动物，
　　　哺乳动物真包含牛，
　　　所以，动物真包含牛。

由此可知，传递关系推理的推理形式可以表示为：

$$aRb,$$
$$bRc,$$
$$所以，aRc。$$

所谓反传递关系推理是指根据关系的反传递性进行推演的关系推理。反传递关系就是当 a 与 b 具有 R 关系且 b 与 c 也具有 R 关系时，a 与 c 必不具有 R 关系。

现代汉语中，表反传递的常用关系项有"重……斤""大……岁""是父亲""是儿子"等。比如：

（1）甲是乙的父亲，
　　　乙是丙的父亲，
　　　所以，甲不是丙的父亲。

（2）小张比小王高 5 公分，
　　　小王比小李高 5 公分，
　　　所以，小张比小李并非高 5 公分。

由此可知，反传递关系推理的推理形式可以表示为：

$$aRb,$$
$$bRc,$$
$$所以，aRc。$$

传递性关系中有一种非传递关系，即当 a 与 b 具有 R 关系且 b 与 c 也具有 R 关系时，a 与 c 的关系不确定，可能具有 R 关系，也可能不具有 R 关系。因此，非传递关系不能推出必然结论，所以也不能进行必然性推理。

混合关系推理

混合关系推理是指由一个关系判断和一个直言判断（为前提）推出一个新的关系判断（为结论）的间接关系推理。它包括两种推理公式：

（1）aRb,
　　　c 是 a,
　　　所以，cRb。

（2）aRb,
　　　c 是 b,
　　　所以，aRc。

比如：

（1）A 公司员工的待遇好于 B 公司员工的待遇，
　　　小林是 A 公司的员工，
　　　所以，小林的待遇好于 B 公司员工的待遇。

（2）A 公司员工的待遇好于 B 公司员工的待遇，

小林是 B 公司的员工，

所以，A 公司员工的待遇好于小林的待遇。

上面两个混合关系推理中，前提都是由一个关系判断和一个直言判断构成的，所得结论也均为关系推理。其中，推理（1）是根据公式（1）得来的，推理（2）是根据公式（2）得来的。

在进行混合关系推理时，要满足以下几个原则：

第一，前提中的直言判断必须是肯定的。以上面的推理（1）为例，若直言判断是否定的，即"小林不是 A 公司的员工"，那么"小林"与 B 公司的关系就不确定，也就无法推出必然结论。

第二，作为中项的关系项至少要周延一次。这与三段论的规则二"中项在前提中至少要周延一次"的道理是相同的。

第三，前提中不周延的词项在结论中亦不得周延。如果在前提中不周延的词项在结论中周延了，就会犯"词项扩大"的错误，道理与三段论规则三"前提中不周延的项在结论中亦不得周延"相同。

第四，若前提中的关系判断肯定，则结论亦肯定；若前提中的关系判断否定，则结论亦否定。

第五，若关系 R 是对称的，那么结论中的关系项位置应该与前提中的关系项的位置是相应的。换言之，若关系项在前提中是前项，在结论中也应是前项；若关系项在前提中是后项，在结论中也应是后项。这主要是因为不对称关系的前后项一旦错位，就改变了原来的关系，这个关系推理就可能是错误的。

从形式上看，混合关系推理类似三段论，只不过它的前提有一个关系判断，所以有人称其为关系三段论。在日常生活中，不管是纯关系推理还是混合关系推理，都有着广泛的用途。

联言推理

联言推理的含义

以联言判断作为前提或结论的复合判断推理就是联言推理。联言判断的逻辑性质是：当且仅当所有联言肢都为真时，联言判断才为真。所以，联言推理也是根据联言判断的逻辑性质进行推演的复合判断推理。比如：

（1）她很年轻，并且也很漂亮。　　　（2）狄仁杰善于探案，

　　　所以，她很漂亮。　　　　　　　　　狄仁杰能治国，

　　　　　　　　　　　　　　　　　　　所以，狄仁杰不但善于探案，而且能治国。

上面两个推理中，推理（1）的前提为联言判断，并且根据联言判断的逻辑性质（联言判断为真，它的联言肢也必为真）推出"她很漂亮"这一结论；推理（2）的结论为联言判断，并且根据联言判断的逻辑性质（联言肢都为真时，联言判断才为真）推出了"狄仁杰不但善于探案，而且能治国"这一联言判断。所以，这两个推理都是联言推理。

联言推理的规则

要保证联言推理的有效，就要遵循以下两条规则：

1. 肯定一个联言判断为真，即是肯定它的所有联言肢都为真。反之亦然。

以上面的推理（1）为例，如果肯定前提"她很年轻，并且也很漂亮"为真，那么就必然肯定了"她很年轻"和"她很漂亮"这两个联言肢为真，也只有如此，才能推出必然结论；以上面的推理（2）为例，如果肯定了"狄仁杰善于探案"和"狄仁杰能治国"这两个判断为真，就能得出"狄仁杰不但善于探案，而且能治国"这个联言判断的结论为真，即推出必然结论。

2. 否定一个联言肢为真，即是否定了这个联言判断为真。反之，否定了一个联言判断为真，就至少否定了其中一个联言肢为真。

比如上面两个推理，只要否定了前提中的任一个判断为真，就不能推出必然结论。

联言推理的种类

联言推理包括分解式和合成式两种。

1. 联言推理的分解式

联言推理的分解式的含义

概括地说，联言推理的分解式是以一个联言判断作为前提的联言推理。具体地说，联言推理的分解式是以一个真的联言判断为前提，以其任一联言肢为结论的联言推理。比如上面的推理（1）中，即是以联言判断"她很年轻，并且也很漂亮"为前提，以其联言肢"她很漂亮"为结论的联言推理。再比如：

哺乳动物既是恒温动物，又是脊椎动物。

所以，哺乳动物是脊椎动物。

这个推理即是以"哺乳动物既是恒温动物，又是脊椎动物"这个联言判断为前提，推出其联言肢"哺乳动物是脊椎动物"为结论的。

需要指出的是，在这个推理过程中，必须要遵循联言推理的两条规则，否则

就不能推出必然结论。

联言推理的分解式的逻辑形式

我们前面讲过，联言判断可以用"p并且q，即：p∧q"来表示。所以，联言推理的分解式的推理形式可以表示为：

$$\frac{p \text{ 并且 } q,}{\text{所以，} p（\text{或 } q）。} \qquad 即：\quad \frac{p \wedge q,}{p（\text{或 } q）。}$$

也可以表示为：p∧q→p（或q）。

比如："哺乳动物既是恒温动物，又是脊椎动物"既可以推出"哺乳动物是脊椎动物"，也可以推出"哺乳动物是恒温动物"。

2. 联言推理的合成式

联言推理的合成式的含义

概括地说，联言推理的合成式就是以一个联言判断作为结论的联言推理。具体地说，联言推理的合成式就是以两个或两个以上真的联言肢为前提，以推出的真的联言判断为结论的联言推理。比如上面的推理（2）中，即是以"狄仁杰善于探案"和"狄仁杰能治国"这两个真的联言肢为前提，以它们推出的真的联言判断"狄仁杰不但善于探案，而且能治国"为结论的联言推理。再比如：

"三个代表"是我们党的立党之本，

"三个代表"是我们党的执政之基，

"三个代表"是我们党的力量之源，

所以，"三个代表"既是我们党的立党之本，又是我们党的执政之基、力量之源。

这个推理即是以三个真判断为前提，推出一个真的联言判断为结论的联言推理。

在进行合成式推理时，也要遵循联言推理的两条规则。比如我们在"联言判断"一节中提到的"约翰买衣服"的那个故事，其中有两个判断："买一件衣服"和"送一条领带"。只有当这两个判断都为真时，才能推出"买一件衣服，且送一条领带"这个必然结论。约翰只肯定"送一条领带"为真，否定了"买一件衣服"，因此就不能得出"买一送一"这个必然结论。

联言推理的合成式的逻辑形式

联言推理的合成式的推理形式可以表示为：

$$\frac{\begin{array}{l}p, \\ q,\end{array}}{\text{所以，} p \text{ 并且 } q。} \qquad 即：\quad \frac{\begin{array}{l}p, \\ q,\end{array}}{p \wedge q。}$$

也可以表示为：（p，q）→p∧q。

联言推理的作用

联言推理有着很重要的作用，比如在企业公布的招聘条件中，在解释某些法律条款时，或者在刑事案件的侦查中，联言推理都发挥着不容忽视的作用。

第一，有助于人们根据整体情况推出个体情况，根据普遍认识推出特殊认识。如今各个学科的研究越来越细化，也越来越深入，这其实都是联言推理的在研究中的具体运用。比如：

法律是国家制定或认可的，由国家强制力保证实施的，以规定当事人权利和义务为内容的具有普遍约束力的社会规范。

这是一个联言判断。从对法律的定义中，我们可以推出法律的几个特点：

法律是国家制定或认可的；

法律是由国家强制力保证实施的；

法律是以规定当事人权利和义务为内容的；

法律是具有普遍约束力的；

法律是社会规范。

这实际上就是一个联言推理，"法律"的定义是前提，这几个特点是由它推出的联言肢。

第二，有助于人们根据个体的、特殊的情况或认识推出普遍的、整体的情况或认识，从一个个个别现象推导出具有普遍指导意义的真理和规律。比如根据人类社会历史发展历程的特点总结出人类社会都是由低级到高级发展的规律。事实上，在企业开发出某种新产品或政府准备出台某个决策时，一般会先选择几个地方作为试点，一旦效果较好，便整体推行。这实际上也是联言推理的一种具体运用。

第三，联言推理是人们论证思想、表明立场、解决问题的有力工具。看下面这道题：

桌子上依次摆着三本书，已知前提有：

（1）小说书右边的两本书中至少有一本散文；

（2）散文左边的两本书中也有一本散文；

（3）黄色封面左边的两本书中至少有一本是红色封面；

（4）红色封面右边的两本书中也有一本是红色封面。

那么，这三本书各是什么颜色封面的书？

第一，由前提（1）可知左边第一本书是小说，由前提（4）可知左边第一本书的封面是红色的，由此可以推出左边第一本书是红色封面的小说。即：由"左边第一本书是小说"和"左边第一本书的封面是红色的"这两个判断推出"左边第一本书是红色封面的小说"这一结论。这运用的是联言推理的合成式。

第二，由前提（2）可知右边第一本书是散文，由前提（3）可知右边第一本书的封面是黄色的，由此可推出右边第一本书是黄色封面的散文。这也是运用的联言推理的合成式。

第三，由前提（2）可知当中的那本书或它左边的那本书（即左边第一本）都可能是散文，但由于我们已推出左边第一本书是小说，所以可知当中那本书是散文。由前提（4）可知当中那本书和它右边的那本书（即右边第一本书）都可能是红色封面，但由于我们已推出右边第一本书是黄色封面，因此可知当中的那本书是红色封面。最后推出当中那本书是红色封面的散文。

上面这道题便是运用联言推理来解决的。可见，联言推理虽然简单，但在日常生活中的用途却是广泛的。

选言推理

选言推理的含义和形式

1.选言推理的含义

选言推理是以选言判断为大前提，并根据选言判断的逻辑性质进行推理的复合判断推理。比如：

（1）学习如逆水行舟，不进则退，

　　我们是进步的，
　　─────────────
　　所以，我们没有退步。

（2）他学的专业可能是中国古代文学，也可能是中国现当代文学，

　　他学的专业不是中国古代文学，
　　──────────────────
　　所以，他学的专业是中国现当代文学。

上面两个推理中，大前提都是选言判断，小前提和结论都是直言判断，这是最常见的选言推理结构。

2.选言推理的形式

根据小前提和结论是肯定部分选言肢还是否定部分选言肢，选言推理可以分为两种基本形式：肯定否定式和否定肯定式。但不管是哪种形式，它们的大前提都是选言判断。

肯定否定式：以选言判断为大前提，以小前提肯定部分选言肢，结论则否定

另一部分选言肢。如上面所举的第一个选言推理：大前提为选言判断，小前提肯定了一个选言肢，即"进步"，所推出的结论则否定了另一个选言肢，即"退步"。

否定肯定式：以选言判断为大前提，以小前提否定部分选言肢，结论则肯定另一部分选言肢。如上面所举的第二个选言推理：大前提为选言判断，小前提否定了一个选言肢，即"中国古代文学"，所推出的结论则肯定了另一个选言肢，即"中国现当代文学"。

选言推理的种类

根据选言判断是相容还是不相容，选言推理可以分为相容选言推理和不相容选言推理。

1. 相容选言推理

相容选言推理就是以相容选言判断为大前提，并根据其逻辑性质进行推理的复合判断推理。

我们前面讲过，当且仅当选言肢都为假时，相容选言判断才为假。也就是说，只要有一个选言肢为真，这个相容选言判断就为真。因为一个相容选言判断可以有两个或两个以上的选言肢，所以，也可以有多个选言肢同时为真。这就是说，如果肯定一部分选言肢为真，并不等于可以否定其他选言肢为真；而如果否定一部分选言肢为真，则可以肯定另一部分选言肢为真。根据相容选言判断的这种逻辑性质，我们可以得出相容选言推理需要遵循的规则：

第一，否定一部分选言肢，就要肯定另一部分选言肢；

第二，肯定一部分选言肢，不能否定另一部分选言肢。

根据相容选言推理的这两条规则，可以得出相容选言推理的两种形式：

否定肯定式：以相容选言判断为大前提，以小前提否定部分选言肢，结论则肯定另一部分选言肢。比如：

（1）他或者懂英语，或者懂法语，   （2）他或者懂英语，或者懂法语，
　　　他不懂英语，   他不懂法语，
　　　所以，他懂法语。   所以，他懂英语。

推理（1）中，小前提否定了选言肢"懂英语"，结论中则肯定了另一个选言肢"懂法语"；推理（2）中，小前提否定了选言肢"懂法语"，结论则肯定了另一个选言肢"懂英语"。

我们前面见过，相容选言判断可以表示为"p 或者 q，即：$p \lor q$"。那么，相容选言推理的否定肯定形式可以表示为：

p 或者 q，   p ∨ q，

非 p（非 q），   即：   ¬ p（¬ q），

所以，q（p）。   q（p）。

也可以表示为：（p ∨ q）∧ ¬ p → q；（p ∨ q）∧ ¬ q → p。

肯定否定式：以相容选言判断为大前提，以小前提肯定部分选言肢，结论则否定另一部分选言肢。比如：

（1）他或者懂英语，或者懂法语，　　（2）他或者懂英语，或者懂法语，

他懂英语，　　　　　　　　　　　　　　他懂法语，

所以，他不懂法语。　　　　　　　　　　所以，他不懂英语。

推理（1）中，小前提肯定了选言肢"懂英语"，结论中则否定了另一个选言肢"懂法语"；推理（2）中，小前提肯定了选言肢"懂法语"，结论则否定了另一个选言肢"懂英语"。

因此，相容选言推理的肯定否定形式可以表示为：

p 或者 q，   p ∨ q，

p（q），   即：   p（q），

所以，非 q（非 p）。   ¬ q（¬ p）。

也可以表示为：（p ∨ q）∧ p → ¬ q；（p ∨ q）∧ q → ¬ p。

但是，根据相容选言推理的第二条规则，即"肯定一部分选言肢，不能否定另一部分选言肢"，可知肯定否定式是违反其推理规则的。比如上面的推理中，肯定他"懂英语"，但不等于就可以否定他"懂法语"，因为相容选言判断的选言肢是可以多个同时为真的。所以，由此得到的"（p ∨ q）∧ p → ¬ q 和（p ∨ q）∧ q → ¬ p"两个逻辑形式也是无效的。

根据上面的分析可知，相容选言推理中，只有否定肯定式这种形式才是其唯一的有效式。

2. 不相容选言推理

不相容选言推理就是以不相容选言判断为大前提，并根据其逻辑性质进行推理的复合判断推理。

不相容判断的逻辑性质是当且仅当一个选言肢为真时，不相容选言判断才为真。换言之，肯定一个选言肢为真，就等于否定其他选言肢为真；否定除一个选言肢以外的其余选言肢为真，就等于肯定剩余的那个为真。根据不相容选言判断的这种逻辑性质，我们可以得出不相容选言推理需要遵循的规则：

第一，肯定一个选言肢，就要否定其余的选言肢；

第二，否定其余的选言肢，就要肯定剩下的那一个选言肢。

根据不相容选言推理的这两条规则，可以得出不相容选言推理的两种形式：

肯定否定式：以不相容选言判断为大前提，以小前提肯定一个选言肢，结论则否定其余的选言肢。比如：

（1）考试成绩要么合格，要么不合格，　（2）考试成绩要么合格，要么不合格，
　　　他的考试成绩是合格，　　　　　　　　　他的考试成绩是不合格，
　　　所以，他的考试成绩不是不合格。　　　所以，他的考试成绩不是合格。

推理（1）中，小前提肯定了一个选言肢"合格"，结论则否定了另一个选言肢"不合格"；推理（2）中，小前提肯定了一个选言肢"不合格"，结论则否定了另一个选言肢"合格"。

我们前面见过，不相容选言判断可以表示为"要么p，要么q，即：p ∨ q"。那么，不相容选言推理的肯定否定形式可以表示为：

要么 p，要么 q，　　　　　　　　　　　　p ∨ q，

p（q），　　　　　　　　　　即：　　　　p（q），

所以，非 q（非 p）。　　　　　　　　　　¬ q（¬ p）。

也可以表示为：（p ∨ q）∧ p→¬ q；（p ∨ q）∧ q→¬ p。

否定肯定式：以不相容选言判断为大前提，以小前提否定其余选言肢，结论则肯定剩下的那个选言肢。比如：

（1）考试成绩要么合格，要么不合格，　（2）考试成绩要么合格，要么不合格，
　　　他的考试成绩不是合格的，　　　　　　　他的考试成绩不是不合格，
　　　所以，他的考试成绩是不合格。　　　　所以，他的考试成绩是合格。

推理（1）中，小前提否定了一个选言肢"合格"，结论则肯定了另一个选言肢"不合格"；推理（2）中，小前提否定了一个选言肢"不合格"，结论则肯定了另一个选言肢"合格"。

因此，相容选言推理的肯定否定形式可以表示为：

要么 p，要么 q，　　　　　　　　　　　　p ∨ q，

非 p（非 q），　　　　　　　　即：　　　　¬ p（¬ q），

所以，q（p）。　　　　　　　　　　　　　q（p）。

也可以表示为：（p ∨ q）∧ ¬ p→q；（p ∨ q）∧ ¬ q → p。

根据上面的分析可知，不相容选言推理的肯定否定式和否定肯定式都符合其推理规则，因而都是有效的。

选言推理的作用

选言推理在思维中有着极为重要的作用：

第一，选言推理中最为常用的方法是排除法。因为在日常工作和生活中，很多问题都存在着各种可能性，理论上每个可能性都有发生的概率，就是说每个选言肢都有为真的可能。这时候就可以使用排除法，逐步缩小范围，最终确定正确的答案或最佳的方法。这在刑侦工作、疾病诊断、科学研究以及各类考试的选择题中都经常使用。

第二，人们在认识事物的过程中，也不可能立刻就认识到事物的本质，也需要运用选言推理一步步探索。

需要指出的是，在运用选言推理的时候，一定要注意以下两个问题：

第一，如果作为大前提的不相容选言判断有三个或三个以上的选言肢时，小前提否定其中一个，有时并不能肯定余下的那些选言肢中哪个是真的。这就需要层层推理、排除，最终确定得到那个必然结论。比如：

几年没见，小柔要么胖了，要么瘦了，要么没变，

小柔不是胖了，

所以，小柔要么瘦了，要么没变。

这个选言推理的结论有两个选言肢，还不能肯定究竟哪个为真，也就不能得出必然结论，因此需要接着推理：

几年没见，小柔要么瘦了，要么没变，

小柔不是没变，

所以，小柔瘦了。

第二，如果作为大前提的相容选言判断有三个或三个以上的选言肢时，小前提否定其中一个，那么剩下的几个选言肢可能只有一个为真，也可能都真。比如：

他或者懂英语，或者懂法语，或者懂德语，

他不懂法语，

所以，他懂英语或者德语。

第三，当作为大前提的选言判断的选言肢是穷尽的时候，那么大前提就必为真；但是，当其选言肢没有穷尽时，大前提的真假就难以确定。所以，进行选言推理时，要尽可能地穷尽大前提中的选言肢。只有这样，才能保证得出必然结论。

充分条件假言推理

假言推理的含义

假言推理就是以假言判断为大前提，并根据假言判断前、后件的关系进行推演的复合判断推理。最常见的假言推理结构是以一个假言判断为大前提，以一个直言判断为小前提，并推出一个直言判断作为结论。比如：

（1）如果他是凶手，就一定有作案时间，

他是凶手，

所以，他有作案时间。

（2）我们只有建立抗日民族统一战线，才能团结一切可以团结的力量，

我们没有建立抗日民族统一战线，

所以，我们不能团结一切可以团结的力量。

这是两个假言推理，大前提都是一个假言判断，小前提和结论都是直言判断；推理（1）是根据前件"他是凶手"和后件"一定有作案时间"之间的关系进行推理的；推理（2）则是根据前件"建立抗日民族统一战线"和后件"团结一切可以团结的力量"之间的关系进行推理的。

根据假言判断的不同，假言推理可以分为充分条件假言推理、必要条件假言推理和充分必要条件假言推理。上面的推理（1）即是充分条件假言推理，推理（2）即是必要条件假言推理。

充分条件假言推理

1. 充分条件假言推理的含义和规则

充分条件假言推理就是以充分条件假言判断为大前提，并根据充分条件假言判断前后件的关系进行推演的复合判断推理。

根据充分条件假言判断的逻辑性质可知，当且仅当前件为真、后件为假时，充分条件假言判断才为假。这就是说，对于一个真的充分条件假言判断，当前件为真时，后件也必为真；当后件为假时，前件必为假；但是当前件为假时，后件则真假不定。

由此可知，要保证充分条件假言推理有效，必须遵循下面两条规则：

第一，肯定前件就要肯定后件，否定前件则不必然否定后件；

第二，肯定后件不必然肯定前件，否定后件就要否定前件。

2. 充分条件假言推理的形式

由充分条件假言推理的两条规则，可以得出它的四种推理形式：

肯定前件式：以充分条件假言判断为大前提，以小前提肯定大前提的前件，结论则肯定大前提的后件。比如：

（1）如果他是凶手，就一定有作案时间，（2）一旦河堤决口，后果就会不堪设想，

他是凶手，

所以，他一定有作案时间。

河堤决口了，

所以，后果不堪设想。

上面两个充分条件假言推理中，推理（1）中，小前提肯定了大前提的前件，即"他是凶手"，从而推出大前提的后件"他一定有作案时间"为结论；推理（2）中，小前提肯定了大前提的前件"河堤决口"，从而推出大前提的后件"后果不堪设想"为结论。

我们前面讲过，充分条件假言判断可以表示为"如果 p，那么 q，即：$p \rightarrow q$"。那么，充分条件假言推理的肯定前件式就可以表示为：

如果 p，那么 q，

p，

所以，q。

即：

$p \rightarrow q$，

p，

q。

也可表示为：$(p \rightarrow q) \wedge p \rightarrow q$。

否定后件式：以充分条件假言判断为大前提，以小前提否定大前提的后件，结论则是对大前提的前件的否定。比如：

（1）如果他是凶手，就一定有作案时间，（2）一旦河堤决口，后果就会不堪设想，

他没有作案时间，

所以，他不是凶手。

后果没有不堪设想，

所以，河堤没有决口。

上面两个充分条件假言推理中，推理（1）中，小前提否定了大前提的后件，即"他没有作案时间"，从而推出结论，即对大前提前件的否定："他不是凶手"；推理（2）中，小前提否定了大前提的后件，即"后果没有不堪设想"，从而推出结论，即对大前提前件的否定："河堤没有决口"。

充分条件假言推理的否定后件式可以表示为：

如果 p，那么 q，

非 q，

所以，非 p。

即：

$p \rightarrow q$，

$\neg q$，

$\neg p$。

也可表示为：$(p \rightarrow q) \wedge \neg q \rightarrow \neg p$。

肯定后件式：以充分条件假言判断为大前提，以小前提肯定大前提的后件，结论则是对大前提的前件的肯定。其逻辑形式可以表示为：

如果 p，那么 q，　　　　　　　　　　　　$p \to q$，

q，　　　　　　　　　即：　　　　　　q，
——————　　　　　　　　　　　　　　————
所以，p。　　　　　　　　　　　　　　p。

也可表示为：$(p \to q) \land q \to p$。

但是，根据"肯定后件不必然肯定前件"的规则，可知结论既可以是对前件的肯定，也可以是对前件的否定。所以，这个推理形式违反了充分条件假言推理的规则，不能推出必然结论，因而是无效的。比如：

（1）如果他是凶手，就一定有作案时间，（2）一旦河堤决口，后果就会不堪设想，
　　他有作案时间，　　　　　　　　　　　　后果不堪设想了，
　————————————　　　　　————————————
　　所以，他是凶手。　　　　　　　　　　　所以，河堤决口了。

推理（1）中，小前提肯定了大前提的后件，即"他有作案时间"，因而得出了"他是凶手"（对大前提前件的肯定）的结论。但是，从常识判断，任何人都有作案时间，但却并一定是凶手。因此这个结论不是必然结论，这个推理也是无效的。推理（2）中，肯定"后果不堪设想了"，但是引起不堪设想的后果的事情是很多的，并非一定是"河堤决口了"。所以，这个结论也不是必然结论，这个推理也是无效的。

否定前件式：以充分条件假言判断为大前提，以小前提否定大前提的前件，结论则是对大前提的后件的否定。其逻辑形式可以表示为：

如果 p，那么 q，　　　　　　　　　　　　$p \to q$，

非 p，　　　　　　　　　即：　　　　　　$\neg\, p$，
——————　　　　　　　　　　　　　　————
所以，非 q。　　　　　　　　　　　　　　$\neg\, q$。

也可表示为：$(p \to q) \land \neg\, p \to \neg\, q$。

不过，根据"否定前件则不必然否定后件"的规则，可知结论既可否定后件，也可肯定后件。所以，这个推理形式违反了充分条件假言推理的规则，不能推出必然结论，因而也是无效的。比如：

（1）如果他是凶手，就一定有作案时间，（2）一旦河堤决口，后果就会不堪设想，
　　他不是凶手，　　　　　　　　　　　　河堤没有决口，
　————————————　　　　　————————————
　　所以，他一定没有作案时间。　　　　　所以，后果没有不堪设想。

显然，不是凶手并非一定没有作案时间，正如上面所分析的，任何人都可能有作案时间，但却并不能说任何人都是凶手，因此推理（1）的结论不是必然得出的；同样，河堤没有决口也不一定代表后果没有不堪设想，也可能会有其他原因导致不堪设想的后果，因此推理（2）的结论也不是必然得出的。所以，这两个推理都是无效的。

通过上面的分析，我们可以得出在充分条件假言推理的四种形式中，肯定后件式和否定前件式都是无效的，只有肯定前件式和否定后件式是有效的。因此，充分条件假言推理的两个有效式就是：

（1）（p→q）∧p→q；

（2）（p→q）∧¬q→¬p。

必要条件假言推理

必要条件假言推理的含义

必要条件假言推理就是以必要条件假言判断为大前提，并根据必要条件假言判断前、后件的关系进行推演的复合判断推理。看下面这则故事：

张三、李四都喜欢吹牛。这天，他们又开始吹起牛来。

张三吹道："我在江北见过一面鼓，要十个人抬着鼓槌才能敲。鼓响起来的时候，五十里外都能听见。"

李四不甘示弱，也吹道："我在江南见过一头牛，它的头有一间屋子那么大。喝水时，一下子能喝十缸水。"

张三气愤地道："你这是吹牛！怎么可能有那么大的牛？"

李四笑道："要是没有这么大的牛，你说的那面鼓上的牛皮是从哪儿来的？"

这则故事中有一个必要条件假言推理，即：

只有这么大的牛，才能有那么大的鼓，

没有这么大的牛，

所以，没有那么大的鼓。

其中，大前提是一个必要条件假言判断，小前提和结论都是直言判断。而结论也是根据大前提中前件（这么大的牛）和后件（那么大的鼓）之间的关系推出来的。

比如，刘蓉《习惯说》里的一个必要条件假言判断，即："一室不治，何以家国天下为？"其意为"只有先整理好一室，才能为家国天下服务"。这也包含一个必要条件假言推理：

你只有先整理好一室，才能为家国天下服务，

你没有整理好一室，

所以，你不能为家国天下服务。

必要条件假言推理的规则

根据必要条件假言推理的逻辑性质可知，当且仅当前件为假后件为真时，必要条件假言判断才为假。所以，对于一个真的必要条件假言判断来说，当后件为真时，前件也必为真；当前件为假时，后件也必为假；而当前件为真时，后件则真假不定。

由此可知，要保证必要条件假言推理有效，必须遵循下面两条规则：

第一，否定前件就要否定后件，肯定前件则不必然肯定后件；

第二，肯定后件就要肯定前件，否定后件则不必然否定前件。

必要条件假言推理的形式

由必要条件假言推理的两条规则，可以得出它的四种推理形式：

1. 否定前件式：以必要条件假言判断为大前提，以小前提否定大前提的前件，结论则是对大前提后件的否定。比如：

（1）我们只有建立抗日民族统一战线，才能团结一切可以团结的力量，

　　　我们没有建立抗日民族统一战线，

　　　所以，我们不能团结一切可以团结的力量。

（2）只有这么大的牛，才能有那么大的鼓，

　　　没有这么大的牛，

　　　所以，没有那么大的鼓。

这两个必要条件假言推理中，推理（1）的小前提否定了大前提的前件，即"我们没有建立抗日民族统一战线"，从而推出结论，即对大前提后件的否定："我们不能团结一切可以团结的力量。"推理（2）的小前提否定了大前提的前件，即"没有这么大的牛"，从而推出结论，即对大前提后件的否定："没有那么大的鼓。"

我们前面讲过，必要条件假言判断可以用"只有 p，才 q，即：$p \leftarrow q$"来表示。那么，必要条件假言推理的否定前件式就可以表示为：

只有 p，才 q，　　　　　　　　　　$p \leftarrow q$，

非 p，　　　　　　　即：　　　　　$\neg p$，

所以，非 q。　　　　　　　　　　　$\neg q$。

也可以表示为：$(p \leftarrow q) \land \neg p \rightarrow \neg q$。

2. 肯定后件式：以必要条件假言判断为大前提，以小前提肯定大前提的后件，结论则是对大前提前件的肯定。比如：

（1）我们只有建立抗日民族统一战线，才能团结一切可以团结的力量，

　　　我们团结了一切可以团结的力量，

　　　所以，我们建立了抗日民族统一战线。

（2）只有这么大的牛，才能有那么大的鼓，

　　有那么大的鼓，

　　所以，有这么大的牛。

推理（1）的小前提肯定了大前提的后件，即"我们团结了一切可以团结的力量"，从而推出结论，即对大前提前件的肯定："我们建立了抗日民族统一战线。"推理（2）的小前提肯定了大前提的后件，即"有那么大的鼓"，从而推出结论，即对大前提前件的肯定："有这么大的牛。"

必要条件假言推理的肯定后件式可以表示为：

只有 p，才 q，　　　　　　　　　　　$p \leftarrow q$，

q，　　　　　　　即：　　　　　　　q，

所以，p。　　　　　　　　　　　　　p。

也可以表示为：$(p \leftarrow q) \wedge q \rightarrow p$。

3. 否定后件式：以必要条件假言判断为大前提，以小前提否定大前提的后件，结论则是对大前提前件的否定。其逻辑形式可以表示为：

只有 p，才 q，　　　　　　　　　　　$p \leftarrow q$，

非 q，　　　　　　　即：　　　　　$\neg q$，

所以，非 p。　　　　　　　　　　　$\neg p$。

也可以表示为：$(p \leftarrow q) \wedge \neg q \rightarrow \neg p$。

但是，根据"否定后件则不必然否定前件"的规则，可知结论既可否定前件，也可肯定前件。所以，这个推理形式违反了必要条件假言推理的规则，不能推出必然结论，因而是无效的。比如：

（1）我们只有建立抗日民族统一战线，才能团结一切可以团结的力量，

　　我们没有团结一切可以团结的力量，

　　所以，我们不能建立抗日民族统一战线。

（2）只有这么大的牛，才能有那么大的鼓，

　　没有那么大的鼓，

　　所以，没有这么大的牛。

这两个推理的小前提都否定了大前提的后件，而结论则都是对大前提的前件的否定。但是，推理（1）中，"没有团结一切可以团结的力量"并不是说就必然不能建立抗日民族统一战线，比如可以建立团结一大部分力量的统一战线。所以该结论不是必然结论，这个推理也是无效的。推理（2）中，"没有那么大的鼓"并不能必然推出"没有这么大的牛"，因为可能存在"有这么大的牛，但却没有

去做那么大的鼓"的情况。所以该结论不是必然结论，这个推理也是无效的。

4.肯定前件式：以必要条件假言判断为大前提，以小前提肯定大前提的前件，结论则是对大前提后件的肯定。其逻辑形式可以表示为：

只有 p，才 q， $p \leftarrow q$，

p，   即：   p，

所以，q。   q。

也可以表示为：（p ← q）∧ p → q。

根据"肯定前件则不必然肯定后件"的规则，可知结论既可以肯定后件，也可以否定后件。所以，这个推理形式违反了必要条件假言推理规则，不能推出必然结论，因而是无效的。比如：

（1）我们只有建立抗日民族统一战线，才能团结一切可以团结的力量，

我们建立了抗日民族统一战线，

所以，我们团结了一切可以团结的力量。

（2）只有这么大的牛，才能有那么大的鼓，

有这么大的牛，

所以，有那么大的鼓。

显然，"建立了抗日民族统一战线"并不能必然推出"团结了一切可以团结的力量"这个结论，其中也可能包括可以团结但却没有团结到的力量，因而这个推理是无效的；同样，"有这么大的牛"并不意味着一定做了那么大的鼓，所以这个结论也不是必然得出的。

通过上面的分析，我们可以得出在必要条件假言推理的四种形式中，肯定前件式和否定后件式都是无效的，只有否定前件式和肯定后件式是有效的。因此，必要条件假言推理的两个有效式就是：

（1）（p ← q）∧ ¬ p → - q；

（2）（p ← q）∧ q → p。

充分条件假言推理和必要条件假言推理的关系

从充分条件假言判断（p → q）和必要条件假言判断（p ← q）的形式上看，一个充分条件假言判断的前后件易位就可以得到一个必要条件假言判断，反之亦然。比如：

（1）如果他是凶手，就一定有作案时间；

（2）只有他有作案时间，他才可能是凶手。

判断（1）是充分条件假言判断，判断（2）是必要条件假言判断，二者的前

后件的位置正好相反。也就是说，"如果 p，那么 q"等于"只有 q，才 p"，即：p→q¬q←p。这种特点就使得充分条件假言推理也可能与必要条件假言推理有一定的关系。请看下表：

充分条件假言推理	必要条件假言推理
肯定前件式：（p→q）∧ p→q（有）	否定前件式：（p←q）∧ ¬p→¬q（有）
否定后件式：（p→q）∧ ¬q→¬p（有）	肯定后件式：（p←q）∧ q→p（有）
肯定后件式：（p→q）∧ q→p（无）	否定后件式：（p←q）∧ ¬q→¬p（无）
否定前件式：（p→q）∧ ¬p→¬q（无）	肯定前件式：（p←q）∧ p→q（无）

其中，（有）指推理的有效式，（无）指推理的无效式。

根据表格可知，充分条件假言推理的有效式恰恰是必要条件假言推理的无效式，而它的无效式则恰恰是必要条件假言推理的有效式。反之亦然。

充分必要条件假言推理

充分必要条件假言推理的含义

充分必要条件假言推理就是以充分必要条件假言判断为大前提，并根据充分必要条件假言判断前后件的关系进行推演的复合判断推理。比如：

（1）当且仅当两条直线的同位角相等，则两直线平行，

两条直线的同位角相等，

所以，两直线平行。

（2）当且仅当能被 2 整除的数才是偶数，

一个数是偶数，

所以，这个数能被 2 整除。

上面两个充分必要条件假言推理中，都是以充分必要条件假言判断为大前提，以直言判断作为小前提和结论的，并且是根据大前提的前后件之间的关系进行推理的。

在数学公式推算中，也可以应用充分必要条件假言推理。例如：假设 a 大于 b，那么，无论 a、b、c 为何值，最后结论都能推出 a+c 大于 b+c；假设 a+c 大于

b+c，那么，无论 a、b、c 为何值，最后结论都能推出 a 大于 b。即：当且仅当 a 大于 b 时，a+c 大于 b+c。

当且仅当 a 大于 b，a+c 大于 b+c

a 大于 b，
_____

所以 a+c 大于 b+c

当然，根据小前提的不同，上面这三个推理还可以得出其他的结论，这就涉及充分必要条件假言推理的规则和形式的问题。

充分必要条件假言推理的规则

根据充分必要条件假言判断的逻辑性质可知，当且仅当前件、后件取相同的逻辑值时，充分必要条件假言判断才为真。所以，对于一个真的充分必要条件假言判断来说，当前件为真时，后件也必为真；当前件为假时，后件也必为假。反之，当后件为真时，前件也必为真；当后件为假时，前件也必为假。

由此可知，要保证充分必要条件假言推理有效，必须遵循下面两条规则：

第一，肯定前件就要肯定后件，肯定后件就要肯定前件；

第二，否定前件就要否定后件，否定后件就要否定前件。

充分必要条件假言推理的形式

由充分必要条件假言推理的两条规则，可以得出它的四种推理形式：

1. 肯定前件式：以充分必要条件假言判断为大前提，以小前提肯定大前提的前件，结论则肯定大前提的后件。比如：

（1）当且仅当两条直线的同位角相等，则两直线平行，

两条直线的同位角相等，
_____

所以，两直线平行。

（2）当且仅当能被 2 整除的数才是偶数，

一个数能被 2 整除，
_____

所以，这个数是偶数。

这两个充分必要条件假言推理中，推理（1）的小前提肯定了大前提的前件，即"两条直线的同位角相等"，结论则肯定了大前提的后件，即"两直线平行"；推理（2）的小前提肯定了大前提的前件，即"能被 2 整除"，结论则肯定了大前提的后件，即"偶数"。

我们在前面讲过，充分必要条件假言判断可以用"当且仅当 p，才 q，即：p $\longleftrightarrow$ q"来表示。那么，充分必要条件假言推理的肯定前件式就可以表示为：

当且仅当 p，才 q，   p ⟷ q，

p，   即：   p，

所以，q。   q。

也可以表示为：（p ⟷ q）∧ p → q。

2. 肯定后件式：以充分必要条件假言判断为大前提，以小前提肯定大前提的后件，结论则肯定大前提的前件。比如：

（1）当且仅当两条直线的同位角相等，则两直线平行，

两直线平行，

所以，两条直线的同位角相等。

（2）当且仅当能被 2 整除的数才是偶数，

一个数是偶数，

所以，这个数能被 2 整除。

这两个推理都是通过小前提肯定大前提的后件推出肯定大前提前件的结论的。

充分必要条件假言推理的肯定后件式可以表示为：

当且仅当 p，才 q，   p ⟷ q，

q，   即：   q，

所以，p。   p。

也可以表示为：（p ⟷ q）∧ q → p。

3. 否定前件式：以充分必要条件假言判断为大前提，以小前提否定大前提的前件，结论则否定大前提的后件。比如：

（1）当且仅当两条直线的同位角相等，则两直线平行，

两条直线的同位角不相等，

所以，两直线不平行。

（2）当且仅当能被 2 整除的数才是偶数，

一个数不能被 2 整除，

所以，这个数不是偶数。

推理（1）的小前提否定了大前提的前件，即"两条直线的同位角不相等"，从而推出了否定大前提后件的结论，即"两直线不平行"；推理（2）的小前提否定了大前提的前件，即"不能被 2 整除"，从而推出了否定大前提后件的结论，即"不是偶数"。

充分必要条件假言推理的否定前件式就可以表示为：

当且仅当p，才q， $p \longleftrightarrow q$，

非p，   即： $\neg p$，

所以，非q。 $\neg q$。

也可以表示为：$(p \longleftrightarrow q) \land \neg p \rightarrow \neg q$。

4.否定后件式：以充分必要条件假言判断为大前提，以小前提否定大前提的后件，结论则否定大前提的前件。比如：

（1）当且仅当两条直线的同位角相等，则两直线平行，

两直线不平行，

所以，两条直线的同位角不相等。

（2）当且仅当能被2整除的数才是偶数，

一个数不是偶数，

所以，这个数不能被2整除。

这两个推理都是通过小前提否定大前提的后件推出否定大前提前件的结论的。

充分必要条件假言推理的肯定后件式可以表示为：

当且仅当p，才q， $p \longleftrightarrow q$，

非q，   即： $\neg q$，

所以，非p。 $\neg p$。

也可以表示为：$(p \longleftrightarrow q) \land \neg q \rightarrow \neg p$。

通过上面的分析，我们可以得出充分必要条件假言推理的四种形式，即肯定前件式、肯定后件式、否定前件式和否定后件式都是有效的。其有效式为：

（1）$(p \longleftrightarrow q) \land p \rightarrow q$；

（2）$(p \longleftrightarrow q) \land q \rightarrow p$；

（3）$(p \longleftrightarrow q) \land \neg p \rightarrow \neg q$；

（4）$(p \longleftrightarrow q) \land \neg q \rightarrow \neg p$。

假言推理的作用

假言推理的三种类型都已经介绍完了，作为思维中推理的重要形式之一，假言推理可以说是应用最为广泛的一种。

其一，在日常生活中，假言推理也是人们论证思想、解决问题的重要手段。

其二，假言推理是根据已知条件推出未知事实的，因此它在刑事案件的侦查、疾病的诊断，尤其是科学研究中都有着广泛的应用，并起到了极为重要的作用。

看下面一个案例：

某公司保险箱被盗，经过反复侦查，侦查小组掌握了以下几个事实：

（1）本案为内部盗窃，并且案犯只可能是员工 A 或 B；

（2）值班员工 C 被杀，而 B 却于案发当晚失踪；

（3）只有 C 未被杀死，员工 D 的证词才不实；

（4）若 B 为案犯，当晚就不会有警报声；

（5）若 D 的证词属实，当晚就会有警报声。

那么，谁是案犯？

要想破获该案，就要使用假言推理。

1.对事实（2）和（3）进行必要条件假言推理的否定前件式推理，可知 D 的证词属实。即：

只有 C 未被杀死，员工 D 的证词才不实，

C 被杀死了，

所以，员工 D 的证词属实。

2.对事实（5）和"员工 D 的证词属实"进行充分条件假言推理的肯定前件式推理，可知当晚有警报声。即：

若 D 的证词属实，当晚就会有警报声，

员工 D 的证词属实，

所以，当晚有警报声。

3.对事实（4）和"当晚有警报声"进行充分条件假言推理否定后件式推理，可知 B 不是案犯。即：

若 B 为案犯，当晚就不会有警报声，

当晚有警报声，

所以，B 不是案犯。

4.对事实（1）和"B 不是案犯"进行相容选言推理，可知 A 为案犯。即：

案犯或者是 A，或者是 B，

B 不是案犯，

所以，A 是案犯。

需要注意的是，在运用假言推理时，一定要注意各种假言推理不同形式的规则，只有按规则推理才能得出正确的结论。

二难推理

二难推理的含义

有这样一个故事：

有一个国王，每次处决犯人时，都会让犯人说一句话。如果这句话是真话，就把犯人绞死；如果这句话是假话，就把犯人砍头。总之，犯人都难免一死。有一次，一个囚徒被押赴刑场，国王照例让他说一句话。他想了想说："我会被砍头而死。"这下国王就犯难了：如果将其砍头，这句话就是真话，说真话应该被绞死的，这就违背了自己的诺言；如果将其绞死，这句话就是假话，说假话应该被砍头，这也违背了自己的诺言。不得已，国王只能放了他。

这个故事中，囚徒运用了这么一个推理：

如果我被砍头，那么国王就违背了自己的诺言；

如果我被绞死，那么国王也违背了自己的诺言；

或者我被砍头，或者我被绞死，

所以，国王都要违反自己的诺言。

国王自然不愿意违背自己的诺言，所以只能放了囚徒。囚徒运用的这个推理就是二难推理。

所谓二难推理，就是以两个充分条件假言判断和一个有两个选言肢的选言判断为前提进行推演的复合判断推理。因为二难推理一般都由假言判断和选言判断构成，所以也被称为假言选言推理。

二难推理实际上是由两个假言前提提出两种情况，然后再用选言前提对其前件或后件进行肯定或否定，从而得出结论的一种推理形式。选言前提肯定或否定的情况不同，得到的结论也不同。

二难推理的规则

因为二难推理的前提包括假言判断和选言判断，这就要求在进行二难推理时，既要根据假言判断的逻辑性质，也要根据选言判断的逻辑性质。总的说来，要保证二难推理的有效性，要遵循以下四条规则：

第一，两个假言前提必须是充分条件假言判断且都为真；

第二，两个真的充分条件假言判断的前后件间必须有必然联系；

第三，选言前提的选言肢要穷尽有关的可能情况；

第四，要遵循假言推理和选言推理的有关规则。

二难推理的形式

根据二难推理的选言前提是肯定还是否定以及结论是简单判断还是复合判断，可以将其分为简单构成式、简单破坏式、复杂构成式和复杂破坏式四种基本的有效形式。

1. 简单构成式

简单构成式是以选言前提肯定两个假言前提的不同前件，从而推出肯定其相同后件的结论的二难推理。因为推理运用了充分条件假言推理的肯定前件式，并且其结论是一个简单判断，所以该推理形式被称为二难推理的"简单构成式"。

前面关于"囚徒与国王"的那个推理就是二难推理的简单构成式：以选言前提（"或者我被砍头，或者我被绞死"）的两个选言肢来分别肯定两个假言前提的前件（"我被砍头""我被绞死"）而推出"国王都要违背自己的诺言"的结论。这个结论既是对假言前提的相同后件（"国王就违背了自己的诺言"）的肯定，又是一个简单判断。

此外，著名的"自相矛盾"的故事里也包含着一个二难推理：

如果你的盾能被你的矛刺穿，那么你就在说谎；

如果你的盾不能被你的矛刺穿，那么你也在说谎；

你的盾或者能被你的矛刺穿，或者不能被你的矛刺穿；

所以，你都是在说谎。

在这个二难推理中，选言前提也肯定了两个假言前提的不同前件，即"你的盾能被你的矛刺穿"和"你的盾不能被你的矛刺穿"，推出的结论则是对两个假言前提相同后件的肯定，即"你都是在说谎"。

据以上分析，二难推理的简单构成式的逻辑形式可以表示为：

如果 p，那么 r; $p \rightarrow r$;

如果 q，那么 r;   即： $q \rightarrow r$;

或者 p，或者 q; $p \lor q$;

所以，r。 r。

也可以表示为：$(p \rightarrow r) \land (q \rightarrow r) \land (p \lor q) \rightarrow r$。

由此可得出二难推理的简单构成式的三个特点：

第一，两个假言前提的前件不同，后件相同；第二，选言前提的两个选言肢分别肯定两个假言前提的前件；第三，所得结论是简单判断且是对两个假言前提相同后件的肯定。

2. 简单破坏式

简单破坏式是以选言前提否定两个假言前提的不同后件，从而推出否定其相同前件的结论的二难推理。因为推理运用了充分条件假言推理的否定后件式，并且其结论是一个简单判断，所以该推理形式被称为二难推理的"简单破坏式"。比如：

如果你继续吵闹，就会影响别人的工作；

如果你继续吵闹，就会影响别人的休息；

你或者不影响别人的工作，或者不影响别人的休息；

所以，你不能继续吵闹。

这个二难推理中，选言前提（"你或者不影响别人的工作，或者不影响别人的休息"）分别否定了两个假言前提的不同后件（"影响别人的工作""影响别人的休息"），从而推出了否定其相同前件的结论（"你不能继续吵闹"），这个结论也是简单判断。

据以上分析，二难推理的简单破坏式的逻辑形式可以表示为：

如果 p，那么 q； $p \rightarrow q$；

如果 p，那么 r；   即： $p \rightarrow r$；

或者非 q，或者非 r； $\neg q \vee \neg r$；

所以，非 p。 $\neg p$。

也可以表示为：$(p \rightarrow q) \wedge (p \rightarrow r) \wedge (\neg q \vee \neg r) \rightarrow \neg p$。

由此可得出二难推理的简单破坏式的三个特点：

第一，两个假言前提的前件相同，后件不同；第二，选言前提的两个选言肢分别否定两个假言前提的后件；第三，所得结论是简单判断且是对两个假言前提相同前件的否定。

3. 复杂构成式

复杂构成式是以选言前提肯定两个假言前提的不同前件，从而推出肯定其不同后件的结论的二难推理。因为推理运用了充分条件假言推理的肯定前件式，并且其结论是一个属于复合判断的选言判断，所以该推理形式被称为二难推理的"复杂构成式"。

《战国策》中有一个故事：

有献不死之药于荆王者，谒者操以入。中射之士问曰："可食乎？"曰："可。"因夺而食之。王怒，使人杀中射之士。中射之士使人说王曰："臣问谒者，谒者曰可食，臣故食之。是臣无罪，而罪在谒者也。且客献不死之药，臣食之而王杀臣，是死药也。王杀无罪之臣，而明人之欺王。"王乃不杀。

在这个故事中，荆王（即楚顷襄王）因为中射之士（即王宫卫士）吃了别人献给他的不死药，大发雷霆，要处死卫士。卫士辩解道："如果这是不死之药，那么大王就杀不死我；如果这不是不死之药，就是证明大王被欺骗了。"实际上，卫士是用这样一个推理在给自己辩解的：

如果这是不死之药，那么大王就杀不死我；

如果这不是不死之药，就证明大王被欺骗了；

或者这是不死之药，或者这不是不死之药；

所以，或者大王杀不死我，或者证明大王被欺骗了。

这个二难推理中，选言前提（"或者这是不死之药，或者这不是不死之药"）分别肯定了两个假言前提中不同的前件（"这是不死之药""这不是不死之药"），从而推出了肯定其不同后件的结论（"或者大王杀不死我，或者证明大王被欺骗了"），这个结论是一个选言判断。

苏东坡有首《琴诗》："若言琴上有琴声，放在匣中何不鸣？若言声在指头上，何不于君指上听？"其中也包含着一个二难推理的复杂构成式：

如果琴声在琴上，那么放在匣中也能听到；

如果琴声在手指上，那么在手指上也能听到；

或者琴声在琴上，或者琴声在手指上；

所以，或者放在匣中也能听到，或者在手指上也能听到。

据以上分析，二难推理的复杂构成式的逻辑形式可以表示为：

如果 p，那么 r； $p \rightarrow r$；

如果 q，那么 s；   即： $q \rightarrow s$；

或者 p，或者 q； $p \lor q$；

所以，或者 r，或者 s。 $r \lor s$。

也可以表示为：$(p \rightarrow r) \land (q \rightarrow s) \land (p \lor q) \rightarrow r \lor s$。

由此可得出二难推理的复杂构成式的三个特点：

第一，两个假言前提的前后件都不同；第二，选言前提的两个选言肢分别肯定两个假言前提的不同前件；第三，所得结论是选言判断且是对两个假言前提不同后件的肯定。

4. 复杂破坏式

复杂破坏式是以选言前提否定两个假言前提的不同后件，从而推出否定其不同前件的结论的二难推理。因为推理运用了充分条件假言推理的否定后件式，并且其结论是一个属于复合判断的选言判断，所以该推理形式被称为二难推理的"复杂破坏式"。比如：

如果他考上研究生了，就能继续读书；

如果他找到工作了，就能开始挣钱；

他或者不能继续读书，或者不能开始挣钱；

所以，他或者没有考上研究生，或者没有找到工作。

这个二难推理中，选言前提（"他或者不能继续读书，或者不能开始挣钱"）分别否定了两个假言前提的后件（"继续读书""开始挣钱"），从而推出了否定其不同前件的结论（"他或者没有考上研究生，或者没有找到工作"），这个结论也是一个选言判断。

看下面这则故事：

丈夫买回来三斤肉，准备晚上招待客人，可是贪吃的妻子却偷偷地把肉全吃了。等丈夫发现肉没了时，便去问妻子。妻子说："肉都被那只馋猫偷吃了。"丈夫一把把猫抓过来，放在秤盘上称，发现猫正好三斤。丈夫就说："肉是三斤，猫也是三斤。如果这是肉，那么猫去哪儿了？如果这是猫，那么肉去哪儿了？"妻子无地自容。

这个故事中，丈夫责问妻子时，就是运用了二难推理的复杂破坏式：

如果秤盘上的是肉，那么猫就不在了；

如果秤盘上的是猫，那么肉就不在了；

或者猫在，或者肉在，

所以，或者秤盘上的不是肉，或者秤盘上的不是猫。

这个二难推理就是通过选言前提分别否定两个假言前提的不同后件而推出否定其不同前件的结论的。

据以上分析，二难推理的复杂破坏式的逻辑形式可以表示为：

如果 p，那么 r； $p \rightarrow r$；

如果 q，那么 s；   即： $q \rightarrow s$；

或者非 r，或者非 s； $\neg r \lor \neg s$；

所以，非 p 或者非 q。 $\neg p \lor \neg q$。

也可以表示为：$(p \rightarrow r) \land (q \rightarrow s) \land (\neg r \lor \neg s) \rightarrow (\neg p \lor \neg q)$。

由此可得出二难推理的复杂破坏式的三个特点：

第一，两个假言前提的前后件都不同；第二，选言前提的两个选言肢分别否定两个假言前提的不同后件；第三，所得结论是选言判断且是对两个假言前提不同前件的否定。

如何破斥错误的二难推理

由于二难推理的特殊形式及效果，往往会被人尤其是诡辩者钻空子，故意运用错误的二难推理来迷惑或反驳他人。要破斥错误的二难推理，可以从以下三个方面入手：

第一，检验推理前提是否真实。

前提包括两个假言前提和一个选言前提，只要其中任一个前提不真实，这个二难推理就是错误的。对于假言前提来说，如果假言前提不是充分条件假言前提，或者其前后件间没有必然联系，都会造成假言前提不真实；对于选言前提来说，如果选言肢没有穷尽所有可能性，那么这个选言判断就有可能不真实。比如：

如果你知道，那么我就不应该说；（说了重复）

如果你不知道，那么我也不应该说；（说了白说）

你或者知道，或者不知道；

所以，我不应该说。

这个推理中，第二个假言前提是不真实的，因为"你不知道"并不能成为"我不应该说"的充分条件，所以这个推理是错误的。

第二，检验推理形式是否正确。

二难推理又叫假言选言推理，所以要遵循假言推理和选言推理的相关规则。而充分条件假言推理有肯定前件式和否定后件式两个有效式，如果选言前提在肯定或否定假言前提的前后件时，运用的不是充分条件假言推理的有效式，那就可能导致错误的二难推理。比如：

如果他是凶手，那么他就有作案时间；

如果他是凶手，那么他就有作案动机；

他或者有作案时间，或者有作案动机；

所以，他是凶手。

从形式上看，这是二难推理的简单破坏式，那么选言前提就要分别否定两个假言前提的不同后件，最终推出否定其相同前件的结论。但是这个推理的选言前提却是对两个假言前提不同后件的肯定，结论也是对前件的肯定，所以是错误的。

第三，构造一个新的结构相似但结论相反的二难推理去反驳错误的二难推理。

在构造相反的二难推理时，要遵循以下四个规则：

第一，保留原二难推理假言前提的前件；第二，后件与原二难推理假言前提的后件相反；第三，列举充分的理由；第四，推出与原二难推理相反的结论。比如：

如果要反驳我们在分析"检验推理前提是否真实"的过程中所举的错误推理，就可以构造一个相反的二难推理，即：

如果你知道，那么我就应该说（可以更深入地了解）；

如果你不知道，那么我更应该说（说了就知道了）；

你或者知道，或者不知道；

所以，我应该说。

显然，这个相反的二难推理与原二难推理假言前提的前件相同；后件及结论则与之相反；其中"可以更深入地了解"和"说了就知道了"就是所列举的理由。

通过构造相反的二难推理，就可以其人之道还治其人之身，有力地反驳错误的二难推理。

根据以上分析，可知二难推理是有力的论辩武器。实际上，二难推理本就来源于古希腊的论辩，普罗泰戈拉与欧提勒士之间的"半费之讼"就是一个著名的例子。所以，二难推理最为广泛的用途便是辩论，通过在辩论中运用二难推理将对方陷入进退两难的境地，让其不管怎么选择都是错的，在诉讼辩论中尤其如此。从这个角度上说，这既是二难推理的作用，又是二难推理的目的。

模态推理

模态推理的含义

模态判断就是断定事物情况存在的必然性或可能性的判断。模态推理就是以模态判断为前提或结论，并根据模态判断的逻辑性质进行推演的推理。比如：

（1）一切事物必然处于不断的运动中，

所以，一切事物不必然不处于不断的运动中。

（2）凡是脊椎动物必然有脊椎，

爬行类动物是脊椎动物，

所以，爬行类动物必然有脊椎。

推理（1）中，前提和结论都是模态判断；推理（2）中，大前提和结论都是模态判断。所以，这两个推理都是模态推理。

对当关系模态推理

模态判断的对当关系就是指必然肯定判断（□ P）、必然否定判断（□ ¬ P）、可能肯定判断（◇ P）和可能否定判断（◇ ¬ P）这四种模态判断间的真假关系。

根据模态判断的对当关系进行的推理就是对当关系模态推理。与直言判断的对当关系直接推理一样，对当关系模态推理也要注意两个问题：

第一，对当关系模态推理应该在同一素材中进行。

第二，进行对当关系模态推理时，要在具有必然关系的模态判断之间进行，依据它们之间的真假制约关系而推理。也就是说，可以从一个真判断推出一个假判断，也可以从一个假判断推出一个真判断；或者从一个真判断推出另一个真判断，从一个假判断推出另一个假判断。但是若所推出的另一个判断真假不定，那么就不能进行对当关系模态推理。

1. 反对关系模态推理

反对关系模态推理就是在具有反对关系的模态判断之间进行的推理。在模态判断的对当关系中，必然肯定判断（□P）、必然否定判断（□￢P）具有反对关系。根据反对关系的逻辑性质可知，其中一个判断为真时，另一个必为假；其中一个为假时，另一个却真假不定。所以，我们可进行如下推理：

由□P真推出□￢P假或由□￢P真推出□P假。比如：

（1）人必然有生老病死，

所以，并非人必然没有生老病死。

（2）客观规律必然不以人的意志为转移，

所以，并非客观规律必然以人的意志为转移。

推理（1）由□P真推出□￢P假。由此可知，"必然P"可以推出"并非必然非P"，即：□P→￢□￢P。

推理（2）由□￢P真推出□P假。由此可知，"必然非P"可以推出"并非必然P"，即：□￢P→￢□P。

2. 从属关系模态推理

从属关系模态推理就是在具有从属关系的模态判断之间进行的推理。因为从属关系也叫等差关系，所以从属关系模态推理也叫等差关系模态推理。在模态判断的对当关系中，必然肯定判断（□P）和可能肯定判断（◇P）之间、必然否定判断（□￢P）和可能否定判断（◇￢P）之间具有从属关系。根据从属关系的逻辑性质可知，□P真则◇P真，◇P假则□P假；□P假或◇P真，则另一个真假不定。同样，□￢P真则◇￢P真，◇￢P假则□￢P假；□￢P假或◇￢P真，则另一个真假不定。所以，我们可进行如下推理：

由□P真推出◇P真或由◇P假推出□P假。比如：

（1）人必然有生老病死，

所以，人可能有生老病死。

（2）并非客观规律可能以人的意志为转移，

所以，并非客观规律必然以人的意志为转移。

推理（1）由□P真推出◇P真。由此可知，"必然P"可以推出"可能P"，即：□P→◇P。

推理（2）由◇P假推出□P假。由此可知，"并非可能P"可以推出"并非必然P"，即：¬◇P→¬□P

由□¬P真则◇¬P真或◇¬P假则□¬P假。比如：

（1）老年人的精力必然不如年轻人，

所以，老年人的精力可能不如年轻人。

（2）并非李白可能不是唐朝人，

所以，并非李白必然不是唐朝人。

推理（1）由□¬P真则◇¬P真。由此可知，"必然非P"可以推出"可能非P"，即：□¬P→◇¬P。

推理（2）◇¬P假则□¬P假。由此可知，"并非可能非P"可以推出"并非必然非P"，即：¬◇¬P→¬□¬P。

3. 矛盾关系模态推理

矛盾关系模态推理就是在具有矛盾关系的模态判断之间进行的推理。在模态判断的对当关系中，必然肯定判断（□P）和可能否定判断（◇¬P）之间、必然否定判断（□¬P）和可能肯定判断（◇P）之间具有矛盾关系。根据矛盾关系的逻辑性质可知，具有矛盾关系的直言判断不能同真，也不能同假，即其中一个判断为真时，另一个必为假；其中一个为假时，另一个必为真。所以，我们可进行如下推理：

由□P真推出◇¬P假或由□P假推出◇¬P真。比如：

（1）人必然有生老病死，

所以，并非人可能没有生老病死。

（2）并非客观规律必然以人的意志为转移，

所以，客观规律可能不以人的意志为转移。

推理（1）由□P真推出◇¬P假。由此可知，"必然P"可以推出"并非可能非P"，即：□P→¬◇¬P。

推理（2）由□P假推出◇¬P真。由此可知，"并非必然P"可以推出"可能非P"，即：¬□P→◇¬P。

由◇¬P真推出□P假或由◇¬P假推出□P真。比如：

（1）老年人的精力可能不如年轻人，

所以，并非老年人的精力必然如年轻人。

（2）并非李白可能不是唐朝人，

所以，李白必然是唐朝人。

推理（1）由◇¬P真推出□P假。由此可知，"可能非P"可以推出"并非必然P"，即：◇¬P→¬□P。

推理（2）由◇¬P假推出□P真。由此可知，"并非可能非P"可以推出"必然P"，即：¬◇¬P→□P。

由□¬P真推出◇P假，由□¬P假推出◇P真；由◇P真推出□¬P假，由◇P假推出□¬P真。

根据上一组矛盾关系的分析，对□¬P和◇P的真假关系进行分析可得出如下结论：

由"必然非P"可以推出"并非可能P"，即：□¬P→¬◇P；

由"并非必然非P"可以推出"可能P"，即：¬□¬P→◇P；

由"可能P"可以推出"并非必然非P"，即：◇P→¬□¬P；

由"并非可能P"可以推出"必然非P"，即：¬◇P→□¬P。

根据以上对矛盾关系模态推理的分析，可以得出以下四个等值推理：

（1）□P←→¬◇¬P；（2）¬□P←→◇¬P；（3）□¬P←→¬◇P；（4）¬□¬P←→◇P。

4. 下反对关系模态推理

下反对关系模态推理就是在具有下反对关系的模态判断之间进行的推理。在模态判断的对当关系中，可能肯定判断（◇P）和可能否定判断（◇¬P）具有下反对关系。根据下反对关系的逻辑性质可知，其中一个判断为真时，另一个真假不定；其中一个为假时，另一个则必为真。所以，我们可进行如下推理：

由◇P假推出◇¬P真或由◇¬P假推出◇P真。比如：

（1）并非客观规律可能以人的意志为转移，

所以，客观规律可能不以人的意志为转移。

（2）并非李白可能不是唐朝人，

所以，李白可能是唐朝人。

推理（1）由◇P假推出◇¬P真。由此可知，"并非可能P"可以推出"可能非 P"，即：¬ ◇ P→◇ ¬ P。

推理（2）由◇ ¬ P 假推出◇ P 真。由此可知，"并非可能非 P"可以推出"可能 P"，即：¬ ◇ ¬ P→◇ P。

由上面的对当关系模态推理的分析可知它共有 16 个有效式。

偶然判断与实然判断的模态推理

1. 偶然判断模态推理

顾名思义，"偶然"就是可能发生，也不可能不发生。它可以通过"必然"与"可能"两个概念来定义，即：

（1）"偶然 P"等值于"可能 P，也可能非 P"。

这就是说，"偶然 P"可以推出"可能 P，也可能非 P"，"可能 P，也可能非 P"也可以推出"偶然 P"。

（2）"偶然 P"也等值于"不必然 P，也不必然非 P"。

同样，"偶然 P"可以推出"不必然 P，也不必然非 P"，"不必然 P，也不必然非 P"也可以推出"偶然 P"。

偶然判断就是断定事物情况存在的偶然性的模态判断，或者说是断定事物情况可能存在也可能不存在的模态判断。偶然判断中一般都含有"偶然"这个词。比如：

（1）他的彩票偶然中了奖。

（2）他考上研究生是偶然的。

根据偶然判断的逻辑性质以及其与必然判断和可能判断的关系进行的推理就是偶然判断模态推理。比如：

（1）他的彩票偶然中了奖，

所以，他的彩票可能中奖，也可能不中奖。

（2）他考上研究生是偶然的，

所以，他不必然考上研究生，也不必然考不上研究生。

推理（1）是根据偶然判断与可能判断之间的关系来推理的，即："偶然 P"等值于"可能 P，也可能非 P。"其推理形式可以这样来表示：

偶然 P ←→（◇ P ∧ ◇ ¬ P）。

推理（2）是根据偶然判断与必然判断之间的关系来推理的，即："偶然 P"等值于"不必然 p，也不必然非 P。" 其推理形式可以这样来表示：

偶然 P ←→（¬ □ P ∧ ¬ □ ¬ P）。

2. 实然判断模态推理

实然判断是断定事物情况存在的实然性的模态判断，或者说是断定事物情况确实存在或确实不存在的模态判断。但是，实然判断中一般并不含有"实然"一词。其公式即为：S 是（不是）P，可以简单地表示为"P（非 P）"。

根据实然判断和必然判断与可能判断的关系可知，如果"必然 P"真，那么"P"必真；如果"必然非 P"真，那么"非 P"也必真；如果"P"真，那么"可能 P"必真；如果"非 P"真，那么"可能非 P"必真。反之则不然。

根据实然判断的逻辑性质以及其与必然判断和可能判断的关系进行的推理就是实然判断模态推理。

1. 由 □P 真推出 P 真或由 □￢P 真推出 ￢P 真。比如：

（1）人必然有生老病死，　　　　（2）客观规律必然不以人的意志为转移，
　　　所以，人有生老病死。　　　　　　所以，客观规律不以人的意志为转移。

推理（1）由 □P 真推出 P 真。由此可见，"必然 P"可以推出"P"，即：□P→P。

推理（2）由 □￢P 真推出非 P 真。由此可见，"必然非 P"可以推出"非 P"，即：□￢P→￢P。

从这两个推理中可以看出，"P"仅仅断定了"P"，"必然 P"却同时断定了"P"和"必然"，所以"必然 P"比"P"断定得多；"非 P"仅仅断定了"非 P"，"必然非 P"却同时断定了"非 P"和"必然"，所以"必然非 P"比"非 P"断定得多。由此可知，必然判断比实然判断断定得要多。

2. 由 P 真推出 ◇P 真或由 ￢P 真推出 ◇￢P 真。比如：

（1）人有生老病死，　　　　（2）客观规律不以人的意志为转移，
　　　所以，人可能有生老病死。　　　所以，客观规律可能不以人的意志为转移。

推理（1）由 P 真推出 ◇P 真。由此可知，"P"可以推出"可能 P"，即：P→◇P。

推理（2）由 ￢P 真推出 ◇￢P 真。由此可知，"非 P"可以推出"可能非 P"，即：￢P→◇￢P。

从这两个推理中可以看出，"可能 P"仅仅断定"P"的"可能"，而"P"既断定"P"，又包含着对其"可能"的断定，所以"P"比"可能 P"断定得多；"可能非 P"仅仅断定"非 P"的"可能"，而"非 P"既断定"非 P"，又包含着对其"可能"的断定，所以"非 P"比"可能非 P"断定得多。由此可知，实然判断比可能判断断定得要多。

因为必然判断比实然判断断定得要多，实然判断比可能判断断定得要多，所以可以从必然推出实然，从实然推出可能。也就是说，断定某事物情况必然存在，即可断定其存在，断定其存在，即可断定其可能存在。但是，若要反过来推理，则是不通的。

模态三段论

模态三段论的含义

顾名思义，模态三段论就是以模态判断作为前提或结论的三段论。与非模态三段论相比，模态三段论中都含有模态词。所以，也可以说模态三段论就是在非模态三段论中引入模态词而构成的三段论。比如：

（1）新事物必然代替旧事物，

所有符合生产力发展的事物必然是新事物，

所以，所有符合生产力发展的事物必然代替旧事物。

（2）所有的小学生都可能学英语，

张明可能是小学生，

所以，张明可能学英语。

上面两个推理中，大小前提和结论都是模态判断，所以都是模态三段论。不同的是，推理（1）中的模态词是"必然"，所以是必然模态三段论；推理（2）中的模态词是"可能"，所以是可能模态三段论。

需要注意的是，模态三段论不但要遵循三段论的所有规则，还要符合模态判断的有关逻辑性质。只有这样，才能进行正确的模态三段论推理。

根据作为大小前提的模态判断的不同，模态三段论可以分为必然模态三段论、可能模态三段论和必然可能相结合的模态三段论。

模态三段论的种类

1. 必然模态三段论

必然模态三段论就是以必然判断作为前提或结论的模态三段论，或者在三段论中引入"必然"这一模态词的模态三段论，简称为"必然三段论"。它大体可分为两种形式：两个必然判断为前提构成的必然模态三段论和一个必然判断、一个实然判断为前提构成的必然模态三段论。

以两个必然判断为前提

这种必然模态三段论的特点是以必然判断作为大小前提并推出一个新的必然判断作为结论。两个必然肯定前提推出的结论是肯定的，一个必然否定前提和一个必然肯定前提推出的结论则是否定的。根据三段论的规则，两个前提是不能同时否定的，所以不能以两个必然否定判断为前提。其逻辑形式可以表示为：

（1）所有的 M 必然是 P，　　　（2）所有的 M 必然不是 P，

　　　所有的 S 必然是 M，　　　　　　所有的 S 必然是 M，

　　　所以，所有的 S 必然是 P。　　　所以，所有的 S 必然不是 P。

这是三段论第一格的形式，所以它要遵循第一格的规则。形式（1）中，所有的 S 属于 M 且具有必然关系，而所有的 M 又属于 P 且具有必然关系，所以所有的 S 必然属于 P。形式（2）中，所有的 S 属于 M 且具有必然关系，而所有的 M 不属 P 且具有必然关系，所以所有的 S 也必然不属于 P。比如：

（1）新事物（M）必然代替旧事物（P），

　　　所有符合生产力发展的事物（S）必然是新事物（M），

　　　所以，所有符合生产力发展的事物（S）必然代替旧事物（P）。

（2）人（M）必然不是十全十美的（P），

　　　小林（S）必然是人（M），

　　　所以，小林（S）必然不是十全十美的（P）。

以一个必然判断、一个实然判断为前提

这种必然模态三段论的特点是以一个必然判断和一个实然判断分别作为大小前提并推出一个新的必然判断或实然判断作为结论。必然判断可作为大前提，也可作为小前提，可以肯定，也可以否定；实然判断亦然。这样就可以得出多种不同的形式，这里只介绍第一格的两种形式。即：

（1）所有的 M 必然是 P，　　　（2）所有的 M 不是 P，

　　　所有的 S 是 M，　　　　　　　所有的 S 必然是 M，

　　　所以，所有的 S 必然是 P。　　　所以，所有的 S 不是 P。

形式（1）中，所有的 M 属于 P 且具有必然关系，所有的 S 与 M 则没有必然关系，但是所有的 S 却真包含于 M，所以所有的 S 必属于 P 且具有必然关系；形式（2）中，所有的 S 属于 M 且具有必然关系，那么，"必然 M"就可以推出"M"。但所有的 M 与 P 不具有必然关系，所以所有的 S 与 P 也只能是不必然关系。比如：

（1）新事物（M）必然代替旧事物（P），

所有符合生产力发展的事物（S）是新事物（M），

所以，所有符合生产力发展的事物（S）必然代替旧事物（P）。

（2）人（M）不是十全十美的（P），

小林（S）必然是人（M），

所以，小林（S）不是十全十美的（P）。

2. 可能模态三段论

可能模态三段论就是以可能判断作为前提或结论的模态三段论，或者在三段论中引入"可能"这一模态词的模态三段论，简称为"可能三段论"。它大体上也可分为两种形式：两个可能判断为前提构成的可能模态三段论和一个可能判断、一个实然判断为前提构成的可能模态三段论。

以两个可能判断为前提

这种可能模态三段论的特点是以可能判断作大小前提并推出一个新的可能判断作结论。与必然模态三段论一样，两个肯定前提推出的结论也是肯定的，一个否定前提和一个肯定前提推出的结论也是否定的。其逻辑形式可以表示为：

（1）所有的M可能是P，

所有的S可能是M，

所以，所有的S可能是P。

（2）所有的M可能不是P，

所有的S可能是M，

所以，所有的S可能不是P。

形式（1）中，所有的S属于M且具有可能关系，所有的M属于P且具有可能关系，所以所有的S可能属于P；形式（2）中，所有的S属于M且具有可能关系，所有的M不属于P且具有可能关系，所以所有的S不属于P且具有可能关系。比如：

（1）所有的小学生（M）都可能学英语（P），

张明（S）可能是小学生（M），

所以，张明（S）可能学英语（P）。

（2）下周（M）他可能都没有时间（P），

24日到30日（S）都属于下周（M），

所以，24日到30日（S）他可能都没有时间（P）。

以一个可能判断、一个实然判断为前提

这种可能模态三段论的特点是以一个可能判断和一个实然判断分别作为大小前提并推出一个新的可能判断作为结论。它也包括多种不同的形式，这里只介绍第一格的两种形式。即：

（1）所有的 M 可能是 P，
　　所有的 S 是 M，
　　所以，所有的 S 可能是 P。

（2）所有的 M 不是 P，
　　所有的 S 可能是 M，
　　所以，所有的 S 可能不是 P。

形式（1）中的结论为可能判断是容易理解的，需要指出的是形式（2）中的结论也是可能判断，这就与相同形式下的必然模态三段论所推出的结论有所不同。这是因为实然判断可以推出可能判断，但可能判断不能推出实然判断。所以，形式（2）中，所有的 S 可能是 M，而"可能 M"推不出"M"，因此所有的 S 与 P 只能是可能关系。比如：

（1）所有的小学生（M）都可能学英语（P），
　　张明（S）是小学生（M），
　　所以，张明（S）可能学英语（P）。

（2）下周（M）他没有时间（P），
　　24 日到 30 日（S）都属于下周（M），
　　所以，24 日到 30 日（S）他可能都没有时间（P）。

3. 必然可能模态三段论

必然可能模态三段论就是以必然判断和可能判断作为前提推出一个新的可能判断作为结论的模态三段论，简称为"必然可能三段论"。需要说明的是，必然可能模态三段论的结论一定是可能判断，不会是必然判断。简单地说，它包括两种形式：

以必然判断作为大前提，以可能判断作为小前提

这种形式是以必然判断作为大前提、以可能判断作为小前提，从而推出一个新的可能判断作为结论的模态三段论。其逻辑形式为：

（1）所有的 M 必然是 P，
　　所有的 S 可能是 M，
　　所以，所有的 S 可能是 P。

（2）所有的 M 必然不是 P，
　　所有的 S 可能是 M，
　　所以，所有的 S 可能不是 P。

形式（1）中，所有的 S 属于 M 且具有可能关系，而可能判断推不出必然判断，即"可能 M"推不出"M"，所以所有的 S 与 P 也只能是可能关系；形式（2）亦然。比如：

（1）七言绝句必然有四句，
　　这首诗可能是七言绝句，
　　所以，这首诗可能有四句。

（2）犯罪行为必然不被法律认可，
　　他这种行为可能是犯罪行为，
　　所以，他这种行为可能不被法律认可。

以可能判断作为大前提，以必然判断作为小前提

这种形式是以可能判断作为大前提、以必然判断作为小前提，从而推出一个新的可能判断作为结论的模态三段论。其逻辑形式为：

（1）所有的 M 可能是 P，　　　　（2）所有的 M 可能不是 P，

　　　所有的 S 必然是 M，　　　　　　　所有的 S 必然是 M，

　　　所以，所有的 S 可能是 P。　　　　所以，所有的 S 可能不是 P。

形式（1）中，所有的 S 属于 M 且具有必然关系，但所有的 M 与 P 则具有可能关系，那么，S 作为 M 的一部分只能与 P 具有可能关系；形式（2）亦然。比如：

（1）这个宿舍的人可能会踢足球，　　（2）酒可能无益于身体，

　　　他必然是这个宿舍的人，　　　　　　这瓶东西是酒，

　　　所以，他可能会踢足球。　　　　　　所以，这瓶东西可能无益于身体。

模态三段论的特点

从上面对模态三段论的分析可知模态三段论具有以下几个特点：

第一，它遵循三段论的一切规则；

第二，模态三段论都是由两个已知前提推出一个新的结论；

第三，作为前提的两个判断包含一个共同概念，而且至少有一个前提包含模态词；

第四，推理前提蕴含着结论，只要大小前提真实，并按照三段论规则进行正确推理，那么就必然能得出结论；

第五，如果模态三段论的前提是两个必然判断，则结论可以是必然判断；如果它的前提是两个或包含一个可能判断，则结论只能是可能判断；

第六，由大前提和小前提推出结论的过程是由一般到个别、特殊的演绎推理过程。

需要特别注意的是，模态三段论是相当复杂的一种推理形式，我们上面所介绍的几种都是其在第一格中的形式，所举例子也遵循第一格的规则。它与直言三段论一样，在不同的格中也会有不同的式。要进行有效的模态三段论推理，就必须先清楚它属于哪一格，然后在遵循那一格规则的前提下进行推演。

复合模态推理

以复合判断为前提推出结论的推理就是复合判断推理。那么，复合模态推理就是在复合判断推理中引入模态词而构成的模态推理。这就要求，在进行复合模态推理时，不但要遵循模态推理的有关规则，还要遵循复合判断推理的有关规则。复合判断推理包括联言推理、选言推理和假言推理等，那么复合模态推理也可以

分为联言模态推理、选言模态推理和假言模态推理等。

联言模态推理

联言模态推理就是在联言推理中引入模态词，并根据联言推理和模态推理的性质进行推演的复合模态推理。因为模态词包括"必然"和"可能"两种，联言模态推理也可以分为两种形式来讨论。

1. 在联言推理中引入模态词"必然"

这种形式是在联言推理中引入模态词"必然"而构成的联言模态推理。根据联言推理和模态推理的逻辑性质可知，断定一个联言判断所表示的事物情况"必然"存在就是断定该联言判断的所有联言肢所表示的事物情况"必然"存在。这是因为，断定一个联言判断为真，则断定其所有联言肢为真。因此，"必然（p 并且 q）"可以推出"必然 p 并且必然 q"。比如：

（1）柳永和苏东坡必然都是宋朝人，

所以，柳永必然是宋朝人并且苏东坡必然是宋朝人。

（2）小花必然是一个温柔并且善良的女孩子，

所以，小花必然是一个温柔的女孩子并且小花必然是一个善良的女孩子。

这两个推理都是联言模态推理。其推理形式可以表示为：

必然（p 并且 q）→必然 p 并且必然 q，即：必然（$p \land q$）→必然 $p \land$ 必然 q。

反之，断定一个联言判断的所有联言肢所表示的事物情况"必然"存在就是断定该联言判断所表示的事物情况"必然"存在。这是因为，当且仅当所有联言肢都为真时，联言判断才为真。因此，"必然 p 并且必然 q"可以推出"必然（p 并且 q）"。比如："柳永必然是宋朝人并且苏东坡必然是宋朝人"就可以推出"柳永和苏东坡必然都是宋朝人"。其推理形式可以表示为：

必然 p 并且必然 q→必然（p 并且 q），即：必然 $p \land$ 必然 q→必然（$p \land q$）。

由此可知，"必然（p 并且 q）"和"必然 p 并且必然 q"具有等值关系，即：必然（$p \land q$）⟷必然 $p \land$ 必然 q。

2. 在联言推理中引入模态词"可能"

这种形式是在联言推理中引入模态词"可能"而构成的联言模态推理。根据联言推理和模态推理的逻辑性质可知，断定联言判断所表示的事物情况"可能"存在就是断定该联言判断的所有联言肢所表示的事物情况"可能"存在。这是因为，断定一个联言判断可能为真，也就可以断定其所有联言肢可能为真。因此，"可能（p 并且 q）"可以推出"可能 p 并且可能 q"。比如：

（1）可能华生是医生并且是军人，

所以，华生可能是医生并且华生可能是军人。

（2）可能近朱者赤并且近墨者黑，

所以，近朱者可能赤并且近墨者可能黑。

其推理形式可以表示为：

"可能（p并且q）"→"可能p并且可能q"，即：可能（p∧q）→可能p∧可能q。

但是，断定一个联言判断的所有联言肢所表示的事物情况"可能"存在却并不等于断定该联言判断所表示的事物情况"可能"存在。这是因为，断定一个联言判断的所有联言肢可能为真，也就是断定它们可能不全为真，只要有一个联言肢为假，该联言判断也必为假。因此，"可能p并且可能q"不能推出"可能（p并且q）"。比如："天气预报说，明天可能是晴天，也可能是阴天"不能推出"天气预报说，可能明天是晴天并且是阴天"。

选言模态推理

选言模态推理就是在选言推理中引入模态词，并根据选言推理和模态推理的性质进行推演的复合模态推理。选言模态推理也可以分为两种形式。

1. 在选言推理中引入模态词"必然"

这种形式是在选言推理中引入模态词"必然"而构成的选言模态推理。根据选言推理和模态推理的逻辑性质可知，断定一个选言判断的所有选言肢所表示的事物情况"必然"存在就是断定该选言判断所表示的事物情况"必然"存在。这是因为，如果断定一个选言判断的所有选言肢为真，那么该选言判断也必为真。因此，"必然p或者必然q"可以推出"必然（p或者q）"。比如：

（1）刘德华必然是歌手或者刘德华必然是演员，

所以，刘德华必然是歌手或者演员。

（2）这次比赛必然是蓝队获胜或者必然是红队获胜，

这次比赛必然是蓝队或者红队获胜。

其推理形式可以表示为：

必然p或者必然q→必然（p或者q），即：必然p∨必然q→必然（p∨q）。

事实上，"必然p或者必然q"蕴含着"必然（p或者q）"。但是，反过来，断定一个选言判断所表示的事物情况"必然"存在却不等于断定该选言判断的所有选言肢所表示的事物情况"必然"存在。这是因为，断定一个选言判断为真，可以断定其选言肢至少有一个为真，但却不能断定其所有选言肢都为真。选言判断的这种逻辑性质决定了"必然（p 或者 q）"不能推出"必然 p 或者必然 q"。

2. 在选言推理中引入模态词"可能"

这种形式是在选言推理中引入模态词"可能"而构成的选言模态推理。根据选言推理和模态推理的逻辑性质可知，断定一个选言判断的所有选言肢所表示的事物情况"可能"存在就是断定该选言判断所表示的事物情况"可能"存在。这是因为，如果断定一个选言判断的所有选言肢可能为真，那么该选言判断也可能为真。因此，"可能 p 或者可能 q"可以推出"可能（p 或者 q）"。比如：

（1）病人发烧，可能是感冒，也可能是其他炎症，

病人发烧，可能是感冒或者其他炎症。

（2）明天可能是晴天，也可能是阴天，

所以，明天可能是晴天或者阴天。

其推理形式可以表示为：

"可能 p 或者可能 q"→"可能（p 或者 q）"，即：可能 p $\vee$ 可能 q →可能（p $\vee$ q）。

反之，断定一个选言判断所表示的事物情况"可能"存在也可以断定该选言判断的所有选言肢所表示的事物情况"可能"存在。这是因为，"可能"不等于"必然"，任何一个选言肢都为真则该选言判断为真，那么断定一个选言判断可能为真，也可以断定其所有选言肢都有为真的可能。因此，"可能（p 或者 q）"可以推出"可能 p 或者可能 q"，比如："明天可能是晴天或者阴天"就可以推出"明天可能是晴天，也可能是阴天"。其推理形式可以表示为：

"可能（p 或者 q）"→"可能 p 或者可能 q"，即可能（p $\vee$ q）→可能 p $\vee$ 可能 q。

由此可知，"可能（p 或者 q）"和"可能 p 或者可能 q"是等值的，即

可能（p $\vee$ q）$\longleftrightarrow$ 可能 p $\vee$ 可能 q。

假言模态推理

假言模态推理就是在假言推理中引入模态词，并根据假言推理和模态推理的性质进行推演的复合模态推理。它也包括两种形式。

1. 充分条件假言模态推理

这种形式是在充分条件假言推理中引入模态词"必然"而构成的假言模态推理，即："必然（如果 p，那么 q）"可以推出"不可能（p 并且非 q）"。比如：

（1）必然如果他是凶手，那么他就一定有作案时间，

所以，不可能他是凶手并且一定没有作案时间。

（2）必然一旦河堤决口，斥果不堪设想，

所以，不可能河堤决口并且后果没有不堪设想。

其推理形式可以表示为：

必然（如果 p，那么 q）→不可能（p 并且非 q），即必然（p→q）→不可能（p ∧ ¬ q）。

反之，"不可能（p 并且非 q）"也可以推出"必然（如果 p，那么 q）"，比如上面两个例子都可以反推。再比如：

不可能张三再迟到并且老板不炒他鱿鱼，

所以，如果张三再迟到，老板就要炒他鱿鱼。

其推理形式可以表示为：

不可能（p 并且非 q）→必然（如果 p，那么 q），即不可能（p ∧ ¬ q）→必然（p→q）。

由此可知，"必然（如果 p，那么 q）"和"不可能（p 并且非 q）"是等值的，即必然（p→q）←→不可能（p ∧ ¬ q）。

2. 必要条件假言模态推理

这种形式是在必要条件假言推理中引入模态词"必然"而构成的假言模态推理，即"必然（只有 p，才 q）"可以推出"不可能（非 p 并且 q）"。比如：

（1）必然只有不畏艰难，才能取得成功，

所以，不可能畏惧艰难并且还能取得成功。

（2）必然只有入虎穴，才能得虎子，

所以，不可能不入虎穴并且还能得虎子。

其推理形式可以表示为：

必然（只有 p，才 q）→不可能（非 p 并且 q），即必然（p←q）→不可能（¬ p ∧ q）。

反之，"不可能（非 p 并且 q）"也可以推出"必然（只有 p，才 q）"，比如上面两个例子都可以反推。再比如：

不可能外语不纯熟并且还能做翻译，

所以，只有外语纯熟，才能做翻译。

其推理形式可以表示为：

不可能(非 p 并且 q)→必然（只有 p，才 q)，即不可能（¬ p ∧ q）→必然（p←q）。

由此可知，"必然（只有 p，才 q）"和"不可能（非 p 并且 q）"是等值的，即必然（p←q）←→不可能（¬ p ∧ q）。

复合模态推理是比较复杂的一种推理形式，上面关于复合模态推理的介绍，也只是联言模态推理、选言模态推理和假言模态推理的基本形式。需要注意的是，不管进行任何形式的复合模态推理，都要遵循推理的有关规则。

在本章，我们主要讨论了各类演绎推理的规则、形式和应用。作为一种重要的思维形式，演绎推理不管是在研究领域还是日常生活中，都发挥着积极的作用。

猜测与演绎推理

本章我们主要讨论了演绎推理的逻辑思维形式，比如三段论、假言推理、选言推理等。亚里士多德认为，演绎推理是"结论可以从前提的已知事实'必然的'得出的推理"。演绎推理的共同特征是，从一般到个别的，并且其结论所断定的范围不超出前提断定的范围。所以，演绎推理又可以定义为结论在普遍性上不大于前提的推理，或"结论在确定性上，同前提一样"的推理。三段论一般由大小前提和结论三部分构成，其中大前提是指一般性的认识或规律，小前提则是指个别性认识或对象，由大小前提推出结论的过程就是由一般到个别的过程。可以说，三段论推理是最为常用的演绎推理形式，因此也有人把演绎推理称为三段论推理。

猜测是猜度、推测的意思，是凭某些线索或想象进行推断。在逻辑学中，猜测就是人们以现有知识为基础，通过对问题的分析、归纳，或将其与有类似关系的特例进行比较、分析，通过判断、推理对问题结果做出的估测。在科学研究上，猜测有着重要意义。比如在数学上，猜测可以说是数学理论的胚胎，许多伟大的数学家都是通过猜测发现了别人不曾发现的真理。

猜测在推理中的作用是不言而喻的，甚至可以说推理就是伴随着猜测而生的，而演绎推理与猜测的关系尤其密切。虽然人们在猜测时不一定会采用规范的演绎推理形式，但其中却无不体现着演绎推理的精髓。

有一篇文章对马王堆一号汉墓中发现的女尸的死因进行了推测。其中有一段话是这样写的：

女尸年龄约五十岁左右，皮下脂肪丰满，并无高度衰老现象，不可能是自然死亡。经仔细检查，也未见任何暴力造成的致死创伤，故推测当是病死。但女尸营养状况良好，皮肤未见久卧病床后常见的褥疮，也未见慢性消耗疾病的证据，而且消化道内还见到甜瓜子。这些情况表明，墓主当系因某种急性病或慢性病急性发作，在进食甜瓜后不久死亡。

事实上，这段话就是运用演绎推理对其死因进行推测的：

（1）如果是自然死亡，那么她的皮下脂肪就会衰竭且有高度衰老现象，

她的皮下脂肪没有衰竭且无高度衰老现象，

所以，她不是自然死亡。

（2）如果是暴力致死，她身上就会有暴力造成的创伤，

她身上没有暴力造成的创伤，

所以，她不是暴力致死。

（3）她或者是自然死亡，或者是暴力致死，或者是病死，

她不是自然死亡，也不是暴力致死，

所以，她是病死。

上面三个推理中，前两个都是充分条件假言推理，第三个是选言推理。通过这三个推理，得出了墓主是病死的结论。虽然三个推理的前提都是建立在猜测基础上的，但却都是符合客观事实的，所以都为真。那么，因此推出的结论也就是真的。

（4）如果是慢性疾病致死，她的营养状况就会不好且有慢性消耗病的证据（比如痔疮），

她的营养状况没有不好且没有慢性消耗病的证据，

所以，她不是慢性疾病致死。

（5）凡病死的人，要么是慢性疾病致死，要么是急性疾病（含慢性病急性发作）致死，

不是慢性疾病致死，

所以，是急性疾病（含慢性病急性发作）致死。

在通过充分条件假言推理（4）和选言推理（5）的分析后，得出了墓主是因急性疾病或慢性病急性发作而死的结论。因为前提真实，所以其结论是可信的。

事实上，最为广泛的运用猜测进行推理的还是在刑事侦查中。刑事侦查是指研究犯罪和抓捕罪犯的各种方法的总和。刑事侦查员要力求查明罪犯使用的方法、犯罪的动机和罪犯本人的身份。在这个过程中，对案发现场进行详细勘察后，再根据各种线索对犯罪嫌疑人的特征进行推测无疑是重要的破案方法。众所周知的福尔摩斯无疑就是根据案发现场的各种细微线索进行推测，从而找出犯罪嫌疑人的高手。他曾说："一个逻辑学家不需要亲眼见到或听说过大西洋或尼亚加拉瀑布，他能从一滴水推测出它的存在。"

电视剧《荣誉》中有这么一个情节：

临近春节的一个晚上，公安局接到报案，一个村子的一台重达三百多斤的发电

机被盗，林敬东迅速带人赶往现场。对现场仔细勘察后，林敬东确认了盗窃发电机的嫌疑人的特征。经过排除后，确定了赵永力和赵永强兄弟俩的嫌疑最大。但是，经验证，雪地上留下的脚印并非赵永强的而是赵永力的。但林敬东坚持认为案犯一定是他们兄弟俩，他解释说："第一，下雪天偷东西，一定不是惯偷，是初犯。惯偷知道下雪留脚印，不出门，初犯才不知道深浅；第二，过年偷东西，家里一定不富裕，一准儿是真缺钱花，家里还可能有病人；第三，那发电机三百多斤重，他一个穷小子，穷得饭都吃不饱，没人帮忙，咋弄走？"

在这里，林敬东进行猜测时也运用了演绎推理：

（1）凡惯犯都不会在雪天行窃，

　　他们在雪天行窃，
　　─────────────
　　所以，他们不会是惯犯。

（2）如果家里富裕，不缺钱花，就不会在过年时偷东西，

　　他们在过年时偷东西，
　　─────────────
　　所以，他们家里不富裕。

（3）如果没有帮手，他就不能偷走三百多斤重的发电机，

　　他偷走了三百多斤重的发电机，
　　─────────────
　　所以，他有帮手。

这三个推理中，第一个推理是直言三段论推理，后两个推理则是充分条件假言推理。需要注意的是，虽然这三个推理从形式上看无懈可击，但其大前提都有着一定的问题。因为在这三个大前提断定的事物情况中，都有出现例外的可能。也就是说，其前提不必然为真，因此其结论也就不必然为真。比如，推理（3）中，如果存在仅凭一人之力就扛动发电机的人，那么该推理就是错误的。事实上，电视剧中的确是赵永力一个人偷走发电机的，并且他还当众证明了一个人就能扛动发电机的事实。

这就涉及猜测的准确性问题。其实，猜测本身就存在着意外的可能。因为，猜测虽然是在经验的基础上并依据了一定的事实进行的，但是毕竟都是理论上的可能性。不管可能性有多大，都不等于事实。仅凭猜测断定事实就是把偶然性当作了必然性，把可能情况当作了必然事实。

风靡全球的美国电视剧《Lie to me》（中文译名《别对我说谎》或《千谎百计》）中，主人公 Lightman 博士就是根据人脸上出现的细微表情和身体其他部位的细微动作来确定其真实情绪或态度的。比如，嘴角单侧上扬表示轻视；笑时只有嘴和脸颊变化，而没有眼睛的闭合动作就表示是假笑；不经意地耸肩、搓手或者扬起

下嘴唇则表示说谎，等等。这种根据人的细微表情或细微反应判断人的真实情绪或态度的方法都是通过猜测进行的演绎推理来实现的。比如：

如果一个人没有不经意地耸肩、搓手或者扬起下嘴唇，就表示他没有说谎，

他说谎了，

所以，他有不经意地耸肩、搓手或者扬起下嘴唇。

不可否认，这种观察或者判断是建立在一定的实际经验和科学研究的基础上的。但是，同样不可否认，仅凭这些细微表情就完全断定一个人的真实情绪或态度也是缺乏可靠性的。或许，将其作为一种参考或者辅助性手段才是恰当的选择。

归纳逻辑思维

什么是归纳推理

《韩诗外传》中记载有这么一个故事：

魏文侯问狐卷子曰："父贤足恃乎？"对曰："不足。""子贤足恃乎？"对曰："不足。""兄贤足恃乎？"对曰："不足。""弟贤足恃乎？"对曰："不足。""臣贤足恃乎？"对曰："不足。"文侯勃然作色而怒曰："寡人问此五者于子，一一以为不足者，何也？"对曰："父贤不过尧，而丹朱（尧之子）放（流放）；子贤不过舜，而瞽瞍（舜之父）拘（拘禁）；兄贤不过舜，而象（舜之弟）傲（傲慢）；弟贤不过周公，而管叔（周公之兄）诛；臣贤不过汤、武，而桀、纣伐（被讨伐）。望人者不至，恃人者不久。君欲治，从身始，人何可恃乎？"

在这则故事中，魏文侯向狐卷子连续发问父、子、兄、弟和臣子是否足以依靠，狐卷子均答曰"不足"，并通过一系列不可否认的事实证明了自己的观点，最后得出"君欲治，从身始，人何可恃乎"的结论。这就是归纳推理的运用。

归纳推理的含义

归纳推理就是以个别性认识为前提推出一般性认识为结论的推理。个别就是单个的、特殊的事物，一般则是与个别相对的、普遍性的事物。个别与一般相互联结，一般存在于个别之中。个别和一般是相互依存、不可分割的。从一般的、特殊的认识推出一般的、普遍的认识，是人们认识事物的重要途径，也是归纳推理的基础。比如，"云彩往南水连连，云彩往北一阵黑；云彩往东一阵风，云彩往西披蓑衣"

就是人们根据云彩运动方向的不同而归纳出来的天气情况。再比如：

汉语是中国人最重要的交际工具，

英语是英、美等国人最重要的交际工具，

德语是德国人最重要的交际工具，

俄语是俄罗斯人最重要的交际工具，

……

（汉语、英语、德语、俄语等是语言的部分对象），

所以，语言是人类最重要的交际工具。

上面这个推理就是根据人们对各种具体语言的个别性认识推导出对语言这个整体的一般性认识的归纳推理。

我们在开头讲述的那个故事中的归纳推理也可以这样表示：

父贤不过尧，而丹朱放，所以父贤不足恃，

子贤不过舜，而瞽瞍拘，所以子贤不足恃，

兄贤不过舜，而象傲，所以兄贤不足恃，

弟贤不过周公，而管叔诛，所以弟贤不足恃，

臣贤不过汤、武，而桀、纣伐，所以臣贤不足恃，

（父子、兄弟、臣子等是人的部分对象），

所以，任何人都不足恃，治理国家还是要靠自己。

这也是由对"父、子、兄、弟和臣子不足恃"的个别认识而归纳出"任何人都不足恃"的一般认识的归纳推理。

归纳推理的种类和特点

1. 归纳推理的种类

根据归纳推理考察对象范围的不同，归纳推理可以分为完全归纳推理和不完全归纳推理。简单地说，完全归纳推理就是对某类事物的全部对象具有或不具有某种属性作考察的推理。比如：

《红楼梦》是长篇章回体小说，

《三国演义》是长篇章回体小说，

《水浒传》是长篇章回体小说，

《西游记》是长篇章回体小说，

（《红楼梦》《三国演义》《水浒传》和《西游记》是中国四大古典文学名著），

所以，中国四大古典文学名著是长篇章回体小说。

不完全归纳推理是只对某类事物的部分对象具有或不具有某种属性作考察的

推理。我们在前面举的关于"语言"和"任何人都不足恃"的推理都是不完全归纳推理。

此外，根据前提是否揭示考察对象与其属性间的因果联系，不完全归纳推理又可以分为简单枚举归纳推理和科学归纳推理。其中，简单枚举归纳推理只是根据经验观察而归纳出结论的推理，科学归纳推理则是在经验基础上借助科学分析推出结论的推理。

2. 归纳推理的特点

根据上面对归纳推理的分析，可以总结出归纳推理的几个特点：

第一，从个别性或特殊性认识推出一般性或普遍性认识；

第二，除完全归纳推理外，前提不蕴涵结论，结论断定的范围超出前提断定的范围；

第三，除完全归纳推理外，归纳推理是或然推理，其结论不是必然的；

第四，除完全归纳推理外，即使归纳推理的前提都真，结论也未必真实。看下面一则故事：

有一次，苏东坡去拜访王安石，恰巧王安石不在。苏东坡闲等之际，看到王安石桌上的一张纸上写着两句诗："西风昨夜过园林，吹落黄花满地金。"墨迹尚新，显然是刚写的；只有两句，可见是未完之作。苏东坡看到这两句诗，不禁暗笑：菊花最能耐寒，从来只有枯萎的菊花，哪有随风飘落满地的菊花呢？于是提笔续写道："秋花不比春花落，说与诗人仔细吟。"然后转身离去。后来苏东坡被贬黄州，重阳赏菊之日，看到满园菊花纷纷飘落，一地灿烂，枝上竟无半朵，这才知道王安石那两句诗并没有错，只是自己见识不足而已。

在这则故事中，苏东坡根据他历来所见过的菊花都是枯萎而没有飘落的前提，归纳出"所有的菊花都是枯萎而不是飘落"这一错误结论，所以他才嘲笑王安石的诗错了。可见，前提的真实并不一定能推出真实的结论。

归纳推理与演绎推理的关系

1. 归纳推理与演绎推理的联系

归纳推理与演绎推理作为两种重要的推理方法，有着密切的联系。

第一，归纳推理所得出的一般性认识是进行演绎推理的前提。人们的认识过程一般都是从个别、特殊的认识总结出一般性、普遍性的认识，然后再从一般性、普遍性认识出发，去认识个别的、特殊的事物。因此，在归纳推理经过对事物对象的考察，得出具有一般性的认识后，演绎推理就能以之为前提进行进一步的推理了。比如：

汉语是中国人最重要的交际工具，英语是英、美等国人最重要的交际工具……所以，语言是人类最重要的交际工具。

这是归纳推理，我们可以将它的结论"语言是人类最重要的交际工具"作为演绎推理的前提进行推理：

语言是人类最重要的交际工具，日语是日本人的语言，所以，日语是日本人最重要的交际工具。

第二，演绎推理可以进一步论证归纳推理的结论。归纳推理的结论是人们通过对个别性、特殊性认识归纳而来的，即便是前提都真，结论也未必真实。这时候就可以通过演绎推理对其结论进行进一步论证，以验证其结论是否真实。比如，如果以"语言是人类最重要的交际工具"这个结论为前提，推导出了某个结论属于"语言"，但又不是"人类最重要的交际工具"，那么就可以证明该归纳推理的结论不真实。事实上，演绎推理以归纳推理的结论为前提进行推理的同时也是在验证其真实性。

总之，归纳推理与演绎推理虽然是不同的推理方法，但却依据各自性质和特点互相补充，紧密地联系在一起，共同为人们正确地认识客观事物服务。

2. 归纳推理与演绎推理的区别

第一，二者的思维进程不同。归纳推理是从个别性或特殊性认识归纳推导出一般性或普遍性认识，而演绎推理则是从一般性或普遍性认识演绎推导出个别性或特殊性认识，其思维进程正好相反。

第二，二者的前提和结论的关系不同。除完全归纳推理外，归纳推理的前提和结论不具有必然联系，也就是说其前提不必然推出结论；而且，即便前提都真，归纳推理的结论也未必真。演绎推理的前提与结论具有必然关系，而且在遵循有关推理规则的前提下，真实的前提必然可以得出真实的结论。

第三，二者的结论断定的范围不同。除完全归纳推理外，归纳推理的前提不蕴涵结论，所得结论断定的范围超出前提断定的范围；而演绎推理的结论断定的范围则没有超出其前提断定的范围。

第四，二者研究的侧重点不同。归纳推理主要研究的是其前提对所得结论的支持度，即结论在多大程度上为真；而演绎推理研究的则主要是推理形式的有效性。

在逻辑史上，曾形成了归纳派和演绎派两大派别的论战。归纳派以法国哲学家、物理学家、数学家和生理学家笛卡儿为代表，认为归纳推理是科学研究唯一正确的工具，因为演绎推理的前提并非自然而生，而是通过归纳推理而得的。演绎派以英国哲学家、思想家、作家和科学家培根为代表，认为演绎推理才是科学研究的正确工具，因为归纳推理的结论不必然真实，以不必然真实的结论为前提自然不能推出必然真实的结论。不过，到后来，逻辑学家们都普遍认为，归纳推理和演绎推理都是重要的推理方法，二者互相补充，缺一不可。只有正确认识归纳推理和演绎推理的联系与区别，并将其有机结合起来，才能更好地进行科学研究。

作为一种重要的思维形式和推理方法，归纳推理在人们认识客观事物的过程中有着极其重要的作用。在数学、物理、化学等各学科中，归纳推理都有着出色的表现，在科学发现上的功劳更是有目共睹。总之，人们通过运用这种从个别到一般、从特殊到普遍的认识方法，概括总结出了一系列重要知识，为科学研究奠定了基础。

完全归纳推理

完全归纳推理的含义

完全归纳推理是根据某类事物的每一个对象都具有或不具有某种属性，推出该类事物全都具有或不具有该属性的推理。

有"数学王子"之称的德国著名数学家高斯读小学时，就表现出了超人的才智。一次，在一节数学课上，老师给大家出了道题："从 $1+2+3\cdots\cdots+98+99+100$ 等于多少？"老师心想，学生们要算出这 100 个数之和，大概得花不少时间呢。谁知他刚想到这里，高斯就举手报出了结果：5050。老师惊讶不已，问他为什么这么快就算出来了。高斯答道："$1+100=101$，$2+99=101$，$3+98=101$……这样到 $50+51=101$ 一共可以得出 50 个 101，用 50 乘以 101 就得出答案了。"听完高斯的解释，老师、同学都赞叹不已。

在这里，高斯就运用了完全归纳推理，即：

$1+100=101$，

$2+99=101$，

$3+98=101$，

……

$50+51=101$，

（1 到 100 是所给题目的全部对象），

所以，100 数中所有各个相应的首尾两数之和都等于 101。

在这个归纳推理中，高斯就是通过断定这 100 个数中"$1+100$，$2+99$ 到

50+51" 这每个对象都具有 "等于 101" 的属性，归纳推出 "100 数中所有各个相应的首尾两数之和都等于 101" 这个一般性结论的。正是根据这个结论，高斯很快就算出了结果，显示了他无与伦比的数学天赋。再比如：

期中考试中，小明的平均成绩不到 80 分，

期中考试中，小光的平均成绩不到 80 分，

期中考试中，小红的平均成绩不到 80 分，

期中考试中，小灵的平均成绩不到 80 分，

（小明、小光、小红和小灵是二班一组的全部成员），

所以，期中考试中，二班一组的平均成绩不到 80 分。

这个归纳推理是通过断定二班一组的每个成员（小明、小光、小红和小灵）的平均成绩都不具有 "80 分" 这一属性，推出 "二班一组的平均成绩" 不具有 "80 分" 这个一般性结论的。

完全归纳推理的形式和规则

通过以上两例的分析，我们可以得出完全归纳推理的形式：

S1 是（或不是）P，

S2 是（或不是）P，

S3 是（或不是）P，

……

Sn 是（或不是）P，

S1、S2……Sn 是 S 类的全部对象），

所以，所有 S 都是（或不是）P。

要保证完全归纳推理的有效性，需要遵循以下几条规则：

第一，推理前提必须是对某类事物任何个体对象的断定，不能有任何遗漏。

"完全" 就是指全部。如果在考察某类事物对象时，遗漏了某个或某一部分对象，那么这个推理就不再是完全归纳推理，所得结论也就不一定为真。看下面一则幽默故事：

约翰："我买任何产品都要先试用一下。"

推销员："是的，先生。有些产品的确可以而且也应该试用一下，但有些大概不能吧。"

约翰："为什么不能？现在连婚姻都可以试，还有什么产品不能试呢？"

推销员："您说的没错，先生。不过，我还是觉得……"

约翰："不让试用的话，我坚决不购买你们的产品。"

推销员："如果您执意如此，那好吧。"

约翰："这就对了。顾客就是上帝，你们应该尽量满足顾客的要求。对了，你们公司生产的是什么产品？"

推销员："骨灰盒，先生。"

在这个故事中，约翰由自己买任何产品都必须要试用一下归纳推导出"所有产品都可以试用"的结论。但是，在前提中却遗漏了"骨灰盒"这一不能试用的产品，因而得出了错误的结论。这则故事也就是运用了这一点达到幽默效果的。

第二，推理前提的每个判断必须全都是真实的。

如果前提中有任何一个判断不真，那么结论就会是错误的。比如，在前面提到的高斯的故事中，如果从 1 到 100 中，有两个相应的数首尾相加不等于 101，那么高斯的结论就会是错误的，计算结果也会是错误的。

第三，所考察的事物对象数量应该是有限的且有可能对其一一考察。

只有对该类事物中的所有对象进行考察，才可能确认结论的真实性。如果所考察的对象数量上是无穷的，或者根本无法一一考察，那么它就不适用完全归纳推理。比如，如果对某十只乌鸦进行考察，得知它们都是黑色的，从而推出"这十只乌鸦都是黑色的"则是正确的推理；如果由此得出"天下所有的乌鸦都是黑色的"就不是完全归纳推理，因为"天下所有的乌鸦"的数量既不确定，也无法进行一一考察。

第四，推理前提中所有判断的谓项必须是同一概念，联项必须完全相同。

谓项就是指完全归纳推理形式中的"P"，构成前提的所有判断的谓项必须是一样的。比如，在"二班一组的平均成绩不到 80 分"这个完全归纳推理中，如果其中一个前提的平均成绩高于 80 分了，那么这个结论就是错误的。联项则是表示事物对象"具有或不具有"某种属性的概念。对于前提中所考察的事物对象，要么是都具有某种属性，要么是都不具有某种属性，有任何一个例外，都推不出必然结论。

完全归纳推理的特征

根据完全归纳推理的含义、形式和规则，我们可以总结出它的两大特征。

第一，完全归纳推理的前提涵盖了所考察事物的全部对象。因为完全归纳推理是通过对某类事物的每个个别对象进行断定后推出结论的，结论和前提都涵盖了该类事物的全部，因此其结论断定的范围没有超出前提断定的范围。看下面这段话：

我不是很想你，我只是白天想你，晚上也想你；

我不是很想你，我只是在发呆的时候想你，没有发呆的时候也想你；

我不是很想你，我只是在工作的时候想你，不工作的时候也想你；

我不是很想你，我只是醒着的时候想你，睡着的时候想你，半睡半醒的时候也想你；

我真的没有很想你，我只是……

在这段话中，虽然"我"说的是"不是很想你"，但实际上是在表明"我在一刻不停地想你"，并且是通过完全归纳推理的方法来说明的。比如：

我白天想你，	我发呆的时候想你，
我晚上也想你，	我没有发呆的时候也想你，
（白天、晚上是时间的全部），	（发呆和没有发呆的时候涵盖了时间的全部），
所以，我在一刻不停地想你。	所以，我在一刻不停地想你。

对于其他几句话，也可以做类似的推理。因为"一刻不停"等于"时间的全部"，所以完全归纳推理的结论断定的范围没有超出前提断定的范围。

第二，完全归纳推理是必然性推理，只要前提真实，推理形式正确，就必然可以得出真实可靠的结论。

完全归纳推理的作用

完全归纳推理最重要的作用就是让人们的认识从个别上升到一般，从特殊上升到普遍。完全归纳推理是在对某类事物全部个别对象认识的基础上得出对该类事物的一般性认识的，这既是人们深化对客观事物认识的一种重要途径，也是人们在自然科学、社会科学的研究工作中常用的方法。

此外，完全归纳推理也是人们说明问题、论证思想的重要手段。在日常生活中，人们可以通过完全归纳推理的运用，直观地说明问题，或有力地论证自己的思想。比如在辩论中，就可以通过运用排比手法对某类事物个别对象所具有属性进行阐述，从而归纳出一个具有一般性认识的观点来论证自己一方的看法。

不完全归纳推理

不完全归纳推理的含义和形式

从一个袋子里摸出来的第一个是红玻璃球，第二个是红玻璃球，甚至第三个、第四个、第五个都是红玻璃球的时候，我们立刻会出现一种猜想："是不是这个袋里的东西全部都是红玻璃球？"但是，当我们有一次摸出一个白玻璃球的时候，这个猜想失败了。这时，我们会出现另一种猜想："是不是袋里的东西全都是玻璃球？"但是，当有一次摸出来的是一个木球的时候，这个猜想又失败了。那时，我们又会出现第三个猜想："是不是袋里的东西都是球？"这个猜想对不对，还必须继续加以检验，要把袋里的东西全部摸出来，才能见个分晓。

这是我国著名数学家华罗庚在他的《数学归纳法》一书中的一段话，它形象地阐述了不完全归纳推理的特点。其中，出现的三种猜想都是对不完全归纳推理的运用，且以第一种猜想为例：

摸出的第一个东西是红玻璃球，

摸出的第二个东西是红玻璃球，

摸出的第三个东西是红玻璃球，

摸出的第四个东西是红玻璃球，

摸出的第五个东西是红玻璃球，

（摸出的这五个东西是袋子里的部分东西），

所以，这个袋子里的东西都是红玻璃球。

当然，对第二种、第三种猜想也可以进行类似的分析。这就是不完全归纳推理。

所谓不完全归纳推理是根据某类事物的部分对象都具有或不具有某种属性，推出该类事物全都具有或不具有该属性的推理。比如上面的推理中，根据从袋子里摸出的五个东西都具有"红玻璃球"的属性的前提推出了"这个袋子里的东西"都具有"红玻璃球"的属性的结论。

不完全归纳推理的前提只对某类事物的部分对象作了断定，而结论则是对全部对象所做的断定。因此，不完全归纳推理的结论断定的范围超出了前提断定的范围，是或然性推理。其形式可以表示为：

S1 是（或不是）P，

S2 是（或不是）P，

S3 是（或不是）P，

……

Sn 是（或不是）P，

（S1、S2……Sn 是 S 类的部分对象），

所以，所有 S 都是（或不是）P。

不完全归纳推理的种类

我们前面讲过，根据前提是否揭示考察对象与其属性间的因果联系，不完全归纳推理可以分为简单枚举归纳推理和科学归纳推理。这是不完全归纳推理的两

种基本类型。

1. 简单枚举归纳推理

简单枚举归纳推理的含义和形式

简单枚举归纳推理是在经验的基础上，根据某类事物的部分对象都具有或不具有某种属性，在没有遇到反例的前提下推出该类事物全都具有或不具有该属性的推理，也叫简单枚举法。我们上面提到的"红玻璃球"的推理就是简单枚举归纳推理。再比如：

液化不会改变物质的性质，

汽化不会改变物质的性质，

凝固不会改变物质的性质，

结晶不会改变物质的性质，

液化、汽化、凝固和结晶是物理反应的部分对象，

并且没有遇到反例，

_____

所以，物理反应不会改变物质的性质。

简单枚举归纳推理的形式可以表示为：

S1 是（或不是）P，

S2 是（或不是）P，

S3 是（或不是）P，

……

Sn 是（或不是）P，

（S1、S2……Sn 是 S 类的部分对象，并且没有遇到反例），

_____

所以，所有 S 都是（或不是）P。

正确运用简单枚举归纳推理

作为不完全归纳推理的一种，简单枚举归纳推理的结论断定的范围也超出了其前提断定的范围，而且简单枚举归纳推理是建立在经验的基础上的。因此，简单枚举归纳推理很容易出现错误。比如，"守株待兔"这一故事中的"宋人"根据"兔走触株，折颈而死"这仅有一次的情况就得出"兔子都会触株而死"这一结论，从而"释其耒而守株，冀复得兔"。这就犯了"轻率概括"的错误。

此外，在进行简单枚举归纳推理时，还很容易犯"以偏概全"的错误。比如：

小王为图便宜花 50 块钱买了件衣服，但只洗过一次就变形了；后来他又用 30 块钱买了一双鞋，穿了不久鞋底就开胶了。于是他见人就说："便宜没好货，以后再也不买便宜货了。"

在这里，小王也使用了简单枚举归纳推理。即：

买的衣服是便宜货，质量不好，

买的鞋子是便宜货，质量不好，

（这衣服和鞋子是便宜货的部分对象，并且没有反例），

所以，便宜货质量不好。

在这里，这个推理形式没什么错误，但仅以两次经验就得出"便宜货质量不好"的结论无疑是犯了"以偏概全"的错误。

那么，如何提高简单枚举归纳推理的有效性，得出尽量可靠的结论呢？

第一，通过寻找反例来验证结论的可靠性。有时候，没有遇到反例不等于不存在反例，比如小王在"便宜货质量不好"的判断上，虽然自己没有遇到反例，但显而易见反例是肯定存在的。简单枚举归纳推理成立的前提就在于没有遇到反例，如果一旦出现了反例，那么该推理也必然是错误的。所以，在推理过程中可以通过寻找反例来验证其结论的可靠性。

第二，通过增多考察对象的数量、拓宽考察对象的范围来提高结论的可靠性。显然，一个简单枚举归纳推理的前提所涵盖的对象的数量越多、范围越广，得到的结论的可靠性就越高。因为，每增多一个前提，就多了一个证明结论可靠的证据。证据越多，可靠性越强。所以，增多考察对象的数量、拓宽考察对象的范围是提高结论的可靠性的重要手段。

简单枚举归纳推理的作用

在日常生活中，简单枚举归纳推理是对一些经常重复性出现的一些现象、问题、情况等进行初步概括的重要手段。通过不断积累的经验，人们往往能初步总结出这些现象、问题、情况的规律，形成最直观的认识。而这些认识，是人们更深一步认识事物的基础。比如，"二十四节气歌"就是古代人民在经验基础上运用简单枚举归纳推理得出的结论。

同时，简单枚举归纳推理也是人们进行科学研究的重要方法。科学研究一般都是在大量的观察和实验基础获得第一手资料的，而简单枚举归纳推理正好为它提供了进行初步研究必需的基础性知识。可以说，简单枚举归纳推理是科学研究的得力助手。

2. 科学归纳推理

科学归纳推理的含义和形式

科学归纳推理是根据某类事物的部分对象与某属性之间的必然联系，在科学分析的基础上推出该类事物全都具有或不具有该属性的推理，也叫科学归纳

法。所谓的"必然联系"，一般是指所考察的对象与某种属性间的因果关系。比如：

钠与氧在燃烧条件下反应会生成新物质，

锂与氧在燃烧条件下反应会生成新物质，

钾与氧在燃烧条件下反应会生成新物质，

氢与氧在燃烧条件下反应会生成新物质，

钠、锂、钾、氢与氧的反应是化学反应的一部分；

因为在燃烧中，分子破裂成原子，原子重新排列组合，从而生成新物质，

所以，化学反应会生成新物质。

这个推理中，首先知道了"钠、锂、钾、氢与氧的反应"具有"生成新物质"的属性；而后通过科学分析（即在燃烧中，分子破裂成原子，原子重新排列组合，从而生成新物质）知道了"钠、锂、钾、氢与氧的反应"与"生成新物质"之间的因果关系，从而推出了"化学反应会生成新物质"的结论。这就是科学归纳推理的运用。

科学归纳推理的形式可以表示为：

S1 是（或不是）P，

S2 是（或不是）P，

S3 是（或不是）P，

……

Sn 是（或不是）P，

（S1、S2……Sn 是 S 类的部分对象，并且 S 与 P 具有必然联系），

所以，所有 S 都是（或不是）P。

正确运用科学归纳推理

与简单枚举归纳推理相比，科学归纳推理无疑是更为可靠，应用也更为广泛的推理形式。这是因为，科学归纳推理已经不仅仅是根据经验得出的结论，而是对由经验得出的结论再进行科学分析而得出的对事物更深一层的认识。因此，不管是在日常生活中还是科学研究中，科学归纳推理都有着重要作用。

那么，如何提高科学归纳推理的有效性，得出尽量可靠的结论呢？

科学归纳推理的结论在多大程度上可靠取决于考察对象与其属性之间的关系，所以，找出考察对象与其属性之间的必然联系是提高科学归纳推理结论的可靠性的根本。我们可以通过求同法、求异法、求同求异并用法、共变法和剩余法来分析它们之间的关系。在下一章我们会对这几种方法详细介绍，在此不

再赘述。

3. 简单枚举归纳推理和科学归纳推理的关系

简单枚举归纳推理和科学归纳推理都属于不完全归纳推理，它们的前提都是只对某类事物的部分对象进行考察；同时，它们都是通过断定部分对象具有或不具有某种属性推出该事物的全部对象具有或不具有该属性的，所以其结论断定的范围都超出了前提断定的范围。这是它们相同的地方。它们的区别主要表现在以下几个方面：

第一，它们推出结论的根据不同。简单枚举归纳推理主要是以经验为基础，通过对某类事物的重复性观察而认识事物；而科学归纳推理则是在科学分析的基础上，对考察对象与其属性之间的关系进行探讨，从而推出结论的。

第二，它们所得结论的可靠性不同。简单枚举归纳推理的结论以经验为基础，以没有遇到反例为成立的条件，这就注定了它在可靠性上的不足，大多数时候只有参考价值；而科学归纳推理的结论则是在对考察对象与其属性之间的必然关系进行科学分析的基础上得出的，显然比简单枚举归纳推理的结论可靠得多。

第三，它们对前提的要求不同。对简单枚举归纳推理来说，前提所断定的考察对象的数量越多、范围越广，其结论就越可靠；而对科学归纳推理来说，前提中考察对象与其属性之间的必然关系才是其结论可靠性的重要保证，而考察对象的数量与范围则是次要的。

完全归纳推理与不完全归纳推理的区别

完全归纳推理与不完全归纳推理作为归纳推理的两种基本类型，有一定的相似之处，比如都是根据某类事物中的对象具有或不具有某种属性推出该事物全都具有或不具有该属性；都是从对事物的个别性认识推出一般性认识的。但是，它们之间的区别更为明显，主要表现在：

第一，考察对象的范围不同。完全归纳推理考察的是某类事物的全部对象，而不完全归纳推理考察的则是某类事物的部分对象；

第二，结论与前提的关系不同。完全归纳推理的结论断定的范围没有超出前提断定的范围；而不完全归纳推理的结论断定的范围则超出了前提断定的范围；

第三，结论的可靠性不同。只要前提为真，推理形式正确，完全归纳推理的前提必然推出真的结论，是必然性推理；而不完全归纳推理则是或然性推理，即便前提都为真，结论也未必真。

只有明确了完全归纳推理和不完全归纳推理的联系与不同，才能在科学研究、说明问题或论证思想时正确运用它们。而且，在适当的时候采取不同的归纳推理形式，取长补短，互相辅助，也更有助于人们认识客观事物。

类比推理

类比推理的含义

《庄子·杂篇》中有一则"庄子借粮"的故事：

庄子家境贫寒，于是向监河侯借粮。监河侯说："行啊，等我收取封邑的税金，就借给你三百金，好吗？"庄子听了愤愤地说："我昨天来的时候，看到有条鲫鱼在车轮碾过的小坑洼里挣扎。我问它怎么啦，它说求我给它一升水救命。我对它说：'行啊，我将到南方去游说吴王越王，引西江之水来救你，好吗？'鲫鱼听了愤愤地说：'你现在给我一升水我就能活下来了，如果等你引来西江水，我早在干鱼店了！'"

在这则故事中，庄子用鲫鱼的处境和自己的处境作类比：鲫鱼急需水救命，庄子急需粮食救命；等引来西江水鲫鱼早就渴死了，等监河侯收取税金自己早就饿死了。通过这种类比，庄子表达了自己对监河侯为富不仁的愤怒。这就是类比推理。

类比推理就是根据两个或两类事物在某些属性上相同或相似，推出它们在另外的属性上也相同或相似的推理。当然，这些属性指的是事物的本质属性，而不是表面属性。其推理形式可以表示为：

A 事物具有属性 a、b、c、d，

B 事物具有属性 a、b、c，

所以，B 事物也具有属性 d。

在这里，A、B 表示两个（或两类）作类比的事物；a、b、c 表示 A、B 事物共有的相同或相似的属性，叫作"相同属性"；d 是 A 事物具有从而推出 B 事物也具有的属性，叫作"类推属性"。比如，上面的故事就可用类比推理的形式表示：

鲫鱼急需水，却要等到西江水来才能得水，那时鲫鱼早已死去，

庄子急需粮，却要等到收取税金后才能得粮，

所以，那时庄子也早已死去。

德国哲学家莱布尼茨说："自然界的一切都是相似的。"这就是说，在客观世界中，客观事物之间存在着同一性和相似性，而这正是类比推理的客观基础。

两个完全没有联系和相似之处的事物是无法进行类比推理的，只有两个或两类事物具有某些相同或相似的属性，才能将它们放在一起作类比。

类比推理的种类

根据推理方法的不同，类比推理可以分为正类比推理、反类比推理、合类比推理以及模拟类比推理。

1.正类比推理

正类比推理是根据两个或两类事物具有某些相同或相似的属性，再根据其中某个或某类事物还具有其他属性，从而推出另一个或一类事物也具有其他属性的推理。正类比推理也叫同性类比推理，其逻辑形式可以表示为：

A 事物具有属性 a、b、c、d，

B 事物具有属性 a、b、c，

所以，B 事物也具有属性 d。

我们上面提到的"庄子借粮"的故事就属于正类比推理。此外，传说鲁班就是根据雨伞与荷叶的相似性运用正类比推理发明雨伞的：荷叶是圆的，叶面布满叶脉，并且有叶茎。于是鲁班用把羊皮剪成圆形，作为伞面；把竹竿劈成细竹条，作为支架；再用一根木棍儿来固定支架。已知荷叶顶在头上可以避雨，所以伞也可以避雨。

2.反类比推理

反类比推理是根据两个或两类事物不具有某些属性，再根据其中某个或某类事物还不具有其他属性，从而推出另一个或一类事物也不具有其他属性的推理。反类比推理也叫异性类比推理，其逻辑形式可以表示为：

A 事物不具有属性 a、b、c、d，

B 事物不具有属性 a、b、c，

所以，B 事物也不具有属性 d。

看下面这则幽默故事：

一天，将军的儿子看到一位士兵。为了显示自己的身份，他故意拦住士兵问道："你父亲是做什么的？"士兵答道："是农民。"他又问道："那你父亲为什么没把你培养成农民呢？"士兵很气愤，便反问道："你父亲是做什么的？"他扬扬得意地答道："将军。"士兵又接着问："那你父亲为什么没有把你培养成一名将军呢？"

这则故事中，士兵就是用反类比推理反击将军的儿子的，即：我不是农民，你不是将军；你父亲没有把你培养成将军，所以我父亲没有把我培养成农民。

3. 合类比推理

合类比推理是根据两个或两类事物具有某些相同或相似的属性，推出它们都具有另一属性；再根据它们不具有某些相同或相似的属性，推出它们都不具有另一属性。合类比推理是正类比推理和反类比推理的综合运用，虽然它的推理前提和结论较之于它们复杂，但也比它们全面。其推理形式可以表示为：

A 事物有属性 a、b、c、d，无属性 e、f、g、h，

B 事物有属性 a、b、c，无属性 e、f、g，

所以，B 事物有属性 d，无属性 h。

4. 模拟类比推理

模拟类比推理是通过模型实验根据某个或某类事物的属性和关系推出另一个或一类事物也具有该属性和关系的推理。

仿生学可以说就是运用模拟类比推理为基础发展起来的一门学科。比如模仿青蛙眼睛的独特结构制造出"电子蛙眼"；模仿萤火虫发光的特性制造出人工冷光；模仿能放电的"电鱼"制造出伏特电池等；而模仿各种昆虫的特性制造出的科技产品就更是举不胜举了。此外，人工智能其实也是以模拟类比推理为理论基础的。比如机器人就是模仿人体结构和功能制造出来的。它们的共同特点是根据自然原型设计制造出模型，使模型具有和自然原型相同或相似的属性、功能和结构等。换言之，它是由原型推出模型的模拟类比推理。其推理形式可以表示为：

原型 A 中，属性 a、b、c 与 d 具有 R 关系，

模型 B 经设计具有属性 a、b、c，

所以，模型 B 中，属性 a、b、c 与 d 也具有 R 关系。

在某些科学研究、大型工程建设过程中，通常会先采取模型的形式进行试验，在试验成功后再进行实际应用。比如，建造大型水坝时，都会先设计一个模型进行试验，获得相关数据后再进行建造；宇航员在进入太空前也会进行多次模拟演练，待确认无误后才会进行实际探索。它们的共同特点是先根据模型具有和自然原型相同或相似的属性、功能和结构，推出它或者它的原型适用的对象也具有该属性、功能和结构的推理。其推理形式可以表示为：

原型 A 具有属性 a、b、c，

模型 B 具有属性 a、b、c，且试验证明 a、b、c 与 d 具有 R 关系，

所以，原型 A 中，属性 a、b、c 与 d 也具有 R 关系。

类比推理的特征

根据以上类比推理的分析，可知类比推理具有以下两大特征：

第一，类比推理是从个别到个别，从一般到一般的推理。

这是指类比推理的前提和结论都是对个别事物的个别属性或某类事物的一般属性的断定。从这个意义上讲，类比推理的前提和结论在知识的一般性程度上是一样的。

第二，类比推理是或然性推理，其结论断定的范围超出了前提断定的范围。

这是指类比推理的前提只断定了考察对象所具有的相同属性及类推属性，但并没有对它们之间的关系作断定。也就是说，考察对象可能具有类推属性，也可能不具有类推属性。因此，类比推理是或然性推理，即使前提都真，也未必能推出必然真的结论。

提高类比推理结论的可靠性

有哲学家指出，世界上没有完全相同的两片树叶。这是说，世界上任何事物都存在着差异，不可能绝对相同。这就动摇了类比推理所依据的事物之间的同一性或相似性的基础。换言之，事物之间存在的差异性可能使得类比推理推出虚假的结论。毕竟，谁都不能确定类比推理的类推属性一定不是考察对象的差异性。同时，类比推理前提只是列出了考察对象所具有的属性，但却并不断定它们各属性之间是否具有必然联系，这也可能导致推出虚假的结论。

那么，如何避免无效的类比推理，提高其结论的可靠性呢？

第一，推理前提中的两个或两类事物所具有的相同属性与结论中的类推属性相关度越高，结论就越可靠。所以，要尽量找出相同属性与类推属性之间程度高的联系进行推理。

第二，尽量采用推理前提中两个或两类事物所具有的本质属性进行类比，不要使用表面的或者偶然的属性，以免陷入"机械类比"的错误。所谓机械类比，就是对两个或两类表面相似、性质却根本不同的事物进行机械类比而推出结论的推理。逻辑学中，经常以欧洲中世纪神学家为了论证上帝的存在而将"世界"和"钟表"进行类比推理的事例来说明"机械类比"的错误。即：

钟表是各部分有机构成的一个整体，有规律性，有制造者，

世界也是各部分有机构成的一个整体，有规律性，

所以，世界有制造者（即上帝）。

第三，推理前提中的两个或两类事物所具有的相同或相似的属性越多，其结论就越可靠。因此，在类比事物已经确定的前提下，要尽可能多地挖掘它们之间的相同或相似的属性。它们相同或相似的属性越多，具有其他相同或相似属性的可能性就越大。在医学和科学实验中，经常对某个研究对象进行多次试验，然后

根据每次试验结果的相似程度来断定研究对象是否符合预期要求，就是这个道理。

第四，在某些关于"数"或"量"的类比推理中，要尽量采用比较弱或不精确的描述，以提高结论的可靠性。比如：

在某汽车公司对其新型汽车进行试驾试验后得知：甲车行驶35千米，耗油1千克。那么，由此可以推出：

（1）乙车行驶35千米，耗油1千克；

（2）乙车行驶30多千米（或30到40千米），耗油1千克。

显然，第二个结论要比第一个结论更可靠些。

类比推理的作用

类比推理的过程是一个启发思维、激活思维的过程，也是一个进行思维比较的过程。在这个过程中，类比推理实际上是把人们对事物的认识进行了重新组合。因此，它在人们进行思维活动过程中，有着极其重要的作用。

第一，类比推理是开拓人们的视野、丰富人们的认识的手段，是通向创新的桥梁。比如，鲁班根据荷叶发明雨伞、根据带齿的茅草发明铁锯用的是类比推理；纳米武器专家纳勒德根据《西游记》中孙悟空变成小虫子钻入铁扇公主肚子里的故事开始研制纳米武器也是用的类比推理。

第二，类比推理是一种创造性思维方法，对人们提出假说、探索并发现真理有着重要作用。比如，阿基米德根据洗澡时水溢出浴盆的现象发现了"浮力原理"是用的类比推理；英国医生哈维通过对蛇和兔子等动物的实验发现了血液循环的理论也是用的类比推理。

第三，类比推理是仿生学的理论基础，在科学发明和发展方面有着重要作用。

此外，类比推理还是人们说明道理、论证思想、说服他人以及进行辩护的有力武器。比如，荀子在《劝学》中，通过"蓬生麻中，不扶而直；白沙在涅，与之俱黑。兰槐之根是为芷，其渐之滫，君子不近，庶人不服"的类比说明"君子居必择乡，游必就士，所以防邪辟而近中正也"的道理；而孟子通过类比推理论证自己的思想、说服君主接受自己建议的例子更是不胜枚举。

由此可见，类比推理与演绎推理、归纳推理一样，是人们认识客观世界的有力工具，在科学研究和人们的日常生活中起着重要作用。

证认推理

证认推理的含义和形式

春秋时代，秦国有个人叫孙阳，因为善于相马，被人们称为"伯乐"。为了不让自己相马的技艺失传，也为了让更多的人学会相马，孙阳根据自己多年积累的经验撰写了《相马经》，并配上了各种马的图像。孙阳的儿子看了父亲的《相马经》后，以为相马很容易，便天天拿着书到处找好马。一天，他看到一只癞蛤蟆，很像书上描述的千里马，便喜不自胜地带回去给父亲看："我找了匹千里马，只是蹄子差了些。"孙阳为儿子的愚蠢哭笑不得，便玩笑道："可惜这马太喜欢跳了，不能用来拉车。"

这就是"按图索骥"的故事。在这里，孙阳之子运用了"比较"的方法，也就是通过比较图像与马的特征，来判断所找到的马是不是千里马，只不过他没有看到二者的本质属性，所以才闹了笑话。

用"按图索骥"来比喻"证认推理"，虽然不大恰当，但也可以说明它的某些特征。所谓证认推理，就是以事物具有的某些"标记"为依据，通过某事物与其他事物的比较而证实、确认该事物与其他事物之间关系的推理。其推理形式可以表示为：

事物 标记

A a1，a2，a3；

B b1，b2，b3；

C c1，c2，c3；

……

X：a1，a2，a3（或 b1，b2，b3；或……）

所以，X 是 A（或 B；或……）

其中，A、B、C 表示已知事物，"X"表示需要证认的未知事物，a、b、c 表示标记。证认推理就是以 a、b、c 这些标记为依据，通过需要证认的 X 与已知事物 A、B、C 的比较，来证认 X 是 A 或 B 还是 C。

证认推理的运用

通过需要证认的事物与已知事物的影像摹本或标本的比较，来证认该事物是否是已知事物的方法是比较简单的、低级的推理方法，也是证认推理最基本的运用。

公安人员在刑侦过程中，会根据目击者的描述画出犯罪嫌疑人的样子，然后再将此作为侦破案件的重要线索。成语"画影图形"就是说的这个意思。不管是在小说中还是影视剧中，我们都经常看到官府画影图形，将绘有犯罪嫌疑人的图画悬于城墙之上通缉的情节。据说，曾经有个小偷到毕加索家里行窃，正好被毕加索的女仆看见，于是她急忙找到纸笔将小偷的容貌画了出来。警察根据女仆所描画的形象，很快抓到了小偷。这实际上都是将需要证认的事物与已知事物的影像摹本作比较，从而证实该事物与已知事物的关系。

曾经热播一时的《大宋提刑官》中有这么一个情节：

一个地方发生了杀人案，宋慈接到报案后迅速赶到了现场。经过多方查证推理后，发现死者是被人用镰刀杀死的，而且凶手是本地人。但是，当地几乎每家都有那样的镰刀，如何找出凶器呢？于是，宋慈派人将当地所有和凶器一样的镰刀都取来，堆成一堆放在院子里，然后就在那里等。没过多长时间，只听"嗡嗡"的响声由远及近，院子里突然来了许多苍蝇。而且这些苍蝇都飞向其中的一把镰刀，宋慈立刻让人取过那把镰刀，说："这就是凶器。"

其实，宋慈就是通过比较来证认凶器的：镰刀杀人后一定会有血迹，虽然血可以洗掉，但上面的血腥味短时间内却不会消失，而苍蝇又是嗜血的，自然会循着血腥味而来。这就是通过镰刀上留下的这种"标记"来证认推理出凶器的。

当然，证认推理不仅适用于日常生活和刑事侦查中，也适用于科学研究和科学发现中，是一种重要的科学研究方法。

英国地质学家赖尔就是运用这种推理方法创立地质进化论的。他在《地质学原理》这部地质进化论思想的经典著作中写道："现在在地球表面上和地面以下的作用力的种类和程度，可能与远古时期造成地质变化的作用力完全相同。"这就是"古今一致"的原则。既然作用于地球的各种自然力古今一致，那么人们就可以根据现在看到的仍然在起作用的自然力推论过去。通过对现存的各种生物化石的比较，来证认推理出地质历史时期的各种地质作用和地质现象。这种以现在推论过去的现实主义方法，后人将其概括为"将今论古"。

此外，证认推理也是"根据古代人类通过各种活动遗留下来的物质资料研究人类古代社会的历史"的考古学的重要研究方法。所谓实物资料就是古代社会遗留下来的各种遗迹和遗物，它们实际上就是古代社会方方面面的"标记"。比如，甲骨文就是商周时代的"标记"；各种神殿、寺庙、祭坛、祭具、造像、壁画、经卷是各时代宗教神学的"标记"；各时代遗留下来的古钱则是它们在商业经济上的"标记"；同时，在美术、航空、植物、地质、人的体质以及各种典籍史料等中也可以发现古代社会的各种"标记"。从这些标记中证认推理出古代社会的各种情况，就是证认推理的具体运用。

证认推理与类比推理的关系

证认推理与类比推理有着一定的相似之处，也有着明显的区别。

相似之处是这两种推理都是运用对比的方法来考察、认识事物之间的关系的，都是人们认识客观事物的重要手段，并且在日常生活以及科学研究中都发挥着重要作用；此外，它们都是或然性推理，其结论都不是必然结论。

其区别在于，类比推理一般是在两个或两类事物中进行类比推理的，而证认推理可以将需要证认的事物同时与多个（或类）事物进行比较；类比推理是根据两个或两类事物在某些属性上相同或相似，推出它们在另外的属性上也相同或相似，证认推理则是依据某些"标记"，来推理出该事物和已知事物之间的关系，或者说推出该事物就是已知事物。

明白了二者的相似与区别，才能根据考察对象的不同特点采用恰当的推理方式，更好地为人们认识客观世界服务。

概率归纳推理

概率的定义

据统计，全国 100 个人中就有 3 个彩民。对北京、上海与广州三个城市居民调查的结果显示，有 50% 的居民买过彩票，其中 5% 的居民是"职业"彩民。而要计算彩票的中奖率，就要用到数学中的概率。作为数学中的一个分支学科，概率的历史并不久远。那么，什么是概率呢？

1. 概率的古典定义

每次上抛一枚硬币，出现正面或反面朝上的概率都是二分之一；每次掷一枚骰子，出现 1 到 6 任一个点的概率都是六分之一。它们的概率就是硬币或骰子可能出现的情况与全部可能情况的比率。可见，概率就是表征随机事件发生可能性大小的量。

如果我们做一个试验，并且这个试验满足这两个条件：（1）只有有限个基本结果；（2）每个基本结果出现的可能性是一样的。那么这样的试验就是概率的古典试验。如果我们用 P 表示概率，用 A 表示试验中的事件，用 m 表示事件 A 包含的试验基本结果数，用 n 表示该试验中所有可能出现的基本结果的总数目，那么 P（A）=m/n。这就是概率的古典定义。

但是，在实际情况中，与一个事件有关的全部情况并不是"同等可能的"，比如某一产品合格不合格并不一定是同等可能的，而概率的古典定义恰恰是假定了全部可能情况都是同等可能的。鉴于这种局限性，就出现了概率的统计定义或频率定义。

2. 概率的统计定义

在一定条件下，重复做 n 次试验，nA 为 n 次试验中事件 A 发生的次数，如果随着 n 逐渐增大，频率 nA/n 逐渐稳定在某一数值 p 附近，则数值 p 称为事件 A 在该条件下发生的概率，记做 P（A）=p。这个定义称为概率的统计定义。也就是说，任一事件 A 出现的概率等于它在试验中出现的次数与试验总次数的比率。比如，抛一枚硬币出现正面的概率是二分之一，那么抛两枚硬币出现正面的概率就是两个二分之一的乘积，即四分之一。

概率归纳推理的兴起与发展

18 世纪 40 年代，英国心理学家、哲学家和经济学家约翰·穆勒在他的《逻辑体系》中以很大篇幅讨论了偶然性问题，认为概率论只同经验定律的建立有关，而与作为因果律的科学定律的建立无关，但并没有把概率论应用于归纳；最早将归纳同概率相结合的是德摩根和耶方斯。耶方斯在他的《科学原理》中说明："如果不把归纳方法建立于概率论，那么，要恰当地阐释它们便是不可能的。"耶方斯认为一切归纳推理都是概率的。他的工作实现了古典归纳逻辑向现代归纳逻辑的过渡。

现代概率归纳逻辑始于 20 世纪 20 年代，以逻辑学家凯恩斯、尼科及卡尔纳普和莱欣巴赫等人为代表。他们通过采用不同的确定基本概率的原则及对概率的不同解释，形成了不同的概率归纳逻辑学派。1921 年，凯恩斯将概率与逻辑相结合，提出了第一个概率逻辑系统，这就标志着归纳逻辑以现代的面貌出现了。凯恩斯在推进归纳逻辑与概率理论的结合上做出的历史性贡献，使他成为现代归纳逻辑的一位"开路先锋"。现代概率归纳逻辑的另一代表人物卡尔纳普在 20 世纪 50 年代提出了概率逻辑系统，这一体系宣告了归纳逻辑的演绎化、形式化和定量化，将概率归纳逻辑推向了"顶峰"。

概率归纳推理的含义与特征

概率归纳推理就是由某一事件中个别对象出现的概率推出该类事件中全部对象出现的概率的推理。其逻辑形式可以表示为：

S1 是 P，

S2 是 P，

S3 不是 P，

……

Sn 是 P，

S1、S2、S3……Sn 是 S 类的部分对象，

并且 n 个事件中有 m 个是 P，

所以，所有的 S 都有 m/n 的可能性是 P。

其中，P 指概率，S 指研究的事件，n 指研究的事件中的全部对象，m 则指部分对象。比如，在检验某产品的合格率时就可采用这种概率归纳推理。

概率归纳推理有以下几个特征：

第一，它从某一事件中个别对象的概率推出该事件中全部对象的概率，因此概率归纳推理也是由个别到一般、由特殊到普遍的推理；

第二，概率归纳推理是或然性推理，其结论断定的范围超出了前提断定的范围；

第三，即使推理前提都真，也不能推出必然真的结论；

第四，即使出现反例，概率归纳推理也不影响人们对考察对象的大致了解。这也是它与简单枚举归纳推理的不同之处。

提高概率归纳推理结论可靠性的方法

在实际运用概率归纳推理时，应该尽可能地提高其结论的可靠性。只有这样，才能得出较为真实的结论，用以判断事件的整体情况。

第一，观察次数越多，考察范围越广，结论的可靠性就越大。这主要是因为在运用概率归纳推理时，必须要先求出事件出现的概率。根据概率的统计定义，任一事件 A 出现的概率，就是 A 在若干次试验中出现的频率。这就决定了进行试验的次数对所得结论可靠性的影响。同时，考察的范围越广，对于可能出现的情况就考察得越全面，这也可以提高结论的可靠性。

第二，重视客观条件对考察对象的影响，随着客观情况的变化对试验做适当调整。在对某事件进行考察时，难免受到客观情况的影响，有时这种影响还会很大。比如对天气情况的考察会受到气候等各种因素的影响；对比赛胜负的考察会受到参赛选手身体状况以及天气情况等的影响；对考试成绩的考察也会受到参考人员水平的发挥情况、考试环境等的影响。而这些客观情况又势必会影响到试验结果，最终影响到概率归纳推理结论的可靠性。因此，在进行概率归纳推理时，要注意客观情况的变化，这也是避免发生"以偏概全"错误的有效方法。

现代科学的发展是概率归纳推理兴起的原因之一，而概率归纳推理又反过来影响并推动着现代科学的发展。作为一种重要的研究工具，概率归纳推理已经被广泛应用于社会各领域，并且发挥着越来越重要的作用。

统计归纳推理

统计学

通常来说，"统计"有三个含义：统计工作、统计资料和统计学。统计工作是指搜集、整理和分析客观事物总体数量方面资料的工作过程；统计资料是指统计工作所取得的各项数字资料及有关文字资料；统计学则是指研究如何搜集、整理和分析统计资料的理论与方法。我们在这里说的主要是统计学。

不管是日常生活还是科学研究，统计都是一种重要的方法。而要运用统计方法，就不得不先了解几个基本概念，即总体、个体、样本。总体就是指研究对象的全体；个体就是总体中的每个对象。为了推断总体分布和各种特征，可以按一定规则从总体中抽取一定的个体进行观察试验以获得总体的有关信息，其中被抽取的部分个体就叫样本，而抽取样本的过程就叫抽样。

比如，要对高二（1）班的50名学生的数学成绩进行考察，这50名学生就是总体，其中每个学生就是总体中的个体。如果抽取10名学生进行考察，这10名学生就是样本，抽取这10名学生的过程就叫抽样。如果用抽取的这10名学生的成绩之和除以人数，就能得到他们的数学平均成绩。这个平均成绩就是这10名学生数学成绩的算术平均数。

所谓算术平均数就是用所考察的一组数据的和除以这些数据的个数而得到的数。比如，如果上述10学生的数学成绩分别是85、78、90、81、83、89、77、85、72、80，用它们的成绩之和除以10，所得的82就是算术平均数。

统计归纳推理的含义和形式

一般来说，统计归纳推理包括估计、假设检验和贝叶斯推理三种形式。其中，估计是由样本的有关信息推出具有某种性质的个体在总体中所占的比率；假设检验是运用有关样本的信息对统计假说（具有某种性质的个体在总体中所占的比率）进行否定或不否定；贝叶斯推理则不仅要根据当前样本所观察到的信息，而且还要考虑推理者过去所积累的有关背景知识。

我们这里讨论的统计归纳推理就是由样本具有某种属性推出总体也具有该属性的

推理。作为归纳推理的主要形式之一，统计归纳推理是以一些数据或资料为前提，以概率演算为基础，由样本所含单位具有某属性的相对频率推出总体所含单位具有该属性的概率。比如，我们就可以由所得出的 10 名学生 82 分的数学平均成绩来推出高二（1）班学生的数学总平均成绩也是 82 分。统计归纳推理的推理形式可以表示为：

S1 是 P，

S2 是 P，

S3 不是 P，

……

Sn 是 P，

S1、S2、S3……Sn 是 S 类的部分对象，

并且其中有 m 个是 P，

所以，所有的 S 中有 m/n 个是 P。

统计归纳推理中易出现的错误

我们前面在推出高二（1）班学生的数学总平均成绩时运用的是最简单的统计归纳推理形式，它的准确性是有待考究的。因为，所抽取的学生的数量多少、是否具有代表性以及抽取过程是否随机都会影响到推理结论的准确性。

第一，抽样不准会得出错误的结论。所谓抽样不准，主要是指所抽取的样本不具有代表性。比如，如果要对某地区居民网上购物的情况做统计，就要注意研究对象中个体是否具有较大的差异性。如果某些居民从不网上购物甚至不知道如何进行网上购物，那么抽取这些样本所得到的结论就必然是错误的。要保证样本的代表性，就要保证抽样的随机性，即随机抽样。随机抽样又叫概率抽样，就是对总体的对象进行随机性抽取，使每一对象都有同等的机会成为样本。只有这样，才能保证推理结论的正确性。

第二，统计归纳推理中，经常会遇到一些"百分比"。如果把这些百分比都当成统计数字，就会陷入"数字陷阱"中。比如，A 市今年的生产总值比去年增长了 1.2%，B 市的则比去年增长了 1.3%。从这两个数据中，我们只能推出今年 B 市的经济增长速度比 A 市快，但不能推出 B 市一定比 A 市富裕。

第三，对统计平均数的解释不规范或者错误时，也会得出错误的推理结论。比如，某机构曾经对高校学生对《知识产权法》的掌握程度进行抽样调查，最后发现第一组学生成绩的优秀率达到 60%，而第二组只有 20%。于是该机构就认为该校学生对《知识产权法》的掌握程度差异很大。但是这个结论未必是正确的，因为如果选取的第一组样本是法律系学生，第二组样本是其他系学生，那么他们

得出的结论就自然是错误的了。

第四，如果没有注意到统计数据的变化，也可能导致错误的推理结论。这包括两种情况：一种是用过去的统计数据来对现在的事件进行推论或用彼处的统计数据对此处的事件进行推论。显然，不同时间、地点得出的统计数据也是不同的。换言之，即使时间相同，抽取样本的不同也会得出不同的结论；即使样本相同，不同时间的抽取所得的结论也是不同的。第二种是对统计数据进行进一步分析前，因为没有考虑到数据的变化而导致推出错误的结论。这就是说，在对现有统计数据进行进一步分析时，要事先确定这些数据的有效性，以免因没有发现数据的变化而影响结论的正确性。

提高统计归纳推理结论可靠性的方法

作为归纳推理的一种，统计归纳推理也具有归纳推理的一般特征：第一，是由个别到一般的推理；第二，是或然性推理，不能推出必然真的结论；第三，结论断定的范围超出了前提断定的范围。因此，在进行统计归纳推理时，除了避免错误外，还要尽可能地提高统计归纳推理结论的可靠性。

第一，保证适当大的样本的容量（即样本所包含的个体数目）。如果样本的容量太小，不管是数量还是范围，都不能准确地反映总体的情况，所得的结论也就不可靠。只有保证适当大的样本容量，才能保证推理结论的可靠性。

第二，要抽取能反映总体情况的具有代表性的样本。这就要求我们在抽取样本时要随机抽取，不能有意识地只抽取好的或只抽取坏的，这也是保证推理结论可靠性的重要一环。

第六章

科学逻辑方法

什么是科学逻辑方法

科学

　　"科学"一词，英文为 science，源于拉丁文的 scientio，有"知识""学问"之意。在梵文中，"科学"指"特殊的智慧"。"科学"一词在我国广泛运用是在康有为和严复引进并使用"科学"二字之后的事。

　　英国博物学家达尔文认为："科学就是整理事实，从中发现规律，做出结论。"1999年《辞源》对科学的定义是："运用范畴、定理、定律等思维形式反映现实世界各种现象的本质的规律的知识体系。"法国《百科全书》则认为："科学首先不同于常识，科学通过分类，以寻求事物之中的条理。此外，科学通过揭示支配事物的规律，以求说明事物。"简单地说，科学就是反映事实真相的学说。它首先指对应于自然领域的知识，经扩展、引用至社会、思维等领域。一般来讲，科学包括科学知识、科学思想、科学精神和科学方法。

　　科学知识包括经验知识和理论知识。其中，经验知识主要是描述事实，回答"是什么"的问题；理论知识主要是解释事实，回答"为什么"的问题。理论知识又可以分为经验定律和理论原理。经验定律是对经验知识的归纳与概括，是科学知识的低层次部分。经验定律的获得主要是通过观察和实验来实现的。比如，查理定律、光的折射定律等。理论原理则是揭示经验定律后的根本原因以及对客观事物的本质与现象间的因果联系的探索，是科学知识的高层次部分。理论原理的获得主要是通过比较、分析、综合等各种抽象思维的方法来实现的。比如，能量守恒定律、万有引力定律、生物的新陈代谢理论等。

科学思想是人们对外在世界本质和规律的一种认识，而科学精神则是由科学性质所决定并贯穿于科学活动之中的基本的精神状态和思维方式，是体现在科学知识中的思想或理念。我们所要讨论的主要是科学方法。

逻辑方法与科学方法

我们前面讲过，逻辑思维方法就是指依靠人的大脑对事物外部联系和综合材料进行加工整理，由表及里，逐步把握事物的本质和规律，从而形成概念、建构判断和进行推理的方法。

科学方法则是指人们为达到认识客观世界的本质及规律这一基本目的而采用的手段、方式和途径，包括在一切科学活动中采用的思路、程序、规则、技巧和模式。简单地说，科学方法就是人类在所有认识和实践活动中所运用的全部正确方法。

从种类上说，科学方法分为描述事实的经验认识方法和解释事实的理论思维方法；从层次上看，科学方法可以分为哲学—逻辑方法、经验自然科学方法、特殊的科学方法和个别的科学方法。其中，哲学—逻辑方法适用于自然科学、社会科学、思维科学以及人们日常生活的各个领域；经验自然科学方法则仅仅适用于经验自然科学；特殊的科学方法适用于一门或几门学科；而个别的科学方法则是指运用望远镜、显微镜等的方法。也有人把科学方法分为单学科方法（或专门科学方法）、多学科方法（或一般科学方法，适用于自然科学和社会科学）和全学科方法（具有最普遍方法论意义的哲学方法）三个层次。

逻辑方法与科学方法是紧密联系在一起的。物理学家爱因斯坦说过："一切科学的伟大目标，即要从尽可能少的假说或者公理出发，通过逻辑的演绎，概括尽可能多的经验事实。"他同时也指出："逻辑简单的东西，当然不一定就是物理上真实的东西；但物理上真实的东西一定是逻辑上简单的东西。"事实上，思维方法本身就是通过概念、判断、推理的运用来揭示客观事物间的因果联系的。而且，在揭示事物真相的过程中，观察、实验、比较、分析与综合都是最为常用的研究方法，它们也需要借助概念、判断、推理等逻辑方法来揭示客观事物间的因果联系。在这方面，逻辑方法与科学方法是难分彼此的。

科学逻辑方法

科学思维逻辑方法就是逻辑方法与科学方法的综合运用，简称为科学逻辑方法。科学逻辑方法可以说是在科学基础上运用逻辑方法去认识、揭示客观事物的规律和本质的方法，也可以说是在逻辑的辅助下运用科学方法去认识、揭示客观事物的规律和本质的方法。

我们所讨论的科学逻辑方法主要包括科学解释的逻辑方法、科学预测的逻辑方法、探求因果联系的逻辑方法和科学假说的逻辑方法等。其中，科学解释的逻辑方法是关于科学解释的逻辑模式与逻辑方法的理论；科学预测的逻辑方法是关于科学预测的逻辑模式和逻辑方法的理论；探求因果关系的逻辑方法则是探求客观事物之间因果联系的逻辑方法，它又可以分为求同法、求异法、求同求异并用法、共变法以及剩余法；而科学假说的逻辑方法则是指人们依据一定的事实材料和科学原理，对事物的未知原因或规律性所做的假定性解释的逻辑方法。爱因斯坦曾说："物理学的任务，仅在于用假说从经验材料中总结出这些规律。"由此可见科学假说的逻辑方法的重要性。

运用科学逻辑方法进行探索时一般要遵循以下几个步骤：

（1）发现并解释客观事物（比如各种自然现象）存在的事实、原因和规律；

（2）根据已经发现的客观事物本质和规律预测新的、未知的事物；

（3）探求这些新的、未知的客观事物之间的因果联系；

（4）根据预测及探求到的客观事物间的因果联系提出科学假说；

（5）对所提出的科学假说的合理性进行检验、证明。

这五个步骤是进行科学探索的基本步骤，也是科学逻辑方法的具体运用。科学家们正是根据这几个步骤，结合科学逻辑方法进行科学研究、发现并促进科学的发展的。

科学解释的逻辑方法

科学解释逻辑的含义

贯休《行路难》中"君不见烧金炼丹古帝王，鬼火荧荧白杨里"以及宋陆游《老学庵笔记》卷四中"予年十馀岁时，见郊野间鬼火至多"都提到了"鬼火"。唐李贺《苏小小墓》诗"油壁车，久相待。冷翠烛，劳光彩"的"冷翠烛"也是指"鬼火"。历来民间因为对墓地里的"鬼火"成因不明，都把它看成不祥之兆。那么，"鬼火"究竟是如何形成的呢？这是因为人体内部除了碳、氢、氧三种元素外，还含有磷、硫、铁等元素。尤其是骨骼中，含有较多的磷化钙。因此，人的躯体在地下腐烂时会发生各种化学反应。在这个过程中，磷由磷酸根状态转化为磷化氢，而磷化氢是一种气体物质，燃点很低，在常温下与空气接触便会燃烧起来。磷化氢产生之后沿着地下的裂痕或孔洞冒出地面，在空气中燃烧并发出蓝色的光，这就是磷火，也就是人们所说的"鬼火"。

在上面这段话中，对"鬼火"成因的解释就是科学解释。

所谓科学解释，就是运用科学知识去说明某一现象、事件存在或产生的原因，也叫科学说明。科学解释的逻辑方法就是关于科学解释的逻辑模式与逻辑方法的理论，简称为科学解释逻辑。

科学解释逻辑的模式

科学解释逻辑的模式主要包括"D—N 模式"（即演绎—律则模式）、"I—S 模式"（即归纳—统计模式）、类比模式和多元化科学解释模式。

1.D—N 模式

一般来讲，科学解释逻辑包括理论原理、相关条件陈述和事实陈述三部分。

理论原理是揭示经验定律后的根本原因以及对客观事物的本质与现象间因果联系的探索，上面关于"鬼火"的解释中，运用的理论原理就是化学反应以及物质的燃点；相关条件陈述是指某一现象或事件存在或发生的具体条件，上面关于"鬼火"的解释中，相关条件陈述包括人体含有的磷、钙、氢等各种化学元素和磷化氢燃点较低，常温下与空气接触便会燃烧；事实陈述则是对某一现象或事件存在或发生事实的陈述，或者说事实陈述就是科学解释的对象。根据以上分析，关于"鬼火"的科学解释逻辑可以用下面的模式来表示：

理论原理：

化学反应

物质的燃点

相关条件陈述：

人体含有的磷、钙、氢等各种化学元素

磷化氢燃点较低，常温下与空气接触便会燃烧

事实陈述：

所以，墓地里会产生"鬼火"。

因为理论原理和相关条件陈述都是对客观事实的解释，所以把它们合称为"解释项"；而事实陈述是被解释的对象，所以称为"被解释项"。科学解释逻辑的模式可以表示为：

L：理论原理

C：相关条件陈述　　　　解释项

所以，E：事实陈述　　　　被解释项

在这里，L 代表理论原理，C 代表相关条件陈述，E 代表事实陈述。因此，该模式又可以表示为（L∧C）→E。需要说明的是，有时候，某一现象或事件存在或发生的原因是多方面的，也就是说，它可能是自然律（即理论原理）与具体条件（相关条件陈述）共同作用的结果。此外，这些原因，即理论原理和相关条件在数量上也可能不是唯一的。因此，我们可以将该模式表示为：

L1，L2……Ln

C1，C2……Cn　　　解释项

所以，E　　　　　　被解释项

从以上分析可知，这种解释模式与演绎推理有着相似之处，也是从一般性、普遍性认识推出个别的、特殊的认识的。所以，这种科学解释逻辑模式叫"演绎—律则模式"或"定律覆盖的演绎模型"，用字母表示则是"D—N 模式"，即根据一般性、普遍性原理推出某一个别的、特殊的观察陈述。

2.I—S 模式

据报道：由多家媒体及机构共同发起了中国城市健康大调查，在历时 4 个月的调查中共采集 116480 份有效样本。其中，城市"租房者"健康状况调查报告显示："买房压力、经济压力、工作压力、生活压力、房租压力"这五大压力致六成租房者受疾病困扰。

如果小王是一个城市"租房者"，我们就可以用"I—S 模式"来表示小王因五大压力致病的可能情况：

五大压力致六成城市"租房者"受疾病困扰，

小王是城市"租房者"，

所以，小王很可能受疾病困扰。

"I—S 模式"即归纳—统计模式，是指根据统计规律和相关条件陈述来说明被解释项的科学解释逻辑模式。如果用 F 和 G 表示统计对象，用 a 表示统计对象中的个体，"I—S 模式"就可以表示为：

百分之几的 F 是 G

a 是 F　　　　　　　　　　　　解释项

所以，a 是 G　　　　　　　　　　被解释项

"I—S 模式"有两个特点：第一，解释项"百分之几的 F 是 G"要建立在有效统计的基础上，不能任意编造；第二，解释项并不逻辑地蕴涵被解释项。因为只有 F 中的一部分是 G，而 a 又是 F 中的个体，所以，a 有可能是 G，也可能不是 G，其可能性大小取决于统计结果。

3. 类比模式

据报道：2007 年，英国哥伦比亚大学的天文学家马修称发现了一颗适合人类居住的星球——红矮星 Gliese 581c。科学家关于宜居星球的基本定义是：大小跟地球差不多，有类似地球的温度，有液态水。而 Gliese 581c 的直径是地球的 1.5 倍，并且围绕着"红矮星"运转。"红矮星"与太阳相比则小很多，也没有太阳的强燃烧热量。马修说："这是人类首次在太阳系之外发现的一颗可能适合人类居住的星球。这颗星球有着类似于地球的温度，大小和体积也与地球差不多，可能还有水存在于星球上，距离地球大约 20.5 光年（约 120 万亿英里）。"

从这则报道中可知，天文学家是通过红矮星 Gliese 581c 与地球的类比来确定其是否适合人类居住的。它可以这样来表示：

地球有着适当的温度、液态水、大小和体积，适合人类居住，

红矮星 Gliese 581c 有着适当的温度、液态水、大小和体积，
_____

所以，红矮星 Gliese 581c 也适合人类居住。

类比模式可用下面的形式来表示：

A 事物具有属性 a、b、c、d

B 事物具有属性 a、b、c   解释项
_____

所以，B 事物也具有属性 d   被解释项

4. 多元化科学解释模式

有时候，对同一现象、事件往往会从不同的角度作出各不相同的科学解释。比如，对地壳运动的原因，就有收缩说、膨胀说、脉动说、地球自转速度变化说、地幔对流说、大陆漂移说以及板块构造说等不同的解释；对于光的折射、反射等现象也有光的波动性理论、光的微粒性理论以及光的波粒二象性理论等不同的解释。而且，对这同一现象、事件提出的各种不同解释都自成一体，各有各的道理，因而形成了多元性的科学解释。如果我们用 E 表示被解释的现象或事件，用 H1、H2……Hn 来表示对该现象或事件提出的各种不同的科学解释。那么，多元性科学解释模式就可以表示为：

H1 ↘

H2 → E

……

Hn

对于多元性科学解释，我们要注意两个问题：

第一，一般情况下，对同一现象或事件的不同解释的解释力是不同的。也就

是说，有的解释可以说明这种现象，却说明不了另一现象；有的解释能说明局部现象，却说明不了整体现象等。比如，大陆漂移说是取代大陆位移说而出现的，显然它要比后者更有解释力；而板块构造说也只有与海底扩张说结合起来，才能更完满地解释地壳的不稳定性和可变性。

第二，对同一现象或事件的不同解释未必都是正确的。比如，相对于"地心说"而言，哥白尼提出的"日心说"显然更具科学性，因为它证明了地球是围绕太阳进行公转的。但是，"日心说"也有着明显的缺陷，比如它认为太阳是宇宙的中心就是错误的。

科学解释可以说是科学的所有认识论、方法论问题的集结点，是科学哲学的中心问题。而科学解释的方法、特点、标准和评价等问题也是科学哲学的重要内容之一。所以，我们在研究科学解释逻辑的时候，既要认识到不同科学解释的逻辑模式的作用和重要性，也要认识到它们的不足之处。只有这样，才能对客观事物做出符合实际情况的科学解释。

科学预测的逻辑方法

科学预测逻辑的含义

"预测"就是预先或事前推测、测定的意思。它主要是指根据已经掌握的信息或积累的数据，依据一定的规律和方法对未知事物情况进行推测，以预先推测某种事物情况的存在、发生或结果。日常生活中的预测不乏其例，比如天气预测、地震预测、经济预测等。有的预测是对事物发展的整体性预测，而有的则是某一个别情况的预测。比如，经济预测可以对国家以至世界的经济形势作预测，也可以对房价、粮价等作预测。在各种各样的预测中，有的是仅凭主观或直觉进行的预测，有的则是根据长期积累的经验进行的预测，而有的则是在一定的实践与理论知识的基础上，根据实际情况和事物发展的规律进行的科学预测。比如，门捷列夫根据元素周期表预测类似硼、铝、硅的未知元素的存在；约翰·柯西·亚当斯根据计算预测了海王星的存在等。

所谓科学预测就是根据现有的科学理论知识和相关条件陈述对未知事物情况进行的推测。它主要是在运用科学方法对现代科学某一领域的情况或各领域间的关系进行分析研究的基础上，科学地预测某一现象或事件的存在或发生、发展的原因。根据科学预测的逻辑模式和逻辑方法形成的理论就是科学预测逻辑。科学预测逻辑是研究科学预测的模式、程序、途径、手段以及合理标准等问题的理论。

科学预测逻辑的模式

科学预测逻辑有多种模式与方法，包括科学预测的演绎模式、溯因模式、并案归纳溯因模式、类比模式等。七如：

玛丽·居里（即居里夫人）与丈夫皮埃尔·居里长年致力于以沥青铀矿石为主的放射性物质的研究。针对这种矿石的总放射性比其所含有的铀的放射性强的现象，居里夫妇于 1896 年提出了一个逻辑推断：沥青铀矿石中必定含有某种未知的放射成分，而且其放射性远远大于铀的放射性。他们于当年 12 月 26 日公布了存在这种新物质的设想。1898 年，居里夫妇开始研究由法国物理学家贝可勒尔发现的含铀矿物所放射出的一种神秘射线。在极其困难的条件下，他们对沥青铀矿进行了分离和分析，终于在 1898 年 7 月和 12 月先后发现钋（Po）和镭（Ra）两种新元素。

可见，居里夫妇正是在现有科学知识和理论的基础上，根据相关条件陈述，通过科学的分析对放射性新物质的存在提出预测的。这种科学预测逻辑的模式可以表示为：

L1，L2……Ln

C1，C2……Cn　　　预测根据

所以，E　　　　　被预测项

由此可见，该模式是由定律原理（L）、相关条件陈述（C）和预测陈述（E）三部分组成的。其中，定律原理和相关条件陈述都是做出科学预测的根据，所以合称为预测根据；预测陈述则是根据预测根据推出的结论，也叫被预测项。该模式也可以表示为：$(L \land C) \rightarrow E$。

根据定律原理形式的不同，科学预测模式中预测根据与被预测项的关系也不同：

第一，如果作为预测根据之一的定律原理是全称判断，那么被预测项就蕴涵在预测根据中，该模式就是由一般推出个别的演绎预测模式。比如，牛顿第一定律，即"一切物体在任何情况下，在不受外力的作用时，总保持相对静止或匀速直线运动状态"就是全称判断；能量守恒定律，即"能量既不会凭空产生，也不会凭空消灭，它只能从一种形式转化为其他形式，或者从一个物体转移到另一个物体，在转化或转移的过程中，能量的总量不变"也是全称判断。如果以这种全称判断式的定律原理为预测根据，该模式就是演绎预测模式。

第二，如果作为预测根据之一的定律原理是统计定律，那么被预测项就没有被蕴涵在预测根据中，该模式就是一个统计预测模式。所谓统计定律，就是根据科学的统计方法推导出的规律；所谓统计预测，就是利用科学的统计方法对未知事物情况进行定量推测，并计算概率置信区间。

科学预测模式与科学解释模式的关系

通过对科学解释模式和科学预测模式的分析，我们可以发现它们之间有着不同之处。但它们又并非各自为政、互不兼容的，甚至有时候是彼此交叉地存在着。

其不同之处在于：

科学解释模式的推导前提是解释项，结论是被解释项，而科学预测模式的推导前提是预测根据，结论是预测陈述；科学解释模式是利用现有科学理论对某一已知现象或事件做出解释并进行科学论证，而科学预测模式则是利用现有科学理论对某一未知现象或事件做出预测并进行逻辑推导；科学解释模式的推导前提蕴涵结论，而当科学预测模式的定律原理是统计规律时，其推导前提不蕴涵结论。

其相同之处在于：

第一，当科学预测模式的定律原理是全称判断时，科学解释模式和科学预测模式都属于逻辑蕴涵式，其蕴涵式都可表示为（L∧C）→E。

第二，从科学解释模式和科学预测模式的逻辑结构上看，它们的逻辑推导前提不管是解释项还是预测根据，都是由定律原理和相关条件陈述构成的；它们所推出的结论不管是被解释项还是被预测项，都属于事实陈述。也就是说，它们在逻辑结构上是相同的。

第三，科学解释一般不含有科学预测，但科学预测有时却可含有科学解释。也就是说，在对某一未知现象或事件进行科学预测的时候，也已经对其存在或发生、发展情况进行了科学解释。

科学解释逻辑和科学预测逻辑是科学逻辑方法的重要组成部分，它们是进行科学研究和发现的有效手段，在丰富科学知识、深化科学理论、提倡科学方法和促进科学进步方面都发挥着积极作用。

什么是因果联系

因果联系的含义

古希腊伟大的唯物主义哲学家德谟克利特一生都在探求事物之间的因果联系，并以此为最大快乐。他曾说过："宁可找到一个因果的解释，不愿获得一个波斯王位。"比如，如果你看见一只乌龟突然从天下掉下来，并恰好落在一个秃头上，你肯定以为这是一件不可思议的事。但德谟克利特却会告诉你：世上没有不可思议的事，任何结果都是有原因的。不信你抬头看，乌龟一定是从正在天上盘旋的那只老鹰爪中掉下来的。德谟克利特就是要通过这件事告诉我们，任何事物都是处在普遍联系之中的，而一个结果的产生也一定有着它的原因，这就是事物间的因果联系。

任何现象都会引起其他现象的产生，任何现象的产生都是由其他现象所引起的。这种引起和被引起的关系就是因果联系。比如，"一分耕耘，一分收获"中，"耕耘"是因，是引起的现象，"收获"是果，是被引起的现象；"牵一发而动全身"中，"牵一发"是因，是引起的现象，"动全身"是果，是被引起的现象。

因果联系的特征

任何事物都处于普遍联系中，但却并非任何联系都是因果联系。比如，"鱼儿离不开水，瓜儿离不开秧"中，鱼和水、瓜和秧之间的联系是指事物间的直接联系；"城门失火，殃及池鱼"中，火和鱼之间的联系是指事物间的间接联系，但它们却并非因果联系。因果联系作为事物间关系的重要表现形式之一，有着它独有的特征。

第一，由因果联系的定义可知，它是一种引起与被引起的关系；同时，原因作为引起的现象，一般都是先出现的，结果作为被引起的现象，一般都是后出现的，原因和结果有着先行后续的关系。因此，因果联系是一种先行后续的引起与被引起关系。比如，苹果成熟后掉落地上，而不是飞向天上，是因为万有引力的原因。先有万有引力，然后才有苹果落地，这是先行后续的关系；万有引力引起苹果落地，这是引起与被引起的关系。

第二，因果联系普遍存在于自然、社会以及人的思维之中，具有普遍性。比如：

一天，通用汽车公司黑海汽车制造厂总裁收到一封抱怨信，说是开着该厂的汽车去买冰淇淋，只要是买香子兰冰淇淋，汽车便发动不了，而买其他牌子的冰淇淋，汽车却一切正常。黑海厂总裁对这封信迷惑不解，但还是派了一名工程师去查看。但是，工程师在进行调查时也遇到了相同的问题，而且一连三次都是如此，这让他百思不得其解。接下来的调查中，他开始对日期、汽车往返时间以及汽油类型等作认真详细的记录。最后终于发现，车主买香子兰冰淇淋比买其他冰淇淋用的时间要短，从而找出了汽车停的时间太短就无法启动的原因。经过进一步研究，发现它跟气锁有关。买冰淇淋的时间长的话，可以使汽车发动机充分冷却以便启动；买冰淇淋时间短的话，汽车发动机就还是热的，所产生的气锁就耗散不掉，因而汽车无法启动。

一个冰淇淋竟然影响到一辆汽车的启动，让人不能不承认因果联系的普遍性。

第三，当相同的原因和一切所必需的条件都存在时，就会必然产生结果，而且只产生相同的结果。这就是因果联系的必然性和确定性。比如，苹果落地和万有引力是因果联系，但是苹果落地与牛顿发现万有引力却不是必然联系。因为看到苹果落地的人很多，但却只有牛顿一人发现了万有引力，这是因果联系的必然性。同时，只要在适用于万有引力的条件下，就一定会产生苹果落地的结果，而不是上天或停留在空中，这是因果联系的确定性。

第四，一般来说，因果联系有一因一果、一因多果、多因一果和多因多果等各种形式，而且有时候甚至不能说出到底哪个是因哪个是果。也就是说，有时候事物之间可能会互为因果。这就是因果关系的复杂多样性。比如，经济落后可能会造成教育落后、科技落后、军事落后等多个结果；而教育落后、科技落后、军事落后等又必然造成经济落后。

第五，世上没有无因之果，也没有无果之因，原因和结果总是相互依存、共存共生的关系。这就是因果联系的互存性。"黄鼠狼给鸡拜年——没安好心"是这个道理，"没有无缘无故的恨，也没有无缘无故的爱"也是这个道理。

需要指出的是，在认识因果联系时，要注意以下几点：

第一，只有先行后续而没有引起和被引起的关系不是因果联系。看下面一则幽默故事：

一对恋人在看海。面对大海，男孩突然激情勃发，朗诵起高尔基的《海燕》："在乌云和大海之间，海燕像黑色的闪电，在高傲地飞翔。一会儿翅膀碰着波浪，一会儿箭一般地直冲向乌云……"女孩无限仰慕地看着男孩，激动地说道："啊，亲爱的，你太厉害了！你看，海燕能听懂你的话，真的在乌云和大海间飞呢。"

这则故事中，男孩朗诵与海燕飞翔并没有因果联系。因为海燕一直都是那样飞的，并不是因为男孩的朗诵才那样飞，二者没有引起与被引起的关系，所以不是因果联系。

第二，如果原因发生变化，结果也会相应地发生变化，要根据原因的变化重新度量结果。这就好像你用老机器每天可以生产10个产品，用新机器就可能生产15个产品。机器改变了，生产的数量就改变了；而原因改变了，结果自然也会改变。

第三，只有在所有必需条件都具备的情况下，原因才可能产生结果。比如，接通电源，电灯就会发光，它们具有因果联系。但是，如果电灯或导线有问题，那么就不能产生发光的结果。所以，只有满足各种必需条件，才能产生结果。

第四，原因和结果的区别是相对的，在一定条件下可以互相转化。看下面这首著名的民谣：

丢了一颗铁钉，坏了一个铁蹄；坏了一个铁蹄，折了一匹战马；折了一匹战马，伤了一个将士；伤了一个将士，输了一场战争；输了一场战争，亡了一个帝国！

在这首民谣中，各个现象之间的原因和结果就都是相对的，比如，"坏了一个铁蹄"是"丢了一颗铁钉"的结果，却是"折了一匹战马"的原因。因果联系的这种关系实际上也是其复杂多样性特征的体现。

探求因果联系的逻辑方法

事物间的因果联系具有普遍性和客观性，这是人们正确认识事物的前提。只有正确把握因果联系，才能提高人们进行各种活动的自觉性和预见性，在科学研究发现中尤其如此。事实上，科学解释就是在根据现有各种科学现象的"果"去探索它们存在或发生、发展的"因"；而科学预测也是在科学理论和相关条件的基础上，根据事物间的因果联系预测新事物的存在。

当然，事物间的因果联系是复杂多样的，要探求复杂多样的因果联系，就要运用科学的逻辑方法。常用的探求事物间因果联系的逻辑方法有求同法、求异法、求同求异并用法、共变法以及剩余法。这五种方法是由约翰·穆勒在用归纳法研究自然界的因果联系时创立的，所以称为"穆勒五法"。对此，我们将在以下几节中详细探讨。

求同法

求同法的含义、形式和特点

有甲、乙、丙三块地，在甲地里施磷肥、氮肥、浇水，在乙地里施磷肥、钾肥、除草，在丙地里施磷肥、钙肥、杀虫，结果发现这三块地的产量都高了。由此人们认为：这三块地都缺磷，磷肥是粮食产量提高的原因。

在这里，人们就是运用求同法来探求粮食产量提高的原因的。

所谓求同法，就是在某一被研究对象出现的若干不同的场合中，除某个情况相同外，其他情况均不同，那么这个相同的情况就是被研究对象的原因，它们之间具有因果联系。所以，求同法也叫契合法。如果我们用1、2、3等表示若干不同的场合，用A、B、C等表示先于结果出现的各种情况，用a表示被研究对象，求同法的逻辑形式就可以表示为：

场合	先行情况	被研究对象
1	A、B、C	a
2	A、D、E	a
3	A、F、G	a
……	……	……

所以，A 是 a 的原因。

在场合 1 中，a 与 A、B、C 一起出现；在场合 2 中，a 与 A、D、E 一起出现；在场合 3 中，a 与 A、F、G 一起出现……A 是 a 在各种场合出现时的共同情况，所以 A 是 a 出现的原因，A 与 a 具有因果联系。

根据求同法的逻辑形式，上面所举的例子可以这样表示：

场合	先行情况	被研究对象
甲地	施磷肥、氮肥、浇水 粮食	产量提高
乙地	施磷肥、钾肥、除草 粮食	产量提高
丙地	施磷肥、钙肥、杀虫 粮食	产量提高

所以，施磷肥是粮食产量提高的原因。

在这里，施磷肥是粮食产量在三块不同的地里得以提高的共同条件，所以施磷肥是粮食产量提高的原因，二者具有因果联系。再比如：

小王、小张、小李三人的生长环境、学习条件、生活条件以及工作条件都不相同，但他们却都有着一个好身体。这是为什么呢？经调查发现，原来他们都喜欢运动，而且每周都有固定的运动量。于是，人们就推测出运动是他们身体好的原因。

通过上面的分析，我们可以得出求同法在探求事物间的因果联系时有以下三个特点：

第一，求同法依据的是因果联系的确定性特征，即在必需条件都具备的情况下，同样的原因会引起相同的结果。比如上面的两个事例中，施磷肥在各种不同的场合中都引起"粮食产量提高"这一结果；运动在不同的情况中都引起"身体好"这一结果。

第二，求同法是"异中求同"或者说是"求同除异"，即在各不相同的场合中排除相异因素，找出相同因素。比如，上面两个事例中分别排除了施氮肥、钾肥、钙肥、除草、浇水、杀虫等不同因素以及生长环境、学习条件、生活条件、工作条件等不同因素，从而分别找出了施磷肥和运动这一相同因素。

第三，求同法是或然性推理，所推出的结论也是或然的。这主要是因为求同法基本上都是根据经验观察而判断出事物间的因果联系的，而经验并不是任何时候都正确的，所以凭经验得出的结论也就不必然是真的。因此，可以说求同法是一种观察方法，而不是实验方法。

正确理解和运用求同法

在运用求同法探求事物间的因果联系时，经常会出现一些错误。这一方面可能是人们对求同法的理解不够准确，另一方面则可能是没有正确地运用这种方法。要想正确理解并运用求同法，我们应该注意以下几点：

第一，只有时间上的先行性不一定就是引起结果的原因。比如，春天总是在夏天前，闪电总在雷鸣前，但却不能说春天是引起夏天的原因，闪电是引起雷鸣的原因。因为它们只有时间上的先行后续，但没有引起与被引起的关系。

第二，在不同场合出现的共同情况不必然是引起结果的原因。这一方面是因为人们的认识不足，从而把某些表面情况当成了被研究对象出现的原因。比如，康有为、梁启超等维新派所力推的维新变法之所以失败，就在于他们看到英国、法国、日本等实行资产阶级变法而富强起来，因此便得出了资产阶级变法是摆脱民族危亡、实现国家富强的原因。而实际上，这只是表面原因，而不是真正引起这一结果产生的根本原因。另一方面是人们把某些共同情况中含有的其他因素一并当成了被研究对象出现的原因。比如，人们最先认为燃烧的必备条件是空气，没有空气就不能燃烧。直到后来发现并分离出空气中的氧，人们才知道真正使燃烧得以进行的是氧。

第三，要能在"异"中发现"同"，因为某些表面不同的情况中也可能存在着引起被研究对象的原因。

第四，因为求同法是或然性推理，而且主要是根据经验观察而得出的结论，所以即使注意到了以上所提到的几点情况，利用求同法得出的结论也未必一定正确。同时，一个结果的产生也可能是由多个不同的原因共同引起的，也就是"多因一果"。因此，一定注意不要仅凭经验就断定某一个原因是某一结果出现的充分条件。

提高求同法结论可靠性的方法

求同法是探求因果联系的常用方法之一，利用求同法可以对各不相同的场合中出现的错综复杂的因素进行有针对性的观察，从而排除无关紧要的干扰性因素，找出引起被研究对象出现的原因。因此，求同法是科学研究的初始阶段经常采用的方法。为了提高利用求同法得出的结论的可靠性，我们可以采取以下两种手段：

第一，把被研究对象放在尽可能多的场合观察，以便尽可能多地得出各不相同的情况，再从这些情况中找出共同因素。这样就可以避免因只观察几个场合的情况就匆忙下结论而引起的错误，提高结论的可靠性。

第二，经过观察后，如果所发现的共同情况只有一个，可以再认真分析一下，以确定是否还存在其他相关原因；如果所发现的共同情况不止一个，那么就要对这些共同情况再做研究，以确定哪一个或哪几个是引起结果的根本原因。这样就可以避免漏掉某些共同情况，从而提高所得结论的可靠性。

求异法

求异法的含义与形式

有甲、乙两块地，它们连续两年粮食产量都不高，但又不知道什么原因。于是，人们开始通过实验的方法来探求粮食产量低的原因。在其他条件都相同的情况下，人们在甲地里施磷肥、浇水、除草、杀虫，在乙地里浇水、除草、杀虫。结果发现，甲地的粮食产量有了明显提高，乙地的产量则没变。由此人们认为，施磷肥是粮食产量提高的原因，二者具有因果联系。

在这里，人们就是运用求异法来探求粮食产量提高的原因的。

所谓求异法，就是在某一被研究对象出现和不出现的两个场合中，除某个情况不同外，其他情况均相同，那么这个不同的情况就是被研究对象的原因，它们之间具有因果联系。所以，求异法也叫差异法。如果我们用 1、2 表示两个不同的场合，用 A、B、C 等表示先于结果出现的各种情况，用 a 表示被研究对象，求异法的逻辑形式就可以表示为：

场合	先行情况	被研究对象
1	A、B、C	a
2	—B、C	—

所以，A 是 a 的原因。

在场合 1 中，a 与 A、B、C 一起出现；在场合 2 中，A 没有出现，a 也没有出现。因此，A 是 a 出现的原因，二者具有因果联系。

根据求异法的逻辑形式，上面所举的例子可以这样表示：

场合	先行情况	被研究对象
甲地	施磷肥、浇水、除草、杀虫	粮食产量提高
乙地	—浇水、除草、杀虫	—

所以，施磷肥是粮食产量提高的原因。

在这里，甲、乙两块地的其他条件都相同，施磷肥是其唯一不同之处。所以，施磷肥是甲地粮食产量提高的原因。再比如：

为了找出蝙蝠在黑暗中自由飞翔并准确辨别方向的原因，科学家对其进行了实验。首先，科学家把蝙蝠的双眼罩住，结果发现蝙蝠依然能像往常一样准确地辨别方向，丝毫没有因为双眼不能视物而受影响。于是，科学家又换了一种方法，即将蝙蝠的双耳罩住。这下科学家们发现，蝙蝠突然失去了方向感，在空中到处乱飞，不时地撞在墙上。而当科学家把罩住蝙蝠耳朵的东西除去后，蝙蝠又恢复了往常的辨向能力。由此科学家们得出了蝙蝠是靠双耳来辨别方位的结论。

在这个实验中，科学家们就是采取求异法来探求蝙蝠的双耳与其辨别方位之间的因果联系的，即在其他条件完全相同的情况下，罩住双耳的蝙蝠不能辨别方位，没有罩住双耳的蝙蝠则可以辨别方位。

求异法的特点和需要注意的问题

通过上面的分析，我们可以得出求异法在探求事物间的因果联系时有以下三个特点：

第一，求异法是采用实验的方法进行的，而且一般都是在两个场合中进行；

第二，求异法是"同中求异"，即在两个场合中出现的错综复杂的情况中，排除相同的情况，找出不同的情况；

第三，求异法是或然性推理，所推出的结论也是或然的。这一方面是因为实验手段本身存在的局限性或误差，另一方面是因为现实中的因果联系是极为复杂的，所推出的那个差异未必是引起相应结果的根本原因。

求异法主要用于各种实验中。因为，求异法一般只在两个场合中进行，一个是被研究对象出现的场合，一个是被研究对象不出现的场合。而且，在这两个场合中，只有一种情况不同，其他情况都相同，这对进行试验有很大便利。比如，在进行蝙蝠实验的时候，只需把蝙蝠的眼睛或耳朵罩住或松开即可，整个实验场所及条件都不需要改变。这就省去了很多麻烦，便于实验的顺利进行。因此，求异法是科学研究中最为常用的方法之一。但是，在运用求异法探求因果联系的时候，要保证所得结论的可靠性，就要注意以下几个问题：

第一，要确保被研究对象出现和不出现的两个场合中只有一个情况是不同，而其他情况或条件务必相同。只有在这个前提下，所推出的结论才可能是可靠的。反言之，如果不同的情况不唯一，那就无法判断这些情况究竟哪个是原因了。看下面一则故事：

　　一天，约翰穿着旧衣服去参加一个宴会。在酒店门口，约翰被保安拦住了，理由自然是保安觉得他衣着破旧，不像赴宴的人。直到约翰拿出请柬时，保安才放他进去。进入富丽堂皇的宴会大厅后，满大厅衣着华贵的人都没有理约翰，甚至还嘲笑他的寒酸。约翰很生气，便立刻回去穿了件高档的华贵礼服，重新回到酒店。这时保安很礼貌地向他问好，宴会上的客人也都争相和他谈话、敬酒。约翰没理那些人，而是当着众人的面脱下了礼服，把它扔到了餐桌上，说道："喝吧，衣服！"众人都很吃惊，约翰却若无其事地说："我穿着旧衣服赴宴时，没人理我，也没人给我敬酒；我穿着华贵的礼服赴宴时，你们都争相和我打招呼、敬酒，可见你们尊敬的不是我，而是我的衣服，那就让它陪你们吧。"说完，约翰便扬长而去。

　　在这个故事中，约翰就是用求异法得出结论的。而且，他在运用求异法进行推理时，被研究对象出现和不出现的两个场合除了一个情况（即华贵礼服）不同外，其他情况（宴会环境、客人等）完全相同。因此，他得出的结论是可靠的。相反，如果此外还有其他情况不同，比如约翰的言行举止先后不同，那么约翰的这个结论就不一定正确了。

　　第二，要确保两个场合中的那个唯一的不同情况是引起相应结果的全部原因，而不是部分原因。比如上面的事例中，如果引起甲地粮食产量提高的原因除了"施磷肥"之外，还有别的（比如光照、温度等），那所推出的结论就是错误的。

　　第三，要确保两个场合中的那个唯一的不同情况是引起相应结果的根本原因。这主要是因为，在所得出的那个不同情况中，有可能还存在其他因素需要进一步探讨。比如，我们在上节谈到的"引起燃烧的原因是氧气而不是空气"就是这个道理。

求同法和求异法的关系

　　作为探求因果联系的常用方法，求同法和求异法是"穆勒五法"中最基本的方法，也是求同求异并用法、共变法和剩余法的基础；而且，求同法和求异法都属于或然性推理，其结论都不是必然结论；此外，求同法和求异法都是科学研究的重要方法，是进行创造性思维活动的有效手段。不过，求同法和求异法也有不同之处：

　　第一，求同法主要是在经验观察的基础上推出结论的，而求异法则是在科学实验的基础上推出结论的。经验观察凭借主观，因此可能存在较大的误差；科学实验依据一定的客观条件，因此误差较小。而且实验条件可以通过人工设置和控制，即根据被研究对象的实际情况和研究目的创设或改变实验条件，所以求异法所推出的结论更为可靠，运用也更为广泛。

第二，求异法可以证明或检验求同法所推出的结论。在利用求同法推出结论后，我们可以再利用求异法，通过实验的方法来对其进行证明或检验，以确定其结论是否正确可靠。

了解了求同法和求异法的联系与区别，就可以根据被研究对象的不同选择不同的探求方法，或者两法共用，以便更迅捷有效地找出事物间的因果联系。

求同求异并用法

求同求异并用法的含义

求同求异并用法，也叫契合差异并用法，是指在被研究对象出现的若干场合中，只有一个情况相同；而在被研究对象不出现的若干场合中，都没有出现这一情况，那么这一情况就是被研究对象的原因，二者具有因果联系。其中，我们把被研究对象出现的若干场合叫作正面场合，把被研究对象没有出现的若干场合叫作反面场合。在正面场合所列举的事例叫正事例组，在反面场合列举的事例叫负事例组。比如：

为了研究候鸟在长途迁徙过程中识别方向的原因，科学家们做了这样一个实验。在一个四周装有窗户的六角亭里，设置了一个玻璃底圆柱形铁丝笼，笼中是候鸟的代表——椋鸟。实验首先是在晴天时进行的。经过观察，科学家发现当阳光射进亭子里时，笼中的椋鸟立刻就开始向着它们迁徙的方向飞行；当用镜子将阳光折转60度时，椋鸟的飞行方向也会随着调转60度；当阳光被折转90度时，椋鸟的飞行方向也会调转90度。经过反复实验，发现椋鸟总是随着太阳的方向飞行的。接着，科学家又在阴雨天气进行实验，结果发现，在太阳消失的阴雨天里，椋鸟很快就迷失了方向。由此科学家们得出结论：候鸟是通过太阳定向的。

在这个实验中，科学家就是通过求同求异并用法来探求太阳与椋鸟定向的因果关系的。在椋鸟能够定向的几个场合里，都有"太阳"这一相同情况；在椋鸟不能定向的几个场合里，都没有"太阳"这一情况。因此，太阳是椋鸟定向的原因，二者具有因果联系。

求同求异并用法的形式和步骤

如果我们用 a 表示被研究对象，用 A 表示共同因素，用 B、C、D 等表示出共同因素外的有关因素，那么求同求异并用法的逻辑形式就可以表示为：

场合		先行情况	被研究对象
正面场合	1	A、B、C	a
	2	A、D、E	a
	3	A、F、G	a
	……	……	
反面场合	1	—B、G	—
	2	—M、N	—
	3	—P、Q	—
	……	……	……

所以，A 是 a 的原因。

从这个逻辑形式中我们可以看出，在被研究对象 a 出现的正面场合（1、2、3……）中，只有一个相同因素 A；在被研究对象 a 没有出现的反面场合（1、2、3……）中，都没有这个相同因素 A。这种性质决定了我们在使用求同求异并用法进行分析时，要分三个步骤：

（1）在正面场合中，被研究对象 a 出现时，都有一个相同因素 A。根据求同法可知，A 是 a 的原因，二者具有因果联系；（2）在反面场合中，被研究对象 a 没有出现时，都没有出现相同因素 A。根据求同法可知，A 不出现是 a 不出现的原因，二者具有因果联系；（3）综合比较正反面场合的结果，即 A 出现时 a 出现，A 不出现时 a 不出现。根据求异法可知，A 是 a 的原因，A 与 a 具有因果联系。比如上面提到的关于"候鸟定向"的实验，就是通过这样三个步骤来进行的：在被研究对象"椋鸟"能够定向的正面场合（即晴天）中，都有一相同因素"太阳"，根据求同法可知，"太阳"与"椋鸟"定向具有因果联系；在被研究对象"椋鸟"不能够定向的反面场合（即阴雨天）中，都没有相同因素"太阳"，根据求同法可知，"太阳"不出现与"椋鸟"不能够定向具有因果联系；再运用求异法对这两个结果进行分析可知，"太阳"与"椋鸟"定向具有因果联系，并进而得出太阳与候鸟定向具有因果联系。

从求同求异并用法的使用步骤来看，它是通过在正反面场合中分别使用求同法，再对其所得结论使用求异法，最终推出 A 与 a 的因果联系的。简言之，就是通过两次使用求同法，一次使用求异法推出结论的。因此，相对于求同法和求异法而言，求同求异并用法要复杂得多，但显然也可靠得多。

求同求异并用法与求同、求异法相继运用的区别

求同求异并用法并不等于求同法和求异法的相继运用。

在求同求异并用法中，正面场合都有相同因素 A 且被研究对象 a 出现，反面场合都没有相同因素 A 且被研究对象 a 不出现。从这方面看，反面场合是对正面场合的检验。但是，反面场合只是通过选择 A 不出现的场合进行检验，而不是通过消除 A 来进行检验的。

在求同法和求异法的相继运用中，是先运用求同法得出一个结论，再运用求异法对其进行检验。如果我们通过观察，发现某一相同因素 A 与某一被研究对象 a 具有因果联系。那么，我们就可以通过求异法对其进行检验，即通过实验消除这一相同因素 A，然后观察这时 a 是否会出现。也就是说，求异法是通过消除 A 来对求同法所得结论进行检验的，而不是选择 A 不出现的场合进行检验。

显然，选择 A 不出现的场合与消除 A 并不是一回事。因为，由前者推出 A 与 a 具有因果联系显然没有由后者推出这一结论可靠。这就好比孙悟空与唐僧的安全之间的关系。如果我们要检验孙悟空与唐僧的安全是否具有因果联系，那么，选择孙悟空不在的时候看唐僧是否安全显然没有直接把孙悟空赶走再看唐僧是否安全更为可靠。

有"药王"之称的孙思邈在研究脚气产生的病因时运用的就是求同求异并用法。首先，他经过观察发现富人得脚气病的要比穷人多。然后，他又发现虽然富人有各种各样的生活经历和习性，但都有一个相同点，即不吃粗粮；而穷人虽然也有各种各样的生活经历和习性，但也有一个相同点，即吃粗粮。由此他认为，不吃粗粮是得脚气病的原因。用逻辑形式表示就是：

	先行情况	被研究对象
正面场合	富人甲不吃粗粮	得脚气病
	富人乙不吃粗粮	得脚气病
	富人丙不吃粗粮	得脚气病
	……	……
反面场合	穷人甲吃粗粮	没有脚气病
	穷人乙吃粗粮	没有脚气病
	穷人丙吃粗粮	没有脚气病
	……	……

所以，不吃粗粮是得脚气病的原因。

无疑，孙思邈由此得出"不吃粗粮是得脚气病的原因"这一结论是有一定科学性的，而且他用米糠、麸子等粗粮治疗脚气病也有明显效果。在这里，孙思邈就是通过选择相同因素（即不吃粗粮）不出现的反面场合对正面场合进行检验的。

但显然，并不是所有的富人都有脚气，也并不是所有的穷人都没有脚气。所以，用穷人吃粗粮而没有脚气来检验富人不吃粗粮而得脚气的可靠性就没那么高了。如果在运用求同法得出结论后，再采用求异法对其检验就比直接采用求同求异并用法更为可靠些。

首先，运用求同法进行分析：

场合	先行情况	被研究对象
1	富人甲不吃粗粮	得脚气病
2	富人乙不吃粗粮	得脚气病
3	富人丙不吃粗粮	得脚气病

所以，不吃粗粮是得脚气病的原因。

然后再运用求异法，即消除相同因素"不吃粗粮"对该结论进行检验：

场合	先行情况	被研究对象
1	富人甲吃粗粮	没有脚气病
2	富人乙吃粗粮	没有脚气病
3	富人丙吃粗粮	没有脚气病

所以，吃粗粮是不得脚气病的原因。

所以，由求同法和求异法的相继运用得到的结论要比求同求异并用法得到的结论更具可靠性。

在孙思邈发现脚气病因一千多年后的 1890 年，荷兰医生克里斯琴·艾克曼才发现了粗粮与脚气病的关系。不过，虽然中外的医学家都各自先后发现了不吃粗粮与得脚气病的因果联系，但是却并没有弄清楚究竟是粗粮中的什么物质防治的脚气病。这个谜团直到 1911 年才被波兰生化学家卡西米尔·芬克解开。原来米糠中有一种碱性含氮的晶体物质，这种物质属于胺类，芬克将其称为"生命胺"。它才是防治脚气的真正原因。

由此可知，不管是求同求异并用法还是求同法和求异法的相继运用，所推出的结论不一定是最终结论。因为科学是不断进步的，而人们的认识也会随着科学的进步越来越深入。

提高求同求异并用法结论的可靠性

我们前面已经提到过，求同求异并用法所推出的结论在可靠性上是有待商榷的，也需要进行更进一步的研究。那么，如何在其推理过程中尽可能地提高结论的可靠性呢？

显然，对被研究对象进行比较的场合越多，所得结论的可靠性也就越高。此外，因为反面场合实际上是对正面场合的检验，所以反面场合中所列举的事例（即负事例组）与正面场合所列举的事例（即正事例组）越相似，所得结论的可靠性也就越高。这主要是因为，相同因素 A 出现的场合或许是有限的，但其没有出现的场合却是无限的。只有所选择的 A 因素没有出现的场合的情况与其出现的场合的情况越相似，其可比性才会越强，所得结论也才越可靠。

共变法

共变法的含义和形式

19 世纪英国经济学家登宁说过这样一段话：

资本逃避动乱和纷争，它的本性是胆怯的。这是真的，但还不是全部真理。资本害怕没有利润或利润太少，就像自然害怕真空一样。一旦有适当的利润，资本就胆大起来。如果有 10% 的利润，它就保证到处被使用；有 20% 的利润，它就活跃起来；有 50% 的利润，它就铤而走险；为了 100% 的利润，它践踏一切人间法律；有 300% 的利润，它就敢犯任何罪行，甚至冒绞首的危险。如果动乱和纷争能带来利润，它就会鼓励动乱和纷争。

在这段话中，登宁就是运用共变法推出"资本利润的大小与资本胆量的大小具有因果联系"这一结论的。

所谓共变法，就是在被研究对象出现的若干场合中，在其他情况都不变的前提下，如果某一现象发生变化，被研究对象也随之发生相应的变化，那么这一现象就是被研究对象的原因，二者具有因果联系。比如：

在一个有空气的玻璃罩内安装一个电铃，接通电源后电铃会发出声音。然后抽出一半空气，再接通电源，发现电铃的声音减小了；接着继续抽出一半空气，接通电源后发现电铃的声音更小；等玻璃罩内的空气全部抽出时，接通电源后发现听不到电铃的声音了。由此得出，声音是靠空气传播的。

这个实验就是通过共变法推出"声音是靠空气传播的"这一结论的。其中，玻璃罩、电铃、电源等都没有变化，只有空气在减少，而且随着空气的减少电铃的声音也越来越小。因此，空气是声音传播的原因，二者具有因果联系。

如果用 a1、a2、a3 等表示被研究对象在各场合的变化，用 A1、A2、A3 等表示各场合中某一现象的变化，用 B、C、D 等表示各场合中不变的情况，共变法的逻辑形式就可以表示为：

场合	先行情况	被研究对象
1	A1、B、C、D	a1
2	A2、B、C、D	a2
3	A3、B、C、D	a3
……	……	……

所以，A 是 a 的原因。

其中，a1、a2、a3 是被研究对象 a 随着相同因素 A 的变化在各场合中发生的变化。

在上面的"资本利润的大小与资本胆量的大小"的论断中，资本利润就是相同因素 A，资本胆量就是被研究对象 a，资本利润与资本胆量具有共变关系。

共变法的特点

根据以上分析，我们可以发现共变法有以下几个特点：

相对于求同法和求异法而言，共变法的应用范围更为广泛。

运用求同法时，要保证先行情况中除某一情况相同外其他都不同；运用求异法时，要保证先行情况中除某一情况不同外其他情况都相同。而且，在使用求异法时，还要通过消除某一情况来进行分析。但是，在客观情况中，有些条件是很难满足的。尤其是消除某一情况进行分析时更为不易，因为有很多因素都是无法消除的。比如，各种力、物体的温度等都无法消除。但是，不管是力还是温度，都是可以变化的。因此，我们可以采用共变法，通过实验观察各种变化来研究事物间的因果联系。比如，牛顿第一定律指出"任何物体在不受任何外力的作用下，总保持匀速直线运动状态或静止状态，直到有外力迫使它改变这种状态为止"，因为"外力"是不可消除的，所以不能使用求同法或求异法进行分析，只能使用共变法，通过不断减小"外力"来观察物体速度的变化来对其进行推理研究。

相对于求异法而言，共变法的应用更为简捷。

运用求异法推理时，要先看被研究对象出现的场合是否有某一因素出现，然后再看其不出现的场合是否该因素也不出现，在对这两种情况综合分析后才可推出结论。而共变法只需要观察现象间的变化即可，只要两个现象间出现共变情况，就可以推出结论。因此，它要比求异法更为简单、快捷。

此外，共变法不但可以推出现象间的因果联系，而且在现象间的变化能够用精确的数量表示时，它也可以用函数关系来表示。也就是通过某两个现象间数量的变化，来推导出它们之间是否具有因果联系。比如，物体做自由落体运动时瞬时速度的计算公式为 $v=gt$。其中，g 是重力加速度，在一般情况下都有一定的值。因此，时间 t 越长，速度 v 就越大。

当然，共变法得出的结论也是或然性结论。

正确运用共变法

在运用共变法的过程中，经常会出现一些错误。比如，没有注意到其他情况的变化，或者没有满足一定的条件时都会造成共变法的误用，从而影响到所得结论的可靠性。所以，要正确运用共变法，就要注意下面几个问题。

第一，具有共变关系的现象不一定具有因果联系。比如，闪电越强，雷声就越大；闪电越弱，雷声就越小。闪电与雷声虽然有共变关系，但却并非因果联系。同时，共变关系有时可以用函数关系来表示，但并非函数关系都表示共变关系。比如，圆的面积 $S=\pi r^2$。其中，半径 r 与 S 具有共变关系，但它们却非因果联系。所以，不要只根据现象间的共变关系来判断因果联系。

第二，在使用共变法时，要确定与被研究对象发生共变的现象是唯一的，而且除此外的其他条件都保持不变。如果与被研究对象发生共变的情况不止一种，那就不能推出它们之间具有因果联系。比如，当电阻不变的情况下，电流越大，电压越大，电流与电压才可能是产生共变；如果电阻也发生了变化，就不能确定电流与电压之间是否具有因果联系了。同时，如果除与被研究对象发生共变的现象外，其他条件也发生了改变，也不能确定它们之间是否具有因果联系。比如，如果要研究一块地施 30 千克氮肥和施 50 千克氮肥对粮食产量的影响，就要保证其他温度、水分等条件都不变，否则就不能推出氮肥多少与粮食产量高低的因果联系。

第三，要注意共变法运用的条件和限度。任何方法的运用都要满足一定的条件，也有一定的限度，超过了这个限度就可能破坏原来的共变关系。这就是所谓的"过犹不及"。比如，第一年施 30 千克氮肥，某块地的粮食产量是 150 千克；第二年施 60 千克氮肥，这块地的产量是 300 千克；第三年施 90 千克氮肥，这块地的粮食产量是 450 千克。施氮肥的数量与粮食产量看似有一定的共变关系。但是，如果第四年在这块地施 2000 千克氮肥，会出现什么情况呢？或许会是颗粒无收。所以，在运用共变法时，一定要注意现象间的条件和限度。

当然，有时候，两个现象间的因果联系并不是单一的，也可能是互为因果的。比如，敲击"Y"形音叉的一个支叉会使之振动，这个支叉的振动又会引起另一支叉的振动，而另一支叉的振动又会反过来引起这一支叉的振动。这就是共振现象。它们之间的这种变化就是双向的，是互为因果的。

总之，只有正确理解共变法的含义和特点，才能有效地运用共变法为科学研究服务。

剩余法

剩余法的含义和形式

电视剧《一代廉吏于成龙》中有这么一个情节：

一天，于成龙带着几个人外出办事。路上，看到两个大汉用担架抬着一个女人疾走，他们身后还跟着几个壮汉。女人躺在担架上，用被子蒙着，看上去好像是病了。但奇怪的是，他们每走一段路就累得呼哧呼哧直喘气，不得不再换两个人抬，看上去相当吃力。于成龙不禁心生疑窦：两个大汉抬一个妇人怎么可能如此吃力？怎么还要轮换着抬？可见担架里必定还有其他东西。于是他立即派人拦下担架，上前检查，果然发现被子下面还有许多金银珠宝，原来这是一个盗贼团伙。

在这里，于成龙就是运用剩余法推出其中蹊跷的。

所谓剩余法，就是指某一复合现象是另一复合现象的原因，同时又知该复合现象的一部分是另一复合现象的一部分原因，那么，该复合现象的剩余部分就是另一复合现象剩余部分的原因。如果用 a、b、c、d 等表示被研究对象，用 A、B、C、D 等表示被研究对象的原因，其逻辑形式就可以表示为：

复合现象 A、B、C、D 是被研究对象 a、b、c、d 的原因，

B 是 b 的原因，

C 是 c 的原因，

D 是 d 的原因，

所以，A 是 a 的原因。

这个逻辑形式是假设被研究对象是 a、b、c、d，引起该对象的原因则是 A、B、C、D。其中，B 只能引起 b，C 只能引起 c，D 只能引起 d。因此可以推出：A 只能引起 a。

上面提到的例子中，有两组复合现象，一组是担架和所抬女人的重量，一组是大汉的负重能力。一般而言，两个大汉抬一个女人是不会如此吃力的，而且也不必轮换着抬。但这几个大汉非但看上去抬得吃力，还不时换人，可见除了担架和女人的重量外，一定还有其他重量。也就是说，使大汉感到吃力的是除去担架和女人外剩余的东西。用逻辑形式可以这样表示：

担架及女人的重量几乎超出了两个大汉的负重能力，

担架及女人不可能有如此重量，

所以，必定有其他重量使之几乎超出了两个大汉的负重能力。

再比如：

雷达是一种利用电磁波探测目标的电子装备，它发射电磁波照射目标并接收其回波，由此来发现目标并测定位置、运动方向和速度及其他特性。最初，科学家是先用雷达向地球大气的电离层发射电波，然后对接收到的回波进行研究，以此考察电离层对电波的影响。在这个过程中，科学家们经常发现接收到的回波要比电离层反射回来的回波强一些。当时有人认为，这种"回波增强"的现象可能是因为所发射的电波除被电离层反射回来外，还受到了其他能反射电波的物体的影响。到后来，科学家发现在流星雨期间，每当流星经过时都会出现很强的无线电回波，这时他们才认识到所增强的回波有可能是流星引起的。

在对"回波增强"的分析中，科学家就运用了剩余法。所收到的回波应该与所发射的回波相同，但是所收到的回波增强了。而其中所收到的回波中的一部分一定是由原来发射的电波引起的，那么那后来增强的一部分回波就必定是受了其他能反射电波的物体的影响。

事实上，我们在"科学预测的逻辑方法"一节中提到的居里夫妇科学地预测出"沥青铀矿石中必定含有某种未知的放射成分"也是利用的剩余法。因为他们在以沥青铀矿石为主进行放射性物质研究时，发现这种矿石的总放射性比其所含铀的放射性还要强。因此他们认为，除了铀元素的放射性外，另一部分放射性一定是由其他新的元素产生的。用逻辑形式表示就是：

沥青铀矿石产生了比较强的放射性，

其中一部分放射性是铀引起的，

所以，一定有另一种元素引起另一部分的放射性。

正是利用剩余法，居里夫妇科学地预测出了新元素的存在，并最终发现了钋和镭。

正确运用剩余法

剩余法看上去不难，但真正运用起来并不容易。如果对剩余法的含义理解得不对，那么就不能正确运用剩余法，也就得不出可靠结论。

在运用剩余法时，首先必须确定其复合原因与被研究的复合现象具有因果联系。比如，担架和所抬女人的重量与大汉的负重能力具有因果联系；所发射的电波与所收到的回波之间具有因果联系；沥青油矿石与产生的较强的放射性具有因果联系。同时，还要确定被研究的复合现象的一部分是由相应的复合原因中的一部分引起的，并且剩余部分的被研究现象与已知原因无关。比如，大汉负重能力的一部分一定是由担架和女人引起的，并且这部分重量与大汉所肩负的其他重量无关；所收到的部分回波也一定是由所发射的电波引起的，并且所发射的电波与所增强的回波无关，等等。如果引起被研究复合现象的原因除已知复合原因外还有其他原因，或者剩余部分的被研究现象与已知原因有关，那么就不能推出剩余部分原因引起剩余部分被研究现象的结论。

此外，还要考虑剩余部分的被研究现象是单一的还是多样的。如果是单一的，就表示剩余部分被研究现象正是由剩余部分原因引起的。比如，大汉所肩负的除担架和女人外的重量一定是由所盗窃的金银珠宝引起的。如果剩余部分的被研究现象是多样的或复合的，那么就要对其进行更深入的分析，以确定它包含几个现象，而这几个现象又分别是由哪些剩余部分的原因所引起的。比如，居里夫妇所发现的沥青油矿石比其所含铀的放射性多出来的那部分放射性就是由钋和镭共同引起的。如果不加研究，把这部分放射性完全归于钋或镭，就会得出错误的结论。

到这里，我们对穆勒五法已经介绍完毕。简而言之，"穆勒五法"中，求同法是从异中求同，求异法是从同中求异，求同求异并用法是既认识同又辨别异，共变法是着眼于因果共变，而剩余法则是从余果中求余因。这五种方法是探求因果联系的基本方法，也是进行科学研究、探案、医疗诊断等的基本手段。而且，在实际运用中，它们之间并非完全孤立的，常常是两种甚至几种方法共同使用，互为补充。只有这样，才能更好地探求事物间的因果联系，得出更可靠的结论。

假说的逻辑方法

假说的含义

1900 年，德国科学家马克斯·普朗克提出了一个大胆的假说：辐射能或者光波能不是一种连续不断地流的形式，而是由小微粒组成的。他把这种小微粒称为量子，并用这一假说解释黑体辐射，在理论上准确地推导出了正确的黑体辐射公式。他在这个假说中提出的一个重要的物理学常数被称为普朗克常数，而他推导出的黑体辐射公式不但圆满解释了实验现象，也揭开了量子力学的序幕。普朗克的这一假说与经典的光学说和电磁学说相对立，在科学界可谓是一鸣惊人，并使物理学发生了一场革命。

在提出量子论的时候，普朗克运用了假说的逻辑方法。所谓假说，就是根据已知的事实材料和科学原理，对未知现象或规律做出假定并检验这个假定的思维过程。

人们在认识客观事物或改造客观世界的过程中，面对所遇到的各种疑惑，往往会根据已知事实和现有知识，对其做出各种解释。这种解释一旦被实践证明是正确的，就会成为科学理论；如果是错误的，人们就会再提出其他的假定。人们就是在不断地假说、检验、再提出假说、再进行检验这样的过程中一步步地认识事物、积累知识的。而且，假说的运用不仅仅只在于科学研究。医生通过望、闻、问、切对病情的认识是假说；刑侦人员根据案发现场的各种线索以及掌握的各种情况提出的各种破案方法是假说；指挥员根据敌情、地形以及各自实力等提出的各种战斗方案也是假说。总之，假说是一种重要的逻辑方法，是一种常用的研究手段。

假说的种类

根据提出假说的不同目的，可将假说分为科学假说和工作假说。

科学假说是为解决某个科学问题，依据大量的事实和科学原理而提出并希望能经过检验发展为可靠理论的假说。科学假说一般具有科学性、解释说明性、预见推测性和待验证性四个方面的本质特征。也有研究者对科学假说进行了进一步的分类，比如狭义性假说和广义性假说、理论假说和事实假说、证实性假说和证伪性假说等。科学假说的例子不胜枚举，魏格纳为解释陆海分布以及大陆之间存在的构造、地质和物理相似性提出的大陆漂移说就是其中之一。

1912 年，德国地质学家、气象学家魏格纳提出各大陆是由一个巨大的陆块漂移、分开而形成的假说。1915 年，在其代表作《海陆的起源》中又对这一假说进行了详细阐述。他认为，古代大陆原来是联合在一起的，后来由于大陆漂移而分开，分开的大陆之间出现了海洋。对此，他解释道，大陆是由较轻的含硅铝质的岩石如玄武岩组成，它们像一座座块状冰山一样，漂浮在较重的含硅镁质的岩石如花岗岩之上，并在其上发生漂移。这一点可以通过大洋底部是由硅镁质组成的事实来证明。同时他认为，在二叠纪时，全球只有一个巨大的陆地，即泛大陆或联合古陆。中生代到来后，泛大陆首先一分为二，形成北方的劳亚大陆和南方的冈瓦纳大陆，并逐步分裂成几块小一点儿的陆地，四散漂移，有的陆地又重新拼合，最后形成了今天的海陆格局。

魏格纳的大陆漂移说对海陆形成以及大陆之间存在的构造、地质和物理相似性在一定程度上给出了较为合理的解释，他也提出了大量的证据来证实自己的假说。但是，也有很多科学家反对他的这种观点，甚至完全否定。但是，不管大陆漂移说是否完全正确，作为一种科学假说，对地质科学研究产生的影响是不容置疑的。

工作假说是为了解决新的问题，有计划有目的地进行进一步的研究，依据已知事实和现有材料提出一个或几个暂时性假说来安排新的实验或研究的假说。工作假说是在研究过程中提出的假说，虽然具有暂时性，但它的提出却保证了研究工作顺利开展，因此也是一种重要的逻辑研究方法。

假说的特征

作为一种科学的研究方法，假说具有推测性、科学性、逻辑性、多样性等基本特征。

假说是对未知现象或规律的假定，这本身就带有推测性质；况且假说的提出已经超出了已知事实和现有知识解释的范围，这也是其推测性的表现。既然是推测，就有正确和错误之分。因为任何假说都是需要检验证实的，只有被证实是正确的假说，才能成为科学理论，用来指导人们以后的研究。在被证实正确之前，不管经历了多么曲折漫长的过程，它仍然是一种假说，一种推测。假说的推测性一方面是科学研究的突破口，推动着科学研究的发展；一方面它又未被证实，还不是真正的科学理论。

17世纪末18世纪初，化学界在解释燃烧现象时，通用的学说是燃素说。燃素说认为：可燃的要素是一种气态的物质，存在于一切可燃物质中，这种要素就是燃素；燃素在燃烧过程中从可燃物中飞散出来，与空气结合，从而发光发热，这就是火；油脂、蜡、木炭等都是极富燃素的物质，所以它们燃烧起来非常猛烈；而石头、木灰、黄金等都不含燃素，所以不能燃烧。物质发生化学变化，也可以归结为物质释放燃素或吸收燃素的过程。

对于燃烧的这种假说曾长期盛行于当时的化学界，直到18世纪70年代氧气被发现之后，人们才真正认识了燃烧的本质。虽然燃素说是错误的假说，但它在推动科学的发展上仍然功不可没。

尽管假说具有推测性，但它毕竟是建立在大量的事实材料和科学原理上的，因此它具有科学性。在提出假说时，不能随心所欲，凭空幻想，必须要根据事实来进行。离开了事实和科学原理，假说就是无源之水、无本之木，就成了空中楼阁，是靠不住的。譬如人们把某些疾病看作是"中邪"、鬼魂缠身等，就是错误的假说。只有依据科学知识，对已知事实进行客观分析后提出的假说才是可信的。法国医生米歇尔·奥当在其著作《水与性》中就提出一个假说：人与海豚比类人猿更接近。他这一假说是建立在诸多事实上的，比如类人猿不会流泪，而海豚和人都能流泪；人和海豚皮肤下都有脂肪层，人与海豚的皮肤大多都是光滑的，而类人猿不是；人的乳汁与海豚极为相似，但与类人猿不同，等等。不管这一假说是否成立，它都是建立在一定的事实基础上的。

此外，假说还具有多样性和抽象性。这主要是指，在对某一现象或规律提出假说时，有时会提出两种甚至多种假说。这些假说不但各不相同，甚至截然相反，但在某种程度上也能自圆其说。比如，在生命起源的问题上，就有创世说（认为生命是神创造的）、自然发生说（认为生命可以随时从非生命物质直接产生出来）、生物发生说（认为生命只能来自生命）、宇宙发生说（认为生命来自宇宙间的其他星球）、化学进化说（认为生命是在原始地球条件下起源的，是由非生命物质通过化学途径逐渐进化来的）等。假说的抽象性也是其推测性的体现之一。

作为一种重要的逻辑方法，假说是科学发展的必要手段，也是人们认识事物、获取真理的有效方法。假说不是真理，但却是通向真理的桥梁。有了假说，就好比鸟儿有了翅膀，迷途的人有了方向。有了假说，人们就可以无限接近真理，触摸到真理的脉动，并最终打开真理的大门。

假说形成的逻辑方法

任何事物的形成都有其开始和完成阶段，假说的形成也是如此。逻辑学并不关注假说的具体内容，而是对各种假说形成的共同步骤和所遵循的原则进行探讨。无疑，假说的形成过程是一个复杂的过程。它的复杂性不仅表现在大量材料的搜集、大量事实的观测以及据此进行的假定上，还表现在不断地变化发展上。因为，假说是一种推测，并不等于真理。随着人们对研究对象认识的不断深入，原先提出的假说就可能被否定或者修订。因此可以说，假说的形成过程也是其不断发展的过程。此外，假说的形成过程也是一个进行创造性思维的过程。故步自封、墨守成规是不可能有所创造的，也是不能提出有助于科学研究和发展的假说的。假说的预见性决定了它必须具有创造性，而假说的创造性又使它具有了预见性。

一般而言，假说的形成包括初始阶段和完成阶段两个阶段。

假说形成过程的初始阶段

假说形成过程的初始阶段主要是在大量事实材料的基础上，依据现有的科学原理，运用逻辑推理手段，通过创造性的思维对某个问题或现象提出假定的阶段。在这一阶段，归纳推理和类比推理起着重要作用。

美国的什克罗夫斯基和卡尔·沙根教授在他们的《太空生灵的生活》一书中提出了这样一个假说：有史以来，地球已被宇宙中的其他智慧生命造访过一万次以上。他们甚至用概率估算出了宇宙中其他文明社会的数目及存在位置，并计算出他们相互交往的概率。在其提出的事例中，包括下面两个：

——英国的一座博物馆里保存着一具四万年前的尼德人颅骨。该颅骨的左侧有一个圆洞，奇怪的是这圆洞看上去并非石器、弓箭或长矛之类的武器所造成的，其平滑的边缘颇似子弹留下的痕迹。但四万年前的人显然是不可能拥有火器的。

——苏联的一所古生物博物馆里保存着一具四万年前的一种野牛的颅骨，该颅骨上也有一些圆洞。经过研究，考古学家们认为这些圆洞是因为受到束状高压气体冲击而造成的。但显然，四万年前的地球人也不可能拥有这种打猎技术。

根据诸如此类的材料，什克罗夫斯基和卡尔·沙根认为这些枪伤或许是由造访地球的其他宇宙生命留下的。经过进一步研究，他们提出了上面的假说。显然，在这一假说形成过程中，他们运用的是归纳推理。

被誉为"第二个普罗米修斯"的富兰克林也曾提出一个假说：闪电是一种放电现象，只要运用适当的设备就可以将其引至地面甚至收集起来。他的这一假说主要是通过闪电与室内电火花的类比推理完成的：

电可以造成火灾，闪电也可以；电能够在导体或带电体中通过，闪电也可以；电可以熔接金属，闪电也可以；触电可能身亡，接触闪电也可能身亡；电是从一个物体到另一个物体，闪电也是从一朵云到另一朵云……

富兰克林正是通过这种类比推理提出上面的假说的：既然电可以放电，并通过适当的设备收集起来，那么闪电也可以放电，并通过适当的设备引至地面甚至收集起来。在这一假说的基础上，富兰克林进行了举世闻名的风筝实验，最终得出了闪电与我们生活中用的电是一种东西的结论。

由此可见，在假说的形成阶段，归纳推理和类比推理发挥着积极作用。需要指出的是，因为对同一问题，科学家可能根据不同的事实材料和科学原理，从不同的角度提出各不相同的假说，因此，在假说形成的初始阶段，往往会有多个不同的假说。这也是假说多样性特征的体现。比如我们前面提到的"生命起源"的假说就是如此。这种特征也决定了初始阶段的假说具有暂时性和尝试性。它们只是科学家对某一问题或现象的最初设想，还需要在此基础上搜集更多的材料，进行更深一步的分析和研究，以便选择其中最为合理、最具可能性的假说。

假说形成过程的完成阶段

通过对假说形成的初始阶段的研究，人们已经能够基本确定所提出的假说具有一定的科学性和解释力，既能对已知事实进行合理的解释，也能推导出更多的可以接受检验的未知事实。在此基础上，再对各类事实材料和科学理论进行扩展研究和广泛论证，就可以使初始假说形成一个有着严密、完整和稳定结构的系统。这时，假说的形成过程就基本完成了。

在假说形成过程的完成阶段，演绎推理起着重要作用。比如，门捷列夫根据元素周期律的假说，就不但解释了已发现元素的性质，还预测了未知元素的存在及其基本的化学性质。魏格纳也根据他提出的大陆漂移假说，对某些地理现象进行了解释。比如，大西洋两岸以及印度洋两岸彼此相对地区的地层构造是相同的；各个大陆块可以像拼板玩具那样拼合起来；根据岩层中的痕迹可知，在3.5亿年前到2.5亿年前之间，现在的北极地区曾经是气候很热的沙漠，而赤道地区则为冰川所覆盖，等等。

要保证假说的正确性，在这一阶段就要做三方面的工作：首先要尽可能地搜集事实材料，运用多方面的知识对其进行论证；其次要用假说对已知事实进行合理科学的解释，发挥假说的演绎推理作用；再次就是根据假说进一步对未知事实或规律进行预测。只有做好这三方面的工作，才能有效地充实、扩展并最终完成假说。

假说形成过程的指导原则

在假说形成的过程中，需要遵循以下几条原则：

第一，以经验事实为依据，以科学原理为指导。

恩格斯说过："不论在自然科学或历史科学的领域中，都必须从既有的事实出发，因而在自然科学中必须从物质的各种实在形式和运动形式出发；因此，在理论自然科学中也不能虚构一些联系放到事实中去，而是要从事实中发现这些联系，并且在发现了之后，要尽可能地用经验去证明。"任何假说都是在经验和事实的基础上，依据科学原理提出来的。脱离了经验事实的支持，假说就没有了源泉；没有了科学原理的指导，假说就难以有正确的方向。只是，需要特别注意的是，以已知的经验事实为依据不等于完全拘泥于经验事实，更不等于迷信经验事实，而是要源于经验事实又高于经验事实；以现有的科学原理为指导也不等于完全受科学原理的摆布，而要敢于打破传统认识，挑战经典理论。

第二，既要能合理解释已知事实，又要能科学预测未知事实，同时还要具有可检验性。

假说源于已知事实和科学理论，因此它首先必须能合理解释已知事实，并符合现有的科学理论。假说又是一种创造性活动，因此它又必须能对未知事实做出预测。这都是在提出假说时应该遵循的基本原则。此外，假说还要具有可检验性。不能检验的假说不称其为假说，只有经过验证的假说才有意义。不管是在实验过程中检验，还是在历史过程中检验，检验都是假说最终得以成立的必经途径。

第三，具有简明而严谨的结构。

严谨自然是假说必须遵循的原则，也是假说成立的必要条件，因为只有严谨才有说服力，才能经得起实践的检验。简明的要求主要是源于假说形成过程的复杂性。这是因为，从假说的初始阶段到完成阶段，假说要经过无数次的修正，也要经过不断地充实、扩展等。这个过程是相当复杂的，有时也是非常漫长的。为了避免在这个过程中出现重复假说或者整体与部分、部分与部分之间的矛盾或不协调，就要遵循简明的原则。一般而言，遵循简明而严谨的原则的最好方式就是建立公理演绎系统。需要注意的是，公理演绎系统要在对被研究对象的认识达到一定的高度的基础上去建立。

第四，要谨慎对待不同的假说。

假说的特征之一就是多样化，我们在前面已有所阐述。所以，在提出假说时，对从不同角度提出的其他假说不能断然否定，也不能盲目相信。而是要在客观分析的基础上，经过实践来检验这些假说是否正确。这就涉及假说检验的逻辑方法。

假说检验的逻辑方法

假说检验逻辑的步骤

俗话说："是骡子是马拉出来遛遛。"实际上就是说只有通过检验、证明，才能确定一件事究竟是怎么样的。人们在认识事物的过程中，也只有通过检验才能确定自己的认识是否正确。假说作为人们认识事物的一种方法，当然也需要通过检验来证明其真伪。从本质上讲，假说是人们对客观世界的一种主观认识，要想知道这一主观认识是否真实反映了客观世界，就要通过检验，也就是实践来证明。可以说，实践是联结主客观的纽带，也是假说走向真理的桥梁。

一般来讲，人们都认为检验假说要分两个步骤进行。

假说一般是不能进行直接检验的，只有先运用逻辑推理推出可供检验的事实陈述（包括对已知事实的解释和对未知事实的预测），才能通过实践的手段（比如观察和实验）来对其进行检验。因此，假说检验的第一步就是结合现有的相关背景知识，从假说的基本理论观点出发，引出关于事实的结论。如果我们用 p 表示假说的基本观点；r 表示现有的相关背景知识、条件陈述或辅助性假说等；q 表示关于事实的判断。那么，这一过程就可以表示为：

如果 p 且 r，则 q。即 $p \land r \to q$。

从形式上看，这是一个充分条件的推理形式。如果假说的基本观点（p）为真，相关知识、条件陈述或辅助性假说（r）也为真，则它们推出的关于事实的结论（q）

也为真。因此，这是一个必然性推理。

在这里，如果只以假说的基本观点（p）为前提，而没有相关背景知识、条件陈述或辅助性假说（r），就不足以引出关于事实的结论。比如：仅以"所有胃消化功能不好的人稍微多吃一点儿就会胃胀"这一基本观点为前提，并不能演绎出"李明稍微多吃一点就会胃胀"这一结论。要想演绎出这一结论，还必须有相关条件陈述或辅助性假说，即"李明的胃消化功能不好"。而要诊断出"李明的胃消化功能不好"这一先行条件，就必须还要具备相关的病理背景知识。因此，只有同时以假说的基本观点和相关背景知识、条件陈述或辅助性假说为前提，才能引出关于事实的结论。

在引出关于事实的结论后，第二步就是要通过实践，即观察、实验等手段对这一结论进行检验。如果经检验发现结论与事实不符，那么这一假说就可能是错误的，这就叫证伪；如果经检验发现结论与事实相符，那么这一假说就可能是正确的，这就叫证实。证实和证伪是假说检验的两种手段。比如，富兰克林将他用风筝收集到的闪电引入莱顿瓶中，并用它进行各种电学实验，证明了天上的雷电与人工摩擦产生的电具有完全相同的性质。

假说检验逻辑的方法

对假说进行检验时，常用的方法是假说—演绎法。笛卡儿被认为是这一方法的倡导者，在《哲学原理》一书中，他提出了"理性从天赋观念（即第一原理）演绎出关于自然的确实知识"的观点。1840年，英国学者威廉·惠威尔在其所著的《归纳科学的哲学》一书中丰富和发展了假说—演绎法。他认为一个假说应该满足三个条件：能解释两个或多个已知事实；能预言由假说推出的不同事实；能预言或解释相关背景知识没有反映的现象或事实。同时他也指出，对假说的检验应该满足两个条件，即解释已观察到的现象和预言尚未观察到的现象。

假说—演绎法对"如果p且r，则q"这一逻辑模式中的结论q进行检验，如果q真，那么p就是被证实（或者叫确证）了；如果q假，那么p就是被证伪（或者叫否证）了。

1. 假说的确证

在现有的事实材料基础上对假说的观点做出部分证实或支持就是假说的确证。之所以说是部分证实或支持，是因为通过证实q进而确证p的过程是由结论确证前提的逆绎推理，而不是演绎推理。所以，证实q只能确证一部分p，或者说在一定程度上支持p，但不能完全证实p的成立。比如：

牛顿提出万有引力假说后，使得涨潮和退潮现象得到了圆满的解释，但仅凭此还不足以证实万有引力假说的真理性。18世纪，法国的数学家克雷洛根据牛顿的万有引力假说计算出了哈雷彗星的轨道，并预测了它出现的日期。后来，人们果然在其预期的误差范围内观察到了哈雷彗星。这一事实对牛顿的万有引力假说是个有力的证明。

假说的确证过程可以用下面的逻辑形式来表示：

如果 p 且 r，那么 q（q1、q2……qn），

q（q1、q2……qn），

所以，p 且 r。

需要指出的是，假说一般都是一个全称判断，比如牛顿的万有引力假说就是一个全称判断："任意两个质点通过连心线方向上的力相互吸引。该引力的大小与它们的质量乘积成正比，与它们距离的平方成反比，与两物体的化学本质或物理状态以及中介物质无关。"而要证明一个全称判断，仅凭有限的关于事实的结论是远远不够的。只有从假说 p 与相关知识 r 引出的支持假说的事实 q 越多（即q1、q2……qn），假说得到确证的部分才会越多，得到确证的程度才会越高。但是，不同的事实对假说的支持程度也是不同的。如果引出的事实是已知事实，它对假说的支持度就很一般。只有当假说能够预测到从现有知识中无法推出的未知事实时，它才能获得更为有力的支持。因此人们才把克雷洛对哈雷彗星出现日期的预测作为牛顿万有引力假说的有力证据。

2. 假说的证伪

根据由假说和相关背景知识引出的有关事实的虚假来否定假说的真实性就是假说的证伪。它可以用下面的逻辑形式来表示：

如果 p 且 r，那么 q（q1、q2……qn），

非 q（非 q1、非 q2……非 qn），

所以，非（p 且 r）。

当然，由于要确认 q 为假并不容易，因为它包含的事实是纷繁复杂的，所以，证明一个假说不真实也是一个复杂的过程。退一步讲，即使确认了 q 为假，由 q 假也不能推出 p 假，因为 q 是由"p 且 r"引出的，只有确认 r 真时，才能由 q 假推出 p 假。

此外，值得注意的是，由于观察和实验工具或技术的局限性，有时由假说和相关背景知识引出的事实与观察或实验的结果并不相符，这时候就不能认为这个假说是被证伪的了。

显然，不管是假说的证实还是证伪，其过程都不是必然性推理。而且又因为不同的事实对假说的支持程度不同，所以假说的检验过程并非一蹴而就，有时甚

至是一个相当漫长的过程。事实上，假说的检验并不是在假说完全形成之后才开始的，假说的检验从假说的初始阶段就已经开始了。因为，在假说形成的初始阶段，对同一问题提出的不同假说的取舍过程实际上也是对假说的检验过程。假说的检验可以说从假说诞生开始，一直持续到假说被证实或被证伪。

一般来讲，对假说的检验会有三个结果：一是假说是错误的，因而被完全否定。比如"永动机"和"燃素说"即是如此。二是假说的部分内容被证实，部分内容被证伪，因而需要不断地修正完善。比如哥白尼的"太阳中心说"和魏格纳的"大陆漂移说"即是如此。三是假说经过足够的事实和预言的检验，真理性得到证实，因而成为科学理论。比如普朗克的量子论和沃森、克里克的DNA（脱氧核糖核酸）分子双螺旋结构的假说即是如此。

下篇

提高逻辑能力的
思维游戏

图形逻辑游戏

1. 添加六边形

先用 12 根火柴摆个正六边形，再用 18 根火柴在里面摆六个相等的小六边形，你知道是怎么摆的吗？

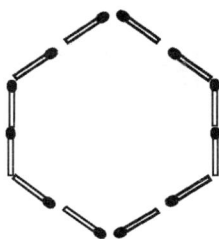

2. 对号入座

A、B、C、D、E 几个图形，哪一个填入图中的问号比较合适？

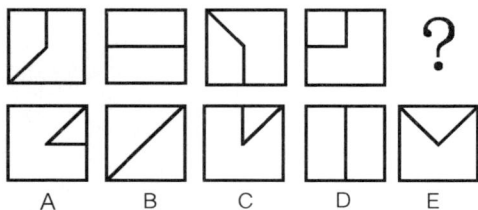

A　　B　　C　　D　　E

3. 美丽的花瓶

这个造型美观的花瓶是位技术高超的工匠用旁边的碎瓷片拼成的。请你仔细看了后，在碎瓷片上写上对应的编号。

4. 不同的箭头

找出下面五个箭头中与众不同的一个。

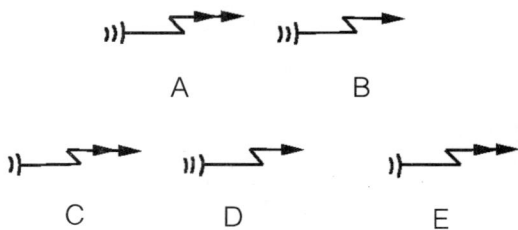

A　　　　　B

C　　　　D　　　　E

5. 玻璃上的弹孔

某寓所发生一起枪击案，如图所示是窗户上的玻璃被枪击后留下的两个弹孔。你能分辨出哪个孔是先射的，哪个孔是后射的吗？

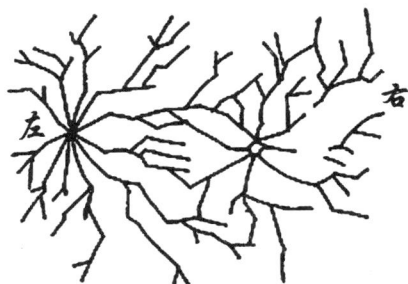

6. 圆中圆

下图中一共有多少个圆圈呢？

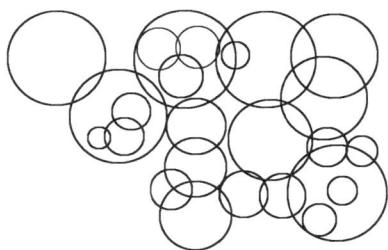

7. 手势与影子

不同的手势会产生不同的影子，那么下列手势会出现什么样的影子呢？

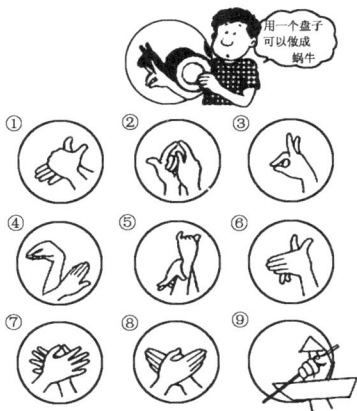

8. 观察正方形

观察图 1 的三个正方形，它们有一个特点，只有一组图形具备这一特点。这一特点是什么？哪一组和它相配？

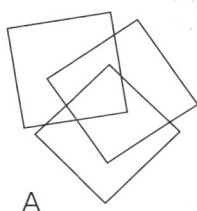

图 1

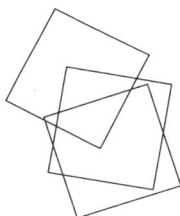

A

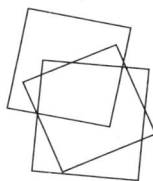

B

C

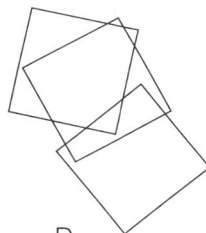

D

9. 是冬还是夏

下面这两幅图，你能区别哪一幅是夏天，哪一幅是冬天吗？

10. 折叠魔方

A、B、C 哪个立方体的图案跟平面图形 D 的图案完全相同？

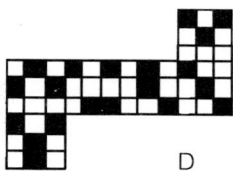

A   B   C

D

11. 哪个不相关

下面哪个图与其他的图不相关？

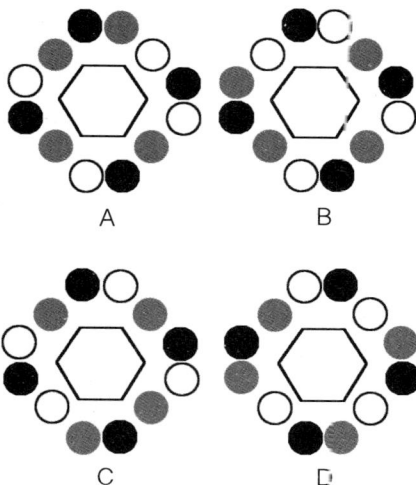

A   B

C   D

12. 宝塔的碎片

年久失修的宝塔，裂缝多多，其中有两块碎片形状是一模一样的，是哪两块碎片？

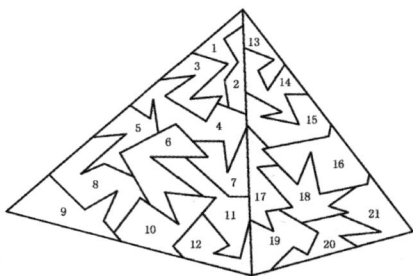

13. 老师出的谜题

有一天，老师让同学们观察下列四幅图，并要求同学们说出哪个与其他三个不同，你知道是哪个吗？

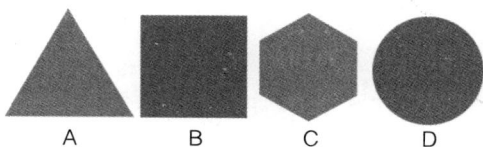

A   B   C   D

14. 图形识别

依据图形变化规律找出第四幅图形。

A   B

C   D

15. 按图索骥（1）

此组图案右边给出的六块拼图中，找出哪一块是左边图形漏掉的部分？

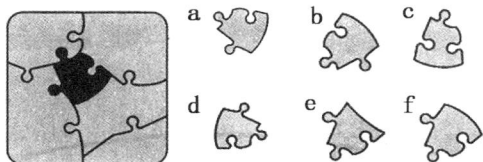

16. 按图索骥（2）

左侧标有字母的六个形状中，其中有五个分别与右侧标有数字的形状相同，把它们找出来。

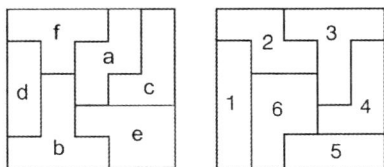

17. 按图索骥（3）

标有字母的拼块中，哪一个不属于左边的拼图，把它找出来。

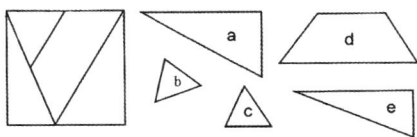

18. 补缺口

请你仔细观察积木的缺口形状（如

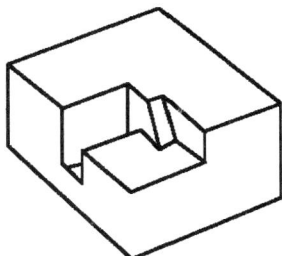

图1

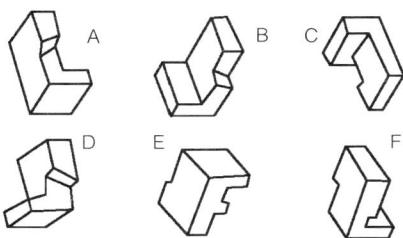

图1），在 A～F 的小木块中，哪一块正好能嵌入积木？

19. 残缺的迷宫

如图是一张残缺了的迷宫图。为使迷宫能走得通，请你在 A、B、C 中选出合适的残缺图补上，并试着走走这张迷宫图。

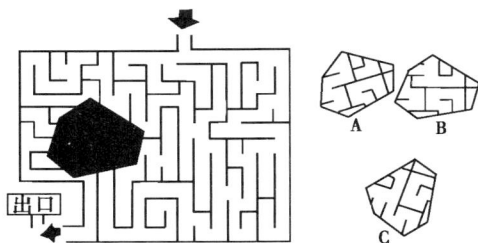

20. 多余的线

只要擦去一根线，下图就可以一笔画成。应该擦掉哪根线，你知道吗？

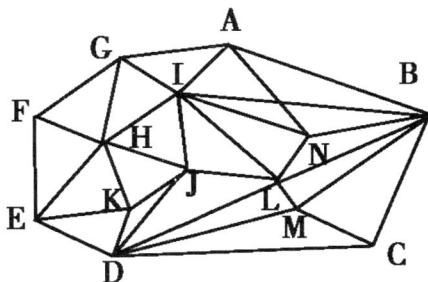

21. 黑点方格

空缺处应该放入图形 A ～ F 中的哪一个？

A　B
C　D
E　F

22. 魔方与字母

下图是一个魔方从两个方面看的视图效果，请问 C 的对面是哪个字母？

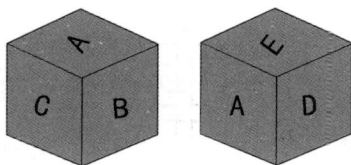

23. 六角帐篷

在图中，画了一个六角帐篷，它的几何形状是一个正六棱锥，这顶帐篷有七个角落，六个着地，一个悬空。它的三面角有什么毛病？

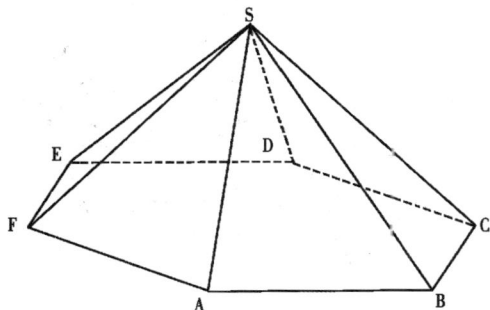

24. 面面俱到

下面的六个正方形可以合成为一个正方体，那么你知道是合成哪一个正方体吗？

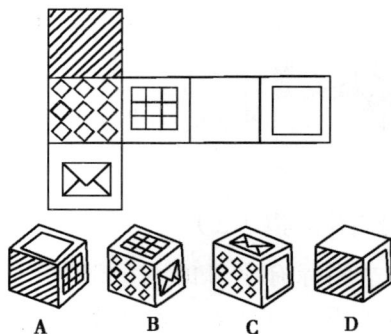

A　B　C　D

25. 图形选择（1）

观察第 1 组图形，依据规律选出第 2 组图形中缺少的图形。

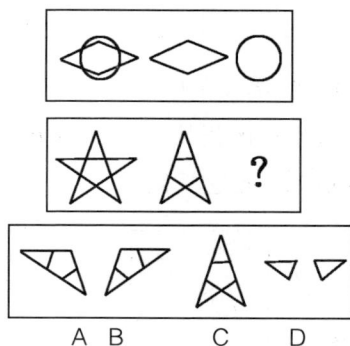

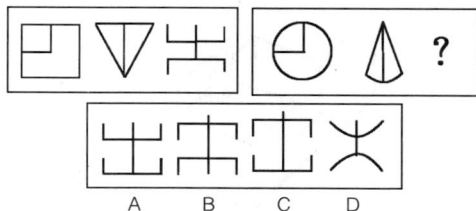

A　B　C　D

26. 图形选择（2）

观察第 1 组图形，依据规律选出第 2 组图形中缺少的图形。

A　B　C　D

27. 图形组合

下面四幅图中，有一个是由图1折叠而成，你知道是哪一幅吗？

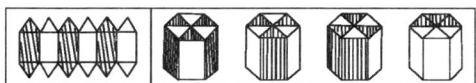

图1 　　A 　　B 　　C 　　D

28. 拼凑瓷砖

问号处应是 A、B、C、D 中的哪一块瓷砖？

29. 三棱柱

四个选项中哪一个图形是图1的展开图。

图1

 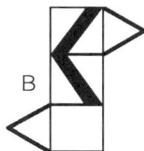

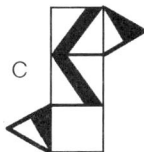 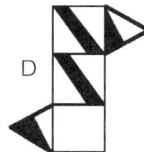

30. 形单影只

下列图形中哪一个是与众不同的？

A 　 B 　 C 　 D 　 E

31. 延伸的房子

线段 AB 与 CD 谁更长？

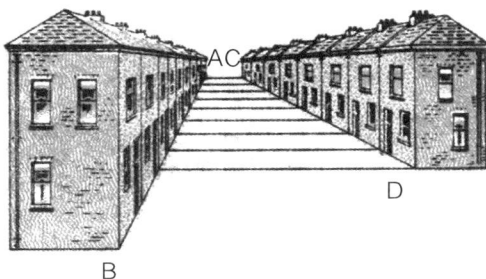

32. 符号立方体（1）

你能在以下立方体中找到含有相同符号的两个面吗？

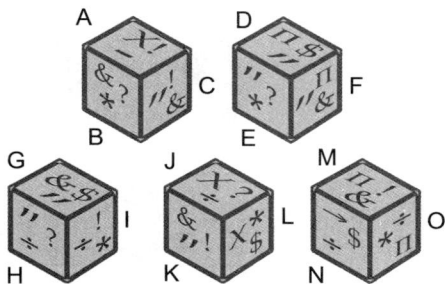

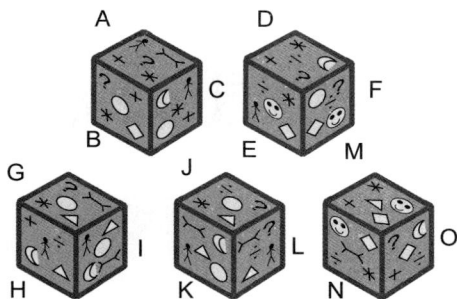

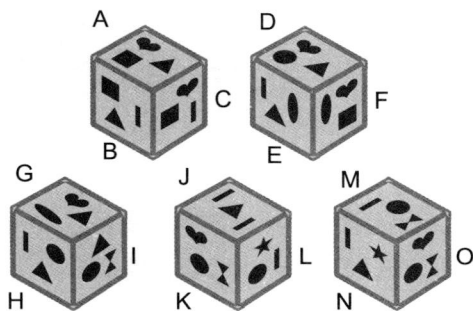

33. 符号立方体（2）

你能在以下立方体中找到含有相同符号的两个面吗？

34. 符号立方体（3）

你能在以下立方体中找到含有相同符号的两个面吗？

35. 折叠平面图

用可折叠的平面图不能折成哪个立方体？

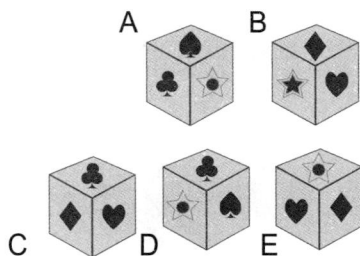

36. 连通电路

哪个部件能将这个电路连通？

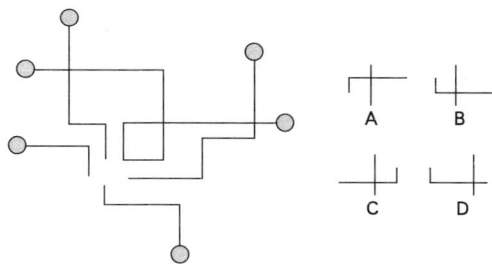

37. 立方体的折叠

你能找出哪个立方体是不能由例图折叠而成的吗？

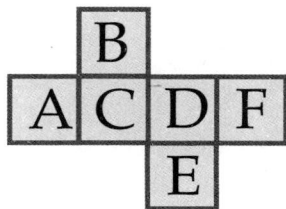

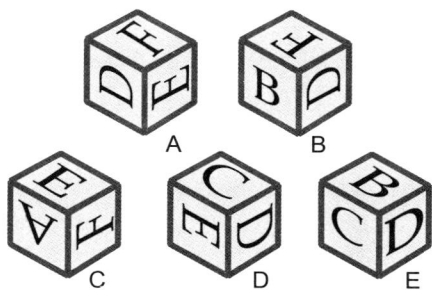

38. 图纸

　　B、C、D、E、F 中哪张图纸能够折叠成 A 图所示的立方体?

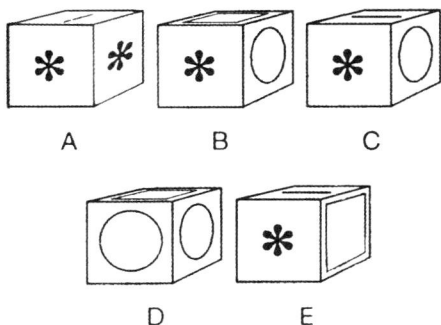

39. 错的图像

　　这里有一个正方体,从五个角度看到的图像如下。其中的一个图像是错的。你知道哪个是错的吗?

40. 立方体的图案

　　图 1 是一个立方体的展开图,将六个彼此连接的正方形折起即可得到一个立方体。图 2 则是这个立方体在四个不同方向所显示的图案,你能将这几个图案准确填入展开的方格中吗?

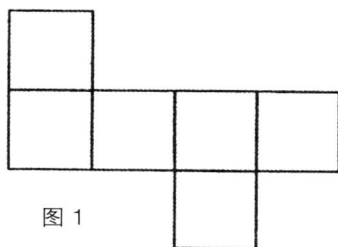

图 1

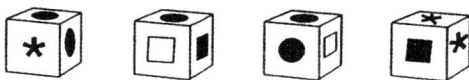

图 2

41. 方格折叠

　　将这六个相连的方格折叠成一个立方体。选项中有两个立方体图案是不可能看到的,是哪两个?

42. 盒子

　　这个立方体展开图是由四个选项中

的两个拆分而成的，是哪两个呢？

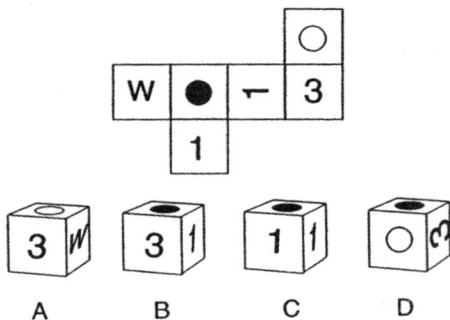

A   B   C   D

43. 不同的脸

仔细看看，哪幅图与众不同呢？

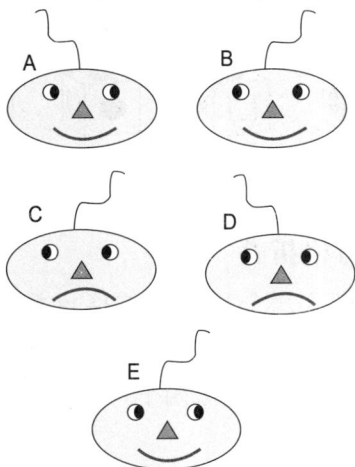

44. 壁纸

下面已经给出壁纸的形状，在可供选择的壁纸中，哪两幅适合挂在它的两边？

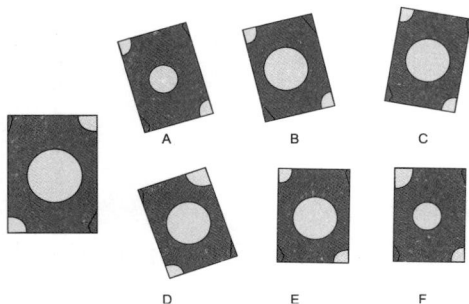

45. 火柴人

根据 A ～ F 这几个火柴人的排列规律，接下来应该排列的是 G、H、I 中的哪一个？

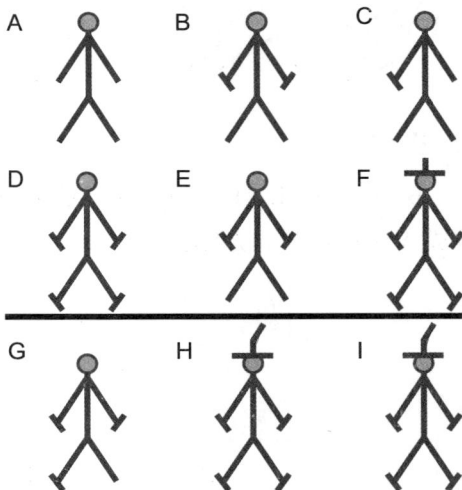

46. 查缺补漏

你能找出图中的规律，并把缺掉的部分补上吗？

47. 支架上的布篷

四张布篷安在这个支架上。从它的

正上方俯视，将看到什么图案？

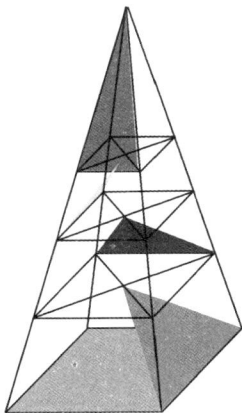

48. 特制工具

请你设计一个能紧密地穿过厚木板的三个小孔（如图所示）的工具。

49. 拼整圆

四幅图中只有两幅能够恰好拼成一个整圆，是哪两幅呢？

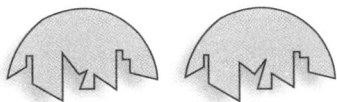

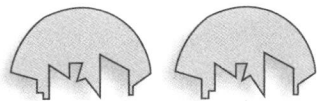

50. 底部的图案

以下三个图形，是同一个立方体由于三种不同的放置所呈现出来的三种不同的视面。

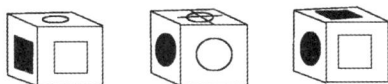

从图中可以看到，有以下五种图案分别出现在立方体的各个侧面：

立方体的六个侧面都有图案，而出现在立方体各个侧面上的图案，总共只有这五种，也就是说，有一种图案出现了两次。如果我们进一步知道，上述三种视面中，位于底部的图案，都不是出现两次的图案，那么，哪个图案出现了两次？

51. 图形转换

观察图形，找出变化规律，选出转换后的图形。

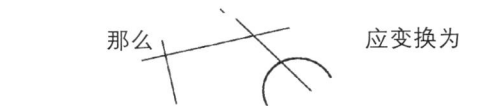

52. 音符

现在来一道关于音乐的题目让你放松一下。下边哪一个音符与其他音符不同呢？

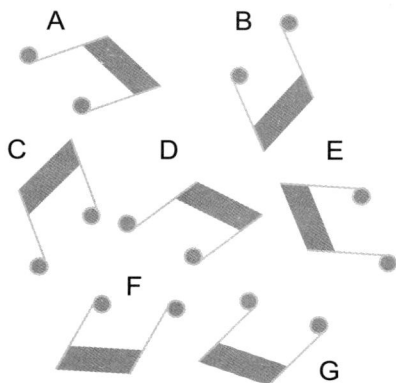

53. 方框与符号

每个方框中都放进这些符号中的一个，使每行、每列和每条对角线包含的符号每种各一个。

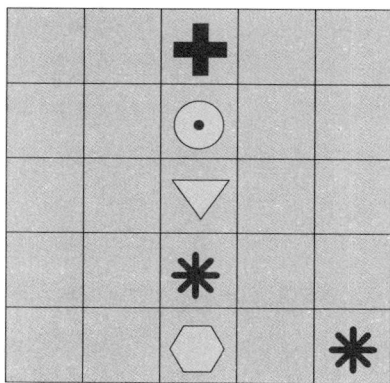

54. 周长最长的图形

从 A、B、C、D 中找出周长最长的那个图形。

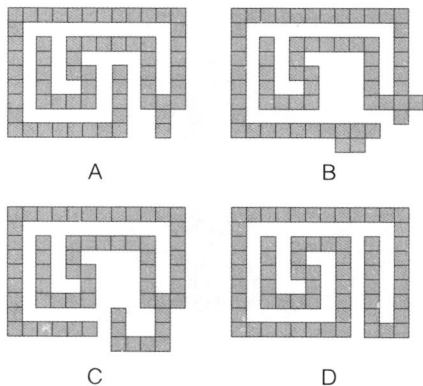

55. 共有的特性

下面的图中有一个没有其他五个所共有的特性。这个不一样的图形是哪个？为什么？（提示：不是对称问题。）

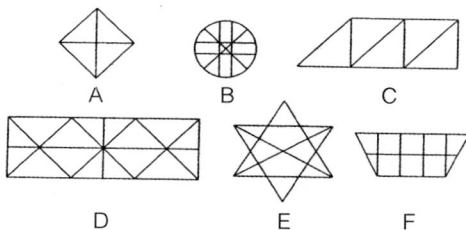

56. 填补圆

想一想，A、B、C、D 哪项可以用来填补圆中的问号部分？

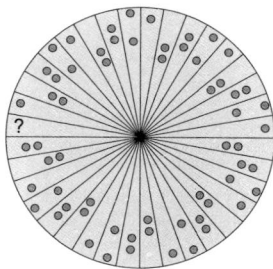

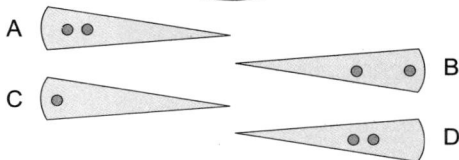

57. 最大表面积

用 16 个全等的小立方体分别做成下面四个图形，请问哪一个图形的表面积最大？

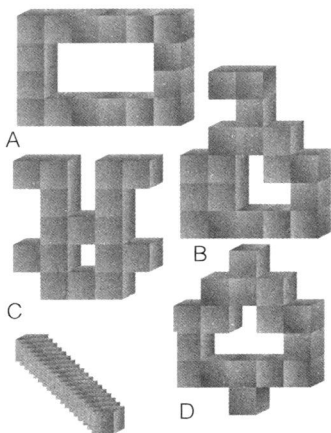

58. 正方形打孔（1）

将一个大正方形两边对折，折成它 1/4 大小的小正方形，然后用打孔器在小正方形上打孔，将小正方形展开，会得到一个对称图形。见下面每行最左边的小正方形。

你能说出四个小正方形对应的展开图分别是哪个吗？

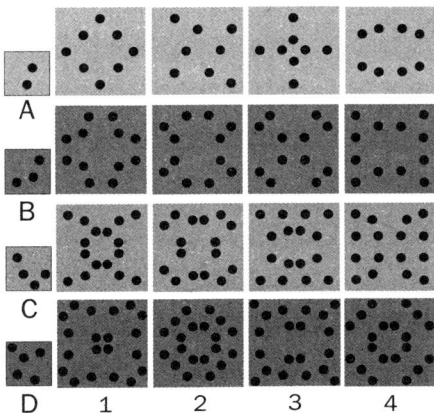

59. 正方形打孔（2）

将一个大正方形两边对折，折成它 1/4 大小的小正方形，然后在小正方形上打孔，将小正方形展开，会得到一个对称图形。

你能说出下面四个小正方形对应的展开图分别是哪个吗？

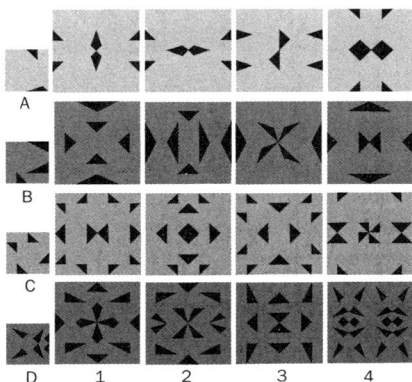

60. 组合正方形

下面的图形中有三个组合在一起正好组成一个正方形，是哪三个？

1. A B C
2. B D E
3. B C D
4. A D E
5. A C D

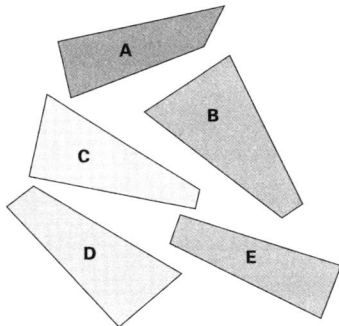

61. 心灵手巧的少妇

这是一个钳子形状的布片，一个心灵手巧的少妇用剪刀剪了三刀，竟然奇迹般地拼出了一个正方形。她是怎样做到的？

62. 图形接力

问号处应该填入哪一个图形？

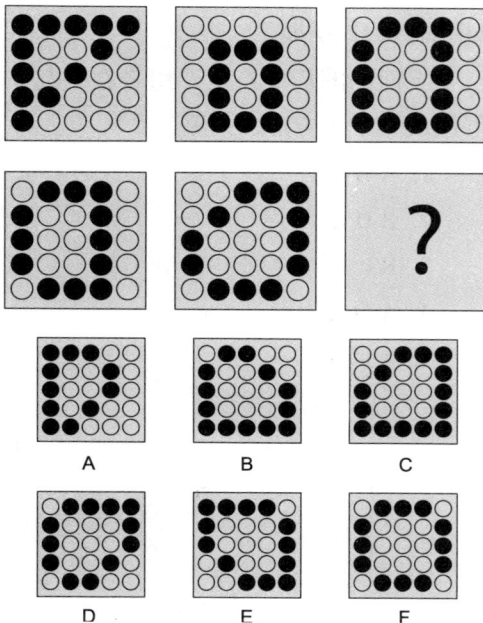

63. 缺少的图形

五个选项中哪一个可以放在空白处？

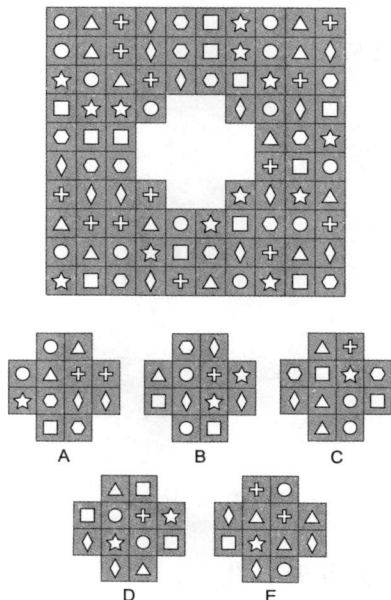

64. 美丽的正方体

有一个正方体的每一个面都有美丽的图案装饰着，下图是这个正方体拆开后各面的图案构成，那么在下面的几个选项中，哪一个不是这个正方体的立体面？

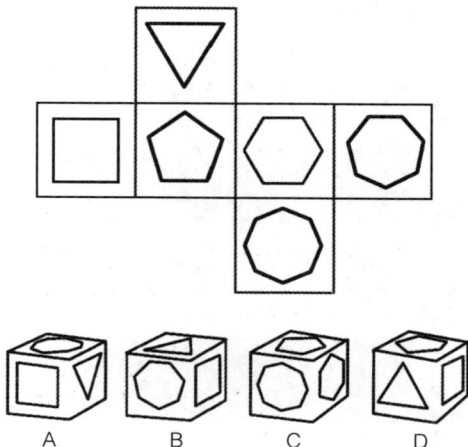

65. 旋转的物体

这是一个三维物体水平旋转的不同角度的视图，但是它们的顺序被打乱了，你能否将它们按照原来的顺序排列成一行？

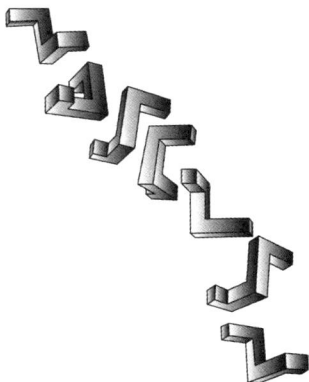

66. 箭轮

这九个箭轮中哪一个是与众不同的呢？

67. 循环图形（1）

循环图形是由一个移动点的运动轨迹所组成的几何图形。你可以把它想象成是一只小虫根据一定的规则爬行：

这只小虫首先爬行 1 个单位长度的距离，转弯；再爬行 2 个单位长度，转弯；再爬行 3 个单位长度，转弯；依此类推。

每次转弯 90°，而它爬行的最大单位长度有一个特定的极限 n，之后又从 1 个单位长度开始爬行，重复整个过程。

你可以在一张格子纸上玩这个游戏。

下面已经给出了 n=1、2、3、4、5 时的循环图形，你能画出 n=6、7、8、9 时的循环图形吗？并找出当 n 等于哪些数时，图形不是闭合的。

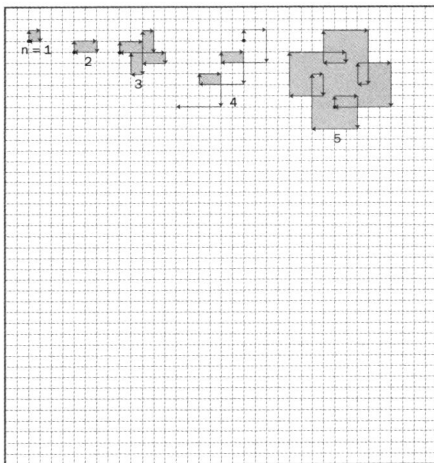

68. 循环图形（2）

你能够画出 n=10、11、13 时的图形吗？

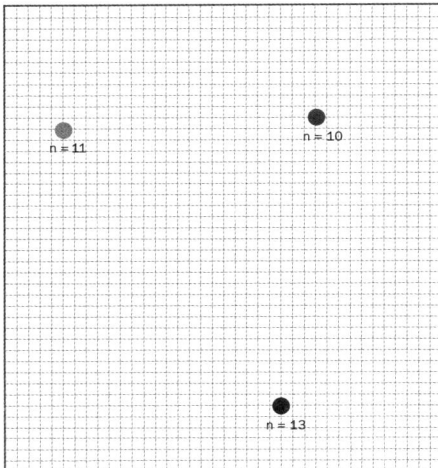

69. 循环图形（3）

循环图形在转弯的时候除了转 90° 以外，还可以有其他角度。在如图所示的纸上可以画出每次转弯时顺时针旋转 120° 的循环图形，n=2、3、4 的情况都已经画出来了，现在请你画出 n=5、7 时的图形。

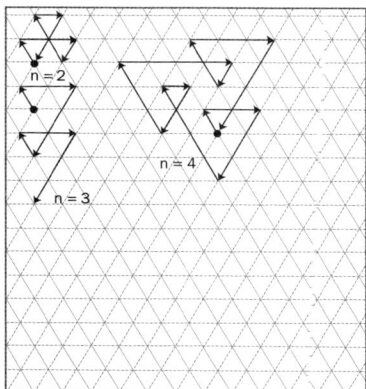

70. 循环图形（4）

下面的循环图形每次转弯时逆时针旋转 60°。图中已经画出了 n=1、2、3 和 4 时的图形，你能画出 n=5、6、7、8 时的图形吗？

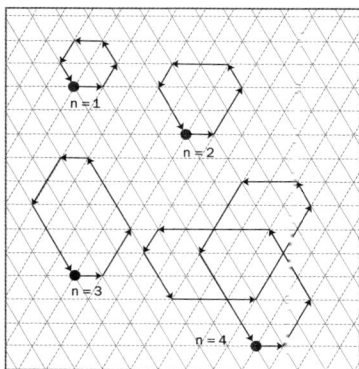

71. 最长路线

在这个游戏里，需要通过连续的移动从起点到达终点，移动时按照每次移动 1、2、3、4、5……个格子的顺序，最后一步必须正好到达终点。并且必须是横向或是纵向移动，只有在两次移动中间才可以转弯，路线不可以交叉。

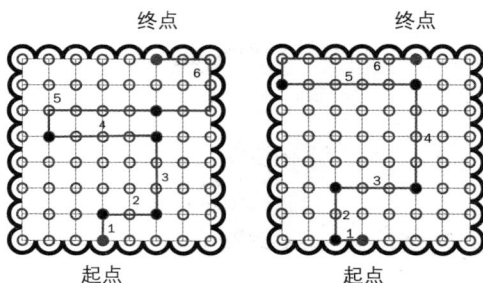

上面分别是连续走完 4 步和 5 步之后到达终点的例子。你能做出下边这道题吗？

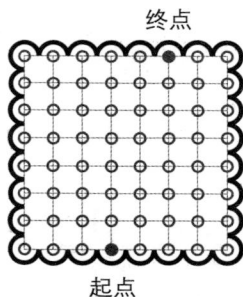

72. 动物散步

图中的问号处应该分别填上什么动物？

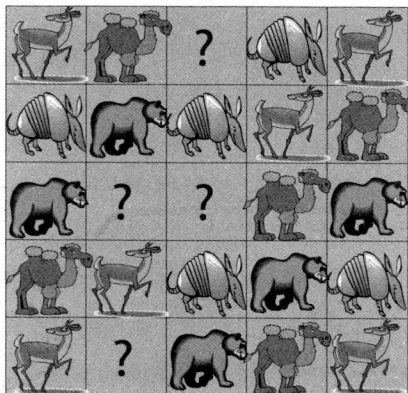

73. 图形规律（1）

仔细观察下面四幅图形，选出规律相同的第五幅图。

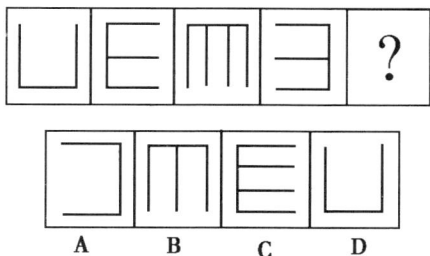

74. 图形规律（2）

仔细观察下面四幅图形，依据图形规律，选出适合的第五幅图形。

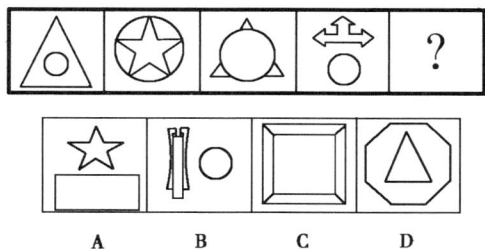

75. 图形规律（3）

仔细观察下面四幅图形，从 A、B、C、D 四个选项中选出规律相同的第五幅图形。

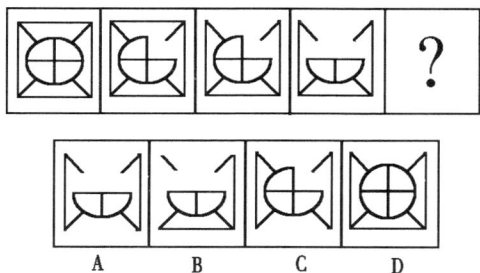

76. 图形规律（4）

仔细观察下面两组图形，依据第一组图形组合的规律，将第二组图形补齐。

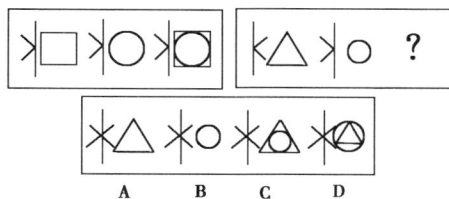

77. 图形变身

如果 A 变身为 B，那么 C 应变身为哪个呢？

78. 推测符号

如图所示，已将○、△、× 符号填入 25 个空格中，每格一个。问号所在一格应该是什么符号？

79. 路径逻辑（1）

运用你的逻辑推理能力，推导出符合以下条件的一条路径：从"开始"一直到"结束"，这条路径可以沿水平方向也可以沿垂直方向。各行各列起始处的数字代表这行或这列所必须经过的格子数（见图例）。

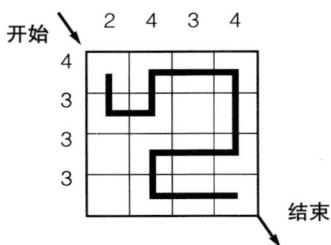

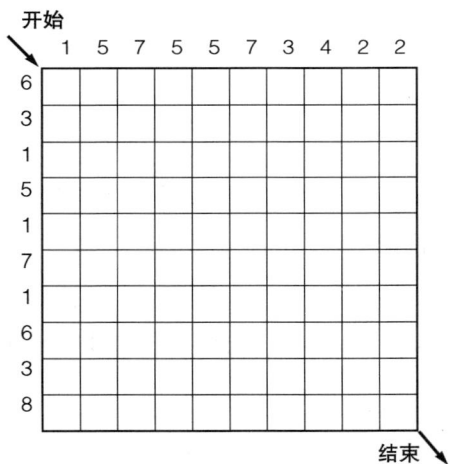

80. 路径逻辑（2）

运用你的逻辑推理能力，推导出符合以下条件的一条路径：从"开始"一直到"结束"，这条路径可以沿水平也可以沿垂直方向。各行各列起始处的数字代表这行或这列所必须经过的格子数（见图例）。

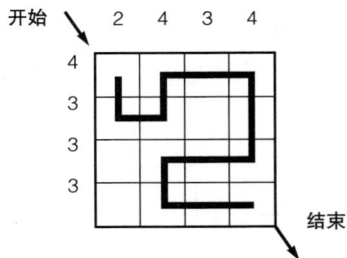

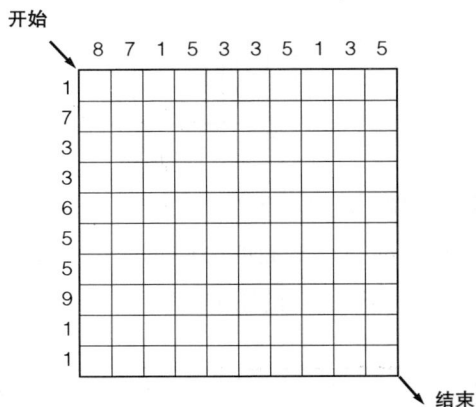

81. 找不同

哪幅图不同于其他 4 幅？

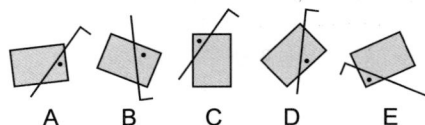

A　　B　　C　　D　　E

82. 叶轮

想一想，在 A、B、C、D 选项中，哪个可以放入 5 中？

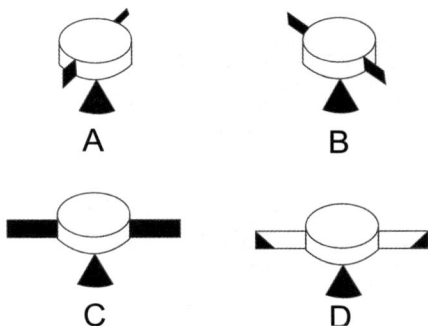

A

B

C

D

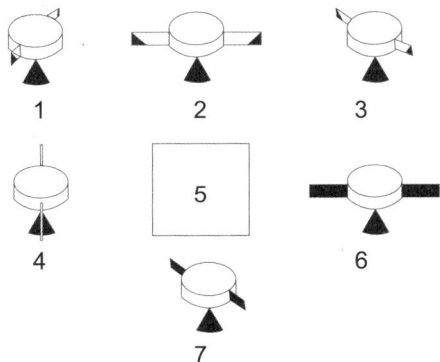

83. 随意的图形

这是一个真正的智商测试题。图中有六个随意的图形，它们由圆圈、三角形和正方形构成，这个题要求你判断接下来该是哪三个图形。各就各位，预备，开始画！

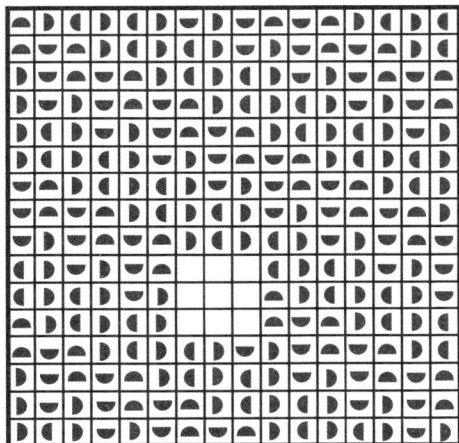

84. 半圆的规律

格子中的图标是按照一定的规律排列的。当你发现其中的规律时，你就能够将空白部分正确地补充完整了。

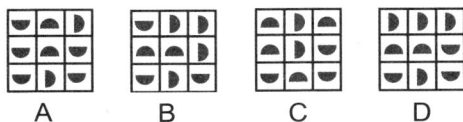

85. 吹泡泡

按照这个顺序，接下来的图形是什么？

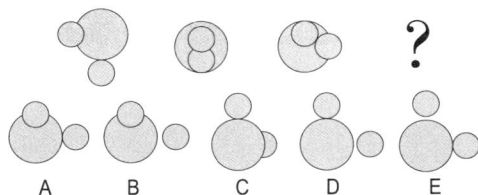

86. 点数的规律

你能找出下图中点数的排列规律，并且在问号部分填上适当的点数吗？

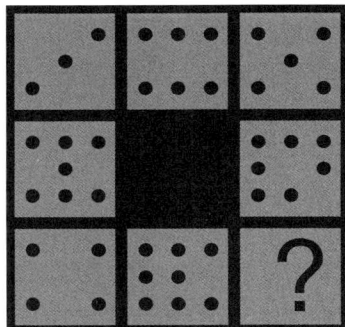

87. 方格序列

A、B、C、D、E、F 哪个选项可以完成这个序列？

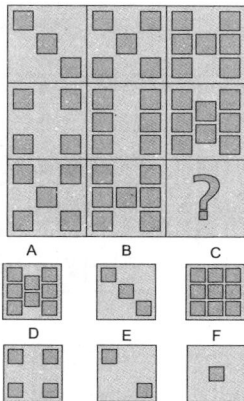

88. 不合规律的图

你能把不合规律的图找出来吗？

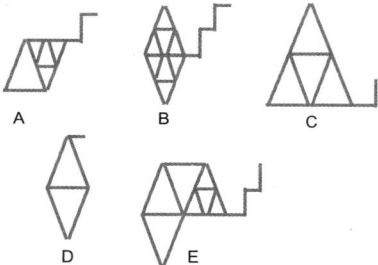

89. 组图

如果 A 对应于 B，那么 C 对应于 D、E、F、G、H 中的哪组图？

90. 不同类的图形

下面的五个图形中有一个和其他四个不是一类的。同类的四个图形的相似点不是对称。哪个图像是不同类的？为什么？

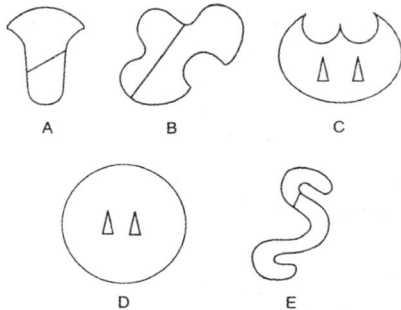

91. 突变

四张卡片上的三幅图已经画出来了，你能把第四张卡片上的图也画出来吗？

92. 火柴翻身

请你把下边的火柴图向箭头所指的方向翻一个身，它会变成图中哪一个？

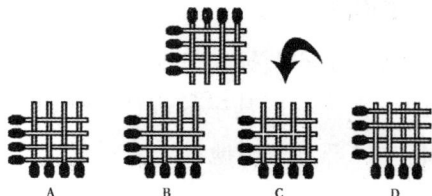

93. 公路设计图

这是某高速公路的立体交叉路口图，中央部分为立体交叉钢桥。如果只要求立交桥能使车辆由一个方向向三个方向自由换向，不要求其他功能，请问该立交桥中有哪些部分可以去掉？要求岔路部分可以像（A）那样通过，不能像（B）那样通过，也不能越过中间线，不能 U 字形转向。

94. 砖块

学校要进行改建，操场边有两堆叠放整齐的砖块。如果不一块一块地数，你能看出这两堆砖各有多少块吗？

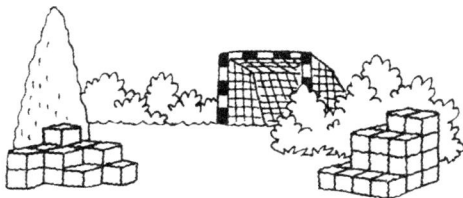

95. 蚂蚁回家

找四个立方体纸盒子堆成一个大立方体（如图所示），并标

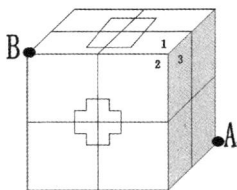

上相应的符号。请找出从 A 到 B 最近的路线。

96. 切割马蹄铁

你能否只用两刀就将这个马蹄形切成六块？

97. 不中断的链条

你要做的就是把这些图片组成一个正方形，且链条不允许中断。

98. 棋盘游戏

将16枚棋子放入游戏板中，使水平、竖直和斜向上均没有三枚棋子连成直线，你能做到吗？

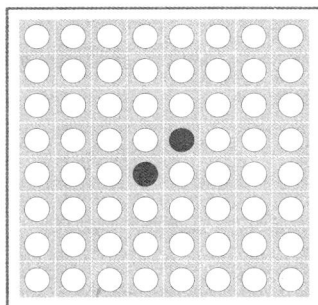

99. 岗哨

下图是山上城堡的布局图。城堡各个岗哨都用字母标注出来了，从图中可以看出所有的岗哨都与通道相连接。如果警察想一次检查完所有的岗哨并且最终回到出发点的话，那么，应该走什么路线呢？

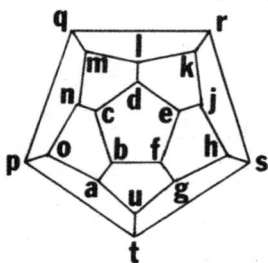

100. 分割财产

已过世的著名农学家法莫尔·布朗曾留下话，他要把他的财产平分给四个儿子。他特别声明：他那个种有 12 棵珍贵果树的果园应分成大小、形状相同的四份，每份包括三棵树。那么，四个儿子应该如何按照父亲的遗愿用栅栏将果园隔开呢？

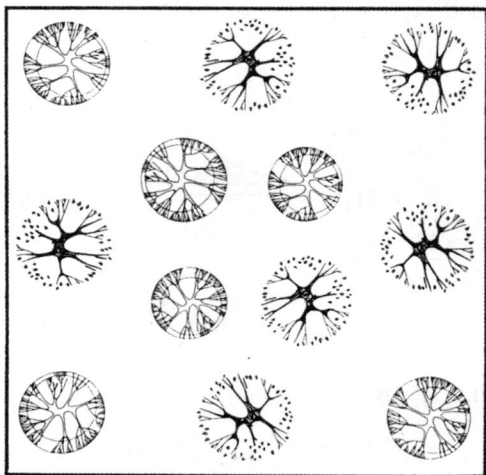

第二章

数字逻辑游戏

1. 巧妙连线

请你沿着图中的格子线，把圆圈中的数字两两连接，使二者之和为 10。注意：连接线之间不能交叉或重复。

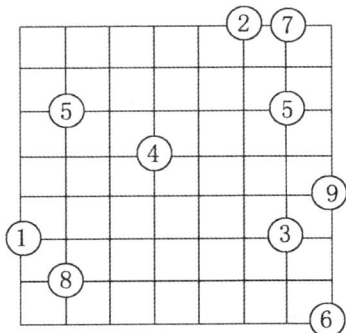

2. 数字立方体（1）

以下立方体中有两个面的数字是相同的，你能把它们找出来吗？

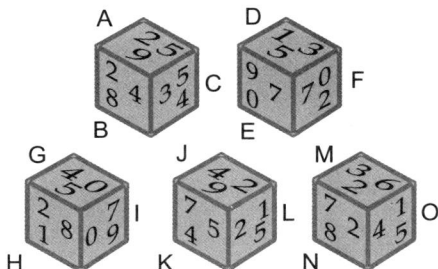

3. 数字立方体（2）

你能在以下立方体中找到含有相同数字的两个面吗？

4. 数字狭条

你能不能把这个图案分成 85 条由四个不同数字组成的狭条，使得每个狭条上的数字和都等于 34 ？

用数字 1 ~ 16 组成和为 34 的四数组合共有 86 种。图中只出现了 85 条。你能把缺失的那条找出来吗？

5. 数字等式

将数字 1、2、3、4、5、6、7、8、9 分别填到下面等式的两边，使等号前面的数乘以 6 等于后面的数。

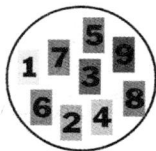

?????????? x 6 = ??????????

6. 零花钱

小明的零花钱总数的 1/4，加上总数的 1/5，再加上总数的 1/6 等于 37 元。请问他一共有多少钱？

$$\frac{1}{4}$$
$$\frac{1}{5}$$
$$+ \frac{1}{6}$$
$$\$37$$

7. 书虫

下面的这只书虫要吃如图所示的六本书。它从第一本书的封面一直吃到第六本书的封底。这只书虫一共爬过了多

远的距离？

注意：每本书的厚度是 6 厘米，包括封面和封底。其中封面和封底各为 0.5 厘米。

8. 四个数

有一种人只知道 1、2、3、4 这四个数字。他们只用这四个数字一共可以组成多少个一位、两位、三位和四位的数？

9. 九宫图

将编号从 1 到 9 的棋子按一定的方式填入游戏中的九个小格中，使得每一行、列以及两条对角线上的和（即魔数）都分别相等。

10. 四阶魔方

将这些编号从 1 到 16 的棋子填入游戏纸板的 16 个方格内，使得每一行、列以及两条对角线上的和相等，且和为 34。

11. 双面魔方

沿着铰链翻动标有数字的方片会覆盖某些数字并翻出其他数字：每个方片背面的数字是和正面一样的，而在每个方片下面（即第 2 层魔方）的数字则是该方片原始数字的 2 倍。

如果要得到一个使得所有水平方向的行、垂直方向的列以及两条对角线上的和分别都等于 34 的魔方，需要翻动多少方片和哪些方片？

8	3	2	13
9	5	11	8
18	6	14	12
4	15	7	1

12. 正方形网格

你能否将下面的格子图划分成 8 组，每组由三个小正方形组成，并且每组中

3 个数字的和相等？

9	5	1	6	8
1	3	5	4	8
5	7		3	4
8	2	1	8	2
5	6	4	2	9

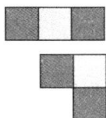

13. 六阶魔方

用 1 ~ 36 之间的整数（包括 1 和 36）填写空白的方格，使得每一行、列及两条对角线上的六个数之和分别都等于 111。

28		3		35	
	18		24		1
7		12		22	
	13		19		29
5		15		25	
	33		6		9

14. 八阶魔方

本杰明·富兰克林的八阶魔方诞生于 1750 年，包含了从 1 到 64 的所有数字，并以每行、每列的和为 260 的方式进行排列。

你能填出缺失的数字吗？

52		4		20		36	
14	3	62	51	46	35	30	19
53		5		21		37	
11	6	59	54	43	38	27	22
55		7		23		39	
9	8	57	56	41	40	25	24
50		2		18		34	
16	1	64	49	48	33	32	17

15. 三阶反魔方

在三阶反魔方中，每一行、列以及两条对角线上的和全都不一样。三阶反魔方可能存在吗？

16. 魔幻蜂巢（1）

要创造出满足以下条件的二阶蜂巢六边形魔方是不可能的：将数字 1 到 7 排列到下边的蜂巢中，使得每一直行的和相等。

你能证明它为什么不可能存在吗？

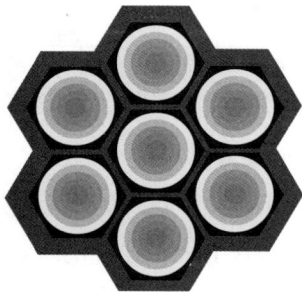

17. 魔幻蜂巢（2）

你能否用 1 到 19 之间的数字填写

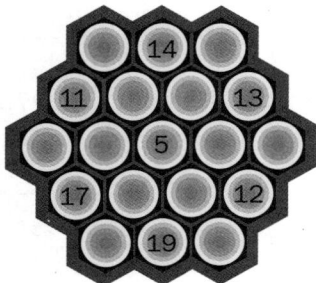

到蜂巢里，并且使每一相连的蜂巢室的直行上数字之和为 38 ？

18. 魔幻蜂巢（3）

你能将数字 1 到 8 填入下图的圆圈内，使游戏板上任何一处相邻的数字都不是连续的？

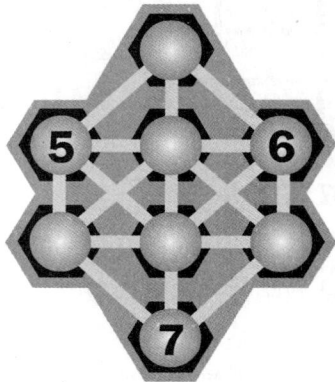

19. 魔幻蜂巢（4）

将数字 1 到 9 填入下图的圆圈里，使得与某一个六边形相邻的所有六边形上的数字之和为该六边形上数字的一个倍数。你能做到吗？

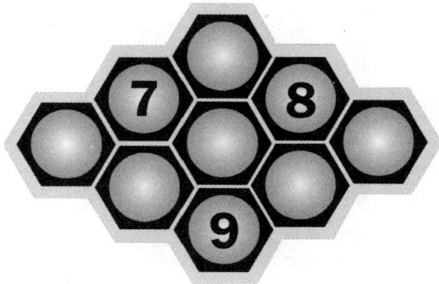

20. 五角星魔方

你能将数字 1 到 12（除去 7 和 11）填入五角星上的 10 个圆圈，并使任何一条直线上数字之和都等于 24 吗？

21. 六角星魔方

你能将数字 1 到 12 填入下图六角星的圆圈中，使得任何一条直线上数字之和均为 26 吗？

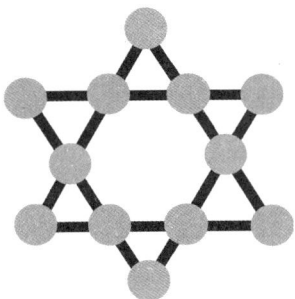

22. 七角星魔方

你能将数字 1 到 14 填入下图的七角星圆圈内，使得每条直线上数字之和均为 30 吗？

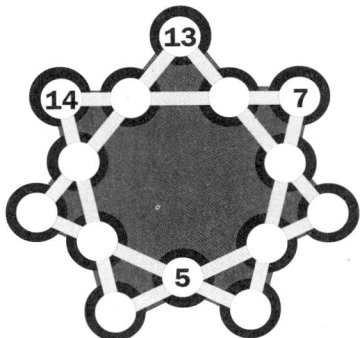

23. 八角星魔方

你能将数字 1 到 16 填入下图的八角星圆圈内，使得每条直线上数字之和均为 34 吗？

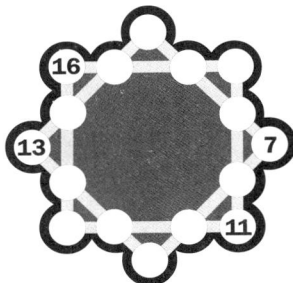

24. 表盘上的数字

如图所示，将钟表表盘的数字全部拆开成一位数字，然后相加的和是 51。那么，把表盘所有数字拆成一位数字后，全部相乘，乘积是多少呢？

25. 连续数序列

用给出的数字组成一个连续数序列。你只需使用 10 个数字中的 9 个。

26. 八个 "8"

将八个 "8" 用正确的方式排列，使得它们的总和最后等于1000。

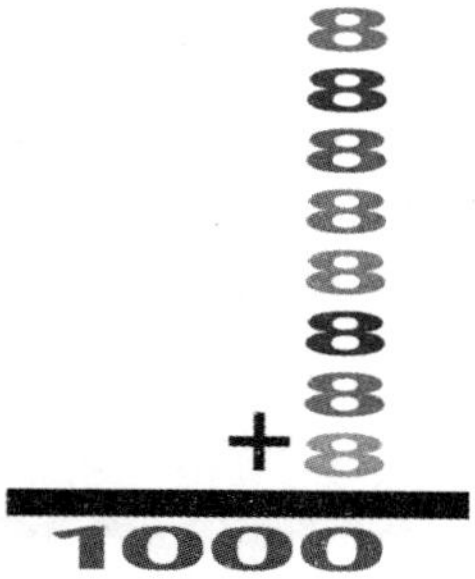

27. 六边形填数

你能否在如图所示的这些小六边形里填上恰当的数，使得三角形中的每一个数都等于它上面两个数之和？不允许填负数。

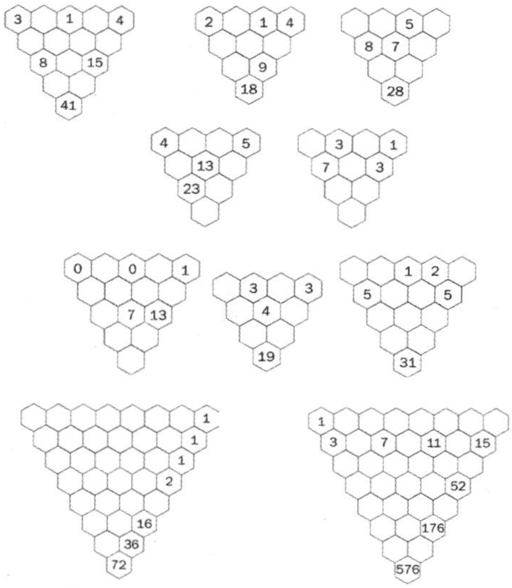

28. 不同的数

你能找出这八个数里面与众不同的那一个吗？

```
31
331
3331
33331
333331
3333331
33333331
333333331
```

29. 数字的规律

你能发现表格中数字的规律，并在空白处填上恰当的数字吗？

	2	5	6	
3	4	7	8	11
10	11		15	18
12	13	16	17	20
	20	23	24	

30. 数与格

将下面的表格分隔成多个长方形，使得每一个长方形里都包含一个数字，而这个数字正好等于该长方形所包含的格子个数。

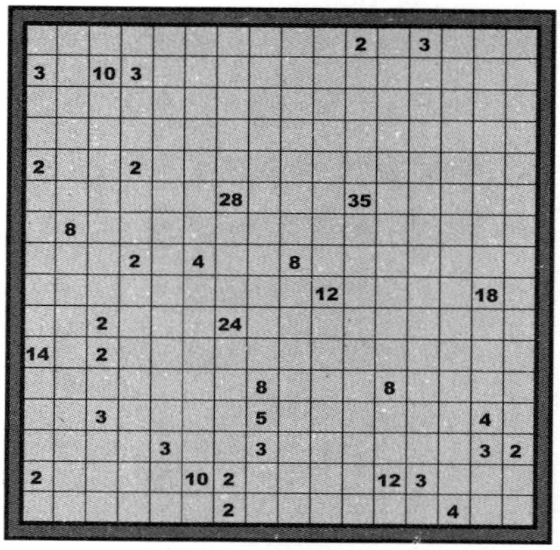

31. 箭头与数字

在下面的方框中填上数字 1 ~ 7，使得每横行和每竖行中这七个数字分别出现一次。方框中箭头符号尖端所对的数字要小于另一端的数字。

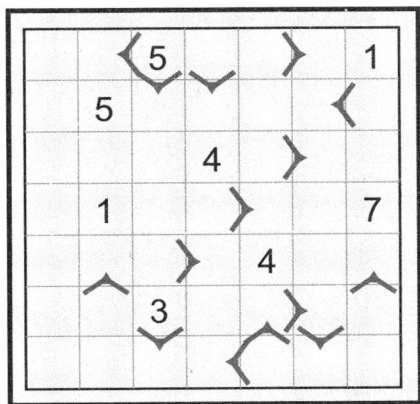

32. 恰当的数（1）

在图中标注问号的地方填上恰当的数字。

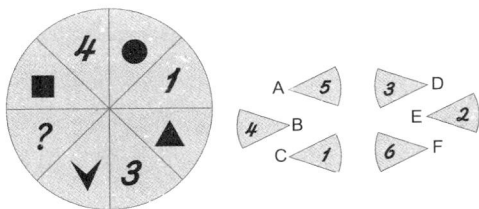

33. 恰当的数（2）

你能解开这道题吗？

34. 特殊的数

想一想，哪个数字是特殊的？

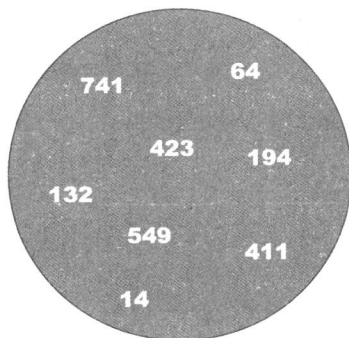

35. 圆圈与阴影

将下表中的一些圆圈涂成阴影，使得任意横行或者任意竖行中，同一个数字只能出现一次。所有涂成阴影的圆圈之间不能在垂直或水平方向上相邻，并且不能将没有涂成阴影的圆圈分成几组，也就是说，没有涂成阴影的圆圈必须横向或纵向相连成一个分支状。应该将哪些圆圈涂成阴影？

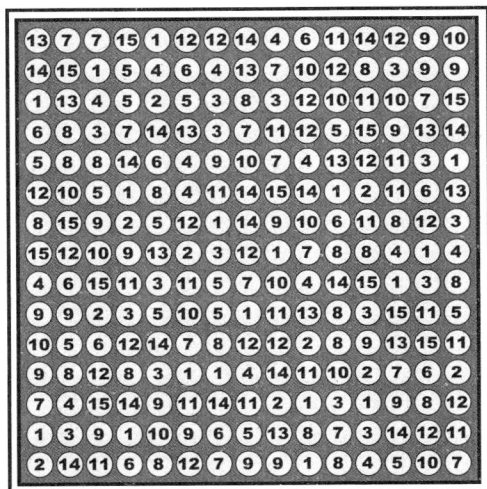

36. 五边形与数

动动脑筋,问号处应该填什么数呢?

37. 数字球

你能找出与众不同的那个数字球吗?

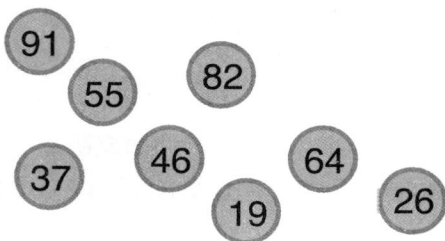

38. 不闭合图形

请按如下要求在每个格子里画一条对角线:图中数字指的是相交于此对角线的数量;这些对角线相互不可以构成任意大小的闭合图形。

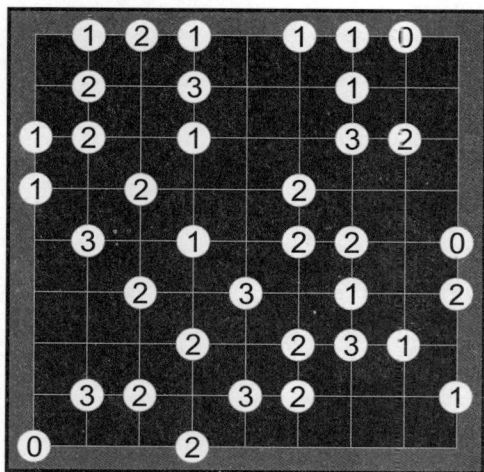

39. 竖式

将竖式里去掉九个数字,使得该竖式的结果为 1111。

应该去掉哪九个数字呢?

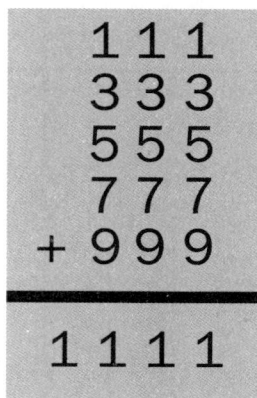

40. 哈密尔敦路线

从游戏板上的 1 开始,必须经过图中每一个圆圈,并依次给它们标上号,最后到达 19。你每次只能到达一个圆圈,并且必须按照图中的箭头方向前进。

注意:不能跳步。

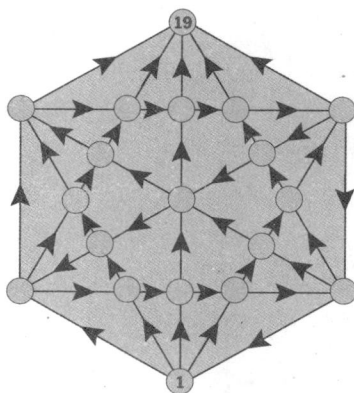

41. 哈密尔敦闭合路线

一个完全哈密尔敦路线是从起点 1

开始，到达所有的圆圈后再回到起点。你能不能将 1 ~ 19 这几个数字依次标进下面的圆圈中，完成这样一条路线呢？

你每次只能到达一个圆圈，并且必须按照图中的箭头方向前进，不准跳步。

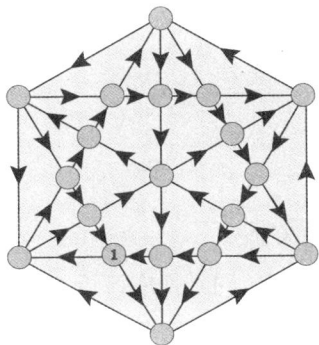

42. 特殊数字

圆中的哪个数是特殊的？

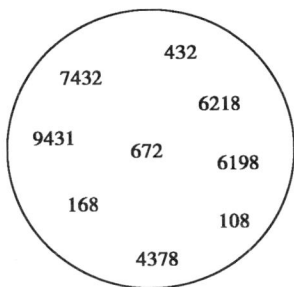

43. 补充数字

在带问号的数字圆圈里填什么数？

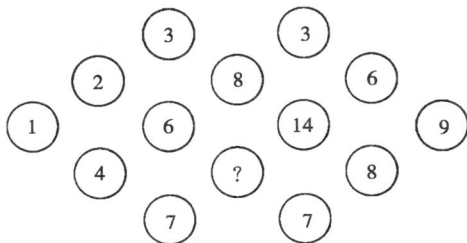

44. 奇妙六圆阵

图中有六个圆，圆上有九个交点。把 1 ~ 9 几个自然数分别填入小圈内，使每个大小圆周上四个数字之和都等于 20。

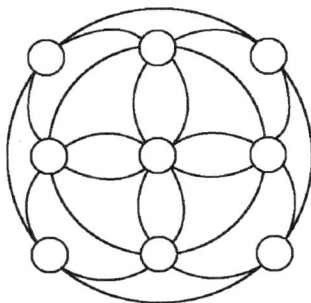

45. 寻找最大和

下图中，每格里都有一个数字，假设下端是入口，上端是出口，一步只能走一格，不允许重复，也不允许向下走，思考一下怎样才能使你走过的格里数字之和最大？

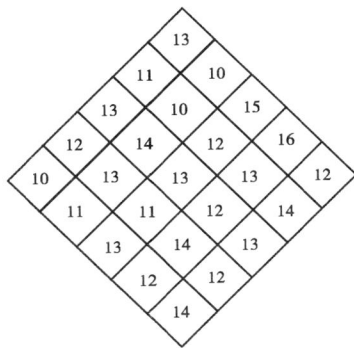

46. 规律推数

根据圆圈图案的规律，问号处应该填哪个数字？

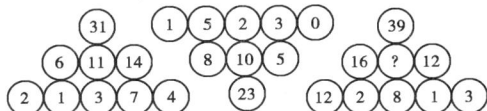

47. 删数字

如下图所示，欲使直列和横列的数字总和等于70，只需删掉四个数字即可。试问，应删掉哪四个数字？

21	28	21	21
42	14	14	14
21	14	14	35
7	28	35	35

48. 两数之差

请大家在图中的八个圆圈里填上1～8这八个数字，规定由线段联系的相邻两个圆圈中两数之差不能为1。例如，顶上一圈填了5，那么4与6都不能放在下一行的某圆圈内。

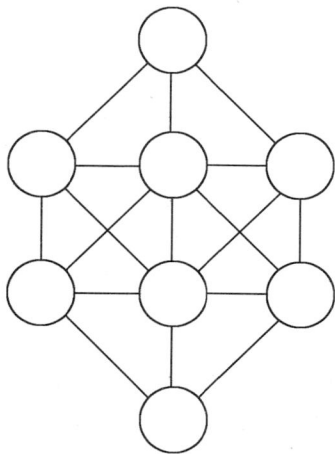

49. 数字六边形

请把1～24共24个数，分别填进

小圆圈里，使每个六边形6数之和皆为75。你能完成吗？

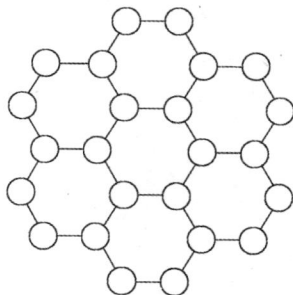

50. 猜数字

猜猜看，问号处应该填上什么数字？

51. 算一算

仔细算一算，哪些数字可以完成这道谜题？

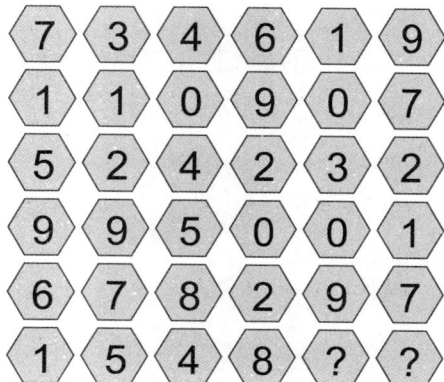

52. 六边形与球

每个六边形底部三个球对应的数之和减去六边形顶端的三个球对应的数之和，等于六边形中间的这个数。请填出空白处的数字。

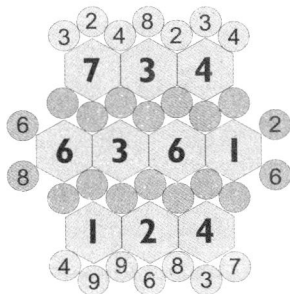

53. 加法题

最少需要做怎样的改变才能使下面的加法题得数变成 245 ？

$$
\begin{array}{r}
89 \\
16 \\
+98 \\
\hline
\end{array}
$$

54. 调整算式

若要使下面这个式子的结果为 173 ，最快的是做何调整？

$$
\begin{array}{r}
68 \\
99 \\
+81 \\
\hline
\end{array}
$$

55. 适当的数字

你能否找到适当的数字来代替算式中的字母，从而解开这个谜题。

$$
\begin{array}{r}
HE \\
\times ME \\
\hline
BE \\
YE \\
\hline
EWE \\
\end{array}
$$

56. 数字算式题

下面是一个数字算式题，你能完成这个算式吗？

$$
\begin{array}{r}
SE.ES \\
TE.ES \\
+FE.ES \\
\hline
CA.SH \\
\end{array}
$$

57. 字母算式题

在这道算式题中，数字被字母和星号所取代。同样的字母代表同样的数字，星号代表 1 到 9 的任意数字。请你写出算式。

$$
\begin{array}{r}
ABC \\
\times BAC \\
\hline
**** \\
**A \\
***B \\
\hline
****** \\
\end{array}
$$

58. 素数算式题

在这道算式题中，每个数字均是素数（2，3，5 或者 7）。这里不提供作为线索的数字和字母，但正确答案只有一个。

$$
\begin{array}{r}
*** \\
\times ** \\
\hline
**** \\
**** \\
\hline
***** \\
\end{array}
$$

59. 重新排列数字

这纯粹是一道数字题。有人向你挑战要将图表中的 17 个数字重新排列，使排列之后每条直线上的数字之和都等于 55。

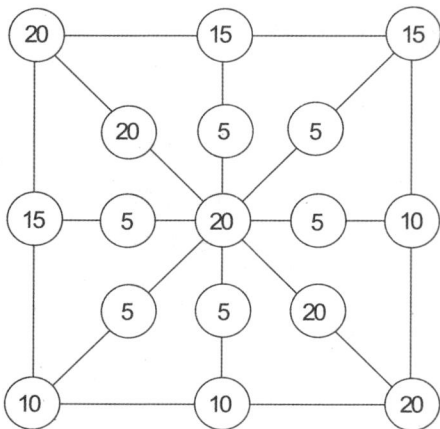

60. 面布袋上的数

当塞·科恩克利伯核对自己的补给品时，他在面布袋上发现了一些有趣的东西。面布袋每三个放在一层，共有九个布袋，上面分别标有从 1 到 9 这几个数字。在第一层和第三层，都是一个布袋与另外两个布袋分开放；而中间那层的三个布袋则被放在一起。如果他将单个布袋的数字（7）乘以与之相邻的两个布袋的数字（28），得到 196，也就是中间三个布袋上的数字。然而，如果他将第三层的两个数字相乘，则得到 170。

塞于是想出来一道题：你能否尽可能少地移动布袋，使得上下两层每对布袋上的数字与各自单个布袋上的数字相乘的结果都等于中间三个布袋上的数字呢？

61. 数字的路线

将数字 1 ~ 9 放进数字路线中，使各等式成立。

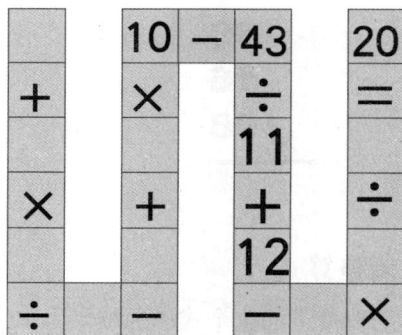

62. 圆圈里的数字

从左上角的圆圈开始顺时针移动，求出标注问号的圆圈里应该填上的数字。

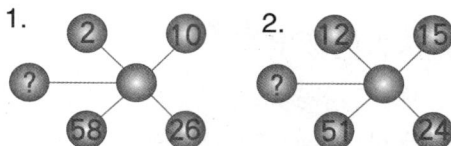

63. 划分表格

将这个表格分成四个相同的形状，并保证每部分中数字之和为50。

8	8	3	6	5	5
8	4	4	7	7	4
5	5	5	8	3	5
9	8	3	4	7	3
7	5	9	3	5	8
6	4	4	8	3	4

64. 填数

要完成这道题，最后那个正方形中应该填什么数字？

3		23	6		7
	41			28	
7		8	2		13
4		19	14		3
	45			47	
17		5	11		?

65. 墨迹

哎呀！墨迹遮盖了一些数字。此题中，1～9每个数字各使用了一次。你能重新写出这个加法算式吗？

66. 缺失的数字

你能算出缺失的数字吗？

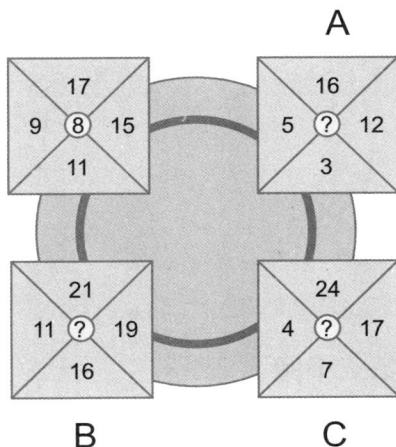

A

17
9 8 15
11

16
5 ? 12
3

21
11 ? 19
16

24
4 ? 17
7

B   C

67. 数字盘

你能找出最后那个数字盘中问号部分应当填入的数字吗？

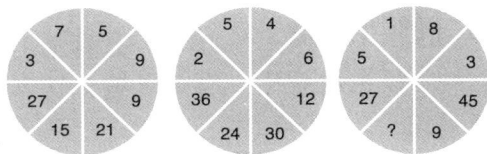

68. 数学符号

问号部分应当分别用什么数学符号替代才能使两个部分的值相同且大于1？你可以在"÷"和"×"之间选择。

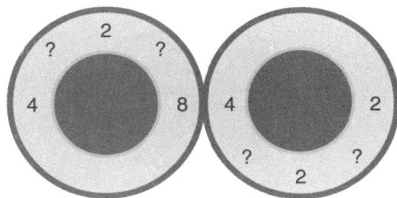

69. 序列图

在问号处填上什么数字，可以完成

这组序列图？

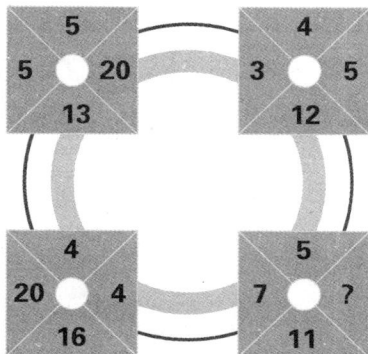

入。从顶部开始顺时针计算，你能算出问号部分应当填入什么数学符号吗？

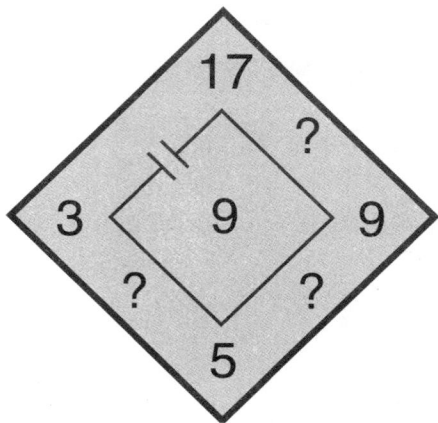

70. 第三个圆

你能算出第三个圆中缺少的数字吗？

71. 椭圆里的数

应该在最后那个椭圆里填上什么数字？

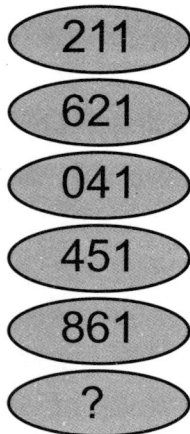

72. 三个数学符号

四边形中有三个数学符号没有填

73. 缺少的数字

问号处的数字应是多少？

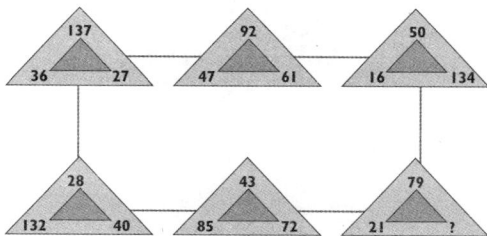

74. 数字之和

如果第一组两个数字之和为9825，那么第二组两个数字之和为多少？

$$6128+9091$$

$$8159+1912$$

75. 数值之和

在如图所示的三角形中放入一个数，使得每横排、纵列及对角线上的数值之和为203。

17/17	20/23	31/21	3/2	8/6	4/19	16/16
22/20	18/33					12/14
49/1			8/2			15/26
2/17				6/23		32/17
12/5				43/3		2/6
5/20					3/4	14/2
2/24	32/3	6/38	3/50	1/5	1/14	20/4

6 8 29 9 27 30 13

7 3 29 14 15 8 3

2 19 11 12 39 0

40 1 7 11 2 9 2

34 13 10 8 12 20

19 36 5 4 5 18 40

76. 四个数学符号

在这个四边形中，从顶部开始顺时针填入四个数学符号（＋、－、×、÷），使位于中间的答案成立。

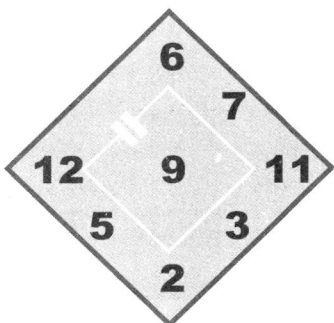

6
7
12 9 11
5 3
2

77. 图表与数字和

将图表分成四个相同的形状，并且每部分所包含的数字之和都等于134。

5	7	8	15	4	7	5	6
11	6	9	8	16	12	10	10
7	12	10	12	3	11	6	8
6	7	2	5	9	9	15	10
12	15	10	8	5	12	8	7
6	7	11	13	9	9	6	6
9	8	10	6	8	8	1	2
3	6	4	10	10	10	15	15

78. 数值

在下图中，数字被字母所取代，同样的字母代表相同的数字。请问，第三行的值是多少？

A	E	D	E	E	E		= 64
D	B	B	D	A	E		= 40
C	B	A	A	C	F	G	= ?
E	F	G	F	B	F	E	= 81
B	A	A	E	E	C	E	= 45
A	C	B	A	G	D	E	= 47

= = = = = = =
30 37 34 46 49 56 72

317

79. 魔数 175

将所提供的几排数字插入格子中适当的位置，使方格中每横排、纵列和对角线上数字相加的结果为 175。例如：将 C 放入位置 a。

a				5			g
b				14			h
c				16			i
	49	41	33	25	17	9	1
d				34			j
e				36			k
f				45			l

A	B	C
46 38 30	31 23 15	22 21 13

D	E	F
37 29 28	40 32 24	20 12 4

G	H	I
11 3 44	35 27 19	2 43 42

J	K	L
6 47 39	26 18 10	8 7 48

80. 合适的数字

要完成这道题，你觉得问号部分应该换成什么数字?

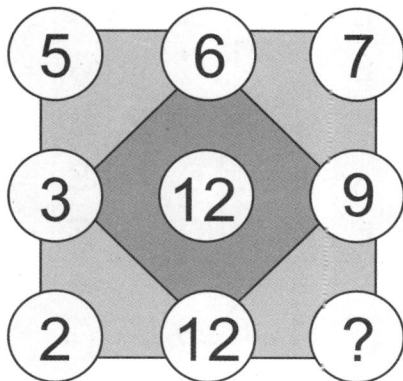

81. 数字的逻辑

你知道问号处应填上什么数字吗。

1. 4 → 13, 7 → 22, 1 → 4, 9 → ?
2. 6 → 2, 13 → 16, 17 → 24, 8 → ?
3. 8 → 23, 3 → 13, 11 → 29, 2 → ?
4. 6 → 10, 5 → 8, 17 → 32, 12 → ?
5. 18 → 15, 20 → 17, 8 → 9, 14 → ?
6. 31 → 12, 15 → 4, 13 → 3, 41 → ?
7. 10 → 12, 19 → 30, 23 → 38, 14 → ?
8. 9 → 85, 6 → 40, 13 → 173, 4 → ?
9. 361 → 22, 121 → 14, 81 → 12, 25 → ?
10. 21 → 436, 15 → 220, 8 → 59, 3 → ?
11. 5 → 65, 2 → 50, 14 → 110, 7 → ?
12. 15 → 16, 34 → 92, 13 → 8, 20 → ?
13. 5 → 38, 12 → 80, 3 → 146, 9 → ?
14. 7 → 15, 16 → 51, 4 → ?, 21 → ?
15. 36 → 12, 56 → 17, 12 → 6, 40 → ?
16. 145 → 26, 60 → 30, 225 → 42, 110 → ?
17. 25 → 72, 31 → 108, 16 → 18, 19 → ?
18. 8 → 99, 11 → 126, 26 → 261, 15 → ?
19. 8 → 100, 13 → 225, 31 → 1089
20. 29 → 5, 260 → 16, 13 → 3, 40 → ?

82. 七张字条

准备七张纸条，写下数字 1 ~ 7，按照如图所示排列。现在，将其中的六张每张剪一下，重新排列为 7 行 7 列，且每行、每列和每条对角线上的数字总和为同一个数。很难哦!

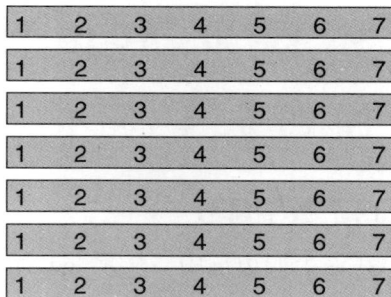

83. 数的规律

算一算，问号处应该是多少?

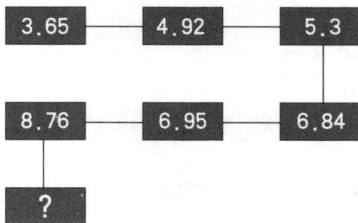

84. 移动纸片

八张纸片上分别写着数字 1、2、3、4、5、7、8、9，把它们按下图所示摆成两列。现在请你移动两张纸片，使两列数字之和相等。

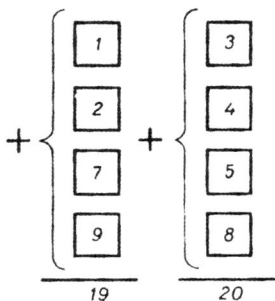

85. 速算

下面有组六位数，请你快速算出它们的和。怎么算简单些？

```
328645
491221
816304
117586
671355
508779
183696
882414
```

86. 数字替换

在这个加法算式中，要求用五个 0 来替换其中任意的五个数字，使最后的和为 1111。应该怎么办呢？

```
   111
   333
   555
 + 777
 ─────
   999
```

87. 数字的关系

下题中，第二排的数字是由第一排的数字决定的。同样的，第三排的数字是由第二排的数字决定的。你能确定这种关系，找出缺失的数字？

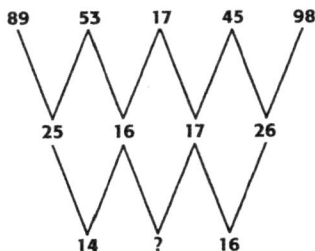

88. 总值 60

用三条直线将这个正方形分成五部分，使得每部分所包含数字的总和都等于 60。

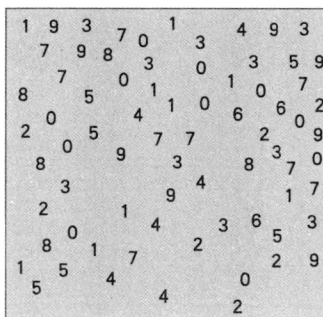

89. 数字盘的规律

如果 A 对应于 B，那么 C 对应于 D、E、F、G 中哪个数字盘？

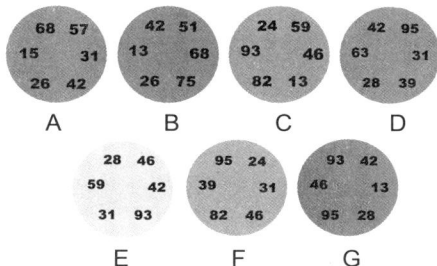

90. 序列数

在这些序列中问号处应填哪些数？

A	7	9	16	25	41	?			
B	4	14	34	74	?				
C	2	3	5	5	9	7	14	?	?
D	6	9	15	27	?				
E	11	7	−1	−17	?				
F	8	15	26	43	?				
G	3.5	4	7	14	49	?			

91. 数字迷宫（1）

数字迷宫是在一个每一边包含 n 个格子的正方形里面填上从 1 到 n^2 的自然数。填的时候按照横向或纵向移动，在相邻的格子里填上连续的数，每一个格子里只能填入一个数。下面给出了一个例子。

在 5×5 和 6×6 的方框中，有几个格子里已经填上了数字，你能否将剩余的数字补充完整？

92. 数字迷宫（2）

这是另外一个数字迷宫。规则同上题，但是这次要求填上的数字是 1 到 100。有几个数字已经填入方格了，你能够将它补充完整吗？

93. 数列

你能否找出下面这个数列的规律，并写出它接下来的几项吗？

94. 计算闯关

如图所示，要求由出发点开始，经过每一关时，从＋、－、×、÷ 中选一个符号，对相邻的两个数字进行运算，使到达目的地时，答案恰好是 1。

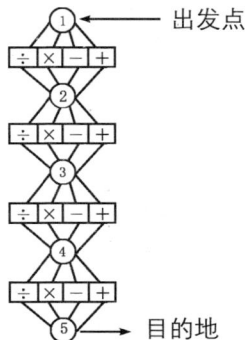

95. 有趣的数列

一个有趣的数列前八个数如下图所示。请问你能否写出该数列的第九个数和第十个数？

1	1
2	11
3	21
4	1211
5	111221
6	312211
7	13112221
8	1113213211
9	?
10	?

96. 图形与数字

请观察各图形与它下面各数间的关系，然后在问号处填上一个适当的数。

4516　7924　?

6824　4535　7916

7935　6816　4524

97. 菲多与骨头

菲多被人用一条长绳拴在了树上。拴它的绳子可以到达距离树 10 米远的地方。

它的骨头离它所在的地方有 22 米。当它饿了，就可以轻松地吃到骨头。

它是怎么做到的？

98. 环环相扣

七环相连如图所示，若 1 ~ 7 号，每天所拿环数要与日期相符，则至少要分割几次？

99. 虚构的立方体

教授现在陷入了困境。他忘记了这道题的答案，离上课只剩下 5 分钟了！线段 BD 和 GD 已经画在虚构立方体的两个面上。两条线段相交于 D 点。那么，你能帮教授计算出这两条对角线之间的角度吗？

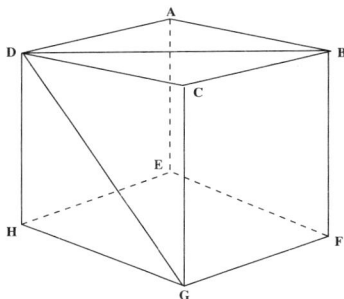

100. 科隆香水

这是一个塞有塞子的未装满的科隆香水瓶，你如何计算出瓶中液体所占瓶子的百分比（瓶塞所占空间面积不计）。你能使用的只有一把尺子，同时，你不能将瓶塞从瓶子上拿走。你有 5 分钟的时间计算出结果。

第三章

推理逻辑游戏

1. 谁扮演"安妮"

思道布音乐剧团决定在今年上演《安妮》这出戏剧，但要找一个能扮演10岁的小安妮的演员。昨晚，导演卢克·夏普让四个候选演员作了预演，结果均不令人满意。从以下所给的线索中，你能推断出她们演出的顺序、各自的职业和她们不适合扮演安妮这个角色的理由吗？

线索

1. 图书管理员由于她1.8米的身高而与这个角色不符。

2. 艾达·达可不可能饰演安妮，因为她已经怀孕了。

3. 第二个参加预演的是个家庭主妇，但她不是蒂娜·贝茨。

4. 第一个参加预演的是一个长相丑陋的人，她被导演卢克描述成孤儿小安妮的"错误形象"，她不是太成熟的清洁工。

5. 科拉·珈姆是最后一个参加预演的。

6. 基蒂·凯特是思道布市场一家服装店的助手。

	科拉·珈姆	艾达·达可	基蒂·凯特	蒂娜·贝茨	清洁工	家庭主妇	图书管理员	服装店助手	怀孕	太成熟	太高	错误形象
第一个												
第二个												
第三个												
第四个												
怀孕												
太成熟												
太高												
错误形象												
清洁工												
家庭主妇												
图书管理员												
服装店助手												

2. 足球评论员

作为欧洲青年足球锦标赛报道的一部分，阿尔比恩电视台专门从节目《两个半场比赛》的足球评论员中抽调了几位，这些评论员将分别陪同四支英国球队中的一支，现场讲解球队的首场比赛。从以下所给的线索中，请你推断出是什么资历使他们成为足球评论员的？他们所陪同的球队是哪支以及各球队分别要去哪个国家?

线索

1. 杰克爵士将随北爱尔兰队去国外。

2. 默西塞德郡联合队曾经的经营者将去比利时。

3. 伴随英格兰队的评论员现在挪威,他不是阿里·贝尔。

4. 曾是谢母司队守门员的足球评论员现在在威尔士队;而作为前足球记者的评论员虽然从来没有踢过球,但对足球了如指掌,他伴随的不是苏格兰队。

5. 佩里·奎恩将随一支英国球队去俄罗斯,参加和俄罗斯青年队的比赛,不过他从来没进过球。

	前守门员	前经营者	前足球先锋	前足球记者	英格兰队	北爱尔兰队	苏格兰队	威尔士队	比利时	匈牙利	挪威	俄罗斯
阿里·贝尔												
多·恩蒙												
杰克爵士												
佩里·奎恩												
比利时												
匈牙利												
挪威												
俄罗斯												
英格兰队												
北爱尔兰队												
苏格兰队												
威尔士队												

3. 住在房间里的人

　　1890 年,来自法国不同地区的六个满怀希望和抱负的青年,为了各自对艺术的追求来到了巴黎,他们在蒙马特尔一幢楼房的顶层找到了各自的住所,虽然房间没有家具,甚至连窗户都不能打开,但是窗外的风景却非常漂亮。从以下所给的线索中,你能推断出各个房间里居住者的名字、家乡和所从事的职业吗?

线索

1. 有个年轻人来自波尔多,他的房间在烟囱的左边,他不是阿兰·巴雷。

2. 住在 2 号房间的是个诗人,他的姓由五个字母构成。

3. 思尔闻·恰尔住在 5 号房间。

4. 那个住在 4 号房间的年轻人来自里昂,是六个人中最年轻的,他不是塞西尔·丹东。

5. 3 号房间住的不是那个画家,而画家不是来自南希。

6. 吉恩·勒布伦是一位小说家,他的小说《官里人》后来被认为是法国文学的经典,他的房间号是偶数,他左边的邻居不是那个来自卡昂的摄影师。

7. 亨利·家微,第戎的本地人,就住在剧作家的隔壁,那个剧作家写了不止 50 部剧本,但从来没有上演过。

名字: 阿兰·巴雷(Alain Barre),塞西尔·丹东(Cecile Danton),亨利·家微(Henri Javier),吉恩·勒布伦(Jean Lebrun),思尔闻·恰尔(Silvie Trier),卢卡·莫里(Luc Maury)

家乡: 波尔多,卡昂,第戎,里昂,南希,土伦

艺术类型: 剧作家,小说家,画家,摄影师,诗人,雕刻家

提示: 找出亨利·家微所住的房间号。

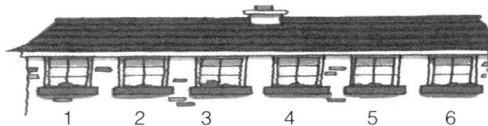

名字: ___ ___ ___ ___ ___ ___
家乡: ___ ___ ___ ___ ___ ___
职业: ___ ___ ___ ___ ___ ___

4.思道布的警报

昨天，思道布警察局接到了来自镇中心四个商店的报警电话，警车立即赶到事发现场（还好，没有一个电话要求救护车）。从以下所给出的线索中，你能推断出各个商店的名称、商店类别、它们的地址以及报警的原因吗？

线索

1.位于国王街的商店是卖纺织品的。

2.巴克商店的那个电话最后被证实是个假消息，由于商店的某个员工在贮藏室里弄出烟来而被人误以为是火灾。

3.在格林街的商店不是卖鞋子的，报警的原因是由于它的地下室被水淹了。

4.格雷格商店不卖五金用品。

5.牛顿街上的帕夫特商店不是一家书店，被一辆失控的车撞到后，这家书店的一面墙几乎要倒塌了。

	书店	纺织品店	五金商店	鞋店	格林街	国王街	牛顿街	萨克福路	车祸	错误警报	火灾	水灾
巴克												
格雷格												
林可												
帕夫特												
车祸												
错误警报												
火灾												
水灾												
格林街												
国王街												
牛顿街												
萨克福路												

5.寄出的信件

根据所给出的线索，你能说出位置1～4上的女士的姓名和她们要寄出的信件的数目吗？

线索

1.埃德娜和鲍克丝夫人是离邮筒最近的人；前者寄出的信件数比后者少。

2.邮筒两边的女士寄出的总信件数一样多。

3.克拉丽斯·弗兰克斯所处位置的编号，比邮筒对面寄出3封信的那个女人小。

4.博比不是斯坦布夫人，她不在3号位置。

5.只有一个女人所处的位置编号和她要寄的信件数是相同的。

名：博比，克拉丽斯，埃德娜，吉马
姓：鲍克丝，弗兰克斯，梅勒，斯坦布
信件数：2，3，4，5
提示：先找出克拉丽斯·弗兰克斯的位置数。

6.柜台交易

有两位顾客正在一家化学用品商店买东西。从以下所给的线索中，你能正确地说出售货员和顾客的姓名、顾客各自所买的东西以及找零的数目吗？

线索

1.杰姬参与的买卖中需要找零17便士，而沃茨夫人不是。

2.朱莉娅是由一个叫蒂娜的售货员接待的，但她不是买洗发水的奥利弗夫人。

3. 图中的 2 号售货员不是莱斯利，而莱斯利不姓里德。

4. 阿尔叟小姐卖出的不是阿司匹林。

5. 2 号售货员给 4 号顾客找零 29 便士。

名：杰姬，朱莉娅，莱斯利，蒂娜
姓：阿尔叟，奥利弗，里德，沃茨
商品：洗发水，阿司匹林
找零：17 便士，29 便士

7. 春天到了

　　某个小村庄的学校里，四个男孩正坐在长椅 1、2、3、4 的位置上上自然科学课，在这堂课中，每位同学都要把前段时间注意到或做过的事情告诉老师和同学。从以下所给的线索中，你能辨别出这四个人并推断出他们各自在这堂课中所说的事件吗？

线索

1. 从你的方向看过去，那个看到翠鸟的男孩就坐在汤米的右边，他们中间没有间隔。

2. 听到今年第一声布谷鸟叫的是一个姓史密斯的小伙子。

3. 从你的方向看过去，比利坐在埃里克左边的某个位置上，其中普劳曼是埃里克的姓。

4. 图中位置 3 上坐着亚瑟同学。

5. 位置 2 的男孩告诉了大家周末他和父亲玩鳟鱼的事，他不姓波特。

名：亚瑟，比利，埃里克，汤米
姓：诺米，普劳曼，波特，史密斯
事件：听到布谷鸟叫，看到山楂开花，看到翠鸟，玩鳟鱼
提示：先找出看到翠鸟的那个人的位置。

姓：＿＿＿ ＿＿＿ ＿＿＿ ＿＿＿
名：＿＿＿ ＿＿＿ ＿＿＿ ＿＿＿
事件：＿＿＿ ＿＿＿ ＿＿＿ ＿＿＿

8. 农民的商店

　　根据以下所给的线索，你能说出每个农场商店的店主名字以及所出售的主要蔬菜和肉类吗？

线索

1. 理查德管理希勒尔商店，但他不是以卖猪肉为主。

2. 火鸡和椰菜是其中一家商店的主要商品，但这家店并不是希勒尔商店，也不是布鲁克商店。

3. 康妮不在冷杉商店工作，她也不卖土豆。而且土豆和羊肉不是在同一家商店出售的。

4. 珍的商店有很多豆角，而基思的商店

	布鲁克商店	冷杉商店	霍尔商店	希勒尔商店	老橡树商店	牛肉	羊肉	鸵鸟肉	猪肉	火鸡	豆角	椰菜	卷心菜	土豆	甜玉米
康妮															
珍															
吉尔															
基思															
理查德															
豆角															
椰菜															
卷心菜															
土豆															
甜玉米															
牛肉															
羊肉															
鸵鸟肉															
猪肉															
火鸡															

有很多牛肉。

5.霍尔商店以卖鸵鸟肉著称。

6.老橡树商店正出售一堆相当不错的卷心菜。

9.马蹄匠的工作

马蹄匠布莱克·史密斯还有五个电话要打，都是关于各地马匹的马蹄安装和清理的事情。从以下所给的信息中，你能推断出布莱克何时到达何地，并说出马的名字和工作的内容吗？

线索

1.布莱克其中的一件工作，但不是第一件事，是给高下马群中的一匹马（它不叫佩加索斯）安装赛板。

2.叫本的那匹马不是要安装普通蹄的马。

3.布莱克在中午要为一匹马安装运输蹄，这匹马的名字比需要清理蹄钉的马长一些。

4.布莱克给瓦特门的波比做完活之后，接着为石头桥农场的那匹马做活。而给

叫王子的马重装蹄钉的活是在韦伯斯特农场之前完成的。

5.乾坡不是韦伯斯特农场的马，也不是预约在10:00的那匹。

6.布莱克预计在11:00到达橡树骑术学校。

	高下马群	骑术学校	石头桥农场	韦伯斯特农场	瓦特门	本	乾坡	佩加索斯	波比	王子	安装运输蹄	安装普通蹄	安装赛板	重装蹄钉	清理蹄钉
上午9:00															
上午10:00															
上午11:00															
中午12:00															
下午2:00															
安装运输蹄															
安装普通蹄															
安装赛板															
重装蹄钉															
清理蹄钉															
本															
乾坡															
佩加索斯															
波比															
王子															

10.皮划艇比赛

今年在玛丽娜海岛举行的"单人皮划艇环游海岛比赛"最后由泰迪熊队获胜。由于此项比赛是接力赛，也就是说在比赛的各个路段是由不同的选手领航的。你能根据所给的线索，填出各个地理站点的名称（1~6号是按照皮划艇经过的时间顺序标出的，即比赛是沿着顺时针方向进行的）、各划艇选手的名字，以及比赛中第一个经过此处的皮划艇名称吗？

线索

1.6号站点叫青鱼点，海猪号皮划艇并不在此处领航；格兰·霍德率先经过的站点离此处相差的不是两个站点。

2. 派特·罗德尼的皮划艇在波比特站点处于领航位置上，它刚好是城堡首领站点的前一个站点。

3. 在 2 号站点处领航的皮划艇是改革者号。

4. 由盖尔·费什驾驶亚马孙号皮划艇率先经过的站点离圣·犹大书站点还有三个站点的距离。

5. 去利通号率先经过的那个站点，沿着顺时针方向往下的一站是安迪·布莱克率先经过的那个站点。

6. 科林·德雷克驾驶的皮划艇在 5 号站点处于领航位置。

7. 五月花号皮划艇是在斯塔克首领站点领航。

8. 魅力露西号率先经过的站点的编号是

开始 / 结束

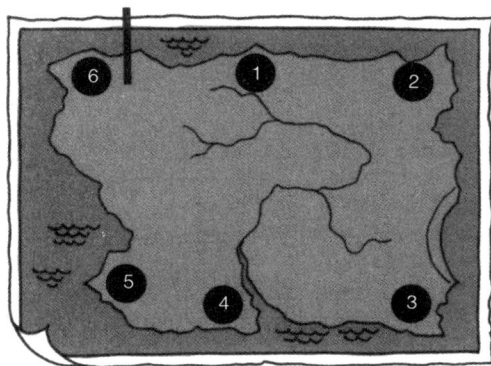

	1	2	3
站点：			
选手：			
皮划艇：			

	4	5	6
站点：			
选手：			
皮划艇：			

露西·马龙率先经过的站点的编号的一半，而且它不是海盗首领站点。

站点：波比特站点，城堡首领站点，青鱼站点，圣·犹大书站点，斯塔克首领站点，海盗首领站点

选手：安迪·布莱克，科林·德雷克，盖尔·费什，格兰·霍德，露西·马龙，派特·罗德尼

皮划艇：亚马孙号，改革者号，魅力露西号，五月花号，海猪号，去利通号

提示：首先推断出谁率先经过 3 号站点。

11. 赛马

图中向我们展示了业余赛马骑师的一场点对点比赛，其中一场的照片展示在田径运动会的宣传卡片上。从以下所给出的线索中，你能说出每匹马的名字以及各骑师的姓名吗？

线索

1. 第二名的马名叫艾塞克斯女孩。

2. 海员赛姆不是第四名，它的骑师姓克里福特，但不叫约翰。

3. 蓝色白兰地的骑师，他的姓要比萨利的姓少一个字母。

4. 麦克·阿彻骑的马紧跟在西帕龙的后面，西帕龙不是理查德的马。

第 1 名

第 2 名

第 3 名

第 4 名

马名：_____

姓：_____

马的名字：蓝色白兰地，艾塞克斯女孩，海员赛姆，西帕龙

骑师的名字：埃玛，约翰，麦克，萨利

骑师的姓：阿彻（Archer），克里福特（Clift），匹高特（Piggott），理查德（Richards）

提示：先推算出克里福特的名字。

12. 成名角色

　　五个国际戏剧艺术专业的学生由于在五部不同的作品中成功地扮演了不同的角色，知名度大大提高。从以下所给的线索中，你能推断出每个人所扮演的角色以及各个作品的题目和类型吗？

线索

1. 其中的一个年轻女性扮演了《格里芬》里的一位踌躇满志的年轻女演员。道恩·埃尔金饰演一位理想主义的医学生。

2. 艾伦·邦庭饰演的不是一位教师，也不会在电影中出现。尼尔·李在一部由四个系列组成的电视短剧中扮演角色。

3. 在13集的电视连续剧中，简·科拜不会出现，这部电视剧中也不会出现法官这个角色。

4. 一部关于一个省级日报记者的电视将一个年轻的演员捧红，他的姓要比《罗米丽》中的演员的姓少一个字母。

5. 《丽夫日》将在西城终极舞台上演。

6. 蒂娜·罗丝是《摩倩穆》中的主角。

姓名：艾伦·邦庭（Alan Bunting），道恩·埃尔金（Dawn Elgin），简·科拜（Jane Kirby），尼尔·李（Neil Lee），蒂娜·罗丝（Tina Rice）

13. 蒙特港的游艇

　　在这个美好的季节，蒙特港到处都是大大小小的游艇。从以下关于五艘游艇的信息中，你能推断出各游艇的长度、它们所能容纳的人数以及各个游艇主人的身份吗？

线索

1. 迪安·奎是美人鱼号游艇的主人，而游艇曼特是属于一位歌手的。

2. 游艇米斯特拉尔号的主人和雨果·姬根都不是一位职业车手。

3. 比安卡女士号的主人不是雅克·地布鲁克，也不是电影明星。

	女演员	医学生	记者	法官	教师	《格里芬》	《克可曼》	《丽夫日》	《摩倩穆》	《罗米丽》	电影	舞台剧	电视戏剧	电视短剧	电视连续剧
艾伦·邦庭															
道恩·埃尔金															
简·科拜															
尼尔·李															
蒂娜·罗丝															
电影															
舞台剧															
电视戏剧															
电视短剧															
电视连续剧															
《格里芬》															
《克可曼》															
《丽夫日》															
《摩倩穆》															
《罗米丽》															

	22.9米	30.5米	33.5米	38.1米	42.7米	迪安·奎	雅克·地布鲁克	杰夫·额	汉斯·卡尔	雨果·姬根	电影明星	工业家	职业车手	王子	歌手
极光号															
比安卡女士号															
曼特号															
美人鱼号															
米斯特拉尔号															
电影明星															
工业家															
职业车手															
王子															
歌手															
迪安·奎															
雅克·地布鲁克															
杰夫·额															
汉斯·卡尔															
雨果·姬根															

4. 杰夫·额的游艇有 22.9 米长，它的名字既不是最长的也不是最短的。

5. 汉斯·卡尔王子的游艇名字的字母数，比 33.5 米长的那艘游艇的少一个。

6. 极光号长 30.5 米。工业家的游艇是最长的。

游艇：极光号（Aurora），比安卡女士号（Lady Bianca），曼特号（Manta），美人鱼号（Mermaid），米斯特拉尔号（Mistral）

14. 扮演马恩的四个演员

最近，不列颠电视台将上演休·马恩的自传，电视台的新闻办公室公布了分别扮演马恩各个时期的四个演员的照片。从以下所给出的线索中，你能说出四个演员的名字以及所扮演的时期吗？

线索

1. C 饰演孩童时代的马恩，他不姓曼彻特。

2. 安东尼·李尔王不饰演晚年的马恩，马恩在晚年时期已经成为哲学家。

3. 理查德紧贴在哈姆雷特的左边，哈姆雷特饰演的是那个正谈论他伟大军事理想的马恩。

4. A 是朱利叶斯。

A   B   C   D

名：安东尼，约翰，朱利叶斯，理查德
姓：哈姆雷特，李尔王，曼彻特，温特斯
时期：孩童，青少年，士兵，晚年
提示：先定位哈姆雷特。

15. 年轻人出行

某一天，同一村庄的四个年轻人朝东、南、西、北四个方向出行。从以下所给的线索中，你能推断出他们各自走的方向、出行的方式以及出行原因吗？

线索

1. 安布罗斯和那个骑摩托车去上高尔夫课的人走的方向刚好相反。

2. 其中一个年轻人所要去的游泳池在村庄的南面，而另外一个年轻人参加的拍卖会不是在村庄的西面举行。

3. 雷蒙德离开村庄后直接朝东走。

4. 欧内斯特出行的方向是那个坐巴士的年轻人出行方向逆时针转 90° 的方向。

5. 坐出租车出行的西尔威斯特没有朝北走。

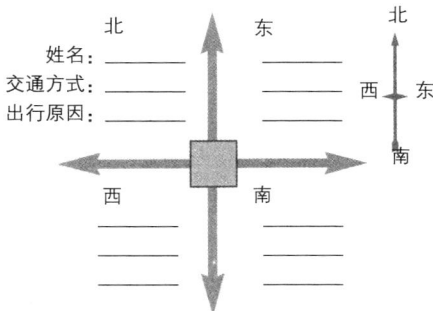

姓名：安布罗斯，欧内斯特，雷蒙德，西尔威斯特
交通工具：巴士，小汽车，摩托车，出租车
出行原因：拍卖会，看牙医，上高尔夫课，游泳
提示：找出向西行的目的。

16. 继承人

104 岁的伦琴布格·桑利维斯是爱吉迪斯公爵家族成员之一，他最近的病情使人们把目光都聚集在他的继承人身上。但他的继承人，即他的五个侄子，却都定居在英国。从以下所给的线索中，你能推断出这五位继承人的排行位置、在英国的居住地以及他们现在的职业吗？

线索

1. 施坦布尼的首席消防员和他的堂兄妹一样是继承人身份，但他从不炫耀这个头衔，在家族中他排行奇数位。

2. 盖博旅馆的主人在家族中排行不是第二也不是第五，他的家不在格拉斯哥。

3. 在沃克叟工作的继承人在家族中排行第四。

4. 跟随家族中另一位继承人贝赛利（他在利物浦的邻居叫他巴时）从事管道工作的是西吉斯穆德斯，他也是继承人之一，他更喜欢人家称他为西蒙王子。

5. 家族中排行第三的继承人在他英国的家乡从事出租车司机的工作。

6. 吉可巴士继承人（吉可）在家系中排行第二。

7. 通常被人家称为帕特里克的帕曲西斯继承人不住在坦布。

17. 新工作

五个年轻人均在最近几周找到了新工作，他们在同幢大楼的不同楼层工作。从以下所给的线索中，你能找出他们的工作单位、所在楼层以及他们在那里工作的时间吗？

线索

1. 伯纳黛特在邮政服务公司工作，他所住的楼层比那个最近被雇佣的年轻人要低两层。而后者即最近被雇佣的不是爱德华，爱德华所住的楼层要比保险公司经纪人的高两层，保险公司经纪人是在最近两周被招聘的。

2. 假日公司的职员不在第五层。

3. 德克是在 4 周前就职的。

4. 信贷公司的办公室在大楼 9 层。

5. 淑娜不是私人侦探所的职员。

6. 3 周前就职的女孩在大楼的第七层上班。

18. 在海滩上

三位母亲带着各自年幼的儿子在海滩上玩，从以下所给的线索中，你能准确地推断出这三位母亲的姓名、她们儿子的名字以及孩子所穿泳衣的颜色吗？

线索

1. 丹尼斯不是蒂米的妈妈，蒂米穿红色泳衣。

2. 莎·卡索在海滩上玩得相当愉快。

3. 曼迪的儿子穿绿色泳衣。

4. 那个叫响的小男孩穿着橙色泳衣。

		姓：卡索	桑德斯	响	詹姆士	莎	蒂米	绿色	橙色	红色
妈妈	丹尼斯									
	曼迪									
	萨利									
	绿色									
	橙色									
	红色									
儿子	詹姆士									
	莎									
	蒂米									

19. 兜风意外

五个当地居民在上周不同日子的不同时间驾车时都发生了一些意外。从以下所给的线索中，你能推断出发生在每个人身上的不幸事件具体是什么，以及这些不幸事件发生的具体时间吗？

线索

1. 伊夫林的车胎穿孔比吉恩的灾祸发生的时间晚几个钟头，却是在第二天。

2. 星期五那天，一个粗心的司机在启动车子时把车撞到门柱上。

3. 姆文是在星期二发生意外的，意外发生的时刻比那个司机因超速而被抓的时刻早。

4. 西里尔的不幸发生在下午 3：00 钟。

5. 格兰地的麻烦事发生的时刻比发生在早上 10：00 的祸事要早。

6. 其中一个司机在下午 5：00 要启动车子的时候发现蓄电池没电了。

	星期一	星期二	星期三	星期四	星期五	超速	蓄电池没电	压倒栅栏	车胎穿孔	撞到门柱	上午10:00	上午11:00	下午2:00	下午3:00	下午5:00
西里尔															
伊夫林															
格兰地															
吉恩															
姆文															
上午 10：00															
上午 11：00															
下午 2：00															
下午 3：00															
下午 5：00															
超速															
蓄电池没电															
压倒栅栏															
车胎穿孔															
撞到门柱															

20. 航海

在某个阳光灿烂的夏日午后，四艘游船在某海湾航行，位置如图，从以下所给的线索中，你能说出这四艘船的名字、航海员以及帆的颜色吗?

1.海鸠在马尔科姆掌舵的船东南面,马尔科姆掌舵的船帆是白色的。

2.燕鸥在图中处于奇数的位置,它的帆是灰蓝色的。

3.有灰绿色帆的那艘船不是图中的4号。

4.维克多的船处于3号位置。

5.海雀的位置数要比有黄色帆的游船小,但比大卫掌舵的船位置数要大。

6.埃德蒙的船叫三趾鸥。

船名:海鸠,三趾鸥,海雀,燕鸥

航海员:大卫,埃德蒙,马尔科姆,维克多

帆:灰蓝色,灰绿色,白色,黄色

提示:先找出4号位的船名。

21. 排行榜

比较一下圣诞节时和赛季末足球联盟的排行榜,发现前八支球队还是原来的那八位,但其中只有一支球队的名次没变。从以下所给的线索中,你能填出圣诞节时和赛季末足球联盟前八位的排行榜吗?

线索

1.贝林福特队到赛季末下降了两个名次,而罗克韦尔·汤队则上升了三个名次。

2.匹特威利队在圣诞节的时候是第二名,却以不尽如人意的第7名结束了本赛季。

3.克林汉姆队在圣诞节的名次紧靠在格兰地威尔之前,但后来两队的名次均有所提升,而克林汉姆队提升的更大一些,加大了两队的差距。

4.圣诞节时排第五名的那个队在最后的排行榜中不是第四。

5.米尔登队的球迷为他们队在本赛季获得第三名的好成绩而欢呼。这样在半赛季排名时,他们队的名次处在了罗克韦尔·汤队之前。

6.内德流浪者队的名次下降了,而福来什运动队在后半赛季迎来了好运。

7.圣诞节时第一名的球队在赛季末只得了第五名。

球队:贝林福特队,福来什运动队,格兰地威尔,克林汉姆队,米尔登队,匹特威利队,罗克韦尔·汤队,内德流浪者队

提示:找出圣诞节时和赛季末处于同一排名的球队。

22. 单身男女

在最近一次"单身之夜"上,五位单身女士不久即被五位单身男士所吸引,并且他们发现彼此都有一个共同爱好。从以下给出的详细信息中,你能分别找出每一对的共同爱好以及每位男士的迷人之处吗?

线索

1.詹妮被一个非常高的男士所吸引,但他们的共同爱好不是古典音乐。古典音

乐的爱好者也不是克莱夫，克莱尔不是靠他的声音及真诚的举动吸引其中一位女士的。

2.马特是依靠他的真诚举动赢得了一位女士的芳心，但他不爱好老电影。

3.罗斯发现她并不渴望和克莱夫及彼特聊天，彼特不爱好园艺，他不靠他的幽默感吸引人。

4.爱好园艺的人同样有着最迷人的眼睛。

5.比尔爱好烹饪。

6.凯茜和休约定下次再见面，布伦达和她的舞伴也是如此。

女＼男	比尔	克莱夫	休	马特	彼特	古典音乐	烹饪	园艺	线性舞	老电影	眼睛	幽默感	真诚	身高	声音
布伦达															
凯茜															
詹妮															
凯丽															
罗斯															
眼睛															
幽默感															
真诚															
身高															
声音															
古典音乐															
烹饪															
园艺															
线性舞															
老电影															

23.新英格兰贵族

有五个人是英格兰开拓者的后代。从以下给出的线索中，你能准确说出这五个人的姓名、居住地以及他们的职业吗？

线索

1.亚历山大和住在马萨诸塞的古德里都不从事法律方面的工作。

2.马文不住在康涅狄格州，他也不姓皮格利，皮格利不是警官。

3.建筑师姓温土，他的名字在字母表中排在那个住在缅因州的人之后。

4.本尼迪克特的家乡和另外一个州的首字母相同，本尼迪克特不是法官。

5.银行家是新汉普郡的居民。

6.杰斐逊是一所大学的助教。

7.佛蒙特州不是那个叫斯泰丽思的人居住的州。

州: 康涅狄格州(Connecticut),缅因州(Maine),马萨诸塞州(Massachusetts),新汉普郡(New Hampshire),佛蒙特州(vermont)

名: 亚历山大(Alexander),本尼迪克特(Benedict),埃尔默(Elmer),杰斐逊(Jefferson),马文(Marvin)

姓: 古德里(Goodley),皮格利(Pilgrim),朴历夫(Purefoy),斯泰丽思(Stainless),温土(Virtue)

	古德里	皮格利	朴历夫	斯泰丽思	温土	康涅狄格州	缅因州	马萨诸塞州	新汉普郡	佛蒙特州	建筑师	银行家	大学助教	法官	警官
亚历山大															
本尼迪克特															
埃尔默															
杰斐逊															
马文															
建筑师															
银行家															
大学助教															
法官															
警官															
康涅狄格州															
缅因州															
马萨诸塞州															
新汉普郡															
佛蒙特州															

24.交叉目的

上星期六，住在四个村庄的四位女士由于不同的原因，如图所示，同时朝着离家相反的交叉方向出发。从以下所给的线索中，你能指出这四个村庄的名字、四位女士的名字以及她们各自出行的原因吗？

线索

1. 波利是去见一位朋友。

2. 耐特泊村的居民出去遛狗。

3. 村庄 4 的名字为克兰菲尔德。

4. 西尔维亚住的村庄靠近参加婚礼的人住的村庄，并在这个村庄的逆时针方向。

5. 丹尼斯去了波利顿村，它位于举行婚礼的利恩村的东面。

村庄：克兰菲尔德村，利恩村，耐特泊村，波利顿村

名字：丹尼斯，玛克辛，波利，西尔维亚

原因：参加婚礼，遛狗，见朋友，看望母亲

提示：先找出各个村庄的名字。

村庄：_____
姓名：_____
原因：_____

村庄：_____
姓名：_____
原因：_____

25. 豪华轿车

果酱大亨威尔弗雷德·约翰的五个儿子都开着新款的豪华轿车，但他们的车牌不约而同都是老式的。因为他们的车牌都是印着家族之姓的私人车牌（像威尔弗雷德的劳斯莱斯车牌为 A1JAR）。从以下所给的线索中，你能

推断出他们各自的车牌号、制造商以及车的颜色吗？

线索

1. 埃弗拉德·约翰的车牌和那辆江格车的车牌首字母相同。

2. 安东尼·约翰开着一辆兰吉·罗拉。

3. 默西迪丝不是蓝色的，它的车牌号不是 W786JAR。

4. 那辆黑色车的车牌号是 R342JAR。

5. 伯纳黛特·约翰的车牌号的每个数字比那辆红色的法拉利车牌号均要大 1，法拉利的主人的名字要比他最小的兄弟的名字长。

6. 克利福德·约翰的车是白色的，但不是那辆车牌号为 W675JAR 的卡迪拉克。

名：安东尼（Anthony），伯纳黛特（Bernard），克利福德（Clifford），迪尼斯（Denys），埃弗拉德（Everard）

	R342JAR	T453JAR	T564JAR	W675JAR	W786JAR	卡迪拉克	法拉利	江格	默西迪丝	兰吉·罗拉	黑色	蓝色	绿色	红色	白色
安东尼															
伯纳黛特															
克利福德															
迪尼斯															
埃弗拉德															
黑色															
蓝色															
绿色															
红色															
白色															
卡迪拉克															
法拉利															
江格															
默西迪丝															
兰吉·罗拉															

26. 演艺人员

阳光灿烂的夏日，四个演艺者在大街上展现他们的才艺。从以下所给的线

索中，你能判断出在 1 ~ 4 位置中的演艺者的名字以及他们的职业吗？

线索

1.沿着大道往东走，在遇到弹着吉他唱歌的人之前你一定先遇到哈利，并且这两个人不在街道的同一边。

2.泰萨不是 1 号位置的演艺者，他不姓克罗葳。莎拉·帕吉不是吉他手。

3.变戏法者在街道中处于偶数的位置。

4.西帕罗在街边艺术家的西南面。

5.在 2 号位置的内森不弹吉他。

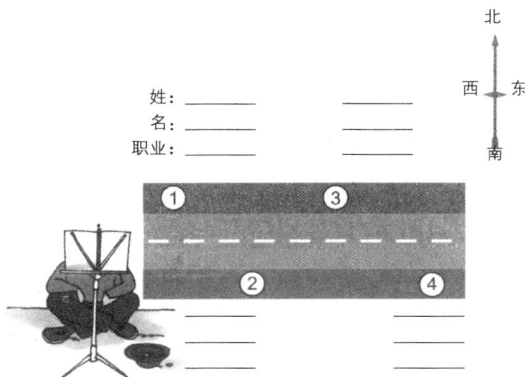

名：哈利，内森，莎拉，泰萨
姓：克罗葳，帕吉，罗宾斯，西帕罗
职业：手风琴师，吉他手，变戏法者，街边艺术家
提示：先找出 1 号位置人的职业。

27. 下一个出场者

乡村板球队正在比赛，有四位替补选手正坐在替补席上整装待发。从以下给出的线索中，你能说出这四位选手的名字、赛号以及每个人在球队中的位置吗？

线索

1.6 号是万能选手，准备下一个出场，他坐的位置紧靠帕迪右侧。

2.尼克是乡村队的守门员。

3.旋转投手的位置不是 7 号。

4.图中 C 位置被乔希占了。

5.选手 A 将在艾伦之后出场。

6.坐在长凳 B 位置的选手是 9 号。

姓名：艾伦，乔希，尼克，帕迪
赛号：6，7，8，9
位置：万能，快投，旋转投手，守门员
提示：先找出万能选手坐的位置。

姓名：_____
赛号：_____
位置：_____

28. 士兵的帽子

第二次世界大战中，一个军营里有100 名士兵因违反纪律将被惩罚。司令官把所有的士兵集合起来，说："我本来想让你们全体罚站，不过为了公平起见，我准备给你们最后一次机会。一会儿你们会被带到食堂。我在一个箱子里为你们准备了相同数量的红色帽子和黑色帽子。你们一个接一个地走出去，出去的时候会有人随机给你们每人戴上一顶帽子，但是你们谁都看不到自己帽子的颜色，只能看到其他人的，你们要站

成一列，然后每一个人都要说出自己戴的帽子是什么颜色。答对的人将免受惩罚，答错了，就要罚站。"

过了一会儿后，每一个士兵都戴上了帽子，现在请问，士兵们怎样做才能逃脱惩罚呢？

前者的父亲统治的不是卡里得罗。卡里得罗也不是国王恩巴的统治地。

被囚禁者：_____
国王：_____
王国：_____

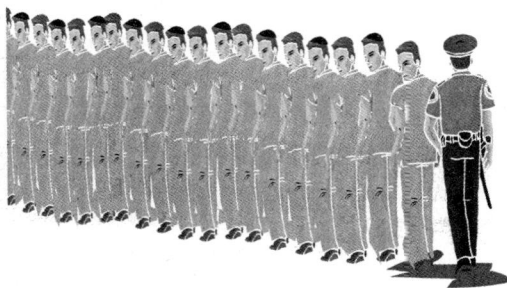

被囚禁者：_____
国王：_____
王国：_____

被囚禁者：阿姆雷特王子，沃尔夫王子，卡萨得公主，吉尼斯公主
国王：阿弗兰，恩巴，西福利亚，尤里
王国：卡里得罗，尤里天，马兰格丽亚，欧高连
提示：先找出吉尼斯公主的对面是谁的房间。

29. 囚室

图中的Ⅰ、Ⅱ、Ⅲ、Ⅳ分别代表了四个囚室，你能依据线索说出被囚禁者以及他或她父亲的名字等细节吗？

线索

1. 在房间Ⅰ里的是国王尤里的孩子。

2. 禁闭阿弗兰国王唯一的孩子的房间，是尤里天的郡主所在房子的逆时针方向上的第一间，后者的房子在沃尔夫王子的对面。

3. 禁闭欧高连统治者孩子的房间，是国王西福利亚的孩子所在房间逆时针方向上的第一间。

4. 勇敢的阿姆雷特王子，在美丽的吉尼斯公主所在房间顺时针方向的第一个房间，即马兰格丽亚国王的小孩所在房间逆时针方向的下一间。

5. 卡萨得公主在一位优秀王子的对面，

30. 夏日嘉年华

三个自豪的母亲带着各自的小孩去参加夏日嘉年华服装比赛，并且赢得了前三名的好成绩。从以下所给的线索中，你能将这三位母亲和她们各自的孩子配对，并描述出各小孩的服装以及他们的名次吗？

	埃莉诺	杰克	尼古拉	机器人	垃圾桶	蘑菇	第一名	第二名	第三名
丹妮尔									
梅勒妮									
谢莉									
第一名									
第二名									
第三名									
机器人									
垃圾桶									
蘑菇									

线索

1. 穿成垃圾桶装束的小孩排名紧跟在丹妮尔的孩子的后面。

2. 杰克的服装获得了第三名。

3. 埃莉诺的服装像一个蘑菇。

4. 梅勒妮是尼古拉的母亲，尼古拉不是第二名。

31. 上班迟到了

在这周的工作日，五个好友某个晚上出去参加了一个聚会，结果，第二天大家睡过头了，他们每个人都迟到了。从以下所给的线索中，你能说出这五个人的名字、他们各自的工作以及分别迟到多长时间吗？

线索

1. 迈克尔·奇坡不是邮递员。

2. 赛得曼上班迟到了 50 分钟。

3. 鲁宾比那个过桥收费站工作人员迟到的时间还要多 10 分钟，后者姓的字母是偶数位的。

4. 砖匠要比克拉克迟到的时间多 10 分钟。

5. 教师迪罗要比斯朗博斯稍微早一些。

6. 兰格是一个计算机程序员。

7. 思欧刚好迟到了半小时。

名：克拉克（Clark），迪罗（Delroy），迈克尔（Michael），鲁宾（Reuben），思欧（Theo）

姓：奇坡（Kipper），兰格（Langer），耐品（Napping），赛得曼（Sandman），斯朗博斯（Slumbers）

		姓													
		奇坡	兰格	耐品	赛得曼	斯朗博斯	砖匠	收费人员	计算机程序员	邮递员	教师	20分钟	30分钟	40分钟	50分钟	1小时
名	克拉克															
	迪罗															
	迈克尔															
	鲁宾															
	思欧															
	20分钟															
	30分钟															
	40分钟															
	50分钟															
	1小时															
	砖匠															
	收费人员															
	计算机程序员															
	邮递员															
	教师															

32. 房间之谜

第二次世界大战期间，西班牙马德里的一个旅馆经常有战争双方的间谍居住，而在那里，西班牙的一个便衣警官也会监视着他们。以下是 1942 年的某天晚上旅馆第 1 层的房间房客分布情况，你能说出各个房间被间谍占用的情况以及他们都分别为谁工作吗？

线索

1. 英国 M16 特务的房间在加西亚先生的正对面，后者的房间号要比罗布斯先生的房间小 2。

2. 6 号房间的德国 SD 间谍不是罗佩兹。

3. 德国另一家间谍机关阿布威的间谍行动要非常小心，因为房间 2、3、6 的人都认识他。

4. 毛罗斯先生的房间号要比苏联 GRU 间谍的房间大 2。

5. 法国 SDECE 间谍的房间位于鲁宾和美国 OSS 间谍的房间之间，美国 OSS 间谍的房间是三者中房间号最大的。

姓名：
间谍机构：

1　　3　　5

姓名：
间谍机构：

2　　4　　6

姓名：戴兹，加西亚，罗佩兹，毛罗斯，罗布斯，鲁宾

间谍机构：阿布威，GRU，M16，OSS，SD，SDECE

提示：先找出 OSS 间谍住的房间。

33.直至深夜

剧院打算上演新剧《直至深夜》，原本打算早上 7：00 预演，可演员们不约而同都迟到了。从以下所给的线索中，你能说出这五个演员分别扮演剧中的哪个角色，他们到达剧院的时间以及迟到的理由吗？

线索

1.肯·杨把他的姗姗来迟归咎于错过了发自伦敦的早班车，并"为迟到几分钟真诚的向大家道歉"，他要比在剧中出演"阿匹曼特斯"的演员早到两小时，后者称由于工作人员短缺，他的火车被取消所以迟到的。

2.在 A12 大道上由于汽油用尽而迟到的那个演员是在早上 9：00 到的。

3.另外一人由于汽车抛锚而迟到（已经不是第一次了），把一群人搁在卡而喀斯特和斯坦布之间很长时间，他不是最后一个到达并出演"伊诺根"的演员。

4.已经疲惫于向人们解释的杰克·韦恩和约翰·韦恩没有任何关系，以至于正考虑要不要把名字换成卢克·奥利维尔，他是在 11：00 到的剧院。

5.在 M25 大道上塞车塞了很长时间的不是克利奥·史密斯。

6.菲奥纳·托德是扮演"寂静者"的演员，也是剧中对白最多的人，不是比出演"匹特西斯"的演员早到 2 小时的那个人。

	"阿匹曼特斯"	"伊诺根"	"季朝丽达"	"匹特西斯"	"寂静者"	早上9:00	上午11:00	下午1:00	下午3:00	下午5:00	汽车抛锚	错过班车	汽油用光	交通阻塞	火车取消
艾米·普丽思															
克利奥·史密斯															
菲奥纳·托德															
杰克·韦恩															
肯·杨															
汽车抛锚															
错过班车															
汽油用光															
交通阻塞															
火车取消															
早上9:00															
上午11:00															
下午1:00															
下午3:00															
下午5:00															

34.吹笛手游行

图中展示了吹笛手带领着哈密林镇的小孩游行，原因是他用他的笛声赶走了镇里的所有老鼠，但镇里却拒绝付钱给他。从以下所给的线索中，你能说出四个小孩的名字、他们的年龄以及他们父亲的职业吗？

线索

1.牧羊者的小孩紧跟在6岁的格雷琴的后面。

2.汉斯要比约翰纳年纪小。

3.最前面的小孩后面紧跟的不是屠夫的孩子。

4.队列中3号位置的小孩今年7岁。

5.玛丽亚的父亲是药剂师，她要比2号位置的孩子年纪小。

姓名：格雷琴，汉斯，约翰纳，玛丽亚
年龄：5，6，7，8
父亲：药剂师，屠夫，牧羊者，伐木工
提示：先找出格雷琴的位置。

35. 维多利亚歌剧

亚瑟·西伯特和威廉·格列弗写了一系列受欢迎的维多利亚歌剧。以下是对其中五部的介绍。从所给的信息中，你能说出作者写这些歌剧的年份、在哪里上演以及剧中的主要人物吗？

线索

1.《将军》要比主要人物为"格温多林"的歌剧早写六年，而《伦敦塔卫兵》中的主要人物为"所罗林长官"。

2.《法庭官司》比首次在利物浦上演的歌剧晚三年写的，布里斯托尔是1879年小歌剧公演的城市。

3."马库斯先生"是在伦敦首次上演作品中的角色。

4.《忍耐》的首次上演地点是伯明翰。

5.《康沃尔的海盗》是1870年写的，它不是关于"马里亚纳"的财富的。

6."小约西亚"是1873年歌剧中的主要人物。

	《伦敦塔卫兵》	《法庭官司》	《康沃尔的海盗》	《将军》	《忍耐》	伯明翰	布里斯托尔	利物浦	伦敦	曼彻斯特	"格温多林"	"马里亚纳"	"马库斯先生"	"所罗林长官"	"小约西亚"
1870 年															
1873 年															
1879 年															
1882 年															
1885 年															
"格温多林"															
"马里亚纳"															
"马库斯先生"															
"所罗林长官"															
"小约西亚"															
伯明翰															
布里斯托尔															
利物浦															
伦敦															
曼彻斯特															

36. 得分列表

当地足球协会最出色的五支球队本赛季大概已经赛了10场（其中一些队要比另外一些队比赛的次数稍多一些），以下信息告诉了我们各队进展的细节。从给出的信息中，你能说出各球队至今为止胜、负、平的场数吗？

线索

1.汉丁汤队至今已经输了5场，平的场数要比布赛姆队少，布赛姆队本赛季赢的场数不是2场。

2.已经平了5场只输1场的球队赢的场数大于2。

3.只赢了1场的球队不是平了4场也不是输了3场的那支球队。

4.赢了5场的球队平的场数比输了2场的那支要少2场。

5.白球队踢平3场，而格雷队赢了4场。

6.目前赢的场数最多的球队只平了1场。

	胜						平						负					
	1	2	4	5	6	1	2	3	4	5	1	2	3	5	6			
布赛姆队																		
格雷队																		
汉丁汤队																		
思高·菲尔德队																		
白球队																		
负 1																		
2																		
3																		
5																		
6																		
平 1																		
2																		
3																		
4																		
5																		

37. 戴黑帽子的家伙

红石西野镇治安长官的办公室墙上挂着四张图片，他们是臭名昭著的黑帽子火车盗窃团伙的成员。从所给的线索中，你能说出他们各自的姓名和绰号吗？

线索

1.赫伯特的图片和"男人"麦克隆水平相邻。

2.图片A是雅各布，而图片C上的不是西尔维斯特·加夹德。

3.姓沃尔夫的男人照片和绰号"小马"的照片水平相邻。

4.在D上的丘吉曼的绰号不是"强盗"。

名：赫伯特，雅各布，马修斯，西尔维斯特

姓：丘吉曼，加夹得，麦克隆，沃尔夫

绰号："强盗"，"男人"，"小马"，"里欧"

名：_____
姓：_____
绰号：_____

名：_____
姓：_____
绰号：_____

38. 戒指女人

洛蒂·吉姆斯本是一个不起眼的女演员，但是却因和很多有钱男人订过婚，关系破裂后得到他们价值连城的婚戒而扬名，从而成为名副其实的"戒指女人"。从以下所给的线索中，你能说出每个戒指里所用的宝石的类型、戒指的价值以及这些戒指分别是哪个男人给的吗？

线索

1.洛蒂从企业家雷伊那得到的钻戒就在价值10000英镑的戒指旁边。

2.从电影导演马特·佩恩那得到的戒指要比那个硕大的红宝石戒指便宜。

3.那个翡翠戒指价值不是15000英镑，它不是休·基恩给她的。

4.戒指3花了她前未婚夫20000英镑。

宝石：_____
价值：_____
未婚夫：_____

宝石：钻石，翡翠，红宝石，蓝宝石
价值（英镑）：10000，15000，20000，25000
未婚夫：艾伦·杜克，休·基恩，马特·佩恩，雷伊·廷代尔
提示：先找出价值 10000 英镑的戒指。

39. 剧院座位

一次演出中，某剧院前三排中间的四个座位都满了，从以下所给的线索中，你能将座位和座位上的人正确对上号吗？

线索

1. 彼特坐在安吉拉的正后面，也是在亨利的左前方。

2. 尼娜在 B 排的 12 号座。

3. 每排四个座位上均有 2 男 2 女。

4. 玛克辛和罗伯特在同一排，但要比罗伯特靠右边两个位置。

5. 坐在查尔斯后面的是朱蒂，朱蒂的丈夫文森特坐在她的隔壁右手边上。

6. 托尼、珍妮特、莉迪亚三个分别在不同的排，莉迪亚的左边（紧靠）是个男性。

A 排：　10　　　11　　　12　　　13

B 排：　10　　　11　　　12　　　13

C 排：　10　　　11　　　12　　　13

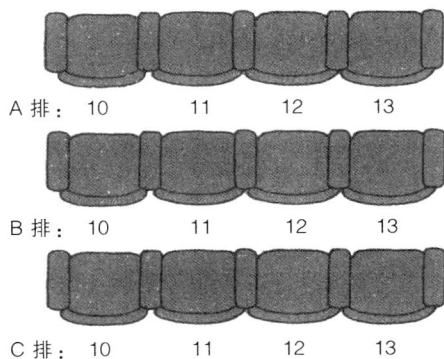

姓名：安吉拉（女），查尔斯（男），亨利（男），

珍妮特（女），朱蒂（女），莉迪亚（女），玛克辛（女），尼娜（女），彼特（男），罗伯特（男），托尼（男），罗伯特（男），文森特（男）

提示：先找出 A 排 13 号座上的人。

40. 品尝威士忌

最近的一次品酒会上，五位威士忌专家被邀请来品尝五种由单一麦芽酿造而成的酒，每种酒的生产年份不同，且产自苏格兰不同地区。从以下所给的信息中，你能说出每种威士忌的详细信息以及每位专家所给出的分数吗？

线索

1. 8 年陈的威士忌来自苏格兰高地，它不是斯吉夫威士忌，也不是分数最低的酒。

2. 格伦冒不是用斯培斯的麦芽酿成的。因沃那奇是 10 年陈的。

3. 14 年陈的威士忌得了 92 分，名字中有"格伦"两个字。

4. 布兰克布恩是用伊斯雷岛麦芽酿成

的，得分大于 90 分。

5.来自苏格兰低地的威士忌要比得分最高的那个早 4 年生产。

6.来自肯泰地区的威士忌得了 83 分。

41. 酒吧老板的新闻

这周的"思道布自由言论"主要是关于五个乡村酒吧老板的新闻。从以下所给的线索中，你能找出他们所经营的酒吧分别在哪个村以及他们上报的原因吗？

线索

1.每条新闻都附有一张照片，其中一张照片是关于"格林·曼"酒吧的，它被允许延长营业时间；而另一张照片所展现的是一个以外景闻名的酒吧。

2."棒棒糖"酒吧的经营者是来·米德，他在他的啤酒花园拍了一张照片，这张照片不是来自蓝普乌克，蓝普乌克也不是"独角兽"所在的地方。

3.位于法来乌德的酒吧主人因被抢劫而上报，图中展示的是他在吧台的幸福时光。

4.罗赛·保特以前经营过铁道旅舍，现在经营着位于博肯浩尔的酒吧。

5.泰德·塞尔维兹（他其实叫泰得斯，不是本地人，他出生于朗当）刚刚更换了新的酒吧经营许可证。他的酒吧不是位于欧斯道克的"皇后之首"。

6.佛瑞德·格雷斯的酒吧名字与动物有关。彻丽·白兰地（结婚前称彻丽·品克）并没有在自由言论所报道的民间音乐晚会中出现。这场民间音乐晚会是为当地收容所筹款，并在其中一个乡村的酒吧举行。

42. 储蓄罐

诺斯家的柜子上摆放着五个储蓄罐，他家的五个小孩正努力存钱。从以下所给的线索中，你能描述这几个储蓄罐的详细情况——它们的颜色、名字以及各自的主人吗？

线索

1.蓝色的储蓄罐不属于杰茜卡，它的主人比大卫大一岁。大卫拥有自己的储蓄罐，大卫的储蓄罐不是红色的，它的位置在蓝色储蓄罐的右边，但相隔不止一只储蓄罐。

2.紧靠大卫储蓄罐左边的绿色储蓄罐的主人比大卫大两岁。

3.卡米拉的储蓄罐紧靠红色储蓄罐的左边。卡米拉要比红色储蓄罐的主人年纪大，但她不是五个小孩中最大的。

4.黄色的储蓄罐不是大卫的,它紧靠杰茜卡的储蓄罐左边,它的主人要比图中B储蓄罐的主人大1岁,但要比大卫小1岁。

5.本比纯白色储蓄罐的主人小1岁,但比卡蒂大1岁,卡蒂的储蓄罐比本的储蓄罐和白色储蓄罐更靠左。

6.诺斯先生和夫人一直想让孩子们按年龄大小把他们各自的储蓄罐从左到右排列,但都没有如愿。事实上,如果按他们的方案来看,目前没有一只储蓄罐在它们应该在的位置上。

颜色:蓝,绿,红,白,黄
小孩名字:本,卡米拉,大卫,杰茜卡,卡蒂
小孩年龄:8,9,10,11,12
提示:先找出那个12岁小孩的名字。

43.桥牌花色

四位桥牌选手各坐桌子一方,手中各有不同花色的一副牌。从以下给出的线索中,你能说出这四个人的名字以及他们握的是什么花色的牌吗?注意:南北和东西是对家。

线索

1.理查德的牌颜色和拉夫的牌颜色一样,拉夫坐北边的位置。

2.玛蒂娜对家握的牌花色是红桃。

3.坐在西边的女人手握黑桃,她不姓田娜思。

4.保罗·翰德的搭档是以斯帖。

5.坐在南边的人握的牌花色不是梅花。

名:以斯帖,玛蒂娜,保罗,理查德
姓:翰德,拉夫,田娜思,启克

花色:梅花,钻石,红桃,黑桃
提示:先找出理查德握的牌的花色。

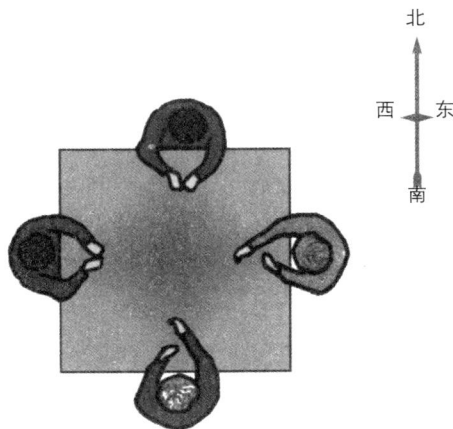

44.顶峰地区

在安第斯山脉的某个人迹罕至之地,那里的四座高峰都被当地居民当作神来崇拜。从以下所给的线索中,你能说出四座山峰的名字以及它们之前被当作哪个神来崇拜吗?最后将四座山峰按高度排序。

线索

1.最高那座山峰是座火山,曾经被当作火神崇拜。

2.格美特被当作庄稼之神崇拜,是四座山峰中最矮那座的顺时针方向上的下一座。

3.山峰1被当作森林之神崇拜。

4.最西面的山峰叫飞弗特尔,而普立特佩尔不是第二高的山峰。

5.最东面那座是第三高的山峰。

6.辛格凯特比被崇拜为河神的山峰更靠北一些。

山峰:飞弗特尔,格美特,普立特佩尔,辛格

凯特

峰高次序：最高，第二，第三，第四

神：庄稼之神，火神，森林之神，河神

提示：先找出格美特的位置。

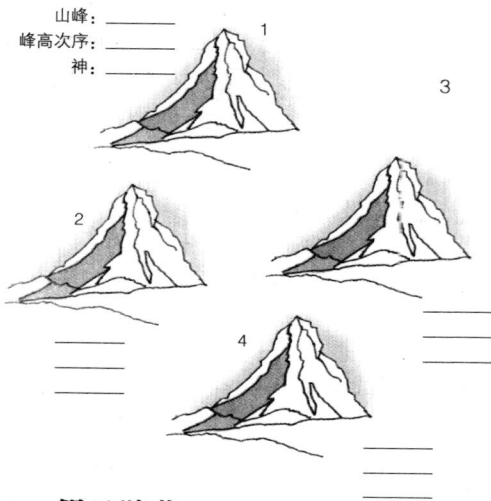

山峰：＿＿＿＿＿
峰高次序：＿＿＿＿＿
神：＿＿＿＿＿

		姓											
		阿米丽	郝乐微	巴克赫斯特	沃尔顿	厨师	演艺人员	管理者	护士	布赖特布朗	罗克利弗	欧的海	海湾
名	本												
	菲奥纳												
	凯												
	保罗												
布赖特布朗													
罗克利弗													
欧的海													
海湾													
厨师													
演艺人员													
管理者													
护士													

45. 假日阵营

调查者正在英国海滩上采访四个"快乐周末无极限"阵营的工作人员。从以下所给的信息中，你能说出每个被采访者的全名、他们的工作以及他们为哪个阵营服务吗？

线索

1. 某个演艺人员（白天逗小孩子开心的小丑以及晚上为父母们表演的人员）在欧的海阵营工作，他不是菲奥纳和巴克赫斯特，后两人也不在布赖特布朗工作。

2. 护士凯负责节假日工作人员的健康问题，她不姓郝乐微，也没有被海湾阵营雇佣。

3. 在罗克利弗阵营工作的沃尔顿的名字不是保罗，他也不是厨师。

46. 回到家乡

今年贝尔弗女子大学的演讲日会有四个特殊人物到来。她们年幼时就随父母移居外地，在她们新的居住地事业有成。从以下所给的线索中，你能说出这四个人的全名、她们现在的居住地和职业吗？

线索

1. 安娜现在是一个直升机驾驶员，她的

		姓											
		坎贝尔	詹金斯	麦哈尼	罗宾孙	冰岛	新西兰	沙特阿拉伯	美国	FBI成员	助产士	飞行员	电视台播音员
名	安娜												
	乔												
	路易斯												
	佐伊												
FBI成员													
助产士													
飞行员													
电视台播音员													
冰岛													
新西兰													
沙特阿拉伯													
美国													

工作一般都是为观光者服务的，偶尔也参加一些紧急情况的救助工作。

2.詹金斯小姐现居新西兰，她14岁时随父母移居那里。

3.罗宾孙小姐的名字不是乔。

4.其中一个现在是美国迈阿密的FBI成员，她不姓坎贝尔。

5.现居冰岛的佐伊不姓麦哈尼，麦哈尼是她现居地的一家电视台国际新闻频道的播音员。

47. 牛奶送错了

送奶工出去度假了，他的亲戚瓦利早上替他去送奶,结果把某街道中的1、3、5、7号人家的牛奶送错了，从以下所给的线索中，你能说出这四户人家分别住的是谁、他们本该收到的和实际收到的牛奶瓶数吗？

线索

1.那天早上布雷特一家定购了四瓶牛奶。

2.1号人家收到的要比劳莱斯定购的牛奶瓶数少一瓶，劳莱斯一家那天收到的不是两瓶牛奶。

3.克孜太太那天早上发现门口放着三瓶牛奶，她和汀斯戴尔家中间隔了一户人家，克孜每天要的牛奶比汀斯戴尔家多。

4.瓦利在5号人家门口只留了一瓶牛奶。

5.7号人家应该收到两瓶牛奶。

家庭：布雷特，克孜，汀斯戴尔，劳莱斯
定购：1，2，3，4
收到：1，2，3，4
提示：先找出劳莱斯一家每天定购的牛奶数。

家庭：＿＿＿＿ ＿＿＿＿ ＿＿＿＿ ＿＿＿＿
定购：＿＿＿＿ ＿＿＿＿ ＿＿＿＿ ＿＿＿＿
收到：＿＿＿＿ ＿＿＿＿ ＿＿＿＿ ＿＿＿＿

48. 出师不利

在最近的乡村板球比赛中，头3号种子选手都发挥得不甚理想，都因某个问题出局，从以下所给的线索中，你能找出得分记录簿中各人的排名、他们出局的原因以及总共得分的场数吗？

线索

1.犯规的板球手得分的场数比克里斯少。

2.史蒂夫得分的场数不是2，他得分要比被判LBW（板球的一种违规方式）的选手要低。

3.哈里不是1号，因滚球出场，他的得分不是7。

4.3号的得分不是4。

49. 外微人家

上星期一，外微路上的四户人家都收到了房屋理事会代表的访问调查，主要是因为他们的一些行为妨碍了居民的权益。从以下所给的线索中，你能找出各户人家的名字、他们做了哪些不合理的事以及去调查他们的理事会代表的名字吗？

线索

1. 毛里阿提家庭在他们的屋前开了一家汽车修理铺，他们住的不是 16 号。

2. 外微路 12 号持续地焚烧花园里的垃圾，产生的烟雾使周围的人感到极为不快。

3. 另外一户家庭老放流行音乐，而且把音量放到最大，他们不是席克斯家庭，而且这一家的门牌号要比理事会代表多尔先生调查的那家门牌数小 2。

4. 格林先生调查 18 号家庭。

5. 哈什先生调查了卡波斯一家，卡波斯一家和养了不少于 5 条大且凶猛的狗的那户人家中间隔了一户。

	卡波斯	霍克	毛里阿提	席克斯	恶狗	焚烧垃圾	音量大	修车	多尔	格林	哈什	斯特恩
12 号												
14 号												
16 号												
18 号												
多尔												
格林												
哈什												
斯特恩												
恶狗												
焚烧垃圾												
音量大												
修车												

50. 前方修路

正值度假高峰，委员会决定将通往景区的必经之路拓宽。以下的图片中，六辆游客车被堵在施工场地大概 40 分钟，从所给的线索中，你能说出每辆游客车的司机名字、车的颜色、游客的国籍以及每辆车所载的游客人数吗？

线索

1. 阿帕克斯的汽车紧跟在载芬兰游客的车之后，后者要比黄色那辆少载 2 人，黄色那辆车载的人数少于 52 人，在阿帕克斯汽车后面。

2. 没有载俄罗斯游客的蓝色车辆紧靠在贝尔的车之前，前者比后者要至少多 2 人。

3. 红色汽车紧跟在载有 47 名游客的汽车之后，紧靠在载有澳大利亚游客的汽车之前。

4. 墨丘利的汽车在载有日本游客的车之后，而且相隔一辆车，后者亦在橘黄色车的后面，并不紧邻。墨丘利的汽车载的游客比这两者都要多，但要比美国游客乘坐的那辆少。

5. 乳白色汽车紧跟在 RVT 的汽车之后，后者紧跟在意大利游客乘坐的汽车之后。乳白色汽车载的游客比意大利游客多，但要比 RVT 少至少 2 人。

6. 肖的车紧靠在俄罗斯游客乘坐的车之前，而且要比后者多载 3 人，但它不是游客人数最多的车。

7. F 车要比 A 车多载一人，比 E 车少载 3 人，绿色汽车要比 D 车多不止 1 人，但要比 B 车少不止 3 人。

汽车司机：阿帕克斯，贝尔，克朗，墨丘利，肖，RVT

汽车颜色：蓝，乳白，绿，橘黄，红，黄

游客国籍：澳大利亚，芬兰，意大利，日本，俄罗斯，美国

游客人数：44，45，46，47，49，52

提示：推测出 F 车中的游客人数。

	A			B	C	D E F
汽车司机：	___	___	___	___	___	___
汽车颜色：	___	___	___	___	___	___
游客国籍：	___	___	___	___	___	___
游客人数：	___	___	___	___	___	___

51. 女运动员

五位年轻的运动员正在伦敦机场等出租车，她们都刚从国外回来。从所给的线索中，你能说出她们的姓名、分别从哪里回来以及都从事什么运动项目吗？

线索

1. 从来没去过东京的凯特·肯德尔紧靠在滑冰者之后，并在刚从洛杉矶飞回来的女士之前。

2. 高尔夫球手紧跟在斯特拉·提兹之后。

3. 射手在图中 3 号位置，羽毛球手紧靠在刚从卡萨布兰卡回来的旅客之前。

4. 台球手在莫娜·洛甫特斯之前，中间隔了不止一个人，刚从东京飞回来的女士排在格丽尼斯·福特之后的某个位置。

5. 黛安娜·埃尔金不是队列中的第一位也不是最后一位。图中 1 号不是刚从罗马回来的，图中 2 号不是从东京回来的。

姓名：黛安娜·埃尔金，格丽尼斯·福特，凯特·肯德尔，莫娜·洛甫特斯，斯特拉·提兹

离开地：布里斯班，卡萨布兰卡，洛杉矶，罗马，东京

运动项目：射击，羽毛球，高尔夫，滑冰，台球

提示：先找出队列最后那位女士最喜爱的运动。

52. 巴士停靠站

巴士停靠站已经被图中所示的 1 ~ 7 号双层巴士停满了，其中 1 号靠近入口处。从所给的线索中，你能说出每个司机的名字和这些车子的车牌号码吗？

线索

1. 324 号巴士要比司机雷停靠的巴士远离入口两个位置，并且雷的牌号要比 324 号大。

2. 2 号和 7 号位置的车牌号末位都是奇数，但是首位数字不同。

3. 特里的巴士的车牌号是 361。

4. 图中 3 号位置的巴士不是戴夫驾驶的巴士，它的车牌号要比相邻的两辆巴士小。

5. 5 号位置的巴士车牌号是 340，车牌

号为286的巴士没有停在图中6号位置。

6. 肯停靠的巴士刚好紧靠在车牌号为253的巴士左边。

7. 赖斯把双层巴士停在图中4号位置。

8. 埃迪把巴士停在罗宾的巴士左边某个位置，但不在它的旁边。

司机：戴夫，埃迪，肯，赖斯，雷，罗宾，特里

巴士车牌：253，279，286，324，340，361，397

提示：先找出雷停靠的巴士的车牌号。

入口 ←

名：安格斯（男），安妮（女），巴兹尔（女），查尔斯（男），内奥米（女），波利（女），斯图尔特（男），威尔玛（女）

姓：阿彻，布尔，克雷布，菲什，基德，拉姆，斯盖尔斯，沃特斯

日　期	名	姓
7月28日		
7月29日		
7月30日		
7月31日		
8月1日		
8月2日		
8月3日		
8月4日		

53. 狮子座的人

　　我们知道有八个人都是狮子座的。从以下所给的线索中，你能找出各日期出生的人的全名吗？

线索

1. 查尔斯的生日要比菲什晚3天。

2. 某女性的生日是8月4号。

3. 安格斯的生日在布尔之后，但不是7月31号。

4. 内奥米的生日要比斯盖尔斯早一天，比阿彻晚一天，阿彻是男的，但3人都不是出生在同一年。

5. 安妮在每年的8月2号庆祝她的生日。

6. 克雷布是8月1号生的，但拉姆不是7月30号生的。

7. 斯图尔特·沃特斯的生日和波利不是同一月，波利的生日在巴兹尔之后，而巴兹尔的生日是个偶数日。

54. 职业迁徙

　　电脑技术专家爪乌在最近的12年里，曾为五个公司工作过，而每换一次工作，他都要搬一次家，所以称之为"职业迁徙"。从以下所给的线索中，你能找出他每次换工作的年份、公司的名字以及他新公司所在的城镇及新家的地址吗？

线索

1. 1985年，爪乌住在金斯利大道，那时他不在查普曼·戴尔公司。

2. 1991年之后的一段时间，他在福尔柯克工作。

3. 他离开马太克公司之后，就在地恩·克罗兹居住，之后又紧接着在加的夫居住。

4. 他卖了麦诺路的住宅之后就去了伯明翰，为欧洲奎斯特公司工作。

5. 当他为戴特公司工作时住在香农街，

戴特公司的基地不在苏格兰。

6. 普雷斯顿的济慈路是他曾经住过的一个地方。

公司					城镇					地址				
	阿斯拜克特	查普曼·戴尔	戴特	欧洲奎斯特	马大克	伯明翰	加的夫	福尔柯克	格拉斯哥	普雷斯顿	地恩·克罗兹	济慈路	金斯利大道	麦诺路	香农街
1985年															
1988年															
1991年															
1994年															
1997年															
地恩·克罗兹															
济慈路															
金斯利大道															
麦诺路															
香农街															
伯明翰															
加的夫															
福尔柯克															
格拉斯哥															
普雷斯顿															

55. 莎士比亚和他的朋友们

最近的研究发现，除了闻名世界的作品外，著名作家莎士比亚还曾和一些剧作家合著了五部剧本，结果这些剧作由于价值不大而被逐渐遗忘了。从以下所给的线索中，你能找出各剧本的创作年份、莎士比亚的合著者以及能够证明这些作品存在过的证据吗？

线索

1. 写在1606年的作品是通过以下途径证实的：在侍臣莱塞·卡夫先生写给他兄弟的信中持批评的口气提到了这部作品在格罗布剧院上演的情形，这部作品不是莎士比亚和格丽波特·骇克一起写的。

2. 那个只剩下标题页的剧本是在《暴风雪》之前两年写的，也是莎士比亚和亚当·乌德史密斯合作之后两年写的。

3. 莎士比亚和罗伯特·威尔合作的剧本存在的唯一证据：唯一一次演出中的一位演员理查德·伯比奇在他的日记中提到过，但是不完整。这部作品题目有两个词。

4. 莎士比亚和托马斯·巴德合作的《国王科尔》是用流行至今的韵律写的，它比在因伦敦塔前一张海报而留给我们唯一印象的剧本迟两年写的。

5. 《特兰西瓦尼亚王子》是莎士比亚和其中一位合作者在1610年写的。

6. 莎士比亚手稿中的一页是关于《麦克白归来》的，诗歌和戏剧方面的专家认为可能是真迹。

作品：《国王科尔》（King Cole），《麦克白归来》（Macbeth Returns），《暴风雪》（The Snowstorm），《第戎的两位女士》（The Two Ladies Of Dijon），《特兰西瓦尼亚王子》（Prince Of Transylvania）

	《国王科尔》	《麦克白归来》	《暴风雪》	《第戎的两位女士》	《特兰西瓦尼亚王子》	亚当·乌德史密斯	格丽波特·骇克	约瑟夫·斯格威尼亚	罗伯特·威尔	托马斯·巴德	日记	信	手稿残页	海报	标题页
1606年															
1608年															
1610年															
1612年															
1614年															
日记															
信															
手稿残页															
海报															
标题页															
亚当·乌德史密斯															
格丽波特·骇克															
约瑟夫·斯格威尼亚															
罗伯特·威尔															
托马斯·巴德															

56. 小屋的盒子

每次乔做家务要用到东西的时候，他就会去盒子里找。图中桌子上放着四个不同颜色的盒子，每个盒子里都是一些有用的东西。从以下所给的线索中，你能弄清有关盒子的所有详细细节吗？

线索

1. 不同种类的 43 个钉子不在灰色的盒子里。

2. 蓝色的盒子里有 58 样东西。

3. 螺丝钉在绿色的盒子里，绿色盒子一边的盒子里有洗涤器，另一边的盒子里放着数目最多的东西。

4. 地毯缝针在 C 盒子里。

盒子颜色：蓝，灰，绿，红
东西数目：39，43，58，65
东西条目：地毯缝针，钉子，螺丝钉，洗涤器
提示：先分辨出钉子所在盒子的颜色。

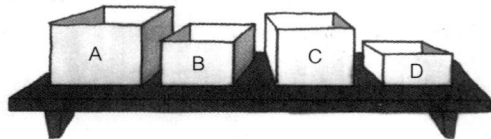

盒子颜色：＿＿ ＿＿ ＿＿ ＿＿
东西数目：＿＿ ＿＿ ＿＿ ＿＿
东西条目：＿＿ ＿＿ ＿＿ ＿＿

57. 别尔的行程

别尔·来格斯有一次他去拜访四个熟人，并在熟人那里都过了夜。从以下所给的线索中，你能说出别尔的每个熟人的名字和他们各自房子的名字以及相邻两地间的距离吗？

线索

1. 待在温蒂后家里过夜是在去了福卜利会馆之后，接着他需要骑马 22 英里到达下一个目的地。

2. 考克斯可布是别尔·笑特的房子。

3. 别尔·来格斯去丹得宫骑了 25 英里，在那过夜之后他接着去拜访别尔·里格林。

4. 最短的马程是去别尔·斯决的房子，它不是斯沃克屋。

距离（英里）：20，22，25，28
房子：考克斯可布，福卜利会馆，斯沃克屋，丹得宫
主人：别尔·里格林，别尔·笑特，别尔·斯决，别尔·温蒂后
提示：先找出丹得宫的主人。

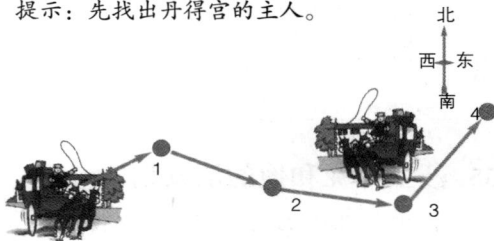

58. 换装

在古代英国时期，有素养的女士不像现在这样能在海边游泳，她们只能穿着及膝的浴袍坐在沐浴用的机器上，让机器把她们缓缓降入水中。下图展示的是四个机器，从所给的线索中，你能说出使用机器的四位女士的名字以及她们所穿浴袍的颜色吗？

线索

1. 贝莎的机器紧挨马歇班克斯小姐的机器。

2. C 机器是兰顿斯罗朴小姐的。

3. 卡斯太尔小姐穿着绿白相间的浴袍。

4. 拉福尼亚的机器位于尤菲米娅·坡斯

拜尔的机器和穿黄白相间浴袍小姐的机器之间。

5. 使用 B 机器的女士穿了红白相间的浴袍。

名：贝莎，尤菲米娅，拉福尼亚，维多利亚
姓：卡斯太尔，兰顿斯罗朴，马歇班克斯，坡斯拜尔
浴袍：蓝白相间，绿白相间，黄白相间，红白相间
提示：先找出 D 机器使用者的名字。

59. 牛群

在西部开发的日子里，五群牛从农场被赶到遥远的铁路末端去运送来自东部的货物。从以下所给的线索中，你能找出每个牛群的老板、他的目的地、牛群的数目以及每次运货所需的时间吗？

线索

1. 斯坦·彼定的路途大约要四个星期，他的牛群要比去往圣奥兰多的牛群小。

2. 里格·布尔有一群牛，共 300 头，他赶牛群的路途不是最短的。路途最短的牛群数量比朗·霍恩带队的牛群的数量少。

3. 波·维恩的牛群不是 400 头，瑞德·布莱德朝科里福斯铁路终点出发。

4. 数目最少的牛群要花五个星期的时间到达目的地，他的目的地不是查维丽。

5. 赶一群牛到斯伯林博格要花费三个星期的时间。

6. 数目是 500 头的牛群要去往贝克市。

	贝克市	查维丽	科里福斯	圣奥兰多	斯伯林博格	200头	300头	400头	500头	600头	2星期	3星期	4星期	5星期	6星期
瑞德·布莱德															
里格·布尔															
朗·霍恩															
斯坦·彼定															
波·维恩															
2星期															
3星期															
4星期															
5星期															
6星期															
200头															
300头															
400头															
500头															
600头															

60. 瓦尼斯城堡

18 世纪末的斯顾博格公爵被公认为是一个疯狂的帽商，因为他花了大把的钱造了一个童话般的城堡，尤其是那四扇富丽堂皇的大门给人极大的震撼。从以下所给的线索中，你能说出这四扇门的名字、负责的长官以及守卫它们的护卫队吗？

线索

1. 第四护卫队负责守卫入口，这个入口在剑门的顺时针方向，剑门不是弗尔长官负责的。

2. A 门为第二护卫队守卫。

3. 钻石门的护卫队号要比 D 门护卫队大 1。

4. 铁门在城堡的南方。

5. 哈尔茨长官负责第一护卫队，第一护

卫队不看守鹰门。

6.克恩长官的护卫队号要比苏尔长官的护卫队小1。

门：钻石门，鹰门，铁门，剑门
长官：弗尔，哈尔茨，克恩，苏尔
护卫队：第一，第二，第三，第四
提示：先找出D门的名字。

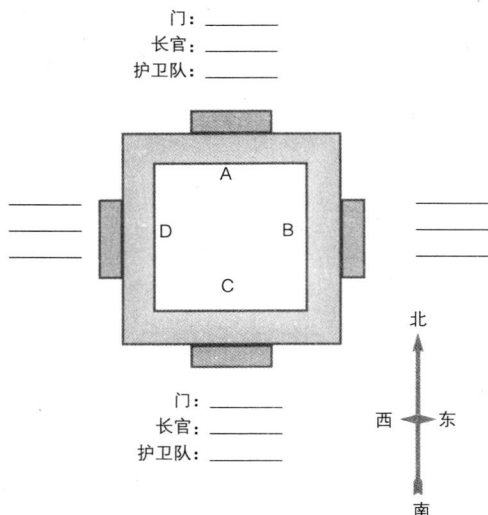

门：＿＿＿＿＿
长官：＿＿＿＿＿
护卫队：＿＿＿＿＿

A

D　　B

C

门：＿＿＿＿＿
长官：＿＿＿＿＿
护卫队：＿＿＿＿＿

北
西　东
南

61. 莫斯科"摩尔"

现在的莫斯科摩尔是一种鸡尾酒的名字。图中所示是四位年轻女性（均为高级密探）于1960年在苏联首都莫斯科KGB俱乐部聚会的情形，她们被称为"摩尔"，是英国Z特务部门在苏联的卧底。从以下所给的线索中，你能找出她们在莫斯科用的名字、她们的真名以及她们的编号吗？

线索

1.在莫斯科被称为伊丽娜·雷茨克沃的人在克斯汀·麦克莫斯的左边某个位置，她俩都不是Z12密探。

2.密探Z4在图中位于她的两个同伴之间。

3.帕姬·罗宾逊位于图中D位置，她的编号要比C位置上的数字小。

4.圣布里奇特·凯丽在莫斯科的名字叫路得米勒·恩格罗拉，在叶丽娜·幼娜娃的右边某个位置。

5.曼范伊·碧温的编号不是Z7。

俄罗斯名字：伊丽娜·雷茨克沃，路得米勒·恩格罗拉，马里那·克兹拉娃，叶丽娜·幼娜娃
真名：圣布里奇特·凯丽，克斯汀·麦克莫斯，曼范伊·碧温，帕姬·罗宾逊
密探编号：Z4，Z7，Z9，Z12

A　　B　　C　　D

62. 收藏古书

有一个古书的爱好者和收藏者，在近期的拍卖会上，他对其中的五本拍卖书非常感兴趣，从以下所给的信息中，你能说出它们的拍卖号、书名、出版时间以及吸引收藏者的独特之处吗？

线索

1.小说《多顿公园》的这个版本包含了所有的注释，它的拍卖号是个奇数。1860年《大卫·科波菲尔》不是5号，也不是曾经是著名的收藏书的一部分。

2.《哲学演说》是21号拍卖物，它不是1780年出版的，1780年出版的书要比《伦敦历史》的拍卖号数字大。

3.《马敦随笔》不是16号，1832年出

版的书不是 5 号和 8 号。

4. 8 号拍卖书是让人非常想得到的第一版发行书。

5. 13 号是 1804 年出版的书。

6. 1910 年出版的书有作者的签名。

	《大卫·科波菲尔》	《哲学演说》	《多顿公园》	《伦敦历史》	《马教随笔》	1780 年	1804 年	1834 年	1860 年	1910 年	第一版	完整注释	珍藏部分	稀有之物	作者签名
5 号															
8 号															
13 号															
16 号															
21 号															
第一版															
完整注释															
珍藏部分															
稀有之物															
作者签名															
1780 年															
1804 年															
1834 年															
1860 年															
1910 年															

63. 品牌代言人

根据最新消息，五位知名女性刚刚分别签下利润可观的广告合同，成为不同品牌的代言人。从以下所给的信息中，你能说出她们的职业、即将为哪个制造商代言以及所要代言的产品吗？

线索

1. 卡罗尔·布和阿丽娜系列产品的制造商签了合同。和玛丽·纳什签了合同的不是普拉丝制造商，也不是丽晶制造商。

2. 范·格雷兹将为一个针织品类产品做广告，她不是电视主持人。

3. 电视主持人不代言化妆品和摩托滑行车，也没有和普拉丝制造商签约。为罗

蕾莱化妆品代言的不是那位电影演员。

4. 流行歌手将为一种软饮料产品做广告，但她不为丽晶系列做广告，丽晶的产品不是肥皂。

5. 网球选手将为阿尔泰公司的产品做广告。

6. 简·耐特不演电影，她是出演电视肥皂剧《河岸之路》的明星，在剧中她扮演富有魅力的财政咨询师普鲁·登特。

	电影演员	流行歌手	电视主持人	网球选手	电视演员	阿尔泰	阿丽娜	罗蕾莱	普拉丝	丽晶	化妆品	针织品	摩托滑行车	肥皂	软饮料
卡罗尔·布															
范·格雷兹															
简·耐特															
玛丽·纳什															
休·雷得曼															
化妆品															
针织品															
摩托滑行车															
肥皂															
软饮料															
阿尔泰															
阿丽娜															
罗蕾莱															
普拉丝															
丽晶															

64. 说谎的女孩

图中描述的四个女孩都是彻头彻尾的撒谎者。你要牢牢记住，她们所说的每一句话都是不正确的。你能根据所提供的线索说出图中各位置上女孩的真实年龄以及她们所拥有的宠物吗？

线索

1. 詹妮说："大家好，我今年 9 岁，我坐的是第四个位置。"

2. 杰茜说："大家好，我坐在我朋友的隔壁，我的朋友有一只猫。"

3. 杰迈玛说："大家好，我坐在朱莉娅边上，她的宠物是龟，而另一个养猫的朋友今年9岁了。"

4. 朱莉娅说："我的宠物是虎皮鹦鹉，今年8岁，坐在2号位置。"

5. 为了帮助你解题，我告诉你以下信息：位置3上的女孩今年10岁，杰茜的宠物是一条小狗，图中4号位置上的女孩的宠物是虎皮鹦鹉。

姓名：杰迈玛，詹妮，杰茜，朱莉娅
年龄：8，9，10，11
宠物：虎皮鹦鹉，猫，小狗，龟
提示：先找出朱莉娅的宠物。

姓名： ___ ___ ___ ___
年龄： ___ ___ ___ ___
宠物： ___ ___ ___ ___

65. 清仓大拍卖

一次屋内用具的清仓大拍卖中，头三样拍卖物被三个不同的竞标人所获，从所给的线索中，你能说出拍卖物、竞标人以及他们所给出的价码吗？

线索

1. 第二桩买卖中付出的钱比钟贵。

2. 唐纳德带了咖啡桌开心地回家了。

3. 丽贝卡出了15英镑买了东西，她买的东西紧挨着墙角柜竞标。

	咖啡桌	墙角柜	钟	塞德里克	唐纳德	丽贝卡	10英镑	15英镑	18英镑
1号									
2号									
3号									
10英镑									
15英镑									
18英镑									
塞德里克									
唐纳德									
丽贝卡									

66. 周游的骑士

某一年，亚瑟王厌倦了他那帮骑士的懦弱，在和他的顾问梅林商量之后，他决意培养他们成为真正的骑士——在不指派具体任务的情况下，让他们周游去找寻骑士的勇气（当然，结果是令人失望的）。从以下所给的线索中，你能找出每个骑士开始周游的时间、所去的地方以及在返回卡默洛特王宫前所花的时间吗？

线索

1. 一个骑士很喜欢待在海边，于是在海边整整待了七个星期。他当然没有达到此行的目的。

2. 9月份离开去寻找灵魂之途的骑士周游的时间要比少利弗雷德多两个星期。

3. 蒂米德·少可先生不是在1月份开始周游的，但他周游的时间要比他在森林中转悠的同伴长一个星期。

4. 把时间花在村边的骑士不是9月份开始周游的。

5. 保丘·歌斯特先生离开后曾在沼泽荒野逗留，逗留时间不是四星期。

6. 某骑士长达六星期的沉思开始于3月。

7. 斯拜尼斯·弗特周游的时间有五个星期。

8. 考沃德·卡斯特先生在7月开始周游。

	1月	3月	5月	7月	9月	海滩	村边	森林	沼泽荒野	河边	三星期	四星期	五星期	六星期	七星期
考沃德·卡斯特															
保丘·歌斯特															
少利弗雷德															
斯拜尼斯·弗特															
蒂米德·少可															
3星期															
4星期															
5星期															
6星期															
7星期															
海滩															
村边															
森林															
沼泽荒野															
河边															

67. 去往墨西哥的六个枪手

电影导演伊凡·奥斯卡构想了一个剧本：关于六个枪手南行去墨西哥的一个村庄和强盗作战的故事。以下的地图标记的是枪手中的组织者伯尼招募各枪手的地方，从所给的线索中，你能说出各个城镇的名字以及被伯尼招募的枪手的名字吗？

线索

1. 其中一个枪手被伯尼保释出狱后，在位置3加入组织，此位置不是一个城市，大家只知道它的一个别名。

2. 伯尼不是在第一站招募墨西哥赌徒胡安·毛利的，后者因被误控谋杀，差点被处以死刑，是伯尼救了他。

3. 凯克特斯市是伯尼南行过程中找到毛利之后的下一站。伯尼招募他的老朋友蒂尼的地方是在马蹄市和他招募前得克萨斯州游民赛姆·贝利那个镇的交界区附近。

4. 伯尼在经过保斯镇之后，在到达赖安加入组织的镇之前经过了梅瑟镇，在保斯镇和梅瑟镇他都没有发现那个神秘的枪手亚利桑那。

5. 里欧·布兰可镇在格林·希腊镇的南边，但不是紧邻的。格林·希腊镇是在前任骑士官受辱后决意加入到伯尼组织的那个城市的南边下一站。

城镇：凯克特斯市，格林·希腊镇，马蹄市，保斯镇，梅瑟镇，里欧·布兰可镇

枪手：亚利桑那，赖安，胡安·毛利，马特·詹姆士，赛姆·贝利，蒂尼

提示：先找出马特·詹姆士加入组织的城镇。

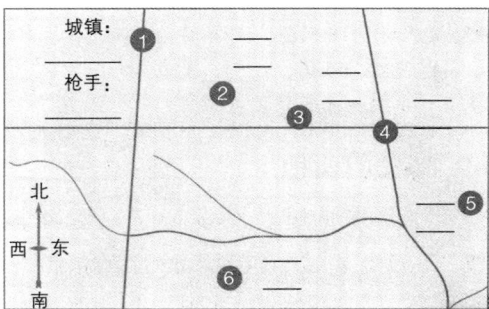

68. 信箱

在美国一个偏远山区，四位家庭主妇是邻居。每位主妇家门口的信箱颜色都不相同。根据下面的线索，你能说出每位主妇的姓名和她所用信箱的颜色吗？

线索

1. 绿色信箱在加玛和杰布的信箱之间。

2. 阿琳选择了黄色信箱，她家的门牌号要比菲什贝恩夫人家的大。

3. 巴伦夫人家的信箱是红色的。

4. 232 号家的信箱是蓝色的，但是这不是路易丝的家。

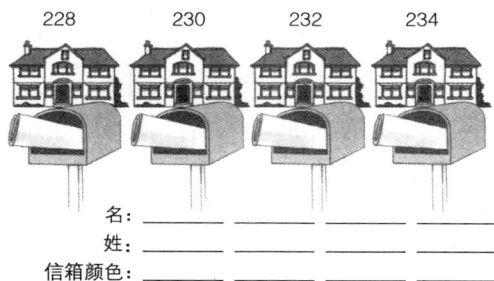

名：＿＿＿ ＿＿＿ ＿＿＿ ＿＿＿
姓：＿＿＿ ＿＿＿ ＿＿＿ ＿＿＿
信箱颜色：＿＿ ＿＿ ＿＿ ＿＿

名：阿琳，加玛，凯特，路易丝
姓：巴伦，菲什贝恩，弗林特，杰布
信箱：蓝色，绿色，红色，黄色
提示：先从绿色的信箱着手。

69. 邮票的面值

在弗来特里刚刚发行了一套新邮票，下页就是其中四种不同面值的邮票。根据给出的线索，你能找出每张邮票的设计方案（包括它们的面值、边框及面值数字的颜色）吗？

线索

1. 每张邮票中的数字 5 都不是棕色的。

2. 画有大教堂的那张邮票面值中有个 0，它在有棕色边框邮票的右边。

3. 第四张邮票的面值中有个 1，而第三张邮票上画的不是海湾。

4. 面值为 15 的邮票在蓝色邮票的正上方或正下方。

5. 画有山峰的不是第一张邮票，它仅比有红色边框的邮票面值大。

图案：大教堂，海湾，山峰，瀑布
面值：10 分，15 分，25 分，50 分
颜色：蓝色，棕色，绿色，红色
提示：先找出棕色邮票。

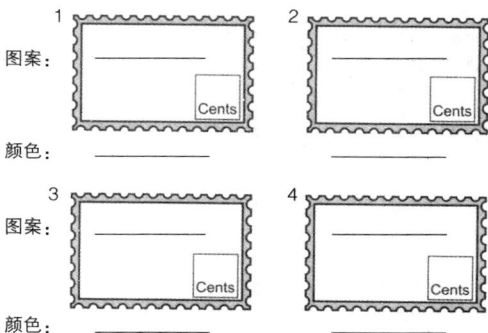

70. 与朋友相遇

汤米在路上先后遇到了四位朋友，他们每个人所吃的食物都不相同。因为那天天很冷，所以每个人穿的都是毛衣。根据下面的线索，你能按相遇的先后顺序说出每位朋友的名字、他们各自所穿毛衣的颜色以及他们正在吃什么食物吗？

线索

1. 在汤米遇到穿蓝毛衣的凯文之前，他遇到了一位在吃棒棒糖的朋友。

2. 汤米遇到的第三位朋友穿着米色毛衣。

3. 在遇到穿绿毛衣的朋友之后，汤米遇到了正在吃香蕉的朋友，这个人不是西蒙。

4. 在遇到吃巧克力派的刘易丝之后，汤米碰到了穿红毛衣的小伙子，这个人不是丹尼。

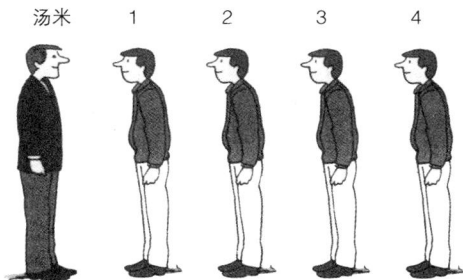

汤米　　1　　2　　3　　4

名字：丹尼，凯文，刘易丝，西蒙
毛衣：米色，蓝色，绿色，红色
快餐：苹果，香蕉，巧克力派，棒棒糖
提示：首先找出穿红毛衣的年轻人的名字。

71. 替换顺序

在昨晚的足球赛中，主队队员做了五次替换。根据所给的信息，你能找出每次替换的时间、离场队员的名字、球衣号码以及每次上场的替补队员的名字吗？

线索

1. 第一位被替换下来的队员穿18号球衣。

2. 凯尼恩在第56分钟被换下场，他的球衣号码至少比被迈克耐特替换下场的队员的球衣号码大7。

3. 帕里和3号球员都不是在第63分钟被替换下场的，后来3号是被豪丝替换的，但是3号球员不是帕里。

4. 塔罗克在第78分钟上场，但不是替

换8号球员。

5. 塞尔诺穿的是14号球衣。

6. 瑞文替换弗里斯上场。

	弗里斯	凯尼恩	蒙特罗	帕里	塞尔诺	3号	8号	14号	18号	27号	豪丝	勒梅特	迈克耐特	瑞文	塔罗克
24分钟															
56分钟															
63分钟															
78分钟															
85分钟															
豪丝															
勒梅特															
迈克耐特															
瑞文															
塔罗克															
3号															
8号															
14号															
18号															
27号															

72. 便宜货

在一个汽车流动售货处，玛丽买了很多她喜欢的东西。根据所给的线索，你能说出玛丽购买每件商品的顺序、品名、价格以及售货摊主的姓名吗？

线索

1. 玛丽从摊主威里手中购买的东西比她买的第一件东西和她买的花瓶都便宜。

2. 玛丽买完书后去了莫利的货摊。

3. 玛丽从一位女摊主手中买到的玩具仅仅花了30美分，这不是她买的第二件东西。

4. 玛丽最后购买的是一块她非常喜欢的头巾。

5. 玛丽买的第三件东西最贵。

6. 玛丽从吉恩那里买了一个杯子。

7. 在去莎拉的货摊之前，玛丽从弗兰克

手中购买的商品仅仅花了 25 美分，在莎拉那里购买的商品不到 60 美分。

	书巾	头巾	杯子	玩具	花瓶	25美分	30美分	50美分	60美分	75美分	弗兰克	吉恩	莫利	莎拉	威里
第1件															
第2件															
第3件															
第4件															
第5件															
弗兰克															
吉恩															
莫利															
莎拉															
威里															
25美分															
30美分															
50美分															
60美分															
75美分															

73. 等公车

站台上七个职员正焦急地等待着下一趟公车。根据下面的信息，你能说出每位职员的名字及他们在哪个公司上班吗？

线索

1. 站台上，塞布丽娜站在那位在证券公司上班的职员右边第二个位子。

2. 格伦在第四个位子，他不在法律顾问公司上班，但他右边那个人在那里上班。

3. 其中一位男性乘客站在第六个位子上。

4. 在纳尔逊的一边是一位女乘客。

5. 雷切尔左边的那位乘客在银行工作。

6. 第三位乘客在一家保险公司工作。

7. 站在吉莉安旁边的一个人在一家律师事务所工作。

8. 托奎是一家投资公司的雇员，从图上看马德琳在他的右边。

名字：吉莉安（女），格伦（男），马德琳（女），纳尔逊（男），雷切尔（女），塞布丽娜（女），托奎（男）

公司：银行，律师事务所，建筑公司，保险公司，投资公司，法律顾问公司，证券公司

提示：先从在证券公司上班的往返者入手。

74. 生日礼物

当 14 岁生日那天，拉姆收到了四个信封，每个信封内都有一张购物优惠券。根据下面的线索，你能猜出每封信的寄信人姓名、优惠券发行方及每张优惠券的面值吗？

线索

1. Ten-X 所发行优惠券的面值比旁边 C 信封里优惠券的面值小，而且不仅仅只是小 5。

2. 理查德叔叔寄来的优惠券在 B 信封内，其面值比 HBS 发行的优惠券小 5。

3. 马丁叔叔寄来的 Benedam 的优惠券不在 D 信封内。

4. 最有价值的优惠券是卡罗尔阿姨寄来的，但不是 W S Henry 发行的优惠券。

5. 丹尼斯叔叔寄来的礼物不是最便宜的。

寄信人：卡罗尔阿姨，丹尼斯叔叔，马丁叔叔，理查德叔叔

代币发行方：Benedam，HBS，Ten-X，W S Henry

代币价值：5，10，15，20

提示：先找出卡罗尔阿姨的优惠券发行方。

75. 巫婆和猫

中世纪时期的一个小乡村里，四个巫婆分别霸占了村里的四幢别墅。根据下面的线索，你能说出每幢别墅中巫婆的名字、年龄以及巫婆的猫的名字吗？

线索

1. 马乔里住在那个 86 岁的老巫婆的东面，这个巫婆有只猫叫颇里安娜。

2. 罗赞娜刚过 80 岁。

3. 凯特的主人住在村里池塘后面的 2 号别墅里，她总是用诡异，甚至可以说是邪恶的眼神从她密室的窗口向外窥视。

4. 3 号别墅的主人 75 岁，她的猫不叫托比。

5. 人们把塔比瑟的那只老猫叫作尼克。

6. 和格里泽尔达住得最近的巫婆已经71 岁了。

巫婆：格里泽尔达，马乔里，罗赞娜，塔比瑟
年龄：71，75，80，86
猫：凯特，尼克，颇里安娜，托比
提示：从颇里安娜住的别墅入手。

76. 时尚改装

在格林卡罗琳制作的广受欢迎的电视节目《时尚改装》中，通过一位资深室内设计师的帮助，很多夫妇重新设计了他们朋友或邻居们的房子。下面详细描述了五对夫妇的信息，你能猜出每位设计师和哪对夫妇搭档吗，以及他们将要改装什么房间并且选择了什么新风格吗？

线索

1. 利萨和约翰不是跟梅·克文或刘易斯·劳伦斯·贝林搭档，梅不会改装起居室，也不会使用哥特式风格。

2. 刘易斯·劳伦斯·贝林不会装修餐厅，因为他所喜欢的墨西哥风格无法应用于餐厅的装修。

3. 艾玛·迪尔夫将把一个房间设计成维多利亚风格的，但他设计的不是卧室。

4. 当雷切尔·雷达·安妮森装修的是厨房。起居室被改装成了墨西哥风格。

5. 休和弗兰克将相互协作着把房间设计成前卫时尚的未来派风格，但他们不是装修餐厅。

6. 林恩和罗布是与设计师贝琳达·哈克合作，而海伦和乔治装修的是浴室。

77. 西部牛仔

上周五晚上在斯托波里的车马酒吧喝酒的人中，有五位身着牛仔装的顾客，他们实际上是一个重新组建的西部表演队的成员，正要去参加一个周末派对。根据下面的信息，你能说出每个人的真实姓名和职业，以及他在周末扮演的西部角色的名字和职业吗？

线索

1. 罗伊·斯通是赫特福德郡地区理事会的职员，他性格狂野不羁，以自我为中心，但是他并没有饰演赌徒。

2. 大卫·埃利斯所扮演的西部角色叫萨姆·库珀。

3. 一个戴着徽章扮演州长代表的人告诉我，他的角色名字是布秋·韦恩。

4. 来自伦敦郊区的那位代理商一旦戴上他的宽边帽和配枪腰带，就变成了一个粗暴的牧牛工，幸亏在车马酒吧里他不是那副打扮。

5. 在周末扮演坦克丝·斯图尔特的那个人并不是被国家税务局录用的税务检查员，他实际上是雷丁·普赖斯兄弟中的一个。

6. 马克·普赖斯和那位来自哈罗的办公用品推销员，都饰演西部行动的执法官。

7. 来自克罗伊登的那名会计师所选择的角色叫马特·伊斯伍德，他的角色不是州长，真实姓名也不是奈杰尔·普赖斯。

78. 军官的来历

根据下面的信息，你能猜出每个军官的名字、所属部门以及他们分别来自美国的哪个州吗？

线索

1. 美国水兵军官站在来自爱达荷州的军官的旁边，虽然不挨着陆军中尉阿尔迪丝，但也比离空军轰炸机的飞行员近。

2. 来自美国新墨西哥州的军事警察站在步兵的左边，普迪上尉的右边。

3. 沃德少校不是工兵军官，工兵军官站在来自缅因州的军官哈伦的右边，哈伦不是步兵或空军，而军事警察站在工兵军官和缅因州军官的左边某个位置。

4. 来自乔治亚州的德莱尼不是一名空军，他站在哈伦上尉的右边，来自堪萨斯州的普迪上尉比德莱尼上尉更靠左边。

5. 军官 C 的军衔比美国水兵军官的军衔大。

A　B　C　D　E

名字（按等级由低到高的顺序）：陆军中尉阿尔迪丝，德莱尼上尉，哈伦上尉，普迪上尉，沃德少校
部门：空军，工兵，步兵，水兵，军事警察
州：乔治亚州，爱达荷州，堪萨斯州，缅因州，新墨西哥州
提示：先找出空军军官的家乡和他的位置。

79. 夏日午后

夏日一个星期天的下午，阳光明媚，三个年轻人和女朋友乘着各自的小船从斯托贝里出发到斯托河上游玩，根据下面的信息，你能说出每个男孩和女孩的姓名，以及每艘船的名字和类型吗？

线索

1.麦克与女朋友借用了他爸爸的机动船，而麦克的女朋友不是桑德拉。

2.露西和她的男朋友驾驶的船叫"多尔芬"。

3.夏洛特和她的男朋友驾驶一艘小游艇沿着斯托河巡游到考诺斯·洛克。

4.西蒙与女朋友在"罗特丝"船上度过了一个下午，他们的船不是人工划行的。

80. 拔河

前几年的村庄运动节总会吸引多支实力强大的拔河队，每队的成员都是五个高大健壮的当地人。根据下面的信息，你是否能说出问题中提到的获胜队伍的具体细节（包括每个队员的姓名、职业及所在位置）？

线索

1.铁匠在队伍最后，他是帮助本队取得胜局的关键人物。

2.学校的教师姓布尔。

3.当各队准备就绪等待拔河开始时，邮局局长站在承办者的前面，但并不紧邻。邮局局长不是约翰。

4.站在队伍最前面的那个人姓辛和吉，听起来很奇怪。

5.欧克曼就在莱斯利的前面。

6.哈罗德·格雷特就在教区牧师的前面。

7.拔河队伍中第二个位置上的人叫雷金纳德。

81. 失败的降落

伞兵突袭队的降落活动出了些问题，伞兵部队被打散成几个小队，在重重包围之下不得不投降。根据下面的信息，你能否在表格中填出每队的具体信息，包括军官、指挥军士以及每一队的士兵数和拥有的基本武器装备？

线索

1.卡斯特军士与其军官所带领的一队人数并不是最多，他们拥有伞兵部队的重型机枪，但却没什么用武之地。

2.帕特军士长是伞兵部队的总指挥，可是他却被困在沟渠里，身边只有一位下士和六个士兵。

3.加文中尉和杰克逊军士所负责的队要比拥有电台的那个队伍多两个士兵。

4.布拉德利中尉指挥的队伍被困在C位置的一个旧谷仓内，他们队的士兵人数比李下士所在队伍的士兵人数多，但士兵人数不是四个。

5.一支队伍被困在E位置的一所荒废的房子里，他们原本要用带着的炸药炸毁一座桥，可惜炸药是假的。

6.谢尔曼军士和他的队伍被困在克拉克中尉的隐蔽地的东边，他们没有隐藏在D位置，也没有在A位置的小树林内。拥有迫击炮和枪械弹药的军官被困在桥的南面，克拉克中尉所在的队伍比这一队要强大。

7.由一位军官、一位军士和四个士兵组成，并拥有迫击炮的一队不是格兰特下士所在的队。

军官：帕特军士长，利吉卫上校，布拉德利中尉，克拉克中尉，加文中尉

军士：卡斯特军士，杰克逊军士，谢尔曼军士，格兰特下士，李下士

士兵数：4，6，8，10，12

装备：弹药，炸药，重型机枪，迫击炮，电台

提示：先找出E位置的军士。

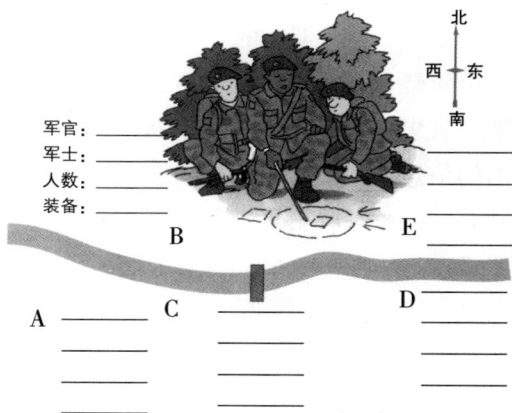

军官：
军士：
人数：
装备：

B   E

A   C   D

82. 留学生

歌兹弗瑞大学城的一处三层楼房里住着留学生。根据下面的信息，你能找出每层楼所住学生的名字、家乡和所学的专业吗？

线索

1.佐伊·温斯顿所在楼层比那个物理学专业的学生高。

2.约翰·凯格雷来自新西兰的惠灵顿。

3. 住在 3 楼的学生来自南非的德班。

4. 凯茜·艾伦不是来自底特律的美国学生，也不是历史系的。

	凯茜·艾伦	约翰·凯格雷	佐伊·温斯顿	底特律	德班	惠灵顿	历史	医学	物理学
1 楼									
2 楼									
3 楼									
历史									
医学									
物理学									
底特律									
德班									
惠灵顿									

83. 职业女性

图片展示了"有成就和魄力的杰出职业女性"颁奖典礼上的四位获奖者。根据下面的线索，你能确定每位女性的姓名和获奖时她们的职业吗？

线索

1. 马里恩·帕日斯女士的头发是红色的，对不起，图上没有显示。

2. 图片 3 是迪安夫人，她来自伯明翰，但这对你可能也没有帮助。

3. 图片 4 的救助队军官不是卡罗尔。

4. 消防员埃利斯夫人不是图片 2 中的人物，她喜欢古典音乐，但你也不需要知道这个吧。

5. 萨利站在交警和托马斯夫人中间。

1　　2　　3　　4

名：卡罗尔，盖尔，马里恩，萨利

姓：迪安，埃利斯，帕日斯，托马斯

职业：消防员，护理人员，救助队军官，交警

提示：图片 1 是埃利斯夫人。

84. 女英雄希拉

女英雄希拉·戈尔踏入了巫师的城堡，来到了地下室，那里有四扇门，每一扇门后面都有一座金雕像以及一个致命陷阱。根据下面的信息，你能说出每扇门的颜色、门后是什么雕像以及所隐藏的陷阱吗？

线索

1. 一扇门后面的雕像是一只鹰和一个绊网陷阱，一旦触发此陷阱，房间就会陷入一片火海。

2. 红门后面的那个陷阱会在人毫不察觉时扔下一块一吨重的大石头，其逆时针方向上挨着的那扇门后面是一个跳舞女孩像，但这扇门不是绿色的。

3. 与实物一样大小的金狮子像在 2 号门后面。

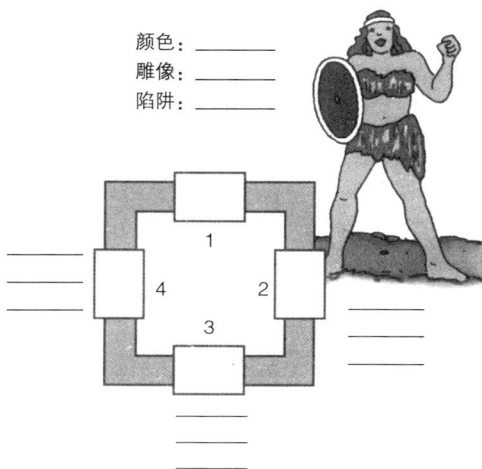

颜色：_____
雕像：_____
陷阱：_____

4.3号门不是黄色的，黄门后面有一个战士金像，一旦你走进去，就会直接走到一个断头台上。

门的颜色：蓝色，绿色，红色，黄色
雕像：跳舞女孩，鹰，狮子，战士
陷阱：石头陷阱，断头台，地板陷阱，绊网陷阱
提示：先找出红色门后面的雕像。

85. 候车队

密克出租车公司的接线员昨晚接了五个电话。根据下面的线索，你能说出接线员接到每个电话的时间、联系到的司机、接客地点以及预约人的姓名吗？

线索

1. 马特的电话在泰姬陵·马哈利餐馆的电话之后，而在丹尼斯先生的电话之前。

2. 米克的出租车被预约在11：25，但不是从狐狸和猎犬饭店打来的，也不是梅森打的电话。

3. 卢的出租车不是那辆要在11：10接拉塞尔的车。

4. 赖安在火车站接客人。

5. 布赖恩特先生从黄金国俱乐部打电话预约了一辆出租车。

6.11：20那个电话的预约地点在斯宾塞大街。

86. 愈久弥香

诺曼是一名出色的酿酒师。最近他给五位女亲戚每人一瓶不同种类、不同制造年份的酒。根据下面的信息，你能说出每个人与诺曼的关系以及获赠酒的种类和酿造时间吗？

线索

1. 米拉贝尔收到的是一瓶欧洲防风草酒，这瓶酒比诺曼送给已婚女儿的那瓶提前一年酿造。

2. 卡拉的那瓶酒是1999年酿造的。

3. 诺曼把他在2000年酿造的酒送给了他侄女。乔伊斯收到的酒不是1998年酿的。

4. 诺曼的阿姨对大黄酒大加赞扬，可是他的阿姨不是安娜贝尔。

5.格洛里亚是诺曼的妹妹，她的那瓶酒比黑草莓酒早两年酿造。

6.诺曼的母亲收到的不是1997年酿造的蒲公英酒。

87.改变形象的染发

四位女士在美发沙龙内坐成一排等着染头发。根据下面的信息，你能说出每位顾客的名字、现在的头发颜色以及各自想染的颜色吗？

线索

1.莫利左边的女士头发是棕色的。

2.一位女士想把头发染成白色，另一位现在的头发是金黄色，霍莉坐在她们两人之间。

3.坐在1号位置上的女士的头发是红色的。

4.颇莉坐在想把头发染成黑色的女士旁边，而多莉坐在偶数位置上。

5.灰头发的妇女想把她的头发染成赤褐色，她不在3号椅子上。

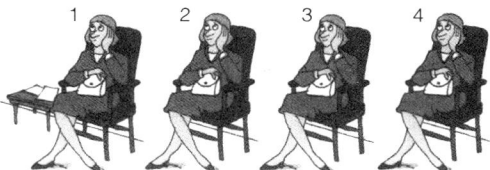

名字：多莉，霍莉，莫利，颇莉
现在的头发颜色：棕色，金黄色，灰色，红色
想染的颜色：赤褐色，黑色，白色，红色
提示：先找出坐在1号位置上妇女的名字。

88.站岗的士兵

下面的图片展示了几名士兵。根据下面的信息，你能分辨出1到4号的士兵分别来自哪里以及他们的参军时间吗？

线索

1.来自大不列颠的密尼布司比4号位置上的士兵晚一年参军。

2.在城墙上3号位置的斯堪达隆思比来自伊伯利亚半岛的士兵早参军。

3.来自高卢的士兵参军很久了，但这个人不是阿格里普斯。

4.来自罗马的士兵紧挨最晚参军的士兵并在其右边，但比纳斯德卡思靠左。

士兵：密尼布司，纳斯德卡思，斯堪达隆思，阿格里普斯
省：大不列颠，高卢，伊伯利亚半岛，罗马
参军年数：9年，10年，11年，12年
提示：先找出纳斯德卡思所在的位置。

89.模仿秀

潘尼卡普公司雇用了三位女性，让她们按自己的想法来模仿三个著名歌星。根据所给的信息，你能说出每位女性的姓名、在潘尼卡普公司的工作部门以及她们将要扮演的角色吗？

1.帕慈将扮演麦当娜，她不在财务部工作。

2.海伦·凡尔敦自从离开学校后就一直

在潘尼卡普工作。

3.销售部门的领导将扮演蒂娜·特纳，但她不是坦娜夫人。

4.将扮演伊迪丝·普杰夫的不是卡罗琳。

90. 枪手作家

　　枪手作家鲍勃·维尔刚刚签了另一个合同，要在六个月内为一个出版商写五本书，这个出版商想找一个没有什么主见，只会照搬照抄，但是很有销售潜力的作家，而这正是鲍勃·维尔所擅长的。根据下面的信息，你能推论出每本书的出版时间、以哪位作者的名义出版以及这本书的类型吗？

线索

1.鲍勃1月份以尤恩·邓肯的名义出版的那本书并不是历史小说。

2.他的推理小说在2月份出版，而《船长》在4月份出版。

3.那本科幻小说和其他此类型的书一样，或多或少受到了《指环王》的影响，

该书比以蒂龙·斯瓦名义出版的那本书晚出版两个月。

4.《白马》比以吉尼·法伯的名义出版的那本书早出版一个月。

5.鲍勃以雷切尔·斯颇名义所写的《世代相传》有一个非常鲜艳的封面，就是品位低了点，而背面的那张作者的照片，实际上是鲍勃的妻子戴着黑色假发和墨镜伪装的。

6.鲍勃在写那本恐怖小说时使用了布雷特·艾尔肯这个笔名，《主要的终曲》这本书的创意不是出版商想要的。

91. 马球比赛

　　我们城镇的朋友有些人比较懒惰，他们在很小的时候都会被强迫去打一场马球比赛。下面的图片展示了比赛中的五个成员。根据给出的信息，你能说出1到5号每位参赛者的名字、各自马匹的名字和颜色，以及每个懒汉在比赛中出现的状况吗（在大多数情况下都是不

愉快的）？

线索

1. 有一名选手喜欢打不激烈的、没有什么意外发生的比赛，他紧贴在蒙太奇·佛洛特的右边，在骑着闪电的选手的左边。这三名选手骑的都不是那匹白色的马。

2. 图片中，有个懒汉在比赛的关键时刻把马球棒弄掉了，阿齐·福斯林汉在他的右边，但两个人不是紧邻的。

3. 2号位置上的选手是鲁珀特·德·格雷。

4. 在比赛中打了一个乌龙球的爱德华·田克雷在拥有黑色坐骑的选手的右边，那匹黑马叫马乔里。

5. 3号选手的马叫汉德尔，这名选手在比赛中没有弄伤手腕。杰拉尔德·亨廷顿没有受伤。

6. 那名骑着褐色马的选手并没有在比赛中从马上跌落下来，在图片中这匹褐色马紧邻在名叫亚历山大的那匹马的右边，但和那匹栗色马不挨着。

懒汉：阿齐·福斯林汉，爱德华·田克雷，杰拉尔德·亨廷顿，蒙太奇·佛洛特，鲁珀特·德·格雷

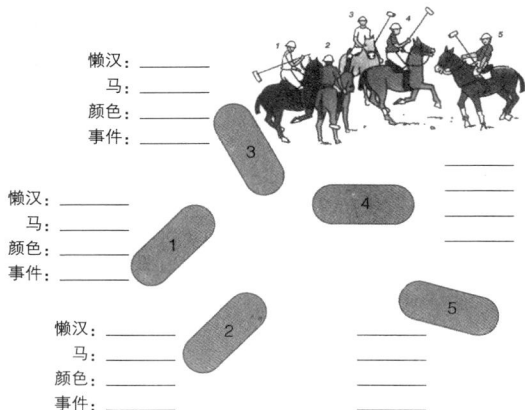

马：亚历山大，格兰仕，汉德尔，闪电，马乔里

颜色：褐色，黑色，栗色，灰色，白色

事件：弄伤手腕，掉了马球棒，享受比赛，从马上跌落，乌龙球

提示：先找到名叫闪电的马的位置。

92. 在国王桥上接客人

今天豪华轿车司机卡·艾弗将去伦敦的国王桥火车终点站三次，去接几个相当重要的乘客，并把他们带到卡莱尔旅馆。根据下面的信息，你能确定他每次去接客人的时间、站台、所接客人的名字以及他们都是来自哪里吗？

线索

1. 林肯方向驶来的火车的到站站台号比艾弗要接的斯坦尼夫人下车的站台号大。

2. 德拉蒙德夫人所乘的火车将进入9号站台，艾弗上午10：00接站的站台号比下午3：00的小。

3. 来自北安普敦的火车将进入4号站台，但要等到中午。

4. 来自剑桥的乘客将在下午3：00到。

	4号	7号	9号	德拉蒙德夫人	古氏先生	斯坦尼夫人	剑桥	林肯	北安普敦
上午10：00									
中午12：30									
下午3：00									
剑桥									
林肯									
北安普敦									
德拉蒙德夫人									
古氏先生									
斯坦尼夫人									

懒汉：_____
马：_____
颜色：_____
事件：_____

懒汉：_____
马：_____
颜色：_____
事件：_____

懒汉：_____
马：_____
颜色：_____
事件：_____

93. 新生命

四个刚出生的婴儿躺在产科病房内相邻的几张帆布床上。根据下面的信息，你能辨认出每个新生命的姓名以及他们各自的年龄吗？

线索

1. 2号床上的丹尼尔比基德早一天出生。

2. 阿曼达·纽康姆博比1号床的婴儿晚出生一天。

3. 托比不是两天前出生的，他也不在3号床上。

4. 博尼夫人的小孩刚刚出生三天。

名：阿曼达，丹尼尔，吉娜，托比
姓：博尼，基德，纽康姆博，沙克林
年龄：1天，2天，3天，4天
提示：先找出年龄最大的孩子的姓。

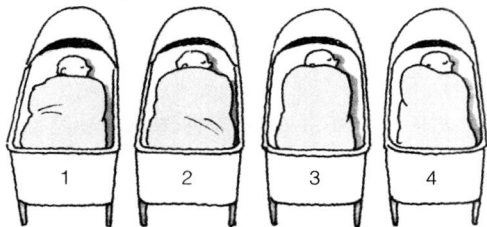

名：＿＿＿ ＿＿＿ ＿＿＿ ＿＿＿
姓：＿＿＿ ＿＿＿ ＿＿＿ ＿＿＿
年龄：＿＿＿ ＿＿＿ ＿＿＿ ＿＿＿

94. 退休的警察们

汤姆的叔叔在迪克萨克福马警察队工作了30年，终于在1994年退休了。上个月，他把汤姆带到了一个聚会，并且把他介绍给了其他五位刚刚退休的警察，他们和汤姆的叔叔有过合作，但都因为各种各样的原因没能像叔叔那样工作30年后退休。从下面的信息中，你能找出每个人提前退休的原因、退休时间以及他们后来所从事的工作吗？

线索

1. 其中一人因为有心脏病而提前离开了警察队，退休后成了一名专业摄影师，他比麦克·诺曼早退休4年。

2. 还有一位退休后开了一家名为"牧羊狗和狗"的酒馆，并营业至今。患有溃疡病的切克·贝克比他早几年离开了警察队。

3. 乔·哈里斯不是那个因为在一次车祸后严重受伤而被迫退休的人。

4. 退休后成了一名出租车司机的那个人，在罗福特·肯特离开警察队后的第4年也离开了。

5. 在1976年，其中一位在追捕一个夜贼时从屋顶上跌落下来，之后他不得不退休，退休后的职业不是出租车司机。

6. 思考特·罗斯现在靠替人驯狗来维持生计，在他退休后，有一名警察因在抓捕犯人时被嫌疑犯刺伤而残废，并不得

	车祸	从屋顶跌落	心脏病	被刀刺伤	溃疡	1968年	1972年	1976年	1980年	1984年	出租车司机	驯狗员	机修工	摄影师	酒馆老板
切克·贝克															
乔·哈里斯															
罗福特·肯特															
麦克·诺曼															
思考特·罗斯															
出租车司机															
驯狗员															
机修工															
摄影师															
酒馆老板															
1968年															
1972年															
1976年															
1980年															
1984年															

不因此离开了警察队。

7. 有一个人是在 1980 年离开的萨克福马警察队，目前他在一个修车场做机修工。

95. 太阳系中的间谍

随着 25 世纪银河系中的政治情况变得极不稳定，地球人制造的高智能服务系统不得不认真检查"地球"这颗行星上的所有来访者，寻找造访的所有外国间谍，下面是被抓到的五个间谍的具体情况。根据所给出的线索，你能说出每个间谍来自的行星、各自所属的智能体系以及他们是以什么假地球身份作掩护的吗？

线索

1.莫比克—奎弗不是榈·凯纳的代理，榈·凯纳使用了联合行星难民组织中洛浦兹医生的身份。

2.一个间谍以微生物学家帕特尔教授的名义办理了护照，他和海伦·格尔都不是来自那个行星的。

3.艾伦·伯恩斯来自埃斯波兰萨行星，他所在的智能组织比海伦·格尔所代理的集团的服务器要先进。

4.沙拉·罗帕姆是臭名昭著的齐德尔的一员，他不是来自阿德瑞基行星，也不是以斯榈福斯的赫斯尼船长身份作掩护。

5.德吉瑞克不是HFO的代理，他试图在特雷登陆，并以汉斯·格拉巴记者的身份为掩护。

6.来自诺德的间谍被抓时是以查斯诺维

瑞恩教堂的尼尔森主教的身份作掩护，他所属的智能集团只有它的创办者才了解。

	阿德瑞基	埃斯波兰萨	格洛姆斯	诺德	沃克斯	DPA	HFO	NSR	榈·凯纳	齐德尔	尼尔森主教	赫斯尼船长	洛浦兹医生	汉斯·格拉巴	帕特尔教授
艾伦·伯恩斯															
德吉瑞克															
海伦·格尔															
莫比克－奎弗															
沙拉·罗帕姆															
尼尔森主教															
赫斯尼船长															
洛浦兹医生															
汉斯·格拉巴															
帕特尔教授															
DPA															
HFO															
NSR															
榈·凯纳															
齐德尔															

96. 罗马遗迹

博物馆的展品中有 20 世纪 60 年代发现的四个罗马墓碑。根据下面的线索，你能填出图片上每块墓碑的细节，包括墓碑主人的名字、职业以及去世的时间吗？

线索

1.墓碑 C 的主人是一位物理学家，卢修斯·厄巴纳斯在他去世之后的 12 年也去世了。

2.墓碑 A 的墓主人不是酒商泰特斯·乔缪尔斯。

3.D 是朱尼厄斯·瓦瑞斯的墓碑。

4.马库斯·费迪尔斯在公元 84 年去世。

5.那名职业拳击手在他的最后一场拳击赛中被杀，当时是公元 96 年。

6.在公元 60 年去世的不是古罗马 13 军团的百人队长。

名字：朱尼厄斯·瓦瑞斯，卢修斯·厄巴纳斯，马库斯·费迪尔斯，泰特斯·乔缪尔斯

职业：百人队长，职业拳击手，物理学家，酒商

去世时间：公元60年，公元72年，公元84年，公元96年

提示：先找出物理学家的名字。

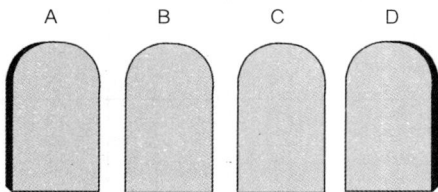

A   B   C   D

97. 信件

斯托贝瑞正在整理早晨要发送的信件，桌上的四封信都是寄给镇上的居民的。根据下面的信息，你能找出每封信的收信人姓名以及收信人各自的完整地址吗？

线索

1. 寄给本德先生的信挨着收信地址为31号的信，并在它的右边。

2. 四封信中有一封信的地址是特纳芮大街10号。

3. 3号信将会在今天早上稍晚时间寄给雪特小姐，她不住在斯达·德弗街。

4. 梅尔先生的地址号码比1号信封上的收信地址号码大。

5. 收信地址为6号的那封信与寄给格林夫人的那封信之间隔了一封信。

6. 寄到斯坦修恩路那封信的号码比它右边那封信的收信地址号码大。

名字：本德先生，格林夫人，梅尔先生，雪特小姐

地址号码：6，10，31，45

街名：斯达·德弗街，朗恩·雷恩街，斯坦修恩路，特纳芮大街

提示：先找出1号信封的收信人名字。

名字：
号码：
街名：
1 ＿＿＿ 2 ＿＿＿ 3 ＿＿＿ 4 ＿＿＿

98. 上车和下车的乘客

一辆公共汽车在行车途中七次停车。在这个特别的旅途上，第1次到第7次中的每次停车都各有一个人下车和一个人上车。根据下面的线索，你能说出每个停靠点的站名以及每次上车乘客及下车乘客的名字吗？注：在这次旅途中，每个乘客的名字都是不一样的，故上车的阿尔玛与下车的阿尔玛不是同一个人。

线索

1. 罗宾是在最后一次停车时上车的。

2. 西里尔在市场广场下车，那时乔斯已经下车了，他们两个下车时莱姆还没有上车。

3. 在1号停车点上车的乘客在6号停车点下车，在前一站下车的是一名男乘客，但下车地点不是植物园。

4. 布伦达上车时刚好欧文在此站下车。

5. 皮特和梅齐一路上不曾在车上相遇过，梅齐是在邮局的前两站下车，莱斯利是在邮局站上车。

6. 在来恩峡谷站上车和下车的分别是一名男乘客和一名女乘客。

7. 在3号停靠点狐狸和兔子站上下车的乘客都是女性。

8. 在国会街站的下一站马克斯下车了，国会街站不是4号站，阿尔玛也不是在4号站下车的。

站名：植物园，板球场，狐狸和兔子站，来恩峡谷，市场广场，国会街，邮局

上车乘客：阿尔玛（女），布伦达（男），莱斯利（男），莱姆（男），马克斯（男），皮特（男），罗宾（男）

下车乘客：阿尔玛（男），布伦达（男），西里尔（男），乔斯（女），梅齐（女），马克斯（男），欧文（男）

99. 下火车后

四名妇女刚刚乘火车从北方到达国王十字站，她们将搭乘四辆出租车。根据下面的信息，你能认出1到4号出租车的司机和乘客的名字以及乘客上车时的站名吗？

线索

1. 詹森所载的那名女乘客乘火车所走的路程比黛安娜长，黛安娜坐的是詹森后面的那辆出租车。

2. 诺埃尔所载的乘客不是在皮特博芮上车。

3. 来自格兰瑟姆的那名妇女坐上了1号出租车，开车的司机不是伯尼，伯尼车上的乘客叫帕查。

4. 索菲是在多恩卡斯特上车。

5. 克莱德是4号出租车的司机。

司机：伯尼，克莱德，詹森，诺埃尔

乘客：安妮特，黛安娜，帕查，索菲

站名（按距离顺序，由远至近）：约克角，多恩卡斯特，格兰瑟姆，皮特博芮

提示：先找出黛安娜上车的地点。

100. 默默无闻的富翁

富翁索普科尔思·格特勒塔布瑞斯很多年来一直保持低调，而在今年年初的五个月中，当他派出的代表在各种欧洲国家级拍卖会上又为他的私人艺术收藏竞拍到五件艺术品时，富翁索普科尔思·格特勒塔布瑞斯再次成为各大报纸的头版头条。根据下面的信息，你能说出他每个月所竞拍下的是谁的作品、每次交易的地点以及每幅画的价格吗？

线索

1. 为了买下马耐特的一幅画，索普科尔思的代表比前一个月他在马德里竞拍多付了50万欧元。

2. 他为3月份竞拍下的收藏品花费最多。

3. 卡尼莱特的某一幅画的成交价是250万欧元，其后的一个月，他在罗马用100万欧元得到了觊觎已久的一幅画。

4. 在阿姆斯特丹所买的画不是200万欧元。

5. 他在4月份得到了格列柯的画。

6. 弗米亚的作品是在巴黎买到的。

	卡尼莱特	格列柯	马耐特	毕加索	弗米亚	阿姆斯特丹	布鲁塞尔	马德里	巴黎	罗马	100万	150万	200万	250万	300万
1月															
2月															
3月															
4月															
5月															
100万															
150万															
200万															
250万															
300万															
阿姆斯特丹															
布鲁塞尔															
马德里															
巴黎															
罗马															

第四章

侦探逻辑游戏

1. 柯南的解释

一天，某男爵的遗孀拜访柯南道尔，向他谈了一件令人难以置信的事：

"五年前，先夫不幸去世，我为他建造了一座墓。谁知道从那以后，每年冬天，墓石就会移动一些。前天，我请了一位巫师来召唤先夫的灵魂，可是没有任何反应。先生，我是多么希望能与先夫的灵魂对话啊！"

说着，她从手提包里取出一张照片给柯南道尔看。这是男爵的墓地照片。在一块很大的台石上面，放着一块球形的大石头。"由于先夫生前爱玩高尔夫球，所以临终时曾嘱咐要给他造个像高尔夫球那样形状的墓。这张照片就是在墓建成之后拍的。球石正面还雕刻了十字架。现在，这个球石差不多移动了四分之一，十字架也一点一点地被埋在下面，都快看不见了。"

"球石仅仅是在冬天移动吗？"柯南道尔问。

"是的。这个地方的冬季特别冷。每年一到冬天，我就到法国南部的别墅去，春天再回来，并去先夫的墓地扫墓。这时，总是发现球石有些移动。我想，是不是先夫也想与我一起去避寒，要从墓石下面出来？"

柯南道尔请夫人带他去墓地看看。

在一堆略微高起的土丘上，墓地朝南而建，四周有高高的铁栅栏围住，闲人不能随便进入。在沉重的四方形台石上面，有一个直径 80 厘米的用大理石做成的球面，为了不使球面滑落，台石上挖了一个浅浅的坑，正好把球嵌在里面。浅坑里积有少量的水，周围长满苔藓。如果球石的移动是有人开玩笑，用杠杆来移动它，那在墓地和苔藓上该留有一道痕迹，可又一点儿痕迹也没有。如果有人不用杠杆而用手或身子去推球石，那凭一两个人的力气是根本推不动的。

柯南道尔摸了一下浅坑里的积水，

沉思了片刻以后说："夫人，墓石的移动是一种物理现象，与男爵的灵魂没有任何关系。"

你能解释柯南道尔所说的物理现象是怎么一回事吗？

2. 奇怪的来信

这是一个真实的故事。一家著名汽车制造公司的老总收到了一封奇怪的来信：

"这是我第四次写信给您，而且如果您不给我回信，我也丝毫不会抱怨，因为我看上去肯定是疯了，不过我向您保证，我所说的一切都是真的。

"我们家多年来一直有一个传统，就是每天晚饭后全家人要投票，选出用哪种冰淇淋作为当晚的甜点。然后，我就开车到附近的商店去买。最近，我从贵公司购买了一辆新型号的汽车，此后怪事就来了。每次只要我去买香草冰淇淋，回来时我的汽车就会发动不起来。而如果我买的冰淇淋是其他口味的，那就万事大吉。不管您是不是认为我很蠢，但我真的想知道，为什么会有这种怪事出现呢？"

汽车公司的老总对这封信的内容深表怀疑，不过他还是让一位工程师过去看看究竟是怎么回事。工程师刚好在晚饭后来到写信人的家里，于是他们两人一起钻进汽车，开车到了商店。那天晚上那个男人买了香草冰淇淋，果然当他们回到汽车上之后，汽车有好几分钟都发动不起来。

工程师又接连来了三个晚上。头一天，他们买了巧克力冰淇淋，汽车发动得很顺利。第二个晚上，他们买了草莓冰淇淋，也没有问题。第三个晚上，他们又买了香草冰淇淋，而汽车再次罢工了。

显然，买香草冰淇淋和汽车发动不起来之间肯定有一种逻辑上的联系。你能想出这是怎么回事吗？

3. 幽灵的声音

英国大侦探洛奇一天来到法国度假，正当他在海滩上欣赏海景的时候，突然发现了一位奇怪的男子。只见他脸色苍白，坐在海边好像努力回忆着什么，脸上的表情恐惧而痛苦，仿佛回忆起了什么非常恐怖的事情。洛奇很奇怪，于是走到他身边坐下来问道："朋友，有什么我可以帮助你的吗？"

这个男子好像被吓了一跳，他猛然往后一缩，浑身颤抖起来。

"我没有恶意，"洛奇连忙安慰他，"我只是想帮助你，有什么就告诉我吧。"

男子仔细看了看洛奇，结结巴巴地

问："你有胆量帮我吗？你相信我吗？我碰上了幽灵！"

"有这样的事情？"洛奇一下子来了兴趣，根据他的经验，所谓幽灵、鬼怪，其实都是人们自己想出来的。"我一点儿也不害怕，相反，我还是对付幽灵的好手！"洛奇大声说，"快告诉我，我一定可以帮你。"

男子听到这里，一把抓住洛奇的手："这件事情实在太可怕了！我是豪华客轮'拉夫伦茨'号上的一名大副，上个月在返航的路上，'拉夫伦茨'号撞上了暗礁，船底破了一个大洞，迅速下沉。当时正是深夜，我根本来不及通知所有旅客，只能带着靠近指挥室的十多名旅客撤离到救生艇上。"

"后来呢？"洛奇的思绪跟随他的叙述回到那个恐怖而漆黑的夜晚。事故、沉船、撤离，真是惊心动魄的经历。可是幽灵又是怎么回事呢？

"后来，我放下救生艇，决定回去再救一些人出来。"那名男子继续说道，"可当我再次返回甲板的时候，听到了龙骨断裂的可怕声响，海水铺天盖地漫过来，我只好转身跳下大海，拼命向前游。我知道，如果我不及时离开，就会被轮船下沉时带起的旋涡卷入海底！

"我最擅长仰游，我拼命游啊游啊。不知道游了多长时间，忽然听到了一声惊天动地的响声！那声音可怕极了。轰鸣混合着炸雷，简直就是幽灵的怒号！我连忙仰头一看，只见'拉夫伦茨'号

从中间断开，火花四溅，发出了惊天动地的爆炸声。我被气浪震得晕了过去，后来被赶来救援的海岸巡逻队救起来。"

"这就是你说的幽灵的声音吗？"洛奇若有所思地问道，"可能只是你太过惊慌，听到了爆炸声而误认为幽灵的号叫呢？"

"是的，那是来自海底幽灵的号叫。"男子显然着急了，"你要帮我必须先相信我！我问过其他生还的人，他们都只听到一声爆炸，而我听到两声巨响！我没有记错，清清楚楚！"

洛奇沉思了一会儿，忽然笑了起来。他问道："当时其他生还者都在救生艇上，只有你不在，对不对？"

"是这样的。"男子疑惑地回答，"难道幽灵是来自海底的？"

洛奇大笑起来，他拍拍那名男子的肩膀："我看你是自己吓自己了，其实根本没有什么幽灵！"

"可是我明明听到了两声巨响！"那个男子坚持说。

"对，一点儿没错。"洛奇点头赞同。

"但是除了我以外的所有人只听到一次爆炸！"男子带着哭腔说。

"这也没错！"洛奇微笑着，"你们都没有听错！"

亲爱的读者，你能解开这个恐怖的幽灵之谜吗？

4. 作案的电话

一天下午，某地一座房子忽然爆炸起火。警察和消防队员赶到了现场，及

时扑灭了大火。

经勘察，这场火灾是煤气爆炸引起的，在现场发现一具老人的尸体，他是在卧室中被发现的。经过解剖，他的健康状况良好，但在煤气爆炸前服用过安眠药。

在他的卧室中，有煤气管漏气的现象。但使警方调查人员百思不解的是，煤气为什么会爆炸？引起煤气爆炸的火头是从哪里来的？

在爆炸之前，这个地区停电了。不可能因漏电而起火。警方怀疑被害人的外甥有作案可能。理由是被害人有大量的宝石和股票，都存在银行里，他立下遗嘱，全归外甥继承。老人的外甥也许是想早日继承这笔遗产，而老人却很健康，所以才下了毒手。

而在这座房子爆炸前后，他都不在现场，他是在离现场10千米远的一家饭店里。服务员还证明，他在饭店里还打过电话，也就是说，老人的外甥不可

能是作案者，那么，谁是作案者呢？

警方不得不将几位专家请来破案，其中有电话发明者贝尔。负责破案的警察局长向各位专家介绍完案情，贝尔先生站起来说："肯定是他的外甥利用电话作的案！"这是怎么回事？

5. 萨斯城的绑架案

在海滨小城萨斯，最近发生了一起性质极为恶劣的绑架案。

被绑架的是萨斯城著名演员多恩的小女儿琳达，今年刚满13岁，上小学5年级。星期一的早上，琳达的妈妈像往常一样，开车把她送到学校，简单叮嘱几句就离开了，可是晚上再去学校接琳达的时候，学校的老师告诉他，孩子已经被人接走了。

晚上，正当多恩一家人找小琳达快要找疯了的时候，一名自称是绑匪的人打来了电话，说琳达在他们手上。为了让多恩一家人相信他们的话，并确定小琳达还活着，他们还让小琳达和父亲通了话。绑匪提出要多恩一家支付30万英镑，并不许多恩报警。多恩一时慌了神儿，为了保证女儿的安全，他竟然真的没有向警察求助，而是按照绑匪的要求，自己去指定的地点交钱了。

本指望绑匪收到钱后就会放了小琳达，可绑匪见多恩真的没有报警，而且很快就把钱给送来了，不禁起了更大的贪心，不但没有把小琳达放回来，反而要求多恩一家人再拿30万英镑来才肯

放人。

这样，多恩就不得不向警察求助了。警察接到多恩的报案后，立刻组成了破案小组，由多利警官全权负责。

为了尽快抓到凶手，同时确保小琳达的安全，警察局出动了大量的警力，对全城进行搜查，最后在郊外一家废弃仓库里，找到了非常虚弱的小琳达。被放出来的小琳达告诉警察，绑架她的是两名中年男子，他们本想跟琳达的父亲再要 30 万英镑以后，就逃之夭夭，可突然听到风声，说警察正在全城搜查他们，于是这两个人赶紧带上钱，往海上跑去了。

"不好，罪犯要从海上逃跑！"多利警官知道，离萨斯城不远的海域就是公海，罪犯一旦逃到公海上，警察就拿他们没有办法了，于是，多利警官立即一边带领人马向海外赶，一边调遣直升机前来增援。

这时，在海边，两名罪犯已经驾驶一艘汽艇跑出了一段距离。警察来到海边后，马上也找到一艘汽艇，两名便衣警察立即跳了上去，开始全速追赶罪犯，前来增援的直升机也赶到了，多利警长坐上直升机，在空中指挥。

警察的汽艇开得很快，眼看就要和罪犯齐头并进了，只要再快一点儿，就可以包抄到罪犯的前面。可是，公海已经在眼前，超过去拦截已经来不及了，这样的话，只有将罪犯当场击毙，可两位便衣警察身上并没有带枪，怎么办？

警长多利决定，用直升机将罪犯所乘坐的汽艇击沉。

此时，已是晚上 7 点钟左右，天色已经黑了下来，从直升机上根本分辨不出哪艘快艇是自己人，哪艘是罪犯的，驾驶员正不知向哪艘快艇投弹才好，在这关键时刻，多利警长冷静地观察了海面上的两艘汽艇，然后果断地下令道："向左边的那艘开火！"

结果证明，多利警长的判断是对的，那么你知道多利警长是怎样分析出左边的那艘是罪犯的汽艇的吗？

6. 泄密的秘书

昂奈先生在 K 公司工作，担任总经理的秘书。由于他工作出色，总经理非常赏识他。他的理想就是有朝一日，也能坐上总经理的宝座。K 公司有个竞争对手，就是 H 公司。最近，K 公司试制了一种新产品，它的资料是绝密的，万一被 H 公司得到，就能把 K 公司斗垮。总经理把写新产品报告的任务，交给了昂奈先生。

可就在这关键的时刻，昂奈先生出现了意外，那天他上班的时候，大楼的电梯坏了，为了抓紧时间，他从 1 楼往 8 楼跑，跑到 6 楼的时候，踩上了一块香蕉皮，脚下一滑，把右脚跌骨折了。幸好清洁工鲍比跑来，把他背下楼，送到了医院。医院给他的右脚绑了石膏，他不能上班了，但是他向总经理提出，在家里继续赶写报告，请鲍比帮他料理家务。

这天下午，他趴在桌子上，埋头写报告。吃晚饭的时候，鲍比给他端来饭菜，放在离他3米远的茶几上。资料的文字很小，离得那么远，鲍比是看不清楚的，到了半夜，昂奈先生感到很困，鲍比端来一杯葡萄酒，体贴地说："昂奈先生，您喝一杯酒，提提神吧。"昂奈先生一口喝了，顿时感到精神十足。他把酒杯放在桌子上，继续写报告，一直到第二天凌晨，报告终于写好了！

可是就在K公司的新产品上市的前一天，H公司竟然抢先推出了这种新产品！经过调查，是昂奈先生泄的密。他丢了工作，"总经理之梦"也彻底破灭了。

原来正是昂奈先生在家里写报告的时候泄密了，可是，他是怎么泄密的呢？

7. 飞机机翼上的炸弹

一天晚上11点，一架由墨西哥城起飞的波音767大型客机正在飞行途中，这时大多数乘客都睡着了，只有少数乘客还醒着。而这班飞机的一位空姐却注意到坐在20排B座的身穿黑色西服的秃顶的中年男人显得非常焦虑。他不停地左右张望，又好像在犹豫什么。

空姐悄悄叫来机上的乘警商量，他们越看越觉得可疑：飞机上的温度维持在舒适的25℃，可是这位乘客还捂着厚厚的毛衣和外套，难道他在隐藏什么东西？出于安全的考虑，乘警走到他面前说道："先生，需要帮忙吗？"

这个男人吃了一惊，结结巴巴地回答道："不，算了，不、不要！"

他的表现更加重了乘警的怀疑，乘警不禁加重了语气："可以请你到机舱后面来一下吗？我们有事情需要你配合。"

那个男人一下子变得脸色惨白，他缓缓站起身，突然，从腰间掏出手枪，叫道："举起手来，转过身去，不要靠近我，滚开，都滚开！"

就在乘警按照持枪者的要求转过身去的时候，坐在21排B座的一名小伙子，趁持枪者不备，猛然勒住了他的脖子，一只手钳住手枪，乘警迅速将手枪夺了过来。

就在乘警向21排那位见义勇为的小伙子道谢的时候，持枪者冷冷地开口说话了："别高兴得太早，这注定是一班飞向地狱的班机，我早就在飞机机翼上绑了气压炸弹，只要飞机从万米高空下降到海拔2000米以下，炸弹就会把飞机炸成碎片。"

乘警连忙跑到舷窗边一看，机翼下方果然有两枚黑色的炸弹！怎么办？在万米高空根本无法拆除炸弹，而飞机不可能永远不降落，汽油是会耗尽的！难道只能束手待毙吗？乘警忙将这个坏消息告诉了机长。机长思索了一会儿，果断地调转了航向。

一个小时后，飞机呼啸着降落在机场，全体人员安然无恙，持枪者目瞪口呆，他实在想不通，灵敏的气压炸弹怎么会没有爆炸。聪明的读者，你知道这是怎么回事吗？

8. 谁是纵火犯

独身画家安格尔和他的小猫生活在树林深处的一所房子里，已经有 20 年之久了。

一次，想到外地旅行的画家将这所房屋投了高额保险金后，就将猫留在了家里。结果他刚外出了 15 天，就接到电话说他家发生了火灾，幸亏下了一场大雨，树林的树木潮湿，火势未能蔓延开，否则损失的可不仅仅是他的房子和那只可爱的猫了。

从着火现场看，小猫被关闭在密封的房间里，因没有猫洞无法逃脱而被活活烧死。现场勘察结果表明，起火点是一楼六张席子大小的和式房间。可是，房间里没有任何火源，也没有漏电的痕迹。煤气开关紧闭，又无定时引火装置。

细心的火迹专家在清理书架下的地面时发现了一个破碎的鱼缸，在烧焦了的席子上发现有熟石灰，于是火迹专家断定，这是一起故意纵火案。

那么是谁纵的火呢？

9. 变软的黄金

一条繁华的大街上并排开着多家金店，人称"金街"。这天晚上，负责守卫安特金店的保安习惯地走进了地下金库，准备查验金库的黄金情况。当他迈进一间装有黄金的库房时，发现有 100 千克的纯度很高的金块被盗了，他马上打电话报警。

刑警们立即出动，很快就在码头将盗贼和他们的车截住了。

刑警们仔细搜查了汽车的里里外外，轮胎和座椅也都检查过了。可是，搜来搜去，连一克金块也没找到。一无所获的刑警们颇感失望。

"现在可是法治社会，请你们快点儿。耽误了我的事，小心你们丢了饭碗。哈哈哈……"盗贼见刑警们搜查不出赃物，便大声嘲笑着。

这时亨特侦探赶到了，他看了一眼汽车，说道："你们是怎么搜查的，黄金不就在你们的眼皮底下吗。"

亨特是如何查到黄金的？

10. 被热水浸泡的体温计

戈拉是个内科医生，开了一家诊所。他的医术很高，对病人非常热情。曾经有一个病人，得了很难治的怪毛病，别的医院都说治不好了，戈拉医生却接了过来，经过仔细诊断，对症下药，结果病人奇迹般地好了。那个病人是位作家，他写了表扬文章，在报纸上发表，戈拉医生出了名，诊所的生意更加红火了。

坦布斯医生也开了一家诊所，就在戈拉医生诊所的附近。可是，坦布斯只关心赚病人的钱，谁给钱多就给谁好好治，碰到没有多少钱的穷人，就马马虎虎敷衍了事。再加上他的医术也很差，不多久，人们都不来他的诊所了。坦布斯却认为，是戈拉医生抢走了他的生意，就怀恨在心。

有一天晚上，戈拉医生接到电话，说有个小孩发高烧，于是带着体温计、退热药，连忙赶了过去。经过急救，小孩退烧了，他才往回赶，这时已经是半夜了。他来到家门口，正要开门，突然头上被重重地打了一下，戈拉医生顿时倒在地上，当场死亡，凶手就是坦布斯医生。

坦布斯医生知道，警察看到尸体以后，可以根据尸体腐烂的程度，判断死亡的时间。他动了一个脑筋，把尸体拖到浴缸里，用滚烫的热水泡了两个小时，这样，可以把死亡时间推前 10 个小时，那时他正在诊所上班，没有作案的时间。他又趁着凌晨，悄悄把尸体拖到马路上，造成被汽车撞死的假象，这才回到家。

巡逻警察很快就发现了尸体，经过仔细检查，在死者的口袋里，发现了一件东西，证明死者死亡的时间是伪造的。

你知道这件东西是什么吗？

11. 重要证据

格林是个好吃懒做的家伙，他原来做送奶工，可是他嫌很早就要起床，不能睡懒觉，就辞职不干了。后来他又想开出租车，向邻居波特借钱，买了一辆出租车，干了两个月。有一次，他喝得醉醺醺的，驾驶着出租车上了路，只听"哐当"一声，撞上了电线杆，车子报废了，人也送进了医院。经过医生抢救，总算捡回了一条命。

格林出院以后，波特来要他还钱，可是格林没有了工作，还欠了医院一大笔医药费，哪里有钱还债呢？波特就警告说："我给你三天时间，到时候再不还钱，我来烧你的房子！"

三天过去了，中午的时候，波特接到格林的电话。让他马上去拿钱。波特可高兴了，在电话里说："你这个家伙，敬酒不吃吃罚酒，一来硬的，就有钱还了。"吃过午饭，波特得意地嚼着口香糖，来到了格林的家。他按了门铃，里面传出格林的声音："是谁呀？"波特吐掉了口香糖，说："是我，波特！"

格林马上开了门，热情地倒了一杯啤酒说："喝一杯凉快凉快。"趁波特仰脖子喝的时候，格林举起啤酒瓶，狠狠地砸在波特头上，波特头一歪，就断了气。到了晚上，格林趁着天黑，把尸体抛进了河里。

第二天，汉斯警长敲开了格林的门，说："我们在河里发现了波特的尸体，有充分的证据，证明波特在死之前到你这里来过。"格林说："不可能，我已经三个月没有见过他了！"汉斯哈哈大笑说："就凭你这句话，就说明你在撒谎！"

波特留下了什么证据，证明他曾经来过格林家呢？

12. 有人杀害了我的丈夫

电话铃声一连响了四次，侦探康纳德·史留斯才意识到自己不是在做梦。他睁开眼，看了看钟，时间是凌晨3点30分。

"哈罗！"他拿起话筒说道。

"你是史留斯先生吗？"一个女人问道。

"正是。"

"我叫艾丽斯·伯顿。请赶快来，有人杀害了我的丈夫。"史留斯记下了她的住址，把电话挂上。外面寒风刺骨，简直要冻死人，史留斯出门要多穿衣服，自然就比平日多花费了一点时间。他听到门外大风呼呼的声音，于是在脖子上

围了两条围巾。

40分钟以后，他到了伯顿夫人的家。她正在门房里等着他。史留斯一到，她就开了门。在这暖和的房子里，史留斯摘下了围巾、手套、帽子，脱下外套。

伯顿夫人穿着睡衣、拖鞋，连头发也没梳。

"我丈夫在楼上。"她说。

"出了什么事？"史留斯问。

"我和丈夫是在夜里11点45分睡的。也不知怎么的，我在3点25分就醒了。听丈夫没有一点儿声息，才发觉他已经死了，他是被人杀死的。"她说。

"那你后来干了什么？"史留斯问。

"我便下楼来给你打电话。那时我还看见那扇窗户大开着。"她用手指了指那扇还开着的窗户。猛烈的寒风直往里灌，史留斯走过去，关上了窗户。

"你在撒谎，让警察来吧！"史留斯说道，"在他们到达这里之前，你或许乐意把真相告诉我吧？"

史留斯为什么会这样说，他的根据是什么？

13. 梅丽莎在撒谎

这是一个气温超过34℃的夏天，一列火车刚刚到站。女侦探麦琪站在月台，听到背后有人在叫她："麦琪小姐，你要去旅行吗？"

叫她的人是她正在侦查的一件案子的当事人梅丽莎。

"不，我是来接人的。"麦琪回答。

"真巧，我也是来接人的，已经等了好久了。"梅丽莎说。说着，她从手提包里掏出一块巧克力，掰了一半递给麦琪："还没吃午饭吧？来点儿巧克力。"

麦琪接过来放到嘴里。巧克力硬邦邦的。这时，麦琪突然想到什么，厉声对梅丽莎说："你为什么要撒谎，为什么要骗我说你也是来接人的？"

梅丽莎被她这么一问，脸色也变红了。但她仍想抵赖，反问说："你凭什么说我撒谎？"

请你判断一下，麦琪凭什么断定梅丽莎在撒谎？

14. 对话

请看下面警官和嫌疑犯的一段对话。

警官："昨天晚上 10 点案发时你在哪里？"

嫌犯："昨天晚上我在家里。"

警官："可是，据你的一位朋友说，当时他去找你，按了半天门铃，并没有人出来开门。"

嫌犯："哦，当时我使用了高功率的电炉，房间的保险丝烧断了，停了一会儿电，门铃当然不响……"

警官："别再编下去了。你被捕了。"

请问这是为什么？

15. 游乐园的父子

父亲带着两个儿子去游乐园。他让他们自己去玩，不过要在下午 5 点钟回到游乐园的大门口。可是，当他们最终出现在大门口时，已经是 5 点半了。父亲十分生气，说要惩罚他们，以后一个月都不会带他们出来玩了。这时，哥哥开口了："爸爸，这可不是我们的错！当时我们正在坐过山车，可是正准备下来的时候，发动机突然熄火了。"父亲想了一会儿，突然板起了脸孔："我的孩子们，说谎是比不守时更糟糕的行为！"

父亲怎么知道儿子在撒谎？

16. 价值连城的邮票被盗

加力与简恩合谋将邮票展览中价值连城的古版邮票偷走，离开时简恩带着邮票，二人分开逃跑。

两天后，加力来找简恩，商量将邮票变卖分赃。简恩道："现在风声正紧，我把邮票藏到秘密的地方。等过些日子，我们再取出变卖吧。"但加力认为，这是简恩想独吞邮票的诡计，不肯答应。

最后，简恩说："这样吧，邮票由你保管，等风声过后我再来找你，这样你总可以放心了吧？"加力答应了简恩的建议。

简恩取出一把钥匙，说："我把邮票藏在《圣经》第 47 页和第 48 页之间，这本《圣经》存放在距离这里三条街的邮局信箱内。这是邮局的钥匙，钥匙上有信箱的编号。你去拿吧，晚些我再与你联系。"

加力拿了钥匙便匆匆往邮局跑去，走到半路，他停了下来，低声骂道："混蛋！竟敢骗我！"他跑回去找简恩，但简恩已逃之夭夭了。

加力为什么说简恩欺骗了他呢？

17. 过继

李铁桥是广东某县的知县，一天衙门口来了一位告状的老妇人，当差的衙役便把老妇人带到了堂上。

老妇人哭诉道："大人，我丈夫李福贵去世多年，没有留下儿子，现在我丈夫的哥哥李富友有两个儿子，为了占有我的家业，他想把他的小儿子过继给我，做合法继承人。大人啊，我的这个小侄子一向品行不端，经常用很恶毒的语言谩骂我，我实在不想让他做我的继子，于是，我就自己收养了一个别人家的孩子做继子。这下可惹怒了我丈夫的哥哥，他说什么也不同意让我收养别人家的孩子，并说不收养他的孩子，就让我这位小侄子气死我！大人呀！天下还有这样的哥哥、这样的侄子吗！请大人给我做主啊！"

李铁桥听罢，非常气愤，第二天便在公堂之上开始审理这桩案子。

李铁桥先把李富友叫到堂前，问道："李富友，你想把你儿子过继给你弟弟家，你是怎么考虑的？"

李富友理直气壮地说道："回禀大人，按照现行的法律，我应该过继给我弟弟家一个儿子，好让我弟弟续上香火。"

"你说的有些道理。"李铁桥肯定地说。旋即，他又叫来老妇人，让老妇人说说他不要这个侄子的道理。

老妇人回答道："回禀大人，照理说我应该让这个侄子成为继子，可是，这个孩子浪荡挥霍，来到我家必定会败坏家业。我已年老，怕是靠他不住，不如让我自己选择称心如意的人来继承家产。"

李铁桥大怒："公堂之上只能讲法律，不能徇人情，怎么能任你想怎么样就怎么样呢。"

他的话还没说完，李富友连忙跪下称谢，嘴里直说："大老爷真是办案公正啊！"而告状的老妇人却无奈地直摇头。

接着，李铁桥就让他们在过继状上签字画押，然后把李富友的儿子叫到跟前说："你父亲已经与你断绝关系，从今天起，你婶子就是你的母亲了，你赶快去拜认吧。这样一来名正言顺，免得以后再纠缠。"

李富友的小儿子立刻就向婶子跪下拜道："母亲大人，请受孩儿一拜！"

老妇人眼见着知县如此判案，侄儿又在眼前跪着，边哭边对李铁桥道："大人啊！要立这个不孝之子当我的儿子，这等于要我的命，我还不如死了好！"

听了他的话，知县李铁桥不禁哈哈大笑，笑后很快就断了案。

你知道知县李铁桥是如何断案的吗？

18. 雨中的帐篷

一天中午，突然下了一场大雨。雨停后，一个人急急忙忙来到了警察局，向警长大山说道："不好了，派尼加油站的服务员被枪杀了。"

大山给他倒了一杯水，然后对他说："别着急，慢慢说。"

"当时我正把车开进派尼加油站，突然我听到了一声枪响，接着我看见有两个人从加油站里跑了出来，跳进了一辆周末旅游车飞快地开走了。我赶紧跑进屋里，一看加油站的一个男服务员已倒在血泊里。"这个人一边哆嗦着一边描述道。

警长大山听罢目击者的讲述，又问了一些旅游车和那两个人的外貌后，便带着几名警员开始搜寻嫌疑人。很快，他们在公路的路障南边找到了一辆被人遗弃的旅游车。

警长大山一看这辆旅游车，离派尼国家公园的正门只有几米远，便猜测罪犯一定是进了公园里。

在公园一处人工湖边，大山向第一个野营者沃伦问起他们来公园的时间。

留着一撮小胡子的沃伦说道："我和我弟弟是昨天晚上过来的。因为为了赶上鲑鱼迁徙的季节，从到这里开始，我们兄弟俩就在钓鱼。"

"你们两个下雨时也在钓鱼吗？"大山又问道。

"是的。"沃伦点点头回答道。

大山辞别了沃伦。又来到了第二对野营者阿尔的帐篷里。

阿尔说道："今天早上，我们支起帐篷，然后就出去了。天开始下雨时，

我们找了个小山洞躲了好几个小时，我们什么都没看到。"

大山在听阿尔说话的时候，发现地上湿漉漉的，他不禁眉头一皱，但还是友好地走出了帐篷。

在停车场的一辆旅游车上，大山又找到了第三对野营者乔治和他的女朋友。

乔治说道："我知道我们不应该在这里。我们没有伤害任何人，芝加哥的一个朋友借给了我这辆车，所以驾照上不是我的名字，你们可以打电话到芝加哥去查……"

"不必了！"大山说道，"我已经知道谁在撒谎了！"

大山是如何判断的呢？

19. 报案的秘书

国际电子产品博览会即将在东京举办，来参加博览会的，都是世界上著名的企业家。村井探长亲自负责保卫工作，他在机场和宾馆里，派出大批警察，荷枪实弹站岗，还有很多便衣警察，在暗中保护着贵宾。

博览会开幕前的一天晚上，警察局的报警电话响了，村井探长心头一震，最担心的事情还是发生了！美国一家大公司的总经理赶来参加博览会，下午刚住进五星级大宾馆，就在卧室里被人杀害了。

村井探长赶到宾馆，在保安的带领下，来到死者的卧室。那是一间很大的

套间，里面的设备和装潢非常豪华，墙壁上挂着昂贵的名画，地上铺着厚厚的土耳其驼毛地毯，很柔软，走在上面，几乎听不见脚步声。总经理倒在地毯上，后脑勺上有一个窟窿，流了很多血。桌子上有一部电话，话筒没有搁在电话机上，就扔在旁边。

这时，有一位年轻的女士走过来，哭着说："我是总经理的秘书，一小时前，我乘飞机到东京，下了飞机以后，马上和总经理通电话，正说着呢，听到话筒里总经理大叫一声，然后听到'扑通'的一声，好像是人倒在地上的声音，再后来，又听到一阵匆忙的脚步声，好像是罪犯逃跑的声音。我知道情况不好，马上打电话报警，然后叫了一辆出租车，刚刚赶到这里。"

村井探长低着头，在房间里来回踱步，他一会儿走过来，一会儿走过去。忽然，他停住脚步，严厉地对女秘书说："你说的都是谎话！"

村井探长为什么说女秘书在撒谎呢？

20. 枪击案

刚刚发生了一起枪击案，枪响后，酒吧里只有哈瑞一个顾客。

他刚刚喝了一口咖啡，就看到三个人从银行里跑出来，穿过马路，跳上了一辆等在路边的汽车。

不一会儿，一个修女和一个司机进了酒吧。

"二位受惊了吧？"善良的哈瑞也没有仔细打量这两个人，就说，"来，我请客，每人喝一杯咖啡。"

两个人谢了他。修女要了一杯咖啡，司机要了一杯啤酒。三个人谈起了刚才的枪声和飞过的子弹，偶尔喝一口杯子里的饮料。这时，街上又响起了警笛声。抢劫银行的罪犯抓住了，被送回银行验证。哈瑞走到前边的大玻璃窗前去看热闹。当他回到柜台边时，那个修女和司机再次感谢他，然后就走了。

哈瑞回到座位上，看着旁边空空的座位和杯子，咖啡杯的杯口处还隐约有些红色，他突然明白了什么，叫起来："噢！这两个家伙是刚才抢银行罪犯的帮手！"说完赶紧报了警。

请问：是什么东西引起了哈瑞的怀疑呢？

21. 集邮家

85 岁高龄的集邮家，今晚在他的卧室里为一位朋友的集邮品估了价。朋友去客厅参加舞会了，仆人走进来想请老人家上床休息，却发现他伏在桌子上，因颅骨受到致命打击而死亡，于是立即打电话请来了名探霍金斯。

霍金斯验过尸体，判断死亡时间约在20分钟以前。

仆人说："我进门时，好像听见轻轻地关门声，似乎是从后楼梯口传来的。"

霍金斯仔细察看了桌子上的五件物品：一把镊子、一本邮集、一册集邮编目、一瓶挥发油和一支用于检查邮票水印的滴管。霍金斯走出房间来到楼梯边，俯视下面的客厅，那儿正为集邮家的孙女举行化装舞会。

"谁将是死者遗嘱的受益者？"霍金斯问。

"嗯……有我，还有今天舞会上的所有人。"仆人答道。

霍金斯居高临下，逐一审视那些奇装异服的狂欢者，目光最后落在一个扮作福尔摩斯的年轻人身上。他斜戴着一顶旧式猎帽，叼着个大烟斗，将一个大号放大镜放在眼前，装模作样地审视着身边一位化装成白雪公主的姑娘。

"快去报警！"霍金斯吩咐仆人，"我要拘捕这位'福尔摩斯'先生。"

想一想，霍金斯依据什么判断出了凶手？

22. 发难名探

富有的贵妇人沃夫丽尔太太闲得无聊，竟动起了难倒名探哈利的念头。

这天，凌晨2时，哈利接到沃夫丽尔太太的男管家詹姆斯的告急电话，说

"夫人的珠宝被劫"，请他立刻赶来。

哈利走进沃夫丽尔太太的卧室，掩上门，迅速察看了现场：两扇落地窗敞开着。凌乱的大床左边有一张茶几，上面放着一本书和两支燃剩3英寸的蜡烛，门的一侧流了一大堆烛液。一条门铃拉索扔在厚厚的绿地毯上，梳妆台的一只抽屉敞开着……

沃夫丽尔太太介绍说："昨晚我正躺在床上借着烛光看书，门突然被风吹开了。一股强劲的穿堂风扑面而来。于是我就拉门铃叫詹姆斯过来关门。不料，走进来一个戴面罩的持枪者问我珠宝放在哪里。当他将珠宝装进衣袋时詹姆斯走了进来。他将詹姆斯用门铃的拉索捆起来，还用这玩意儿捆住我的手脚。"她边说边拿起一条长筒丝袜："他离开时，我请他把门关上，可他只是笑笑，故意敞着门走了。詹姆斯花了20分钟方挣脱绳索来解救我。"

"夫人，请允许我向您精心安排的这一劫案和荒唐透顶的表演致意。"哈利笑着说。

请问：沃夫丽尔太太的漏洞在哪里？

23. 巧过立交桥

罗尔警长快要过60岁生日了，可是看上去很年轻，50岁还不到的样子。这得归功于他的自行车，也许你不相信，这辆自行车陪着他30多年了，还是当年巡逻时骑的呢。后来，警察巡逻开上

了警车，可是罗尔警长坚持骑自行车，他说：“坐在警车里不锻炼，连路也跑不动了，怎么抓坏人？”

有一天下午，他骑着自行车在街上巡逻，一辆黄色轿车"呼"地从身边冲过，紧接着，身边传来喊叫声：“他偷了我的汽车！”罗尔警长赶紧蹬车去追黄色轿车，可是，自行车的两个轮子，怎么追得上四个轮子的轿车呢？才追了一条马路，他就累得直喘气，眼看轿车越来越远了。

这时候，他看见路边停着一辆集装箱卡车，司机正在卸货，他扔下自行车，跳上卡车，开足马力，继续追赶。

偷车贼还以为把警长甩掉了，心中暗自嘲笑：一辆破自行车，还想追我？哼，没门！忽然，他从后视镜里看见了卡车，司机就是那个老警察！他慌忙加大油门，警长紧追不舍，两辆车在公路上追逐着。

前方有一座立交桥，轿车一下子就从桥底下穿了过去，可是集装箱卡车的高度，恰恰高出立交桥底部 2 厘米，警长一个急刹车，停在立交桥前，好险啊！

罪犯看到卡车被挡住了，还回头做个怪脸，罗尔警长气得两眼冒火。他毕竟是老警察了，马上冷静下来，看了看轮胎，立刻有了主意。

几分钟以后，集装箱卡车顺利从立交桥底下穿过，罗尔警长终于追上了罪犯。

罗尔警长用什么方法，很快就让卡车通过了立交桥底下呢？

24. 消声器坏了

街上发生了一起车祸，一辆汽车撞伤了一个孩子并且逃跑了。警官梅森根据各种线索，当天晚上就找到了肇事嫌疑人洛克——一个身高 1.9 米的高个子。

洛克说：“我今天上午没用过这辆车，是我妻子用的。”洛克的妻子是位娇小玲珑的金发美人，身高不过 1.5 米。她向警察证实了丈夫的话。

梅森说：“根据目击者提供的线索，撞人的汽车噪声很大，好像消声器坏了。”

“那咱们就去试一下吧！”洛克把梅森带到车库，打开车门，然后舒舒服服地坐在驾驶座上，发动马达，在街上转了一圈儿，一点噪儿声也没有。

梅森微微一笑：“别演戏了，这个新消声器是你刚刚换上的。”

梅森是怎么做出这一判断的？

25. 神秘的盗贼

一个规模庞大的珠宝展在国际商贸大厅举行，其中最引人注目的是一粒巨大的钻石，价值超过千万元。

为了防止这粒钻石被人偷去，珠宝商特邀一家防盗公司设计制作橱柜，上有防盗玻璃，可以抵御重锤乃至子弹袭击，不会破裂。同时在会场中还有防盗设施如摄像探头等。

一天，参观的人很多，一个男子迅速地走到了玻璃柜前，用一个重锤向柜子一击，玻璃竟然破裂，男子抢去钻石，乘乱逃去。

警方事后到现场调查，发现玻璃的确是防盗玻璃，而摄像头则刚好只拍到盗贼的手，看不见他的真面目。

那么到底谁是盗贼，又用什么方法打破了防盗玻璃呢？警方根据防盗玻璃的特性，很快捉到了盗贼。你能找出谁是盗贼吗？为什么？

26. 拿破仑智救仆人

滑铁卢战役后，拿破仑被流放到圣赫勒那岛，身边只带了一个叫桑梯尼的仆人。

一次，岛上长官部派人通知拿破仑说："你的仆人桑梯尼因盗窃被逮捕了。"

拿破仑赶到长官部要求失主叙述事情的经过。"桑梯尼来找我的时候，我正在处理岛民交来的金币，就叫秘书带他去左边房间等一等。之后，我把金币放在这桌子里的抽屉里，锁上之后就去厕所了，但是我把抽屉上的钥匙遗忘在了桌子上。两三分钟后，我回来发现抽屉里的金币少了10枚。在这段时间里，

只有他一个人在房间里，桌子上又有我忘带的抽屉钥匙，不是他偷的还有谁呢？因此，我就命令秘书把他抓了起来。"

"但是，你应该知道，左边的门是上了锁的，桑梯尼无论如何也进不来。"拿破仑说道。

"他一定是先走到走廊，再从正中的那扇门进来的。"失主又说。

"你不是说你只离开两三分钟吗，桑梯尼在隔壁根本不可能看到你把金币放在抽屉里，也不会知道你把抽屉钥匙忘在桌子上，你离开的时间又那么短，他怎么可能偷走金币呢？"拿破仑反驳他道。"他准是透过毛玻璃看到了。"失主牵强地回答。

拿破仑要求去现场亲自查个究竟。他向房间左边的门走去，将脸贴到靠近毛玻璃左边的房间仔细地看去；只能大概地看见一些靠近门的东西，稍远一点儿就看不清了；他又走到左右两扇门前，摸摸门上的毛玻璃，发现两块玻璃的质量完全一样，一面光滑，一面不光滑，不同的是，左边房门上毛玻璃的不光滑面在失主房间这一边，而右边房门上毛玻璃的光滑面在失主房间这一边，右边房间是秘书室。拿破仑转过身来，指着门上的毛玻璃对失主说道："你过来看一看，从这块毛玻璃上桑梯尼不可能看到你所做的一切，你还是问问你的秘书吧？"失主叫来秘书质问，金币果然是他偷的。

请问：拿破仑推断的根据是什么呢？

27. 飞来的小偷

一天，日本的一位富翁在东京城外别墅里举行宴会，别墅里绿树成荫，百鸟齐鸣。客人们一边谈天说地，一边品尝着美味佳肴，一个个显得十分高兴。

这时，一位女宾在去洗手间洗手时，把钻石戒指放在外间靠窗的桌子上，再出来时，发现钻石戒指不见了。

门是关着的，洗手间在三楼，也没有人来过，别墅中的仆人都忠实可靠，何况，失窃之前也没有一个仆人上过楼。再说窗子外面也没有梯子，难道小偷是从天上飞下来的？

大富翁为此事很生气，认为这事又一次丢了他的面子。因为在他的别墅里，已经第三次发生这样的事了，他非要查个水落石出不可，他拿起电话就准备报警。

这时，从宾客中走出一位名叫山田吉木的中年人，他是位动物学家。他听

那位女宾讲了事情的经过，又听富翁讲了以前发生的两起失窃案件的经过，胸有成竹地说："先生，你别报警，这件事让我来试试吧！"

山田吉木先生在别墅四周转了转，指着一棵大树上的喜鹊窝说："派个人爬到树上，到喜鹊窝里查查看。"

一位机灵瘦小的仆人很快就爬上大树，他将手伸到喜鹊窝里一摸，大声叫道："金耳环、钻石戒指、项链，都在这儿哪！"

"这是怎么回事？"富翁问道。

山田吉木说出了一番话，富翁方如梦初醒。

你知道山田吉木说了什么话吗？

28. 被杀的猫头鹰

夏季的一天下午，著名昆虫学家法布尔正在院子里观察蚂蚁的生活。巴罗警长走了进来。他摘下帽子擦着汗说："法布尔先生，你知道吗，格罗得先生把他那只心爱的猫头鹰杀了，并且剖开了腹部。"

"昨天晚上，格罗得先生家里来了一位巴黎客人，他叫巴塞德，也是位钱币收藏家，是来给格罗得先生鉴赏几枚日本古钱的。正当他们在书房互相谈论自己的珍藏品，相互鉴赏的时候，巴塞德发现带来的日本古钱丢了三枚。"警长接着说。

"是被人盗走了吧？"法布尔问道。

"不是的，书房里只有他们二人，

肯定是格罗得先生偷的，巴塞德也是这么认为的。但追问格罗得时，格罗得却当场脱光了衣服，让巴塞德随便检查。当然没有搜到钱币，在书房内搜个遍也没有找到。"这位警长仿佛自己当时在场一样绘声绘色地说着，法布尔仍在埋头观察蚂蚁的队列。

"古钱被偷的时候，巴塞德没看见吗？"法布尔疑惑地说。

"没有，他正在用放大镜一个一个地欣赏着格罗得的收藏品，一点儿也没有察觉。不过，那期间格罗得一步也未离开自己的书房，更没开过窗户，所以，偷去的古钱不会藏到外面去。"警长肯定地说。

"那么，当时他在干什么？"法布尔接着问道。

"据说是在鸟笼前喂猫头鹰吃肉。"警长道。

"那古钱究竟有多大？"法布尔先生走到警长跟前坐了下来，看上去他对这桩案件也产生了兴趣。

"长3厘米，宽2厘米，共三枚。再能吃的猫头鹰，不可能把这种东西吃进肚里吧。但是，巴塞德总觉得猫头鹰可疑，一定是它吞了古钱，主张剖腹查看，而格罗得却反问，如果杀掉还找不到古钱又怎么办？能让猫头鹰再复活吗？"警长道。

"这可麻烦了。"法布尔若有所思地说。

"被他这么一说，倒使巴塞德为难

了，当夜也没再说什么，上二楼客房休息了。谁知今天早晨一起床，格罗得就将那只猫头鹰杀掉并剖开了腹部。可是，连古钱的影子也没见到。"警长似乎也很沮丧。

"那么，是不是深夜里换了一只猫头鹰？"法布尔更觉疑惑问道。

"不，是同一只猫头鹰。巴塞德也很精明，临睡前，为了不被格罗得调包，他悄悄地在猫头鹰身上剪短了几根羽毛，并且在今天早晨对照检查过，认定了没错。"警长说。

"真是细心呀。"法布尔夸赞道。

"如果猫头鹰没有吞食，那么，三枚古钱到底会去哪儿呢？又不能认为在猫头鹰肚子里融化，真是不可思议。巴塞德也无可奈何，最终还是报了案。所以，刚才我去格罗得的住宅勘察时，也看到了猫头鹰的尸体。先生，你对这起案件是怎么想的？"警长问法布尔。

法布尔慢慢站起身来说："是格罗得巧妙地藏了古钱。"

"可是他藏在哪里了呢？"警长疑惑地望着法布尔问道。

29. 珠宝店里的表

一家小珠宝店关门停业了三天。店员们都利用这三天假期出城探亲，第四天上午刚开店，便走进来一位顾客。他让店员打开橱柜，要看里面的手表。店老板丘吉从账桌那边走过来，打开橱窗，让他选择。这位顾客拿起一块表摆弄了一阵，问了价钱，说要考虑考虑，就走了。这位顾客刚离开不一会儿，丘吉发现橱窗里靠门的那边少了一串名贵的珍珠项链。他愣了片刻，立即吩咐店员关门闭店，而后挂了报警电话。

没出 5 分钟，巡警韦尔奈赶到了珠宝店。丘吉迎上去说："我相信盗贼在你们警察局是挂了号的，他的动作太神奇了，连我也没有看出来。"说完，他耸了耸肩，现出一副苦相。

韦尔奈问道："那个人长得什么样？"

丘吉眯起眼睛："很平常，个子高高的，戴一副茶色眼镜，衣着很考究，不过，脸面吗……我没看清。"

"如果他是惯偷，档案里一定能有他的指印，这店里也会留下的。"

"怕不会的，我看见他刚放下表，就立即戴上了手套。"

"那么表上一定会有的。请告诉我，那个人动了哪块表？"

"这谁知道。橱柜里挂着 100 多块表，凡是来买表的顾客都要摆弄一番，哪块表上能没有指印。"

"不，我认为这并不像您说的那样困难。"

巡警韦尔奈说着，已经用镊子夹起一块表："这就是那个人动过的那块表。"

然后，韦尔奈在那块表上取下了罪犯的指纹。很快，韦尔奈便根据这一线索，查出并逮捕了罪犯。

韦尔奈是怎样找出那块留有犯罪分子指纹的手表的呢？

30. 双重间谍

一个刺探情报的罗马双重间谍 R，不知被谁杀死了。他临死前，用身上的血写了一个"X"。据分析这个"X"指的是杀死他的人。而杀死他的人是这三个间谍（如下图所示）中的一个。

你知道是谁吗？

A间谍NW12号　　L间谍UP3号　　B间谍WY7号

31. 埃默里夫人的宝石

埃默里夫人是一位宝石商人，按照规律，今年的新宝石展销会又由埃默里夫人主持操办了。

但会议一开始，就令埃默里夫人很失望，她本以为珠宝商们应该知道如何穿戴，但来的人好像都不知该如何打扮。波士顿来的罗德尼穿着一件 20 世纪 70 年代流行的衬衫。亚特兰大来的朱利穿着一身运动装，脚上穿着胶底跑鞋。杜塞尔多夫来的克劳斯的袜子竟然一只是褐色的，另一只是蓝色的。

尽管对来宾颇为失望，但埃默里夫人还是认真地向来宾介绍着展销的宝石："我的宝石的品质跟以前一样好。请大家仔仔细细地观看，绝对没有次品。"

埃默里夫人一边介绍着，一边在心里琢磨着：今年的宝石展不像往年那样隆重，只要能把我精心准备的一块精美的绿宝石售出去就可以了，所以她特意把这块绿宝石放在一些人造蓝宝石、石榴石、鸡血石中间，希望能衬托出绿宝石的光泽。

就在她津津有味地介绍时，突然间外面的街上发生了非常强烈的撞车声，一下子把正听她讲解的人的注意力全部吸引到了街上，仅仅几秒钟，等埃默里夫人回过头来，发现桌子上所有的东西——包括不值钱的人造石榴石和那颗珍贵的绿宝石，全都不见了。埃默里夫人马上报了案，探长里尔带着助手立刻来到了现场，里尔查看了一番后对埃默里夫人说："街上的撞车事件一定是为了转移视线。"

很快，里尔就在一个胡同里，找到了一个布袋，打开一看，布袋里是闪闪发光的人造蓝宝石、鸡血石，可就是没有了那颗绿宝石。

"看来窃贼只想要绿宝石呀！我估计这一定是行内人士干的。"探长说道。

听探长这么一说，埃默里夫人立刻恍然大悟，对探长说道："我知道窃贼是谁了。"

32. 游船上的谋杀案

狂风怒号，海浪滔天，台风就像一个喝醉了酒的狂人，在肆意地发着酒疯，把海水搅得天昏地暗。海面上已经看不见任何船只了。渔船都避到港湾里，落下了帆，抛下了锚，等待着台风过去。

这时候，海岸警卫队接到 SOS 求救信号：有一艘游船，被困在大海里，随时有沉没的危险！海岸警卫队立刻派出救生快艇，冒着大风大浪，向出事的海域驶去。天漆黑一团，再加上十几米高的海浪，冲撞着快艇。小艇就像一片树叶，一会儿被抛上半空，一会儿又被压到浪底。几小时以后，快艇来到了发出信号的海面上，打开探照灯，四处搜寻着。

忽然，负责观察的水手叫起来："快看！那边有人！"探照灯"刷"地照射过去，在雪亮的光柱下，可以看见有一艘小游船，在海面上漂荡，一个男子在用力挥手，旁边还躺着一个人。救生艇赶快靠过去，经过了无数次的努力，终于把他们救了上来。可是，另一个男子已经死了，他的头上有一个大窟窿。

活着的那个男子满头大汗，他擦了一把汗，喘着气说："我叫保罗，已经三天没有喝上淡水了。两天前，我和汤姆驾着小帆船，出海去游玩，我们只顾得高兴，来到了离海岸很远的地方，这时候，船出了故障，无法再行驶了，又遇上了台风。船上没有食品和淡水，我们都又饿又渴。今天，汤姆实在忍不住了。到船舷边舀海水喝，脚下一滑，头撞到铁锚上死了。幸亏你们来了，不然我也没命了！"艇长听了他的话，立刻命令士兵："他就是凶手，马上把他监禁起来！"

艇长为什么会怀疑那个男子是凶手呢？

33. 血型辨凶手

这是个十分奇妙的案件。兄弟俩感情破裂，原因是为了争夺家产，见面也像仇人似的。一天，哥哥被发现死在街头，而弟弟此后失踪。

警方在现场侦查，发现了以下一些资料：

死去的哥哥的血型是 A 型，而在他身上，还发现另外一些血液，是属于凶手的，则为 AB 型。

警方发现死者父亲的血型是 O 型，母亲的血型是 AB 型，但失踪的弟弟血型却不清楚。

凭以上的资料，你认为失踪的弟弟会不会是凶手呢？

34. 四名嫌疑犯

一天早晨，在单身公寓三楼 301 室，好玩麻将的年轻数学教师被杀，是啤酒瓶子击中头部致死的。

在他的房内有一张麻将桌，丢着很多麻将牌，死者死时手里还摸着一张牌，大概是在断气前，想留下凶手的线索而抓住的。

被害人昨晚同朋友玩麻将，一直玩到夜里 10 点左右。这就是说，凶手是在等人都走了以后才下手的。

通过调查，警察找到了四名嫌疑犯。这四人都与被害人住在三楼。

他们是：住在 307 号房间的无业游民张某；住在 312 号房间的个体户钱某；住在 314 号房间的汽车司机孙某；住在 320 号房间的外地人陈某。

那么，凶手是谁？

35. 迷乱的时间

星期天傍晚，史密斯先生被人谋杀了。目击者告诉警方，他们在下午 5：06 分时听到了三声枪响，并且看到了凶手的背影，看起来像是一个中年男人。警方经过调查，确定了三个嫌疑人。有趣的是，他们都是球队教练，其中 A 先生和 C 先生是足球教练，而 B 先生是橄榄球教练。

这三位教练的球队，星期天下午都参加了 3 点整开始的球赛。A 教练的球队是在离死者住所 10 分钟路程的体育场上争夺"法兰西杯"；B 教练的球队

是在离史密斯先生家一个小时路程的球场上进行一场友谊赛；而 C 教练的球队是在离凶杀地点 20 分钟路程的体育场上参加冠军争夺赛。据了解，这三位教练在比赛结束之前都一直在赛场上指挥比赛，而且三场比赛都没有中断过。

在警察局里，三位教练回答了警长的询问。当警长问他们各自的比赛结果时，A 教练回答说："我们和对手踢成了平局，1 比 1，最后不得不进行点球决胜负，还好我们赢了。"B 教练则叹了口气："我们打输了，比分是 6 比 15。"而 C 教练则满面喜色："3 比 1，我的球队最后夺得了冠军！"

警长听后，朝其中的一位教练冷冷一笑："请你留下来，我们再聊聊好吗？"

经过审问，这位被扣留在警察局里的教练，正是枪杀史密斯先生的罪犯。你知道他是谁吗？

36. 马戏团的凶案

城里来了一个马戏团，大家都去看他们的表演，其中驯兽师拉特跟老虎的表演最受欢迎，他和女朋友——金发女郎梅丽也很快成了大家都很熟悉的人物了。

这天清晨，马戏团里突然传来一声尖叫，大家闻讯赶去，发现拉特俯卧在干草堆上，后腰上有一大片血迹，一根锐利的冰锥就扎在他的腰上。在他旁边，身着表演服的梅丽正捂着脸低声哭泣。

警察来到了现场。法医检查了拉特的尸体后告诉警官墨菲："死了大约有七八个小时了。也就是说，谋杀发生在半夜。"

墨菲转过身，看了一眼梅丽，说："请节哀。噢，对不起，你袖子上沾的是血迹吗？"

梅丽把她表演服的袖口转过来，只见上面有一道长长的血印。

"咦，"她看了一眼，"这一定是刚才在他身上蹭到的。"

墨菲问道："你知道有谁可能杀他吗？"

"不知道……"她答道，"但也许是赌场里的鲍勃。拉特欠了他一大笔钱。"

于是墨菲找到了鲍勃。鲍勃承认拉特欠了他大约 15000 美元，可同时发誓说他已有两天没见过拉特了。

墨菲很快就抓住了罪犯。你知道这个罪犯是谁吗？

37. 一张秋天的照片

花海公寓环境优美，路的两边是高大的梧桐树，池塘边有婀娜的杨柳，屋前屋后到处是鲜艳的花，还有绿毯子一样的大草坪。到了春天，公寓就像淹没在花的海洋里。夏天来了，吃过晚饭以后，小伙子和姑娘们，拿着录音机，来到大草坪上跳舞唱歌；年轻的爸爸妈妈们，带着活蹦乱跳的孩子，到游泳池去游泳戏水；老人们则摇着扇子，来到树荫下，聊着古老的故事。

村井探长就住在这幢公寓里，不过他常常很晚才回家，看不到这番景象。今天，他忙完了工作，已经是11点多了，忽然，报警电话铃响了，有个男子报案，他的妻子被人杀害了！村井探长问他的地址，真是太巧了，他就住在花海公寓302室，是村井的邻居。村井探长记得，男子个子不高，夫妻俩的关系似乎不太好，早上出门的时候，还听到他们在吵架。

他马上带着法医，赶到现场。经过检查，女主人是被勒死的，死亡时间是下午2点钟左右。男主人说："最近我和妻子有些小矛盾，吃过午饭以后，我就一个人到公园里去散心，晚饭也没回来吃。刚才回到家里，发现妻子已经……"他伤心地说着。村井探长问："您下午到公园去，有什么证据吗？"男子拿出一张照片说："我心情不好，就特地在梅花鹿的前面，拍了这张照片。"村井探长一看，男子站在一只雄鹿的旁边，鹿角好像高高的树杈，显得那么威风，更加衬托出男子的矮小。

村井探长看着照片说："你就是凶手，快说实话吧！"

村井探长根据什么说男子是凶手呢？

38. 凶手可能是美国人

在旧金山的一家宾馆内，有位客人服毒自杀，名探劳伦接到报案后前往现场调查。

被害者是一位中年绅士，从表面上看，他是因中毒而死。

"这个英国人两天前就住在这里，桌上还留有遗书。"旅馆负责人指着桌上的一封信说。

劳伦小心翼翼地拿起遗书细看，内文是用打字机打出来的，只有签名及日期是用笔写上的。

劳伦凝视着信上的日期——3.15.99，然后像是得到答案似的说："若死者是英国人，则这封遗书肯定是假的。相信这是一宗谋杀案，凶手可能是美国人。"

究竟劳伦凭什么这么说呢？

39. 撒谎的肯特

肯特在圣诞之夜请他新结识的摩西小姐到一家饭店共进晚餐。摩西小姐聪明活泼，美丽动人，肯特十分爱慕。两人聊了一阵，肯特发现摩西小姐对自己不大感兴趣，两人不久就离开了旅店。饭后心情沮丧的他在街上闲逛，遇见了名探罗克。

罗克问他为什么心情沮丧，独自一人在街上闲逛。肯特说了宴请摩西小姐的事。罗克问他在餐桌上同摩西小姐谈了些什么，肯特说："我向她讲了一个

我亲历的惊险故事。那是去年圣诞节前一天的早上，我和海军上尉海尔丁一同赶往海军在北极的气象观测站执行一项特别任务。那是一项光荣的任务，许多人想去都争取不到的。但可惜的是，我们在执行任务过程中，遇上了意外情况，海尔丁突然摔倒了，大腿骨折，情况十分严重。我赶紧为他包扎骨折部位。10分钟之后，更可怕的事情发生了，我们脚下的冰层开始松动了，我们开始脱离北极，随着水流向远方的大海漂去。我意识到这时我们已经前途渺茫，随时都有生命危险。特别是当时天气异常寒冷，滴水成冰，如不马上生火取暖，我们都会被冻死的，但是火柴用光了。于是我取出一个放大镜，又撕了几张纸片，放在一个铁盒子上，铁盒子里装了一些其他取暖物。我用放大镜将太阳光聚焦后点燃了纸片，再用点燃了的纸片引燃了其他取暖物。感谢上帝，火燃烧起来了，拯救了我们的生命。更幸运的是，四小时后我们被一艘经过的快艇救了起来。人人都说我临危不惧，危急关头采取了自救措施，是个了不起的英雄。"

罗克听后大笑起来："你说谎的本事太差了，摩西小姐没有对你嗤之以鼻，就已经够礼貌的了。"肯特讲的海上遭遇有什么地方不对吗？

40. 瑞香花朵

格林太太花了很多年时间种植一种名贵的灌木植物——瑞香。这种植物能开出十分美丽的花朵，而且由于非常耐旱，特别适合在当地种植。自然，这些瑞香也是格林太太最心爱的宝贝。

这天，格林太太准备外出度假一个月。让她头疼的是，她需要有人照料她的花园。最后她决定请同事卡罗尔小姐帮帮忙。格林太太告诉卡罗尔小姐要特别当心这些名贵的瑞香。

当格林太太度假回来时，她正好看见卡罗尔小姐在花园里，旁边站着许多警察，而那些名贵的瑞香却不见了。卡罗尔告诉警察，一定是有人偷走了它们，因为头一天晚上她还看到过这些瑞香。格林太太听到卡罗尔在对警察说，这一个月里，她一直在照料这些植物，每天都给它们浇水，所以它们显得比原先更美丽了。

格林太太冲进花园，打断了卡罗尔小姐的话。她对警察说："卡罗尔小姐在撒谎！你们要仔细审问审问她。"

格林太太为什么这么肯定？

41. 今年冬天的第一场雪

这是镇上今年冬天第一次下雪，雪下得很大，地上积雪很深，大约有30厘米左右。就在当天晚上，镇上那家小银行发生了失窃案，窃贼盗走了银行保险箱里所有的现金。

警察立刻开始调查，发现了一个可疑对象，他是个单身汉，两个星期前刚刚在银行附近租了一间平房。

第二天一早，警长带着两名警察来

到了这个人的住处。这间平房外表看上去很简陋，房子的屋檐上还挂着几根长长的冰柱。

这个男子打开门出来之后，警长对他进行了询问："昨天晚上你在哪里？"

"我两天前就到外地去了，今天早晨刚刚回来，还不到一个小时。"

警长看了看他的屋子外面，厉声说道："你在撒谎！"

警长为什么会这么说？

42. 骡子下驹

某镇发生了一起凶杀案，警察经过调查发现，一位从事奶酪业的农夫十分可疑。警察要求农夫提供不在场证据，农夫说道："怎么可能是我？那天晚上我一直在家里，我家的骡子生产，折腾了一夜，真倒霉，骡子难产，快要天亮的时候连骡子带驹都死了。"

警察追问："你还养骡子？"

"是啊，我想让他们相互交配生仔，没成功。要是当时有兽医在场就好了，只可惜我没钱，请不起兽医。"

你认为农夫的话可信吗？

43. 大侦探罗波

这是个蓝色的、明亮的夜晚。

大侦探罗波正驾着一辆小轿车在郊外的大道上飞驰。在明亮的车前大灯的照耀下，他猛然发觉有个男子正匆匆地穿越公路，只得"嘎"地一下急刹住车。

那男子吓得像定身法似的在他的车前站住了。

罗波跳下车关切地问道："您没事吧？"

那人喘着粗气说："我倒没事。可是那边有个人正倒在动物园里，他恐怕已经死了，所以我正急着要去报案。"

"我是侦探罗波，你叫什么名字？"

"查理·泰勒。"

"好，查理，你领我去看看尸体。"

在距公路大约 100 米处。一个身穿门卫制服的男子倒在血泊之中。

罗波仔细验看了一下说："他是背后中弹的，刚死不久。你认识他吗？"

查理说："我不认识。""请你讲讲刚才所看到的情况。""几分钟前，我在路边散步时，一辆小车从我身边擦过，那车开得很慢。后来我看到那车子的尾灯亮了，接着听到一声长颈鹿的嘶鸣，我往鹿圈那边望去，只见一只长颈鹿在圈里转圈狂奔，然后突然倒下。于是，我过去看个究竟，结果被这个人绊了一跤。"

罗波和那人翻过栅栏，跪在受伤的长颈鹿前仔细察看，发现子弹打伤了它的颈部。

查理说："我想可能是这样，凶手第一枪没打中人，却打伤了长颈鹿，于是又开了一枪，才打死了这人。"

罗波说："正是这样，不过有一件事你没讲实话：你并不是跑去报警，而是想逃跑！"

"奇怪！我为什么要逃跑呢？"查理莫名其妙地说，"我又不是凶手。"

罗波一边拿出手铐把查理铐起来，一边说："你是凶手，跟我走吧！"

后来一审查，查理果然是凶手。

可是罗波当时怎么知道他就是凶手呢？

44. 南美洲的大象

非洲撒哈拉沙漠，是世界上非常著名的沙漠探险地。为了能够征服它，无数的勇士来到这里，进行挑战极限的活动。

一天，负责救助的当地警察布鲁姆和他的助手正在沙漠腹地开车进行巡视，突然，他看见沙漠中躺着两个人，布鲁姆急忙停下车，来到了两个躺着的人跟前。他用手一摸，发现两个人都早已死亡，两个人的背上都挨了数刀。

布鲁姆马上开始检查尸体，从两个人的兜里，布鲁姆发现了这两具尸体的身份：两个人都是美国人，住在纽约，是美国一家沙漠探险俱乐部的会员。

布鲁姆让助手继续清理现场，然后，他便将这两具尸体的资料传到了总部。总部马上通过国际电报，通报给了美国纽约警察局。

纽约警察局对这起案件极为重视，马上成立了专案组，由汉斯担任组长。

经过仔细的调查，汉斯认为死者之一的麦劳斯先生的侄子约翰有重大嫌疑。于是，汉斯便驱车来到了约翰的住所。约翰很友好地接待了汉斯。他把汉斯让进屋里，然后问道："尊敬的汉斯先生，你找我有什么事吗？"

"是的，找你核实一件事。你叔叔麦劳斯先生最近去了哪里？"

"他去了非洲，又去探险了。"约翰回答道。

"我听说你也去了非洲，是陪你叔叔一同去的。"汉斯问道。

"不，我没有去非洲。本来我打算去的，可是，就在我要陪叔叔去非洲的时候，我的几个喜欢旅游的朋友硬要我陪他们一同去南美洲，我只好放弃了非洲，而去了南美洲。"

说到这，约翰从柜子里拿出了一张照片，又继续说道："你看，这是我在南美洲与大象照的合影！"

"够了，亲爱的约翰先生，我看你叔叔的死，就是与你有关。"接着，汉斯指着照片上的大象说了一番话，约翰不得不低下了头，并承认了杀死叔叔的真相。

汉斯讲了什么，约翰就承认了犯罪事实呢？

45. 寓所劫案

一个画家的寓所遭到抢劫，警方立即赶到现场。他们发现大门是开着的，就在他走进大厅时，突然听见从卧室传来阵阵痛苦的呻吟声，进去一看，原来画家负重伤倒在地上。画家忍痛发出微弱的声音："快……地道……"说着右手吃力地指向床底，警方随着他指的方向发现有一块板子，下面可能有地道，大概作案人是从这里逃出去的：但是警方却没有找到这个地道的开关。就在这时，画家又用十分微弱的声音吃力地说道："……开……关……掀……米……勒……"说完就断气了。警察反复地琢磨着"……开……关……掀……米……勒……"这句话，然后环顾了一下四周，发现房间里有一幅米勒的画像，还有一架钢琴。警察立即认定开关设在米勒的画像后面。可是他们将画像掀开后，却没有找到开关。

就在这时候，一位警察灵机一动，找出开关之所在，并沿着地道一路追踪，将罪犯抓获。

请问，你知道地道的开关设在哪里了吗？

46. "幽灵"的破绽

皇家大旅馆经理贝克斯刚要下班回家，襄理苏顿匆匆走进他的办公室，向他汇报说："刚才接到警方通知，'旅馆幽灵'已经来到本市，可能住进我们的旅馆，让我们提高警惕。"

贝克斯一惊："这个'幽灵'有什么特征？"

苏顿说："据国际刑警组织掌握的材料，他身高在 1.62 米到 1.68 米之间。惯用的伎俩是不付账突然失踪，紧接着旅客发现大量钱财失窃。他还经常化名和化装。"

贝克斯摇摇头说："我们该怎么办？如果窃贼真的住在我们旅馆里的话，你

要多加防范。昨天电影明星格兰包了一个大套间，她戴了那么多珠宝，肯定是个目标。大后天早晨还有八位阿拉伯酋长来住宿，你派人日夜监视，千万别出差错。"

"是的，我已经采取了措施。"苏顿说，"我们旅馆有四个单身旅客，身高都在 1.62 米到 1.68 米之间。第一个是从以色列来的斯坦纳先生，经营水果生意；第二个是从伦敦来的勃兰克先生，行踪有些诡秘；第三个是从科隆来的企业家比尔曼；第四个是从里斯本来的曼纽尔，身份不明。"

"这么说，其中每个人都有可能是'旅馆幽灵'？"

"可能，但您放心，我一定不让窃贼在这儿得手。"

第三天上午，八位阿拉伯酋长住进了旅馆。苏顿在离前台不远的地方执勤，暗中观察来往旅客。斯坦纳先生从楼上走到大厅，在沙发上坐下，取出放大镜照旧读他从以色列带来的《希伯来日报》。10 点，勃兰克和曼纽尔相继离开了旅馆。10 点 10 分，电影明星格兰小姐发现她的手镯、珠宝都不见了。苏顿顿时紧张起来，一边向警察报案，一边在思考谁是窃贼。

这时，他又把眼光落在斯坦纳身上。斯坦纳好像根本不知发生了什么事，仍正襟危坐，聚精会神地借助放大镜看他的报，从左到右一行一行往下移。突然，苏顿眼睛一亮，把斯坦纳请到了保卫

部门。

一审讯，果然是斯坦纳作的案。

请问：苏顿是怎样看出斯坦纳伪装的破绽的？

47. 聪明的谍报员

秘密谍报员马克来到夏威夷度假。这天，他在下榻的宾馆洗澡，足足泡了20分钟后，才拔掉澡盆的塞子，看着盆里的水位下降，在排水口处形成漩涡。漂浮在水面上的两根头发在漩涡里好像钟表的两个指针一样，呈顺时针旋转着被吸进下水道里。

从浴室出来，马克边用浴巾擦身，边喝着服务员送来的香槟酒，突然感到一阵头晕，随之就困倦起来。这时他才发觉香槟酒里放了麻醉药，但为时已晚，酒杯掉在地上，他也失去了知觉。不知睡了多长时间，马克猛地清醒过来，发觉自己被换上了睡衣躺在床上。床铺和房间的样子也完全变样了。他从床上跳下地找自己的衣服，也没有找到。

"我这是在哪里呀！"

写字台上放着一张纸，上面写着："我们的一个工作人员在贵国被捕，想用你来交换。现正在交涉之中，不久就会得到答复。望你耐心等待，不准走出房间。吃的、用的房间内一应俱全。"

马克立刻思索起来。最近，本国情报总部的确秘密逮捕了几个外国间谍。其中能与自己对等交换的只有两个人，一个是加拿大的，另一个是新西兰的。那么，自己现在是在加拿大呢，还是在新西兰？

房间和浴室一样都没有窗户，温度及湿度是空调控制的。他甚至无法分辨白天还是黑夜，就像置身于宇宙飞船的密封室里一样。

饭后，马克走进浴室，泡了好长时间，身体都泡得松软了。他拔掉塞子看着水位下降。他见一根头发在打着旋儿呈逆时针旋转着被吸进下水道。他突然想到了在夏威夷宾馆里洗澡的情景，情不自禁地嘀咕道："噢，明白了。"

请问：马克明白自己被监禁在什么地方了吗？证据是什么？

48. 小福尔摩斯

本杰明是一名普通的六年级学生。不过，他认为自己是个小福尔摩斯。一天，在路上散步时，他注意到有两个人正在争论着什么，就跑过去看看是怎么回事。本杰明认出这两个人是他的同学杰里米和雅各布。杰里米正在指责雅各布杀死了他最心爱的宠物——蟑螂！雅各布则辩解说："今天早晨，杰里米让我帮他照看一下他的蟑螂，所以我一天都把它带在身边。大约半小时以前，我发现蟑螂好长时间没有动弹了。我拍了拍笼子，它毫无反应，于是我就打电话给杰里米。当时，蟑螂就像现在这个样子。可是，杰里米却说我杀了他的蟑螂。真是好心没好报！"

本杰明看了看背上还带有光泽的蟑螂尸体，想了一会儿，最终断定的确是雅各布杀死了蟑螂。

他是怎么知道的？

49. 谍报员面对定时炸弹

某谍报员正躺在床上看杂志，突然觉得耳边有一种奇怪的声音在响，起初还以为听错了，可总觉得有时针走动的声音。枕头旁的闹表是数字式的，所以不会有声响。突然，一种不祥之兆涌向心头，谍报员顿时不安起来，马上翻身起来查看。

果然不出所料，床下被安放了炸弹，是一颗接在闹表上的定时炸弹。一定是白天谍报员外出不在时，特务潜进来放置的。这是一种常见的老式闹表，定时指针正指着 4 点 30 分。现在距离爆炸时间，只剩下 5 分钟。

闹表和炸弹被用黏合剂固定在地板上，根本拿不下来。闹表和炸弹的线，也被穿在铝带中用黏合剂牢牢粘在地板上，根本无法用钳子取下切断。而且，

闹表的后盖也被封住了，真是个不留丝毫空子的老手。

谍报员有些着急了。这间屋子是公寓的五层，不能一个人逃离了事。如果定时炸弹爆炸，会给居民带来很大的惊慌。时间一分一秒地过去，谍报员决定自行拆除，他钻进床下，用指尖轻轻敲动闹表字盘的外壳。外壳是透明塑料而不是玻璃制的，可并非轻易取得下来。万一不小心，会接通电流，就会有提前引爆炸弹的危险。

谍报员思索了一下，突然计上心来。在炸弹即将爆炸的前一分钟，终于拆除了定时装置。你知道谍报员采用的是什么方法吗？

50. 柯南断案

从前，有个十分聪明的孩子叫柯南。一次，他和父亲出门去外地，住在一家旅店里。可到了半夜的时候，有一个强盗手持钢刀闯进了他们的房间，并用刀逼迫柯南和他的父亲交出财物，否则就要对他们行凶。

这时，打更的梆子声由远而近地传来，心虚的强盗就催促假装在找东西的柯南赶快交出财物。可柯南却告诉强盗，如果着急的话就必须允许自己点亮灯盏来找。于是，就在打更的梆子声在房间的门外响起的时候，柯南点亮了灯盏，并把父亲藏在枕头下面的钱交给了强盗。可就在这个时候，门外的更夫却突然大声地发出了"抓强盗"的喊叫声，

很快，人们就冲进了房间，抓住了还来不及跑掉的强盗。

你能想到柯南是怎样为走在门外的更夫做出屋里有强盗的暗示的吗？

51. 聪明的珍妮

珍妮姑娘现在浑身颤抖，眼前的那个女人好像是受通缉的维朗尼卡·科特！

这是在湖滨旅馆，珍妮姑娘乘电梯看见一对穿着入时的夫妇时吃了一惊。他俩虽然戴上大号的太阳镜，但那女人的嘴型和步态，让珍妮姑娘想起一部新上映的电影。电影里的那个女人叫维朗尼卡·科特，此刻，她正在被通缉，因为她和一次爆炸事件有牵连，在那次事件中有三人丧生。

珍妮姑娘走进自己的房间时，看见那对夫妇走进了隔壁房间。

珍妮想："说不定，她并不是维朗尼卡·科持。假如没弄清事情，就请警察来打扰这对正在海滨好好度假的年轻人，真有点儿不忍心。不过，如果我能弄清楚他们在说什么，那倒可以给我提供一些线索。"

她贴近墙壁，但只能听到一些分辨不清的微弱声音。她把一个玻璃杯反扣在粉红色的墙纸上，结果仍然听不到什么。

她给服务台挂了个电话。

一会儿，科尔医生带着一个黑色的小提包走了进来。珍妮向他解释自己的疑虑和打算。那人耸了耸肩说："可能不行吧。"

珍妮说："这种办法也许行。事关重大，还是试试吧。"

她从科尔的提包里取出一个东西，用它贴着墙壁，想偷听隔壁房间的谈话内容。啊，听清了！

他们果真是科特夫妇，正在商量如何赶一趟飞往阿根廷的班机，以便脱离被逮捕的危险。

于是珍妮马上给警察局挂了电话。

当天晚上，电视新闻的头条消息是：科特夫妇在湖滨旅馆被捉拿归案。

你知道，聪明的珍妮从科尔的提包里拿出的是什么东西吗？

52. 衣柜里的女尸

一位富翁晚年得女，将女儿视为掌上明珠。不幸的是，有一天她被人绑架，数日后，附近一幢别墅的户主发现了尸体。

别墅的户主对警方说："我是做船

务生意的，经常外出。我妻子和儿子都在国外，这房子大概有两年没人住了。昨天晚上我返港，早上特意回来取一些衣物，没想到在衣柜里发现了这具女尸。"

警方听完户主的话，将衣柜仔细检查了一遍，发现衣柜里放了不少樟脑丸，于是立即逮捕了别墅户主。

你知道其中的原因吗？

53. 罪犯逃向

一天下午，在两名警察的协助下，探长西科尔和助手丹顿小姐于森林公路中段截获了一辆走私微型冲锋枪的卡车。经过一场激烈的搏斗，四名黑社会成员有三名当场被擒获，首犯巴尔肯被丹顿小姐的手枪击中左腿后，逃入密林深处。

西科尔探长立即命令两位地方警察押送被擒的罪犯前往市警署，自己带领丹顿小姐深入密林追捕巴尔肯。

进入密林后，两人沿着血迹仔细搜捕。突然，从不远处传来一声沉闷的猎枪射击声和一阵不规则的动物奔跑声。想必这只动物已经受了伤。果然，当西科尔和丹顿小姐持枪赶到一块较宽敞的三岔路口时，一行血迹竟变成了两行近似交叉的血迹左右分道而去。显然，逃犯和受伤的动物不在同一道上逃命。

怎么办？哪一行是逃犯的血迹？丹顿小姐看着，有些懊丧起来。但西科尔探长却用一个简单的方法，便鉴别出了

逃犯的去向，最终将其擒获。

请问：西科尔探长是怎样鉴别出逃犯的血迹的？

54. 求救信号

一个海滨浴场，阳光明媚，景色宜人，一架游览的小型飞机正在海滨上空飞行着。机上一共有四位游客，都是专门来阿姆斯特丹游玩的。飞机沿着海岸慢慢地飞行着，突然那个一上飞机就对风景不怎么感兴趣的穿白色西装的乘客，拿出一把枪打碎了飞机上的通信系统。然后用枪指着飞行员的脑袋命令道："赶快把飞机飞到前面的那个小岛去！"

吓坏了的飞行员名叫吉米，他知道飞机上遇到了劫匪，心中一阵慌乱，手脚也不禁有些不听使唤了，飞机像巡逻兵飞行表演一样，在空中打着摆子玩着花样。

"蠢货，我不会杀你。只要你按我的指示，降落在那个小岛就是了。快让飞机正常飞行。快点儿，我可不想让我的子弹因为生气打穿你的脑袋。"白西装乘客用枪敲着飞行员吉米的脑袋说。

"好……好的，只要你不杀我，只要你不杀我。"飞行员吉米结巴地说道。

很快飞机就正常飞行了，眼看着就要着陆了，白西装乘客高兴地对吉米说："朋友，你真是好样的，我不杀你，待会儿在你的腿上留点儿纪念就可以了。你看，我的朋友来接我了。我可不想在我的朋友面前展现野蛮的一面。"

果然，小岛附近的海面上，露出一个像鲸似的黑影，划开一条白色的波纹，浮上来一艘潜水艇。小岛上站着荷枪实弹的海军陆战队士兵。

"哈哈，蠢货，放下你的枪吧。睁大你的狗眼，看看是谁的朋友来了。"飞行员吉米大笑着说。

"噢。我明白你小子是怎么干的了。原来你刚才是故意装害怕的。"白西装乘客绝望地叫道。飞机一着陆他就被抓了。

你知道飞行员吉米是如何求救的吗？

55. 神秘的情报

大侦探波罗一向足智多谋，善于解决各种疑难问题。一次，警察从一个打入贩毒集团内部的警员那里，得到一份极重要的情报，据说上面写下了关键人物及要害事件。但警察局上

```
          710
57735    34
        5509
51  036145
```

上下下都看不懂这些莫名其妙的记号，而且又不可能向打入对方内部的警员询问。正当一筹莫展之际，大侦探波罗前来警察局看望他的一个朋友，大家急忙向他请教。波罗稍加思索，便知道了这一重要情报的内容。

你能破译出来吗？

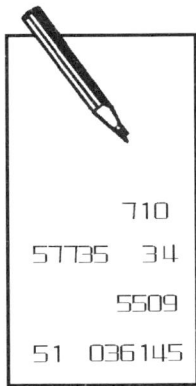

56. 匿藏赃物的小箱子

夜晚，一个身手矫健的黑影趁门卫换岗的机会，溜进了一家民俗博物馆，盗走了大批的珍宝。

侦探阿密斯接受这个任务后，马不停蹄，迅速地把本市所有的珠宝店和古董店都调查了一遍，但一无所获，没有一点儿线索。

无奈，阿密斯找到了大名鼎鼎的探长斯密特向他请教。

"请问，假如你偷了东西，你会藏到珠宝店或者银行的保险箱里吗？"斯密特探长反问起来。

"哦，我当然不会。"阿密斯答道。

斯密特探长说："我说你不必费心了，不要到那些珠光宝气的地方去找，应到那些不起眼的地方走走。"

他们说着话来到了城边的贫民区。阿密斯一脸的疑惑："这里能找到破案的线索吗？"他表现在脸上，但嘴里没有说。这时，有一个瘦弱的青年从身后鬼鬼祟祟地闪了出来。他低声问："先生，要古董吗？价格很便宜。"

"有一点儿兴趣。"斯密特探长漫不经心，"带我去看一看。"

只见那个青年犹豫一下，斯密特马上补充了一句："我是一个古董收藏家，要是我喜欢的话，我会全部买下来的。"

那人听说是个大客户，就不再犹豫，带着他们走过了一个狭小的胡同，来到一个不大的制箱厂。在这里还有一个青

年，在他面前堆满了从 1 ～ 10C 编上数字的小箱子。

等在这里的青年和带路人交谈了几句，就取出了笔算了起来，他写道："×××＋396=824。显然，第一个数字应该是 428，他打开 428 号箱子，取出了一只中世纪的精美金表。忽然，他看见了阿密斯腰间鼓着的像是短枪，吓得立刻把金表砸向阿密斯，转身就跑。阿密斯一躲，再去追也没有追上，就马上返回了。

斯密特探长立刻对带路人进行了审讯。

"我什么也不知道。"带路人看着威严的警察，"我是帮工的，立一个客户给我 100 美元。"

"还有呢？"斯密特探长追问。

"我只知道东西放在 10 个箱子里，他说过这些箱子都有联系而且都是 400 多号的……"

"联系？"斯密特探长琢磨起来。接着，他发现一个有趣的现象：把 428 这个数字的不同数位换一换位置，就是 824，这就是说，其他的数字也有同样的规律！斯密特探长不用 1 分钟就找到了答案。

斯密特探长是怎样找到答案的呢？

57. 常客人数

某天，警察例行检查，言语十分不客气，于是商店服务小姐在回答"光顾商店的常客人数"时，这样回答："我

这里的常客啊，有一半是事业有成的中年男性，另外 1/4 是年轻上班族，1/7 是在校的学生，1/12 是警察，剩下的四个则是住在附近的老太太。"

试问：服务小姐所谓的常客究竟有多少人呢？

58. 摩天大楼里的住户

约翰住在一座 36 层高的摩天大楼里，但是我们不清楚他到底住几层。这座楼里有好几部电梯在同时运行，而且每部电梯无论是向上还是向下，每到一层都会停靠。每天早上，约翰都会准时离开他的家，然后去乘电梯。约翰说，无论他乘哪部电梯，电梯向上的层数总是向下的 3 倍。

现在你知道约翰到底住在几楼吗？

59. 不在场证明

昨晚下了一场大雪，今早气温降到了零下5℃。刑警询问某案的嫌疑犯，当问到她有无昨夜11点左右不在作案现场的证明时，这个独身女人回答："昨晚9点钟左右，我那台旧电视机出了毛病，造成短路停了电。因为我缺乏电的知识，无法自己修理，就吃了片安眠药睡了。今天早晨，就是刚才不到30分钟之前，我给电工打了电话，他告诉我只要把大门口的电闸给合上去就会有电了。"

可是，当刑警扫视完整个房间，目光落在水槽里的几条热带鱼时，便识破了她的谎言。

请问：刑警发现了什么？

60. 门口的卷毛狗

一天，梅格雷警官在一所住宅的后门看见一个可疑男子。"你等会儿再走。"梅格雷警官见那人形迹可疑便喊了一声。那人听到喊声，愣了一下，停下了脚步。

"你是不是趁这家里没人，想偷东西？"

"您这是哪儿的话，我就是这家的啊。"那个人答道。正说着，一条毛乎乎的卷毛狗从后门里跑了出来，站在那个人身旁。"您瞧，这是我们家的看家狗。这下您知道我不是嫌疑的人了吧？"他一边摸着狗的脑袋一边说。那条狗还充满敌意地冲着梅格雷警官"汪、汪"直叫。

"嘿！梅丽，别叫了！"

听他一喊，狗立刻就不叫了，马上快步跑到电线杆旁边，跷起后腿撒起尿来。

梅格雷警官感到仿佛受了愚弄，迈腿向前走去，可他刚走几步，好像突然想起了什么，又急转回身不由分说地将那个男子逮捕了，嘴里还嘟囔着："闹了半天，你还是个贼啊。"

那么，梅格雷警官到底是根据什么识破了小偷的诡计呢？

61. 雨后的彩虹

一个炎热的夏天，太阳好像一个大火球，晒得空气都热烘烘的。大街上的人都是脚步匆匆的，人们尽量躲在家里，一边吹着电风扇，一边责骂着："老天呀，你就发发善心下一场大雨吧，热得受不了啦！"

也许真是老天发了善心，随着一道闪电，只听到"轰隆隆"一声炸响，天上噼里啪啦下起了雷雨。火辣辣的太阳不见了，躲到了乌云后面，豆大的雨点砸在屋顶上、马路上、窗户玻璃上，溅起一朵朵小小的水花，真是好看！过了一会儿，雨停了，空气一下子变得那么凉爽。雨后的天空，出现了一道美丽的彩虹。人们纷纷走出家门，呼吸着新鲜的空气，大街上渐渐热闹起来。

忽然，一家银行的报警器响了，有个蒙面人闯入银行抢劫，银行员工偷偷按响了报警器，抢劫者抢了一点钱，赶紧逃出来，混进了大街上的人群里。警察火速赶到，封锁了现场，并且根据目击者说的外形特征，抓住了三个嫌疑犯，高斯警长当场进行了审问。

第一个嫌疑犯说："当时我在银行对面，听到有人抢银行，才过来看热闹的。"第二个嫌疑犯说："雨停了以后，我站在马路边欣赏彩虹，可是阳光太刺眼了，我看到银行隔壁有一家眼镜店，就准备去买墨镜。"第三个嫌疑犯说："我走过银行的时候，外面下起了雷阵雨，只好在里面躲雨，没想到碰上了抢劫案。"高斯警长做完了笔录，让三个人都签了名，然后对身边的警员说："这三个嫌疑人当中，有一个人在撒谎，暴露了他的罪犯身份，我已经知道谁是真正的罪犯了！"高斯警长说的罪犯是谁呢？

62. 冰凉的灯泡

一个夏日的傍晚，侦探麦考小姐来到和她约好的朱莉家中吃晚饭。仆人先招呼她在客厅坐下，然后上楼去通报，不到一分钟，二楼突然传来惊叫声，接着，仆人慌张地出现在楼梯口，喊道："不好了，朱莉小姐可能遇害了！"

麦考听罢，立即跑上去与仆人撞开书房的门，书房里没有开灯，月光透过窗户射了进来，书桌上放有一盏吊灯。

仆人对麦考说："我刚才来敲门，没人应答，门从里面反锁着。我从锁孔往里一瞧，灯光下只见小姐趴在桌上一动不动。忽然，房中漆黑一片，我猜一定是凶手关了灯逃跑了。"

麦考用手摸了摸灯泡，发觉灯泡是冰凉的，她迟疑了一下，打开灯，只见朱莉头部被人重击，死在书桌旁。

麦考问仆人："你从锁孔看时，书房的灯泡是亮着的吗？"

仆人回答说："是的。"

"不！你在说谎，凶手就是你！"麦克说着给仆人戴上了手铐。

麦考怎么知道仆人就是凶手呢？

63. 锐眼识画

一天，有人拿来一幅画给一位著名的艺术收藏家看。这是一幅圆桌武士比武的图画，看起来非常古老，有些地方有虫蛀的痕迹。图上画的是四个武士正从自己的剑鞘中拔出剑来准备战斗，其中第一个武士的剑的形状是直的，第二个武士的剑是弯的，第三个武士的剑是波浪形的，第四个武士的剑是螺旋形的。稍稍看了一眼，这位收藏家就立刻断定这幅画是假的。

你知道他是怎么判断的吗？

64. 装哑巴

有个秀才名叫蒋勤，他有一匹膘肥体壮、性情凶猛的烈马。那马莫说是人，就连别的马一接近它，也会被踢伤或踢死。因此，蒋勤外出时十分注意，要么将自己的马拴开，要么叫别人的马拴远点儿。

一天，他来到县城，就把自己的马拴在离店铺较远的一棵树上。正要走开，看见一个富家公子吩咐随从，将马也拴在这棵树上，蒋勤连忙劝阻："客官且慢，我这马性情暴烈，怕有格斗之危。"

那随从狗仗人势，根本不听蒋勤之劝。

蒋勤又转身对主人说："公子明断，我这马性烈，请将马另拴别处。"富家公子一听怒不可遏，厉声说："我定要拴在这里，看你把我怎样！"说罢就走了。

不多时，蒋勤的烈马就将富家公子的马踢死了。富家公子一见大发雷霆，就吩咐随从将蒋勤扭送到县衙。

知县王文敏升堂后，看见原告是本县有名的富家公子苏衙内，知道不好对付，问清原委后，就以验马尸为名宣布退堂。随后王文敏一边派人验马尸，一边派人向蒋勤授意，要他明日到公堂上委屈一下。果然，王文敏非常利索地断了此案，为蒋勤讨回了公道。

王文敏是怎样审案的呢？

65. 破解隐语

警署截获了某走私集团的一份奇怪的情报，上面有四句隐语："昼夜不分开，二人一齐来，往街各一半，一直去力在。"

某警员经过研究，破解了隐语的意思，并连夜发动群众集合警员，作了战斗部署，很快破获了这个走私集团。

你能判断出这四句隐语的意思吗？

66. 律师的判断

里特气急败坏地来找律师，诉说一件棘手的事情：

"我家有个花匠叫阿根，三天前他跑到我的办公室，一边点头哈腰，一边傻笑着公然向我索取10万美金，他自称在修剪家父书房外的花园时，拾到一份家父丢弃的遗嘱，上面指定我在新西兰的叔叔为全部财产的唯一继承人。这消息对我来说犹如五雷轰顶。父亲和我在11月份的某一天，曾因我未婚妻珍妮的事发生过激烈争吵。父亲反对这门婚事，有可能取消我的继承权。阿根声称他持有这第二份遗嘱。这份遗嘱比他所索取的更有价值。因为这份遗嘱的签

署日期是 11 月 30 日夜 1 点。比已生效的遗嘱晚几个小时，所以它将会得到法律的承认。我拒绝了他的敲诈，于是他缠着我讨价还价。先是要 5 万，后来又降到 2 万。律师，这该如何处理呢？"

"我说，你应该一毛不拔。"律师说。

你知道律师为什么这样说吗？

67. 蜘蛛告白

一年冬天，拿破仑的法兰西军队排列整齐，开始向荷兰的重镇出发。荷兰的军队打开了所有的水闸，使法兰西军队前进的道路被滔滔大水淹没，拿破仑立即下令军队向后撤退。正在大家感到焦虑的时候，拿破仑看到了一只蜘蛛正在吐丝，拿破仑果断地命令部队停止撤退，就在原地做饭，操练队伍。两天过去后，漫天的洪水并没席卷而来。后来法兰西军队在拿破仑的带领下，将荷兰的重镇攻破了。

你知道是什么使拿破仑改变了撤退的主意，并取得最后的胜利吗？

68. 杀人犯冯弧

唐朝时，卫县有个大恶霸名叫冯弧。他倚仗着姐夫吴起是朝内掌管刑狱的大官，所以一向为非作歹，无恶不作。

有一天，冯弧和县城里一个开饭店的老板下棋，眼看着要输棋，冯弧就开始逼着对方让着他，可店老板说什么也不干，执意要赢冯弧。

冯弧当即容颜大变，怒目圆睁，从腰间掏出一把刀，一下就将店老板刺死在棋桌旁。死者家属连夜告到县衙，要求严惩凶手。

县令张方马上命人将冯弧抓了起来，并连夜起草了一份判处冯弧死刑的案卷，派人以最快速度送到了京城。

掌管刑狱的大官吴起接到案卷打开一看，呈报上来的案子竟然要判自己小舅子的死罪，便马上批道：此案不实，请张县令另议再报。随后，他又悄悄地给张方写了封信，说明冯弧是他小舅子，让他从轻处理，将来一定保举张方晋升高官。

张方接到退回的案卷和说情信后，心中非常气愤。他不愿徇私情，便再次把案卷呈了上去，可几日后，案卷依然被退了回来。张方不气馁，第三次又呈了上去，可同第二次一样，案卷照样被退了回来。

几次上报，几次被退回，张方就猜到了一定是吴起有意在包庇冯弧，如果还如此上报，肯定是还会被退回。他决定想个办法，以达到惩治冯弧的目的。经过几天的冥思苦想，他终于想出了一个办法，使吴起批准将冯弧斩首示众了。

张方想的是什么办法呢？

69. 县令验伤

从前，有一个叫胡昆的恶棍，经常惹是生非，打架作恶，连县令也不敢管他。

一天，他又把一个叫柳生的人打了。

柳生告到了县衙。恰巧这时前任县令因贪污被革职了，新任县令李南公受理了此案。他查明情况后，派人把胡昆抓到了县衙，重责 40 大板，并罚他给柳生 20 两银子作为赔偿。

胡昆回到家里后，气得几天吃不下饭。他从没受过这个气，发狠心要报仇。

这天，他把心腹申会叫到跟前，商量怎样才能报仇。申会鬼点子很多，只见他的鼠眼转了几转，便想出了一个坏主意。他对胡昆一说，胡昆脸上露出了阴险的笑容。

几天后，胡昆又找碴儿把柳生打了。这次比上次打得更重，柳生身上青一块，紫一块，痛苦不堪。他被人搀扶着又来到县衙告状。

李南公听柳生哭诉了被打的经过后，不禁大怒，命人立即把胡昆抓来。

不一会儿，胡昆来了，但不是被抓来的，而是被抬来的。只见他哼哼呀呀，在担架上疼得乱滚。

李南公上前一看，不禁一怔。只见胡昆身上的伤比柳生还重，浑身也是青一块，紫一块，几乎没有一块好地方。

这是怎么回事呢？但是李南公沉思了一会儿，终于想出了一个办法。他走到柳生跟前，轻轻摸了摸伤处，又走到胡昆跟前，也轻轻摸了摸伤处，然后说道：

"大胆胡昆，今日作恶不算，还想蒙骗本官，与我再打 40 大板。"

于是，胡昆又挨了 40 大板。打完后，李南公又问道："还不从实招来。"

"我说，我说……"胡昆怕再挨打，只得如实交代了假造伤痕的经过。

原来，南方有一种柳树，用这种树的叶子涂擦皮肤，皮肤就会出现青红的颜色，特别像殴打的伤痕。若是剥下树皮横放在身上，然后再用火烧热烫烫皮肤，就会出现和棒伤一样的痕迹。这些假造的伤痕和真伤十分相像，就是用水洗都洗不掉。那天，申会给胡昆出的就是这个主意。他们把柳生打伤后，急忙回家用柳树的叶和皮假造了伤痕。

李南公是怎样检验出胡昆假造伤痕的呢？

70. 被打翻的鱼缸

探险家沃尔，每到一个地方就会带那个地方的特色鱼回家。他家的客厅里摆放着各种形状的鱼缸，里面养着他从世界各地搜罗回来的鱼，他的家里简直称得上是一个鱼类博物馆了。

一天夜里，沃尔夫妇外出旅行，只留下一个佣人和两个女儿在家，知道了这种情况后，一个卖观赏鱼的家伙偷偷地溜进了沃尔的家。因为他对沃尔家的鱼已经觊觎很久了，所以他一进去首先将室内安装的防盗警报电线割断。

然而，他运气不佳，被起来上厕所的佣人发现，在黑暗中，他们发生了激烈的搏斗，不小心将很大的养热带鱼的鱼缸碰翻掉在地板上摔碎了。就在他将匕首刺进佣人的胸膛之时，他也摔倒在地，慌忙起身爬起来时，突然"啊"地惨叫一声，全身抽搐当即死亡。

听到打斗声和惨叫声，两个女儿立即拨打电话报警。

警察勘查现场发现，电线被割断了，室内完全是停电状态。鱼缸里的恒温计也停了电，但是盗贼的死因却是触电死亡。

当刑警们迷惑不解之际，接到女儿电话的沃尔也急忙赶了回来，他一看现场，就指着湿漉漉地躺在地上死去的那条长长的奇形怪状的大鱼说："难怪呢，即使没电，盗贼也得被电死。这就叫多行不义必自毙！"你知道这是为什么吗?

71. 做贼心虚的约翰

一天，史密斯被人发现死在自己的家中。

警察经过勘查，断定属于谋杀案，于是波特警官打电话通知史密斯的家人。电话打到史密斯夫人的哥哥约翰家时，约翰接起了电话。波特警官说："约翰，我很遗憾地告诉你，你的妹夫被人谋杀了。"

"史密斯死了?他一定是得罪了什么人。波特警官，史密斯的脾气相当不好，两个月前他与我的大妹夫因为打牌输了500美元而发生争吵，上个月又因为金钱问题而与我的二妹夫差点儿动起手来……"

"约翰，你提供的信息很有价值，我待会儿将登门问你一些更详细的情况。"放下电话，波特警官对助手说："走，我们去逮捕约翰。"

你知道波特警官凭什么断定约翰是凶手吗?

72. 致命的烧烤

这年的仲夏夜，某电器公司举行烧烤旅行，借此联络员工之间的感情。整晚烧烤，好多人疲态毕露，只有班域仍在继续烧烤，似未有疲态。此时，同事山姆兴高采烈地携着一只肥兔来，对班域说："给你一份厚礼，是我在山上捉到的，味道应该不错！"

班域是个美食专家，对肉类最为喜爱。一看到眼前这只肥大的白兔，兴奋得立即用尖树枝穿着，烧熟吃了。不料，就在返回公司的途中，班域竟然在旅游大巴上暴毙了。警方验尸报告证实，死者是中毒而死的。

请你们推理一下谁是凶手，班域是

如何中毒毙命的呢？

73. 小镇的烦心事

小镇的居民近来遇到了一大堆的烦心事，不但犯罪率居高不下，而且失业率高涨，更糟糕的是，公交公司的工人由于工资太低，正在罢工。一切似乎都乱了套，而让人们觉得雪上加霜的是，一向乐善好施的布莱克夫人竟然被杀害了！警方在现场拘捕了两个嫌疑人——流浪汉菲利普和银行职员托马斯。

菲利普的供词如下："我正在街上溜达，想找点吃的，突然听到一个妇女在尖叫。我跑过拐角，看到布莱克夫人躺在地上。托马斯正站在她身边。他一看见我，立刻拔腿就跑。于是，我就打电话给警察了。"

托马斯则是这样说的："我正在坐公共汽车，准备去我常去的那家俱乐部找几个朋友玩扑克。刚下车，我就听到拐角处有人发出一声尖叫。我冲过去，看到菲利普正在用刀刺布莱克夫人的身体。我本想抓住他，但他却跑了。于是，我就叫了警察。"

根据供词，警方立刻发现了谁是凶手，并逮捕了他。

你知道凶手是谁吗？

74. 他绝不是自杀

探长被人发现在自己办公室内自杀，他所用的是自己的佩枪。到现场调查的探员，在佩枪上发现了探长的指纹。

探长平时习惯用右手握枪，自杀时用的也是右手。因此，现场调查的探员推断他是自杀无疑。但探长的好友卡特认为探长性格坚强，不可能自杀。他经过观察、分析后，提出有力证据，证明探长是被人谋杀的。

请细心观察下图，指出卡特提出的证据是什么。

75. 聪明的探长

在村子里，苏珊是个很不讨人喜欢的人。所以当她死了的消息传来时，没什么人觉得惊讶。她是在教堂的停车场里被人谋杀的，当时教堂里面正在进行星期天的礼拜活动。警察在她的额头上看到了一个弹孔，子弹很明显是从旁边那座 25 米高的钟楼顶上射出来的。

当探长梅特雷到达现场时，他的助手已经确定了三个嫌疑人。

首先是惠特尼牧师。苏珊一向喜欢在教堂里炫耀自己，并不断嘲笑他人。很多人为了避免看到她，就不来教堂了。这使得惠特尼牧师非常恼火。

第二个是卡罗尔，苏珊的表妹。苏

珊的母亲是卡罗尔的姨妈，她在去世之后给苏珊留了不少钱，所以苏珊一直在卡罗尔面前得意扬扬，卡罗尔因此怀恨在心。

最后一个是老兵维克多。他由于在战争中受伤，眼睛很不好，苏珊却老是讥笑他是个"瞎子"。对此他一直耿耿于怀。

助手汇报完了，梅特雷探长微微一笑："我知道谁是凶手了。"

凶手是谁呢？

76. 凶手可能是律师

深夜，街上发生了一起谋杀案，死者名叫查尔斯。警方在现场找到了一个律师常用的公文包，接着警方在现场附近拘捕了三个嫌疑人罗伯特、汉森和马修，而且确定这三人中肯定有一人是凶手。

他们三人所做的供词如下：

罗伯特：（1）我不是律师。（2）我没有谋杀查尔斯。

汉森：（3）我是个律师。（4）但是我没有杀害查尔斯。

马修：（5）我不是律师。（6）有一个律师杀了查尔斯。

警方最后发现：

Ⅰ.上述六条供词中只有两条是实话。

Ⅱ.这三个可疑对象中只有一个不是律师。

那么，究竟是谁杀害了查尔斯？

77. 加油

四个开车的人同时到加油站加油，并在付油钱的同时都在店里买了东西。从以下给出的线索中，你能叫出每位驾驶员的名字、他开的车的品牌和所买的东西吗？

现在已知线索是：

（1）彼得和标致车车主站在同一组加油泵的对面。那个车主买了一袋糖果。

（2）买杂志的那个车主不是萨利，开的也不是沃克斯豪尔车。

（3）伯特在5号泵加油。

（4）买报纸的车主在3号泵加油。

（5）在2号泵加油的女士没有买书，福特车的主人也没买书。开福特车的不是尤妮斯。

（6）驾驶员：伯特，尤妮斯，彼得，萨利。

（7）车：福特，标致，丰田，沃克斯豪尔。

（8）买的东西：书，杂志，报纸，糖果。

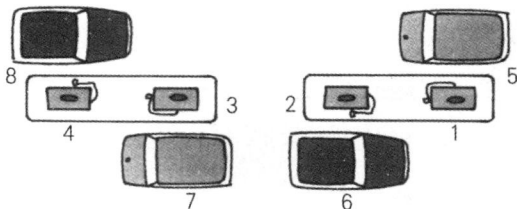

78. 他杀证据

某影坛明星不幸在一次大爆炸中炸瞎了双眼，又毁了容貌。男友觉得让她活着是在折磨她，遂产生了让她结束生命的想法。于是他委托好友帮他处理这件事情，但要造成是自杀的假象，好友答应了。

晚上9点半，护士查完病房离去。凶手悄悄潜入房内。不一会儿，凶手气喘吁吁地跑了回来，说干得非常漂亮，请他不必担心。

第二天，女明星之死见报了。警方确认是他杀，并开始调查。女明星的男友急忙找到委托人，问他昨夜的事发生了什么差错？那人说："没有啊，我潜入病房时，她面部都缠着绷带，睡得很香，为了制造假象，我特地在窗口上留下她的指纹，制造了自杀的假象，可以说一切做得天衣无缝，警方怎么会判断出是他杀呢？"

现在，你知道破绽出在哪里了吗？

79. 灭口案

有一天，罪犯A为了灭口，把一名了解自己底细的女子杀死，并将她伪装成上吊自杀的样子。

被绳圈勒住脖子的尸体，两只赤脚离地大约有50厘米。A还将化妆台边的凳子放倒在死者的脚下。那是一个外面包有牛皮的圆凳。

这样一来，给人的感觉是那名女子用这个凳子来垫脚而上吊自杀的。

但当尸体被人发现后，公安人员检查了凳子，说："这绝不是自杀，而是他杀！"

作案时A戴手套，所以绝不可能在现场留下指纹。那么，是哪儿露馅儿了？

80. 毛毯的破绽

一天，警方接到报案说有人在家中自杀身亡。警方迅速赶到现场，见死者全身盖着毛毯躺在床上，头部中了一枪，手枪滑落在地上。床边的柜子上放着一张纸，上面写着："我挪用公款炒股，负债累累，只有一死了之……"警官走到床边，掀开盖在死者身上的毛毯看了一眼说："又是一起伪造的自杀案。"

请问：警官根据什么判断这不是自杀？

81. 丽莎在撒谎

"快起床！"玛丽冲进妹妹安妮的房间，"我们要迟到了！"

安妮嘟哝着爬起来，穿上羽绒服，戴上了厚厚的手套，和玛丽一起出了门。她们约好了附近的几个女孩，一起出来铲雪。这几天这里下了好大的雪，把电线杆都压断了。几分钟前，输电线路才刚刚修好。

她们还没到约好的地方，就看到凯西正朝她们挥手，旁边还有好几个女孩，正在叽叽喳喳地说话。

"丽莎在哪儿？"玛丽问，"她说好要来的。"

"我不知道。"凯西回答道，"我们一个小时前给她家打电话，但没有人接。"

"算了，不等她了，我们开始干吧。"

几个小时之后，大家都坐在玛丽家的客厅里聊天，这时丽莎进来了。

"你上哪儿去了？"玛丽问。

"我一直在家，你们干吗不给我打电话？"丽莎反问道。

"我们打了，但你没接！"凯西说。

"哦，那一定是我在用吹风机吹头发，没有听到电话铃响。"丽莎解释说。

"得了吧！不愿意来就直说，何必撒谎呢？"凯西说。

凯西为什么认定丽莎在撒谎呢？

82. 是走错房间了吗

夏威夷是一个美丽的地方，每年来这里度假旅游的人络绎不绝。

多里警长今年也来这里度假，他住在海边一家四层楼的宾馆里。这家宾馆三四两层全是单人间，他住在404房。

这天，游玩了一天的多里草草吃了晚餐便回到房间，他想洗个热水澡，早

点休息。正当他走进浴室准备放水时，听到了两声"笃笃"的敲门声，多里以为是敲别人的房门，没有理会。一会儿一位陌生的小伙子推开房门，悄悄地走了进来。原来多里的房门没有锁好。

小伙子看到多里后有些惊慌，但很快反应了过来，彬彬有礼地说："对不起！我走错房间了，我住304。"说着他摊开手中的钥匙让多里看，以证明他没有说谎。多里笑了笑说："没关系，这是常有的事儿。"

小伙子走后，多里马上给宾馆保安部打电话："请立即搜查304房的客人，他正在四楼作案。"保安人员迅速赶到四楼，抓到了正在行窃的那个小伙子，并从他身上和房间里搜出了首饰、皮包、证件、大笔现钞和他自己配制的钥匙。

保安人员不解地问多里："警长先生，您怎么知道他是窃贼？"

你知道这是怎么回事吗？

83. 臭名昭著的大盗贼

国际刑警组织正在追捕臭名昭著的大盗贼哈里。一天，他们收到报告说哈里正驾车朝码头驶去，他是为了与"东方神秘"号船上的什么人接头的。

于是加尔探长命令加强对船上所有人员和码头周围人员的监视。

根据几天的观察，加尔探长得到如下线索：这条船上有一个船主，五个水手和一个厨师。每天早上9点，船主盖伦走上甲板，活动筋骨，呼吸新鲜空气，

然后又回到甲板下面去。上午 10 点，一个矮胖的厨师走出船舱，骑着自行车上街采购。他每天总是循着相同的路线：先去一家面包店，然后去一家调味品批发商店，再去一家肉店，一家乳品店，一家中国餐馆，最后去报摊买当日的报纸。在每个地方，他都短暂停留。五个水手上午在船上工作，下午上街游玩，傍晚喝得醉醺醺，嘴里胡乱哼着小调回船，天天如此。

加尔经过缜密的分析和调查，逮捕了船上的厨师。最后厨师供认：每天他都在一家商店里与哈里接头。

请问：厨师与哈里是在哪家商店接头的？

84. 绑票者是谁

一个深秋的夜晚，某董事长的儿子被绑票了，绑架犯索要 5 万美元的赎金。那家伙在电话里说："我要旧版的百元纸币 500 张，用普通的包装，在明天上午邮寄，地址是查尔斯顿市伊丽莎白街 2 号，卡洛收。"接到电话后，这个董事长非常害怕。为了不让孩子的生命受到危害，他只好委托私家侦探菲立普进行调查。因为事关小孩的生命，菲立普也不敢轻举妄动。于是，他打扮成一个推销员，来到了绑架犯所说的地址进行调查，结果却发现城名虽然是真的，但是地址和人名却是虚构的。难道绑架犯不想得到赎金吗？这当然是不可能的。忽然，菲立普灵机一动，明白了绑架犯

的真实面目。第二天，他就成功地抓获绑架犯，并成功救出了被绑架的小孩。

菲立普明白了什么？

85. 墙上的假手印

某公寓发生了一起杀人案。一个独身女性在三楼的房间里被刀刺死。卧室的墙壁上清晰地印着一个沾满鲜血的手印，可能是凶手逃跑时不留神将沾满鲜血的右手按到了墙壁上。"五个手指的指纹都很清晰，这就是有力的证据。"负责此案的探长说道。

当他用放大镜观察手印时，一个站在走廊口，嘴里叼着大烟斗，弯腰驼背的老头儿在那里嘿嘿地笑着。

"探长先生，那手指印是假的，是罪犯为了蒙骗警察，故意弄了个假手印，沾上被害人的血，像盖图章一样按到墙上后逃走的。请不要上当啊。"老人好像知道实情似的说道。探长吃惊地反问道："你怎么知道手印是假的呢？"

"你如果认为我在说谎，你可以亲自把右手的手掌往墙上按个手印试试看。"刑警一试，果然不错。请问：这位老人究竟是根据什么看破了墙上的假手印呢？

86. 逃犯与真凶

一场混乱的枪战之后，某医生的诊所进来了一个陌生人。他对医生说："我刚才穿过大街时突然听到枪声，只见两个警察在追一个凶手，我也加入了追捕。

但是在你诊所后面的那条死巷里遭到那个家伙的伏击，两名警察被打死，我也受伤了。"

医生从他背部取出一粒弹头，并把自己的衬衫给他换上，然后又将他的右臂用绷带吊在胸前。

这时，警长和地方议员跑了进来。议员朝陌生人喊："就是他！"警长拔枪对准了陌生人。陌生人忙说："我是帮你们追捕凶手的。"议员说："你背部中弹，说明你就是凶手！"

在一旁目睹一切的亨利探长对警长说："是谁，一目了然。"

你能说出个中究竟吗？

87. 悬赏启事

罗蒙德医生的一块祖传怀表丢失了。他吩咐司机路里在当地报纸的广告栏里登了一则寻找怀表的启事。这会儿，罗蒙德正拿着报纸仔细看着启事。

启事登在中缝。标题：找到怀表者有赏。全文如下："怀表属祖传遗物，悬赏 250 美元，有消息望告知，登广告者 LMD361 信箱。"

路里正在花园里干活，这时，门铃响了，开门一看，外面站着一位绅士。他恭敬地说道："我叫亨利。我是为那则怀表启事来的。怀表是你的吗？"

罗蒙德想不到这则启事还真管用。他激动地抓住亨利的手说："是的，就是这块表。真是太感谢你了。你是在哪儿捡到的？"

亨利说："这表不是捡到的，是我在车站看见一个小孩在兜售，就用 5 美元买了下来。今天，我从报纸上看了广告，马上就赶来了……"

罗蒙德还没等亨利说完，便和路里将他扭送到了警察局。

试问：亨利在什么地方露出了破绽？

88. 牙科诊所

伊大林·威廉斯医生在郊区的一幢大楼里开了家牙科诊所。

"多萝西·胡佛小姐昨天下午 3 点多钟来到威廉斯诊所镶牙。"巡警温特斯说，"就在医生给她的牙印模时，门轻轻地被推开了，一只戴着手套的手伸进来，手中握着手枪。

"威廉斯医生当时正背对着门，所以只听两声枪响。胡佛小姐被打死了。在案件发生一个小时后，我们找到了嫌疑犯。

"开电梯的工人说，他在听到枪声之前的几分钟，把一个神色慌张的人送到15楼，那个地方正是牙科诊所。据电梯工描述，我们认为那个人正是假释犯伯顿，他因受雇杀人未遂入狱。"

警长哈利问："把伯顿那家伙抓来了吗？"

"已经抓来了。"温特斯答道，"是在他的住所抓到的。"

哈利提审了伯顿，开头就问："你听说过威廉斯这个人的名字吗？"

"我没听说过。你们问这干什么？"

哈利佯装一笑："不为什么，只是两小时前，有位名叫多萝西·胡佛的小姐在他那里遇上了点麻烦，倒在血泊中。"

"这关我什么事？整个下午我一直在家睡觉！"伯顿回道。

"可有人却看见一个长得像你的人在枪响前到15楼去了！"哈利紧逼了一下，目光似剑。

"不是我，"伯顿大叫，"我长得像很多人。"他接着又说，"从监狱假释出来我从未去过他的牙科诊所。至于威廉斯，我敢打赌这个老头从来没见过我。他要敢乱咬我，我跟他拼命！"

哈利厉声道："伯顿，你露马脚了，准备上断头台吧！"

你能猜出罪犯的申辩中何处露了马脚吗？

89. 仿爱因斯坦题

李、王和赵三个人住在一幢公寓的同一层上。一人的房间居中，与其他两人左右相邻。他们每人都养了一只宠物：不是狗就是猫；每人都只喝一种饮料：不是茶就是咖啡；每人都只采用一种抽烟方式：不是烟斗就是雪茄。

注意下面的条件：

李住在抽雪茄者的隔壁；

王住在养狗者隔壁；

赵住在喝茶者的隔壁；

没有一个抽烟斗者喝茶；

至少有一个养猫者抽烟斗；

至少有一个喝咖啡者住在一个养狗者的隔壁；

任何两人的相同嗜好不超过一种。

请问：谁住的房间居中？

90. 被绑架的失明富家少女

一个双目失明的富家少女在一个炎热的夏日被绑架了。家人交付了赎金之后，她在三天后平安回到家。少女告诉警察，绑架她的好像是一对年轻夫妇，她应该是被关在海边的一间小屋里。她详细地描述了自己的感受："在这间小屋里能听到海浪的声音，也感觉得到潮水的湿味。我好像被关在小屋的阁楼上，双手被捆着。天气非常闷热，不过到了夜晚还是会有一点风吹进来，让我觉得凉快些。"

警察立刻在海边一带进行了彻底的搜查，找到了两间简易的小屋，它们相距不远，只是一间朝南，一间朝北。巧合的是，它们的主人都是一对年轻夫妇。

不过这两间屋里都是空荡荡的，被打扫得干干净净，找不出一点儿其他痕迹。

如果能够确定少女是被关在哪一间小屋，那么自然就可以确定绑架犯了。可是如何才能确定她被关在哪里呢？警方一筹莫展，最后只能去请教名探波洛。

波洛在问明情况以后，立即做出了判断。

这些情况是：

（1）两间小屋的结构几乎完全相同。只是阁楼的小窗一个朝北，一个朝南；

（2）海岸面向海的方向是南面，北面对着丘陵；

（3）少女被关的两天都是晴天，而且一点儿风也没有。

那么，你知道少女被关在哪一间小屋里吗？

91. 哥哥还是弟弟

两位孪生兄弟——特威德勒兄弟站在一棵树下咧着嘴笑着。爱丽丝对

他俩说："要不是你们的绣花衣领不同，恐怕我会分不清哪个是哥哥，哪个是弟弟呢。"

一个兄弟答道："你应当运用逻辑推理的方法。"说罢，他从口袋里掏出一张扑克牌，向爱丽丝扬了扬——一张方块皇后。"你看，这是一张红牌。红牌表明持牌的人讲的是真话，而黑牌表明持牌的人讲的是假话。现在，我兄弟的口袋里也有一张牌：不是红牌就是黑牌。他马上要说话了。如果他的牌是红的，他将要说真话；要是他的牌是黑的，他就要说假话。你的任务就是判断一下，他是特威德勒弟弟呢，还是特威德勒哥哥？"

正在这时，另一位兄弟开腔了："我是特威德勒哥哥，我有一张黑牌。"

请问：他是哥哥还是弟弟？

92. 博尔思岛上的抢劫案

一天，博尔思岛上的法庭开庭审理一起发生在岛上的抢劫案。法庭上的关键人物有三个：被告、原告和被告的辩护律师。

以下断定是可靠的线索：

（1）三人中，有一个是骑士，一个是无赖，一个是外来居民，但不知道每个人的对应身份；

（2）如果被告无罪，那么罪犯是被告的律师或者是原告；

（3）罪犯不是无赖。

在法庭上，三个人分别作了以下的

陈述。

被告说："我是无辜的。"

被告的辩护律师说："我的委托人确实是无辜的。"

原告说："他们都在撒谎，被告是罪犯。"

这三个人的陈述确实是再自然不过了。法官经过认真考虑，发觉上述信息还不足以确定谁是罪犯，于是请来了当地有名的大侦探。

了解了全部有关信息后，大侦探决心把此案弄个水落石出，即不但要弄清谁是罪犯，还要弄清谁是骑士，谁是无赖，谁是外来居民。

重新开庭时，大侦探首先问原告："你是这一抢劫案中的罪犯吗？"原告作了回答。大侦探考虑了一会儿，然后问被告："原告是罪犯吗？"被告也作了回答。这时，大侦探对法官说："我已经把事情都弄清楚了。"

想想看：谁是罪犯，谁是骑士、无赖和外来居民？在思考这个案件时，你面临的挑战看来比大侦探更大，因为，你并不知道大侦探向原告和被告提的两个问题的答案，而大侦探知道（"博尔思"岛上的土著居民分为骑士和无赖两部分，骑士只讲真话，无赖只讲假话）。

93. 紧急侦破任务

某侦察股长接到一项紧急侦破任务，要他在代号为 A、B、C、D、E、F 六个队员中挑选几个人去侦破一件案子。人选的配备要求，必须满足下列各点：

（1）A、B 两人中至少去一个人；

（2）A、D 不能一起去；

（3）A、E、F 三人中要派两人去；

（4）B、C 两人都去或都不去；

（5）C、D 两人中去一人；

（6）若 D 不去则 E 也不去。

请问：应该让谁去？为什么？

94. 电视转播赛

现在，来自某支足球队的七名球员进行着一场开心的传球运动。根据下面提供的线索，你能按照正确的顺序推断出参加这场活动的七名球员的姓名吗？

线索：

（1）加里，位于对手所在的半场，接到了奥凯西的传球。

（2）克莱德·约翰逊接到达伦的传球后，又把球传给了马钱特。

（3）史蒂夫位于图中的 2 号位置。

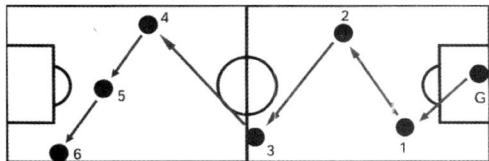

（4）戴维不是守门员，他把球传给了迈克，迈克不和贝内特位于同一个半场。

（5）彼得接到了格伦的传球，但没有把球传给多诺万。

（6）斯旺是位于图中 3 号位置的球员的姓。

名字：克莱德、达伦、戴维、加里、迈克、彼得、史蒂夫

姓氏：贝内特、多诺万、格伦、约翰逊、马钱特、奥凯西、斯旺

解题提示：首先推断这场比赛的守门员的名字。

95. 博物馆的展品

在 20 世纪初期，苏塞克斯的百里香小镇有一位喜爱考古的乡绅，他把几样在他的土地上发现的东西赠给了附近的一家博物馆。现在摆在展台上的东西是其中的四件。从以下给出的线索中，你能推断出每件东西是在哪个世纪制造的、在哪年赠给博物馆的吗？

现在已知线索是：

（1）那件银匙不是产自公元 9 世纪。物品 C 不是在 1936 年赠送给博物馆的。

（2）在 1948 年，乡绅去世的前一年，他将出产于 12 世纪的一件人工制品捐献给博物馆。那位乡绅 89 岁。

（3）物品 B 是一枚银胸针，它不是第一件赠送给博物馆的艺术品。

（4）那把剑紧靠在大概出产于 10 世纪的东西的右边。

（5）银酒杯的制造时间紧靠在 1912 年赠出物的制造时间之前。两者在展示橱上相邻排在一起。

（6）艺术品：银胸针，银匙，银剑，银酒杯

（7）制造日期：9 世纪，10 世纪，11 世纪，12 世纪

（8）赠送日期：1912 年，1929 年，1936 年，1948 年

提示：首先要确定物品 A 的相关问题。

96. 高个子修理工

某县有一阵屡次发生十几个蒙面歹徒抢劫过路司机的案件，当事人稍有反抗，就被歹徒活活打死。

县刑警大队根据县委的命令，由萧队长带着两名刑警乔装打扮，开着一辆"红旗"轿车来到了经常出事的路段侦

查情况。

汽车在山道上快速行驶，在一个转弯处，汽车突然失去了控制，萧队长立即紧急刹车，下车后一看，原来两只前胎被路上的铁钉扎破，一点儿气都没有了。

说时迟，那时快，从两边的丛林中窜出十几个蒙面歹徒，将他们团团围住，一个为首的矮胖子挥着枪厉声喝道："把钱拿出来，不然就打死你们！"

三人身上的3000多元人民币以及手机都被歹徒抢走，只听一声呼哨，这些人又迅速撤走了。

萧队长叫一人看住车，带着另一名刑警来到了附近的一家汽车修理店，他对坐在门口的高个子修理工说："我的汽车轮胎被铁钉扎破了，请跟我前去更换轮胎。"

高个子修理工一声没吭，去里面拿了两只轮胎，跟着萧队长来到出事地点，迅速地换上了好胎。高个子修理工笑着对萧队长说："今天我特别高兴，这两只轮胎免费。"

萧队长也高兴地说："当然要免费了，因为我们的钱都被你们这帮匪徒给抢走了。"说罢就给高个子修理工戴上了手铐。

根据这个罪犯的交代，后来，刑警们又抓获了其他同伙。

你知道萧队长是根据什么抓捕高个子修理工的吗？

97. 口香糖艺术

"我早就知道有一天桑克会成为一个艺术家的，你们看，今天他终于在这里办了个人展览。"布鲁哈德正在给艾克斯警官介绍。此时神探博士也走进了梅森·贾斯博物馆。他们走进了名为"探索"的主展厅，这里展示了艺术家桑克的口香糖作品。

布鲁哈德说道："我永远也忘不了在巴黎发现他的过程。当时我往后退了两步，正准备看清楚埃菲尔铁塔全貌时，脚下突然踩到了一块口香糖。我的鞋被粘到了人行道上，完全动弹不得。这块口香糖又大又黏，我用双手费了好大工夫才把鞋从路上拽了下来。就在这时我听到背后传来一个声音：'太棒了，先生，能把这块口香糖给我吗？'然后对方又告诉我他是如何搜集口香糖进行艺术创作的。"

布鲁哈德一边滔滔不绝地讲着，一边领着众人在展厅内参观。四周的墙上挂满了用各种颜色的口香糖制成的图画，展厅中央立着十几尊用大团口香糖完成的雕塑作品，每尊作品都栩栩如生。

展厅里只有两件绘画作品是不属于这次主题展览的，而且也不是用口香糖制成的。这是两幅由加拿大著名艺术家亨利·费利克斯创作的大型油画，非常珍贵。

神探博士注意到在每幅画两侧共有六颗螺丝牢固地把画框固定在墙面上。

然而尽管桑克的口香糖艺术品也价格不菲，但却没有一幅是用螺丝进行固定的。这让博士想起他的保险调查员朋友佛瑞德曾告诉过他，在梅森·贾斯博物馆里如果看到哪幅作品用螺丝进行固定，那么那一定是最珍贵的展品了。

就在这个时候展厅的灯突然熄灭了，人群中顿时传来女士们的尖叫声。然后在场的人都听到了三下奇怪的机器的转动声，接着是一片沉寂。又过了一会儿，灯重新亮起，大家赶快环顾四周，发现桑克的展品都原封未动，亨利·费利克斯的一幅作品却已经不见了踪影。

接着每个参观者都被要求留下来进行调查。据博物馆工作人员和其他参观者说，在熄灯期间和熄灯之后任何人都未曾离开过展厅。

艾克斯警官说道："我们发现楼内有两名工人，他们说熄灯的时候他们正在另一个房间。另外两人都有一把电钻，我们当时听到的有可能是电钻发出的声音，小偷一定是用电钻起掉了画框上的螺丝。"

布鲁哈德马上接道："看来这两个家伙中一定有一个是小偷！"他的语气不容置疑。

这时，一直沉默不语的博士说道："只怕未必！"

博士为什么这么说？

98. 甜水和苦水

宋朝时，汴梁城里有两条水巷，一条巷里的水甜，一条巷里的水苦。人们都愿意食用甜水巷里的水，因而甜水巷被管理得很洁净。而苦水巷里的水，人们只用它来洗衣、浇菜。

一天晚上，汴梁城里一处民宅突然失火，风助火势，火借风威，不一会儿便映红了半面夜空。

刚刚上任开封府尹的包公，闻讯立即赶到失火现场，组织百姓们救火。

城里的许多老百姓也都拎着桶，端着盆，从四周赶来救火。人群中，有一个瘦猴子似的人问道："挑甜水还是挑苦水？"

"那还用说，挑苦水呗！"答话的人是一个黑脸汉子。

救火的人们听了瘦猴和黑脸汉子这一问一答，"呼"地朝苦水巷涌去。这下可糟了，苦水巷顿时被人流堵塞了，挑水的人进不去出不来。

包公见状心中一惊，忙把捕快头目叫到跟前，命令他道：

"快去告诉老百姓，就说是我的命令，让他们苦水、甜水一块儿挑！"

"苦水、甜水一块儿挑？"捕快头目疑惑地望着包公。

"快去传令！"包公忽然又想起什么，轻声说道，"你再把刚才那两个一问一答的人给我抓来。"

"抓他们干什么？"捕快头目更加疑惑了。

"还不快去！"包公有些动怒地瞪起了眼睛。

捕快头目只得带领几个捕快去了，他们传达了包公的命令，让老百姓苦水、甜水一起挑。很快，苦水巷的人流疏通了，大火被扑灭了。捕快头目又从救火的人群中把瘦猴和黑脸汉拽了出来，带到了包公面前。

包公厉声问道："大胆放火的贼人，还不知罪吗？"

瘦猴和黑脸汉"扑通"跪在地上，连呼饶命。

再一审问，两个人承认了大火就是他们放的。原来，自从包公当了开封府尹，城里的那些泼皮地赖都不敢胡作非为了，城里的治安大有好转。瘦猴和黑脸汉便串通了几个泼皮地赖，想整治一下包公。他们左思右想，最后想出了一条毒计，放火烧民宅。在这汴梁城真龙天子的眼皮底下闹事，好让皇上动怒，把包公的官罢掉。这样一来，他们在汴梁城里又可以为所欲为了。可是，包公果然名不虚传，断案如神，当即识破了他们的诡计，并把他们抓获正法。

包公怎样推断出瘦猴和黑脸大汉是放火犯的呢？

99. 被偷的古书

福伦警长接到一个电话，对方在电话里气喘吁吁地说："报告警长，我是莱蒙德，我的家刚才……被盗窃了，快、快、来……"福伦警长在这个区工作了很久，对居民的情况都了如指掌。

福伦警长记得，莱蒙德是博物馆研究员，原来住在中央大街，那里是名人生活区，都是别墅群。后来，莱蒙德好像遇到了什么麻烦，经济上有些拮据，就把别墅卖了，搬进了附近的公寓楼，住房条件就差远了。不过，莱蒙德没有结婚，一个人住是绰绰有余了。

福伦警长赶到了莱蒙德的家，看到莱蒙德正等在门口。他们一起走进了楼下的客厅，莱蒙德哭丧着脸说："今天我提早回到家，发现门锁被打开了，推门进去，突然一个人冲了出来，他的手里拿了一本书，我想抓住他，可是他挣脱了我，逃到大街上，穿过马路就不见了，我没追上他，只好在门口电话亭打电话报警。"

福伦警长问："您检查过吗？家里还少了什么东西？"

莱蒙德说："我打完电话后，就守在这里保护现场，还没有进过房间呢！"

福伦警长奇怪地问："一本书值得您这么着急吗？"

莱蒙德说："警长先生，这本书可不是平常的书，它是世界仅存的孤本，价值20多万哪！我把它锁在楼上书房的书橱里，谁知道小偷太狡猾了，竟然带着工具，拆了书橱的门，偷走了这本最值钱的书！"

福伦警长上了楼，果然发现书橱的门锁被拆了下来，他问："这本古书您买了保险了么？"

莱蒙德有些紧张，说："买了……可是……"

福伦警长笑着说："您别演戏了，书是您自己偷了藏起来，想骗保险费吧？"

福伦警长根据什么判断出莱蒙德在撒谎？

100. 圣诞节

汉克是一家大公司财务主管哈奇的助手。一天中午，汉克同往常一样准时走进了位于19楼的哈奇的办公室。当他推门进去一看，哈奇正吊在屋内的房梁上。他急忙去摘绳子，发现哈奇已经死亡多时。

汉克马上跑到秘书办公室，通知秘书埃米莉小姐，告诉他哈奇出事了。

埃米莉听完，立刻拿起电话："格兰杰先生，我是埃米莉，你能到19楼来一下吗？出事了！"她放下电话，自言自语地说道："这可真是太可怕了，还有两天就到圣诞节了，怎么能出这种事呢！"

一会儿，总经理格兰杰来到了哈奇的办公室，见自己的下属上吊自杀了，不禁十分悲伤，他马上让赶到现场的公司人员清理现场，同时，让秘书埃米莉通知哈奇的家人，并马上报案。

一直忙到下午5点，埃米莉提醒格兰杰："格兰杰先生，楼上还有一个圣诞聚会呢，是你已经安排好了的！"

格兰杰恍然大悟说道："对对对，我差点儿忘了20楼还有一个聚会呢！"

带着一身疲惫，格兰杰来到20楼，推开了他的私人会议室门，房间里此时已有一些员工等在那里了，房间的角落里有一棵圣诞树，树下放着花花绿绿的礼物。因为出了事，屋里的气氛有些沉闷。为了缓和一下气氛，格兰杰开始为大伙分发礼物。从秘书到副总经理，全公司每个人都收到了一份礼物。

聚会很快就结束了，大家一个挨着一个地走出了会议室。汉克是最后一个走出会议室的，他狐疑地看了一眼圣诞树下空空的地板，心中疑窦丛生。猛然间，他眼前一亮："哈奇绝不是自杀！"

他马上下楼找到了警察，把自己的判断说了出来。警察根据他的判断，很快抓到了凶手。汉克是如何发现凶手的呢？

101. 腼腆的获奖者

在农业展览会上，四位养羊的农场主被分配到编号为 1 ~ 4 的圈栏，来让他们展示各自的羊群。从以下给出的线索中，你能推断出各农场主分配到的圈栏的编号、农场的名称和得到的名次吗？

现在已知线索是：

（1）来自格兰其牧场的人获得的名次比克罗普获得的名次高 1 名。克罗普位于 1 号围栏。

（2）第二名农场主被分到了 4 号圈栏。它们不是来自布鲁克菲尔得牧场。

（3）2 号圈栏的羊来自高原牧场，它们得到的名次比普劳曼得的要高。

（4）此次比赛，提艾泽尔是第三名的农场主。

（5）农场主：克罗普，普劳曼，提艾泽尔，海吉斯

（6）农场：高原牧场，格兰其牧场，曼普格鲁牧场，布鲁克菲尔得牧场

提示：首先要知道第一名的名字。

102. 自杀还是谋杀

夏日的一个夜晚，百万富翁威尔森在他的书房里死了。只见他右手握着手枪，一颗子弹击中头部，人倒在地毯上。桌上摆着一台电扇和一份遗书。遗书说因丧偶后难耐孤独而自杀，赶去天堂和妻子重逢了。从现场以及遗书来看，威尔森显然是自杀的。大家都知道威尔森很爱他的妻子，妻子生前几乎与他寸步不离，他们夫妻俩每天早上都要去公园散步、打羽毛球，是一对恩爱情侣。一年前威尔森的妻子遭遇车祸意外死亡，这给威尔森带来了巨大的精神折磨。他经常独自一人去妻子墓前表达哀思，喃喃自语。

警官克鲁斯赶到现场进行调查。他在现场看到，电风扇的线已经从墙壁的插座上拔出，被压在威尔森的尸体下。"是威尔森从椅子上翻倒时碰脱的？"克鲁斯心里滋生了一个假设。为慎重起见，他将电线从威尔森的尸体下抽出，将插头插入墙壁上的插座里，电风扇的开关是开着的，所以电扇又转动了起来。电风扇产生的强烈气流把桌子上威尔森的遗书吹到了地上。克鲁斯警官弯腰捡拾起地上的遗书，心里已经有谱了："这不是自杀，是他杀！凶手在谋杀威尔森后，将仿造的遗书放到桌面上，然后逃离了现场。"

你知道警官克鲁斯为何如此判断吗？

103. 古堡凶杀案

立昂先生是位百万富翁，最近他买下了一座古堡，将它改造成古色古香的酒店，吸引了不少游客。但酒店经常发生神秘的自杀事件。神探亨特和助手乔装打扮以后，住进了酒店，决心查明真相。

立昂热情地接待了他们，将他们安排在第五层的 508 房间。当三人来到第五层时，亨特看见房间旁边有一扇大铁门，便问立昂这里是什么。立昂说："想参观吗？请帮我拉一下。"两人一起用力才打开了沉重的铁门。铁门内是一个漆黑的无底洞。立昂笑着介绍说："这洞是 500 年前用来处死犯人的，最近有些客人也跳进这洞自杀了。"三人退了出来，关上铁门，进了 508 房间。亨特悄声嘱咐助手要注意立昂，看来他不像好人。

晚上，他俩和衣躺在床上。半夜时分，门外突然传来一声惨叫，亨特一个箭步冲出房间，只见那扇铁门大开。一会儿陆续来了不少游客，大家议论纷纷。这时，立昂从自己的卧房走了出来，他难过地说："306 房的客人想不开，跳下去自杀了！"

亨特的助手打断他的话："住口！这是谋杀，你就是凶手！这门一个人根本拉不开，他怎么会打开铁门跳下去自杀呢？""那你凭什么怀疑是我杀了他呢？"狡猾的立昂反问道。

神探亨特掏出证件亮明身份，并对大家说了一番话，立昂像泄了气的皮球一样瘫坐在地上。你知道神探说了些什么吗？

104. 品牌代言人

五位知名女性刚刚分别签下利润可观的广告合同，成为不同品牌的代言人。从以下所给的信息中，你能说出她们的职业、即将为哪个制造商代言以及所要代言的产品吗？

现在已知线索是：

（1）卡罗尔·布和阿丽娜系列产品的制造商签了合同。和玛丽·纳什签了合同的不是普拉丝制造商，也不是丽晶制造商。

（2）范·格雷兹将为一个针织品类产品做广告，她不是电视主持人。

（3）电视主持人不代言化妆品和摩托滑行车，也没有和普拉丝制造商签约。为罗蕾莱化妆品代言的不是那位电影演员。

（4）流行歌手休·雷得曼将为一种软饮料产品做广告，但她不为丽晶系列做广告，丽晶的产品不是肥皂。

（5）网球选手将为阿尔泰公司的产品做广告。

（6）简·耐特不演电影，她是出演电视肥皂剧《河岸之路》的明星，在剧中她扮演富有魅力的财政咨询师普鲁·登特。

答案

第一章

1.

如图：

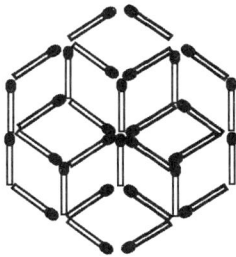

2.

C。

3.

A：6，7，8，1；B：2，3，4，5；C：12，11，10，9。

4.

A。除 A 外，其余的两两成对。

5.

左边的是先射的。右边枪孔周围裂痕扩散受限制，故可作出判断。

6.

共 25 个圆圈。

7.

如图：

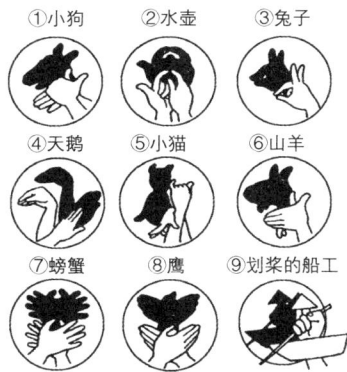

①小狗　②水壶　③兔子
④天鹅　⑤小猫　⑥山羊
⑦螃蟹　⑧鹰　　⑨划桨的船工

8.

D。这三个正方形组成了四个三角形。

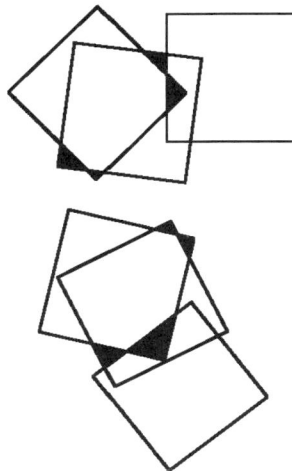

9.

左图是夏天。因为夏天 11 点钟时太阳处于屋顶上方，照射到屋里的光线面积小。右图是冬天。

10.

C。

11.

D。B、C 图形为图形 A 每次逆时针旋转 90° 所得。

12.

10 与 16 相同。

13.

A。正三角形。其他的既是左右对称也是中心对称，只有正三角形不是中心对称。

14.

C。其他各个图形的中心部分是逆时针方向旋转，而周围部分是顺时针方向旋转。

15.

b。

16.

a 和 2，b 和 3，c 和 4，d 和 5，e 和 6。

17.

c。

18.

E。

19.

C。

20.

什么样的图形才能一笔画出呢？有一个条件是图形必须是连通的。图形上线段的端点可以分成两类：奇点和偶点。一个点，以它为端点的线段数目是奇数的话，就为奇点，如下方

图中的 C、B、E、F；一个点，以它为端点的线段数目是偶数的话，就称为偶点。一个连通的图形，如果奇点的个数是 0 或者 2，这个图形一定能一笔画出。本题图形上的 F、I、J 和 C 都是奇点，I 和 J 之间有线段相连，只要把这条线段擦掉，I 和 J 将变成偶点，于是只剩下 F 和 C 两个奇点，任选其中一点作起点，就可以一笔画出。

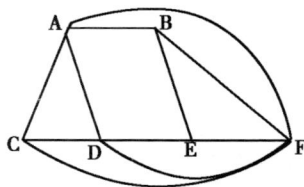

21.

D。每一行或列小方格中的黑点数目都不同。

22.

D。画一个展开图来看是比较常用的方法。

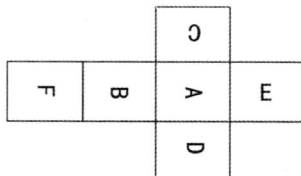

23.

设图中的帐篷形状是正六棱锥，那么棱锥底面是正六边形，每个内角等于 120°。如果侧面是正三角形，那么侧面的每个底角都是 60°。这时在棱锥底面任一顶点处的三面角中，三个面角将是 60°、60°、120°，不满足"任意两个面角之和大于第三个面角"。所以这样的三面角不存在。

24.

C。

25.

D。

26.

    D。

27.

    B。

28.

    B。

29.

    C。

30.

    E。其他的都是中心对称图形。换句话说，如果它们旋转 180°，将会出现一个与之前完全相同的图形。

31.

    线段 AB 与 CD 一样长。

32.

    C 和 K。

33.

    I 和 K。

34.

    K 和 O。

35.

    E。

36.

    B。

37.

    C。

38.

    C。

39.

    C 是错的。

40.

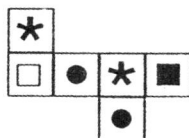

41.

    B 和 D。

42.

    A，C。

43.

    B。其他图都是向左看的皱眉，向右看的微笑。

44.

    C 和 E。

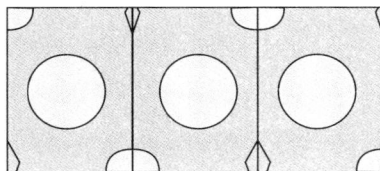

45.

    G。在火柴人上加入 2 条线，拿走 1 条；加上 3 条线，拿走 2 条；加上 4 条线，拿走 3 条。

46.

    每一行中的黑楔形都可以构成一个完整的正方形。

47.

如图：

48.

如图：

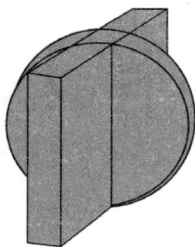

49.

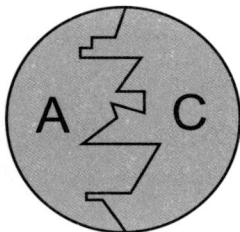

50.

出现了两次的是空圆。一个图形或者出现一次，或者出现两次。假设空圆只出现一次，则图一和图二中的空圆是同一个侧面上的空圆。这样，和空圆相邻的四个侧面上，是四个互不相同并且与空圆也不同的图案。因此，图一中位于底部的图案一定出现了两次，这和条件矛盾。所以，图一和图二中的空圆是两个不同侧面上的空圆，即出现了两次。

51.

B。图中的直线在同一位置变成了曲线，

曲线则变成了直线。

52.

选项 G 是其他音符的镜像，其他所有的音符都可以通过旋转另外的音符而得到。

53.

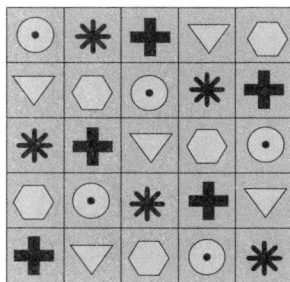

54.

D。哪个图形彼此接触的面最少，那它的周长就最长。

55.

E 是唯一一个不含有正方形的图形。

56.

B。圆点的位置每隔 4 个部分重复 1 次。

57.

数一下粘在一起的表面的个数，然后把它从 96（16 个小立方体的总的表面积）里面减去，就得到了该图形的表面积。

B 的表面积最大，因为它只有 15 对表面粘在一起。

58.

A.4。　　　　B.1。

C.1。　　　　D.3。

59.

A.1。　　　　B.2。

C.3。　　　　D.4。

60.

2.B D E。

61.

如图：

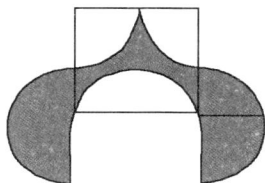

62.

F。在每个图形中，圆组合在一起，形成直边的多边形。从左向右，再从上面一行到下面一行，每个多边形的边数从 3 条到 8 条，分别增加 1 条。

63.

C。从左上角开始并按照顺时针方向、以螺旋形向中心移动。七个不同的符号每次按照相同的顺序重复。

64.

A。

65.

如图：

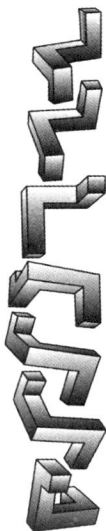

66.

这九个轮中除了最底行中间的那个之外，其他都是同一箭轮经旋转或反射所得。

67.

当 n 能被 4 整除时，图形不是闭合的。如图：

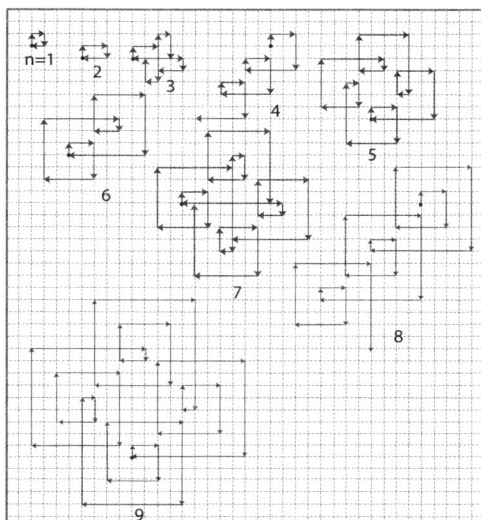

68.

如图：

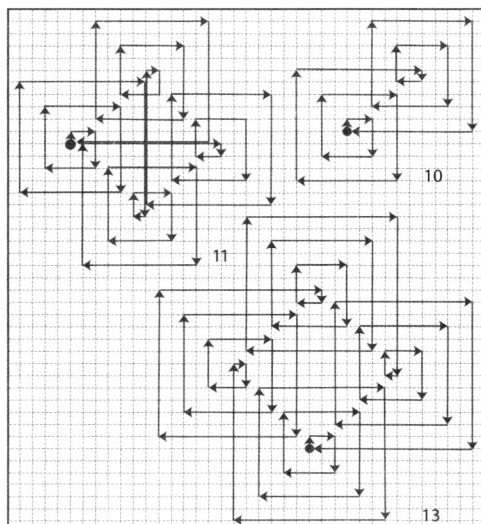

69.

如图：

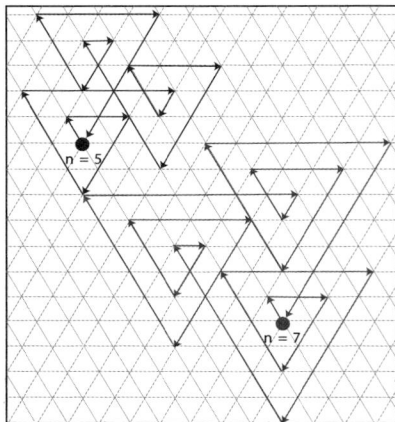

n = 5

n = 7

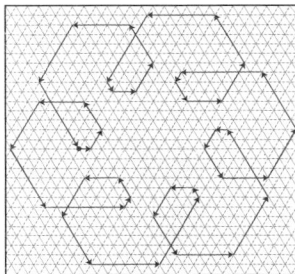

n＝7

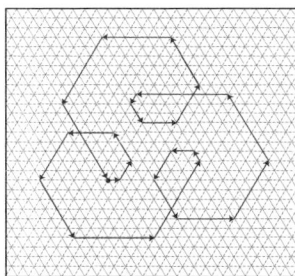

n＝8

70.

如图：

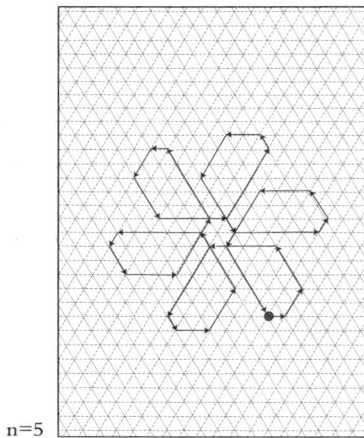

n=5

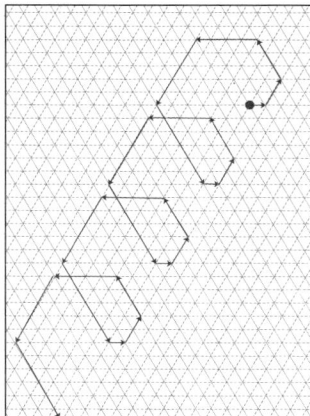

n=6

71.

最多可以走 5 步。

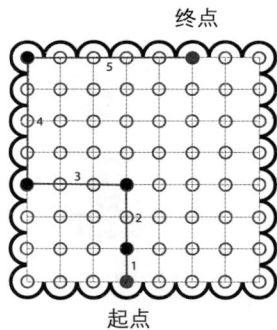

终点

起点

72.

如图所示，从左下角开始，沿逆时针方向旋转，每四个动物的顺序相同。

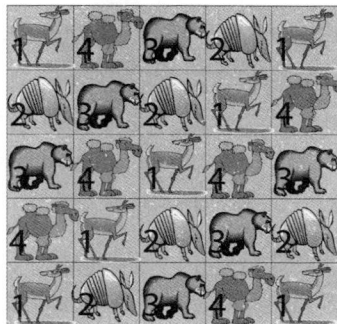

73.

D。

74.

B。

75.

B。

76.

C。

77.

E。将图形 C 上下对折。

78.

填△。其排列规则是从中心向外，按照○、△、× 的次序旋转着填充。

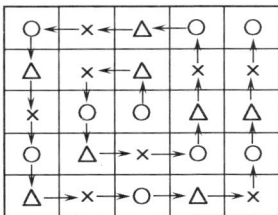

79.

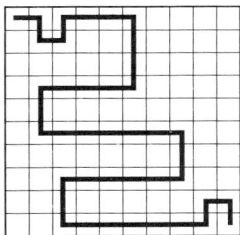

80.

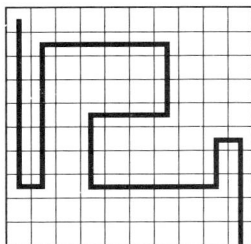

81.

B。在该项中，没有形成 1 个三角形。

82.

A。这个图形按照顺时针方向旋转，每次旋转 45°。与 1、2 和 3 相比，6 和 7 表明叶轮完全处于阴影中。

83.

每个图形都代表 1 个数字。第一个图形里有 3 个圆圈，我们可以得到数字 3；第二个图形里有 1 个三角形，我们可以得到数字 1；其余的图形依次可以得到数字 4、1、5、9，即前 6 位数字。所以，接下来的 3 个图形应依次是 2 个嵌套的圆圈、6 个嵌套的三角形、5 个嵌套的正方形。

84.

A。

85.

D。泡泡在各阶段依次由左至右、由下至上移动。

86.

问号部分应当有两个点。将每行或每列顶端正方形中的数字相加，将和放入相反行或列的中间格中。

87.

C。

88.

C 是唯一一个没有横向阶梯线的图形。

89.

G。顶部和底部的元素互换位置，中心较小的元素变得更小，在外的两个元素都转移到中心较大元素的内部。

90.

答案是 D。其余的四个图形都包含凹面和凸面，图形 D 只包含凸面。

91.

如下图所示，突变后图片的宽和高比原始图片均增加了 1 倍。

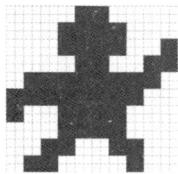

92.

D。

93.

图中的 e、f、g、h 4 条道可以去掉。从 a 穿过 C，使用 e，确定距离最短，但是，不使用 e，也可由 a→I→k→j→C，最终也穿过 C。f、g、h 也是同样道理。所有换向可以在中间的四叶形通道里进行，而 e、f、g、h 是为向左换向设计的最短距离的路面。

94.

左边 15 块，右边 26 块。

95.

将立方体展开（如下图所示），A 和 B 的连线就是最短的路线。

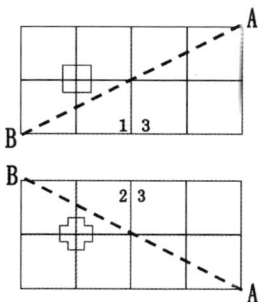

96.

如图：

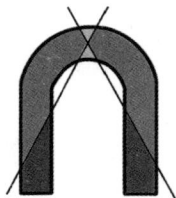

97.

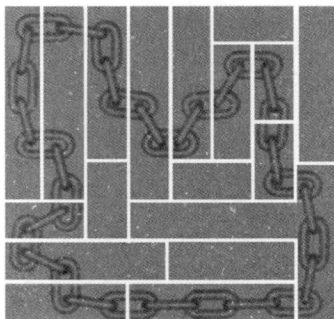

98.

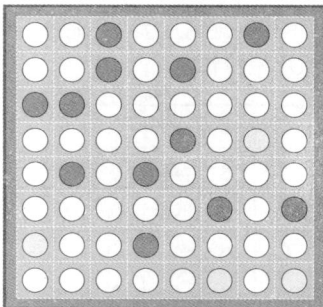

99.

有好几条路线供你选择，其中的 1 条是：
f-b-a-u-t-p-o-n-c-d-e-j-k-l-m-q-r-s-h-g-f。

100.

如图：

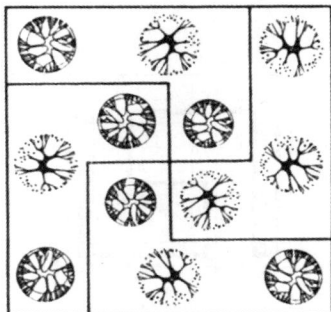

第二章

1.

连接如图：

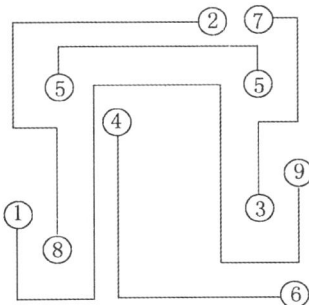

2.

E 和 I。

3.

A 和 L。

4.

缺失的是：

| 4 | 7 | 8 | 15 |

5.

32547891 × 6 =195287346

6.

$\frac{1}{4}$ x+ $\frac{1}{5}$ x+ $\frac{1}{6}$ x=37

x=60

因此小明一共有 60 元。

7.

书虫一共爬过了 25 厘米，如图所示。它吃掉了 4 整本书以及第 1 本书的封面和第 6 本书的封底。

25 厘米

8.

4 + 42 + 43 + 44=340

9.

九宫图中的 9 个数字相加之和为 45。

因为方块中的 3 行（或列）都分别包括数字 1 到 9 当中的 1 个，将这 9 个数字相加之和除以 3 便得到"魔数"——15。

总的来说，任何 n 阶魔方的"魔数"都可以用这个公式求出：

和为 15 的三数组合有 8 种可能性：

9+5+1 9+4+2 8+6+1 8+5+2

8+4+3 7+6+2 7+5+3 6+5+4

方块中心的数字必须出现在这些可能组合中的 4 组。5 是唯一在 4 组三数组合中都出现的。因此它必然是中心数字。

9 只出现于两个三数组合中。因此它必须处在边上的中心，这样我们就得到完整的一行：9+5+1。

3 和 7 也是只出现在 2 个三数组合中。剩余的 4 个数字只能有一种填法——这就证明了魔方的独特性（当然，旋转和镜像的情况不算）。

2	9	4
7	5	3
6	1	8

10.

魔数为 34 的四阶魔方有 880 种。我们在此举一例。

16	5	2	11
3	10	13	8
9	4	7	14
6	15	12	1

11.

4 个方片需要按以下顺序沿着铰链翻动：

①方片 7 向上；

②方片 9 向下；

③方片 8 向下；

④方片 5 向左；

然后我们就得到了著名的魔数为 34 的杜勒幻方。

16	3	2	13
5	10	11	8
9	6	7	12
4	15	14	1

12.

事实上，由 1 到 9 当中的 3 个数字组成和为 15 的可能组合有 8 种。

13.

28	4	3	31	35	10
36	18	21	24	11	1
7	23	12	17	22	30
8	13	26	19	16	29
5	20	15	14	25	32
27	33	34	6	2	9

14.

八阶魔方具有许多"神秘"的特性，而且超出魔方定义的一般要求。

比如说每一行、列的一半相加之和等于魔数的一半等。

52	61	4	13	20	29	36	45
14	3	62	51	46	35	30	19
53	60	5	12	21	28	37	44
11	6	59	54	43	38	27	22
55	58	7	10	23	26	39	42
9	8	57	56	41	40	25	24
50	63	2	15	18	31	34	47
16	1	64	49	48	33	32	17

15.

三阶反魔方存在，而且可以有其他答案。我们在此举一例。

16.

很明显二阶六边形魔方是不可能存在的。

最简单的证据就是 28 不能被 3 整除。

17.

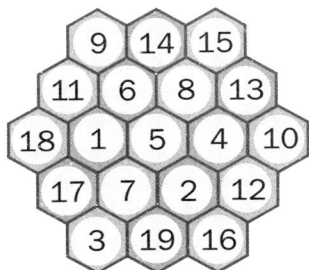

18.

19.

20.

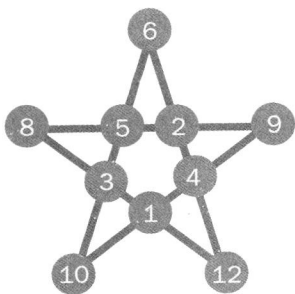

21.

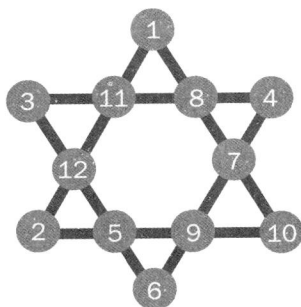

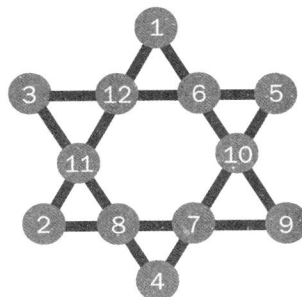

22.

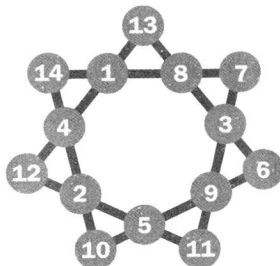

23.

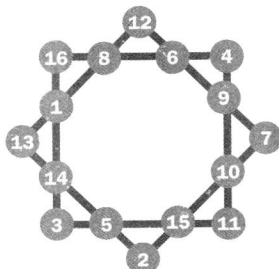

24.

　在 10 点的地方，有一个 0。如果你能注意到这一点的话，那就好办了。无论多少个数字相乘，如果其中有一个数字是 0 的话，其结果都是 0。

25.

229，230，231。

26.

如图：

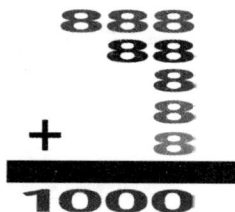

27.

如图：

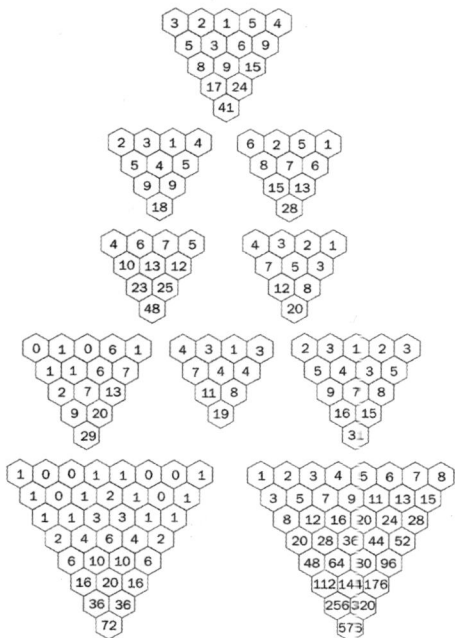

28.

最后一个与众不同，其他的都是质数（在大于 1 的整数中，只能被 1 和这个数本身整除的数叫质数，也叫素数），它是 17 与 19607843 的乘积。

29.

每个不在最上面一横行和最左边一竖行的数，都等于它上面的数与它左边的数之和再减去它左上角的数。

1	2	5	6	9
3	4	7	8	11
10	11	14	15	18
12	13	16	17	20
19	20	23	24	27

30.

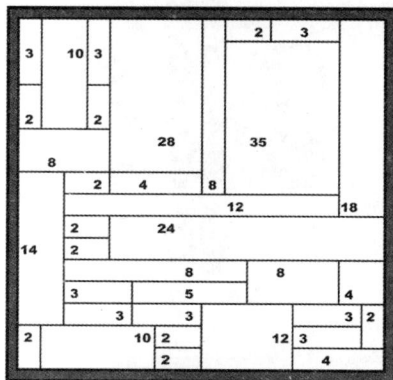

31.

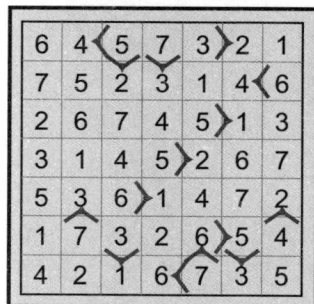

32.

B。顺时针读，数字等于前一个图形的边数。

33.

4。将第 1 条斜线上的 3 个数字每个都加 5，得到的结果为第 2 条斜线上对应的数字，再将第 2 条斜线上的数字每个都减 4，即得到第 3 条斜线上的数字。

34.

132。其他的数里面都包含数字 4。

35.

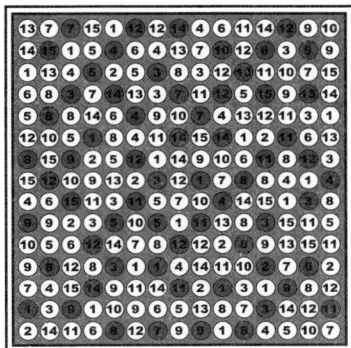

36.

14。

（17+11+12）–（14+19）=7

（18+16+15）–（6+5）=38

（19+16+2）–（15+8）=14

37.

26。其他各球中，个位上数字与十位上数字相加结果都等于 10。

38.

解法之一：

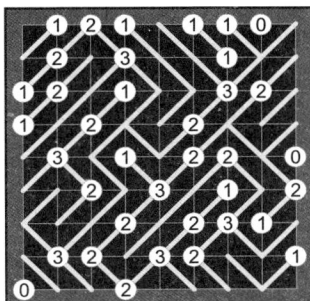

39.

如图：

```
 x 1 1
 3 3 x
 x x x
 7 7 x
+x x x
───────
1 1 1 1
```

40.

解法之一：

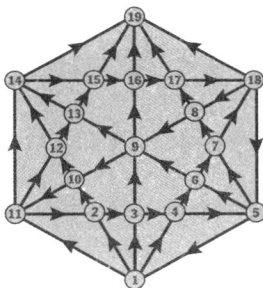

41.

解法之一：

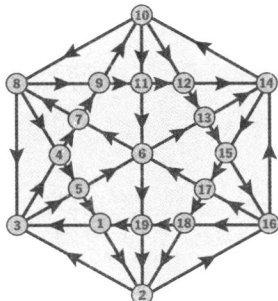

42.

6218。圆中其他数字都有与其对应的数字，如 7432 与 168（7×4×3×2=168）；6198 与 432；4378 与 672；9431 与 108。

43.

12。图形中左侧的 1 加 2 加 3 与 4 加 6 加

8加3相差15；右侧的3加6加9与3加8加14加8相差15，所以1加4加7与2加6加? 加7也应相差15；7加8加9与6加14加? 加7也应相差15。

44.

如图：

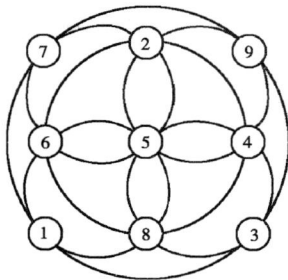

45.

这道题中虽然不可以向下，但是可以横着走，比如最下端的两个12，可以从其中的一格跳到另一个格中。那么每一个格子里都能走一步，这数字之和是最大的。

46.

11。在每个三角形中，把最长的边上相邻的三个数字之和写在其正上方或正下方的圆圈中，同理进行至三角形顶点。

47.

正确结果如下：

	28	21	21
42		14	14
21	14		35
7	28	35	

48.

在1～8这8个数中，只有1与8各只有一个相邻数（分别是2与7），其他6个数都各有两个相邻数。图中的C圆圈，它只与H不相连，因此如果C填上了2～7中任意一个，那么只有H这一个格子可以填进它的邻数，

这显然不可能，于是C内只能填1（或8）。同理，F内只能填8（或1），A只能填7（或2），H只能填2（或7），再填其他4个数就方便了。

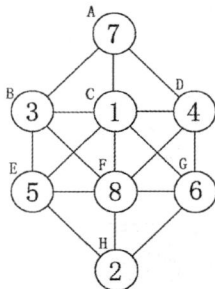

49.

如图：

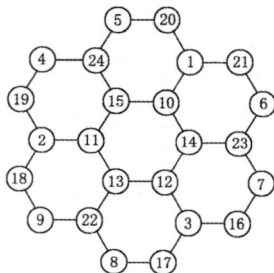

50.

4。在每个图形中，左边两个数字的和除以右边两个数字的和，就得到中间的数字。

51.

8，1。如果你把每行数字都当作是3个独立的两位数，中间的这个两位数等于左右两边两位数的平均值。

52.

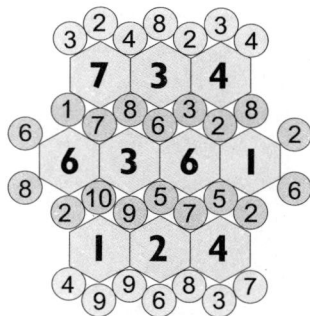

53.

1个数字都不用改变，把整个算式倒过来就可以得到245。

```
    86
    91
  +68
  ———
   245
```

54.

```
     18
     66
   + 89
   ————
    173
```

55.

```
     15
   × 35
   ————
     75
     45
   ————
    525
```

56.

```
   24.42
   54.42
  +14.42
  ——————
   93.26
```

57.

先看 A 与 ABC 的乘积。可以推出 A 是 1，2 或者 3，因为如果 A 大于 3，则乘积会有四位数。A 不是 1，否则乘积会以 C 结尾。如果 A 是 3，那么 C 是 1，（1×3=3），但 C 不可能是 1，否则 C×ABC 就会是三位数。那么可知 A 是 2。而 C 不可能是 1，所以 C 是 6。现在考虑一下 B 与 ABC 的乘积。B 等于 4 或者 8，因为，B×6 的最后 1 位数等于 B。但如果 B 是 4 的话，乘积是三位数（4×246=984）。因此，B 是 8。所以 ABC=286，BAC=826，可以得出：

```
     286
   × 826
   ——————
    1716
     572
    2288
   ——————
  236236
```

58.

```
     775
   ×  33
   ——————
    2325
    2325
   ——————
   25575
```

59.

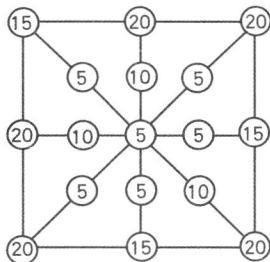

60.

在第 1 层，将布袋（7）和（2）交换，这样就得到单个布袋数字（2）和两位数字（78），两个数相乘结果为 156。接着，把第 3 行的单个布袋（5）与中间那行的布袋（9）交换，这样，中间那行数字就是 156。然后，将布袋（9）与第 3 行两位数中的布袋（4）交换，这样，布袋（4）移到右边成为单个布袋。这时，第 3 行的数字为（39）和（4），相乘的结果为 156。总共移动了 5 步就把这个题完成了。

61.

7		10	−	43		20
+		×		÷		=
3		9		11		6
×		+		+		÷
2		1		12		8
÷	5	−			−	4	×

62.

下列答案中 n 指前 1 个数：

1. 122 （n+3）×2
2. 132 （n−7）×3

63.

8	8	3	6	5	5
8	4	4	7	7	4
5	5	5	8	3	5
9	8	3	4	7	3
7	5	9	3	5	8
6	4	4	8	3	4

64.

19。把这个图形水平、垂直分成 4 部分，形成 4 个 3×3 的正方形。在每个正方形中，把外面的 4 个数字相加，所得的和就是中间的数字。

65.

$$\begin{array}{r} 289 \\ +\ 764 \\ \hline 1053 \end{array}$$

66.

A=4，B=14，C=20。

中间的数字是上下数字的总和与左右数字总和的差的 2 倍。

67.

72。将数字盘上半部分中的数字乘以 1 个特定的数，得到的积放入对应的下半部分的位置。第 1 个数字盘中乘以的特定数字为 3，第 2 个为 6，第 3 个为 9。

68.

上半个：÷，×；下半个：×，×。

69.

8。在每个正方形中，上面的数字与下面的数字相乘，再减去左右两边的数字之和，每次得到的结果都是 40。

70.

1。在每个圆中，先把上面两格中的数字平方，所得结果相加，就是最下面的数字。

71.

281。从上向下进行，这些数字依次是 14 的倍数，从 112 到 182 颠倒数字顺序以后得到的。

72.

−，−，×。

73.

100。计算的规则是：每个三角形内数字之和都等于 200。

74.

8679。将题目所在的页面颠倒，然后把 2 个数字相加。

75.

17/17	20/23	31/21	3/6	8/6	4/19	16/16
22/20	18/33	11/0	10/9	9/13	29/2	19/14
49/1	5/5	8/4	3/19	27/9	30/9	15/26
2/7	14/4	12/8	6/23	18/20	29/11	32/17
12/5	7/12	13/15	36/4	43/8	40/2	2/4
5/20	19/8	2/34	4/40	39/40	2/4	14/2
2/24	32/38	3/50	3/4	1/14	20/4	

76.

（6+7+11）÷3×2+5−12=9

77.

78.

47。A＝2，B＝3，C＝5，D＝7，E＝11，F＝13，G＝17。

79.

80.

4。按行计算，从中间一行开始，把左右两边的数字相加，结果填在中间的位置上。上下两行也按同样方法进行，但是把所得的和填在对面的中间位置上。

81.

1. 28　（×3）+1
2. 6　（−5）×2
3. 11　（×2）+7
4. 22　（×2）−2
5. 13　（÷2）+6

6. 17　（−7）÷2
7. 20　（−4）×2
8. 20　原数的平方+4
9. 8　将原数开方+3
10. 4　原数的平方−5
11. 80　（+8）×5
12. 36　（−11）×4
13. 62　（×6）+8
14. 71　（×4）−13
15. 13　（÷4）+3
16. 19　（÷5）−3
17. 36　（−13）×6
18. 162　（+3）×9
19. 361　+2，再平方
20. 6　−4，再开方

82.

83.

8.6。有两个序列，分别加上1.65和1.92。如：3.65+1.65=5.3，4.92+1.92=6.84，然后依此类推。

84.

把9上下颠倒过来当作6，再把它与8交换位置，这样两边算式的和都得18。

85.

第1行和第5行中，个位数相加等于10，其余各位相加均得9，2个数之和等于1000000。第2行和第6行、第3行和第7行、第4行和第8行相加均得1000000。所有数相加得 4000000。

86.

$$
\begin{array}{r}
111 \\
333 \\
500 \\
077 \\
+\,090 \\
\hline
1111
\end{array}
$$

87.

把相邻两个数都拆成个位数相加就变成了下面的数字。例如：

8+9（89）+ 5+3（53）=25

5+3（53）+ 1+7（17）=16

所以，缺失的数字应该是 1+6（16）+ 1+7（17）=15

88.

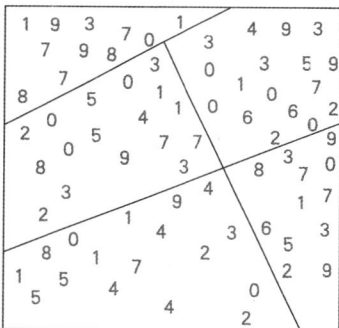

89.

F。奇数的个位和十位数字交换位置，其他不变。

90.

A.66。前两个数字相加的结果就是第三个数字。

B.154。计算的规则是：（n+3）×2。

C.9 和 20。该行两组数字排列的规律为：1 个满足加 3、加 4、加 5，依此类推；另外 1 个是每次都加 2。

D.51。计算的规则是：（2n-3）。

E.-49。计算的规则是：（2n-15）。

F.70。数字排列的规律为：（2n-12）、（2n-22），依此类推。

G.343。计算的规则是：（n× 前一个数字）÷2。

91.

如图：

5	6	23	24	25
4	7	22	21	20
3	8	17	18	19
2	9	16	15	14
1	10	11	12	13

15	14	13	12	3	2
16	23	24	11	4	1
17	22	25	10	5	6
18	21	26	9	8	7
19	20	27	28	29	30
36	35	34	33	32	31

92.

如图：

99	100	95	94	81	80	73	72	69	68
98	97	96	93	82	79	74	71	70	67
89	90	91	92	83	78	75	64	65	66
88	87	86	85	84	77	76	63	62	61
13	14	29	30	31	32	33	34	35	60
12	15	28	27	26	25	24	23	36	59
11	16	17	18	19	20	21	22	37	58
10	45	44	43	42	41	40	39	38	57
9	46	47	48	49	50	51	52	53	56
8	7	6	5	4	3	2	1	54	55

93.

数列里面去掉了所有数字的平方数。

接下来的数字是 28、29、30、31、32、33、34、35、37……

94.

如图：

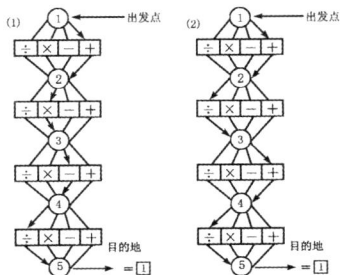

95.

第九个数：31131211131 221。

第十个数：13211311123 113112211。

在这个数列里的每一个数都是描述前一个数各个数字的个数（3 个 1，1 个 3，1 个 2，等等）

这个数列里的数很快就变得非常大，而且这个数列里的数字不会超过 3。比如，这个数列里的第 16 个数包含 102 个数字，而第 27 个数包含 2012 个数字。

这个数列是由德国数学家马利欧·西格麦尔于 1980 年发明的。

96.

应该是 6835。六边形在图形外面表示 45，在里面表示 35；圆在外面表示 79，在里面表示 16；正方形在外面表示 68，在里面表示 24。

97.

菲多被拴在一棵直径超过 2 米的粗壮的树上，所以菲多可以绕着树转一个直径为 22 米的圆，如图所示。

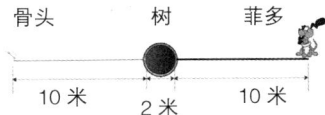

98.

从第二个环与第三个环中间截断，从第三个环与第四个环之间截断。这样就形成了一个 2 个环在一起、1 个环、4 个环在一起的 3 段，于是第一天就可以拿第一个环；第二天把第一个环拿回来，拿 2 个环在一起的那一段；而第三天，再拿 1 个环；第四天，将 3 个环拿回来，拿 4 个环连在一起的那一段；第五天，再拿 1 个环；第六天，拿回 1 个环，拿 2 个环连在一起的那一段；第七天，全部拿走。

99.

线段 BD，DG 和 GB 构成 1 个等边三角形。因此，线段 BD 和 DG 之间的角度是 60°。

100.

首先，测量瓶子内液体的高度。然后，将瓶子颠倒，并测量瓶子内空气柱的高度。将这两个高度相加，便得出一个虚构圆柱体的高度。现在，用液体的高度除以圆柱体的高度，这样便可以得出瓶内液体体积所占瓶子的百分比。如果虚构圆柱体的高度是 5 厘米，而液体高度是 4 厘米，那么，用 4 除以 5，得出 80%，即液体体积所占的百分比。

第三章

1.

第二个预演的是家庭主妇（线索 3）。因被描述成"错误形象"而淘汰的女士是第 1 个预演的，她不是清洁工（线索 4），也不是图书管理员，图书管理员因太高而不符合要求（线索 1），因此她只能是服装店的助手基蒂·凯特（线索 6）。第二个预演的家庭主妇不是蒂娜·贝茨（线索 3），也非科拉·珈姆，因为她是第四个预演的（线索 5），那么她只可能是艾达·达可，她不是因为太成熟而被淘汰的（线索 2），通过排除法，她只能是怀孕了，太成熟的只能是清洁工。现在，从线索中知道图书管理员是第三个预演的，所以她不是科拉·珈姆，只能是蒂娜·贝茨，剩下第四个预演的肯定是科拉·珈姆，太成熟的清洁工。

答案：

第一个，基蒂·凯特，服装店助手，错误形象。

第二个，艾达·达可，家庭主妇，怀孕。

第三个，蒂娜·贝茨，图书管理员，太高。

第四个，科拉·珈姆，清洁工，太成熟。

2.

杰克爵士跟随北爱尔兰的球队（线索1），佩里·奎恩将去俄罗斯（线索5），和英格兰队和挪威有关的评论员不是阿里·贝尔（线索3），只能是多·恩蒙。前守门员在威尔士队（线索4），他不去比利时，因为曾经的经营者将去比利时，前守门员也不去俄罗斯（线索5），因此他只能去匈牙利，通过排除法，他是阿里·贝尔，而佩里·奎恩和苏格兰队有关。现在我们知道了三位评议员的目的地，因此去比利时的前经营者必定是杰克爵士，他跟随北爱尔兰队。最后，从线索2中知道，前记者不是和苏格兰队一起的佩里·奎恩，他只能是多·恩蒙，和英格兰队和挪威有关，而佩里·奎恩和苏格兰队及俄罗斯有联系，他一定是前足球先锋。

答案：

阿里·贝尔，前守门员，威尔士队，匈牙利。

多·恩蒙，前足球记者，英格兰队，挪威。

杰克爵士，前经营者，北爱尔兰队，比利时。

佩里·奎恩，前足球先锋，苏格兰队，俄罗斯。

3.

思尔闻·恰尔住在5号房间（线索3），从里昂来的人在4号房间（线索4），2号房间的诗人是阿兰·巴雷或者卢卡·莫里（线索2）。从诗人的房间号所知，来自第戎的亨利·家微不可能在1号房间，也不在6号房间（线索7），

那么只能在3号房间。从线索7中知道，剧作家在4号房间，因此他来自里昂。现在我们知道了2号和4号房间人的职业，从线索6中知道，小说家吉恩·勒布伦只能住在6号房间。通过排除法可知来自卡昂的摄影师不在2、3、4、6房间（线索6），也不可能在5号房间，因此他或她只能在1号房间。画家不在3号房间（线索5），因此只能在5号房间，那么3号房间的亨利·家微一定是雕刻家。现在我们知道1号或者3号房间人的家乡。从线索1中可以知道，来自波尔多的年轻人一定是2号房间的诗人。我们已经知道了4个人的家乡，而5号房间的画家不是来自南希（线索5），只能来自土伦，剩下南希是吉恩·勒布伦的家乡，他是6号房间的小说家。4号房间来自里昂的剧作家不是塞西尔·丹东（线索4），塞西尔·丹东也不是2号房间的诗人（线索2），那么她只能是1号房间的来自卡昂的摄影师。最后，从线索1中得知，住在2号房间的来自波尔多的诗人不是阿兰·巴雷，那么只能是卢卡·莫里，阿兰·巴雷只能是4号房间的来自里昂的剧作家。

答案：

1号房间，塞西尔·丹东，卡昂，摄影师。

2号房间，卢卡·莫里，波尔多，诗人。

3号房间，亨利·家微，第戎，雕刻家。

4号房间，阿兰·巴雷，里昂，剧作家。

5号房间，思尔闻·恰尔，土伦，画家。

6号房间，吉恩·勒布伦，南希，小说家。

4.

纺织品商店在国王街（线索1），水灾发生在格林街（线索3），判断出发生车祸的书店不可能在牛顿街（线索5），则只能在萨克福路。鞋店不在格林街（线索3），因此只能是牛顿街上的帕夫特（线索5），而格林街被洪水淹没的商店一定是卖五金用品的，这家店不是格雷格（线索4），也不是巴克商店，巴克商店发生的是错误警报（线索2），因此，它只能是林可商店。我们知道萨克福路上的书

店的警报不是假的，那么它不可能是巴克（线索2），只能是格雷格，巴克必定是国王街的纺织品商店（线索1）。通过排除法，牛顿街上的帕夫特鞋店发生了火灾。

答案：

巴克，纺织品店，国王街，错误警报。

格雷格，书店，萨克福路，车祸。

林可，五金商店，格林街，水灾。

帕夫特，鞋店，牛顿街，火灾。

5.

埃德娜和鲍克丝夫人应为2号或3号（线索1），而克拉丽斯·弗兰克斯肯定不是4号（线索3），只能是1号。寄出3封信件的女人位于图中3或者4的位置（线索3）。线索2告诉我们邮筒两边寄出的信件数量相同，那么它们必将是5封和2封在邮筒一侧，3封和4封在另一侧，所以寄出4封信件的女人必将位于3或者4的位置。但只有一个人的信件数和位置数相同（线索5），结果只可能是4号女人有3封信而3号女人有4封信。从线索5中知道，2号有2封信件要寄，剩下克拉丽斯·弗兰克斯是5封。我们知道埃德娜和鲍克丝夫人位于图中2或者3的位置，因此现在知道埃德娜是2号，有2封信要寄出，而鲍克丝夫人是3号，有4封信，她不是博比（线索4），那么她就是吉马，剩下在4号位置的博比，不是斯坦布夫人（线索4），那么她只可能是梅勒，而斯坦布夫人是埃德娜。

答案：

位置1，克拉丽斯·弗兰克斯，5封。

位置2，埃德娜·斯坦布，2封。

位置3，吉马·鲍克丝，4封。

位置4，博比·梅勒，3封。

6.

朱莉娅是其中一位顾客（线索2）。29便士是2号售货员给4号顾客的找零（线索5），但是2号不是莱斯利（线索3），也不是杰姬，因为后者参与的交易是17便士的找零（线索1），因此2号肯定是蒂娜，4号是朱莉娅（线索2）。而后者不是买了洗发水的奥利弗夫人（线索2），那么奥利弗夫人肯定是3号。朱莉娅一定买了阿司匹林，她是阿尔叟小姐接待的（线索4），而阿尔叟小姐肯定是蒂娜。通过排除法，17便士的找零必定是1号售货员给3号顾客的，因此通过线索1，朱莉娅肯定是沃茨夫人，而剩下的1号售货员肯定是里德夫人，她也不是莱斯利（线索3），所以她只能是杰姬，最后得出莱斯利姓奥利弗。

答案：

1号，杰姬·里德，找零17便士。

2号，蒂娜·阿尔叟，找零29便士。

3号，莱斯利·奥利弗，买洗发水。

4号，朱莉娅·沃茨，买阿司匹林。

7.

亚瑟在图中位置3（线索4），从线索1中知道，看到翠鸟的不是位置1也不是位置4的人。位置2的那个小伙子在玩鳟鱼（线索5），因此，通过排除法，只能是位置3号的亚瑟看到了翠鸟。另从线索1中知道，汤米在2号位置，且是玩鳟鱼的人。通过线索3知道，比利肯定在1号位置，而埃里克在位置4。我们现在已经知道3个位置上人的姓或者所做的事，那么，听到布谷鸟叫的史密斯（线索2）肯定是1号的比利。剩下埃里克只能是看到山楂开花的人。最后，从线索5中知道，汤米不是波特，那么他必定是诺米，剩下波特是看到翠鸟的亚瑟。

答案：

位置1，比利·史密斯，听到布谷鸟叫。

位置2，汤米·诺米，玩鳟鱼。

位置3，亚瑟·波特，看到翠鸟。

位置4，埃里克·普劳曼，看到山楂开花。

8.

霍尔商店卖驼鸟肉（线索5），老橡树商店出售卷心菜（线索6），而卖火鸡和椰菜的商店不是希勒尔也非布鲁克商店（线索2），那么它只能是冷杉商店。在冷杉商店工作的不是康妮（线索3），也不是希勒尔商店的理查德（线索1），也非卖豆角的珍（线索4）和卖牛肉的基思（线索4），所以只能是吉尔。我们知道理查德的商店不卖火鸡和牛肉，也不卖鸵鸟肉。希勒尔商店不卖猪肉（线索1），因此理查德一定在卖羊肉的商店。羊肉和土豆不在同一个地方出售（线索3），那么理查德和希勒尔商店肯定出售甜玉米。康妮不卖土豆（线索3），所以她必定在老橡树商店卖卷心菜。通过排除法，土豆在基思的商店、和牛肉一起出售，而基思一定在布鲁克商店。另外，在霍尔商店工作的只能是珍，卖豆角和鸵鸟肉，而康妮在老橡树商店工作，卖猪肉和卷心菜。

答案：

康妮，老橡树商店，猪肉和卷心菜。

珍，霍尔商店，鸵鸟肉和豆角。

吉尔，冷杉商店，火鸡和椰菜。

基思，布鲁克商店，牛肉和土豆。

理查德，希勒尔商店，羊肉和甜玉米。

9.

布莱克预计在11：00到达骑术学校（线索6），9：00的预约不在韦伯斯特农场（线索4），也不是给高下马群的赛马安装赛板（线索1），也非在石头桥农场（线索4），那一定是去看瓦特门的波比。10：00是去石头桥农场（线索4）。在中午要为一匹马安装运输蹄（线索3），所以下午2：00为高下马群的赛马安装赛板。通过排除法，12：00的工作只能是在韦伯斯特农场，而11：00是重装王子蹄钉（线索4）。乾坡不是他10：00的工作，也不是中午在韦伯斯特农场的工作（线索4），因此只能是给高下马群的赛马安装赛板。我们知道运输蹄不是给乾坡和本的，而它的名字要比需要被清理蹄钉的那匹马的名字长一些（线索3），所以安装运输蹄的那匹马肯定是佩加索斯。而本必定是石头桥农场的马，预约在10：00。本不是那匹要安装普通蹄的马（线索2），它需要清理蹄钉，剩下波比是需要安装普通蹄的马。

答案：

上午9：00，瓦特门，波比，安装普通蹄。

上午10：00，石头桥农场，本，清理蹄钉。

上午11：00，骑术学校，王子，重装蹄钉。

中午12：00，韦伯斯特农场，佩加索斯，安装运输蹄。

下午2：00，高下马群，乾坡，安装赛板。

10.

我们知道改革者号在2号站点处领航（线索3），安迪·布莱克不在3号站点处领航（线索5），而且从线索1可以排除格兰·霍德在3号站点处领航，线索8也可以排除露西·马龙在3号站点处领航。科林·德雷克在5号站点处领航（线索6），6号站点叫青鱼站点（线索1）。线索4可以排除亚马孙号的盖尔·费什在3号站点处领航，所以3号站点的领航者必然是派特·罗德尼。同时可知，3号站点是波比特点（线索2）。我们知道2号站点是由改革者号领航的，2号不是波比特站点，也不是城堡首领站点或者青鱼站点，它也不可能是斯塔克首领站点，在斯塔克首领站点处领航的是五月花号（线索7）。我们知道科林·德雷克的皮划艇在5号站点处领航，所以圣·犹大书站点不可能是2号站点（线索4），用排除法可以知道，2号是海盗首领站点。因此圣·犹大书站点不可能是5号站点（线索4），用排除法可知圣·犹大书站点只可能是1号站点，剩下5号站点是斯塔克首领站点，此处由五月花号领航。所以，盖尔·费什的亚马孙号必然在4号站点处领航，即城堡首领站点。我们知道露西·马龙不在4号站点处领航，她也不在海盗首领站点领航（线索8），所以，她必然从在青鱼站点处领航，即6号站点（线索8），所以魅力露西号是从3号站点处领航的，即波比特站点。海猪号皮划艇不在青鱼站点处领航（线索1），用排除法可以知道在青鱼站点处领航的必然是去利通号。剩下海猪号在圣·犹大书站点领航，它由安迪·布莱克驾驶（线索5），格兰·霍德驾驶改革者号在2号海盗首领站点处领航。

答案：

1号，圣·犹大书站点，安迪·布莱克，海猪号。

2号，海盗首领站点，格兰·霍德，改革

者号。

3号，波比特站点，派特·罗德尼，魅力露西号。

4号，城堡首领站点，盖尔·费什，亚马孙号。

5号，斯塔克首领站点，科林·德雷克，五月花号。

6号，青鱼站点，露西·马龙，去利通号。

11.

麦克的姓是阿彻（线索4），而克里福特不是约翰，他的马是海员赛姆（线索2），他不可能是萨利（线索3），那么他就是埃玛。艾塞克斯女孩是第二名（线索1），第四名的马不是海员赛姆（线索2），不是西帕龙（线索4），则一定是蓝色白兰地。他的骑师不是理德，理查德骑的也不是西帕龙（线索3），我们已经知道了海员赛姆的骑师，那么理查德的马一定是艾塞克斯女孩。麦克·阿彻不可能是第一名的马的骑师（线索4），而西帕龙不是第二，他也不在第三名的马（线索4），所以他肯定是第四名马匹的骑师，他的马是蓝色白兰地。因此，从线索4中知道，西帕龙是第三名，通过排除法，海员赛姆是第1名。从线索三中知道，萨利姓匹高特，则她一定是第三名的西帕龙。最后，剩下第二名的马就是艾塞克斯女孩，骑师是约翰·理查德。

答案：

第一名，海员赛姆，埃玛·克里福特。

第二名，艾塞克斯女孩，约翰·理查德。

第三名，西帕龙，萨利·匹高特。

第四名，蓝色白兰地，麦克·阿彻。

12.

尼尔·李出现在电视短剧中（线索2），在电视连续剧中扮演记者的人的姓是3或者4个字母（线索4），那她一定是蒂娜·罗丝，是《摩倩穆》中的主角（线索6）。而道恩·埃尔金饰演的是医学生（线索1），那么在《格里芬》里扮演年轻演员的（线索1）肯定是简·科拜。艾伦·邦庭饰演的不是一位老师（线

索2），则肯定是法官，而尼尔·李扮演的是教师。艾伦·邦庭不演电影（线索2），也没有出现在电视连续剧中（线索3），因此他一定出现在舞台剧《丽夫日》中（线索5）。《罗米丽》中的演员的姓包含5个字母（线索4），则肯定是道恩·埃尔金。而尼尔·李一定饰演《克可曼》中的角色。最后，因为简·科拜不在电视连续剧中（线索3），那么《格里芬》一定是一部电影，通过排除法可以得出，出演电视戏剧《罗米丽》的肯定是道恩·埃尔金。

答案：

艾伦·邦庭，法官，《丽夫日》，舞台剧。

道恩·埃尔金，医学生，《罗米丽》，电视戏剧。

简·科拜，女演员，《格里芬》，电影。

尼尔·李，教师，《克可曼》，电视短剧。

蒂娜·罗丝，记者，《摩倩穆》，电视连续剧。

13.

汉斯·卡尔王子的游艇名字包含5个或者6个字母（线索5），由于歌手拥有游艇曼特（线索1），那么汉斯·卡尔王子一定拥有30.5米长的游艇极光号（线索6）。杰夫·额的游艇有22.9米长，它的名字不是最短也不是最长的（线索4）。我们知道它不是极光号，也不是迪安·奎的美人鱼号（线索1），那么它必定是米斯特拉尔号。比安卡女士号不属于雅克·地布鲁克（线索3），因此它一定是雨果的。剩下曼特是属于雅克·地布鲁克的。比安卡女士号不属于电影明星（线索3），也不属于职业车手（线索2），那么它一定是属于工业家的长42.7米的游艇（线索6）。我们知道33.5米长的游艇名字包含7个字母（线索5），它肯定是美人鱼号。剩下曼特长38.1米，另外，因米斯特拉尔不属于职业车手（线索2），那么它只能是电影明星的，剩下美人鱼号是职业车手迪安·奎的游艇。

答案：

极光号，30.5米，汉斯·卡尔，王子。

比安卡女士号，42.7米，雨果·姬根，工业家。

曼特号，38.1米，雅克·地布詹克，歌手

美人鱼号，33.5米，迪安·奎，职业车手。

米斯特拉尔号，22.9米，杰夫·额，电影明星。

14.

朱利叶斯是人物A（线索4），而哈姆雷特紧靠在理查德的右边（线索3），不可能是人物A或者B，他将饰演士兵（线索3），他不可能是人物C，因为人物C扮演孩童时代的马恩（线索1），那么他必将是人物D，理查德是扮演儿童时期的C。我们现在知道3个人的名或者姓，因此安东尼·李尔王（线索2）一定是B。通过排除法，哈姆雷特肯定是约翰。安东尼·李尔王不扮演哲学家（线索2），因此他肯定扮演青少年，而朱利叶斯扮演的是哲学家。最后，通过线索1知道，理查德不是曼彻特，他只能是温特斯，剩下曼彻特就是朱利叶斯，即人物A。

答案：

人物A，朱利叶斯·曼彻特，晚年。

人物B，安东尼·李尔王，青少年。

人物C，理查德·温特斯，孩童。

人物D，约翰·哈姆雷特，士兵。

15.

雷蒙德往东走（线索3），从线索1中知道，骑摩托车去上高尔夫课的人不朝西走。去游泳的人朝南走（线索2），拍卖会不在西面举行（线索2），因此朝西走只可能是去看牙医的人。西尔威斯特坐出租车出行（线索5），不朝北走。同时我们知道雷蒙德不朝北走，安布罗斯也不朝北走（线索1和2），那么朝北走的只可能是欧内斯特。从线索4中知道，坐巴士的人朝东走。我们知道雷蒙德不去游泳，也不去看牙医，而他的出行方式说明他不可能去玩高尔夫，因此他必定是去拍卖会。现在通过排除法知道，骑摩托车去上高尔夫课的人肯定是欧内斯特。从线索1中知道，安布罗斯朝南出行去游泳，剩下西尔威斯特坐出租往西走，去看

牙医。最后可以得出安布罗斯开小汽车出行。

答案：

北，欧内斯特，摩托车，上高尔夫课。

东，雷蒙德，巴士，拍卖会。

南，安布罗斯，小汽车，游泳。

西，西尔威斯特，出租车，看牙医。

16.

继承人吉可巴士（吉可）在家系中排行第2（线索6），从线索4中知道，住在利物浦的贝赛利不排第1，也非第5。在沃克叟工作的继承人排行第4（线索3），因此贝赛利肯定是第3，职业是出租车司机（线索5）。现在，从线索4中知道，做管道工作的西吉斯穆德斯一定排行第4，在沃克叟工作。而消防员住在施坦布尼（线索1），那么住在格拉斯哥的继承人不是盖博旅馆的主人（线索1），则一定是清洁工，而旅店主人必定住在坦布。因旅店主人排行不是第2和第5（线索2），那么肯定是第1。因此他不可能是帕曲西斯（线索7），只能是麦特斯，剩下帕曲西斯排行第5。现在从线索1中可以知道，他必定是施坦布尼的首席消防员，而格拉斯哥的清洁工是排行第2的吉可巴士。

答案：

第1，麦特斯，坦布，旅馆主人。

第2，吉可巴士，格拉斯哥，清洁工。

第3，贝赛利，利物浦，出租车司机。

第4，西吉斯穆德斯，沃克叟，管道工。

第5，帕曲西斯，施坦布尼，消防员。

17.

从线索1中知道，爱德华不是刚来才1周的人，另外也告诉我们他也不是保险公司2周前新招聘的员工。第7层的新员工是3周前来的女孩（线索6），而德克是在4周前就职的（线索3），因此爱德华肯定是5周前来的新员工。信贷公司在第9层（线索4），爱德华不可能在3层和11层工作（线索1），我们知道女孩在7层工作，根据线索1和6可以推出保险公司2周前新聘的员工不在7层，从线

索 1 中知道，爱德华不可能在第 9 层，也不可能在第 5 层，那么只能在第 3 层。线索 1 告诉我们伯纳黛特在邮政服务公司工作，而线索 2 排除了爱德华在假日公司的可能性，同时爱德华所在的楼层说明他也不可能在信贷公司和保险公司上班，那么他肯定在私人侦探所工作。淑娜不可能在第 3 层的保险公司上班(线索 5)，德克也不可能，而伯纳黛特和爱德华的公司我们已经知道，因此在保险公司工作的只能是朱莉。伯纳黛特的邮政服务公司不在 11 层（线索 1），也不在第 3 层、第 5 和第 9 层，那么她肯定是在第 7 层的女孩，是 3 周前被招聘的。通过排除法，剩下 1 周前新来的只能是淑娜，从线索 1 中知道，她在 9 层的信贷公司上班。最后，剩下德克是假日公司的新员工，在大楼的 11 层工作。

答案：

伯纳黛特，邮政服务公司，7 层，3 周。
德克，假日公司，11 层，4 周。
爱德华，私人侦探所，5 层，5 周。
朱莉，保险公司，3 层，2 周。
淑娜，信贷公司，9 层，1 周。

18.

莎的姓是卡索（线索 2），蒂米穿红色的泳衣（1），因此，穿橙色泳衣叫响的小男孩肯定是詹姆士。通过排除法，莎的泳衣一定是绿色的，他的母亲是曼迪（线索 4）。同样再次通过排除法，蒂米的姓是桑德斯，他的母亲不是丹尼斯（线索 3），那么肯定是萨利，最后剩下丹尼斯是詹姆士的母亲。

答案：

丹尼斯·响，詹姆士，橙色。
曼迪·卡索，莎，绿色。
萨利·桑德斯，蒂米，红色。

19.

蓄电池没电是下午 5：00 发现的(线索 6)，不可能是吉恩的汽车出的事（线索 1），同时线索 1 也告诉我们伊夫林的车胎穿了孔。西里尔的不幸发生在 3：00（线索 4），而线索 3

排除了姆文在下午 5：00 出事的可能，通过排除法，只可能是格兰地的电池没电了。司机把车撞到门柱发生在星期五（线索 2），他不可能是伊夫林和吉恩（线索 1），我们知道他也不是格兰地和姆文，那么他肯定是西里尔。姆文不是因超速被抓住的（线索 3），因此通过排除法，他肯定是压到了栅栏，剩下超速的是吉恩。超速不是发生在下午 3：00 和 5：00，伊夫林发生不幸的最迟时间也只可能是下午 2：00，而线索 1 排除了这个可能性，她也不是在早上 10：00 出事的（线索 3），那么她必定是早上 11：00 出事的，从线索 3 中知道，姆文肯定是在早上 10：00 压倒了栅栏，剩下的只有伊夫林在下午 2：00 出事。线索 5 告诉我们格兰地在星期一蓄电池没电，而从线索 1 中知道，吉恩肯定是星期三出事的，则伊夫林必定是在星期四出的事。

答案：

西里尔，星期五，撞到门柱，下午 3：00。
伊夫林，星期四，车胎穿孔，下午 2：00。
格兰地，星期一，蓄电池没电，下午 5：00。
吉恩，星期三，超速，上午 11：00。
姆文，星期二，压倒栅栏，上午 10：00。

20.

图中 3 号游艇是维克多的（线索 4），从线索 1 中知道，海鸠不可能是游艇 4，有灰蓝色船帆的燕鸥也不是游艇 4（线索 2）。线索 5 排除了海雀是 4 号的可能性，因此 4 号游艇只能是埃德蒙的三趾鸥（线索 6）。游艇 1 不是海鸠也不是海雀（线索 1），那么它一定是燕鸥。我们知道燕鸥的主人不是埃德蒙，也不是拥有白色帆游艇的马尔科姆（线索 5），那么只能是大卫，而剩下马尔科姆是游艇 2 的主人。从线索 1 中知道，游艇 3 是海鸠，而剩下游艇 2 是海雀。三趾鸥的帆不是灰绿色的（线索 1），那么肯定是黄色的，剩下海鸠是灰绿色的帆。

答案：

游艇 1，燕鸥，大卫，灰蓝色。
游艇 2，海雀，马尔科姆，白色。

游艇3，海鸠，维克多，灰绿色。

游艇4，三趾鸥，埃德蒙，黄色。

21.

　　保持相同排名的不是贝林福特队和罗克韦尔·汤队（线索1），从第2跌到第7的是匹特威利队（线索2），而保持相同排名的也不是克林汉姆队和格兰地威尔队（线索3），也非内德流浪者队和福来什运动队（线索6），因此通过排除法，只能是米尔登队，它最后取得了第3名（线索5），而在圣诞节时也是第3名。线索5告诉我们，中场时罗克韦尔·汤队是第4名，而最后取得了第1名（线索1）。贝林福特队到赛季末下降了2个名次（线索1），在圣诞节时它不可能是第7和第8，我们知道它也不可能是第2、第3和第4。既然我们已经知道了圣诞节时第3和第7名的队伍，而贝林福特队不可能从第1和第5开始下降的，那么只能从第6下降到第8（线索1）。从第1下降到第5的队（线索7）不可能是福来什运动队（线索6），克林汉姆队和格兰地威尔（线索3），因为他们的名次都是上升的，那么，只可能是内德流浪者队。现在从线索3中已经可以知道，在圣诞节时，克林汉姆队是第7，格兰地威尔是第8。剩下当时福来什运动队是第5。福来什运动队最后不是第4（线索4），那么肯定是第2名。最后，从线索3中知道，克林汉姆队以第4结束，而格兰地威尔队以第6告终。

答案：

圣诞

1. 内德流浪者队
2. 匹特威利队
3. 米尔登队
4. 罗克韦尔·汤队
5. 福来什运动队
6. 贝林福特队
7. 克林汉姆队
8. 格兰地威尔

赛季末

1. 罗克韦尔·汤队

2. 福来什运动队
3. 米尔登队
4. 克林汉姆队
5. 内德流浪者队
6. 格兰地威尔
7. 匹特威利队
8. 贝林福特队

22.

　　爱好园艺的人有着最迷人的眼睛（线索4），古典音乐的爱好者不以声音和真诚引人注目（线索1），也不因身高而吸引詹妮（线索1），那么他肯定是因幽默而吸引某位女士的人。马特是一个真诚的人（线索2），他不喜好园艺和古典音乐，也不爱好烹饪，烹饪是比尔的爱好（线索5），马特也不爱好老电影（线索2），因此他肯定和布伦达一样喜欢跳舞（线索6）。凯茜和休相处得不错（线索6），罗斯发现她并不渴望和克鲁夫及彼特聊天（线索3），那么她的倾慕对象肯定是厨师比尔，他受到罗斯青睐的地方不是他的眼睛、幽默感、真诚和他的身高（身高是詹妮青睐的），那么只能是他的声音。通过排除法，詹妮高高的搭档则是老电影的爱好者。彼特不是非常幽默的古典音乐的爱好者，也不是园丁（线索3），他肯定是和詹妮共同爱好老电影的男人。古典音乐的爱好者不是克莱夫（线索1），那么只能是凯茜的新朋友休，最后通过排除法，克莱夫是用他的眼睛和对园艺的爱好吸引了凯丽。

答案：

　　布伦达和马特，线性舞，真诚。

　　凯茜和休，古典音乐，幽默感。

　　詹妮和彼特，老电影，身高。

　　凯丽和克莱夫，园艺，眼睛。

　　罗斯和比尔，烹饪，声音。

23.

　　马萨诸塞州的古德里不从事法律方面的工作（线索1），银行家住在新汉普郡（线索5），温土是建筑家的姓（线索3），那么古德里就是大学的助教，他姓杰斐逊（线索6）。现在再看线索4，本尼迪克特一定来自缅因州，建筑家温土一定是埃尔默（线索3）。亚历山大不从事法律方面的工作（线索1），那么他一定是来自新汉普郡的银行家。现在我们已经知道了3个人的职业和名字的搭配，而本尼迪克特不是法官（线索4），则肯定是警官，剩下马文是法官。马文不在康涅狄格州（线索2），那他一定来自佛蒙特州，而康涅狄格州则是埃尔默·温土的家乡。从线索2中知道，皮格利不是警官，则一定同银行家亚历山大是一个人，最后剩下本尼迪克特，毫无疑问肯定是警官。

答案：

亚历山大·皮格利，新汉普郡，银行家。
本尼迪克特·斯泰丽思，缅因州，警官。
埃尔默·温土，康涅狄格州，建筑师。
杰斐逊·古德里，马萨诸塞州，大学助教。
马文·朴历夫，佛蒙特州，法官。

24.

村庄4的名字为克兰菲尔德（线索3），从线索5中知道，波利顿肯定是村庄2，那么利恩村肯定是村庄1，而剩下村庄3是耐特泊。村庄3的居民是出去遛狗的（线索2），从线索5中知道，这个居民一定是丹尼斯。而婚礼发生在利恩村（线索5），参加婚礼的人住的村庄一定是村庄4，即克兰菲尔德，因此，现在从线索4中可以知道，西尔维亚一定住在村庄2，即波利顿村。现在我们已经知道了村庄2和3的居民，以及村民4出行的目的，那么线索1中提到的去看朋友的波利一定住在利恩村。通过排除法，最后知道玛克辛住在克兰菲尔德，而西尔维亚出行的目的是去看望她的母亲。

答案：

村庄1，利恩村，波利，见朋友。
村庄2，波利顿村，西尔维亚，看望母亲。
村庄3，耐特泊村，丹尼斯，遛狗。
村庄4，克兰菲尔德村，玛克辛，参加婚礼。

25.

那辆红色的法拉利车不是伯纳黛特的（线索5），也不是迪尼斯的（线索5）。安东尼开兰吉·罗拉（线索2），而克利福德的车是白色的（线索6），因此红色的法拉利肯定是埃弗拉德的。卡迪拉克的车牌号是W675JAR（线索6），从线索1中知道，埃弗拉德的法拉利和那辆江格的车牌是T453JAR或者是T564JAR。因此，W786JAR不是法拉利、江格和卡迪拉克的车牌号，也不是默西迪丝的（线索3），而只能是兰吉·罗拉的车牌号，是安东尼所开的车。那辆黑色车的车牌是R342JAR（线索4），而克利福德的白色汽车不是车牌是W675JAR的卡迪拉克（线索6），那么它的车牌肯定是T开头的，一定就是江格车（线索1）。通过排除法知道，那辆黑色车牌是R342JAR的车一定是默西迪丝。安东尼的兰吉·罗拉不是蓝色的（线索3），那么肯定是绿色的，而卡迪拉克一定是蓝色的。伯纳黛特的汽车车牌号上的每个数字比埃弗拉德的法拉利车牌号均要大1（线索5），后者不是T453JAR，因为如果后者是T453JAR的话，那么T564JAR就是江格的车牌号（线索1），那么伯纳黛特汽车的车牌号就不可能有了，所以埃弗拉德的法拉利车牌号一定是T564JAR，而从线索5中知道，伯纳黛特汽车是那辆车牌号为W675JAR的蓝色卡迪拉克。剩下迪尼斯的汽车是车牌为R342JAR的黑色默西迪丝。最后，知道克利福德的江格车号为T453JAR。

答案：

安东尼，W786JAR，兰吉·罗拉，绿色。
伯纳黛特，W675JAR，卡迪拉克，蓝色。
克利福德，T453JAR，江格，白色。
迪尼斯，R342JAR，默西迪丝，黑色。
埃弗拉德，T564JAR，法拉利，红色。

26.

弹吉他的不是1号（线索1），1号也不是变戏法者（线索3），也非马路艺术家（线索4），因此1号肯定是手风琴师，他不是泰萨，也不是莎拉·帕吉（线索2），而内森是2号（线索5），因此1号只能是哈利。因内森不玩吉他（线索5），线索1可以提示吉他手就是4号。4号不是莎拉·帕吉（线索2），而莎拉·帕吉不是 1 号和 2 号，因此只能是 3 号。因此，她不是变戏法者（线索 3），通过排除法，她肯定是街边艺术家，剩下变戏法者就是 2 号内森。从线索 4 中知道，他的姓一定是西帕罗，而 4 号位置肯定是泰萨。从线索 2 中知道，克罗葳不是泰萨的姓，则一定是哈利的姓，而泰萨的姓只能是罗宾斯。

答案：

1 号，哈利·克罗葳，手风琴师。
2 号，内森·西帕罗，变戏法者。
3 号，莎拉·帕吉，街边艺术家。
4 号，泰萨·罗宾斯，吉他手。

27.

B 位置上的是 9 号选手（线索 6）。万能选手 6 号不可能在 A 位置上（线索 1），而 C 位置上的选手是乔希（线索 4），线索 1 提示位置 D 上的不可能是万能选手，那么万能选手一定是 C 位置上的乔希。现在，从线索 1 中可以知道，帕迪一定是位置 B 上的 9 号选手。我们现在已经知道 A 不是乔希，也不是帕迪，线索 5 排除了艾伦，那么他只可能是尼克，他是乡村队的守门员（线索 2），最后剩下艾伦在 D 位置上。现在，从线索 5 中知道，艾伦一定是 7 号，尼克则是 8 号。而艾伦一定不是旋转投手（线索 3），那么他一定是快投，剩下旋转投手是帕迪。

答案：

选手 A，尼克，8 号，守门员。
选手 B，帕迪，9 号，旋转投手。
选手 C，乔希，6 号，万能。
选手 D，艾伦，7 号，快投。

28.

如果这些士兵能够正确地站成一列，所有人都能被释放。

第一个士兵站在这一列的最前面，其他的人依次插入，站到他们所能看到的最后一个戴红色帽子的人后面，或者他们所能看到的第一个戴黑色帽子的人前面。

这样一来，这一列前一部分的人全部都戴着红色帽子，后一部分的人全部都戴着黑色帽子。每一个新插进来的人总是插到中间（红色和黑色中间），当下一个人插进来的时候他就会知道自己头上帽子的颜色了。

如果下一个人插在自己前面，那么就能判定自己头上戴的是黑色帽子。这样能使 99 个人免受惩罚。

当最后一个人插到队里时，他前面的一个人站出来，再次按照规则插到红色帽子与黑色帽子中间。这样这 100 个士兵就都能免受惩罚。

29.

卡萨得公主在一位王子的对面（线索 5），那么吉尼斯公主一定在另外一位王子的对面，后者不是阿姆雷特王子（线索 4），那么一定是沃尔夫王子。从线索 4 中知道，按顺时针方向，他们房间分别是卡萨得公主、吉尼斯公主、阿姆雷特王子、沃尔夫王子。从线索 2 中知道，吉尼斯公主的父亲是尤里天的统治者，而沃尔夫王子的父亲则统治马兰格丽亚（线索 4）。卡萨得公主的父亲不统治卡里得罗（线索 5），那么他一定统治欧高连，通过排除法，阿姆雷特王子的父亲必定统治卡里得罗。从线索 2 中知道，卡萨得公主的父亲一定是阿弗兰国王，而吉尼斯公主的父亲统治尤里天，后者必定是国王西福利亚（线索 3）。卡里得罗的阿姆雷特王子的父亲不是国王恩巴（线索 5），那么必定是国王尤里，剩下国王恩巴是沃尔夫王子的父亲。最后，从线索 1 中知道，阿姆雷特王子的房间是 I，那么沃尔夫王子则是 II，卡萨得公主是 III，而吉尼斯公主在房间 IV 中。

答案：

I，阿姆雷特王子，国王尤里，卡里得罗。
II，沃尔夫王子，国王恩巴，马兰格丽亚。
III，卡萨得公主，国王阿弗兰，欧高连。
IV，吉尼斯公主，国王西福利亚，尤里天。

30.

杰克获得了第 3 名（线索 2），因此他的母亲不可能是丹妮尔（线索 1），而梅勒妮是尼古拉的母亲（线索 4），那么杰克只能是谢莉的儿子，剩下埃莉诺是丹妮尔的女儿，埃莉诺的服装像个蘑菇（线索3）。尼古拉不是第2名（线索4），我们知道她也不是第3名，因此她肯定是第1名，剩下埃莉诺是第2名，从线索1中知道，排名第3的杰克穿成垃圾桶装束，剩下第1名的尼古拉则穿成机器人的样子。

答案：

丹妮尔，埃莉诺，蘑菇，第2名。

梅勒妮，尼古拉，机器人，第1名。

谢莉，杰克，垃圾桶，第3名。

31.

赛得曼迟到了50分钟（线索2），从线索3中知道，鲁宾不可能迟到了1个小时，而克拉克（线索4）和老师迪罗（线索5）均不可能迟到了1个小时，而思欧刚好迟到了半小时（线索7），那么只能是迈克尔·奇坡迟到了1小时。他不是邮递员（线索1），我们也知道他不是老师，而计算机程序员是兰格（线索6）。线索3排除了迈克尔·奇坡是收费站工作人员的可能性，收费站工作人员不可能迟到了1小时，因此，迈克尔·奇坡一定是砖匠。从线索4中知道，克拉克肯定是赛得曼，他迟到了50分钟。现在我们已经知道老师迪罗不是奇坡、兰格和赛得曼，也不是斯朗博斯（线索5），那么他一定是斯朗博斯。我们知道，收费站工作人员不是兰格和奇坡，那么从线索3中知道，他的姓肯定是斯朗博斯。他不是鲁宾（线索3），则他一定是思欧，迟到了30分钟，剩下鲁宾就是兰格，计算机程序员，从线索3中可以知道，他迟到了40分钟。通过排除法，克拉克·赛得曼一定是邮递员，而老师迪罗·耐品，则是迟到了20分钟的人。

答案：

克拉克·赛得曼，邮递员，50分钟。

迪罗·耐品，教师，20分钟。

迈克尔·奇坡，砖匠，1小时。

鲁宾·兰格，计算机程序员，40分钟。

思欧·斯朗博斯，收费人员，30分钟。

32.

SD间谍在6号房间（线索2），从线索5中知道，OSS间谍一定在5号房间，而SDECE间谍在3号房间，鲁宾在1号房间。2号房间的间谍不可能来自阿布威（线索3），也不来自M16，而间谍加西亚不在1号房间（线索1），那么他肯定是GRU的间谍。从线索4中知道，毛罗斯先生的房间是4号，罗布斯不可能在3号（线索1），也不可能在2号房间，因为加西亚不在4号房间，所以罗布斯也不可能在6号。罗布斯只能在5号房间，而加西亚在3号，M16的间谍则在4号房间（线索1）。6号房间的SD间谍不是罗布斯（线索2），则肯定是戴兹，剩下罗布斯一定是2号房间的GRU间谍，最后通过排除法，1号房间的鲁宾是阿布威的间谍。

答案：

1号房间，鲁宾，阿布威。

2号房间，罗佩兹，GRU。

3号房间，加西亚，SDECE。

4号房间，毛罗斯，M16。

5号房间，罗布斯，OSS。

6号房间，戴兹，SD。

33.

"伊诺根"是在下午5：00到达的，他或她不是因为汽车抛锚而迟到的（线索3），从线索1中知道，她或他不是错过早班车的肯·杨，也不是出演阿匹曼特斯的演员，因后者是称火车被取消而迟到的（线索1）。由于汽油用尽而迟到的那个演员是在早上9：00到的（线索2），那么"伊诺根"一定是因为交通阻塞迟到的。杰克·韦恩是在11：00到的（线索4），那么肯·杨肯定是在下午1：00或3：00到达的，而扮演阿匹曼特斯的演员是在3：00或者5：00到的。我们知道，"伊诺根"是在下午5：00到达的，那么"阿匹曼特斯"肯定是在3：00到的，而肯·杨则是在下午1：00到的。通过排除法，发生汽车抛锚的人肯定是在11：00到的，他就是杰克·韦恩。现在我们可以把4人的名字或者扮演的角色和他们迟到的理由对上号了，因此，扮演"寂静者"的菲奥纳·托德迟到的理由肯定是汽油用光，他是在早上 9：00 到的。而"匹特西斯"不可能在 11：00 到达（线索 6），那么一定是下午 1：00 到达的，所以，他就是肯·杨。通过排除法，杰克·韦恩肯定出演"李朝丽达"，而从线索5 中知道，克利奥·史密斯不是"伊诺根"，因"伊诺根"是发生了交通阻塞，因此他肯定是"阿匹曼特斯"，是因为火车取消而迟到的人，最后，剩下"伊诺根"就是艾米·普丽思。

答案：

艾米·普丽思，伊诺根，下午 5：00，交通阻塞。

克利奥·史密斯，阿匹曼特斯，下午 3：00，火车取消。

菲奥纳·托德，寂静者，早上 9：00，汽油用光。

杰克·韦恩，李朝丽达，上午 11：00，汽车抛锚。

肯·杨，匹特西斯，下午 1：00，错过班车。

34.

6 岁的格雷琴不可能是 4 号（线索 1），而 3 号今年 7 岁（线索 4），1 号是个男孩（线索3），因此，通过排除法，格雷琴肯定是 2 号。现在从线索 1 中知道，3 号是 7 岁的牧羊者。玛丽亚的父亲是药剂师（线索5），不可能是1 号（线索3），那么只能是 4 号，从线索5 中知道，她今年 5 岁，剩下 1 号男孩 8 岁。所以1 号不是汉斯（线索2），则一定是约翰纳，剩下汉斯是 7 岁的牧羊者。从线索3 中知道，格雷琴的父亲不是屠夫，那么只能是伐木工，最后知道约翰纳是屠夫的儿子。

答案：

1 号，约翰纳，8 岁，屠夫。

2 号，格雷琴，6 岁，伐木工。

3 号，汉斯，7 岁，牧羊者。

4 号，玛丽亚，5 岁，药剂师。

35.

"小约西亚"是 1873 年歌剧中的主要人物（线索6），而以所罗林长官为主要人物的《伦敦塔卫兵》（线索1）和包含人物"格温多林"

的作品要比《将军》迟写，在 1870 年写的《康沃尔的海盗》和马里亚纳无关（线索5），它的主人公肯定是"马库斯"，首次上演是在伦敦（线索 3）。《法庭官司》要比首次在利物浦上演的小歌剧晚 3 年写（线索2），因此不可能是在 1873 年或 1879 年写的。布里斯托尔是 1879 年写的小歌剧公演的城市（线索2），而《法庭官司》不是在 1882 年写的，那么肯定是 1885 年写的，而在利物浦首次上演的小歌剧写在 1882 年。《忍耐》的首次上演在伯明翰（线索4），它不可能在 1879 或者 1882 年写，那么一定是 1873 年写的，主人公是"小约西亚"的歌剧。主人公是"格温多林"的歌剧不是《将军》（线索1），那么一定是 1885 年写的《法庭官司》，而通过排除法，《将军》中的主人公一定是马里亚纳。从线索 1 中知道，它就是 1879 写的首次在布里斯托尔公演的歌剧。通过排除法知道，写在 1882 年的首次在利物浦上演的歌剧肯定是《伦敦塔卫兵》，主人公是所罗林长官，剩下曼彻斯特是《法庭官司》首演的城市。

答案：

1870 年，《康沃尔的海盗》，伦敦，"马库斯先生"。

1873 年，《忍耐》，伯明翰，"小约西亚"。

1879 年，《将军》，布里斯托尔，"马里亚纳"。

1882 年，《伦敦塔卫兵》，利物浦，"所罗林长官"。

1885 年，《法庭官司》，曼彻斯特，"格温多林"。

36.

赢 6 场的球队只平了 1 场（线索6）。平了 5 场的球队赢的场数不是 1 场和 2 场（线索2），也不是 5 场（线索4），因此只能是 4 场，所以它就是格雷队（线索5），它只输了 1 场（线索2）。输了 2 场的球队平的场数是 3 或者 4 场，赢了 5 场的球队平的场数是 1 或者 2 场（线索4）。赢了 6 场的球队只平了 1 场，那么赢5 场的球队肯定平了 2 场，而输了 2 场的队必定平了 4 场，后者赢的场数不是 1 场（线索3），那么它肯定赢了 2 场。通过排除法，踢平 3 场的白球队（线索 5）只赢了 1 场，它输的场数不是 3 场（线索 3），则必定输了 6 场。布赛姆队赢的不是 2 场（线索 1），因此打平的不可能是 4 场，而它们打平的场次要比汉丁汤队多（线索 1），所以不会是平了 1 场，因此肯定是平了 2 场，赢了 5 场。而汉丁汤队平了 1 场（线索 1），输了 5 场（线索 1），赢了 6 场。通过排除法，赢了 2 场的是思高·菲尔得队，而布赛姆队则平了 2 场，输了 3 场。

答案：

> 布赛姆队，胜 5 平 2 负 3。
> 格雷队，胜 4 平 5 负 1。
> 汉丁汤队，胜 6 平 1 负 5。
> 思高·菲尔德队，胜 2 平 4 负 2。
> 白球队，胜 1 平 3 负 6。

37.

图片 A 指的是雅各布（线索 2），图片 D 指的是丘吉曼（线索 4）。赫伯特的图片与"男人"麦克隆水平相邻，前者不可能是图片 C 上的人，而图片 C 上的也不是西尔维斯特（线索 1），那么图片 C 上的一定是马修斯。我们知道西尔维斯特不是图片 A、C 和 D 上的人，那么肯定就是图片 B 上的人。通过排除法，赫伯特一定是图片 D 上的人。从线索 1 中知道，图片 C 上的一定是马修斯，他就是"男人"麦克隆。通过排除法知道，雅各布的姓就是沃尔夫。因此，从线索 3 中可以知道，"小马"就是西尔维斯特·加夹得，他是图片 B 上的人。D 上的赫伯特·丘吉曼不是"强盗"，那么他的绰号一定是"里欧"，而"强盗"就是图片 A 上雅各布·沃尔夫的绰号。

答案：

> 图片 A，雅各布·沃尔夫，"强盗"。
> 图片 B，西尔维斯特·加夹得，"小马"。
> 图片 C，马修斯·麦克隆，"男人"。
> 图片 D，赫伯特·丘吉曼，"里欧"。

38.

戒指 1 是马特·佩恩给的（线索 2），戒指 3 价值 20000 英镑，那么紧靠雷伊给的戒指右边的那个价值 10000 英镑的戒指一定是戒指 4。从线索 1 中知道，从雷伊那得到的钻戒一定是戒指 3，价值 20000 英镑。戒指 1 价值不是 25000 英镑（线索 1），那么它肯定值 15000 英镑。通过排除法知道，戒指 2 肯定价值 25000 英镑。而戒指 1 上的不是翡翠（线索 3），也不是红宝石（线索 2），那么一定是蓝宝石。红宝石戒指价值不是 10000 英镑（线索 2），那么一定是价值 25000 英镑的戒指 2。剩下价值 10000 英镑的戒指 4 是翡翠戒指，它不是休·基恩给的（线索 3），那么一定是艾伦·杜克给的，剩下休·基恩给了洛蒂价值 25000 英镑的红宝石戒指。

答案：

> 戒指 1，蓝宝石，15000 英镑，马特·佩恩。
> 戒指 2，红宝石，25000 英镑，休·基恩。
> 戒指 3，钻石，20000 英镑，雷伊·廷代尔。
> 戒指 4，翡翠，10000 英镑，艾伦·杜克。

39.

坐在 A 排 13 号位置的（线索 6）不可能是彼特和亨利（线索 1），也不是罗伯特（线索 4）。朱蒂不可能是 13 号（线索 5），那么这条线索也排除了 A 排 13 号是查尔斯和文森特的可能。通过排除法，在 A 排 13 号的只能是托尼，安吉拉也在 A 排（线索 1），除此之外，A 排另外还有一位女性（线索 3），她不是尼娜，因尼娜坐在 B 排的 12 号座（线索 2），也不是珍妮特和莉迪亚（线索 7），线索 5 排除了朱蒂，通过排除法只能是玛克辛在前排座位。她不可能是 10 或 11 号（线索 4），我们已经知道她不是 13 号，那么肯定是 12 号。因此罗伯特是 A 排 10 号（线索 4），剩下安吉拉是 11 号。现在从线索 1 中知道，彼特是 B 排 11 号。B 排还有一位男性（线索 3）。他不是亨利，亨利在 C 排（线索 1），而线索 5 排除了文森特在 B 排 10 号和 13 号的可能，10 号和 13 号还未知。我们知道托尼和罗伯特在 A 排，那么通过排除法，在 B 排的只能是查尔斯，但他不是 13 号（线索 5），因此他肯定是 10 号。

从线索 5 中知道，朱蒂一定在 C 排 10 号，而她丈夫文森特是 11 号。从线索 1 和 7 中知道，亨利是 C 排的 12 号，而莉迪亚是那一排的 13 号，最后剩下 B 排 13 号上的是珍妮特。

答案：

A 排：10，罗伯特；11，安吉拉；12，玛克辛；13，托尼。

B 排：10，查尔斯；11，彼特；12，尼娜；13，珍妮特。

C 排：10，朱蒂；11，文森特；12，亨利；13，莉迪亚。

40.

14 年陈的威士忌得了 92 分，名字中含有"格伦"两个字（线索 3），因此布兰克布恩，即伊斯雷岛麦芽酿成的、得分大于 90 分的（线索 4）一定是 96 分。肯泰地区的威士忌得了 83 分（线索 6），而 8 年陈的来自苏格兰高地的威士忌得分不是 79（线索 1），则一定是 85 分。因沃那奇的威士忌是 10 年陈的（线索 2），因此苏格兰低地的威士忌不是 14 年陈的（线索 5），得分不是 92 分，那么必定是 79 分。我们现在已经知道苏格兰低地的酒不是 8 年也不是 10 年陈的（线索 5），因为 8 年陈的得分是 85 分，它也不是 12 年陈的（线索 5），14 年陈的威士忌得了 92 分，那么苏格兰低地的酒一定是 16 年陈。得分 96 的伊斯雷岛麦芽酿成的威士忌一定是 12 年陈的（线索 5）。通过排除法，肯泰地区得 83 分的酒就是 10 年陈的因沃那奇。同样再次通过排除法，斯培斯的酒肯定得了 92 分。而它就是名字中有"格伦"的，但它不是格伦冒（线索 2），因此它只能是格伦奥特。斯吉夫威士忌不是来自苏格兰高地（线索 1）的酒，那么来自苏格兰高地的肯定就是 8 年陈的格伦冒，剩下斯吉夫威士忌来自苏格兰低地，得分是 79 分。

答案：

8 年，格伦冒，苏格兰高地，85 分。

10 年，因沃那奇，肯泰，83 分。

12 年，布兰克布恩，伊斯雷岛，96 分。

14 年，格伦奥特，斯培斯，92 分。

16 年，斯吉夫，苏格兰低地，79 分。

41.

来·米德的酒吧是"棒棒糖"（线索 2），罗赛·保特的酒吧位于博肯浩尔（线索 4），而佛瑞德·格雷斯的酒吧名与动物有关（线索 6），位于欧斯道克的"皇后之首"的经营者不是刚更换了新酒吧经营许可证的泰德·塞尔维兹（线索 5），因此它的经营者只能是彻丽·白兰地。我们知道"格林·曼"酒吧被允许延长营业时间，它的经营者不是来·米德，也非泰德·塞尔维兹和彻丽·白兰地，也不是佛瑞德·格雷斯（线索 1），那么它肯定是罗赛·保特，位于博肯浩尔。我们知道彻丽·白兰地上报纸不是关于延长营业时间或者更换新的营业证，也不是举办一场民间音乐会（线索 6），法来乌德的酒吧主人因被抢劫而上报（线索 6），因此欧斯道克的彻丽·白兰地一定是因为中了彩票而上报的。法来乌德的新闻排除了 3 个名字，因图中展示的是他（我们已经知道了那位女性的酒吧）在吧台的照片（线索 3），他不可能是来·米德，他的照片是在啤酒花园拍的（线索 3），那么他一定是佛瑞德·格雷斯，通过排除法，来·米德一定是因为举办一场民间音乐会而上报的。他的酒吧不位于蓝普乌克（线索 2），那么一定在摩歇尔，通过排除法，泰德·塞尔维兹一定经营位于蓝普乌克的酒吧，但不是"独角兽"（线索 2），那么一定是"里程碑"，剩下"独角兽"是佛瑞德·格雷斯经营的位于法来乌德的酒吧。

答案：

彻丽·白兰地，"皇后之首"，欧斯道克，中彩票。

佛瑞德·格雷斯，"独角兽"，法来乌德，遭劫。

来·米德，"棒棒糖"，摩歇尔，举办民间音乐晚会。

罗赛·保特，"格林·曼"，博肯浩尔，延长营业时间。

泰德·塞尔维兹，"里程碑"，蓝普乌克，更换新证。

42.

    12 岁的小孩不可能是大卫（线索 1）、卡米拉（线索 3）、本和卡蒂（线索 5），那么一定是杰茜卡，8 岁小孩的储蓄罐不是蓝色的（线索 1），也不是绿色（线索 2）、黄色（线索 4）或者白色（线索 5）的，那么一定是红色的。储蓄罐 E 不是蓝色（线索 1）、绿色（线索 2）、黄色（线索 4）或者红色的（线索 6），那么一定是白色。大卫的储蓄罐不是红色的（线索 1），也不是蓝色（线索 1）、绿色（线索 2）或者黄色的（线索 4），那么白色的储蓄罐 E 就是大卫的。红色储蓄罐的主人 8 岁，不是卡米拉（线索 3），或者本（线索 5），那肯定是卡蒂，那么本今年 9 岁，而白色储蓄罐的主人大卫今年 10 岁（线索 5），通过排除法知道，卡米拉今年 11 岁。杰茜卡的储蓄罐不是蓝色（线索 1），或者黄色的（线索 4），那么一定是绿色的储蓄罐 D（线索 2），而 C 一定是黄色的（线索 4），A 不是卡蒂的红色储蓄罐（线索 3），那么只能是蓝色的，而红色的只能是储蓄罐 B。因此 A 是卡米拉的（线索 3），而通过排除法知道，C 是本的储蓄罐。

答案：

    位置 A，蓝色，卡米拉，11。

    位置 B，红色，卡蒂，8。

    位置 C，黄色，本，9。

    位置 D，绿色，杰茜卡，12。

    位置 E，白色，大卫，10。

43.

    保罗·翰德是以斯帖的搭档（线索 4），因此玛蒂娜的搭档就是理查德，所以后者的花色就是红桃（线索 2）。从线索 1 中知道，拉夫坐北边的位置，手握钻石花色。我们知道保罗·翰德的花色不是钻石和红桃，而在西边位置的人手握黑桃（线索 3），那么保罗的一定是梅花，因此他不坐在南边（线索 5）。我们知道他不在北边，也不在西边（线索 3），那么只能在东边，而以斯帖则在西边，手握黑桃（线索 3 和 4）。通过排除法，理查德不在北边，

那么一定在南边，而拉夫在北边的位置上，那么他就是玛蒂娜。以斯帖不姓田娜思（线索 3），那一定姓启克，剩下田娜思的名字就是理查德。

答案：

    北，玛蒂娜·拉夫，钻石。

    东，保罗·翰德，梅花。

    南，理查德·田娜思，红桃。

    西，以斯帖·启克，黑桃。

44.

    位置 3 的山是第 3 高峰（线索 5），线索 2 排除了格美特是位置 4 的山峰，格美特被称为庄稼之神，而山峰 1 是森林之神（线索 3）。山峰 2 是飞弗特尔（线索 4），通过排除法，格美特是位置 3 的高峰。通过线索 2 知道，第 4 高峰肯定是位置 1 的山峰。辛格凯特不是位置 4 的山峰（线索 6），通过排除法，它一定是山峰 1，剩下山峰 4 是普立特佩尔。它不是第 2 高峰（线索 4），那么它肯定是最高的。因此它就是被人们当作火神来崇拜的那座（线索 1）。最后通过排除法，飞弗特尔是第 2 高峰，而它是人们心中的河神。

答案：

    山峰 1，辛格凯特，第 4，森林之神。

    山峰 2，飞弗特尔，第 2，河神。

    山峰 3，格美特，第 3，庄稼之神。

    山峰 4，普立特佩尔，最高，火神。

45.

    姓巴克赫斯特的人不在欧的海和布赖特布朗工作（线索 1），沃尔顿在罗克利弗工作（线索 3），那么姓巴克赫斯特的人一定在海湾工作，但他的名字不是菲奥纳（线索 1），菲奥纳也不在欧的海和布赖特布朗工作（线索 1），那么她一定在罗克利弗工作，她姓沃尔顿。护士凯不在海湾工作（线索 2），在欧的海阵营工作的是个演艺人员（线索 1），那么凯一定在布赖特布朗，凯的姓不是郝乐微（线索 2），我们知道她不是在海湾工作的巴克赫斯特，那么她只能是阿米丽。厨师不是保罗和菲奥纳·沃尔顿（线索 3），那么只能是本。在欧的海

阵营工作的演艺人员不是菲奥纳·沃尔顿，那么一定是保罗，而菲奥纳·沃尔顿则是阵营管理者。通过排除法，厨师本姓巴克赫斯特，保罗姓郝乐微。

答案：

本·巴克赫斯特，厨师，海湾。

菲奥纳·沃尔顿，管理者，罗克利弗。

凯·阿米丽，护士，布赖特布朗。

保罗·郝乐微，演艺人员，欧的海。

46.

詹金斯小姐现居新西兰（线索2），现居美国的小姐是FBI成员（线索4），那么由于电视台播音员麦哈尼小姐不在冰岛（线索5），则其一定住在沙特阿拉伯。坎贝尔不是美国FBI成员（线索4），那么FBI成员一定是罗宾孙小姐，剩下坎贝尔的名字就是佐伊。而罗宾孙小姐的名字不是乔（线索3），她现在是FBI成员，她不是飞行员安娜（线索1），那么她的名字一定是路易斯。而麦哈尼是电视台播音员，她的名字也不是安娜，那么她就是乔，飞行员安娜就是现居新西兰的詹金斯小姐（线索2）。最后通过排除法，佐伊·坎贝尔就是现居冰岛的助产士。

答案：

安娜·詹金斯，新西兰，飞行员。

乔·麦哈尼，沙特阿拉伯，电视台播音员。

路易斯·罗宾孙，美国，FBI成员。

佐伊·坎贝尔，冰岛，助产士。

47.

瓦利在5号只留了一瓶牛奶（线索4），从线索2中知道，1号收到的是2或者3瓶，而劳来斯本来应该收到的是3或者4瓶（线索2）。那天布雷特一家期望得到4瓶（线索1），劳莱斯本来应该收到3瓶，而1号当天收到了2瓶（线索2）。那么收到了3瓶的克孜太太（线索3）应该住在3号或7号，汀斯戴尔一家也应该住在3号或7号（线索3）。克孜订的不止1瓶（线索3），我们知道她的也不是3或者4瓶，那么肯定是2瓶，

因此她住在7号（线索5），汀斯戴尔一家住在3号，从线索3中知道，他们订了1瓶牛奶，通过排除法，那天他们收到的是4瓶牛奶。从线索2中知道，瓦利在劳莱斯家放的不是2瓶，因此他们不住在1号，那么肯定住在5号，那天收到了1瓶。剩下布雷特一家住在1号，本来订了4瓶实际上只收到了2瓶。

答案：

1号，布雷特，定购4瓶，收到2瓶。

3号，汀斯戴尔，定购1瓶，收到4瓶。

5号，劳莱斯，定购3瓶，收到1瓶。

7号，克孜，定购2瓶，收到3瓶。

48.

哈里滚球了（线索3），而史蒂夫不是lbw（线索2），那么他一定是犯规的，剩下克里斯是lbw。得了7分的不是哈里（线索3），也非史蒂夫（线索1），那么一定是克里斯。史蒂夫得分不是2分（线索2），那么一定是4分，而哈里是2分。史蒂夫不是3号（线索4），也非1号（线索2），那他一定是2号。哈里不是1号（线索3），则肯定是3号，剩下1号就是克里斯。

答案：

1号，克里斯，lbw，7分。

2号，史蒂夫，犯规，4分。

3号，哈里，滚球，2分。

49.

12号的家庭焚烧垃圾（线索2），格林先生拜访和调查了18号（线索4），而16号不是毛里阿提家开修理铺的房子（线索1），也不是音乐放的太响的那家（线索3），那么一定是养凶猛的狗的那家。而哈什先生拜访的卡波斯一家一定是12号（线索5）。从线索3中知道，多尔先生调查的不是14号，那么他一定去了16号处理狗的问题，把音乐放太大声的肯定是14号。通过排除法，毛里阿提家的修车房一定是在18号，是格林先生去处理的。而斯特恩先生肯定去处理14号家庭音

量太大的问题。14 号不是席克斯家庭（线索3），那么一定是霍克一家，剩下席克斯是 16 号家庭，因养了凶猛的狗而引起公愤。

答案：

12 号，卡波斯，焚烧垃圾，哈什。

14 号，霍克，音量大，斯特恩。

16 号，席克斯，恶狗，多尔。

18 号，毛里阿提，修车，格林。

50.

从线索 7 中知道，F 车不可能载有 44，45，47，49 和 52 个旅客，那么它一定载 46 个人，而从同一条线索中知道，A 车载有 45 个旅客，E 车有 49 个。A 不是阿帕克斯开的（线索1），也不是贝尔（线索2）、墨丘利（线索4）和 RVT（线索5）开的，因为没有载 42 个人的车，因此也不可能是肖开的（线索6），那么一定是克朗。A 不是黄色的（线索1），因为没有载 43 人的车（线索 2 和 7），因此也非绿色，也不是红色（线索3）或者乳白色的（线索5），那么 A 一定是橘黄色的。从线索 7 中知道，B 车载有 52 个旅客，它不是绿色的，而 D 不是载 47 人，那么一定是 44 人。剩下汽车 C 载有 47 人。因此 D 是红色的，而澳大利亚游客在车 E 中（线索3）。我们知道 B 不是绿色的，也不是黄色的（线索1），或者乳白色的（线索5），那么一定是蓝色的，而 C 是属于贝尔的（线索2）。车 F 载有 46 个游客，不是肖的（线索6），也不是 RVT（线索5）和阿帕克斯的（线索1），那么一定是墨丘利的。从线索 4 中知道，红色车内的游客来自日本，现在从线索 5 中知道，乳白色的车不是 E 和 F，那么肯定是 C，蓝色的车是属于 RVT 的，橘黄色的车载了来自意大利的游客。阿帕克斯的汽车一定是 D（线索1），那么乳白色的 C 车上游客肯定来自芬兰，而黄的那辆就是 E。通过排除法，绿色那辆就是 F。RVT 的蓝色 B 车载的游客不是来自俄罗斯（线索2），那么一定来自美国，俄罗斯游客在墨丘利的 F 车中。另外，黄色的 E 车则是属于肖的。

答案：

A 车，克朗，橘黄色，意大利，45 人。

B 车，RVT，蓝色，美国，52 人。

C 车，贝尔，乳白色，芬兰，47 人。

D 车，阿帕克斯，红色，日本，44 人。

E 车，肖，黄色，澳大利亚，49 人。

F 车，墨丘利，绿色，俄罗斯，46 人。

51.

人物 3 的运动项目是射击（线索3），人物 5 的项目不是滑冰（线索1）、羽毛球（线索3）和台球（线索4），则一定是高尔夫，那么人物 4 就是斯特拉·提兹（线索2），她的项目不是滑冰（线索1）和台球（线索4），那么一定是羽毛球。人物 5 刚从卡萨布兰卡回来（线索3），人物 1 不从罗马回来（线索5），也不是来自洛杉矶（线索1）和东京（线索4），那么一定从布里斯班来。人物 2 不是来自洛杉矶（线索1），也非东京（线索5），那么一定来自罗马。人物 3 和 4 来自洛杉矶或者东京。如果 4 来自洛杉矶，则从线索 1 中知道凯特·肯德尔就是人物 3，来自东京。但线索 1 告诉我们，凯特·肯德尔不是来自东京，因此 3 一定来自洛杉矶，而 4 来自东京。因此凯特·肯德尔就是人物 2。人物 1 的项目就是滑冰（线索1），人物 5 不是黛安娜·埃尔金（线索5），也不是格丽尼斯·福特（线索4），则一定是莫娜·洛甫特斯。黛安娜·埃尔金也不是人物 1（线索5），那么她肯定是人物 3，人物 1 就是格丽尼斯·福特。人物 2 凯特·肯德尔的项目是台球。

答案：

1 号，格丽尼斯·福特，布里斯班，滑冰。

2 号，凯特·肯德尔，罗马，台球。

3 号，黛安娜·埃尔金，洛杉矶，射击。

4 号，斯特拉·提兹，东京，羽毛球。

5 号，莫娜·洛甫特斯，卡萨布兰卡，高尔夫。

52.

从线索 1 知道，雷停靠的巴士牌号要比 324 号大。7 号的车牌不是 324（线索2），雷

未知

停靠的也不是 5 号位置的车牌号为 340 的巴士（线索 5）。特里的车号是 361，那么雷的就是 397。它不在 6 或者 7 号位置（线索 1）。赖斯把车停靠在 4 号位置（线索 7），5 号的车牌是 340，这就排除了雷的车是 3 号的可能性（线索 1）。因 3 号车的车牌号要比邻近的车牌号都大（线索 4），雷的车也不可能是 2 号（线索 1），那么雷的车一定在 1 号位置。从线索 1 中知道，324 一定是 3 号位置。从线索 4 中知道，2 和 4 号位置的车牌都是 2 开头的。因此可以从线索 2 中知道，7 号的车牌是 361，是特里停靠的（线索 3）。2 号位置的车牌不是 286（线索 2），6 号的也不是 286（线索 5），通过排除法，286 一定是 4 号的车牌，是赖斯停靠的。线索 6 告诉我们车牌号为 253 的不在 2 号位置，那么它一定在 6 号。因此肯停靠的车在 5 号位置（线索 6）。罗宾的车不在 2 或者 3 号（线索 8），那么一定是 6 号。通过排除法，2 号位置的车号一定是 279。3 号位置车的司机不是戴夫（线索 4），则一定是埃迪，剩下戴夫是把车号为 279 的车停在 2 号位置的司机。

答案：

1 号，雷，397。
2 号，戴夫，279。
3 号，埃迪，324。
4 号，赖斯，286。
5 号，肯，340。
6 号，罗宾，253。
7 号，特里，361。

53.

某位女性的生日是 8 月 4 号（线索 2），她不是内奥米（线索 4）或者波利。巴兹尔的生日是个偶数日（线索 7），安妮的生日是 8 月 2 日（线索 5），因此，通过非除法，8 月 4 日一定是威尔玛的生日。我们知道巴兹尔的生日不是 2 号或者 4 号，通过线索 7 知道，她的生日一定是 7 月 28 日或者 7 月 30 日，因此波利的生日是 7 月 29 日或者 31 日。斯图尔特·

沃特斯的生日在 8 月份（线索 7），但是克雷布的生日是 8 月 1 日（线索 6），我们知道斯图尔特不是 2 号或者 4 号，那么一定是 3 号。出生在 7 月 28 号的不是查尔斯（线索 1）、安格斯（线索 3）、内奥米（线索 4）或者波利（线索 7），也不是安妮、斯图尔特和威尔玛，那么一定是巴兹尔。这样，从线索 7 中知道，波利的生日是 7 月 29 日。安格斯不是 7 月 31 日出生的（线索 3），内奥米也不是，因为她的生日是在斯盖尔斯之前的（线索 4），通过排除法，7 月 31 日一定是查尔斯的生日。这样，从线索 1 中知道，巴兹尔姓菲什。因为阿彻是男的（线索 4），那么线索 4 也排除了内奥米的生日是 7 月 30 日的可能，那么一定是 8 月 1 日，剩下 7 月 30 日是安格斯的生日。线索 4 现在可以告诉我们，安妮姓斯盖尔斯，查尔斯姓阿彻。从线索 3 中知道，布尔的名字是波利，出生 7 月 29 日。安格斯不是拉姆（线索 6），那么一定姓基德，剩下拉姆是威尔玛的姓。

答案：

7 月 28 日，巴兹尔·菲什。
7 月 29 日，波利·布尔。
7 月 30 日，安格斯·基德。
7 月 31 日，查尔斯·阿彻。
8 月 1 日，内奥米·克雷布。
8 月 2 日，安妮·斯盖尔斯。
8 月 3 日，斯图尔特·沃特斯。
8 月 4 日，威尔玛·拉姆。

54.

欧洲奎斯特公司在伯明翰（线索 4），普雷斯顿的济慈路是他曾经的住址（线索 6），他曾经为戴特公司工作时，他住在香农街，而当时不在格拉斯哥和福尔柯克（线索 5），则一定在加的夫。他 1991 年去了福尔柯克（线索 2），那么从线索 3 中知道，马太克不是 1985 年他住在金斯利大道时工作的公司（线索 1），也不是查普曼·戴尔公司（线索 1），那么一定是阿斯拜克特公司。通过排除法，它一定在格拉斯哥。当他为欧洲奎斯特公司工作时，他不住麦诺路（线索 4），那么一定在地恩·克罗兹，剩下麦诺路是他 1991 年去福尔柯克住的地方。从线索 3 中知道，地恩·克罗兹不是 1987 年和 1997 年的地址，那么一定是 1994 年的住址。同样从线索 3 中知道，他 1991 年去的是马太克，在 1997 年时去了加的夫的香农街（线索 3）。通过排除法，他在为查普曼·戴尔公司工作时住在普雷斯顿的济慈路，他是在 1988 年过去的。

答案：

1985 年，阿斯拜克特，格拉斯哥，金斯利大道。

1988 年，查普曼·戴尔，普雷斯顿，济慈路。

1991 年，马太克，福尔柯克，麦诺路。

1994 年，欧洲奎斯特，伯明翰，地恩·克罗兹。

1997 年，戴特，加的夫，香农街。

55.

从日记中得到证据的罗伯特·威尔的剧本不是《第戒的两位女士》《特兰西瓦尼亚王子》（线索 3），也不是《国王科尔》，因《国王科尔》是和托马斯·巴德合作的（线索 4），而《麦克白归来》是莎士比亚手稿中的残页（线索 6），那么罗伯特·威尔的剧本一定是《暴风雪》。《特兰西瓦尼亚王子》是 1610 年写的（线索 5），而以标题页出名的作品不是 1608 年写的，亚当·乌德史密斯的作品不是 1606 年写的（线索 2），后者是从信中为大家所知的（线索 1）。1606 年的作品不是和格丽波特·骇克合作的（线索 1），也不是同托马斯·巴德合作的（线索 4），那么一定是和约瑟夫·斯格威尼亚合作的。我们知道它不是《暴风雪》《特兰西瓦尼亚王子》《国王科尔》和《麦克白归来》，那么一定是《第戒的两位女士》。托马斯的《国王科尔》不是因海报而出名的（线索 4），也不是因残页出名，则一定是以它的标题页为大家所知，剩下海报是 1610 作品的证据，它是《特兰西瓦尼亚王子》。从线索 2 中知道，《国王科尔》是 1612 年写的，从同条线索中知道，亚当·乌德史密斯一定是在 1610 年写的《特兰西瓦尼亚王子》，而从日记中浮出水

面的《暴风雪》是 1614 年写的。通过排除法，手稿中的残页《麦克白归来》是 1608 年写的，它是和格丽波特·骇克合作的。

答案：

1606 年，《第戒的两位女士》，约瑟夫·斯格威尼亚，信。

1608 年，《麦克白归来》，格丽波特·骇克，手稿残页。

1610 年，《特兰西瓦尼亚王子》，亚当·乌德史密斯，海报。

1612 年，《国王科尔》，托马斯·巴德，标题页。

1614 年，《暴风雪》，罗伯特·威尔，日记。

56.

蓝色的盒子里有 58 个东西（线索 2），绿色盒子有螺丝钉（线索 3），43 个钉子不在灰色的盒子里（线索 1），那么一定在红色的盒子。我们知道绿盒的东西不是 43 或 58 个，而线索 3 也排除了 65 个，那么在绿盒里一定是 39 个螺丝钉。通过排除法，灰色盒子的东西肯定是 65 个，它们不是洗涤器（线索 3），那么一定是地毯缝针，灰色盒子就是 C 盒（线索 4），剩下蓝色的盒子有 58 个洗涤器。绿盒不是 D 盒（线索 3），因它有两个相邻的盒子，那么知道它就是 B 盒，而有洗涤器的盒子就是 A 盒（线索 3），剩下红色的盒子就是 D 盒。

答案：

A 盒，蓝色，58 个洗涤器。

B 盒，绿色，39 个螺丝钉。

C 盒，灰色，65 个地毯缝针。

D 盒，红色，43 个钉子。

57.

到别尔·斯决住所的距离是 20 英里（线索 4）。距离有 25 英里的丹得宫不是别尔·里格林的（线索 3），在考克斯可布住的是别尔·笑特（线索 2），那么丹得宫一定是别尔·温蒂后的房子。我们知道别尔·斯决的住所不是丹得宫或者考克斯可布，也不是斯沃克屋（线索 4）。那么只能是福卜利会馆。剩

下别尔·里格林是斯沃克屋的主人。但它不是房子4（线索4），而福卜利会馆也不是房子4（线索1），丹得宫也不是（线索3），那么考克斯可布一定是房子4。从线索1和3中知道，丹得宫是房子2，福卜利会馆是房子1，剩下别尔·里格林的沃克屋是房子3。从相同线索中知道，别尔·来格斯从福卜利会馆到丹得宫骑了25英里，接着又骑了22英里去了斯沃克屋。我们知道，最短的行程是20英里到别尔·斯决的房子，那么最长的距离就是到考克斯可布的28英里。

答案：

房子1，20英里到福卜利会馆，别尔·斯决。

房子2，25英里到丹得宫，别尔·温蒂后。

房子3，22英里到斯沃克屋，别尔·里格林。

房子4，28英里到考克斯可布，别尔·笑特。

58.

B 机器是穿红白相间的浴袍的女士用的（线索5），线索4排除了D是尤菲米娅·坡斯拜尔用的，因为兰顿斯罗朴小姐用了机器C（线索2），尤菲米娅的机器可能是A或者B。而拉福尼亚的是B或者C（线索4），因此她也不用机器D。我们知道兰顿斯罗朴用了机器C，那么贝莎不可能是机器D（线索1）。因此，通过排除法，维多利亚肯定用了机器D。所以她的姓不可能是马歇班克斯（线索1），我们知道她的姓也不是坡斯拜尔或者兰顿斯罗朴，那么一定是卡斯太尔，而她的浴袍肯定是绿白相间的（线索3）。因此尤菲米娅不可能用了机器B（线索4），那么一定是在A上，剩下机器B是马歇班克斯用的。因此，从线索1中可以知道，贝莎就是兰顿斯罗朴小姐，她用了机器C，装束是黄白相间的，通过排除法，尤菲米娅·兰斯拜尔是穿了蓝白相间浴袍的人。

答案：

机器A，尤菲米娅·坡斯拜尔，蓝白相间。

机器B，拉福尼亚·马歇班克斯，红白相间。

机器C，贝莎·兰顿斯罗朴，黄白相间。

机器D，维多利亚·卡斯太尔，绿白相间。

59.

数目是500头的牛群要去往贝克市（线索6），去斯伯林博格要花3星期，而数目为200头的牛群到达目的地要花5星期（线索4），后者不去圣奥兰多（线索1）及查维丽（线索4），则一定是去科里福斯，因此，他的老板就是瑞德·布莱德（线索3）。里格·布尔有300头的牛群（线索2），因此，斯坦·彼定的牛群则有400头，行程4星期。而去往圣奥兰多的牛群数要大于400头，但不是500头（线索6），则一定是600头。我们知道，后者的行程不是3、4或者5星期，也不是2星期（线索2），则一定是6星期。里格·布尔的300头牛群队伍行程不是6或者2星期（线索2），那么一定是3星期，目的地是斯伯林博格。通过排除法，数目为400头的牛群一定是去往查维丽的。朗·霍恩带队的牛群行程不是2星期（线索2），那么他的牛群数目肯定为600头，行程6星期。最后，波·维恩的牛群不是400头（线索3），那么一定是去往贝克市数目为500头的牛群。通过排除法，行程是2星期。剩下斯坦·彼定的牛群数目为400头，目的地是查维丽。

答案：

瑞德·布莱德，科里福斯，200头，5星期。

里格·布尔，斯伯林博格，300头，3星期。

朗·霍恩，圣奥兰多，600头，6星期。

斯坦·彼定，查维丽，400头，4星期。

波·维恩，贝克市，500头，2星期。

60.

铁门在城堡的南方（线索4），A门为第二护卫队守卫（线索2），而剑门是在第四护卫队守卫的门的逆时针方向的下一扇门（线索1），它不是D门，而D门也不是钻石门（线索3），那么一定是鹰门，它不是由哈尔茨和第一护卫队负责的（线索5），也不是由第二护卫队负责，线索3排除了第四护卫队，那么D门一定是由第三护卫队看守的。因此，从线索3中知道，第四护卫队看守钻石门。我们知道钻石门不是C和D，而护卫队号也排除了

A门，因此它就是B门。从线索1中知道，A门就是剑门。通过排除法，哈尔茨长官和第一护卫队负责的一定是铁门。克恩不掌管第一护卫队，因此苏尔不掌管第二护卫队（线索6），也不是由弗尔掌管的（线索1），那么一定是克恩掌管了第二护卫队。苏尔是第三护卫队的长官，负责鹰门，即D门（线索6），剩下弗尔掌管第四护卫队，负责B门，即钻石门。

答案：

A门，剑门，克恩，第二护卫队。

B门，钻石门，弗尔，第四护卫队。

C门，铁门，哈尔茨，第一护卫队。

D门，鹰门，苏尔，第三护卫队。

61.

伊丽娜·雷茨克沃不是克斯汀·麦克莫斯（线索1），也不是D位置的帕姬·罗宾逊（线索1和3），圣布里奇特·凯丽就是路得米勒·恩格罗拉（线索4），因此，伊丽娜·雷茨克沃就是曼范伊·碧温。位置D中的帕姬·罗宾逊不是叶丽娜·幼娜娃（线索4），那么一定是马里那·克兹拉娃。剩下叶丽娜·幼娜娃就是克斯汀·麦克莫斯。路得米勒·恩格罗拉不是人物D，叶丽娜·幼娜娃不是人物C（线索4），后者也非人物A（线索1），那么一定是人物B。因此，从线索1中知道，伊丽娜·雷茨克沃就是人物A，剩下路得米勒·恩格罗拉是人物C。帕姬·罗宾逊不是Z12（线索3），而曼范伊·碧温和克斯汀·麦克莫斯也不是Z12（线索1），那么Z12就是圣布里奇特·凯丽。Z4不是A或D（线索2），则一定是人物B，即克斯汀·麦克莫斯。曼范伊·碧温即伊丽娜·雷茨克沃，她不是Z7（线索5），则一定是Z9，剩下Z7是帕姬·罗宾逊，即人物D马里那·克兹拉娃。

答案：

位置A，伊丽娜·雷茨克沃，曼范伊·碧温，Z9。

位置B，叶丽娜·幼娜娃，克斯汀·麦克莫斯，Z4。

位置C，路得米勒·恩格罗拉，圣布里奇特·凯丽，Z12。

位置D，马里那·克兹拉娃，帕姬·罗宾逊，Z7。

62.

13号拍卖物是1804年出版的书（线索5），而5号不是1860年的《大卫·科波菲尔》（线索1），也非1832年的版本，也不是1780年出版的，因后者的拍卖号要比《伦敦历史》大（线索3），那么5号一定是1910年出版的有作者签名的书（线索2）。它不是带有注释的《多顿公园》（线索6），也不是21号《哲学演说》（线索1），那么《多顿公园》的奇数拍卖号一定是13号，因此它是1804年出版的。《哲学演说》不是1910年和1780年出版的（线索2），则一定是1832年出版的。1780年出版的不是《伦敦历史》（线索2），那么一定是《马敦随笔》，剩下《伦敦历史》是1910年出版的。《马敦随笔》不是16号（线索3），那么一定是8号，剩下1860年的《大卫·科波菲尔》是16号。因此，1780年的书肯定是第一版（线索4）。最后，曾经是著名珍藏之书的不是《大卫·科波菲尔》（线索1），那么《大卫·科波菲尔》一定是稀有之物，剩下来自珍藏的是1832年的《哲学演说》。

答案：

5号，《伦敦历史》，1910年，作者签名。

8号，《马敦随笔》，1780年，第一版。

13号，《多顿公园》，1804年，完整注释。

16号，《大卫·科波菲尔》，1860年，稀有之物。

21号，《哲学演说》，1832年，珍藏部分。

63.

流行歌手将为一软饮料产品做广告（线索4），而电视主持人不代言化妆品和摩托滑行车（线索3），她不是范·格雷兹，范·格雷兹是为一针织品类代言的（线索2），那么电视主持人则是为某肥皂代言。罗蕾莱是化妆品（线索3），我们知道它不是由流行歌手和电视主持人代言的，它也没有和电影演员（线索3）

及网球选手签约，后者将为阿尔泰公司的产品做广告（线索5），那么罗蕾莱的代言人一定是电视演员简·耐特（线索1）。卡罗尔·布和阿丽娜系列签约了（线索1），而玛丽·纳什没和丽晶和普拉丝签约，那么她一定是和阿尔泰签约的，她就是网球选手。通过排除法，阿尔泰公司即是制造摩托滑行车的厂家，而范·格雷兹就是电影演员。丽晶的签约者不是流行歌手和电视主持人（线索4），那么一定是电影演员范·格雷兹，丽晶是针织品制造商。电视主持人代言的肥皂不是普拉丝公司的产品（线索3），那么一定是阿丽娜的产品，那么这个主持人就是卡罗尔·布，通过排除法，普拉丝必定是和休·雷得曼签约，她就是流行歌手，为某软饮料代言。

答案：

卡罗尔·布，电视主持人，阿丽娜，肥皂。

范·格雷兹，电影演员，丽晶，针织品。

简·耐特，电视演员，罗蕾莱，化妆品。

玛丽·纳什，网球选手，阿尔泰，摩托滑行车。

休·雷得曼，流行歌手，普拉丝，软饮料。

64.

杰茜的宠物是一条小狗（线索5）。朱莉娅的宠物不是虎皮鹦鹉（线索4），也不是乌龟（线索3），那么一定是只猫。因此她不是4号位置的女孩，后者的宠物是虎皮鹦鹉（线索5）。此事实也排除了杰茜是4号，线索1排除了詹妮，那么4号位置的一定是杰迈玛。通过排除法，乌龟是詹妮的宠物。因为杰迈玛在4号，那么朱莉娅不可能在3号（线索3），她也不可能在2号（线索4），所以她一定在1号位置。因朱莉娅的宠物是猫，那么杰茜不可能在2号（线索2）。因此她肯定在3号位置，2号则是詹妮。线索5告诉我们杰茜10岁，而朱莉娅不可能是8岁（线索4）和9岁（线索3），那么一定是11岁。詹妮不是9岁（线索1），那么一定是8岁，剩下杰迈玛今年9岁。

答案：

位置1，朱莉娅，11，猫。

位置2，詹妮，8，乌龟。

位置3，杰茜，10，小狗。

位置4，杰迈玛，9，虎皮鹦鹉。

65.

唐纳德买了咖啡桌（线索2），而丽贝卡出了15英镑买了东西，她买的不是墙角柜（线索3），则一定是钟，剩下墙角柜是塞德里克买的。因此，从线索1中知道，2号拍卖物一定价值18英镑。丽贝卡买的不是3号拍卖物（线索3），我们知道，价值15英镑的不是2号，那么一定是1号。从线索3中知道，2号拍卖物一定价值18英镑，它就是墙角柜。通过排除法，3号则是咖啡桌，是唐纳德花了10英镑买的。

答案：

1号，钟，丽贝卡，15英镑。

2号，墙角柜，塞德里克，18英镑。

3号，咖啡桌，唐纳德，10英镑。

66.

斯拜尼斯离开了5个星期（线索7）。少利弗雷德周游的时间不可能是6或7星期（线索2），而长达6星期的周游开始于3月（线索6），线索2排除了少利弗雷德的出行时间为4星期，那么他出行的时间一定是3星期，从线索2中知道，斯拜尼斯5星期的出游一定是9月份开始的。我们知道，保丘离开的时间不是3星期和5星期，线索5又排除了4星期，而另外一位骑士在海边呆了7星期（线索1），因此通过排除法，保丘在沼泽荒野逗留的时间一定是6星期，他是3月出发的。因此，蒂米德不是在海滩呆了7星期的人（线索3），通过排除法，他出行时间一定是4星期。从线索3中知道，少利弗雷德在森林中转悠了3星期，通过排除法，在海滩呆了7星期的一定是考沃德，他是7月出行的（线索8）。斯拜尼斯出行不是去了村边（线索4），那么他一定是在河边转悠，剩下蒂米德去了村边。后者不是1月份出行的（线索3），那么一定是5月出行的，剩下去森林的少利弗雷德是1月份出行的。

答案：

考沃德·卡斯特，7月，海滩，7星期。

保丘·歌斯特，3月，沼泽荒野，6星期。

少利弗雷德，1月，森林，3星期。

斯拜尼斯·弗特，9月，河边，5星期。

蒂米德·少可，5月，村边，4星期。

67.

胡安·毛利被招募的地点不是位置3（线索1）、1（线索2）或者6（线索3）。他是在凯克特斯市的北边一站被招募的（线索3），后者不是图中3号位置（线索1），那么他被招募地一定不是2，只能是4号或者5号位置，因此凯克特斯市是图中5或者6号位置。马特·詹姆士是在某个市被招募的（线索5），从同一条线索中知道，格林·希腊镇不是6号，6号是最后一站，那么马特·詹姆士不可能在5或6号加入，必定是在马蹄市镇。位置1不是里欧·布兰可镇和格林·希腊镇（线索5），赖安不是在3加入的（线索1），因此位置1也不是保斯镇和梅瑟镇（线索4），那么一定是马蹄镇，从线索中知道，格林·希腊镇就是2号。现在知道位置3不是里欧·布兰可镇（线索5）或者梅瑟镇（线索4），则一定是保斯镇，而从线索4中知道，梅瑟镇一定在4号位置，而赖安是在5号位置加入的。因此胡安·毛利是在4号位置加入的，而凯克特斯市则是位置5（线索3）。通过排除法，6号位置就是里欧·布兰可镇。现在知道，3号保斯镇招募的不是赛姆·贝利（线索1）或者亚利桑那（线索4），那么一定是蒂尼。因他是在赛姆·贝利加入后的更往南位置加入的（线索3），后者不是在6号位置加入的，那么一定是在2号，最后，里欧·布兰可镇一定在图中6号位置，即亚利桑加入的地点。

答案：

位置1，马蹄市，马特·詹姆士。

位置2，格林·希腊镇，赛姆·贝利。

位置3，保斯镇，蒂尼

位置4，梅瑟镇，胡安·毛利。

位置5，凯克特斯市，赖安。

位置6，里欧·布兰可镇，亚利桑那。

68.

绿色信箱不属于228号或234号（线索1），并且232号信箱是蓝色的（线索4），因此绿色信箱一定在230号。阿琳不住在228号（线索2），而且她的黄色的信箱（线索2）一定不是230号和232号，所以一定在234号。现在通过排除法，巴伦夫人的红色信箱（线索3）一定在228号。从线索1中得出，杰布夫人住在232号，而加玛就是住在228号的巴伦夫人。阿琳不是菲什贝恩夫人（线索2），而是弗林特夫人，剩下菲什贝恩夫人住在230号。根据线索4，路易丝不是杰布夫人，而是菲什贝恩夫人，剩下杰布夫人是凯特。

答案：

228号，加玛·巴伦，红色。

230号，路易丝·菲什贝恩，绿色。

232号，凯特·杰布，蓝色。

234号，阿琳·弗林特，黄色。

69.

数字5都不是棕色的（线索1），那么棕色邮票的面值一定是10分，但不是第四张（线索2），因此在面值中有个1的第四张邮票（线索3）面值一定是15分。这样根据线索4，第二张邮票是蓝色的。由线索2告诉我们，描写大教堂的那张邮票的面值中有个0，但不是第四张，而是第二张，从这个线索中，我们也可以知道第一张就是棕色的10分面值的邮票。根据同一个线索，第二张蓝色邮票的面值是50分。通过排除法，第三张邮票一定是25分面值的。山峰不是第一张10分邮票上的图案（线索5），也不是25分面值邮票上的图案（线索5），因为50分面值的邮票边框是蓝色的。而我们知道它也不是50分面值邮票上的图案，那只能是第四张15分邮票上的图案。这样根据线索5，25分邮票的边框是红色的，剩下15分邮票边框是绿色的。线索3告诉我们第三张邮票描写的不是海湾，那一定是瀑布，剩下海湾是棕色的、10分面值的、第一张邮票上的图案。

答案：

第一张，海湾，10分，棕色。
第二张，大教堂，50分，蓝色。
第三张，瀑布，25分，红色。
第四张，山峰，15分，绿色。

70.

因为穿红毛衣的不是丹尼或吃巧克力派的刘易丝（线索4），而凯文的毛衣是蓝色的（线索1），所以穿红毛衣的一定是西蒙。碰到的第一位朋友穿的毛衣不是红色的（线索4），也不是蓝色的（线索1），而第三位穿着米色毛衣（线索2），由此得出第一位一定穿着绿毛衣。这样根据线索3，第二位朋友在吃香蕉，而且我们知道他的毛衣不是米色或绿色的，他也不是穿红毛衣的西蒙（线索3），那他一定是穿蓝毛衣的凯文。接着根据线索1，穿绿毛衣的第一位朋友在吃棒棒糖，排除了凯文、刘易丝和西蒙，那他只能是丹尼。通过排除法，西蒙在吃苹果，刘易丝是汤米碰到的第三位穿米色毛衣的朋友，最后碰到的是西蒙。

答案：

第一位，丹尼，绿色，棒棒糖。
第二位，凯文，蓝色，香蕉。
第三位，刘易丝，米色，巧克力派。
第四位，西蒙，红色，苹果。

71.

因为塞尔诺穿14号球衣（线索5），18号队员在第24分钟离开球场（线索1），并且在第56分钟被换下场的凯尼恩球衣号码不是3号或8号（线索2），那他一定穿着27号球衣。豪丝替换3号队员上场（线索3），因此被替换的那个队员不是塞尔诺、凯尼恩和帕里(线索3)，也不是被瑞文替换的弗里斯(线索6)，而是蒙特罗。我们知道凯尼恩不是被豪丝、瑞文或迈克耐特替换下场（线索2），并且第78分钟上场的是塔罗克（线索4），所以凯尼恩一定被勒梅特替换下场。通过排除法，豪丝在第85分钟上场。那么在第78分钟

离开球场的队员不是8号（线索4）而是14号，他是被塔罗克替换的塞尔诺。因为第63分钟上场的队员不是替换帕里（线索3），由此知道弗里斯被瑞文替换下场。最后通过排除法可以知道，弗里斯穿着8号球衣，帕里在第24分钟后被迈克耐特替换下场。

答案：

24分钟，帕里，18号，被迈克耐特替换。
56分钟，凯尼恩，27号，被勒梅特替换。
63分钟，弗里斯，8号，被瑞文替换。
78分钟，塞尔诺，14号，被塔罗克替换。
85分钟，蒙特罗，3号，被豪丝替换。

72.

吉恩卖给玛丽的是杯子（线索6），玩具的价格是30美分（线索3），弗兰克卖25美分的商品（线索7），这件商品不是花瓶（线索1），也不是玛丽买的第五样货品——头巾(线索4和7)，那么一定是书。玛丽买的第一件物品不是来自威里（线索1）、莫利（线索2）或莎拉的（线索7）货摊，也不是那本从弗兰克的货摊买来的只有25美分的书（线索1），那么一定是吉恩所卖的杯子。我们知道玛丽买的第三件物品不是杯子也不是头巾，而且它价值75美分（线索5），也不是书或玩具，那一定是花瓶。玩具不是第二件物品（线索3），而是第四件，所以剩下第二件货物是书。这样根据线索2，花瓶一定是从莫利那里买的。威里的货物的价格不是60美分（线索1），也不是莎拉货物的价格（线索7），那么60美分的一定是吉恩卖的杯子，所以剩下的头巾的价格是50美分。玩具不是从威里那里买的（线索3），而是从莎拉的货摊上买的，那么威里卖给玛丽的就是头巾。

答案：

第一件，杯子，60美分，吉恩。
第二件，书，25美分，弗兰克。
第三件，花瓶，75美分，莫利。
第四件，玩具，30美分，莎拉。
第五件，头巾，50美分，威里。

73.

格伦是 4 号（线索 2），根据线索 1，证券公司的雇员不是 2 号、6 号或 7 号。线索 2 排除了 5 号，因为 6 号是男的（线索 3），线索 1 同样排除了 4 号。已知 3 号在保险公司工作（线索 6），这样根据线索 1，1 号在证券公司上班，而在保险经纪人公司工作的 3 号就是塞布丽娜。1 号不是纳尔逊（线索 4）、雷切尔（线索 5），或在投资公司工作的托奎（线索 8），也不是格伦或塞布丽娜，线索 8 排除了马德琳，因此只能是吉莉安。线索 7 告诉我们 2 号在一家律师所工作，这样根据线索 2，5 号在法律顾问公司上班。已知托奎不是 7 号（线索 8），而他所在的公司排除了 2 号和 5 号，那他就是 6 号，根据线索 8，马德琳是 7 号。雷切尔不是 2 号（线索 5），得出他是 5 号，格伦在银行工作（线索 5）。最后通过排除法，纳尔逊是在律师事务所工作的 2 号，马德琳是建筑公司的职员。

答案：

1 号，吉莉安，证券公司。

2 号，纳尔逊，律师事务所。

3 号，塞布丽娜，保险公司

4 号，格伦，银行。

5 号，雷切尔，法律顾问公司。

6 号，托奎，投资公司。

7 号，马德琳，建筑公司。

74.

已知马丁叔叔送给拉姆的礼物是 Benedam 优惠券（线索 3）。卡罗尔阿姨的面值为 20 的优惠券不是 W S Henry 发行的（线索 4），线索 1 又排除了 Ten-X，最后得出它属于 HBS 公司。从线索 2 可以知道，B 信封内的理查德叔叔所送的礼物面值为 15。由于丹尼斯叔叔给娜塔莎的礼物不是面值为 5 的优惠券（线索 5），那么可以知道它的面值是 10，面值为 5 的是马丁叔叔送的由 Benedam 发行的优惠券。又因为后者不在 C 信封内（线索 1），也不在 D 信封内（线索 3），而是在 A 信封内。我们

现在已经知道 A 和 B 信封内的代币价值。根据线索 1，面值为 10 的优惠券不在 C 信封内，因此 C 信封内的是卡罗尔阿姨所送的由 HBS 发行的面值为 20 的代币。根据线索 1 也可以知道，Ten-X 的优惠券的面值一定为 10，并且在 D 信封内。最后通过排除法，B 信封里是理查德叔叔所送的面值为 15 的 W S Henry 的优惠券。

答案：

A 信封，马丁叔叔，Benedam，5。

B 信封，理查德叔叔，W S Henry，15。

C 信封，卡罗尔阿姨，HBS，20。

D 信封，丹尼斯叔叔，Ten-X，10。

75.

颇里安娜的主人已经 86 岁，并且住在 4 号别墅（线索 1），又知道 3 号别墅的主人 75 岁（线索 4），凯特的主人住在 2 号别墅（线索 3），那么颇里安娜一定是 1 号别墅主人的猫。住在 1 号别墅的不是马乔里（线索 1），也不是 80 岁的罗赞娜（线索 2）和拥有尼克的塔比瑟（线索 5），那么一定是格里泽尔达。这样可以知道 2 号别墅的主人 71 岁（线索 6），她的猫是凯特，剩下罗赞娜是 80 岁，并住在 4 号别墅里。3 号别墅的猫不是托比（线索 4），那么一定是尼克，并且 75 岁的塔比瑟住在 3 号别墅。通过排除法，凯特的主人是 71 岁的马乔里，而罗赞娜的猫是托比。

答案：

1 号别墅，格里泽尔达，86 岁，颇里安娜。

2 号别墅，马乔里，71 岁，凯特。

3 号别墅，塔比瑟，75 岁，尼克。

4 号别墅，罗赞娜，80 岁，托比。

76.

已知起居室将被改装成墨西哥风格（线索 4）。因为餐厅不是海边或维多利亚风格（线索 2），也不是休和弗兰克想要的未来派风格（线索 5），那么一定是哥特式。已知艾玛·迪尔夫将设计具有维多利亚风格的房间（线索 3），但不是厨房，因为厨房是雷切尔·雷达·安妮

森来装修（线索4），也不是卧室（线索3），因此一定是浴室，她会得到海伦和乔治的帮助（线索6）。因为林恩和罗布将帮助设计师贝琳达·哈克（线索6），并且利萨和约翰所帮助的不是梅·克文或刘易斯·劳伦斯·贝林（线索1），由此得出他们是和雷切尔·雷达·安妮森一起改装厨房。通过排除法，他们选择了海边风格。同样用排除法可以得出，休和弗兰克将帮忙改装卧室。因为梅·克文不改装餐厅，并且不使用哥特式主题，也不改装起居室（线索1），那她一定是与休和弗兰克一起改装卧室。已知改装餐厅不是刘易斯·劳伦斯·贝林的计划（线索2），而是林恩和罗布以及贝琳达·哈克的，排除法得出，刘易斯·劳伦斯·贝林和琼·基思一起工作，并且他们计划把起居室改装成墨西哥风格。

答案：

海伦和乔治，艾玛·迪尔夫，浴室，维多利亚风格。

琼和基思，刘易斯·劳伦斯·贝林，起居室，墨西哥风格。

利萨和约翰，雷切尔·雷达·安妮森，厨房，海边风格。

林恩和罗布，贝琳达·哈克，餐厅，哥特式风格。

休和弗兰克，梅·克文，卧室，未来派风格。

77.

职员罗伊·斯通（线索1）扮演的不是萨姆·库珀，因为是大卫·埃利斯扮演那个角色（线索2），罗伊·斯通扮演的也不是坦克丝·斯图尔特，因为后者是由马克·普赖斯或奈杰尔·普赖斯（线索5）所扮演，同时罗伊·斯通也不是会计师扮演的马特·伊斯伍德（线索7），又因为州长代表布秋·韦恩是马克·普赖斯或推销员扮演的（线索3和6），所以罗伊·斯通扮演的一定是得丝特·邦德，他的西部角色不是一个赌徒（线索1），也不是州长代表或州长（线索6），而扮演牧牛工的人是个代理商（线索4），因此得丝特·邦德扮演的是美洲野牛猎人。我们知道会计师所扮演的

角色马特·伊斯伍德不是州长代表，也不是牧牛工或美洲野牛猎人，线索7告诉我们他扮演的也不是州长，那么他一定是个赌徒。马克·普赖斯是州长或州长代表（线索6），因此他不可能是会计师或财产代理商，我们知道他不是职员，也不是推销员（线索6），那只能是税务检查员。由此可以得出，他所扮演的不是坦克丝·斯图尔特（线索5），从同一个线索中，我们也可以知道扮演坦克丝·斯图尔特的就是奈杰尔·普赖斯。现在我们已经把3个西部角色的名字和他们扮演者的真名配对，并把另一位扮演者和他的真实职业配对，故税务检查员马克·普赖斯所扮演的就是州长代表布秋·韦恩。剩下扮演马特·伊斯伍德的是约翰·基恩，而推销员所扮演的角色是州长，那么他不是扮演坦克丝·斯图尔特一角的奈杰尔·普赖斯，而是扮演萨姆·库珀的大卫·埃利斯，剩下的奈杰尔·普赖斯是财产代理商，他饰演的是名叫坦克丝·斯图尔特的牧牛工。

答案：

大卫·埃利斯，推销员，萨姆·库珀，州长。

约翰·基恩，会计师，马特·伊斯伍德，赌徒。

马克·普赖斯，税务检查员，布秋·韦恩，州长代表。

奈杰尔·普赖斯，代理商，坦克丝·斯图尔特，牧牛工。

罗伊·斯通，职员，得丝特·邦德，美洲野牛猎人。

78.

已知军官C不是陆军中尉阿尔迪丝或水兵（线索5）。根据线索1，如果水兵是A或B，陆军中尉阿尔迪丝就是D，空军军官是E；如果水兵是D或E，那么陆军中尉阿尔迪丝是B，空军军官是A，这样得出空军军官一定是A或E。而他的家乡不是爱达荷州（线索1）、新墨西哥州（线索2）或缅因州（线索3），也不是乔治亚州（线索4），那么一定是堪萨斯州。由此知道他不是军官E（线索4），而是军官A。同时得出水兵是D或E，陆军中尉阿尔迪丝是

B。水兵不是普迪上尉（线索2）或沃德少校（线索5），因此他是德莱尼上尉或哈伦上尉，这样得出军官 C 一定是沃德少校（线索5）。因为陆军中尉阿尔迪丝就是军官 B，所以他不是步兵（线索2）或工兵（线索3），而是军事警察。军官 C 沃德少校不是工兵（线索3），而是步兵。那么普迪上尉就是军官 A。而来自美国新墨西哥州的是军官 B，即陆军中尉阿尔迪丝（线索2）。军官 E 不是哈伦上尉（线索4），而是德莱尼上尉，通过排除法，哈伦上尉就是军官 D。因此来自乔治亚州的是军官 E（线索4）。因为步兵梅吉尔·沃德不是来自缅因州（线索3），由此得出缅因州是军官 D 的家乡。现在可以知道军官 E 是工兵（线索3）。最后通过排除法，水兵是军官 D 哈伦上尉，而梅吉尔·沃德来自爱达荷州。

答案：

军官 A，普迪上尉，空军，堪萨斯州。

军官 B，陆军中尉阿尔迪丝，军事警察，新墨西哥州。

军官 C，沃德少校，步兵，爱达荷州。

军官 D，哈伦上尉，水兵，缅因州。

军官 E，德莱尼上尉，工兵，乔治亚州。

79.

因为麦克在机动船里（线索1），并且西蒙驾驶的"罗特丝"不是人工划行的（线索4），那么一定是小游艇，因此西蒙的女朋友是夏洛特（线索3）。由于和麦克一起在机动船上的女孩不是桑德拉（线索1），那么只能是露西，由此得出机动船的名字是"多尔芬"（线索2）。通过排除法，巴里和桑德拉是乘叫作"马吉小姐"的人工船出去的。

答案：

巴里，桑德拉，"马吉小姐"，人工船。

麦克，露西，"多尔芬"，机动船。

西蒙，夏洛特，"罗特丝"，小游艇。

80.

已知铁匠在队伍最后（线索1），这样根据线索6得出，哈罗德·格雷特不在位置5或

4号位置。雷金纳德在第二个位置（线索7），辛和吉在第一个位置（线索4），因此哈罗德·格雷特必定在第三个位置，而教区牧师在第四个位置（线索6）。我们现在已经把四个位置和对应的姓或职业配对，得出姓布尔的学校教师（线索2）就是第二个位置的雷金纳德。欧克曼不是最后一个位置上的铁匠（线索5），那么通过排除法，他是 4 号位置的教区牧师，剩下的铁匠的姓是比费。线索5告诉我们铁匠的名字是莱斯利。根据线索3，邮局局长就是第一个位置上的辛和吉，剩下第三个位置的哈罗德·格雷特是承办者。辛和吉不姓约翰（线索3），那他的姓一定是托马斯，剩下约翰是教区牧师欧克曼。

答案：

位置1，托马斯·辛和吉，邮局局长。

位置2，雷金纳德·布尔，学校教师。

位置3，哈罗德·格雷特，承办者。

位置4，约翰·欧克曼，教区牧师。

位置5，莱斯利·比费，铁匠。

81.

由于 E 位置上带着炸药的（线索5）是位军士，但不是带着枪械的卡斯特（线索1），也不是谢尔曼（线索6），那他一定是杰克逊，并且他的长官是加文中尉（线索3）。有四个士兵的一队拥有迫击炮（线索7）。有十二个士兵的队伍没有枪械（线索1）、电台（线索3）或弹药（线索6），那么他们必定是在 E 位置上拥有炸药的那一队。现在根据线索3，有十个士兵的队伍拥有电台。因为布拉德利中尉在 C 位置上结束（线索4），谢尔曼军士不在 A、B 或 D 位置（线索6），而是和他一起被困在谷仓里。所以克拉克中尉在 B 位置上（线索6）。他不可能在拥有迫击炮和四个士兵的那支队伍（线索6），那支队伍的军官也不是布拉德利中尉（线索4）或帕特士长（线索2），由此得出这一队的军官一定是利吉卫上校。由于帕特军士和他的六个士兵不在 A 位置的小树林里（线索2和6），而是被困在 D 位置上的沟

渠里，所以剩下的利吉卫上校在 A 位置。他的军士不是卡斯特军士（线索 1）或格兰特下士（线索 7），所以一定是李下士。布拉德利中尉的士兵数不是八个（线索 4），所以一定是十个，并带着电台。由线索 6 可以知道，克拉克中尉带着八个士兵，而帕特军士长带着六个士兵并且拥有弹药，克拉克中尉带着的枪械最没用，他那支队伍的军士是卡斯特军士（线索 1），因此格兰特下士和帕特军士长都在 D 位置上。

答案：

A 位置，利吉卫上校，李下士，4 个，迫击炮。

B 位置，克拉克中尉，卡斯特军士，8 个，重型机枪。

C 位置，布拉德利中尉，谢尔曼军士，10 个，电台。

D 位置，帕特军士长，格兰特下士，6 个，弹药。

E 位置，加文中尉，杰克逊军士，12 个，炸药。

82.

我们已知约翰·凯格雷来自惠灵顿（线索 2），并且凯茜·艾伦不是来自美国底特律（线索 4），所以她一定来自德班，并且由于她住在 3 楼（线索 3），所以剩下佐伊·温斯顿来自底特律，但她不住在 1 楼（线索 1），而是 2 楼，剩下的约翰·凯格雷就是住在 1 楼。因为凯茜·艾伦不学历史（线索 4）或物理学（线索 1），那么她必定学医学。线索 1 还告诉我们，佐伊·温斯顿不学物理学，所以她学的是历史，剩下学物理学的是 1 楼的约翰·凯格雷。

答案：

1 楼，约翰·凯格雷，惠灵顿，物理学。

2 楼，佐伊·温斯顿，底特律，历史。

3 楼，凯茜·艾伦，德班，医学。

83.

因为图片 3 中的人是迪安夫人（线索 2），图片 4 中的那个人穿着救助队军官制服（线索 3），所以消防员埃利斯夫人不是图片 2 中的人物（线索 4），而是图片 1 中的妇女。又因

为萨利不在图片 1 或图片 4（线索 5）中，所以她不是救助队军官或消防员，也不是交警（线索 5），最后得出她是护理人员。她不姓托马斯（线索 5）或埃利斯；马里恩姓帕日斯（线索 1），得出萨利必定姓迪安，这样就知道她在图片 3 中。通过排除法，图片 2 中的女性是交警，这样根据线索 3，图片 4 中穿着救助队军官制服的是托马斯夫人，现在排除法可以得出，红头发的马里恩·帕日斯在图片 2 中，并且是个交警。最后根据线索 3，图片 4 中的救助队军官托马斯夫人不姓卡罗尔，而是姓盖尔，卡罗尔是图片 1 中的消防员埃利斯夫人的名。

答案：

图片 1，卡罗尔·埃利斯，消防员。

图片 2，马里恩·帕日斯，交警。

图片 3，萨利·迪安，护理人员。

图片 4，盖尔·托马斯，救助队军官。

84.

由于设有巨石陷阱的红门的后面不是一个跳舞的女孩（线索 2），绊网陷阱保护的是老鹰像（线索 1），并且战士金像在黄门后面（线索 4），因此红门后面是狮子像，红门也就是 2 号门（线索 3）。这样根据线索 2，跳舞女孩在 1 号门后面，但 1 号门不是绿门（线索 2），也不是红门或黄门，那么它一定是蓝门，绿门后面就是老鹰像和绊网陷阱。黄门不是 3 号门（线索 4），而是 4 号门，因此 3 号门是绿色的。最后根据线索 4，地板陷阱不保护 4 号黄门后面的战士金像，得出后者的陷阱一定是断头台，剩下地板陷阱保护 1 号蓝门后面的跳舞女孩。

答案：

1 号门，蓝色，跳舞女孩，地板陷阱。

2 号门，红色，狮子，石头陷阱。

3 号门，绿色，鹰，绊网陷阱。

4 号门，黄色，战士，断头台。

85.

已知到泰姬陵·马哈利餐馆接客的时间不是 11：25（线索 1），因此米克没有到那里或狐狸和猎犬饭店接客（线索 2），也不在火车站，

因为赖安在火车站接客（线索4），米克没去斯宾塞大街，11：20那个预约电话的接客地点又在斯宾塞大街（线索6），由此得出米克去了布赖恩特先生预约的黄金国俱乐部（线索5）。接丹尼斯先生的时间不是11：10或11：15（线索1）。布赖恩特先生的预约时间是11：25，他的司机是米克，丹尼斯先生没在11：30打电话（线索1），那么他必定在11：20在斯宾塞大街需要一辆车。可以知道马特的预约时间是11：15，而泰姬陵·马哈利餐馆的电话是11：10（线索1）。赖安在火车站接客，因此马特的11：15的电话来自狐狸和猎犬处，通过排除法，赖安一定在11：30接客。在11：10去泰姬陵·马哈利餐馆的司机不是卢（线索3），而是卡尔，打电话的人是拉塞尔先生（线索3）。通过排除法，卢是去斯宾塞大街的司机。最后，马特没有去接梅森（线索2），得出是赖安接了梅森，剩下马特是那个在狐狸和猎犬处接兰勒先生的司机。

答案：

11：10，卡尔，泰姬陵·马哈利餐馆，拉塞尔。

11：15，马特，狐狸和猎犬饭店，兰勒。

11：20，卢，斯宾塞大街，丹尼斯。

11：25，米克，黄金国俱乐部，布赖恩特。

11：30，赖安，火车站，梅森。

86.

因为1997年制造的蒲公英酒不是给诺曼的母亲（线索6），也不是给他女儿（线索1）或侄女，因为送给他侄女的酒是在2000年制造的。并且他阿姨喜欢那瓶大黄酒（线索4），所以通过排除法，蒲公英酒给了他的妹妹格洛里亚（线索5）。又由于1999年制造的酒是给卡拉的黑莓酒（线索2）。诺曼的阿姨不是安娜贝尔（线索4），而且我们知道卡拉和格洛里亚都没有得到大黄酒。米拉贝尔得到的是欧洲防风草酒（线索1），所以通过排除法，大黄酒一定给了乔伊斯。这样得出大黄酒不是1998年而是在2001年制造的（线索3）。这就说明那位得到产于2000年的酒的侄女不是

米拉贝尔（线索1），她得到的是在1998年制造的欧洲防风草酒。通过排除法，诺曼的侄女是安娜贝尔，她得到的是接骨木果酒。根据线索1，可以知道诺曼的女儿是卡拉，她得到的酒产于1999年，最后得出米拉贝尔是他的母亲。

答案：

安娜贝尔，侄女，接骨木果酒，2000年。

卡拉，女儿，黑莓酒，1999年。

格洛里亚，妹妹，蒲公英酒，1997年。

乔伊斯，阿姨，大黄酒，2001年。

米拉贝尔，母亲，防风草酒，1998年。

87.

由于坐在1号位置上的红头发妇女（线索3）不是莫利（线索1）或霍莉（线索2），也不是多莉（线索4），所以她只能是颇莉。根据线索4，2号位置上的妇女想把她的头发染成黑色。已知那位原本灰发并想把头发染成赤褐色（线索5）的女性不在1号或2号位置，也不在3号位置（线索5），那么她肯定在4号。她不可能是霍莉（线索2），而且线索2也说明霍莉的头发不是金黄色的。我们已经知道她的头发不是红色，那么一定是棕色的。红头发的颇莉不可能再把头发染成红色，故她想染的颜色是白色，所以3号位置上的妇女想把她的头发染成红色。现在根据线索3，得到霍莉坐在2号位置，而3号位置上的妇女有一头金发。线索4告诉我们多莉在4号位置，莫利在3号位置。

答案：

1号，颇莉，红色，染成白色。

2号，霍莉，棕色，染成黑色。

3号，莫利，金黄色，染成红色。

4号，多莉，灰色，染成赤褐色。

88.

根据线索4，纳斯德卡思在城墙上的3或4号位置，但3号位置上的是斯堪达隆思（线索2），因此纳斯德卡思一定在4号位置上。由于已经参军12年的人不是来自大不列颠的

密尼布司（线索1），也不是来自伊伯利亚半岛（线索2），而来自高卢的士兵已经参军10年（线索3），因此通过排除法得出他是罗马市民。因为他不在4号位置（线索4），线索1还说明来自大不列颠密尼布司的那个人的参军年数不是11年，而且我们知道也不是10年或12年，所以他是最晚参军的，已经参军9年。剩下来自伊伯利亚半岛的士兵的参军年数是11年，根据线索2知道，3号位置上的斯堪达隆思来自罗马，并且他已经参军12年。由线索4得到最晚参军的密尼布司在2号位置，因此1号位置上的就是阿格里普斯。线索3告诉我们他不是来自高卢，那么来自高卢的是纳斯德卡思，最后剩下阿格里普斯是来自伊伯利亚半岛的已经参军11年的士兵。

答案：

1号，阿格里普斯，伊伯利亚半岛，11年。

2号，密尼布司，大不列颠，9年。

3号，斯堪达隆思，罗马，12年。

4号，纳斯德卡思，高卢，10年。

89.

由于扮演麦当娜的帕慈不在财务部工作（线索1），也不在蒂娜·特纳的扮演者所在的销售部（线索3），所以她一定在人事部。通过排除法，来自财务部的女性将扮演伊迪丝·普杰夫，但她不是卡罗琳（线索4），故必定是海伦·凡尔敦（线索2）。销售部扮演蒂娜·特纳的那位不是坦娜夫人（线索3），因此她姓玛丽尔，通过排除法，可以知道她的名字是卡罗琳。同样通过排除法，得到来自人事部的帕慈就是坦娜夫人的名字。

答案：

卡罗琳·玛丽尔，销售部，蒂娜·特纳。

海伦·凡尔敦，财务部，伊迪丝·普杰夫。

帕慈·坦娜，人事部，麦当娜。

90.

推理小说将在2月份出版（线索2），恐怖小说是以布雷特·艾尔肯为笔名（线索6），又由于那本科幻小说比以蒂龙·斯瓦名义出版的那本书晚出版（线索3），所以1月份以尤恩·邓肯名义出版的那本书不是历史小说（线索1），而是艺术小说《主要的终曲》（线索6）。由于以吉尼·法伯名义出版的书在《白马》出版后一个月出版（线索4），因此它不在2月或4月出版。由于《船长》在4月份出版（线索2），所以以吉尼·法伯名义出版的书不是在5月出版，而是在6月。那么《白马》就在5月出版（线索4）。《世代相传》以雷切尔·斯颇为笔名（线索5），因此它不在4月或5月出版，而是2月份的推理小说。科幻小说不是以蒂龙·斯瓦为笔名（线索3），那么就是吉尼·法伯的6月份作品，而蒂龙·斯瓦的书是历史小说，通过排除法，后者是4月份出版的《船长》，而5月出版的书《白马》是布雷特·艾尔肯的恐怖小说，剩下《太阳花》是以吉尼·法伯的名义在6月份出版的科幻小说。

答案：

1月份，《主要的终曲》，尤恩·邓肯，艺术小说。

2月份，《世代相传》，雷切尔·斯颇，推理小说。

4月份，《船长》，蒂龙·斯瓦，历史小说。

5月份，《白马》，布雷特·艾尔肯，恐怖小说。

6月份，《太阳花》，吉尼·法伯，科幻小说。

91.

3号选手的马叫汉德尔（线索5）。鲁珀特是2号选手（线索3），线索1排除了闪电是1号、2号或4号马的可能，那么它一定是5号马。这样根据线索1，4号选手赢得了比赛，骑着汉德尔的3号选手是蒙太奇。爱德华在比赛中不幸打了一个乌龙球（线索4），我们由此知道他不是2号、3号或4号选手，线索4也排除了他是1号选手的可能，因此他是骑着闪电的5号选手。然后根据线索4，黑马马乔里是参加比赛的4号选手的马。因为阿齐不是1号选手（线索2），所以由排除法得出他是骑着马乔里的4号选手，剩下1号选手是杰拉尔德。蒙太奇没有弄伤手腕（线索5），我们知道他不喜欢这场比赛，没有打乌龙球，也没有掉马球棒（线索2），则他必定从马上跌落。根据线索6，褐色马不是1号、3号、4号或5号马，只能是鲁珀特骑的2号马，1号马叫亚历山大（线索6），剩下鲁珀特的褐色马叫格兰仕。3号马不是栗色的（线索6），也不是白色的（线索1），那就是灰色的。闪电不是白色的马（线索1），而是栗色的，剩下白色的马是杰拉尔德骑的1号马。由于他没有弄伤手腕（线索5），因此是他掉了马球棒的选手，最后得到鲁珀特就是那名在比赛中弄伤了手腕的选手。

答案：

1号，杰拉尔德·亨廷顿，亚历山大，白色，掉了马球棒。

2号，鲁珀特·德·格雷，格兰仕，褐色，弄伤手腕。

3号，蒙太奇·佛洛特，汉德尔，灰色，从马上跌落。

4号，阿齐·福斯林汉，马乔里，黑色，享受比赛。

5号，爱德华·田克雷，闪电，栗色，乌龙球。

92.

由于下午3：00接的乘客来自剑桥（线索4），并且上午10：00的乘客不是来自北安普敦（线索3），那么他来自林肯，而来自北安普敦的乘客于12：30在4号站台被接到。上午10：00要接的站台号比下午3：00要接的站台号小（线索2），由此可以知道10：00接的客人在7号站台，而下午3：00接的客人德拉蒙德夫人在9号站台（线索2）。来自林肯的乘客将进入7号站台，因此斯坦尼夫人会进入4号站台（线索1），排除法得出古氏先生到7号站台。最后通过排除法，古氏先生来自林肯，斯坦尼夫人来自北安普敦，而德拉蒙德夫人来自剑桥。

答案：

上午10：00，7号站台，古氏先生，林肯。

中午12：30，4号站台，斯坦尼夫人，北安普敦。

下午3：00，9号站台，德拉蒙德夫人，剑桥。

93.

由于小博尼只有三天大（线索4），并且四天前出生的婴儿不是基德（线索1），也不是阿曼达·纽康姆博（线索2），所以他一定姓沙克林。线索1告诉我们，他不是2号小床上的丹尼尔，同时也说明丹尼尔不姓基德。我们知道丹尼尔不姓纽康姆博，因此他姓博尼，年龄只有三天。根据线索1，姓基德的婴儿的年龄是两天，通过排除法，剩下阿曼达·纽康姆博是最晚出生的。根据线索2，1号小床上的婴儿只有两天大，她姓基德，但不叫托比（线索3），由此得出她叫吉娜，剩下托比姓沙克林。后者不在3号小床上（线索3），而是在4号小床上，剩下阿曼达在3号小床上。

答案：

1号，吉娜·基德，2天。

2号，丹尼尔·博尼，3天。

3号，阿曼达·纽康姆博，1天。

4号，托比·沙克林，4天。

94.

由于1984年退休的不是罗福特·肯特（线索4）或驯狗员思考特·罗斯（线索6），再根据线索2得到受溃疡病困扰的切克·贝克也不是在1984年退休。机修工在1980年退休（线索7）。根据线索1，其中一个人因为有心脏病而离开警察队，后来成为一名摄影师，麦克·诺曼在他退休后四年才离开，故他不是在1984年退休，由此可以得出乔·哈里斯在1984年退休。由于从屋顶跌落的人是在1976年退休（线索5），乔·哈里斯不是因车祸而退休（线索3），我们知道他也没有溃疡（线索2），而线索1又排除了他有心脏病，那么他一定是被刀刺伤。患有心脏病的人不是切克·贝克或乔·哈里斯，线索1排除了麦克·诺曼，而根据他后来的职业也可以排除思考特·罗斯，那只能是罗福特·肯特。根据线索1和4，那个出租车司机是麦克·诺曼。我们现在已经知道其中三个人退休后的工作，切克·贝克不是酒馆老板（线索2），因此他是1980年退休的机修工，酒馆老板是在1984年被刺伤而退休的乔·哈里斯（线索2）。从屋顶跌落并在1976年退休的不是出租车司机麦克·诺曼（线索5），故推断他是驯狗员思考特·罗斯，剩下麦克·诺曼是车祸的受害者，最后根据线索1知道他在1972年退休，而摄影师罗福特·肯特在1968年退休。

答案：

切克·贝克，溃疡，1980年，机修工。

乔·哈里斯，被刀刺伤，1984年，酒馆老板。

罗福特·肯特，心脏病，1968年，摄影师。

麦克·诺曼，车祸，1972年，出租车司机。

思考特·罗斯，从屋顶跌落，1976年，驯狗员。

95.

由于德吉瑞克使用汉斯·格拉巴的身份（线索5），并且榻·凯纳的代理使用洛浦兹医生的身份（线索1），来自诺德并假扮成尼尔森主教的代理属于只有创办者才知道的智能组织（线索6），因此齐德尔的沙拉·罗帕姆（线索4）不是假扮的赫斯尼船长，而是使用了帕特尔教授的假身份。又由于他（她）不是来自格洛姆斯行星（线索2）、阿德瑞基行星（线索4）或诺德，艾伦·伯恩斯来自埃斯波兰萨行星（线索3），那么他一定来自沃克斯。艾伦·伯恩斯不在榻·凯纳系统（线索3），所以没有使用洛浦兹医生的身份，而他来自的行星排除了他是尼尔森主教的可能，那么他使用的是赫斯尼船长的身份。因为假扮洛浦兹医生的榻·凯纳代理不是莫比克—奎弗（线索1），而是海伦·格尔。这样根据线索3，艾伦·伯恩斯属于NSR，所以由排除法得出莫比克—奎弗来自诺德，并使用了尼尔森主教的身份。由于德吉瑞克不是HFO的代理（线索5），而是属于DPA，所以HFO的代理是莫比克—奎弗。最后，由于海伦·格尔不是来自格洛姆斯（线

索2），所以他来自阿德瑞基，而德吉瑞克来自格洛姆斯。

答案：

艾伦·伯恩斯，埃斯波兰萨，NSR，赫斯尼船长。

德吉瑞克，格洛姆斯，DPA，汉斯·格拉巴。

海伦·格尔，阿德瑞基，榻·凯纳，洛浦兹医生。

莫比克—奎弗，诺德，HFO，尼尔森主教。

沙拉·罗帕姆，沃克斯，齐德尔，帕特尔教授。

96.

刻在墓碑C上的物理学家不是卢修斯·厄巴纳斯（线索1），也不是刻在墓碑D上的朱尼厄斯·瓦瑞斯（线索3）；泰特斯·乔缪尔斯是个酒商（线索2），因此物理学家一定是在公元84年去世的马库斯·费迪尔斯（线索4）。这样根据线索1，卢修斯·厄巴纳斯在公元96年去世，并且推断出他是个职业拳击手（线索5）。现在在排除法得出朱尼厄斯·瓦瑞斯是百人队长。他不在公元60年去世（线索6），而是在公元72年，通过排除法，泰特斯·乔缪尔斯是在公元60年去世，但他的名字不是刻在A上（线索2），而是在B上，A是职业拳击手卢修斯·厄巴纳斯的墓碑。

答案：

墓碑A，卢修斯·厄巴纳斯，职业拳击手，公元96年。

墓碑B，泰特斯·乔缪尔斯，酒商，公元60年。

墓碑C，马库斯·费迪尔斯，物理学家，公元84年。

墓碑D，朱尼厄斯·瓦瑞斯，百人队长，公元72年。

97.

3号信是寄给雪特小姐的（线索3）。由于1号信不是寄给梅尔先生的（线索4），也不是给本德先生的（线索1），因此它一定是给格林夫人的。根据线索5，3号信的收件人

雪特小姐住在6号，但不可能在斯坦修恩路（线索6），也不是在斯达·德弗街（线索3）。10号在特纳芮大街（线索2），因此雪特小姐的地址是朗恩·雷恩街6号。线索1说明本德先生的信不是4号信，我们知道也不是1号或3号，那么一定是2号信，剩下4号信是寄给梅尔先生的。线索1告诉我们，1号信寄到31号，这样根据线索4，梅尔先生的地址是45号，剩下本德先生的地址是特纳芮大街10号。最后由线索6得知，斯坦修恩路不是4号信上的地址，而是1号信上的地址，剩下斯达·德弗街45号是梅尔先生的完整地址。

答案：

1号信，格林夫人，斯坦修恩路31号。

2号信，本德先生，特纳芮大街10号。

3号信，雪特小姐，朗恩·雷恩街6号。

4号信，梅尔先生，斯达·德弗街45号。

98.

由于在3号停靠点狐狸和兔子站（线索7）下车的女乘客不是在邮局站上车的莱斯利（线索5），也不是在欧文下车的站点上车的布伦达（线索4和7），那她一定是阿尔玛。因为在1号停靠站下车的男人（线索3）不是马克斯，因为马克斯的下车站点在他上车站点的后面，并且也不是西里尔（线索2），那他一定是欧文，而布伦达在1号站上车（线索4）。这站不是植物园（线索3）或来恩峡谷（线索6），也不是西里尔下车的市场广场（线索2），我们已经知道它不是狐狸和兔子站或莱斯利上车的邮局站，马克斯不在2号站点之前上车，根据线索8，国会街不是1号站点，马克斯不在2号站点下车，因此通过排除法，1号站点是板球场。线索3告诉我们，在6号站点下车的是布伦达。马克斯不在3号站点下车（线索7），那么2号站点不是国会街（线索8）。这个线索也说明国会街不是4号、5号或7号站点，我们知道它也不是1号或3号，那它一定是6号站点。由此得出马克斯在7号站点下车，而罗宾在这站上车（线索1和8）。上下车的乘

客排除了7号站点是邮局站或市场广场站的可能，它也不是来恩峡谷站（线索6），那就是植物园站。2号站点不是市场广场站，我们知道乔斯不在1号站点（线索2）或邮局站（线索5）下车，排除法得出他在来恩峡谷站下车。现在我们已经知道4个乘客下车的站点名。在3号狐狸和兔子站上车的阿尔玛不是在3号或2号来恩峡谷站下车，那她一定在莱斯利上车的邮局站下车，但不是4号站（线索8），我们知道也不是1号、2号、3号、6号或7号，那只能是5号站。根据线索5，梅齐在3号狐狸和兔子站下车。通过排除法，4号站是市场广场，西里尔在这站下车，剩下乔斯在2号站下车。线索2告诉我们莱姆不是在2号或4号站上车，而是在6号站上车。在2号站梅齐还没有下车（线索5），皮特不在2号站上车，而是4号站，剩下马克斯在2号站上车。

答案：

1号，板球场，布伦达上车，欧文下车。

2号，来恩峡谷，马克斯上车，乔斯下车。

3号，狐狸和兔子站，阿尔玛上车，梅齐下车。

4号，市场广场，皮特上车，西里尔下车。

5号，邮局，莱斯利上车，阿尔玛下车。

6号，国会街，莱姆上车，布伦达下车。

7号，植物园，罗宾上车，马克斯下车。

99.

已知索菲在多恩卡斯特上车（线索4）。根据线索1，黛安娜不是从约克角旅行回来，线索1和3又排除了她来自格兰瑟姆的可能，而且搭乘1号出租车的妇女来自格兰瑟姆，所以可以得出黛安娜在皮特博芮上火车。我们现在知道从格兰瑟姆来的乘客不是黛安娜或索菲，也不是伯尼的乘客帕查（线索3），因此她是安妮特。排除法得出帕查从约克角旅行回来。黛安娜的司机不是詹森（线索1），也不是诺埃尔（线索2），那么他就是克莱德，而她搭乘的是4号出租车（线索5）。然后根据线索1，詹森是3号出租车的司机，他的乘客

不是伯尼的乘客帕查，而是索菲。最后通过排除法，我们知道安妮特的司机是诺埃尔，伯尼的车是2号车。

答案：

1号，诺埃尔，安妮特，格兰瑟姆。

2号，伯尼，帕查，约克角。

3号，詹森，索菲，多恩卡斯特。

4号，克莱德，黛安娜，皮特博芮。

100.

因为300万欧元是3月份的花费（线索2），那么只出价100万欧元的罗马拍卖会不是在1月份或3月份（线索3），而卡尼莱特的作品成功出价是250万欧元（线索3），也排除了罗马拍卖会在4月份的可能。4月份买的是格列柯的画（线索5），线索3也说明罗马拍卖会不是在5月份，因此它一定在2月份，而卡尼莱特的作品是在1月份买到的（线索3）。在罗马买的画不是马耐特的（线索1），也不是卡尼莱特或格列柯的，而弗米亚的作品是在巴黎买到的（线索6），因此在罗马买的画一定是毕加索的。我们已经知道了在2月份和4月份买的画，线索1排除了马德里的拍卖会在1月份、3月份或5月份的可能，也不在2月份，那么一定在4月份，并且买的是格列柯的画。根据线索1，马耐特的画在5月份得到，剩下弗米亚的画是用300万欧元在3月份买的。现在由线索1得出，格列柯的画花了150万欧元，马耐特的画花了200万欧元。根据线索4，后者不是在阿姆斯特丹买的，而是在布鲁塞尔，剩下卡尼莱特的画是在阿姆斯特丹得到的。

答案：

1月，卡尼莱特，阿姆斯特丹，250万欧元。

2月，毕加索，罗马，100万欧元。

3月，弗米亚，巴黎，300万欧元。

4月，格列柯，马德里，150万欧元。

5月，马耐特，布鲁塞尔，200万欧元。

第四章

1.

这个地方冬天非常冷。由于下雨落雪，使坑里积了水，到夜晚就结成冰。白天，这坑里南面的冰因受太阳的照射，又融化成水，而北面由于没有太阳照射，仍结着冰。这样，北面的水结成冰，而南面的冰又融化成水，沉重的球面便渐渐地出现倾斜，从而非常缓慢地向南移动。其正面的十字架，必然也会渐渐地被隐埋起来。这种物理现象，就是男爵的墓石之所以移动的原因。

2.

之所以会发生这种怪事，是因为那个男人的汽车出现了汽封现象：有一部分汽油被汽化了，阻碍了油箱里燃料的正常运行。只有在冷却足够长时间后，发动机才会恢复正常。当那个男人开车去商店时，由于香草冰淇淋是商店里最受欢迎的冰淇淋，所以被摆在最外面的位置，一下子就能拿到，这时汽车发动机就因为没有足够的冷却时间而发动不起来了。而其他的冰淇淋则在商店里面，需要花更多时间去挑选和付账，从而使得汽车发动机刚好可以顺利发动。

3.

洛奇不愧是大侦探，他说得很对，男子和其他人都没错，男子确实听到了两声巨响，其他人则只听到一声爆炸。这并不是什么幽灵在作祟，而是因为水传播声波的速度要快于空气，是空气的5倍。男子仰泳的时候耳朵是埋在水里的，他首先听到了由水传过来的爆炸声，当他抬头察看的时候，耳朵离开海水，又听到了空气传导过来的爆炸声。由于心情紧张和水传导的失真，男子把第一次爆炸的声音误认为是幽灵发出的怒号。

4.

嫌疑犯可以先在老人的电话机上安放一个能使电话线短路的装置。然后，他让老人吃下安眠药，等老人入睡以后，他就打开煤气灶的开关，让煤气跑出来，他则去了那家饭店。

当他估计老人房间里已充满煤气时，就在饭店里打电话到老人家。这时电话机中有电流通过，却遇到电话线短路，就溅出火花，引起煤气爆炸。

5.

多利警长是通过汽艇后面水波纹的大小情况来判断的，汽艇开得越快，其接触水的面积就会越小，引起的波纹就会越小。由于警察的汽艇比罪犯的开得快，所以警察汽艇后面的波纹就比罪犯汽艇后面的波纹小。多利警官在关键时候利用波纹的科学知识将罪犯的汽艇分辨出来了。

6.

清洁工鲍比是 H 公司的经济间谍，他让昂奈先生跌成骨折，又把玻璃酒杯放在桌子上，酒杯好像放大镜，把很小的文字放大了，鲍比离得很远也能看清楚。

7.

既然气压炸弹会在海拔2000米以下爆炸，那么只需选择海拔2000米以上的高原着陆就可以了。比如墨西哥城，海拔高达2300米，飞机选择在那里降落是安全的，而不需要采用另外的防护措施。

8.

纵火的是画家，他把猫关在密闭的房子里，只给了猫很少的食物。饿得没办法的猫就去抓书架上的金鱼缸，鱼缸落了下来，洒出来的水正好浇在生石灰上，生石灰遇水发生化学反应，产生强热变成熟石灰，然后熟石灰的热能燃着了书架上的书籍和席子。

9.

由于纯黄金很软，又具有黏性，所以能随意加工成各种形状，甚至可以加工成0.0001毫米薄的金箔。利用这种特征，还可以将金块加工成壁纸一样厚度，装饰到墙壁上，以便隐藏。

盗贼就是利用了这点，用黄金制作车身，再涂上涂料，所以刑警们就不会注意到了。

10.

戈拉医生出诊的时候，口袋里带着体温计，体温计经过热水浸泡，水银柱升到40℃，但不会再降下来，可是马路上的气温很低，说明尸体有可疑的地方。

11.

波特吐在格林家门口的口香糖，上面有波特的齿型和唾液。

12.

伯顿夫人的话是有很大的破绽的：

因为史留斯一进伯顿夫人的家，觉得很暖和，以致脱下外套，摘掉帽子、手套和围巾，而那天室外很冷，寒风呼啸。如果按伯顿夫人的说法，那扇窗打开了至少已有45分钟，那么房间里的温度应该是很低的。这一点足以说明那扇窗刚打开不久。所以，史留斯先生不相信伯顿夫人的话。

13.

巧克力在28℃以上就会变软，而当时气温高达34℃，梅丽莎的巧克力却是硬邦邦的，这说明她刚从有空调的地方出来，不是等了好久来接人的。

14.

门铃使用的是干电池，与停电无关。

15.

过山车都没有发动机。一条特殊的传送带会把过山车带到顶端，而重力会让过山车一路向下滑到底。所以，儿子在撒谎。

16.

《圣经》的第47页与第48页是同一张纸，

简恩是不可能把邮票藏在这两页之间的。

17.

知县李铁桥将那个孩子断给老妇人是欲擒故纵，他知道如此不公的判决，老妇人一定不服，甚至觉得冤屈。果然如他所料，老妇人听到不公的判决后便说了"不孝之子……"那句话。于是李铁桥马上便问道："你说这个儿子对你不孝，你能列举事实吗？"老妇人立刻便说出了很多件侄儿不孝之事。李铁桥于是当众对其父李富友说道："父母控告儿不孝，儿子犯了十恶大罪应当处死。"李富友闻听儿子要被处死，连连求情。李铁桥便说道："现在只有一个办法，就是不让他做婶子的儿子，就可以不以不孝重罪来处死。"李富友只得照办，老妇人便顺利地不要这个儿子了。

18.

阿尔在撒谎。阿尔说他们早上就支起了帐篷，可当时还没下雨，帐篷里的地面却是湿的，显然帐篷是雨后支的。说明他就是凶手。

19.

卧室里铺了厚厚的土耳其驼毛地毯，村井探长走路的时候，听不出脚步声，可是女秘书却说，从话筒里听到凶手的脚步声，说明她是在撒谎。

20.

杯口的红色，也就是唇印，一般修女是不会涂口红的。

21.

霍金斯意识到杀人凶器正是从集邮家桌上不翼而飞的放大镜，而放大镜是检视集邮品必不可少的工具。

22.

烛液全部流向门的一侧说明，如果门真的如沃夫丽尔太太所述敞开那么久，烛液就不会如此逆着风口向一边流。

23.

罗尔警长马上打开轮胎的气门，放掉了些气，让轮胎瘪一点儿，卡车就降低了高度，能穿过立交桥了。

24.

洛克的身高和他妻子相差悬殊。如果上午是他妻子开的车，那么她一定会调整驾驶座的位置，以适合自己的身高。可是，洛克却能够舒舒服服地坐在驾驶座上，这证明最后一个开车的不是他妻子。

25.

防盗玻璃整体是难以毁坏的，但如果玻璃上有个小小的缺陷，用锤在那里一击，防盗玻璃就会破碎。知道这个破绽的人，只有设计制造防盗玻璃柜的那个人。

26.

秘书利用毛玻璃的特性，看清楚了失主的一举一动，偷走了10枚金币。毛玻璃不光滑的一面只要加点儿水或唾沫，使玻璃上面的细微的凹凸变成水平，就能清楚地看到失主在房中所做的一切。而在左边的房间毛玻璃的一面是光滑的，就不可能做到这样。

27.

山田吉木说："有些鸟儿，如喜鹊、松鸡等，它们喜欢闪闪发光的东西，有时候会把这些东西衔回窝里，我根据这点才怀疑是喜鹊干的。"

28.

法布尔望着警长疑惑的脸，笑道："我在采集昆虫标本时，常常发现大树底下有小鸟和老鼠的骨头，抬头一看便会发现猫头鹰的巢穴。猫头鹰抓住小鸟或老鼠后是整个吞食的，然后把消化不了的骨头吐出来。"

停顿了一会儿，法布尔又说道："格罗得在食饵肉中夹上三枚古钱喂了猫头鹰，猫头鹰是整吞的。第二天早晨，猫头鹰吐出不消化的古钱，格罗得将它们藏起来，然后再杀了猫头鹰，并剖腹检查，好证明自己的清白。"

29.

盗窃犯动过的表区别于橱柜里其他表的唯一特征是它在走动。别的表，即使假日前有人看过，上过弦，这时也早该停了。因为珠宝店停业放假三天。

30.

双重间谍 R 出身罗马在题中被特别强调出来。

一提到"出身罗马"，就要想到 X 不仅只是一个字母，还是一个罗马数字的 10。由此三人编号推测 R 肯定是要写大于等于 10 的数字，但没写完就断了气。XII 是 12 号，所以杀死 R 的人肯定是 A 间谍。

31.

埃默里夫人想到了这个窃贼一定是个色盲，因为他当时没有只偷绿宝石，而是把所有的宝石全偷走，就是想让他的同伙从这堆宝石里挑走那颗绿宝石，所以，埃默里夫人一下子就判断出了那个穿着一只褐色袜子和一只蓝色袜子的克劳斯是色盲，也就是行窃者。

32.

两天没有喝水的人，是不可能满头大汗的，说明那个男子在撒谎。实际上是他为了独吞淡水，把汤姆杀害了。

33.

凶手不是弟弟。

34.

根据数学教师的特点去找答案。凶手是住在 314 号房间的汽车司机孙某。

被害人手里握着的麻将牌，与圆周率"π"谐音。圆周率是 3.14159……，一般按 3.14 计算，暗示凶手是住 314 号房间的人。

35.

一场橄榄球赛需要 90 分钟，还不包括比赛时的中间休息时间，再加上 60 分钟的路程时间，所以 B 教练在下午 5 点 20 分之前是不可能到达史密斯先生家的。而足球比赛全场比赛时间是 90 分钟，即使加上中间休息 15 分钟，这两位教练也完全有可能在案发之前到达史密斯先生家。

我们再继续分析下去：A 教练的球队参加的是锦标赛，当他们与对手踢成平局时，还得进行 30 分钟的加时赛，最后再进行点球决胜负。即使忽略点球比赛时间，至少也要进行 135 分钟的比赛，再加上 10 分钟的路程时间，他肯定不可能在下午 5 点 05 分前到达史密斯家。

所以，只有 C 教练才有可能杀死史密斯先生，因为比赛时间 90 分钟，中间休息 15 分钟和路程 20 分钟，这样，他可以在下午 5 点 05 分，即在枪响之前一分钟到达史密斯先生的家。

36.

罪犯就是梅丽。她自称血迹是"刚才在他身上蹭到的"，可那时拉特已死了七八个小时，他的血已经干了，不可能蹭到她的袖子上。

37.

梅花鹿的角在夏天的时候还没有长大，只有到了秋天或者冬天，才能长得像树杈一样。男子杀害了妻子，用以前的照片欺骗探长，以造成下午不在现场的假象。

38.

劳伦是看了信上的日期后，才推断凶手可能是美国人的。因为英国人写时间是先写日期，再写月份。但美式写法则刚好相反，是先写月份，再写日期。

39.

在圣诞节前一天，肯特是无法利用太阳光在北极圈内生火的。因为从当年 10 月到大约第二年 3 月期间，北极圈里是没有阳光的。

40.

瑞香是一种只需要很少水的植物，如果水浇得太多，它就会死。卡罗尔小姐告诉警察自己每天给它们浇水，而且它们变得更美丽了，她肯定是在撒谎。

41.

警长是从屋檐上挂着的冰柱推断出来的。昨天夜里才下雪，第二天早上屋檐上就有了冰柱，说明夜里有人在屋里使用过电暖炉之类的东西取暖，导致屋内屋外温差很大，所以屋檐上结了冰柱。这个人既然是单身，所以昨天夜里他一定在家。他说两天前就出门到外地去，完全是在撒谎。

42.

农夫纯粹是在撒谎，骡子根本不可能下驹。

43.

那个人说他听到长颈鹿的嘶鸣后才被尸体绊了一跤。但是，实际上所有的长颈鹿都是哑巴，它们根本不会发出嘶鸣。他如果不是凶手，就不会编造假话。

44.

世界上亚洲有大象，非洲有大象，而南美洲却没有大象。

45.

画家临死前说的"……开……关……掀……米……勒……"并不是指掀开米勒的画像，而是指掀开钢琴盖，按键上的两个音符"3""6"（米为3，勒为6）。按下这两个键后，地道的门自然就打开了。

46.

斯坦纳在看《希伯来日报》。希伯来文和阿拉伯文一样，是从右向左书写的，而他的放大镜却是从左到右一行一行地往下移，从而露出其伪装的破绽。

47.

马克被监禁在新西兰。因为在北半球的夏威夷宾馆里，拔下澡盆的塞子，水是呈顺时针方向旋转流进下水道的。而在这个禁闭室，水是呈逆时针方向流下去的。所以，马克弄清了当地是位于南半球的新西兰。

48.

如果看到过蟑螂的尸体，就应该注意到，蟑螂在自然死亡时是肚皮朝上的。可是，本杰明看到的蟑螂的尸体却是背朝上的。可惜雅各布懂得的昆虫学知识太少，结果被本杰明看出了破绽。

49.

让表停下就可以了。谍报员用打火机将闹表字盘的外壳烧化，再用速干胶从洞中伸进去将表针固定住。只要表针不动，无论什么时候也到不了4点半，炸弹也就不会引爆。

50.

柯南特意选在更夫走到屋子外的时候点亮了灯盏，这样一来强盗拿着刀的影子就很清楚地映在了窗户上，这就给更夫提供了一个最好的暗示，所以更夫知道了屋子里有强盗。

51.

珍妮从科尔的提包里拿出的是听诊器，因为科尔是医生，自然随身带着听诊器。正是由于借助了听诊器，珍妮才听清了隔壁房间的谈话内容。

52.

樟脑丸易挥发，但衣柜里还有没有挥发完的樟脑丸，而户主却说屋里已经有两年没人住了，显然是在撒谎。

53.

这是一个简单的常识：人体血液中盐的含量远远超过动物血液中盐的含量。西科尔只要用他敏感的舌尖品味一下两行血迹的味道，即可迅速判断逃犯的方向。

54.

飞行员吉米假装害怕，借着手忙脚乱的假象在空中按照三角形的路线飞行，如果飞三角形，就是航空求救信号。基地雷达就会发现，并马上派出救生机紧急前往进行搜索。当飞机在飞行中通信系统出现故障时，就采用这种飞行方法求助。

55.

把这些记号倒过来，即可用英文读出："西克柯是老板，他出售石油。"（Shigeo is boss he sells oi1）

56.

斯密特探长根据带路人提供的每个箱子都有联系，而且都是 400 多号的情况，发现了其中的内在规律：两数之和的十位上的数字与第一个加数的十位上的数字相同，这就要求个位上的数字相加一定要向十位进 1，1 与第二个加数 396 十位上的 9 相加得整数 10 向百位进 1，所以两数之和的百位上的数字一定是 8，而它的十位上的数字从 0 ~ 9 都符合条件，因此，藏有赃物的另外 9 个箱子的号码是：408、418、438、448、458、468、478、488 和 498。

57.

168 人。

假设常客的人数为"x"，可列出以下公式：

$x=x/2+x/4+x/7+x/12+4$

$x=168$

58.

因为"电梯向上的层数总是向下的 3 倍"，所以，电梯向上和向下的层数之比为 3：1。那向上的层数就是 27 层，向下的层数就是 9 层。因此，约翰应该是住在 27 楼，电梯从 1 楼升到 27 楼，共 27 层；电梯从 36 楼下到 28 楼，共 9 层。

59.

刑警看到水槽里的热带鱼正欢快地游动，便识破了这个女人的谎言。因为在下大雪的夜里，若果真停了一夜的电，那么水槽里的自控温度调节器自然也会断电，到清晨时，水槽里的水就会变凉，热带鱼也就会冻死了。

60.

梅格雷警官看到那条狗跷起后腿撒尿，便立刻识破了那个男子的谎言。

因为只有公狗才跷起后腿撒尿，而母狗撒尿时是不跷腿的，然而，那个男子却用"梅丽"这种女性的称谓叫那条公狗。如果他真是这家的主人，是不会不知道自己家所养的狗的性别的。所以，他就不会用女性称谓去喊公狗。

由于这条狗长得毛乎乎的，小偷从外表上根本看不出它的性别，便随口胡乱用了女性的名字叫它。

61.

是第二个，因为彩虹的位置总是和太阳相反的，看彩虹的时候，是不可能看到太阳的。

62.

证据就是那只冰凉的灯泡。因为仆人说从锁孔中窥看时电灯突然关闭，而她们两人破门而入不超过两分钟，加上夏季气温较高，灯泡应该还是热的才对。

63.

中古时期的绘画都是基于现实的，这幅画中第三个武士的剑根本拔不出鞘来，所以是伪造的。

64.

次日升堂，王文敏一拍惊堂木，要蒋勤从实招来，蒋勤一言不发。

王文敏又说："此人是个哑巴，本县不好审理。退堂！"

苏衙内上前说道："大人且慢，此人并非哑巴，昨天我家奴去拴马时，他亲口说了话。"

王文敏问家奴："他昨天说什么话？"

家奴说："我去拴马时他对我说，他的马很凶，要我把马拴到别处去，免得踢坏了我家公子的马。"

王文敏又问："此话当真?"

苏衙内说："一点儿不假,我亲耳听见。"

王文敏一听,哈哈大笑道："此案已经了结,蒋勤已将他的马性烈的情形讲明。你们不听,硬要拴在一起,只能自食其果。"说罢退堂了。

苏衙内理屈词穷,只好作罢。

65.

四句隐语的意思是"明天行动"。

昼指日,夜指月,即"明"字。

"二人"合成"天"字,往的一半"彳"和街的一半"亍"合成"行"字,"一直去"是"云"和"力"合成"动"字。

66.

阿根是伪造遗嘱进行讹诈。遗嘱不可能签署于11月30日夜1点,因为11月只有30天。

67.

蜘蛛吐丝是寒潮来临的信号,这时,法兰西的军队就不用害怕荷兰的水闸放水了,因为水都结成冰了。

68.

张方重新写了一个案卷,在案卷上写道:"杀人犯马瓜,无故将人杀死,现呈报斩首示众,特报请审批。"第四次派人送到京城。吴起接到案卷,展开一看,见说的是杀人犯马瓜,不是冯弧,就挥笔批了"同意处斩"四个字。待批文回来后,张方便在"马"字旁添了两点,"瓜"字旁加了"弓"字,变成了"杀人犯冯弧"。这样,张方巧妙地用了汉字的拆字法,使这个不可一世的大恶霸终于伏法了。

69.

因为殴打致伤,血液聚集,所以伤处发硬;而伪装的伤痕则和好的肌肤一样,是松软的。李南公就是根据这个常识验明真伤还是假伤的。

70.

在黑暗中,当佣人与盗贼搏斗时,将大鱼缸碰翻掉在地板上摔碎。电鳗便爬到地板上,而且碰到了盗贼的身体使其触电死亡。

电鳗属于硬骨类电鳗科的淡水鱼。生存于亚马孙河及奥里诺科河流域,长成后,身长可达2米。尾部两侧各有两处发电器官。电压可高达650～850伏。如果碰到它会受到强电流的打击。连猛兽也会被电死,更何况是人呢?

71.

约翰有三个妹夫,但他却能准确地说出死者的名字是史密斯,显而易见他是凶手。

72.

山姆妒忌班域的才能,故早已有谋杀他的计划。当他得知班域爱吃肉类后,便买了只白兔,喂食有毒的蔬菜和果实。白兔免疫力强,即使吃了有毒的东西,对身体并无影响。把兔喂肥之后,借着公司举行烧烤旅行的机会,山姆才带着兔子出现,班域见到白兔,自然垂涎三尺,所以将兔子烤来吃。兔子体内的毒素侵入班域身体,使其中毒死亡。

73.

凶手是托马斯。公交公司的工人正在罢工,他不可能坐公共汽车去俱乐部。

74.

探长右手持枪,而伤口却在左侧太阳穴。

75.

首先,老兵维克多不可能是凶手。他的眼睛很不好,不可能在25米远的地方开枪打中苏珊的额头。

其次,凶手也不可能是惠特尼牧师。当时教堂里正在做礼拜,牧师肯定在那里。

所以,杀死苏珊的肯定是卡罗尔。

76.

显然,供词(2)和(4)中至少有一条是真话。如果(2)和(4)都是真话,那就是马修杀了查尔斯。这样，根据I，（5）和（6）都是假话。但如果是马修杀了查尔斯,(5)和(6)就不可能都是假话。因此，马修并没有杀害查尔斯。

于是，（2）和（4）中只有一条是真话。

根据II，（1）、（3）和（5）中不可能只有一条是真话。而根据I，现在（1）、（3）和（5）中至多只能有一条是真话。因此（1）、（3）和（5）都是假话，而（6）是真话。

由于（6）是真话，所以的确有一个律师杀了查尔斯。还由于根据前面的推理，马修没有杀害查尔斯；（3）是假话，即汉森不是律师；（1）是假话，即罗伯特是律师。从而，（4）是真话，（2）是假话，所以结论就是：罗伯特杀了查尔斯。

77.

伯特使用的是5号泵（线索3），一位女士使用的是2号泵（线索5），所以彼得用的是3号或8号。因为报纸是在3号泵的开车人买的（线索4），线索1排除了彼得使用8号泵的可能性，所以彼得是买了报纸并在3号泵加油的人。同时根据线索1得出，买糖果的标致车的驾驶员用的是8号泵。在2号泵的女士没有买书（线索5），她买的是杂志，所以不是萨利（线索2），一定是尤妮斯。剩下萨利是开标致车的人，他买了糖果。综上所述，伯特买的是书。尤妮斯的车不是福特车（线索5），也不是沃克斯豪尔车（线索2）和标致车，所以它是丰田车。最后，根据线索5，开福特车的人不是买书的伯特，所以彼得的车是福特，伯特的车是沃克斯豪尔。

因此得出答案：

2号泵，尤妮斯，丰田，杂志。
3号泵，彼得，福特，报纸。
5号泵，伯特，沃克斯豪尔，书。
8号泵，萨利，标致，糖果。

78.

女明星在医生查房时吃了安眠药，睡着了。睡着的病人是不可能自己去跳窗自杀的。

79.

因为如果那被害的女子是自己踩凳子上吊的，那么凳子上一定会留下她的足迹。

80.

死者是头部中枪，若是自杀，他拿手枪的那只手应该露在毛毯外面，而不是全身盖着毛毯，凶手为死者盖上毛毯时考虑不周，露出了破绽。

81.

丽莎不可能用吹风机吹头发，因为当时停电了。还记得输电线路是什么时候修好的吗？

82.

小伙子敲门露了馅儿。因为3、4两层全是单人间，任何一个房客走进自己房间时，都不会先敲房门的。

83.

厨师和哈里是在调味品批发商店接头的。厨师每天都上街采购食品，但他完全没有必要每天采购调味品。即使每天采购调味品，也不必去调味品批发商店。批发商店是大批量供货的，而船上仅有七人就餐，无此必要。

84.

问题出在地址上。既然大地址是真的，小地址是假的，而绑架犯不可能不想得到赎金，那么说明这个绑架犯必然是十分熟悉当地邮寄地址的人，最大的怀疑对象自然就落在了赎金寄达地点邮局的邮差身上，因为除了他以外，没有人能够收到，而且也不会引起怀疑。虽然办理邮包业务的负责人也有可能拿到赎金，但问题是无法确定某董事长在哪一个邮局投寄赎金，所以能够收到的人只有收件当地的邮差。因此，绑架犯的真实身份就是当地的邮差。

85.

老人看到五个指头的指纹全部是正面紧紧地贴在墙上才觉得可疑的。因为手指贴到墙上时，拇指的指纹不应全贴在墙上。

86.

议员是真正的凶手。他进诊所时，陌生人已经换上了干净的衣服，并且吊着手臂，他不应该知道陌生人是背部中弹。

87.

因为司机路里并没有把罗蒙德医生的住址写进启事中，启事里只有邮政信箱的号码。如果亨利光看启事的话，他是不可能知道当事人的住址的。

88.

罪犯声称自己从未听说过威廉斯，却又知道他是牙科诊所的男性医师，还知道是个老头。哈利由此断定电梯工说的那人就是曾受雇杀人的伯顿，他又在重操旧业。

89.

这道题可先判定哪些嗜好组合可以符合这三人的情况，然后判定哪一个组合与住在中间的人相符合。根据题中的条件，每个人的嗜好组合必是下列的组合之一。

1. 咖啡，狗，雪茄
2. 咖啡，猫，烟斗
3. 茶，狗，烟斗
4. 茶，猫，雪茄
5. 咖啡，狗，烟斗
6. 咖啡，猫，雪茄
7. 茶，狗，雪茄
8. 茶，猫，烟斗

根据"没有一个抽烟斗者喝茶"可以排除上面的3、8；

根据"至少有一个养猫者抽烟斗"，2是某个人的嗜好组合；

根据"任何两人的相同嗜好不超过一种"，5与6可以排除；4和7不可能分别是某两人的嗜好组合；因此，1必定是某人的嗜好组合。

根据这一条件，还可以排除7，于是余下的4必定是某人的嗜好组合。

再根据"李住在抽雪茄者的隔壁；王住在养狗者隔壁；赵住在喝茶者的隔壁"这三个条

件，住房居中的人符合下列情况之一：

A. 抽烟斗而又养狗；
B. 抽烟斗而又喝茶；
C. 养狗而又喝茶。

既然这三人的嗜好组合分别是1、2、4，那么住房居中者的嗜好组合必定是1或4，如下所示：

2—1—42—4—1

再根据"至少有一个喝咖啡者住在一个养狗者的隔壁"，4不可能是住房居中者的组合，最后根据"赵住在喝茶者的隔壁"，所以判定赵的住房居中。

90.

少女被关在窗户朝北，即面对丘陵的那间屋子里。这从少女所说的"夜晚还是会有一点儿风吹进来"这句话可以得到证实。在海岸上，一到夜晚，陆地上的气温要比海面的温度容易冷却，这种凉的空气就从丘陵向海上流动，所以从朝北的小窗口吹来阵阵清风。反之，白天由于陆地很快变热，风就改从海上吹来，而在早晚气温相同的时候，海岸上就处于无风状态了。

91.

因为这个人持黑牌，所以他说的是假话。他自称是特威德勒哥哥，所以他应该是特威德勒弟弟。

92.

令 A 表示被告，B 表示被告的辩护律师，C 表示原告。

先分析大侦探到达前我们已能得出哪些结论。

首先，A 不可能是无赖。因为如果他是无赖的话，他说的就是假话，因而事实上他是罪犯，这和罪犯不是无赖的条件矛盾。因此，A是骑士或外来居民。

可能性1：A 是骑士。这样他说的话就是真的，因而他事实上是无辜的。这样 B 说的话也是真的，因此 B 是外来居民，C 是无赖。由条件可知，罪犯不是无赖，所以 B 是罪犯。

可能性 2：A 是外来居民但不是罪犯。这样 B 的话同样是真的，因此，B 是骑士，C 是无赖。同样因为罪犯不是无赖，所以 B 是罪犯。

可能性 3：A 是外来居民而且是罪犯。这样，C 的话是真的，因此 C 是骑士，B 是无赖。

我们可以把上述结论归纳成下表：可能性 1 可能性 2 可能性 3A（被告）无罪的

骑士无罪的外

来居民有罪的外

来居民 B

（被告律师）有罪的外

来居民有罪的

骑士无罪的

无赖 C（原告）无罪的

无赖无罪的

无赖无罪的

骑士再分析大侦探到达后的情况。

当大侦探问原告他是否犯罪的时候，事实上他已知道原告是无罪的（见上表），他提这个问题的目的是要弄清原告是骑士或无赖。如果原告真实地回答"不"，则大侦探立即可以确定上表中"可能性 3"是真实情况，因而无须再提问题，即可确定谁是罪犯及 3 个人的身份。但事实上大侦探又提了第二个问题，这说明原告肯定是无赖，他的回答是"是"。这样就排除了可能性 3，只剩下可能性 1 和可能性 2。这时我们已能知道被告律师是罪犯，被告是无罪的，但仍不能区分两人谁是骑士谁是外来居民。这时大侦探问被告原告是否有罪，显然，骑士的回答一定是"不"，而外来居民的回答则可能是"不"，也可能是"是"。因此，如果大侦探得到的回答是"不"，他仍然没法分清两人的身份，但现在他分清了，因此，他得到的答案肯定是"是"，因而，被告是外来居民，被告律师是骑士同时也是罪犯。

总之，可能性 2 是真实情况：被告是外来居民，原告是无赖，被告律师是骑士并且是罪犯。

93.

根据条件（1），可假设三种方案，逐一推算。

a.A 去 B 不去；b.B 去 A 不去；c.A、B 都去。

从方案 a 推算：由条件（3）、（4）知，C、D 不能去；但条件（5）要求 C、D 两人中去 1 人，说明此路不通。

从方案 b 推算：按条件（4）、（5）、（6），D、E 不去，这样就不能满足条件（3）的要求。

从方案 c 推算：A、B 都去。从条件（4）、（5）得知，B 去 C 也去，C 去 D 不去；从条件（6）得知 E 也不去；根据条件（3），由于 E 不去，A 去了，必定 F 也去。所以应该让 A、B、C、F 四人去。

94.

首先开始这场比赛的守门员不可能是加里（线索1）、克莱德·约翰逊（线索2）、迈克·戴维（线索4）或彼得（线索5）。史蒂夫位于 2 号位置（线索3），因此运用排除法可知，守门员一定是达伦。根据线索 2 和 3，1 号位置的球员是克莱德·约翰逊，2 号位置的球员是史蒂夫·马钱特。斯旺位于 3 号位置（线索6），他的名字不可能是迈克，因为迈克接到了戴维的传球（线索4），也不可能是彼得，因为彼得接到了格伦的传球（线索5），也不可能是加里（线索1）。我们知道他不是克莱德、达伦或史蒂夫，因此运用排除法可知，他的名字一定是戴维。根据线索4，迈克位于 4 号位置，贝内特的名字是达伦，他是守门员。位于 6 号位置的是最后一个球员，他不可能是奥凯西（线索1）、格伦（线索5），那他一定是多诺万。根据线索5，彼得不可能位于 5 号位置，那么一定位于 6 号位置，他的姓是多诺万。格伦位于 5 号位置（线索5），运用排除法可知，他的名字是加里。现在根据排除法和线索1可知，迈克位于 4 号位置，他的姓是奥凯西。

总结如下：

守门员：达伦·贝内特；1 号：克莱德·约翰逊；2 号：史蒂夫·马钱特；3 号：戴维·斯旺；4 号：迈克·奥凯西；5 号：加

里·格伦；6 号：彼得·多诺万。

95.

B 物是胸针，不是在 1912 年被赠出的（线索 3），根据线索 5，A 物不可能是酒杯或在 1912 年被赠出之物，而这两者是邻排的。A 物也不可能是剑（线索 4），所以它是银匙。已知 B 物胸针、A 物银匙都不是在 1912 年被赠出，酒杯也不是（线索 5），所以赠出的是那把剑。它出产的时间不是 10 世纪（线索 4）或 9 世纪（线索 5），也不是 12 世纪（线索 2），所以那把剑是出产于 11 世纪。因此，根据线索 5 可知，酒杯是 10 世纪的东西。已知它不是 A 物或 B 物，根据线索 4 得出也不是 D 物，所以是 C。剩下 D 物是 11 世纪的那把剑。产于 10 世纪的酒杯赠送的时间不是 1936 年（线索 1），不是 1948 年（线索 2）或 1912 年（线索 5），所以是 1929 年。银匙不是 9 世纪的东西（线索 1），它是 12 世纪出产 1948 年赠出的（线索 2）。最后，B 物胸针一定是 9 世纪出产并在 1936 年赠出。

因此得出答案：

物品 A，银匙，12 世纪，1948 年。

物品 B，银胸针，9 世纪，1936 年。

物品 C，银酒杯，10 世纪，1929 年。

物品 D，银剑，11 世纪，1912 年。

96.

萧队长根本就没讲他们汽车轮胎的型号，也没讲是几只，高个子修理工却知道得一清二楚，这就说明他刚才参与了抢劫，见过他们的汽车。

97.

神探博士和其他人都听到了三声电钻响声，但是画上共有六颗螺丝钉，这就说明一定是两个人同时开动电钻钉起掉了所有螺丝钉。因此这两个人都参与了作案，而不是只有一个人作案。

98.

包公心想，救火如救命，哪能分什么苦水和甜水？问话的人虽很可疑，但这还不能说明他是坏人，因为有的愚笨的人也可能会问出这样的话。但是答话人肯定说要挑苦水时，问题明显了。事实正是这样，人们都涌到苦水巷，进出不得，哪里还能救火？于是，包公猜想，这一定是说话人事先预谋好了的圈套。事后一审问，果然如此。

99.

莱蒙德没有上过楼，怎么会知道小偷是拆了书橱的门偷走书的呢？实际上是他拆了书橱门，造成古书被偷的假象，以骗取保险金。

100.

汉克发现公司总经理格兰杰来到 19 楼哈奇的办公室，知道哈奇死了。可他来到 20 楼的会议室分发礼物，却独独没有哈奇的礼物，如果他不知道哈奇出事，那么，全公司人人都有礼物，也必然应有哈奇的礼物。由此可以判定，格兰杰是凶手，他当然没有必要为哈奇准备礼物了。

101.

提艾泽尔得第三名（线索 4），分到 1 号羊圈的克罗普（线索 1）和普劳曼（线索 3）都没有得到第一名。所以是海吉斯得第一名。现已知第一名的得主及另外两位农场主的编号，所以那个分到 4 号圈、得第二名的人（线索 2），一定是普劳曼。综上，克罗普一定是第四名；根据线索 3，在 2 号圈的是来自高原牧场的羊，而农场主是海吉斯这个比赛获胜者。所以不是布鲁克菲尔得牧场的农场主的普劳曼（线索 2），他的农场是曼普格鲁牧场。而布鲁克菲尔的牧场是克罗普的。

因此得出答案：

圈栏 1，克罗普，布鲁克菲尔得牧场，第四名。

圈栏 2，海吉斯，高原牧场，第一名。

圈栏 3，提艾泽尔，格兰其牧场，第三名。

圈栏 4，普劳曼，曼普格鲁牧场，第二名。

102.

插上插头，电风扇开始转动，桌子上的遗书就会被风吹掉。而那封遗书在警察到达时仍放在桌面上。这就是说，被射杀的威尔森倒地时，碰到了电源线，插头从插座中脱落，电风扇停止了转动，然后凶手才将伪造的遗书放到桌面上。如果是威尔森死前自己放的遗书，那遗书就会被吹到地上了，因此毫无疑问这是他杀。

103.

无底洞内漆黑一片，立昂还没有去看死者是谁，就说是306房的人自杀了，可见他就是凶手。

104.

流行歌手将为一软饮料产品做广告（线索4），而电视主持人不代言化妆品和摩托滑行车（线索3），她不是范·格雷兹，范·格雷兹是为一针织品类代言的（线索2），那么电视主持人则是为某肥皂代言。罗蕾莱是化妆品（线索3），我们知道它不是由流行歌手和电视主持人代言的，它也没有和电影演员（线索3）及网球选手签约，后者将为阿尔泰公司的产品做广告（线索5），那么罗蕾莱的代言人一定是电视演员简·耐特（线索1）。卡罗尔·布和阿丽娜系列签约了（线索1），而玛丽·纳什没和丽晶和普拉丝签约，那么她一定是和阿尔泰签约的，她就是网球选手。通过排除法，阿尔泰公司即是制造摩托滑行车的厂家，而范·格雷兹就是电影演员。丽晶的签约者不是流行歌手和电视主持人（线索4），那么一定是电影演员范·格雷兹，丽晶是针织品制造商。电视主持人代言的肥皂不是普拉丝公司的产品（线索3），则一定是阿丽娜的产品，那么这个主持人就是卡罗尔·布。通过排除法，普拉丝必定是和休·雷得曼签约，她就是流行歌手，为某软饮料代言。

因此得出答案：

卡罗尔·布，电视主持人，阿丽娜，肥皂。

范·格雷兹，电影演员，丽晶，针织品。

简·耐特，电视演员，罗蕾莱，化妆品。

玛丽·纳什，网球选手，阿尔泰，摩托滑行车。

休·雷得曼，流行歌手，普拉丝，软饮料。